CB078968

GUINNESS WORLD RECORDS 2010

★ SOBRE O LIVRO

A fonte Franklin Gothic (projetada pelo americano Morris Fuller Benton, 1872–1948) é mais uma vez a principal família tipográfica deste livro. Os títulos e os textos nos boxes usam a Novarese, uma fonte serifada do tipógrafo italiano Aldo Novarese (1920–95) que alude às bem delineadas letras gregas.

Novarese também criou a Microgramma, usada no título principal (acima). É uma fonte tipográfica sólida, masculina, que foi desenhada nos anos 1950, evocando as telas de televisão, a arquitetura e as janelas de avião da época. Ela capta o entusiasmo do pós-guerra por tecnologias novas e um futuro mais brilhante – o ideal otimista da revolução tecnológica daqueles tempos.

Esse olhar para o futuro a partir do passado também permeia o design das páginas desta edição. Nossas designers gráficas, Keren e Lisa, do estúdio Itonic, se inspiraram no gênero *"steampunk"* e criaram um ambiente gráfico exuberante e rico, que mistura a era vitoriana e a ficção científica da década de 1950. É um visual arrojado, que sintetiza o velho e o novo – perfeito para a edição 2010.

A perspectiva de uma década nova nos fez olhar para trás e rever os últimos dez anos de recordes – um período maior do que o tempo de vida de muitos dos nossos leitores mais jovens. Fique atento ao conteúdo especial da década, como videoclipes, entrevistas e downloads gratuitos espalhados pelo livro.

PRIMEIROS

BLOCKBUSTER

Tubarão (EUA, 1975), de Steven Spielberg (EUA), foi o **primeiro filme a faturar mais de US$ 100 milhões de bilheteria** e ganhou três Oscars – Melhor Edição, Melhor Trilha Sonora Original e Melhores Efeitos Sonoros, além de ter sido indicado para Melhor Filme. As filas para o cinema davam voltas no quarteirão, daí o termo *blockbuster* ("arrasa-quarteirão"). O filme conta a história de uma pequena comunidade costeira aterrorizada por um enorme tubarão-branco.

TENTATIVA DE ASSASSINATO

A primeira tentativa documentada de homicídio foi contra Amenemés I, faraó do Império Médio do Egito, em cerca de 2000 a.C.

★ NOVO
● ATUALIZADO

CLONE ANIMAL

A ovelha Dolly foi o primeiro animal clonado com sucesso a partir de uma célula adulta. O feito foi anunciado em fevereiro de 1997 por Ian Wilmut (RU, à direita) no Instituto Roslin, na Escócia, RU. Nascida em 5/7/1996, Dolly sobreviveu até a maturidade e deu cria a dois carneiros por reprodução natural. Sacrificada em 14/2/2003, aos 6 anos e meio, sofria de uma doença pulmonar progressiva.

ALFABETO

O registro mais arcaico de um alfabeto – sistema de escrita em que um pequeno número de símbolos representa sons, em vez de ideias – remonta a 1900 a.C. Gravado em calcário, foi descoberto por John Darnell (EUA) no começo dos anos 1990, em Wadi el Hol, perto de Luxor, Egito.

CÉDULA EMITIDA POR BANCO

O papel-moeda existe na China desde o século IX, mas o primeiro banco a emitir uma cédula de dinheiro foi o Banco de Palmstruch, em Estocolmo, Suécia, em julho de 1661. A nota mais antiga preservada é um exemplar de 5 *dalers* (moeda sueca, na época), de 6/12/1662.

VOO TRIPULADO

O francês Jean-François Pilâtre de Rozier é considerado a primeira pessoa a voar. Em 15/10/1783, ele subiu a 26m de altura, a bordo de um balão de ar quente construído por Joseph e Jacques Montgolfier (França).

CONCURSO DE BELEZA

O primeiro concurso internacional de beleza foi montado por P. T. Barnum (EUA), com o público como jurado, em junho de 1855, nos EUA.

FILME EM AVIÃO

The Lost World (EUA, 1925), da produtora First National, foi o primeiro filme exibido num voo. A aventura pré-histórica baseada no livro homônimo de Sir Arthur Conan Doyle (RU) foi exibida num bombardeiro Handley-Page adaptado pela Imperial Airways. O voo, de Londres, RU, para Paris, França, aconteceu em abril de 1925.

The Lost World também é tido como o **primeiro longa-metragem a empregar animação em *stop-motion***, técnica inaugurada pelo curta *Humpty Dumpty Circus* (EUA), de 1908.

MULHER-BALA

Rosa Richter, uma acrobata de 14 anos cujo nome artístico era "Zazel", tornou-se a primeira bala de canhão humana ao ser atirada a 6,1m de distância no Aquário de Westminster, em Londres, RU, no dia 2/4/1877.

22,8m/min: velocidade da **primeira escada rolante**, instalada no parque de diversões de Coney Island, Nova York, EUA, em 1891.

RODA-GIGANTE

A primeira roda-gigante (em inglês *Ferris wheel*, ou "roda Ferris", em homenagem ao seu criador) foi projetada por George Washington Gale Ferris Jr. (EUA, 1859–96), engenheiro de pontes e túneis, e construída para a Exposição Mundial de Chicago, EUA, em 1893. Atingia 80m de altura e tinha 76m de diâmetro e 240m de circunferência. Cada uma das 36 cabines completamente fechadas levava até 40 passageiros.

AR-CONDICIONADO

O inventor americano Willis Haviland Carrier idealizou e construiu um sistema de ar-condicionado em 1902. O invento foi projetado para uma gráfica de Nova York, EUA, que constatara que as variações de temperatura entortavam o papel.

LONGA-METRAGEM

O primeiro filme com mais de uma hora de duração foi *The Story of the Kelly Gang*, realizado em Melbourne, Austrália, em 1906. A biografia audiovisual do famoso fora da lei Ned Kelly (Austrália, 1855–80) estreou no Melbourne Town Hall em 26/12/1906. Produzido pela companhia de teatro local J & N Tait, o filme teve orçamento de £ 450 (US$ 2.185 à época).

★MORTE EM ACIDENTE DE AVIÃO

Eram passados quatro minutos do voo de teste do avião *Wright Flyer*, pilotado por Orville Wright (EUA), quando uma hélice quebrou e atingiu o cabo de direção do leme, o que fez o avião mergulhar de bico num campo. O tenente Thomas Etholen Selfridge (EUA), que estava a bordo, morreu por lesões internas e traumatismo craniano, três horas depois do acidente, em 17/9/1908.

ESCALADA DO MONTE EVEREST

O cume do Everest foi alcançado pela primeira vez às 11h30 de 29/5/1953 por Edmund Percival Hillary (Nova Zelândia) e o xerpa Tenzing Norgay (Nepal). Reinhold Messner (Itália) e Peter Habeler (Áustria) foram os **primeiros a escalar o Everest sem tubo de oxigênio**, em 8/5/1978.

MENSAGEM ELETRÔNICA

Em 1971, Ray Tomlinson (EUA), engenheiro da empresa de computadores Bolt, Beranek and Newman, enviou o primeiro e-mail da história, em uma experiência que buscava fazer que dois computadores trocassem uma mensagem. Foi Ray quem escolheu o símbolo @ (arroba) para separar o nome do destinatário da localização. A mensagem era: "QWERTYUIOP".

★MORTE EM ACIDENTE DE CARRO

A primeira pessoa morta em um acidente de automóvel foi Bridget Driscoll (RU, acima, em destaque). Em 17/8/1896, ela foi atropelada por um carro a 6,4km/h, nas cercanias do Crystal Palace, em Londres, RU.

PRÊMIO NOBEL

Os prêmios Nobel inaugurais foram entregues em 10/12/1901 a Wilhelm C. Röntgen (Alemanha; Física), Jacobus H. van't Hoff (Países Baixos; Química), Emil A. von Behring (Alemanha; Fisiologia ou Medicina), Sully Prudhomme (França; Literatura), Jean H. Dunant (Suíça; Paz) e Frédéric Passy (França; Paz).

GRAVAÇÃO A VENDER 1 MILHÃO DE CÓPIAS

"Recitar... vesti la giubba", ária da ópera Pagliacci, de Leoncavallo, cantada pelo italiano Enrico Caruso (1873–1921), foi gravada em novembro de 1902. O **primeiro CD a vender 1 milhão de cópias** foi *Brothers in Arms*, do Dire Straits (RU), lançado em 1985.

ANIMAIS NO ESPAÇO

Por década

1940	Drosófila, reso
1950	Camundongo, cão, macaco-de-cheiro
1960	Cão, chimpanzé, cobaia, sapo, rato, gato, homem, vespa, besouro, jabuti
1970	Rã, camundondo, peixe, rato, aranha
1980	Rato, tritão, embrião de galinha
1990	Macaco, drosófila, camarão, tritão, peixe, equinoderme
2000	Aranha, abelha, formiga

CACHORRO EM ÓRBITA

Laika, uma cadela abandonada, filha de husky com vira-lata, tornou-se o primeiro cão – e o primeiro ser vivo terráqueo, além dos micróbios – a orbitar a Terra. No dia 3/11/1957, a bordo da nave russa *Sputnik 2*, Laika (que significa "latidora" em russo) subiu a 3.219km de altitude. A aeronave não foi projetada para voltar à Terra; Laika morreu por superaquecimento e estresse poucas horas após o início da missão – fato mantido em segredo pelos russos até outubro de 2002.

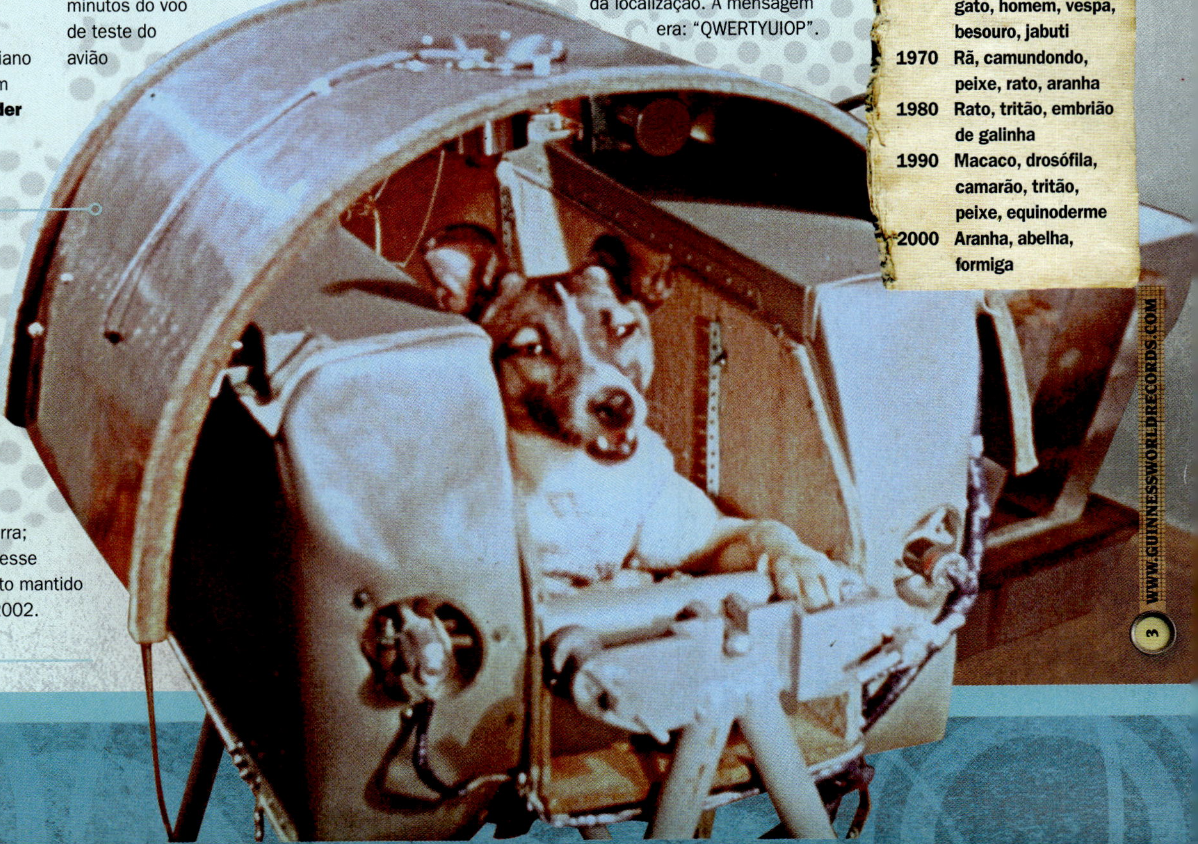

ISBN: 978-85-003-3088-9

Veja a lista de agradecimentos e créditos das fotos na p. 276.

Se você deseja registrar um recorde, descubra como fazê-lo na p. 14. Entre sempre em contato conosco antes de tentar quebrar ou estabelecer um recorde.

Acesse nosso site regularmente para ler em primeira mão notícias sobre novos recordes e assistir a vídeos exclusivos de tentativas de quebra de recordes. Você também pode assinar os serviços oficiais do *GWR* para telefone celular.

Sustentabilidade
A impressão do *Guinness World Records* é feita apenas com madeira cuidadosamente selecionada, originária de matas de reflorestamento, para evitar a devastação do meio ambiente. Para cada árvore cortada, no mínimo uma nova é plantada.

O papel usado neste livro foi produzido pela UPM Kymi (Finlândia). A unidade de produção da empresa recebeu a licença ambiental Flower da União Europeia, possui certificação de Cadeia de Custódia e opera sistemas ambientais certificados com ISO 14001 e EMAS, que asseguram uma produção sustentável.

O Selo Ecológico da União Europeia destaca produtos que atendem a altos padrões de desempenho e qualidade ambiental. Os produtos certificados com o Selo Ecológico passam por testes rigorosos, com resultados avaliados por instituições independentes.

Made of paper awarded the European Union Eco-label reg.nr FI/11/1

Nas fotos da página ao lado vemos a **menor espécie de camaleão** – a *Brookesia minima* (no alto), que tem 18mm de comprimento médio. Já o **maior caracol conhecido** é o caracol-gigante-de-gana (*Achatina achatina*, embaixo): o maior espécime encontrado tinha 39,3cm de comprimento e pesava exatos 900g.

© 2009 Guinness World Records Ltd

THE JIM PATTISON GROUP

WORLD COPYRIGHT RESERVED © 2009 GUINNESS WORLD RECORDS LIMITED

Esta edição do *GWR* é publicada pela Ediouro mediante acordo com a Guinness World Records Limited.

Nenhuma parte deste livro pode ser reproduzida ou transmitida – em qualquer meio ou forma, seja eletrônico, químico ou mecânico, inclusive por fotocópia – nem apropriada ou estocada em nenhum sistema de armazenamento ou banco de dados sem a expressa autorização dos detentores dos direitos autorais.

EDIÇÃO INGLESA

EDITOR-EXECUTIVO Craig Glenday
EDITORES-ASSISTENTES Matt Boulton, Ben Way
EQUIPE EDITORIAL Harry Boteler, Rob Cave, Rob Dimery, Carla Masson, Gary Werner, Matt White
ÍNDICE Chris Bernstein
PROJETO GRÁFICO E CRIAÇÃO Keren Turner e Lisa Garner – Itonic Design Ltd., Brighton, RU
CAPA Yeung Poon Design
DIRETORA DE PRODUÇÃO Patricia Magill
GERENTE DE PRODUÇÃO Jane Boatfield
ASSISTENTES DE PRODUÇÃO Erica Holmes-Attivor, Raj Kumar
CONSULTORES TÉCNICOS Roger Hawkins, Esteve Font Canadell, Salvador Pujol, Julian Townsend

CONSULTORES EDITORIAIS

Terra, Ciência e Tecnologia: David Hawksett
Vida na Terra: Dr Karl Shuker
Corpo Humano: Dr Eleanor Clarke; Robert Young (gerontologia)
Aventura/Exploração: Ocean Rowing Society, World Speed Sailing Records Council
Armas e Guerra: Stephen Wrigley
Artes e Entretenimento: Dick Fiddy (TV)
Música: Dave McAleer
Esportes e Jogos: Christian Marais; David Fischer (esportes dos EUA)

IMPRESSÃO E ENCADERNAÇÃO Printer Indústria Gráfica, Barcelona, Espanha
PRODUÇÃO DA CAPA Spectratek Technologies, Inc., EUA
GERENCIAMENTO DE CORES Resmiye Kahraman – Colour Systems, Londres, RU
EDITOR DE IMAGENS Michael Whitty
EDITORA-ASSISTENTE DE IMAGENS Laura Jackson
EQUIPE DE PESQUISA ICONOGRÁFICA Anna Wilkins, Fran Morales
FOTOGRAFIAS ORIGINAIS Richard Bradbury, Rob Fraser, Paul Michael Hughes, Ranald Mackechnie, John Wright

GUINNESS WORLD RECORDS

Presidente: Alistair Richards
Vice-presidente financeira: Alison Ozanne
Assistente de contabilidade: Jason Curran
Gerente financeiro: Neelish Dawett
Assistente financeiro: Jack Brockbank
Diretora de TI: Katie Forde
Programador: Jai Singh
Webmaster: Aadil Ahmed
Analista de TI: Fazal Khadbai
Diretora de RH: Kelly Garrett
Setor Jurídico: Raymond Marshall, Tom Harris, James Howell
Administradora de contratos: Lisa Gibbs
Diretor de televisão: Rob Molloy
Gerente de conteúdo digital: Denise Anlander
Assistente de televisão: David Chabbi
Caçador de talentos: David Taylor
Administradores de escritório: Lorna Springall (RU), Danielle Pointdujour (EUA)

GERÊNCIA DE RECORDES

Vice-presidente de recordes: Marco Frigatti (Itália)
Gerente de homologação: Andrea Bánfi (Hungria)
Equipe: Gareth Deaves (RU), Laura Farmer (RU), Danny Girton (EUA), Ralph Hannah (RU), Kaoru Ishikawa (Japão), Tzeni Karampoiki (Grécia), Olaf Kuchenbecker (Alemanha), Carlos Martínez (Espanha), Mariamarta Ruano-Graham (Guatemala), Talal Omar (Iêmen), Chris Sheedy (Austrália), Lucia Sinigagliesi (Itália), Kristian Teufel, (Alemanha), Aleksander Vipirailenko (Lituânia), Wu Xiaohong (China)

VENDAS E MARKETING

Vice-presidente sênior de vendas e marketing: Samantha Fay
Diretor de marketing (RU): Paul Kenny
Diretora de marketing (EUA): Laura Plunkett
Diretora de vendas (países de língua inglesa): Nadine Causey
Diretor de licenciamento: Frank Chambers
Gerente de contabilidade: John Pilley
Gerente de RP: Amarilis Espinoza
Gerente de licenciamento internacional: Beatriz Fernandez
Gerente de licenciamento (EUA): Jennifer Gilmour
Gerentes de negócios: Stuart Claxton (EUA), Erika Ogawa (Japão)
Executiva de marketing internacional: Justine Bourdariat
Executiva de RP: Karolina Thelin
Assistentes de marketing e RP: Damian Field (RU), Jamie Panas (EUA)

EDIÇÃO BRASILEIRA

COORDENAÇÃO EDITORIAL Diego Rodrigues – Sabiá/Carochinha
TRADUÇÃO Candombá (coord. Gustavo Mesquita)
PREPARAÇÃO E EDIÇÃO Bruno Rodrigues e Luciana Soares
REVISÃO Paola Morsello, Leandro Morita e Cecília Madarás
DIAGRAMAÇÃO Megaart Design

Dados Internacionais de Catalogação na Publicação (CIP)
(Câmara Brasileira do Livro, SP, Brasil)

Guinness World Records 2010 /
[tradução Candombá e Gustavo Mesquita]. –
São Paulo: Ediouro, 2009.

Título original: Guinness World Records 2010.
ISBN 978-85-00-33088-9

1. Curiosidade e maravilhas - Anuários
2. Recordes mundiais - Anuários.

09-06463 CDD-036.9

Índices para catálogo sistemático:
1. Recordes mundiais: Anuários 036.9

HOMOLOGAÇÃO
A Guinness World Records Limited utiliza um rígido sistema de homologação para a confirmação de recordes. No entanto, apesar de todo o empenho para garantir a precisão, a empresa não se responsabiliza por quaisquer erros cometidos nesta obra. Os comentários dos leitores sobre eventuais problemas relativos à exatidão dos recordes são sempre bem-vindos.

ABREVIAÇÕES E MEDIDAS
A edição brasileira do *Guinness World Records* utiliza o sistema métrico, exceto quando o sistema inglês é adotado internacionalmente, como no caso do futebol americano e de outros esportes populares em países de origem anglo-saxã. As referências a quantias em dinheiro são em geral feitas em dólar ou na moeda corrente do país em questão, com a conversão para dólares entre parênteses. Quando uma data específica é citada, a taxa de câmbio utilizada é a do dia. Quando citamos apenas o ano, a taxa de câmbio é a de dezembro desse ano. A abreviação "c." significa "cerca de"; "n.", "nascido" ou "nascido em". Quanto às nações, a abreviação "EUA" se refere aos Estados Unidos da América; "RU" é Reino Unido; "GB" significa Grã-Bretanha, que é parte do Reino Unido; "EAU" são os Emirados Árabes Unidos; "NZ" é a Nova Zelândia; "RDA" (República Democrática Alemã) é a Alemanha Oriental, que se reunificou com a Alemanha Ocidental em 1990 – a sigla é usada em recordes esportivos anteriores a esse ano; "URSS" refere-se à extinta União das Repúblicas Socialistas Soviéticas, que foi desmembrada em diversos países no ano de 1991; "CEI" (Comunidade dos Estados Independentes) é o agrupamento da maioria – dos quais a Rússia é o maior –, e a sigla é usada principalmente nos recordes esportivos das Olimpíadas de 1992.
A Guinness World Records Limited não reivindica nenhum direito, título ou vantagem das marcas de terceiros reproduzidas neste livro.

AVISO GERAL
Tentar quebrar ou estabelecer recordes pode ser perigoso. É aconselhável obter orientação especializada antes de fazê-lo. Todas as tentativas de quebra de recorde são de inteira responsabilidade do desafiante. Sob nenhuma circunstância a Guinness World Records Limited poderá ser responsabilizada por episódios de óbito ou ferimento decorrentes de tentativas de quebra de recorde. Fica a critério da empresa a decisão de incluir ou não um recorde neste livro.

GUINNESS WORLD RECORDS 2010

100%

100%

Ediouro

SUMÁRIO

MAIOR hambúrguer – p. 143

menor cobra – p. 52

Pessoas perfuradas! Veja na dupla 63–64

CONTEÚDO EXTRA ONLINE

Acesse o conteúdo especial disponível em nosso novíssimo site, sempre que se deparar com os seguintes símbolos:

100

OS CEM MAIORES RECORDES DA DÉCADA
Saiba mais sobre os cem recordes mais significativos dos últimos dez anos. Entre no site para votar no seu recorde favorito em cada uma das dez categorias.

CONFIRA OS VÍDEOS
Assista a filmagens exclusivas de recordes especialmente selecionados.

BAIXE AS FOTOS
Use imagens fantásticas como papel de parede do seu computador ou celular.

Para acessar o conteúdo exclusivo, entre em www.guinnessworldrecords.com/2010 e digite este código:

6071544194

Seria este o menor mamífero? Na dúvida, vá até a p. 59

"Eu compro o livro dos recordes todo ano, porque ele é como um velho amigo com quem gosto de pôr a conversa em dia..." – *resenha de um leitor, no site amazon.co.uk*

124 milhões: número de cópias vendidas até hoje do *Guinness World Records*, o **livro com copyright mais vendido**.

Dinheiro do céu? Não exatamente... Veja na p. 156

MUNDO MODERNO

ENGENHARIA E TECNOLOGIA

ARTE E MÍDIA

ESPORTES

Cão orelhudo? Na p. 140

Eu estou na p. 259

Não perca os PRIMEIROS e os ÚLTIMOS, no início e no fim do livro!!!

100 OS DEZ MAIORES RECORDISTAS DA DÉCADA

	RECORDISTA	Nº DE RECORDES*	CONFIRA NA...
1	Ashrita Furman (EUA, acima)	164	p. 145
2	Alastair Galpin (Nova Zelândia)	38	p. 137
3	Suresh Arulanantham Joachim (Canadá)	36	p. 111
4	Paddy Doyle (Reino Unido)	25	p. 240
5	Rob Dyrdek (EUA)	20	p. 260
6	Jim DeChamp (EUA)	14	p. 261
7	Stephen Hyland (Reino Unido)	13	p. 15
8	Anthony Kelly (Austrália)	12	p. 17
9	Terry Grant (Reino Unido)	10	p. 260
10	Zdenek Bradac (República Tcheca)	10	p. 78

*Apenas os recordes estabelecidos entre 1/1/2000 e a conclusão desta edição.

Numa década repleta de recordes fantásticos, nada melhor do que começar a nossa lista dos Cem Maiores Recordes da Década (identificados pelo selo "100") com os dez recordistas mais prolíficos! Eles aparecem em vários pontos do livro, alguns mais de uma vez. O especialista em quebrar recordes Ashrita Furman (acima) chegou à sua centésima marca no *GWR* em 14/4/2009, entre as 111 pessoas que se reuniram para o ● **poema (ou passagem literária) recitado em mais línguas**. Você é capaz de bater Ashrita? Então vá até a p. 14 e veja como se tornar um recordista.

"Não importa quantas vezes você vire as páginas do livro, de alguma forma sempre se aprende algo novo!" – *resenha de um leitor, no site amazon.co.uk*

INTRODUÇÃO

CONTEÚDO EXTRA
Graças aos programas de TV, sites, *podcasts* e revistas, o *GWR* não é apenas um livro de recordes. Este ano nossa presença online está maior do que nunca. A cada oportunidade, enviamos nossa equipe de filmagem para captar a quebra de recordes *in loco* – como na medição dos Van Kleefs, os ●**cônjuges mais altos** do mundo. Sempre que você vir o símbolo de VÍDEO (abaixo), entre em www.guinnessworldrecords.com/2010 e digite o código de acesso que está na p. 6.

★MAIS GENTE DENTRO DE UM FUSCA

No dia 21/12/2008, nada menos que 15 pessoas entraram em um Fusca em evento organizado pela Equipe Corsa, no Rio de Janeiro. O recorde foi registrado no programa *Tribos*, do Multishow, apresentado por Dani Suzuki.

ADOLESCENTES ALTÍSSIMOS, TURCOS GIGANTES E TORRES A PERDER DE VISTA: O ANO FOI CHEIO DE QUEBRAS DE RECORDES... E O BRASIL TEVE GRANDE DESTAQUE!

Bem-vindos a mais uma edição do *Guinness World Records*! Aproveitamos a chegada do fim da década para fazer uma retrospectiva de algumas das conquistas mais impressionantes dos últimos dez anos. Na edição 2010, o Brasil aparece com destaque inédito. Você encontrará uma seleção de recordes brasileiros espalhados por estas páginas – e muitos outros ao longo do livro.

Este foi um ano maravilhoso para nós do *GWR*, com diversos recordes de longa data sendo desafiados. Um exemplo é a categoria de homem mais alto: havia tempos esperávamos um novo recordista surgir, e então apareceram cinco candidatos de uma vez! Foi essa a situação com que nos deparamos ao anunciar a desqualificação de um possível recordista ucraniano de 2,57m por falta de provas.

Quase todos as solicitações de quebra de recorde que recebemos aparentemente desbancariam a marca de 2,36m de Bao Xi Shun (China), o antigo homem mais alto. Entretanto, decidimos que já não seria possível confiar apenas no relato de testemunhas ou mesmo de médicos no caso dos recordes de pessoas mais altas ou mais baixas: alguém do *Guinness World Records* precisaria estar presente em todas as medições. Somente assim poderíamos ter certeza.

Esse caso demonstra aquilo de que mais nos orgulhamos no *GWR*: ninguém mais investe tanto cuidado e profissionalismo para ratificar recordes que cobrem uma variedade tão ampla de assuntos. Fazemos isso há mais de 50 anos e construímos uma reputação mundial sem concorrentes.

Contudo, uma meia dúzia de empresas de "recordificações" também surgiram este ano – algumas chegam até a afirmar ser associadas do *Guinness World Records*. Gostaríamos de deixar claro que não ratificamos recordes para terceiros. Contamos com uma equipe fixa de gerentes de recordes que processam milhares de solicitações todos os anos e investigam todas aquelas que atendem aos nossos critérios (saiba mais sobre o trabalho desses profissionais na p. 14). Temos ainda uma equipe fantástica de consultores especializados que rodam o mundo atrás de superlativos (saiba quem são eles na p. 4). Vamos literalmente até os confins da Terra para trazer a você este livro, portanto fique atento com as imitações baratas...

Mas vamos às novidades! A aproximação do fim da década pareceu a oportunidade ideal para fazer uma retrospectiva dos anos 2000 e escolher o que consideramos os recordes mais inspiradores, significantes e revolucionários do mundo nos últimos dez anos. Fizemos um Top 100, organizado em dez categorias, que

(Continua na p. 10)

●GUITARRISTA MAIS RÁPIDO

O guitarrista mais veloz do mundo é Tiago Alberto de Quadros (Brasil), vulgo Tiago Della Vega, que tocou sem errar "O voo do besouro", de Nikolai Rimsky Korsakov, a incríveis 320bpm (batidas por minuto) na EM&T, em São Paulo, no dia 7/5/2008.

★MAIS BALÕES INFLADOS EM 1H (INDIVIDUAL)

Felipe Nascimento (Brasil) conseguiu encher 320 bexigas em uma hora na loja Animasom, no Shopping Leblon, no Rio de Janeiro, em 4/2/2009. Felipe (acima à esq.) usou apenas a boca e o próprio fôlego para realizar a façanha!

1/1 Nascido no primeiro dia de 1956, o cosmonauta Sergei Avdeiev (Rússia) orbitou a Terra 11.968 vezes ao longo de sua carreira – o **recorde de órbitas ao redor do mundo por uma pessoa**.

2/1 Mais de 200 milhões de pessoas ficaram sem luz elétrica quando uma estação de eletricidade sofreu uma pane em Uttar Pradesh, Índia, nesse dia de 2001 – a **maior queda de energia**.

2.802: número de recordes novos e atualizados que entraram na base de dados do GWR nos últimos 12 meses.

★ NOVO
● ATUALIZADO

● MAIOR PÃO

Em Curitiba, Paraná, um pão de 1,571t foi assado pela equipe coordenada por Joaquim Gonçalves (Brasil) no dia 13/11/2008, para comemorar o Dia Guinness World Records. Estabelecido pela primeira vez no Reino Unido em 1982, este recorde foi quebrado 19 anos depois pela Polônia, antes de o Brasil conquistá-lo.

CONFIRA

Procurando por recordes mundiais nas proximidades? Veja mais recordes do Brasil e da América do Sul nas seções Pelo Mundo (p. 108) e Planeta Terra (p. 36).

HE PINGPING E SVETLANA VIAJAM O MUNDO

Para nos ajudar a divulgar o *GWR 2009*, contamos com o apoio de uma dupla bastante singular: Svetlana Pankratova (Rússia), dona das **pernas femininas mais longas** (132cm), e He Pingping (China), que, com 74,61cm, é o **homem mais baixo capaz de andar** do mundo. A dupla fez tanto sucesso em Londres que foi convidada a fazer fotos e a participar de programas de TV no mundo todo. Abaixo, Svetlana em turnê pelo Rio de Janeiro, com o Pão de Açúcar ao fundo.

3/1 Nesse dia de 2007, Michael Perham (RU, n. 16/3/1992) tornou-se a **pessoa mais jovem a atravessar o Atlântico a vela sozinha**. Ele iniciou a jornada em 18/11/2006, aos 14 anos e 247 dias.

4/1 Fu Mingxia (China, n. 16/8/1978) conquistou o título mundial no trampolim aos 12 anos e 141 dias, em Perth, Austrália, em 4/1/1991, tornando-se a **mais jovem campeã mundial de salto ornamental**.

INTRODUÇÃO

★ NOVO
● ATUALIZADO

O JUIZ DE RECORDES DO BRASIL

Fluente em português, o juiz de recordes Carlos Martinez (Espanha) trabalha em nosso escritório em Nova York, EUA. Sua tarefa é verificar tentativas de quebra de recorde nas Américas, incluindo o Brasil, naturalmente. Se você quer estabelecer um novo recorde, converse com Carlos – ele poderá ajudá-lo. Carlos é um sujeito que gosta do que faz: "Preciso estar pronto para viajar para qualquer lugar a praticamente qualquer hora. Vivemos de malas prontas, com instrumentos de medição, câmeras e passaporte em dia!" Para ser juiz do *GWR*, ele explica que "é essencial ter espírito de aventura e muita curiosidade. Cada uma das tentativas às quais vamos assistir guarda surpresas: será que veremos um novo recorde mundial? Em que circunstâncias ele ocorrerá? No meu emprego, jamais fico entediado!"

está espalhado pelo livro; depois de conhecer os recordes, vote no seu favorito em nosso site.

Aliás, a edição deste ano estava tão recheada de novidades que fomos obrigados a colocar parte do conteúdo no site. Use o código exclusivo de liberação da p. 6 para poder acessá-lo; há papéis de parede para download, vídeos e entrevistas exclusivas com recordistas. Procure pelos seguintes ícones no livro – eles indicam que existe conteúdo adicional online para o assunto em questão:

- 100 **Leia mais sobre o Top 100 da última década...**
- **... baixe imagens e papéis de parede para seu computador...**
- **... e assista a vídeos exclusivos.**

Descubra tudo isso e muito mais no site **www.guinnessworldrecords.com/2010** (para acessá-lo, digite o código da p. 6).

POR DENTRO DAS NOVIDADES

Para manter o conteúdo do livro o mais atualizado e relevante possível, focamos nos principais assuntos do ano: ambiente (**Planeta em Perigo**, p. 148; **Transporte Verde**, p. 166), finanças (**Economia**, p. 150) e **Guerra e Terrorismo** (p. 154). Também reunimos as maiores proezas do mundo da aventura (**Histórias de Viajantes**, p. 90–101) e as últimas descobertas e conquistas científicas (**Engenharia e Tecnologia**, p. 164–191).

Há ainda as seções obrigatórias do *GWR*, como **Esportes** (p. 220–275), **Planeta Animal** (p. 46–59), **O Corpo** (p. 60–73), **Espaço** (p. 20–29) e **Façanhas Humanas** (p. 74–89). Damos as boas-vindas a um novo especialista em entretenimento, Dick Fiddy, historiador da TV e consultor do Instituto Britânico de Filmes, que nos ajudou a elencar os maiores **recordes da TV** (p. 198–203). As seções **Referências Esportivas** (p. 266–275) e **Pelo Mundo** (p. 102–137) completam o livro.

● MENOR TEMPO PARA REGISTRAR E EMPACOTAR 50 ITENS

No dia 6/2/2009, o Brasil desbancou o Reino Unido, que detinha este recorde desde 2006: no supermercado Prezunic, em Botafogo, no Rio de Janeiro, Rosilda Ferreira (Brasil) registrou e empacotou 50 itens de compra em apenas 1min53s. Segundo as regras, todos os itens registrados devem ser produtos domésticos diferentes – e o último, um exemplar do *Guinness World Records*!

Por fim, agradecemos a todos os que ajudaram a tornar a edição 2010 tão especial. Para fazê-la acontecer, contamos com uma produção global que envolve milhares de pessoas. Talvez seja por isso que continuamos sendo a única empresa de validação de recordes respeitada em todo o mundo...

Craig Glenday
Editor

5/1 Nesse dia de 2008, o músico Josh Groban, de Los Angeles, tornou-se o **primeiro artista a ter cinco faixas entre as 30 Mais de Música Adulta Contemporânea dos EUA ao mesmo tempo.**

6/1 O **diretor mais jovem a rodar um longa-metragem** foi Kishan Shrikanth (Índia, n. 6/1/1996), que dirigiu o filme *C/o Footpath* (Índia, 2006) aos 9 anos de idade.

5.023.333: número de espectadores que assistiram à cobertura do Dia Guinness World Records 2008, em pelo menos 237 programas de TV diferentes!

AGORA EM PORTUGUÊS!

Você já pode se candidatar a recordista com a versão em português do nosso novo serviço imediato de recorde Fast Track, para receber retorno em apenas três dias úteis. Confira em www.guinnessworldrecords.com/br

RECORDES BRASILEIROS – OS DEZ MAIS

	RECORDE	DETENTOR
1	Mais títulos da Copa do Mundo (5)	Brasil
2	Maior estação de tratamento de água (2)	Guandu (Cedae), Brasil
3	País mais florestado	Brasil
4	Maior rebanho de gado comercial (4)	Brasil
5	Mais gols na carreira (futebol)	Pelé
6	Rio mais largo	Amazonas
7	Maior velocidade em skate (de pé) (3)	Douglas da Silva
8	Modelo com maior rendimento anual	Gisele Bündchen
9	Maior plateia em estádio esportivo	Maracanã, Brasil
10	Jogador de futebol mais velho (1)	Tércio Mariano de Rezende

●MAIOR COELHO DE CHOCOLATE

No dia 30/3/2009, os Supermercados Imperatriz Ltda. e a Nestlé Food Services do Brasil apresentaram em Florianópolis, Santa Catarina, um coelho de chocolate com medidas impressionantes: 3,4m de altura, 2,2m de diâmetro e peso de 2.800kg!

●MAIS SURFISTAS NA MESMA ONDA

No dia 7/9/2008, Rico de Souza (Brasil) bateu seu próprio recorde de 84 surfistas na mesma onda – do qual ele mesmo participou, em 2/9/2007 – amealhando um grupo de 100 surfistas na praia do Quebra-Mar, em Santos, São Paulo.

7/1 Quando assumiu o posto de treinador da seleção inglesa nesse dia de 2008, Fabio Capello (Itália) tornou-se o **treinador de futebol mais bem pago do mundo**, com salário divulgado de US$ 11,8 milhões.

8/1 A **maior tela de plasma** mede 3,81m na diagonal e foi apresentada pela Panasonic em 8/1/2008 na International Consumer Electronics Show, em Las Vegas, EUA.

Os Inquebráveis

A MAIORIA DOS RECORDES DO GWR NÃO É IMBATÍVEL, COMO COMPROVAM MILHARES DE PESSOAS A CADA ANO. CERTOS FEITOS, PORÉM, RESISTEM AO TEMPO E DIFICILMENTE SERÃO BATIDOS TÃO CEDO. EIS ALGUNS DOS RECORDES MAIS DURADOUROS DA HISTÓRIA...

Mais tempo sentado em um poste São Simeão, o Estilita (c. 386-459), passou 39 anos em um pilar no topo do monte das Maravilhas, perto de Aleppo, Síria.

Maior pandemia De 1347 a 1351, a peste pneumônica conhecida como Peste Negra matou cerca de 75 milhões de pessoas.

Maior surto de dança Em julho de 1374, num surto de tarantismo (mania de dança), milhares de pessoas dançaram quase sem controle pelas ruas de Aachen, Alemanha.

Assassina mais prolífica De cerca de 1585 a 1610, a condessa Elizabeth Bathory (Hungria) teria matado mais de 600 virgens. Foi presa em seu castelo, onde morreu em 1614.

Doutor mais jovem Em 13/4/1814, o austríaco Carl Witte recebeu o título de PhD em Filosofia pela Universidade de Giessen, Alemanha, com apenas 12 anos.

Pessoa mais leve Lucia Xarate (ou Zarate), também conhecida como a "Liliputiana Mexicana"(México, 1863-1889), pesava apenas 2,13kg aos 17 anos.

Barulho mais alto Você sabia que a erupção da ilha-vulcão Krakatoa, no estreito de Sunda, Indonésia, em 27/8/1883, foi ouvida a 5.000km de distância?

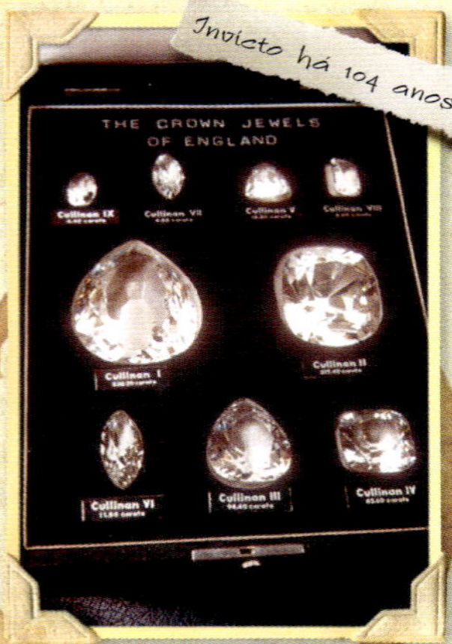

Maior diamante Jamais foi encontrado um diamante maior do que o Cullinan, de 3.106 quilates, descoberto em 26/1/1905 na mina Premier Diamond, na África do Sul.

Maior público de um circo Senhoras e senhores, uma salva de palmas para a maior plateia da história do circo: 52.385 pessoas assistiram ao espetáculo do Ringling Bros. and Barnum & Bailey Circus no Superdome, em Nova Orleans, Louisiana, EUA, em 14/9/1975.

4,5 bilhões de anos atrás:
para a maioria dos astrônomos, por volta dessa época um planeta do tamanho de Marte colidiu com o nosso, no maior impacto já sofrido pela Terra.

Invicto há 82 anos

Maior carro comercial Quando se trata de tamanho, há um carro que deixa os rivais comendo poeira. Lançado em 1927, o Bugatti Royale tipo 41 tinha mais de 6,7m de comprimento – 2,13m apenas de capô.

Invicto há 70 anos

Maior bilheteria O melodrama épico *E o vento levou...* (EUA, 1939) é o filme de maior bilheteria de todos os tempos, tendo faturado US$ 5,362 bilhões, em valores atualizados.

Invicto há 62 anos

Maior envergadura de avião O hidroavião H4 Hercules, também conhecido como *Spruce Goose*, tinha 97,51m de diâmetro e 66,65m de comprimento e voou apenas uma vez, em 2/11/1947.

Invicto há 55 anos

Compacto mais vendido de uma banda Gravado em 12/5/1954, *Rock around the clock*, de Bill Haley and his Comets (EUA), vendeu 25 milhões de cópias. até hoje!

HOMEM MAIS ALTO DE TODOS OS TEMPOS

Ele talvez seja o recordista mais famoso da história do *GWR*. Robert Pershing Wadlow (EUA) foi o **homem mais alto** já registrado, com 2,72m – e 199kg de peso. As mãos de Wadlow (não por acaso as **maiores mãos** já medidas) tinham 32,3cm do pulso à ponta do dedo médio – ele usava um anel de número 25 (foto). Esse homem notável também tinha os **maiores pés** do mundo, com 47cm de comprimento: usava sapatos tamanho 37AA nos EUA (algo entre 70 e 73 no Brasil)! Indiretamente, foram os pés enormes que causaram o falecimento prematuro de Wadlow. Após uma série de aparições em público, ele desenvolveu um calo no pé esquerdo, que infeccionou. Sua saúde piorou muito, e Wadlow morreu dormindo em 15/7/1940, com apenas 22 anos.

Invicto há 69 anos

Invicto há 61 anos

Maior média de tacadas A lenda australiana do críquete Donald Bradman detém a média de 99,94 tacadas por partida, em 52 partidas – ou 6.996 *runs* em 80 *innings* – de 1928 a 1948. É pouco provável que alguém chegue perto disso...

9/1 A **caneca mais valiosa** já produzida foi decorada com ouro 23 quilates e comprada por 1.000.023 *bahts* tailandeses (US$ 33.842) pela Nestlé Thai Ltd., no dia 9/1/2008.

COMO SER UM RECORDISTA

●"DOGÃO" MAIS LONGO

Em 27/9/2008, a empresa Empacadora Ponderosa (México) produziu um cachorro-quente de 114,32m de comprimento em Monterrey, México. Danny Girton estava a postos para medir o "dogue" e ratificar oficialmente o novo recorde.

OS FISCAIS DO GWR VIAJAM O ANO TODO PELO MUNDO EM BUSCA DOS RECORDES MAIS INCRÍVEIS DO PLANETA. CONHEÇA A NOSSA EQUIPE!

1. ENTRE EM CONTATO

Se deseja estabelecer ou quebrar um recorde mundial, você deve entrar em nosso site: **www.guinnessworldrecords.com** (em inglês). Clique em "Set a Record" e siga as instruções. (Para informações em português, acesse www.guinnessworldrecords.com/br/record_attempts.aspx.) Detalhe ao máximo sua ideia.

2. SIGA AS ORIENTAÇÕES

Você deseja quebrar um recorde mundial já existente? Se for esse o caso, nós enviaremos as diretrizes seguidas pelo atual recordista. Mas, se você não tira da cabeça a ideia de um recorde completamente novo – e se o acharmos interessante –, determinaremos as novas orientações que você deverá seguir. Assim que as receber, mãos à obra!

3. ENVIE PROVAS

Depois que você realizar sua tentativa com sucesso, terá que nos enviar provas. Providencie um filme e muitas fotografias, além de duas testemunhas independentes para certificar a conquista. Dependendo da natureza do recorde, pode ser que precisemos de mais provas – se esse for o caso, porém, você será previamente informado nas nossas orientações.

4. AGUARDE

Esta pode ser a parte mais difícil! Os especialistas da Equipe de Gestão de Recordes avaliarão sua tentativa e decidirão se você de fato receberá um certificado *Guinness World Records*. A não ser que você já tenha providenciado um fiscal do *GWR* para ser o juiz do intento (*ver página ao lado*). Boa sorte!

★NOVO
●ATUALIZADO

RMT A SEU SERVIÇO

A dedicada Equipe de Gestão de Recordes (RMT, na sigla em inglês) fiscaliza e ratifica as tentativas de recordes do *GWR*. Boa parte do trabalho ocorre na nossa sede em Londres, RU, mas o pessoal da RMT viaja pelos quatro cantos do mundo e presencia os recordes mais incríveis. Na foto, dez membros do RMT (da esq. para a dir.: Kaoru, Tzeni, Andrea, Ralph, Marco, Talal, Mariamarta, Gaz, Laura e Lucia).

10/1 As americanas Ann e Claire Recht foram medidas em 10/1/2007, quando se constatou que ambas têm 2,01m de altura – são, portanto, as **gêmeas mais altas**.

908: mais barras fixas em 1min, realizadas por Stephen Hyland (RU) em Stoneleigh, Surrey, RU, no dia 2/1/2009.

●MAIORES ESQUIS

Denise Anlander visitou Örebro, Suécia, em 13/9/2008 para medir um par de esquis de 534m de comprimento, que foram calçados por 1.043 esquiadores em evento organizado pelo Danske Bank (Banco da Dinamarca).

CONVIDE UM JUIZ DO GWR!

Ao convidar um fiscal do *GWR* para sua tentativa de recorde, você terá uma experiência do *Guinness World Records* completamente diferente:

- Confirmação instantânea de que você é um recordista oficial do *Guinness World Records* (se você conseguir, claro) – e recebimento do cobiçado certificado do *GWR* no ato.
- Cobertura internacional da sua tentativa. Você será uma das manchetes do dia!
- Publicação de um artigo completo sobre sua tentativa no nosso site. Veja: **www.guinnessworldrecords.com/register/login.aspx** (em inglês).
- Assessoria especializada. Sua ação será acompanhada por um integrante da nossa Equipe de Fiscalização, que o ajudará a planejar e – assim esperamos – quebrar um recorde mundial.
- Fiscal do *GWR* disponível para entrevistas e coletivas de imprensa no grande dia – uma forma fantástica de ter o máximo de publicidade.

É importante destacar que o *GWR* cobra uma taxa pela presença de fiscais na tentativa. Para saber mais sobre esse serviço exclusivo, acesse **www.guinnessworldrecords.com/member/services_adjudications.aspx**.

Agora é possível acessar o *GWR* em alemão, árabe, espanhol, francês, inglês, italiano, japonês, mandarim e português pelo nosso site. Escolha uma bandeira e descubra o que está acontecendo naquele país.

Por fim, não deixe de conferir o *Guinness World Records Games*. Se você quer ser um recordista dos games, por que não chamar um fiscal do *GWR* para tornar isso oficial?

MARCO FRIGATTI (ITÁLIA)

Marco lidera a RMT, a equipe que decide o que constitui ou não um recorde. "É um trabalho puxado", ele admite. "Recebemos mais de mil solicitações por semana." Além do italiano, Marco fala inglês, alemão, francês, holandês e está aprendendo mandarim. De que mais gosta no seu trabalho? "Conhecer os recordistas. Eles são apaixonados pelas coisas mais diversas. Os recordistas são pessoas por quem tenho um carinho especial."

ANDREA BÁNFI (HUNGRIA)

O trabalho de Andrea como gerente de fiscalização abrange o planejamento das tentativas de recorde e o comparecimento dos fiscais: "Se um recorde for presenciado por um de nossos fiscais, pode ter certeza que eu estou envolvida". Para Andrea, a fiscalização pode inspirar momentos mágicos: "Todos os eventos têm a possibilidade de se transformarem no momento mais extraordinário da sua vida". Ela é fluente em alemão, inglês, romeno e húngaro.

TALAL OMAR (RU, NASCIDO NO IÊMEN)

Residente em Londres, Talal é especialista em fiscalizações no Oriente Médio – ele é fluente em inglês e árabe. "O Oriente Médio é uma das regiões do mundo onde mais cresce a participação em recordes do *GWR*", ele revela. "As pessoas têm paixão por trabalhar em grupo na busca de objetivos em comum – como a equipe de padeiros de Al Jana, Qatar, que fez o ★ **pão árabe mais comprido do mundo**" (128,5m). O que Talal mais gosta em seu trabalho no *GWR*? "Nenhum dia é igual ao outro!"

CARLOS MARTINEZ (ESPANHA)

As primeiras memórias que Carlos guarda do *GWR* são de uma coleção de adesivos do livro. Mas foram os recordes esportivos que despertaram o fascínio de Carlos pelo *GWR*. "Uma das minhas maiores lembranças foi ver um encontro de grandes atletas na **maior reunião de títulos e prêmios esportivos**, na Espanha", diz ele. "Todos os meus heróis estavam lá." Este fiscal entusiasmado fala espanhol, italiano e português, e trabalha na nossa sucursal em Nova York, EUA.

LUCIA SINIGAGLIESI (ITÁLIA)

"Durante meus anos de escola e universidade eu aproveitava todas as oportunidades que tinha para viajar a outros países", diz Lucia. Esse apetite voraz por conhecer o mundo levou nossa executiva de fiscalização da sua casa em Marche, Itália, para Londres, RU, com escalas em boa parte do mundo – e fez dela uma candidata perfeita à equipe do *GWR*. Lucia fala três idiomas – italiano, inglês e francês – e trabalha na nossa sede, em Londres, RU.

DANNY GIRTON (EUA)

"Eu adoro ver a história acontecendo e conhecer pessoalmente as pessoas que a fazem acontecer", diz Danny, que cuida de tentativas de recorde que ocorrem do extremo norte do Canadá ao ponto mais austral da América do Sul. Ele, que se juntou à equipe do *GWR* há cerca de 18 meses e trabalha na nossa sucursal nova-iorquina, fala inglês e espanhol.

11/1 A **pessoa mais jovem a caminhar até o polo Sul** sem cães ou veículos motorizados é Sarah Ann McNair-Landry (Canadá, n. 9/5/1986), que tinha 18 anos quando alcançou o polo nesse dia de 2005.

12/1 A **pessoa mais velha a iniciar o ensino fundamental** é Kimani Ng'ang'a Maruge (Quênia), que tinha 84 anos ao se matricular no primeiro ano da escola Kapkenduiyo, em Eldoret, Quênia, em 12/1/2004.

O MUNDO DOS RECORDES NA TV

EUA

A estrela da TV britânica Fearne Cotton (abaixo) atravessou o Atlântico para apresentar o programa *Guinness World Records Live – Top 100* no canal NBC. Coletânea dos cem maiores recordes exibidos na TV, o especial de duas horas culminou com a transmissão – ao vivo! – do emocionante e aterrador recorde de **maior distância percorrida em túnel de fogo pilotando uma moto** pelo dublê Clint Ewing (EUA, esquerda) – incríveis 60,96m.

ALEMANHA

O programa *Guinness World Records: Die Grössten Weltrekorde* atrai a nata da comunidade recordista internacional, além de celebridades convidadas. No alto, os alemães Markus Ferber e Clarissa Beyelschmidt estabelecem o ★ **recorde de tempo segurando uma pessoa na vertical acima da cabeça** (59,34s); acima, Marco e Andrea fiscalizam a tentativa frustrada de quebra do recorde de ovos quebrados com o pulso.

APAREÇA NA TV

Se você tem uma habilidade, parte do corpo, planta ou animal de estimação recordistas, grave um filme e carregue-o na comunidade do *GWR* – www.guinnessworldrecords.com/community. Se gostarmos, nossos caça--talentos entrarão em contato para garantir seu reconhecimento oficial como recordista do *GWR*. Gravando!

REINO UNIDO

O canal Sky1 passou a ser a casa dos recordes no RU, graças ao programa *Guinness World Records Smashed*, da produtora independente Outline. Em novo e excitante formato, o programa apresentado por Steve Jones e Konnie Huq (esquerda) convida *você*, o público, a apresentar seus talentos recordistas. Inscreva seu vídeo online! Quem sabe não transmitem sua tentativa de quebrar recordes como os de Shaeen Sadough (RU, à direita) – ★ **mais camisetas vestidas em 1min** (83) – ou Zara Phythian (RU) – ★ **mais objetos chutados acima da cabeça em 1min** (43).

13/1 Os japoneses Shigetsugu Anan (83 anos e 11 dias) e sua esposa Miyoko (78 anos e 71 dias) correram a maratona Ibusuki Nanohana em 13/1/2008 – são o **casal mais velho a correr uma maratona**.

14/1 Yogesh Sharma (Índia) apertou a mão de 31.118 pessoas diferentes em 8h – o **recorde de apertos de mão por um indivíduo nesse espaço de tempo** –, nesse dia de 1996.

23: número de bolas de tênis pegas em 1min por Anthony Kelly (Austrália) no set do programa *Zheng Da Zong Yi*, em Pequim, China, no dia 9/11/2008.

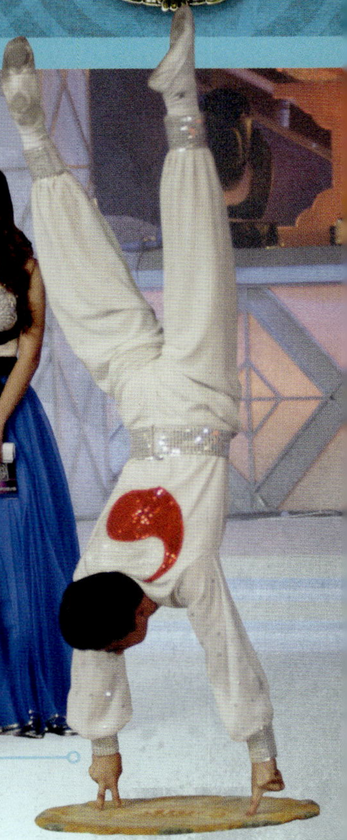

CHINA

O programa *Zheng Da Zong Yi Guinness World Records Special*, exibido pelo canal chinês CCTV, é uma prova de que os recordes são uma obsessão mundial. Na imagem, o polivalente Marco Frigatti entrega a Chen Yun (China, acima) o certificado pelo ★ **recorde de carretéis aparados com diabolô nas costas em 1min** (67) e observa Wang Weibao (China, direita) cravar a marca de ★ **mais tempo apoiado no chão em quatro dedos** (19,23s).

ESPANHA

O programa *Guinness World Records: El Show de los Records*, apresentado por Carmen Alcayde e Luis Muñoz, traz recordes mais emocionantes a cada ano. Nas fotografias (de baixo para cima), o *cortador de jamón* (cortador de presunto) Nico Jiménez Rodríguez (Espanha) cria a ★ **fatia de carne mais longa** (13,32m); Daniel Browning Smith (EUA) exibe suas habilidades como o **homem mais flexível** do mundo; e Chloe Bruce (RU) executa o ★ **recorde de chutes de artes marciais com uma perna em 1min** (192).

ITÁLIA

Nosso fiscal-sênior Marco Frigatti volta à sua terra natal para gravar o vibrante *Lo Show dei Record*, que tem a participação de grandes recordistas com talento reconhecido internacionalmente. Atrações de todos os países – da China à Nova Zelândia, da Finlândia à Lituânia – se exibem no set em Milão. O programa é apresentado por Barbara D'Urso, que já levou ao ar recordes como ★ **mais capotagens de carro em 5min (solo)** (sete, pelo austríaco Franz Muellner) e ● **mais tigelas quebradas com um dedo em 1min** (102, pelo especialista em artes marciais chinês Fan Weipeng).

15/1 Nesse dia de 1983, o californiano Thomas Syta de Van Nuys manteve um dropes Lifesaver ("salva-vidas", em inglês, assim chamado porque parece uma boia) na boca por 7h10min – com o buraco intacto.

★ NOVO ● ATUALIZADO

DIA GWR

Canadá
MAIOR JOGO DE PULA-SELA

No dia 14/11/2008, mais de 800 pessoas brincaram de pula-sela por cinco minutos no zoológico de Toronto. Apesar de a marca ser insuficiente para estabelecer um novo recorde, o evento foi um sucesso e ajudou a conscientizar o público da importância de proteger os anfíbios.

Inglaterra
★MAIOR REUNIÃO DE PESSOAS VESTINDO ROUPAS ÍNTIMAS

Para divulgar a campanha "Pants to Poverty" ("Calças para a Pobreza"), da Organização do Comércio Justo, 116 pessoas se reuniram em 13/11/2008 na estação de trem St. Pancras, em Londres, só com as roupas de baixo.

EUA
★MAIORES DREADLOCKS (MULHER)

Os dreadlocks da americana Asha Mandela tinham de 2,59m no dia 13/11/2008, quando foram medidos, em Davenport, Flórida.

Irlanda
★MAIOR IMAGEM FEITA COM LEDS

A Tesco da Irlanda, a fundação Make-a-Wish e a Disney criaram uma imagem do Pato Donald usando 26.981 diodos emissores de luz (LEDs), em Dublim, no dia 13/11/2008.

Alemanha
●MULHER A LEVAR MAIS CANECAS POR 40 METROS

Anita Schwarz (Alemanha) percorreu 40m carregando 19 canecas cheias de chope, em 9/11/2008, na cidade de Mesenich.

EUA
MAIOR CASÓRIO CANINO

Em Illinois, no dia 8/11/2008, apenas 87 casais de cães apareceram para tentar quebrar o recorde, devido ao frio congelante. Assim, a marca de 178 casamentos caninos permanece invicta.

Brasil
●MAIOR PÃO

Um pão de 1.571kg foi produzido por Joaquim Gonçalves (Brasil), em Curitiba, Paraná, no dia 13/11/2008, para celebrar o Dia GWR.

16/1 A **torta de sorvete mais pesada**, com 8.750kg, foi feita pela Beijing Allied Faxi Food Co., Ltd. para o Beijing Children's Art Theater Co., Ltd., em Pequim, China, no Dia GWR de 2006.

17/1 Uma equipe de 14 homens (RU e Irlanda) fez a **mais rápida travessia do Atlântico a remo**, em 33 dias e 7h30min. O barco partiu da Espanha em 15/12/2007 e chegou a Barbados em 17/1/2008.

103: recorde de pessoas fantasiadas de super-heróis, que se reuniram na Universidade Bournemouth, em Poole, RU, para comemorar o Dia GWR.

UM DIA DE RECORDES

- A **tacada mais longa da história do golfe** foi de 5.835m, dada pelo neozelandês Alastair Galpin em Auckland (Nova Zelândia), em 2/11/2008.
- Em Nantes, França, no dia 12/11/2008, Valentin Pasquier (França) bateu o recorde de **beijos dados em um minuto**: 94.
- A **maior distância que uma pessoa já percorreu a cavalo com o corpo todo em brasas** foi 472,8m. Foi o que fez o húngaro Halapi Roland em Kisoroszi, Hungria, no dia 12/11/2008.

Inglaterra
★MAIOR XÍCARA

Uma xícara de chá que media 1,22m de diâmetro e 1,22m de altura, com capacidade para 400 litros, foi feita pela Lancashire Tea num supermercado Asda, em Preston, no dia 13/11/2008.

Turquia
MAIS BLOCOS QUEBRADOS

Durante as comemorações turcas do Dia GWR, o fortão Ali Bahcetepe (Turquia, à esquerda) bateu o **●recorde de blocos de concreto quebrados em uma pilha só**, em Datca, em 14/11/2008. No mesmo dia, Narve Laeret (Noruega, à direita) quebrou **●mais blocos de concreto em 1 minuto**: 700. (Em 9/1/2009, porém, Bahcetepe superou essa marca, ao esmagar 888 blocos.)

★NOVO
●ATUALIZADO

França
★MAIOR TRANÇA DE PLÁSTICO

Um *scoubidou* (ou *boondoggle*) é uma corda feita de fios de plástico colorido brilhante trançados e amarrados. A francesa Manuela dos Santos fez o maior *scoubidou*, que media 510m em 11/11/2008, em Brancourt, França.

Acesse **www.guinnessworldrecords.com/2010** para baixar vídeos e fotos de diversos eventos do Dia GWR.

China
★MERGULHO EM CACHOEIRA

Di Huanran (China) fez o mais alto mergulho de cabeça numa cachoeira, ao saltar do topo da cachoeira Diaoshuilou e entrar no lago Jingbo 12,19m abaixo, em Mudanjiang, comemorando o Dia GWR com antecedência, em 5/10/2008.

Emirados Árabes Unidos
★MAIS CRIANÇAS OUVINDO HISTÓRIAS

O recorde de crianças acompanhando a leitura de histórias por um adulto é 3.032, estabelecido pela The Kindergarten Starters School na Aldeia Global, em Dubai, no dia 12/11/2008.

18/1 A **travessia mais rápida do continente antártico** (e **primeira solo e sem ajuda**) foi feita por Børge Ousland (Noruega), que completou a caminhada de 2.690km no dia 18/1/1997.

SUMÁRIO

●ROBÔS EXPLORADORES DE MARTE COM MAIOR SOBREVIDA

Esta foto foi tirada pelo *Opportunity*, veículo de exploração da NASA que, junto com seu irmão gêmeo *Spirit*, pousou em Marte em janeiro de 2004. Em março de 2009, ambos permaneciam em operação, apesar de terem sido projetados para durar apenas três meses.

A fotografia – colorida artificialmente para destacar as diferenças das substâncias na superfície do planeta – mostra a borda da cratera Victoria. No topo dela há pedras dispersas; na base, um firme leito rochoso; entre os dois, uma faixa de pedras cor-de-rosa brilhantes. Os geólogos creem que essas pedras formavam a superfície do planeta antes de o impacto que criou a cratera (de 730m de largura) a cobrir com uma camada de material ejetado, milhões de anos atrás.

★NOVO ●ATUALIZADO

5cm/s: velocidade máxima atingida pelos veículos de exploração marciana *Spirit* e *Opportunity*, que detêm o **recorde de velocidade na superfície de Marte**.

ESPAÇO PROFUNDO

★ MAIOR ESPELHO ESPACIAL

O espelho principal do Observatório Espacial Herschel, da ESA, tem 3,5m de diâmetro. Construído a partir de um disco de cerâmica de carbeto de silício, mais leve que o vidro, possibilitará o estudo de objetos no Sistema Solar e do espectro infravermelho do espaço profundo. Lançado em 14/5/2009, funcionará por três anos – seus instrumentos são resfriados por hélio líquido a 2K (-271,15ºC).

★ MENOR DISTÂNCIA ENTRE DOIS BURACOS NEGROS

Em março de 2009, astrônomos relataram que o quasar SDSS J153636.22+044127.0, corpo emissor de vastas quantidades de energia eletromagnética, parece conter dois buracos negros (buraco negro binário) em seu centro. Eles pesam, respectivamente, o equivalente a c. de 50 milhões e 20 milhões de sóis, embora separados por apenas um terço de um ano-luz.

★ TIPO DE GALÁXIA MAIS COMUM

Das centenas de bilhões de galáxias, as espirais – como a nossa, a Via Láctea – compõem c. 77% do Universo. Elas têm braços espirais que circundam um centro brilhante, e quase metade das espirais também possuem uma barra cruzando seus centros. Galáxias espirais podem conter centenas de milhões de estrelas, bem como poeira e gás.

★ GALÁXIAS MAIS DENSAS

As galáxias anãs ultracompactas (UCD) foram descobertas em 1999 por astrofísicos liderados pelo dr. Michael Drinkwater (Austrália). Hoje, são conhecidas dezenas de galáxias UCD, possíveis restos de blocos de construção que formavam galáxias bem maiores. Essas pequenas galáxias têm c. 100 milhões de estrelas num espaço de apenas 200 anos-luz de diâmetro, mas astrônomos sugerem que, há bilhões de anos, elas tinham densidade de cerca de 1 milhão de estrelas por ano-luz cúbico – 1 milhão de vezes mais que a densidade da Via Láctea.

ESPAÇO PROFUNDO?

Existem várias definições para "espaço profundo". Para alguns, é a região além da influência gravitacional da Terra; mas para muitos astrônomos, e para o *GWR*, é o que está além do Sistema Solar.

★ ANÃ MARROM MAIS VELHA

As anãs marrons são supergigantes gasosas que nunca se tornam grandes o suficiente para produzir as pressões internas necessárias à fusão nuclear. A anã marrom 2MASS 1626+3925 foi identificada no esparso halo que envolve a Via Láctea. Medições de sua luz infravermelha sugerem que essa estrela tem c. 10 bilhões de anos – mais de duas vezes a idade do nosso Sistema Solar.

★ GALÁXIA COM O MAIOR NÍVEL DE FORMAÇÃO ESTELAR

Astrônomos que estudam a luz da galáxia J1148+5251 estimam que a formação estelar no local ocorre a uma taxa de quase mil massas solares por ano – cerca de cem vezes superior à taxa de formação estelar em nossa galáxia. A J1148+5251 é uma galáxia ativa distante, conhecida como quasar. Distante 12,8 bilhões de anos-luz da Terra, os astrônomos observam como era sua formação de estrelas há 12,8 bilhões de anos.

MAIOR TELESCÓPIO EM TERRA

Os telescópios gêmeos Keck, localizados no pico do extinto vulcão Mauna Kea (Havaí), são os maiores telescópios ópticos e infravermelhos do mundo. Projetados para a observação do espaço profundo, esses telescópios têm altura equivalente a oito andares e pesam 272t. Ambos possuem um espelho com 10m de diâmetro composto de 36 peças hexagonais que, unidas, funcionam como uma única superfície refletida.

★ NOVO
● ATUALIZADO

19/1 A sonda *New Horizons*, da NASA, decolou a uma velocidade de 58.338km/h nesse dia de 2006, a **maior velocidade com que uma espaçonave decolou da Terra**.

20/1 Francis Joyon (França) velejou sozinho e sem escalas ao redor do mundo em 57 dias e 13h34min06s, de 23/11/2007 a 20/1/2008 – a **circum-navegação a vela solo mais rápida**.

299.792.458m/s: valor da velocidade da luz no vácuo, a **maior velocidade possível no Universo**. Um ano-luz é a distância que a luz percorre em um ano.

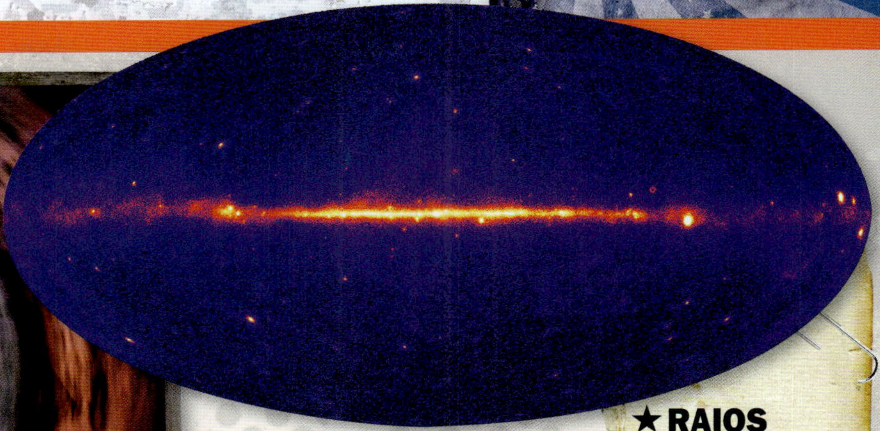

★ GALÁXIAS ATIVAS MAIS BRILHANTES

As galáxias ativas possuem centro altamente luminoso e emitem energia que engloba todo o espectro eletromagnético. Acredita-se que abriguem buracos negros supermassivos em seus núcleos. Esses buracos negros sugam constantemente a matéria que os cerca e lançam jatos de gás ionizado a velocidades próximas à da luz. Quando o jato de uma dessas galáxias aponta na direção da Terra, a galáxia parece mais luminosa que outras. Essas galáxias são os "blazares". Acima está uma imagem conceitual, produzida pela NASA, do blazar PKS 2155-304.

VOCÊ SABIA?

Embora os "blazares" pareçam brilhantes da Terra, sua magnitude (nível de luminosidade) é extremamente variável.

★ GALÁXIA EM APROXIMAÇÃO MAIS VELOZ

Apesar da abrangente expansão do Universo, uma pequena quantidade de galáxias se aproxima da nossa. A M86, galáxia lenticular (com formato de lente) distante cerca de 52 milhões de anos-luz da Terra, no Aglomerado de Virgem, viaja em direção à Via Láctea a 419km/s.

● BURACO NEGRO MAIS PESADO

Em fevereiro de 2008, a descoberta de um buraco negro na galáxia anã IC 10, com massa estimada em 33 vezes a do Sol, foi anunciada. Com exceção dos buracos negros supermassivos (que ficam no coração das galáxias), esse buraco negro é mais que duas vezes maior do que qualquer outro conhecido.

PULSAR MAIS PRÓXIMO

Os pulsares são estrelas de nêutrons que emitem feixes de radiação ao girar. São formadas em explosões de supernovas, quando prótons e elétrons nos átomos centrais da estrela se fundem em nêutrons. Uma vez que os nêutrons compreendem boa parte da massa atômica, as estrelas de nêutrons são pequenas e densas, em geral do tamanho de uma cidade grande, mas com quase a mesma massa do Sol. A Pulsar PSRJ0108-1431, na constelação de Cetus, está a apenas 280 anos-luz de distância da Terra.

● OBJETO MAIS DISTANTE DO UNIVERSO

Em 23/4/2009, o satélite *Swift* da NASA detectou uma erupção de raios gama de 10s e um subsequente brilho intenso de raios X da estrela GRB 090423. Análises revelaram que a GRB 090423 está a c. 13,035 bilhões de anos de distância, o que significa que a explosão foi próxima do nascimento estimado do Universo (veja abaixo). Isso torna a GRB 090423 o **★ objeto mais velho detectado no Universo**.

★ RAIOS GAMA COM MAIS ENERGIA

Lançado em 11/6/2008, o Telescópio Espacial Fermi, da NASA, detecta raios gama de fenômenos violentos no Universo a energias de 8.000 elétrons-volt até mais de 300 bilhões de elétrons-volt, o comprimento de onda de maior energia já estudado. Em março de 2009, a NASA apresentou um mapa dos pontos do céu que possuem energia de raios gama 150 milhões de vezes maior que a luz visível (acima), resultado de três meses de dados enviados pelo Fermi.

MEDIDA MAIS EXATA DA IDADE DO UNIVERSO

100

A *Wilkinson Microwave Anisotropy Probe* (*WMAP*, na foto abaixo) é uma sonda projetada para medir a Radiação Cósmica de Fundo do Universo – o eco de radiação do Big Bang. Os primeiros resultados provenientes do *WMAP*, lançados em 11/2/2003 e vistos na foto à direita, revelam uma diferença mínima de temperatura no início do Universo, o que possibilitou aos cientistas estimar a idade do Universo em 13,7 bilhões de anos, com 1% de margem de erro.

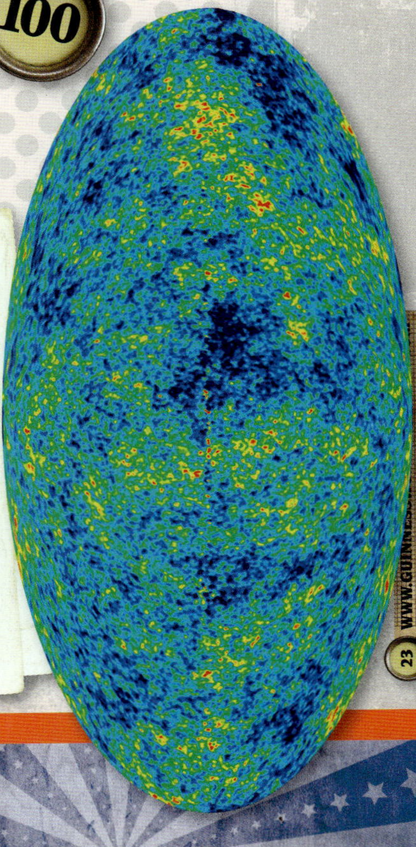

21/1 Tommy Clowers, de Ramona, Califórnia, EUA, realizou o **salto mais alto em uma motocicleta**, alcançando 7,62m, no Aeroporto de Van Nuys, Califórnia, nesse dia de 2001.

EXOPLANETAS

★EXOPLANETA MAIS PRÓXIMO DE SUA ESTRELA-MÃE

Planetas extrassolares, ou exoplanetas, são os que não orbitam o nosso Sol. Em 2007, astrônomos com acesso ao Telescópio Espacial Hubble participaram da Procura de Exoplanetas na Janela de Sagitário (SWEEPS), projeto que monitorou 180 mil estrelas no centro da Via Láctea por uma semana. O Hubble buscou diminuições na emissão de luz pelas estrelas, causadas pelo cruzamento de planetas a sua frente. Dos 16 planetas descobertos, um deles, o SWEEPS-10, orbita sua estrela-mãe a uma distância de apenas 1,2 milhão de km e se move a grande velocidade, concluindo uma órbita em apenas 10h. Comparando, Mercúrio leva 88 dias para orbitar o Sol.

●PLANETA EXTRASSOLAR MAIS LEVE

O Gliese 581e, cuja descoberta foi anunciada em abril de 2009, é o quarto planeta conhecido a orbitar a estrela Gliese 581. Estimativas de suas propriedades revelam que ele pode ter uma massa equivalente a quase 1,9 Terras; no entanto, esse planeta rochoso orbita sua estrela em um raio muito reduzido, ou seja, uma situação imprópria à vida.

Geralmente, os exoplanetas levam o nome de sua estrela-mãe na ordem em que são encontrados (o "a" se refere à própria estrela). Então, o primeiro planeta detectado na órbita de Gliese 581 é Gliese 581b, e assim por diante. Existem muitas formas de nomear estrelas, mas essa é a mais comum.

★EXOPLANETA COM ÓRBITA MAIS ELÍPTICA

O HD 80606b, primeiro exoplaneta em que mudanças climáticas foram observadas em tempo real (veja coluna à esquerda), se localiza a 190 anos-luz da Terra, na constelação da Ursa Maior. Esse exoplaneta possui órbita altamente elíptica (oval), similar à de cometas periódicos. A cada órbita, a distância do planeta até sua estrela varia de apenas 4,5 milhões de km (ponto mais próximo) a 125 milhões de km (ponto mais distante). Um ano em HD 80606b – ou seja, o tempo de duração de sua órbita em torno da estrela – dura apenas 111 dias.

FATO

Em breve, as técnicas de busca de exoplanetas devem ser capazes de detectar planetas menores que a Terra.

★EXOPLANETA MAIS QUENTE

O HD 149026b é um gigante gasoso que orbita uma estrela subgigante amarela a 257 anos-luz da Terra. Orbitando próximo à sua estrela-mãe, alcança temperatura de quase 2.040°C, bem acima do ponto de fusão do ferro. Acredita-se que seja rico em metais e muito escuro, com nuvens negras de óxidos de metais que absorvem a radiação da estrela de forma eficiente, contribuindo para a altíssima temperatura.

EXOPLANETA MAIS ANTIGO

O planeta mais antigo de que se tem notícia é um exoplaneta no aglomerado globular M4, a cerca de 5.600 anos-luz da Terra. Com idade estimada em pelo menos 10 bilhões de anos, esse distante planeta é mais de duas vezes mais antigo que o nosso Sistema Solar. Sua descoberta foi anunciada em julho de 2003.

★PRIMEIRAS MUDANÇAS CLIMÁTICAS EM EXOPLANETA EM TEMPO REAL

Observações telescópicas detectaram mudanças de clima na atmosfera do planeta gigante gasoso HD 80606b quando este passou próximo a sua estrela. Por 8h, a temperatura do topo das nuvens do planeta variaram de 520°C a cerca de 1.220°C – mais quente que lava fundida.

★MENOR EXOPLANETA

Em fevereiro de 2009, cientistas que trabalham com o satélite COROT (abreviação em inglês para convecção, rotação e trânsitos planetários) anunciaram a descoberta de um planeta na órbita de uma estrela há 456 anos-luz da Terra, na constelação de Monoceros. Conhecido por COROT-Exo-7b, esse mundo tem diâmetro estimado em apenas 1,7 vez o da Terra.

22/1 Feliz aniversário para George Blair (vulgo Banana George, EUA, n. 22/1/1915)! George é o **atleta de snowboard mais velho do mundo**. Ele pratica o esporte de 45 a 60 dias por ano.

23/1 A **descida tripulada mais profunda no oceano** foi realizada por Jacques Piccard (Suíça) e Donald Walsh (EUA), que desceram 10.911m na fossa das Marianas, nesse dia de 1960.

346: o número de exoplanetas descobertos por cientistas até 24/4/2009.

★PRIMEIRA DESCOBERTA CONFIRMADA DE EXOPLANETAS

Em 1992, astrônomos anunciaram a descoberta de dois planetas na órbita do pulsar PSR B1257+12, um resíduo de supernova a 980 anos-luz da Terra que pesa cerca de 1,4 vez a massa do Sol, mas tem apenas 30km de diâmetro. Ele gira ao redor do próprio eixo a cada 6,22 milissegundos. O pulsar era uma estrela gigante que explodiu há cerca de 800 milhões de anos.

★MAIOR ESTRELA COM PLANETA

Em janeiro de 2003, astrônomos anunciaram a descobera de um planeta na órbita da estrela gigante laranja HD 47536. Essa estrela está no fim da vida e em expansão: atualmente tem diâmetro de cerca de 33 milhões de km. O HD 47536b, um dos dois planetas vistos nesse sistema, está a 300 milhões de km de sua estrela, mas será eventualmente consumido daqui a alguns milhões de anos, quando a estrela se tornar uma gigante vermelha.

★PRIMEIRO MAPA DE UM PLANETA EXTRASSOLAR

Em 2007, o telescópio espacial infravermelho Spitzer, da NASA, foi direcionado para a estrela HD 189733 e seu planeta acompanhante, o HD 189733b, e observou esse sistema por 33 horas. O resultado foi convertido em um mapa de temperatura que apresenta variação de 700 a 940ºC. O planeta foi descoberto pelo método dos trânsitos, em que o planeta, ao passar entre sua estrela e a Terra, reduz a luz visível emitida pela estrela em 3%.

★EXOPLANETA MAIS FRIO

O OGLE-2005-BLG-390Lb, que deve seu nome, em parte, ao observatório Optical Gravitational Lensing Experiment (OGLE), envolvido na sua descoberta em 2006, orbita uma estrela anã vermelha fria a 21 mil anos-luz da Terra. A baixa energia de sua estrela associada à amplitude de sua órbita, mais distante de sua estrela que Marte do nosso Sol, significa que a temperatura em sua superfície é de -220ºC. Sua massa é estimada em c. cinco vezes a massa da Terra e acredita-se que sua superfície seja coberta de gelo, com o núcleo rochoso e atmosfera rarefeita.

★EXOPLANETAS COM MAIS VENTOS

Os exoplanetas HD179949b, HD209458b e 51 Pegasi b são gigantes gasosos que orbitam estrelas diferentes a distâncias de até 150 anos-luz da Terra. Cada um orbita sua estrela a c. 8 milhões de km, bem mais próximo que Mercúrio do Sol. Resultados divulgados em janeiro de 2007 demonstram que a amplitude de temperatura entre os dias e noites nesses planetas é pequena. Alguns cientistas sugerem que ventos supersônicos de até 14.500km/h constantemente transferem o calor do lado diurno do planeta ao noturno.

PRIMEIRA ATMOSFERA DETECTADA EM UM EXOPLANETA

Em novembro de 2001, astrônomos usaram o Telescópio Espacial Hubble para detectar luz atravessando a atmosfera na extremidade do planeta HD 209458b quando este passava na frente de sua estrela. A análise espectral dessa luz revelou a presença de sódio na atmosfera do gigante gasoso, cuja órbita dura apenas 3,5 dias. Observações posteriores sugerem a presença de vapor-d'água na atmosfera.

★PRIMEIRA MISSÃO ESPACIAL EM BUSCA DE PLANETAS

Projetado para encontrar planetas orbitando outras estrelas, o satélite COROT (da agência espacial francesa CNES) foi lançado em 27/12/2006 e descreve uma órbita polar 827km acima da superfície da Terra. Utilizando os trânsitos planetários, registrou a primeira descoberta de um planeta, o COROT-Exo-1b, em maio de 2007.

★PRIMEIRAS IMAGENS DE EXOPLANETAS EM LUZ VISÍVEL

Em novembro de 2008, duas descobertas revelaram as primeiras imagens em luz visível de planetas orbitando outras estrelas. Com o Telescópio Espacial Hubble, cientistas fotografaram o disco que circunda a estrela Formalhaut, a 25 anos-luz da Terra (foto principal), e viram um mundo de tamanho quase igual ao de Júpiter (detalhe) em sua órbita. Outra equipe, com os telescópios Keck e Gemini, obteve imagens diretas de três planetas ao redor da estrela HR 8799, a 129 anos-luz da Terra.

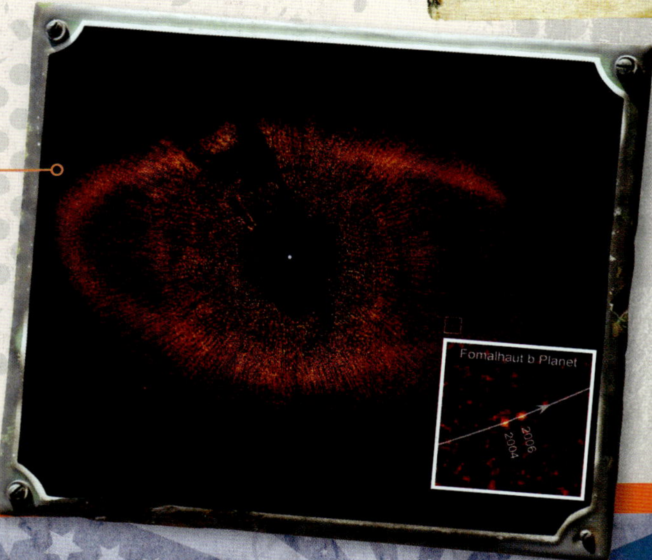

24/1 A **maior hora** (dança típica dos Bálcãs) teve 13.828 participantes e foi realizada em 2006, na cidade de Slatina, Romênia.

EXPLORANDO O SISTEMA SOLAR

★ PRIMEIRA DETECÇÃO DE VIDA PLANETÁRIA POR SONDA ESPACIAL

Quando a sonda *Galileo*, com destino a Júpiter, passou pela Terra em dezembro de 1990, cientistas usaram sensores para buscar sinais de vida na Terra como se o planeta fosse visitado pela primeira vez. A *Galileo* detectou assinaturas infravermelhas de clorofila, oxigênio molecular e metano na atmosfera e sinais de rádio de origem não natural – indicadores cruciais de vida.

★ NOVO
● ATUALIZADO

★ PRIMEIRO TROVÃO OUVIDO EM OUTRO PLANETA

A sonda soviética *Venera 11* pousou em Vênus em 25/12/1978. Entre seus equipamentos, havia um detector acústico capaz de registrar sons no céu e na superfície do planeta. Durante a descida com paraquedas da nave, o aparelho detectou sons de vento e ruídos de outros instrumentos da sonda em funcionamento logo após o pouso. Cerca de 32min após a aterrissagem, outro som de origem desconhecida com volume de 82 decibéis foi detectado. Um trovão venusiano foi a explicação mais provável.

★ PRIMEIRA MISSÃO PARA ESTUDO DE PLANETA ANÃO

Em 27/9/2007, a sonda *Dawn*, da NASA, foi lançada. O objetivo era alcançar o asteroide Vesta em um cinturão de asteroides entre Marte e Júpiter, estudá-lo de sua órbita e seguir em direção a Ceres, o maior objeto do cinturão. Ceres, como Plutão, foi reclassificado como planeta anão em 2006. Apesar do lançamento atrasado em relação aos planos da NASA, a sonda *Dawn* alcançará Ceres em fevereiro de 2015, cinco meses antes de a sonda *New Horizons* chegar a Plutão.

FATO

A sonda *Cassini* orbita Saturno desde 1/7/2004 e já registrou muitas imagens, como esta composição que mostra Titã, a maior lua de Saturno.

ATERRISSAGEM PLANETÁRIA MAIS REMOTA

A sonda *Huygens*, da Agência Espacial Europeia (ESA), pousou em Titã, a maior lua de Saturno, em 14/1/2005. Ela enviou dados e imagens da superfície do astro registrados durante o pouso e já em solo. A *Huygens* foi transportada para Titã, distante em média 1,433 bilhão de km do Sol, pela sonda *Cassini*, da NASA/ESA.

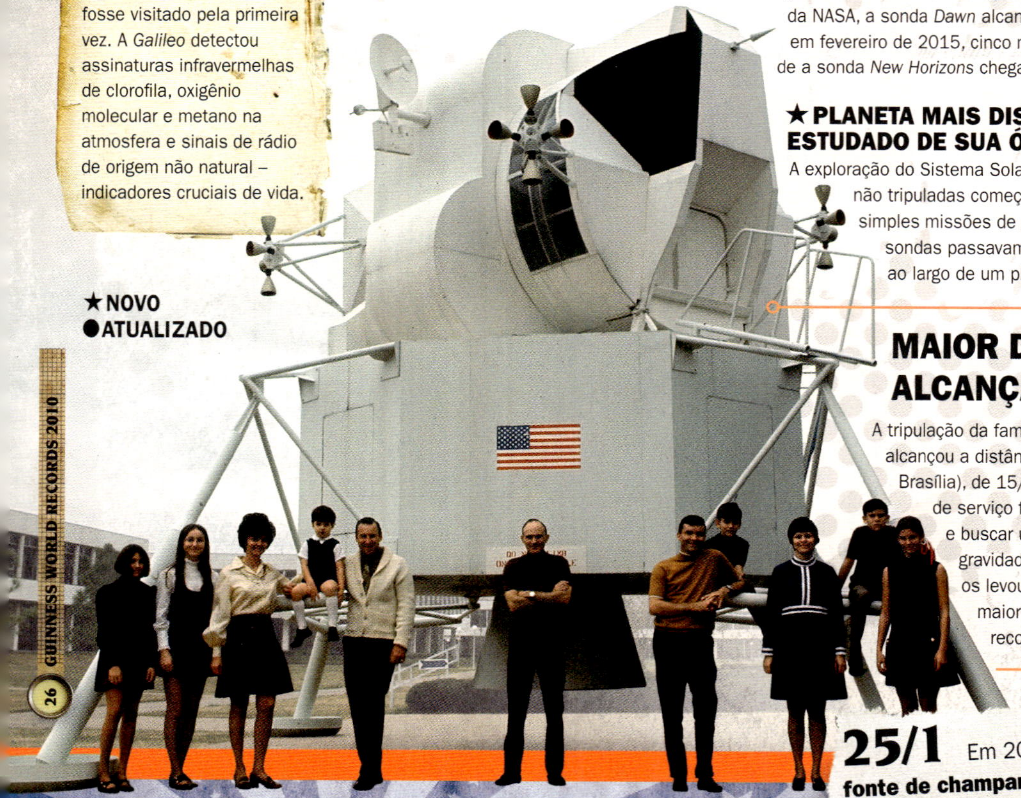

★ PLANETA MAIS DISTANTE ESTUDADO DE SUA ÓRBITA

A exploração do Sistema Solar por naves não tripuladas começou com simples missões de passagem: as sondas passavam rapidamente ao largo de um planeta coletando dados. Essas missões foram então reforçadas por missões orbitais: as naves coletam dados da órbita de corpos celestes. Em julho de 2004, após a chegada da sonda orbital *Cassini*, da NASA, Saturno, distante em média 1,43 bilhão de km do Sol, tornou-se o planeta mais distante estudado de sua órbita.

MAIOR DISTÂNCIA DA TERRA ALCANÇADA POR SERES HUMANOS

A tripulação da famosa *Apollo 13* (com suas famílias na imagem à esquerda) alcançou a distância de 400.171km da superfície terrestre, às 21h21 (hora de Brasília), de 15/4/1970. A explosão de um tanque de oxigênio no módulo de serviço forçou a tripulação a abandonar os planos de pouso na Lua e buscar uma trajetória livre de retorno que lhes permitisse usar a gravidade da Lua para impulsionar a nave de volta à Terra. A manobra os levou a 254km da superfície lunar, no lado escuro da Lua, e à maior "altitude" da Terra já alcançada por seres humanos. Para mais recordes de altitude e profundezas, vá até as p. 92–93.

25/1 Em 2008, o holandês Luuk Broos e sua equipe criaram a **fonte de champanhe mais alta**, formada por 43.680 taças dispostas em 63 andares, em Wijnegem, Bélgica.

63: número de satélites naturais descobertos até hoje na órbita de Júpiter, o **planeta com mais luas**.

●OBJETO MANUFATURADO MAIS REMOTO

A sonda *Voyager 1*, da NASA (na fotografia abaixo) foi lançada em 5/9/1977 (à direita), alcançou Júpiter em março de 1979 e Saturno em novembro de 1980. Essas duas passagens impulsionaram a sonda para fora do Sistema Solar. Em 1/2/2009, a *Voyager 1* estava a 16,247 bilhões de km do Sol. Ainda em operação, a nave tem reservas de energia que lhe permitirão funcionar até por volta de 2025.

★SONDA MAIS PRÓXIMA DE MERCÚRIO

Em 14/1/2008, a sonda *MESSENGER* realizou uma aproximação de Mercúrio impulsionada pela gravidade, passando a 200km da superfície do planeta. Essa foi uma das duas aproximações que a sonda já fez; a terceira foi prevista para setembro de 2009. Esse voos ajustam a trajetória da nave para que ela entre na órbita de Mercúrio em março de 2011.

●MAIS COMETAS DESCOBERTOS POR UMA ESPAÇONAVE

A sonda *SOHO* (Solar and Heliospheric Observatory), da ESA/NASA, foi lançada em dezembro de 1995 para estudar o Sol nas proximidades do ponto L1 – posição entre o Sol e a Terra onde as forças de gravidade dos dois astros se anulam. A sonda produziu dados solares em tempo próximo do real para previsão do tempo espacial, e suas descobertas de cometas foram acidentais: em 25/7/2008, a sonda descobriu por acaso seu 1.500º cometa.

MAIOR VELOCIDADE DE DECOLAGEM DA TERRA

A maior velocidade com a qual uma espaçonave deixou a Terra é 58.338km/h, alcançada pela sonda *New Horizons*, da NASA, que decolou do cabo Canaveral em 19/1/2006, com destino a Plutão e suas luas Charon, Nix e Hydra; a missão durará nove anos.

●MAIOR ESTAÇÃO ESPACIAL

A Estação Espacial Internacional (ISS) está em construção desde que seu primeiro componente, o módulo *Zarya*, foi lançado em novembro de 1998. Em 31/5/2008, astronautas da NASA acoplaram o módulo *Kibo*, produzido pela Agência Espacial Japonesa (JAXA), o que elevou a massa total da ISS para 298.000kg.

MAIOR CAUDA DE COMETA (MEDIDA)

O cometa Hyakutake apresentou a maior cauda de cometa já medida: ela tinha 570 milhões de km de comprimento, mais de três vezes a distância entre a Terra e o Sol. A cauda foi descoberta por Geraint Jones, do Imperial College (RU), em 13/9/1999, a partir de dados coletados pela sonda *Ulysses*, da ESA/NASA, que encontrou com o cometa por acaso em 1/5/1996. Apesar de, sem dúvida, haver cometas com caudas mais longas, esta é a maior medida já encontrada.

TURISTAS ESPACIAIS

O magnata americano Dennis Tito foi o **primeiro turista espacial**: ele voou até a Estação Espacial Internacional, onde se hospedou de 28/4 a 6/5/2001.

A iraniana Anousheh Ansari tornou-se a **primeira turista espacial (mulher)** em 18/9/2006, data de início de sua estadia de dez dias na Estação Espacial Internacional.

O ★**turista espacial mais prolífico** é Charles Simonyi (EUA), que fez duas viagens ao espaço: a primeira partiu em 7/4/2007, e a segunda, em 26/3/2009.

A NOVA MISSÃO

Os cientistas da NASA esperam que a *Voyager 1* permaneça operacional por tempo suficiente para alcançar a heliopausa – limite teórico da influência do nosso Sol, onde os ventos solares são superados pelos ventos de outras estrelas –, e assim provar sua existência.

26/1 O **maior diamante** foi encontrado nesse dia de 1905, na mina Premier Diamond, próxima a Pretória, África do Sul. A pedra, que recebeu o nome de O Cullinan, tinha 3.106 quilates.

27/1 Clint Ewing (EUA) percorreu a **maior distância em túnel de fogo numa motocicleta**, 60,96m, na estação Universal City, em Los Angeles, em 2008.

MARTE

BEM-VINDO A MARTE!

Marte é rochoso como a Terra, mas tem metade do tamanho. Sua atmosfera rarefeita de dióxido de carbono cobre a superfície empoeirada e manchada de vermelho, graças ao óxido de ferro. No céu noturno terrestre, a cor vermelha de Marte é visível a olho nu. Quando as sondas espaciais visitaram Marte na década de 1960, descobriram aos poucos um mundo de geologia titânica, rios pré-históricos e possibilidade de vida primitiva.

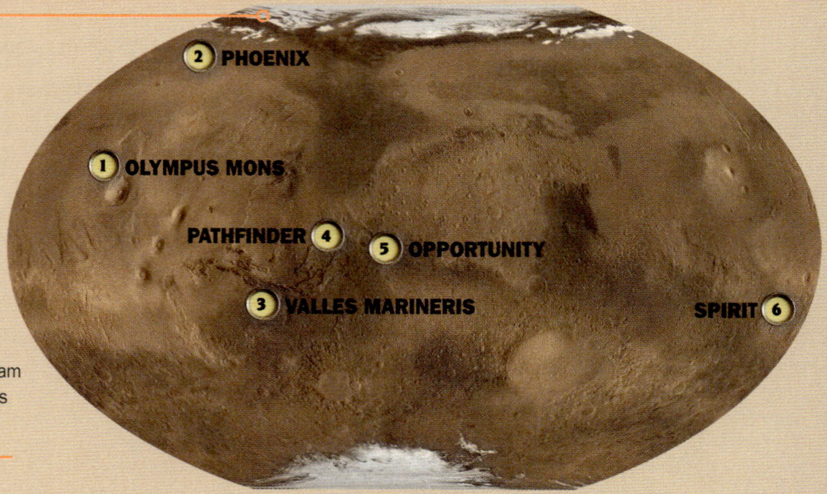

★MAIOR ÁREA DE GELO NA SUPERFÍCIE

Quase todo o gelo na superfície de Marte está nos polos. A calota de gelo no sul é a maior das duas: tem cerca de 420km de comprimento e contém água suficiente para cobrir todo o planeta com uma camada de 11m de espessura.

O gelo marciano é formado de gelo de água e uma camada sazonal de dióxido de carbono (gelo "seco"), que se acumula a cada inverno polar. O gelo seco pode erodir o terreno ao sublimar (passar diretamente de gelo a vapor) na primavera. Acredita-se que os cavados da imagem acima, captados pela sonda *Mars Reconnaissance Orbiter*, sofreram erosão do gás rico em poeira, que flui sob o gelo sazonal para algumas aberturas de escape.

VEÍCULOS EXPLORADORES DE MARTE MAIS DURÁVEIS

Os veículos gêmeos exploradores de Marte *Spirit* **(6)** e *Opportunity* **(5)** – os **maiores veículos exploradores planetários** – aterrissaram com sucesso na superfície do planeta em 4 e 25/1/2004, respectivamente. Desde então, cada um vem viajando pela superfície marciana, registrando imagens e realizando medições científicas. Em abril de 2009, o *Opportunity* tinha viajado 15.805m – muito mais do que se projetava inicialmente. Até maio de 2009, ambos estavam em operação.

●MAIOR ASTROBLEMA

Um dos aspectos mais distintos de Marte é a diferença completa entre as baixas planícies no Norte e os planaltos antigos com crateras na região Sul. A análise de dados provenientes de sondas em sua órbita (enviadas pela NASA) sugere que todo o hemisfério Norte seja um grande astroblema (cratera de impacto) com diâmetro de 8.500km – consideravelmente mais baixo que o hemisfério Sul. O impacto teria acontecido há mais de 3,9 bilhões de anos e teria sido criado por um objeto maior que o planeta anão Plutão.

★EVIDÊNCIA MAIS RECENTE DE ÁGUA EM MARTE

Uma das imagens registradas pela sonda *Mars Reconnaissance Orbiter* de uma ravina seca nas montanhas de Prometeu sugere que água corria em Marte há c. 1,25 milhão de anos. A ravina teria se formado com o derretimento do gelo, que escorreu e depositou sedimentos antes de evaporar para a rarefeita atmosfera marciana.

★PRIMEIRA AVALANCHE REGISTRADA EM OUTRO PLANETA

A câmera HiRISE da sonda *Mars Reconnaissance Orbiter*, da NASA, registrou imagens de uma ladeira íngreme com 700m de altura, perto do polo Norte, em 19/2/2007. Descobriu-se que o orbitador havia acidentalmente captado nuvens de escombros saindo da base da ladeira, onde gelo e poeira haviam se soltado e caído apenas alguns segundos antes.

★PRIMEIRO VEÍCULO EXPLORADOR EM MARTE

Em 4/7/1997, a sonda *Pathfinder* **(4)**, da NASA, aterrissou em Ares Vallis levando o veículo explorador *Sojourner*. Capaz de viajar alguns metros além do módulo, ele pesava c. 10,6kg e podia conduzir experimentos simples, como medir a composição química das rochas marcianas. A *Pathfinder* (na foto abaixo) e o *Sojourner* operaram até 27/9/1997, quando a comunicação com eles foi perdida.

28/1 Nesse dia de 2001, com 21 anos e 155 dias, Jamal Lewis (EUA, n. 26/8/1979), de Baltimore Ravens, tornou-se o **jogador mais jovem a aparecer no Super Bowl**, na 35ª edição do campeonato.

90–100km: altitude das nuvens marcianas descobertas pelo *Mars Express Orbiter*, da ESA, as **nuvens mais altas do Sistema Solar**.

★ PRIMEIRO REDEMOINHO EXTRATERRESTRE OBSERVADO

Vistos pela primeira vez da sonda *Viking* em órbita nos anos 1970, os redemoinhos (de poeira) em Marte talvez estejam muito acima da superfície. Produzidos quando o Sol aquece a poeira e o solo, fazem com que a poeira solta se eleve com o ar quente até as nuvens. Um redemoinho cruzou com o veículo explorador *Spirit* em 2005, o que removeu poeira de seus painéis solares e elevou seus níveis de potência.

★ NOVO
● ATUALIZADO

MONTANHA MAIS ALTA DO SISTEMA SOLAR

O cume do vulcão marciano Olympus Mons ***(1)*** está 25km acima de sua base – quase três vezes a altura do monte Everest. Ele é considerado um "vulcão escudo", devido à sua forma. Apesar da imensa altura, o Olympus Mons possui inclinação muito suave: a largura do vulcão é 20 vezes maior que sua altura.

★ PRIMEIRA ATERRISSAGEM DE MÓDULO BEM-SUCEDIDA

Em 25/5/2008, a sonda *Phoenix* ***(2)***, da NASA, aterrissou em Vastitas Borealis, grande planície de terras baixas que cobre toda a região polar norte. Ela entrou na atmosfera, após quase nove meses de viagem, a 21.000km/h, usando um escudo de calor, depois um paraquedas e um *retro rockets* (motor de foguete) para desacelerar e chegar a 8km/h na aterrissagem. Em 2/11/2008, perdeu-se a comunicação com ela.

★ PRIMEIRA AURORA MARCIANA

Em junho de 2006, a ESA anunciou que a sonda *Mars Express Orbiter* detectara auroras em pontos de Marte. Na Terra, as auroras boreal e austral são causadas por partículas solares eletricamente carregadas que interagem com o campo magnético do planeta, fazendo com que parte da alta atmosfera brilhe como neon. Marte não possui campo magnético; suas auroras advêm da interação de partículas solares com regiões específicas de rochas magnetizadas – vestígios da época em que Marte possuía campo magnético.

MAIOR CÂNION DO SISTEMA SOLAR

O Valles Marineris ***(3)***, em Marte, é o maior cânion no Sistema Solar, com comprimento total de quase 4.500km. Em sua região mais larga, alcança 600km de comprimento e cerca de 7km de profundidade. Seu nome vem da sonda *Mariner 9*, que o descobriu em 1971.

★ PRIMEIRA IMAGEM DE ATERRISSAGEM EM OUTRO PLANETA

A sonda em órbita *Mars Reconnaissance Orbiter* tirou uma foto instantânea oblíqua da descida do módulo de aterrissagem *Phoenix* ***(2)***, da NASA, até a superfície. A foto foi tirada 310km acima de Marte (abaixo) com uma câmera de alta resolução e mostra o módulo suspenso embaixo de seu paraquedas – aberto pelo *Phoenix* 46s antes, quando restavam 52s para ele aterrissar.

★ MAIS ESPAÇONAVES ORBITANDO O MESMO PLANETA

Quando a sonda *Mars Reconnaissance Orbiter*, da NASA, entrou na órbita marciana em março de 2006, já existiam três outras espaçonaves orbitando o planeta vermelho: *Mars Global Surveyor*, *Mars Odyssey* e *Mars Express*. Para completar, havia dois veículos exploradores em operação na superfície – ou seja, ao todo, eram seis as espaçonaves ativas explorando o mesmo planeta.

SONDA ESPACIAL MAIS DURADOURA

Em 1996, a sonda espacial *Mars Global Surveyor*, da NASA, foi lançada. Ela entrou na órbita marciana em 11/9/1997 para mapear e monitorar o planeta por dois anos, mas, devido a seu sucesso e qualidade, a missão foi estendida várias vezes. A comunicação com a sonda foi perdida em 2/11/2006 – quando já havia enviado mais de 250 mil imagens do planeta vermelho para a Terra, após mais de nove anos na órbita de Marte.

29/1 O **recorde de giros consecutivos realizados por um avião** é 408, conquistado por Zoltán Veres (Hungria), durante o Al Ain Aerobatic Show, em Al Ain, EAU, nesse dia de 2007.

30/1 A **maior perda líquida anual de uma empresa** foi de US$ 98,7 bilhões, relatada pela AOL Time Warner em 2003.

17.000m³/s: fluxo de água das cataratas de Boyoma, na República Democrática do Congo – a **maior cachoeira em volume de água**.

CACHOEIRA MAIS ALTA

O salto de Angel é a cachoeira mais alta (em oposição ao "véu de noiva" vaporizado) do mundo. Por sua queda passam as águas de um braço do rio Carrao, no Parque Nacional de Canaima, Venezuela. Tem altura total de 979m – a maior queda mede 807m. O salto de Angel recebeu esse nome em homenagem ao piloto americano Jimmie Angel (EUA, 1899–1956), que registrou sua existência no diário de bordo em 16/11/1933. Conhecida pelos nativos como *Parakupa-vena* ou *Kerepakupai-merú*, a cachoeira já havia sido descrita pelo explorador venezuelano Ernesto Sanchez La Cruz em 1910.

SUMÁRIO

EUROPA

CONTINENTE COMPACTO

Dos continentes do mundo, a Europa é o segundo menor (a Oceania é o menor e a Ásia, o maior), com área terrestre de cerca de 10,1 milhões de km², o que corresponde a aproximadamente 6,8% da área terrestre do planeta.

★PAÍS MAIS BAIXO

A área dos Países Baixos (Holanda) é 41.526km², dos quais cerca de 27% estão situados abaixo do nível do mar. O país é célebre por seus vastos sistemas de diques, barreiras artificiais ou naturais que contêm o mar e os rios e protegem a terra para a agricultura e outros fins. O ser humano vem construindo diques na região há mais de 2 mil anos.

★NOVO
●ATUALIZADO

★ANIMAL TERRESTRE MAIS ANTIGO

O indício mais antigo de criatura vivendo na terra, e não no mar, é o fóssil de uma centopeia de 1cm de comprimento, com idade estimada em 428 milhões de anos, encontrado perto de Stonehaven, Escócia, RU, por Mike Newman (RU). Batizado de *Pneumodesmus newmani* em 2004, o artrópode era dotado de espiráculos (estruturas respiratórias primitivas no exterior do corpo), o que faz dele também o mais antigo ser vivo capaz de respirar.

Newman fez sua descoberta em 2004, na costa de Cowie Harbour, e deixou o espécime aos cuidados do Museu Nacional da Escócia, em Edimburgo, RU.

MAIOR FONTE TERMAL

O maior rio fervente nasce nas fontes quentes e alcalinas de Deildartunguhver, em Reykholtsdalur, ao norte de Reykjavik, Islândia, com 245L de água fervente por segundo. A temperatura da água, bombeada a 64km de distância para fornecer aquecimento, deve-se à atividade vulcânica subterrânea.

GÊISER DE ÁGUA FRIA MAIS ALTO

O Geysir Andernach, no distrito alemão de Mayen-Koblenz, é o gêiser de água fria mais alto: costuma atingir alturas de 30–60m.

Diferentemente dos gêiseres quentes, que ocorrem com mais frequência, os gêiseres de água fria têm origem na água subterrânea que, ao dissolver grandes volumes de dióxido de carbono (liberado por fissuras no manto superior da Terra), fica "carregada" como uma garrafa de refrigerante e é expelida por um poço.

O poço de Andernach tem 350m de profundidade, e a erupção mais alta do gêiser chegou a 61,5m de altura, registrados em 19/9/2002. O volume médio de água expelida por erupção é de 7.800L, e o intervalo médio entre erupções gira em torno de 90–110min; uma delas chegou a durar 7–8min.

PRAIA ELEVADA MAIS ALTA

Na Costa Alta, em Västernorrland, Suécia, há uma praia de seixos cerca de 260m acima do nível do mar. Sua altura é resultado da elevação da terra após a última glaciação, quando o grande peso dos lençóis de gelo foi erguido. A região continua se elevando, a uma velocidade de aproximadamente 1cm por ano, e o processo deve continuar por mais 10 mil anos.

★MAIOR MAR SALOBRO

A água salobra tem salinidade entre a da água doce e a do mar. O mar Báltico, no norte da Europa, com cerca de 377.000km² de superfície, é a maior área de água salobra do mundo. Sua salinidade varia aproximadamente entre 0,6 e 1,5%. Para se ter uma ideia, a água do mar tem cerca de 3,5% de sal. A baixa salinidade do Báltico deve-se à mistura de água marinha com a água doce despejada pelos rios dos países circundantes.

MAIOR FLORESTA DE CONÍFERAS

As vastas florestas de coníferas do norte da Rússia, entre o paralelo da latitude 55°N e o círculo Ártico, cobrem uma área de 4 milhões de km² na região.

MAIOR GRUTA GLACIAL

A maior caverna artificial aberta no interior de um glaciar tem 5.500m². Localizada no glaciar de Fee, na Suíça, foi construída pelo glaciologista suíço Benedikt Schnyder e compreende um túnel de 54m de extensão, usado como galeria de arte, 8m abaixo da superfície da geleira.

31/1 O **mais longo nariz do mundo** pertence a Mehmet Ozyurek (Turquia): tinha 8,8cm da ponte à ponta quando medido em 2001.

1/2 O **primeiro estúdio cinematográfico** foi o "Black Maria", de Thomas Edison, um galpão coberto de papel alcatroado preto, concluído em 1893, em West Orange, Nova Jersey, EUA.

45.000m³/s: fluxo de água do glaciar de Vatnajokul, na Islândia, em 1996, após erupção vulcânica – o **glaciar de derretimento mais rápido**.

● CAVERNA MAIS PROFUNDA

Em setembro de 2007, espeleólogos da Associação de Espeleologia Ucraniana atingiram a profundidade de 2.191m dentro da caverna de Krubera, no maciço Arabika, na Geórgia, sendo que 2,5km de novas passagens foram exploradas nessa expedição de 29 dias. A tentativa de atingir as câmaras inferiores da caverna é comparada por eles a "escalar o monte Everest ao contrário".

MAIOR ILHA CRIADA A PARTIR DE ERUPÇÕES VULCÂNICAS

A Islândia foi formada por erupções vulcânicas ocorridas na dorsal mesoatlântica, sobre a qual se situa. Com área de 103.000km², o terreno do país é basicamente da mesma matéria do solo oceânico, porém exposto acima da superfície do mar.

POÇO MAIS FUNDO

O Vrtoglavica (que significa "vertigem") é um poço vertical ininterrupto que atinge a profundidade de 643m na cordilheira de Kanin, na Eslovênia. É o mais profundo poço natural do mundo e poderia acomodar, com sobras, duas torres Eiffel.

★ MAIOR PLUMA MANTÉLICA

Plumas são regiões de rocha aquecida no manto terrestre que se elevam pouco a pouco em virtude da redução de densidade. Como a cabeça da pluma pode derreter ao atingir a superfície, acredita-se que essas formações constituam um meio de a Terra perder calor interno. Atualmente, a maior dessas plumas situa-se sob a Islândia, à qual deu origem. A Pluma da Islândia vem sendo amplamente estudada, sobretudo a partir de dados sísmicos; caracteriza-se por uma estrutura aproximadamente cilíndrica, de cerca de 100–150km de largura, que atinge uma profundidade média de 400km. Nessa região, a rocha é cerca de 150–250°C mais quente que o manto adjacente.

CONFIRA

Agora que você já leu a respeito dos incríveis extremos naturais da Europa, saiba sobre seus habitantes na seção Pelo Mundo, a partir da p. 102.

PAÍS COM MAIOR CONCENTRAÇÃO DE TORNADOS

O Reino Unido possui a área com maior concentração de tornados no mundo: um para cada 7.397km². No caso dos EUA, a proporção é de um tornado para cada 8.663km².

★ JARDIM BOTÂNICO MAIS BOREAL

Embora o jardim botânico de Tromsø (69°40'N 18°56'L), na Noruega, situe-se dentro do círculo Ártico, ele se beneficia do aquecimento da corrente do Golfo. Administrado pelo museu da universidade de Tromsø (a **universidade mais setentrional**), abriga plantas árticas e alpinas de todo o hemisfério Norte.

MAIOR ILHA

Com exceção da Austrália, que costuma ser considerada uma massa de terra continental, a maior ilha do mundo é a Groenlândia, com área de cerca de 2.175.600km².

FIORDE MAIS LONGO

O fiorde Nordvest, na Groenlândia, penetra 313km terra adentro.

FLUXO DE LAVA

Em 1783, na erupção do vulcão Laki, no sudeste da Islândia, a lava se estendeu por 65–70km, no fluxo mais longo da história. A lava era uma mistura de *pāhoehoe* (solidificações retorcidas semelhantes a cordas) e *aa* (blocos de lava), dois termos do idioma havaiano.

MAIOR FREQUÊNCIA DE ERUPÇÕES

O monte Etna é um estratovulcão localizado na ilha italiana da Sicília. Com cerca de 3.329m de altura, é o maior vulcão ativo da Europa e um dos mais ativos do mundo, tendo entrado em erupção aproximadamente 200 vezes desde a primeira ocasião de que se tem registro, em 1500 a.C.

2/2 A **travessia transatlântica mais rápida movida a energia solar** durou 29 dias. O catamarã sun21 (Suíça), que havia partido da ilha Gran Canária, chegou à Martinica nesse dia de 2007.

AMÉRICA DO NORTE

1872: ano em que o Parque de Yellowstone, em Wyoming, EUA – o **parque nacional mais antigo** –, foi aberto ao público.

★ISTMO QUE CAUSOU MAIOR IMPACTO CLIMÁTICO

Há cerca de 3 milhões de anos, a atividade vulcânica e a deposição de sedimentos fecharam o espaço entre as porções norte e sul das Américas, criando uma faixa de terra chamada istmo do Panamá. Essa estreita barreira bloqueou a circulação entre os oceanos Pacífico e Atlântico e forçou a criação da corrente do Golfo, que elevou a temperatura dos invernos europeus em cerca de 10°C.

CAMPOS MAIS VASTOS

As pradarias das Grandes Planícies da América do Norte se estendem por 3 milhões de km², do sul do Canadá ao norte do México, cruzando os EUA. São os **maiores campos de clima temperado**, ou seja, apresentam verões quentes e secos e situam-se no interior do continente.

Em contrapartida, os **maiores campos tropicais** – campos próximos ao litoral, com maior precipitação pluviométrica e muitas vezes compreendendo bosques em sua vegetação – são as savanas do norte da Austrália, com área de cerca de 1,2 milhão de km².

ÁRVORES MAIS TOLERANTES AO FRIO

Os lariços (gênero *Larix*) são árvores de uma resistência incrível. O lariço-americano (*L. laricina*) em especial, nativo do norte da América do Norte, predominantemente do Canadá, é capaz de sobreviver a temperaturas de até –65°C no inverno. Os lariços são comuns no limite florestal ártico, ponto mais boreal em que há árvores.

ÁRVORE VIVA MAIS VELHA

Um pinheiro *bristlecone* (*Pinus longaeva*), batizado de "Matusalém", foi descoberto pelo dr. Edmund Schulman (EUA), nas Montanhas Brancas, Califórnia, EUA, e datado em 1957 com a idade de 4,6 mil anos, embora cientistas aleguem haver exemplares mais antigos. Sua localização é mantida em sigilo, a fim de protegê-lo de vandalismo. Os anéis de crescimento de árvores como esta são ótimas fontes de dados sobre as mudanças climáticas.

CICLONE QUE CAUSOU MAIS ESTRAGOS

100

O furacão Katrina, de categoria 5, que devastou a costa da Louisiana, EUA, em 29/8/2005, gerou um dano de US$ 45 bilhões na região, de acordo com a seguradora Swiss Re.

●MAIS RÁPIDO GLACIAR DE GRANDE PORTE

Segundo glaciologistas da Universidade do Colorado, o glaciar Columbia, situado entre Anchorage e Valdez, no Alasca, EUA, movia-se a uma velocidade média de 24m por dia em 2005.

MAIOR QUEDA-D'ÁGUA DE TODOS OS TEMPOS

Por volta de 18 mil anos atrás, perto do fim da última era glacial, formou-se um imenso lago na América do Norte, próximo à atual cidade de Missoula, Montana, EUA. Ele surgiu quando o avanço de um glaciar gigantesco represou um rio, dando origem a um corpo de água de c. 2.000km³ de volume. Quando a água rompeu a represa de gelo criada pelo glaciar, o lago, chamado "Lago Missoula glacial", irrompeu numa inundação catastrófica. Ao escoar, parte da água correu pelas hoje chamadas Dry Falls, resultando numa cachoeira de 5,6km de comprimento por 115m de altura. Comparando, as cataratas do Niagara têm 1,6km de largura por 50m de altura.

★MAIOR CRATERA GERADA POR EXPLOSÃO HIDROTERMAL

As explosões hidrotermais ocorrem quando a água subterrânea é submetida a temperaturas e pressões muito elevadas ao interagir com rochas derretidas. Quando essa água superaquecida se aproxima da superfície da Terra, a queda de pressão pode provocar uma expansão explosiva da água em vapor. O complexo da cratera de Mary Bay, no Parque Nacional de Yellowstone, Wyoming, EUA, mede 1.929 x 944m e se formou há cerca de 14 mil anos, a partir de uma série de explosões hidrotermais.

MAIOR ILHA

Exceto pela Austrália, considerada uma massa de terra continental, a Groenlândia é a maior ilha do mundo, com uma área de 2.175.600km².

★MAIOR CONCENTRAÇÃO DE PLAYAS

Playas são leitos de lagos secos com superfícies duras e lisas, que em geral surgem em condições áridas ou semiáridas. De composição variada – de lama a sal –, muitas contêm lagoas rasas no inverno. No leste do Novo México e nos planaltos do sul do Texas, EUA, há quase 22 mil desses acidentes geográficos. Na figura acima, vê-se uma *playa* do parque nacional de White Sands, Novo México, EUA.

★NOVO
●ATUALIZADO

★ MENOR ORQUÍDEA

A família das orquídeas é a segunda maior das plantas floríferas, perdendo apenas para a das *Compositae* (margaridas), com c. 25 mil espécies. A menor espécie de orquídea é a *platystele* (*Platystele jungermannioides*), semelhante às jungermânias e encontrada nos estratos mais baixos das florestas ombrófilas de México, Guatemala, Costa Rica e Panamá, a altitudes de 200–1.000m. Com c. 6,3mm de altura e 20mm de largura, ela floresce na primavera e forma apenas duas ou três flores minúsculas, de 2,5mm de largura.

★ REBOTE ISOSTÁTICO PÓS-GLACIAL MAIS RÁPIDO

O peso do gelo pressionando a terra no sudeste do Alasca, na Pequena Era Glacial, entre c. 1300 e 1650, acabou por esmagá-la. Com o recuo do gelo, a terra coberta começou a rebotar, isto é, a voltar para a posição original. Medidas obtidas por GPS (Sistema de Posicionamento Global) mostram que a área está se erguendo a uma velocidade de 32mm ao ano.

ÁRVORE VIVA MAIS ALTA

Uma sequoia (*Sequoia sempervirens*) descoberta por Chris Atkins e Michael Taylor (ambos dos EUA), no Parque Nacional de Redwood, Califórnia, EUA, em 25/8/2006, e batizada de Hipérion em homenagem ao deus grego, mede atualmente 115,5m de altura.

★ ROCHA MAIS ANTIGA

Um leito rochoso no litoral leste da baía de Hudson, no Canadá, contém as rochas mais antigas conhecidas na Terra, formadas há 4,28 bilhões de anos. Alguns cientistas acham que elas são remanescentes da crosta primordial do planeta, formada na superfície terrestre à medida que esta esfriava, logo após sua formação.

★ RASTROS MAIS LONGOS DE "ROCHAS DESLIZANTES"

Na Racetrack Playa, que fica no vale da Morte – na fronteira entre Nevada e Califórnia – estão as "rochas deslizantes": elas parecem mover-se sozinhas, deixando rastros no leito seco do lago. Ninguém jamais viu esse movimento, mas segundo um monitoramento de 1996 a rocha "Diane" deixou um rastro de 880m de comprimento. Os ventos fortes, de até 145km/h, e a umidade ocasional são as prováveis causas desse fenômeno.

AMÉRICAS DO NORTE E CENTRAL

Por razões de diagramação, foram incluídos nestas páginas os recordes das nações da América Central continental – Belize, Costa Rica, El Salvador, Guatemala, Honduras, Nicarágua e Panamá –, assim como os dos países que ocupam as ilhas do Caribe.

3/2 As **primeiras imagens da superfície lunar** foram obtidas pela sonda soviética não tripulada *Lunik* 9, que alunissou nesse dia de 1966.

4/2 Em 1990, a sonda espacial *Voyager I* tirou uma fotografia do nosso planeta natal de uma distância de quase 6,5 bilhões de km – a **imagem mais distante da Terra**.

5/2 Montado pelo capitão Alberto Larraguibel Morales (Chile), o cavalo Huaso (ex-Faithful) deu um salto recorde de 2,47m de altura, em 1949, o **salto mais alto dado por um cavalo**.

AMÉRICA DO SUL

FATO

Na foto, o estreito de Magalhães, no Parque Nacional de Torres del Paine, Chile. Para mais recordes gelados, veja Regiões Polares, nas **p. 44-45.**

★ESTREITO MAIS AUSTRAL

O estreito de Magalhães é uma passagem marítima natural que separa a massa continental da América do Sul da Terra do Fogo. Com cerca de 530km de comprimento e entre 4 e 24km de largura, historicamente foi a mais importante rota de navegação a ligar os oceanos Pacífico e Atlântico. Apesar da importância do canal do Panamá, que é artificial, o estreito de Magalhães ainda é amplamente utilizado pelos navios que contornam a América do Sul.

★LUGAR MAIS AUSTRAL COM HABITANTES PERMANENTES

Exceto as estações científicas antárticas, o lugar mais austral com habitantes permanentes na Terra é o povoado de Puerto Toro (55°04'59S), na ilha de Navarino, no extremo sul do Chile. No último censo realizado na região, em 2002, sua população era de apenas 36 pessoas.

★MINAS DE COBRE MAIS PRODUTIVAS

Em 2007, as duas minas abertas chamadas de Escondida e Escondida-Norte, no deserto de Atacama, norte do Chile, produziram 1,483 milhão de toneladas de cobre. Em setembro de 2008, o US Geological Survey apontou ser possível haver até 750 milhões de t de cobre a serem descobertos nos Andes.

VULCÃO ATIVO MAIS ALTO

O Ojos del Salado, na fronteira entre Chile e Argentina, é o vulcão ativo mais alto do mundo, com 6.887m.

LUGAR MAIS SECO

De 1964 a 2001, a precipitação pluviométrica média anual na estação meteorológica de Quillagua, deserto de Atacama, Chile, foi de meros 0,5mm – constatação feita em 2001, durante a gravação da série de documentários *Going to Extremes*, da produtora britânica Keo Films.

LAGO LOCALIZADO A MAIOR ALTITUDE

O Titicaca é o lago comercialmente navegável mais alto do mundo: está situado 3.810m acima do nível do mar, na fronteira andina entre Peru e Bolívia. Com aproximadamente 8.300km^2 de área e profundidade média de cerca de 140–180m, esse lago de água doce possui ainda um arquipélago de mais de 40 "ilhas" flutuantes, compostas inteiramente de caniços de totora, lar dos índios uros. Essas ilhas – as **maiores ilhas de juncos artificiais** – variam de tamanho à medida que as camadas inferiores de junco apodrecem e suas superfícies vão sendo constantemente refeitas.

MAIOR INSETO AQUÁTICO

A barata-d'água (*Lethocerus maximus*), espécie carnívora que vive na Venezuela e no Brasil e atinge até 11,5cm de comprimento, é o maior inseto aquático – mas, sendo relativamente comprida e estreita, não é tão pesada quanto alguns dos corpulentos besouros terrestres e bichos-pau do continente.

RIO MAIS LARGO

Fora da cheia, o corpo principal (não sob efeito das marés, quando o estuário pode ser bem mais largo) do rio Amazonas, na América do Sul, pode atingir até 11km em seus trechos mais largos.

MAIOR GRAMÍNEA

A puia (*Puya raimondii*), à esquerda, é uma espécie rara de bromélia gigante: ela cresce em altitudes de cerca de 3.960m de altura, nas montanhas bolivianas. Embora seja uma gramínea, possui uma panícula (espécie de tronco) de até 4m de altura, com milhares de flores e milhões de sementes. A puia leva aproximadamente 150 anos para florescer – o que faz dela a **planta que mais demora a florescer** – e, em seguida, morre.

6/2 Danny Wainwright (RU) fez o ***ollie* de skate mais alto** em 6/2/2000, quando ergueu o skate a 113cm do chão e venceu o Reese Forbes Ollie Challenge, em Longbeach, Califórnia, EUA.

7/2 Nesse dia de 1996, o Concorde levou 2h52min59s para percorrer os 6.035km que separam Nova York de Londres, o **voo transatlântico mais rápido de um avião comercial**.

3.631m: altitude de La Paz, o centro administrativo da Bolívia e a **capital mais alta** do mundo.

★ NOVO
● ATUALIZADO

MAIORES LINHAS PRÉ-COLOMBIANAS

As chamadas "linhas de Nazca" são figuras gigantes gravadas no solo do deserto de Nazca, no Peru. Representando plantas, animais, insetos e formas geométricas, a maioria só pode ser apreciada do alto. Os desenhos ocupam uma área de 500km², com 180m de largura, em média.

MAIOR ENDEMISMO DE ESPÉCIES

Os Andes Tropicais correspondem à área considerada detentora do maior número de espécies endêmicas. Abrangem Venezuela, Colômbia, Equador, Peru, Bolívia e uma pequena parte do norte da Argentina. Até agora os cientistas identificaram, entre suas espécies endêmicas, 20 mil plantas vasculares, 677 aves, 68 mamíferos, 218 répteis e 604 anfíbios, cobrindo uma área de 1.257.957km².

PAÍS MAIS ESTREITO

Comparando largura e comprimento, o país mais estreito do mundo é o Chile. Com uma média de 4.345km de comprimento por 175km de largura, o país tem a forma de uma fita, estendendo-se por todo o litoral oeste da América do Sul.

MAIOR BACIA HIDROGRÁFICA

Bacia é uma área de terra em que a água – em geral de origem pluvial ou derivada do derretimento de neve ou gelo – acumula-se num corpo de água de volume significativo, normalmente um rio. A maior bacia hidrográfica do planeta é a do Amazonas, que cobre cerca de 7,045 milhões de km², quase o tamanho da Austrália. O rio possui inúmeros afluentes, entre eles o Madeira – que, com 3.380km de comprimento, é o **mais longo afluente** do mundo.

CORDILHEIRA MAIS LONGA

Os Andes são a mais longa cordilheira do mundo. Com 7.600km de comprimento, estende-se por sete países e inclui algumas das mais altas montanhas da Terra. Mais de 50 de seus picos ultrapassam os 6.000m de altitude. A cordilheira tem c. 300km de largura ao longo de quase toda a sua extensão.

MAIOR PANTANAL

Situado no Brasil, com algumas áreas na Bolívia e no Paraguai, o Pantanal mato-grossense cobre 150.000km², maior que a área total da Inglaterra. Na estação das chuvas, 80% de seu território fica inundado.

MAIOR FILA DE FORMIGAS

Formigas-correição do gênero *Eciton*, das Américas Central e do Sul, e do gênero *Dorylus*, da África, são célebres por viajarem em fileiras altamente organizadas, às vezes passando dos 100m de comprimento e 1m de largura e contendo até 600 mil indivíduos, que não raro levam várias horas para passar por determinado lugar.

● MAIOR TAXA DE DESFLORESTAMENTO

Segundo o relatório *State of World's Forests* 2009, da Organização das Nações Unidas para a Agricultura e a Alimentação (FAO), o Brasil é o país com a maior taxa de desflorestamento. Entre os anos de 2000 e 2005, o país perdeu 3,103 milhões de hectares (31.000km², área do tamanho da Bélgica) anuais. O relatório revela que o planeta perdeu 745 mil hectares de florestas, ou 200km² (mais de 37 mil campos de futebol, ou a área de Washington, capital dos EUA) por dia entre 2000 e 2005.

★ MAIOR CIVILIZAÇÃO DO NOVO MUNDO

Em virtude de sua "recente" descoberta pelas civilizações ocidentais, as Américas e a Australásia são conhecidas como Novo Mundo. O maior e mais bem-sucedido império nessas regiões, antes da descoberta pelo Ocidente, foi o inca, inicialmente uma tribo com sede em Cuzco, fundada por volta de 1200. No seu auge, em torno de 1460, os incas governaram 10 milhões de pessoas, espalhadas por uma área do oeste da América do Sul de tamanho similar ao do Império Romano. Na foto, veem-se as ruínas da cidade inca de Machu Picchu, no Peru.

8/2 Em 2005, astrônomos do Harvard-Smithsonian Center for Astrophysics (EUA) anunciaram a descoberta de uma estrela deslocando-se a mais de 2,4 milhões de km/h, a **estrela mais rápida já registrada**.

ÁFRICA

★MAIOR LAGO TROPICAL

Com superfície de cerca de 68.800km^2, o lago Vitória, que ocupa parte da Tanzânia, de Uganda e do Quênia, na África, é o maior corpo de água doce dos trópicos. Seu volume é de aproximadamente 2.750km^3 – o Vitória é o sétimo lago de água doce mais volumoso do mundo e a principal fonte do rio Nilo.

★CONTINENTE HABITADO HÁ MAIS TEMPO

A África é considerada o berço da civilização e o continente em que os ancestrais da humanidade, bem como dos grandes primatas, evoluíram há milhões de anos. Lá surgiu o ser humano moderno, o *Homo sapiens*, há aproximadamente 200 mil anos.

MAIOR DESERTO

O Saara, no norte da África, é o maior deserto quente do mundo. Em sua maior extensão, de leste a oeste, tem 5.150km; já de norte a sul, ele tem entre 1.280 e 2.250km; além disso, cobre uma área de aproximadamente 9,1 milhões de km^2. Abriga também as dunas de areia mais altas: em Isaouane-n-Tifernine, no centro-leste da Argélia, as dunas chegam a atingir 465m de altura.

TEMPERATURA MAIS ALTA JÁ REGISTRADA

No dia 13/9/1922, foi registrada a temperatura mais alta à sombra de todos os tempos: 58°C, em Al'Aziziyah, no deserto do Saara, Líbia.

★MAIOR CONCENTRAÇÃO DE URZES

O ecossistema vegetal de *fynbos* ("belo arbusto", em africâner), exclusivo da região florística do Cabo, na África do Sul, contém mais de 600 espécies de urzes (arbusto do gênero *Erica*; veja fotografia acima). Há apenas 26 espécies de urze no resto do mundo.

★MAIOR CONCENTRAÇÃO DE ESPÉCIES VEGETAIS AMEAÇADAS

Em Cape Flats, na África do Sul, está a maior concentração de espécies vegetais ameaçadas. São 15 espécies por quilômetro quadrado ameaçadas de extinção na área.

★MENOR REINO VEGETAL

O sul-africano é o menor dos seis reinos florísticos (antártico, holártico, neotropical, paleotropical, sul-africano e australiano). Possui também a **★maior concentração de espécies vegetais**, mais de 9 mil, das quais 6.200 são endêmicas (não ocorrem em nenhum outro lugar), numa área de apenas 46.000km^2. São 1.300 espécies para cada 10.000km^2; comparando, as florestas tropicais da América do Sul têm concentração de apenas 400 espécies vegetais para cada 10.000km^2.

★DESERTO MAIS ANTIGO

O deserto da Namíbia, que cobre c. 80.900km^2 na Namíbia e em Angola, é uma região árida ou semiárida há pelo menos 80 milhões de anos. Esse deserto litorâneo recebe menos de 10mm de chuva por ano. Sua hiperaridez se deve ao ar seco descendente resfriado pelas águas gélidas da corrente de Bengala, no sul do Atlântico. Tais condições geram uma espessa neblina costeira, que proporciona a umidade necessária à sobrevivência de diversas formas de vida adaptadas, como a welwítschia, chamada por Charles Darwin de "ornitorrinco vegetal" – o plátipo das plantas –, devido a suas características curiosas.

PLANTA-PLÁTIPO

As **folhas de maior duração** pertencem à welwítschia (*Welwitschia mirabilis*), da Namíbia. Essa estranha planta vive entre 400 e 1.500 anos, produzindo duas folhas por século, que nunca caem – daí seu nome em africâner, tweeblarkanniedood (duas folhas nunca morrem).

9/2 Nesse dia de 1995, o americano Fred Hale tornou-se o **mais velho motorista** do mundo ao ter sua carteira de habilitação renovada aos 104 anos!

3.798.994 hectares: área do Parque Transfronteiriço Kgalagadi, em Botsuana e na África do Sul, o **maior parque transfronteiriço**.

★NOVO
●ATUALIZADO

★LAGOS MAIS ALCALINOS

A bacia do Magadi-Natron, no vale da Grande Fenda, entre o Quênia e a Tanzânia, tem corpos de água salina com temperaturas que chegam a 50°C e alcalinidade que atinge um pH de 10–12, alto o suficiente para empolar ou queimar a pele. O grau de corrosividade desses lagos, sobretudo o Natron, o Magadi e o Nakuru, deve-se à alta concentração de carbonato de sódio (soda), enxofre, cloro e fósforo gerada pelos vulcões ativos da região (veja à direita). O vermelho profundo típico do lago Natron (foto) é resultado de pigmentos das algas que crescem nesse ambiente hipersalino. Esses pigmentos são responsáveis também pela coloração rosada dos flamingos-menores (*Phoenicopterus minor*, figura menor), que se alimentam das algas.

CORDILHEIRA MAIS LONGA

O sistema da Grande Fenda, na África Oriental, tem cerca de 6.400km de comprimento e largura média de 50–65km. As escarpas ao redor da borda do vale têm altura média de 600–900m. Também chamado de vale da Grande Fenda (*Great Rift Valley*), começa na Jordânia e se estende até Moçambique, na África Oriental. Esse vasto sistema vem se formando gradualmente há cerca de 30 milhões de anos, à medida que a península Arábica se separa da África. Em consequência, a região é repleta de vulcões, entre eles o Oldoinyo Lengai (ver *Lava mais fria na erupção*, à esquerda), de fontes termais e lagos de altíssima alcalinidade.

FATO

Mais de 4 milhões de flamingos se reúnem na bacia do Magadi-Natron a cada estação. Eles se adaptaram para suportar um pH de até 10,5 ou 11.

CONTINENTE MAIS AFETADO PELA DESERTIFICAÇÃO

A transformação de terras aráveis em deserto, a desertificação, tem diversas causas naturais, como a variação climática e a erosão do solo. As atividades humanas, entre elas a exploração agrícola intensiva, o desflorestamento e até a migração de refugiados em tempos de guerra, também podem gerar as condições necessárias a esse processo. A pior desertificação ocorre na África, onde dois terços do continente foram reduzidos a terrenos áridos ou desérticos.

PAÍS COM MAIS TROVÕES

No distrito de Tororo, em Uganda, uma média de 251 dias de trovoada por ano foi registrada nos dez anos entre 1967 e 1976, fazendo dessa área a mais trovejante do planeta.

LAVA MAIS FRIA DURANTE A ERUPÇÃO

A lava basáltica comum chega a alcançar temperaturas de 1.100–1.200°C durante uma erupção, mas a lava natrocarbonatita do vulcão Oldoinyo Lengai, na Tanzânia, atinge apenas 500–600°C. O Oldoinyo Lengai é o único vulcão de carbonatita ativo na Terra. A estranha lava dessa substância lembra chocolate derretido e é a de menor viscosidade. Ao esfriar, essa lava se torna branca.

CROSTA FINA

O vale da Grande Fenda, no nordeste da África, tem a crosta continental mais fina do mundo, com apenas 15km de espessura. Os únicos locais onde a crosta terrestre é mais fina ocorrem em alguns pontos do leito do oceano Pacífico, onde a espessura cai para 6km.

10/2 A **maior batalha de bolas de neve** aconteceu em 2006, na Universidade Tecnológica de Michigan, em Houghton, EUA, e teve 3.745 participantes.

11/2 Os **primeiros semáforos** em caráter experimental foram usados em 1928, em Wolverhampton, RU. Após um mês, os primeiros semáforos permanentes foram acionados em Leeds, West Yorkshire.

ÁSIA

MAIOR CONTINENTE

As massas continentais abrangem 41,25% da superfície terrestre, ou 210,4 milhões de km². A Ásia é o maior continente, com 45.036.492km² de área.

DESERTO QUENTE MAIS FRIO

No deserto de Góbi, o quinto maior do mundo, a temperatura no inverno pode atingir -20°C. O deserto situa-se numa região que compreende áreas do sul da Mongólia, do norte e do nordeste da China. A cadeia de montanhas do Himalaia impede que nuvens de chuva cheguem ao deserto, que por isso fica na chamada "zona de sombra de chuva". Na foto, um camelo da região, animal que desenvolve uma grossa pelagem nos meses mais frios.

★NOVO
●ATUALIZADO

MAIOR HIDRELÉTRICA

100

Construída com o intuito de gerar energia para a crescente economia chinesa e ao mesmo tempo controlar as enchentes do rio Yangtsé, a Hidrelétrica das Três Gargantas, na China, é a maior do mundo: concluída em maio de 2006, a barragem tem 2.309m de comprimento por 185m de altura.

No quesito potência instalada, porém, até o início de 2009 a Usina Hidrelétrica de Itaipu Binacional (Brasil/Paraguai), no rio Paraná, ainda era a maior, com 14.000MW.

PAÍS MENOS PLANO

A China é o país com a maior variação de relevo no mundo: são 9.002m de altitude entre a depressão de Turpan, 154m abaixo do nível do mar, e o pico do monte Everest, 8.848m acima do nível do mar.

PONTO MAIS DISTANTE DO MAR

O território mais afastado do mar aberto fica a 46°16,8'N de latitude e 86°40,2'E de longitude, na bacia de Dzungarian, que está na região autônoma de Xinjiang Uygur, nordeste da China. Os mares abertos mais próximos – Baydaratskaya Guba, ao norte (oceano Ártico), Feni Point, ao sul (oceano Índico), e Bohai Wan, ao leste (mar Amarelo) – localizam-se a 2.648km de distância.

★VULCÃO MAIS CÔNICO

O monte Mayon (2.462m; 13°15'24'N 123°41'6'E) é o vulcão mais ativo das Filipinas. Com dimensões cônicas muito próximas do ideal – sua base tem 130km de circunferência –, é conhecido entre os vulcanólogos como "cone perfeito". Localizado em Albay, na ilha Luzon, o majestoso Mayon é um estratovulcão (composto de camadas de lava derramada) com cratera pequena e encostas íngremes. Sua última erupção ocorreu de julho a outubro de 2006.

★GELEIRA A MAIOR ALTITUDE

A cabeceira da geleira Khumbu, entre os picos dos montes Everest, Lhotsé e Nuptsé, no Himalaia, está a 7.600m de altitude. Ela se estende por 17km nas direções oeste e sul e termina 4.900m acima do nível do mar.

12/2 A equipe do paleontólogo Peter Doyle (RU) anunciou em 12/2/2002 a descoberta do vômito fossilizado de um ictiossauro, grande réptil marinho. Com 160 milhões de anos, é o **vômito mais antigo**.

13/2 A **mulher mais alta** de que se tem registro foi a chinesa Zeng Jinlian, nascida em 26/7/1964. Ao morrer, no dia 13/2/1982, ela media 2,48m.

9.300mm: volume de água do **mês mais chuvoso já registrado**, julho de 1861, em Cherrapunji, Meghalaya, Índia.

MAIOR PAÍS SEM LITORAL

O Casaquistão, cujo território ocupa 2.724.900km², faz fronteira com Rússia, China, Quirguistão, Usbequistão, Turcomenistão e o mar Cáspio, um mar interior. Logo, o país não é banhado por nenhum oceano.

MAIOR LAGO

O maior mar fechado, ou lago, do mundo é o mar Cáspio (Azerbaijão, Rússia, Casaquistão, Turcomenistão e Irã), que tem 1.225km em sua extensão máxima e 371.800km² de área, dos quais 143.200km² (38,5%) encontram-se no Irã. O ponto mais profundo do lago fica 1.025m abaixo da superfície, que por sua vez está 28,5m abaixo do nível do mar.

O lago Baikal, que tem 620km de extensão e largura entre 32 e 74km, localiza-se no extremo sul da Sibéria (Rússia) e é o **lago mais profundo** do mundo. Em 1974, o Serviço Hidrográfico da Frota do Pacífico da Marinha Soviética mediu uma fenda do lago, a Olkhon, e descobriu que ela tem 1.637m de profundidade, dos quais 1.181m ficam abaixo do nível do mar.

★MAIOR BIOMA TERRESTRE

Os biólogos costumam dividir o mundo em zonas distintas, ou biomas, como o deserto, a tundra, a pradaria e o mangue. O maior bioma é a taiga, grande floresta de coníferas que compreende o território ao sul da tundra ártica. A taiga se concentra principalmente no norte da Sibéria, onde ocupa cerca de 5,9 milhões de km² – o que equivale a um terço da área florestada da Terra.

★MAIOR ZONA DE COLISÃO CONTINENTAL

Entre 40 e 50 milhões de anos atrás, o subcontinente indiano entrou em choque com o continente eurasiano. A colisão, que continua ativa em uma área de 2.400km de extensão, deu origem à cadeia de montanhas do Himalaia.

TERREMOTO QUE DUROU MAIS TEMPO

100

O terremoto que atingiu as ilhas de Sumatra e Andamão, no oceano Índico, em 26/12/2004 foi o mais demorado de que se tem registro. Monitorado por sismógrafos em diversas partes do mundo, teve magnitude entre 9,1 e 9,3 na escala Richter e durou entre 500 e 600 segundos, conforme anunciado na revista *Science* em maio de 2005.

★MAIOR PÂNTANO CONGELADO

A região subártica da Sibéria ocidental é uma vasta área alagadiça de 1 milhão de km², o que equivale à França e à Alemanha juntas. Em 2005, cientistas descobriram que essa região está degelando pela primeira vez desde sua formação há 11 mil anos.

ÁRVORES A MAIOR ALTITUDE

As árvores enraizadas em terreno mais alto em relação ao nível do mar são um bordo-prateado (*Abies squamata*), descoberto no sudoeste da China, e bétulas-do-himalaia (*Betula utilis*), todos a 4.600m. Já a conífera *Abies spectabilis* tem espécimes a 4.267m de altitude, no Himalaia.

★MAIOR EXTENSÃO VERTICAL

O ponto mais alto e o mais baixo da superfície terrestre estão na Ásia. O monte Everest, cujo cume fica 8.848m acima do nível do mar, e o mar Morto, cuja superfície encontra-se 422m abaixo do nível do mar, conferem à Ásia uma extensão vertical (distância entre os extremos de altitude) de 9.270m.

●MAIOR CAMPO DE GÁS NATURAL

A jazida de gás de South Pars/North Field abrange uma área subterrânea de 9.700km² entre o Irã e o Qatar. Além das reservas de petróleo, equivalentes a 360 bilhões de barris, o campo contém um volume de gás natural estimado em 51 trilhões de m³ – o suficiente para abastecer o tanque de mais de 4 milhões de aviões Boeing 777.

MAIOR ÁREA DE ESTEPE SECA

As estepes são planícies sem árvores, marcadas por verões quentes e secos e invernos frios sem neve. Há dois tipos: a seca e a temperada. A maior estepe seca é a Casaque, na Ásia Central, com 804.500km². Antes que algumas áreas fossem destinadas à agricultura, na década de 1950, a área da estepe Casaque se estendia ininterruptamente do rio Ural, a oeste, aos sopés da cordilheira de Altai, a leste.

ESTRADA MAIS ALTA DO MUNDO

O trecho mais alto da estrada que liga Leh a Manali, na Caxemira, fica no desfiladeiro Khardung La, a 5.682m. A estrada, que foi construída em 1976, passa por mais dois desfiladeiros.

★RIO A MAIOR ALTITUDE

Entre os rios de grande porte, o Yarlung Zangbo é o que fica a maior altitude. Após nascer no Tibete, ele percorre 2.000km na China à altitude média de 4.000m. A seguir, entra na Índia, onde é chamado Bramaputra, e deságua no golfo de Bengala, formando o **maior delta** do mundo.

14/2 Essa é a data do Dia dos Namorados em muitos países. Em 13–14/2/2008, os britânicos Paul Gerrard e Sandra Brooke deram o **abraço mais longo**, por 24h1min, na estação Paddington, em Londres, RU.

OCEANIA

IMPOSTOR BIZARRO?

Em c. 1790, o governo de Sydney, Austrália, enviou um ornitorrinco empalhado à Inglaterra para estudos, mas o animal foi considerado um "bizarro impostor" feito por taxidermistas chineses. Tentou-se, em vão, descolar o "bico do pato"... As marcas da tesoura podem ser vistas no espécime original que está no Museu de História Natural de Londres.

★ MAMÍFERO MAIS RARO

A ordem dos monotremados é formada por um grupo muito raro de mamíferos primitivos que põem ovos em vez de parir filhotes. O grupo abrange quatro espécies de equidna (ou zaglosso) e uma de ornitorrinco (acima). Os monotremados só existem na Austrália e na Nova Guiné.

FATO

Os ornitorrincos machos possuem esporões com veneno nas patas traseiras. Por isso, o ornitorrinco é das poucas espécies de mamíferos venenosos.

★ ÁREA ÚMIDA MAIS SETENTRIONAL

A lagoa Waitunu e as zonas úmidas ao seu redor, situadas na porção boreal da ilha Sul, Nova Zelândia, são reconhecidas como a área úmida mais ao sul do planeta. Berço de muitas espécies raras, como a erva donátia, essa região se estende por 3.556ha de lagoas, lagos, charcos, córregos, pântanos e praias.

★ MAIS PLANO PAÍS DE GRANDE TERRITÓRIO

A Austrália é a única grande extensão de terra a não possuir regiões montanhosas significativas. O ponto mais elevado do país é o pico do monte Kosciuszko (acima), em Nova Gales do Sul, 2.229m acima do nível do mar. A altitude média da Austrália é de pouco mais de 200m.

★ NOVO
● ATUALIZADO

★ CONTINENTE COM MENOS FRONTEIRAS TERRESTRES

Entre as grandes regiões da Terra, a Oceania é a que possui menos divisas por terra entre nações. Segundo a definição de Oceania dada pelas Nações Unidas, a única fronteira terrestre no continente é a que separa Papua-Nova Guiné e Indonésia.

LUGARES MAIS QUENTES

Num período de seis anos (1960 a 1966), a temperatura média registrada em Dallol, Etiópia, foi de 34ºC. No Vale da Morte, Califórnia, EUA, foram observadas temperaturas máximas acima de 49ºC por 43 dias consecutivos – entre 6/7 e 17/8/1917. Em Marble Bar, Austrália Ocidental, foram registrados 160 dias consecutivos com temperaturas máximas de pelo menos 37,8ºC entre 31/10/1923 e 7/4/1924 (maior máxima: 49,2ºC). Também na Austrália Ocidental, Wyndham a temperatura atingiu 32,2ºC ou mais em 333 dias do ano de 1946.

MAIOR TROMBA-D'ÁGUA

Em Eden, Nova Gales do Sul, Austrália, foi observada a mais alta tromba-d'água com registro confiável, no dia 16/5/1898. Uma leitura feita na costa registrou a altura de 1.528m. As trombas-d'água são tornados que aparecem sobre o mar, sugando uma coluna de água (vórtice) até as nuvens. Ainda que associadas na maior parte a pequenos tornados, as trombas-d'água apresentam sérios riscos à navegação.

RECIFE MAIS LONGO

A Grande Barreira de Recifes, situada na costa de Queensland, nordeste da Austrália, tem 2.027km de extensão. Na verdade, não se trata de um único recife, mas de milhares de pequenos recifes. Ela é ainda a **maior estrutura marinha animal**, constituída por bilhões de corais-pétreos (ordem *Madreporaria* ou *Scleractinia*) mortos e vivos. São mais de 350 espécies de corais, cuja formação remonta a 600 milhões de anos atrás, segundo estimativas.

MAIOR MONÓLITO DE ARENITO EXPOSTO

O Uluru, também chamado rocha Ayers ou simplesmente a Rocha, é um monólito de arenito com 348m de altura que a população aborígine local considera sagrado. Situado na planície desértica do Território do Norte, Austrália, o monte tem 2,5km de comprimento por 1,6km de largura. Apenas um terço da rocha é visível – o restante está oculto abaixo da superfície do deserto. Com um volume de 0,54km^3, o Uluru é 215 vezes maior do que a Pirâmide de Quéops, no Egito.

MAIOR CONCENTRAÇÃO DE CARANGUEJOS

Cerca de 120 milhões de caranguejos-vermelhos (*Gecarcoidea natalis*) vivem na ilha Christmas (135km^2) – uma densidade populacional de cerca de um caranguejo por metro quadrado. Todo ano, milhões de caranguejos deixam suas tocas na floresta e se dirigem à praia para acasalar. Muitos deles, exclusivos da região, morrem no percurso, mas alguns sobrevivem e retornam à floresta.

15/2 O **maior comício pacifista** aconteceu nesse dia de 2003 em Roma, Itália. Cerca de 3 milhões de pessoas saíram às ruas para protestar contra a invasão iminente do Iraque pelos EUA.

163.000ha: superfície da ilha de Fraser, a **maior ilha de areia do mundo**, situada na costa de Queensland, Austrália.

★MAIOR PLANÍCIE SUBMARINA

O atol de Ontong Java é uma enorme área plana no leito do oceano Pacífico, oriunda de uma enorme formação vulcânica ao norte das ilhas Salomão. Ela cobre uma superfície de aproximadamente 2 milhões de km^2, quase o mesmo tamanho do México. Tudo indica que tenha surgido cerca de 125 milhões de anos atrás.

★MAIOR CONCENTRAÇÃO DE ESPÉCIES DE MARSUPIAIS

Os marsupiais são mamíferos cujos filhotes nascem apenas parcialmente desenvolvidos. As fêmeas, então, carregam os recém-nascidos numa bolsa. Embora os mais conhecidos sejam os cangurus e os coalas, os cientistas estimam que existam 330 espécies de marsupiais. Mais de dois terços delas habitam exclusivamente a Austrália e as ilhas adjacentes.

MAIOR DESENHO ARTÍSTICO HUMANO

O desenho gigante do contorno de um homem aborígine nu, com 4,2km de comprimento (tão grande que só pode ser visto do céu), apareceu na área rural de Finniss Springs, perto da cidade de Marree, Austrália Meridional, em julho de 1998. As linhas do desenho têm 35m de largura e o perímetro mede 28km. Ninguém assumiu a criação do "Homem de Marree", mas há inúmeras teorias a respeito.

MAIOR TRILHA NA NATUREZA

A Trilha Nacional Bicentenária Australiana é a trilha de cavalgada mais longa conhecida, com 5.330km. A trilha, que também é usada para caminhada e ciclismo, serpenteia por áreas inabitadas de Cooktown (norte de Queensland) a Healesville (Victoria), incorporando velhas rotas de tropeiros e estradas antigas.

★MAIOR CONTINENTE SUBAQUÁTICO

A Nova Zelândia é apenas a parte mais alta do microcontinente Zealandia. Embora ele se estenda por 3,5 milhões de km^2 – quase metade do tamanho da Austrália –, cerca de 93% dessa área é submersa e forma uma rasa plataforma costeira ao redor da superfície seca. Um microcontinente é um fragmento de terra que se desconectou da parte principal do continente (no caso, a Zealandia se soltou da Austrália).

PAÍS MAIS FLORESTADO (PROPORCIONALMENTE)

As ilhas Cook, no oceano Pacífico Sul, tem 95,7% de seu território coberto por florestas, de acordo com dados de 2000.

GÊISER MAIS ALTO

Em 1903, o gêiser Waimangu, na Nova Zelândia, tinha erupções regulares, cujos jatos atingiam a altura máxima de 460m a cada 30–36 horas. No ano seguinte ele se tornou inativo e desde então continua assim.

MAIOR NUVEM

As raras e solitárias nuvens-arco são caracterizadas por manter o formato enquanto se movem em velocidade constante. A mais conhecida nuvem-arco é a Morning Glory ("Glória Matinal"), que se forma no golfo de Carpentária, Austrália, e pode atingir 1.000km de comprimento e 1km de altura, deslocando-se a até 60km/h.

LOCAL MAIS DISTANTE DA TERRA FIRME

O ponto do Pacífico Sul delimitado pelas coordenadas 47°30'S e 120°W dista 2.575km da terra firme mais próxima – as ilhas Pitcairn, Ducie e Pedro I. Trata-se do centro de um enorme círculo de água com 20.826.800km^2 de área – muito maior do que a Rússia, o **maior país do mundo**.

OCEANIA

Há muita discussão a respeito de quais países pertencem ao continente da Oceania. De acordo com a ONU, o continente abrange Austrália, Nova Zelândia, Papua-Nova Guiné e os arquipélagos da Melanésia, Micronésia e Polinésia.

★PAÍS MAIS ORIENTAL

A República do Kiribati é um arquipélago no oceano Pacífico com c. 100 mil habitantes espalhados por diversos atóis. Em 1995, o governo local obteve a mudança da Linha Internacional de Data (LID), para todas as ilhas terem o mesmo fuso horário. Como consequência, a LID agora passa rente à costa leste de Kiribati.

16/2 A **placa de carro mais cara** – que traz apenas o número "1" – foi comprada por Saeed Abdul Ghaffar Khouri (Emirados Árabes Unidos) por US$ 14,2 milhões, em 16/2/2008.

17/2 Um grupo de 72 voluntários construiu o **maior iglu autossustentável em forma de domo** no dia 17/2/2008. O iglu tinha 7,85m de diâmetro interno e 4,17m de altura.

PLANETA TERRA

REGIÕES POLARES

★MENOR CALOTA POLAR REGISTRADA

A calota polar ártica (acima) é composta basicamente de gelo marinho que flutua no oceano Ártico. Devido às mudanças de temperatura que acompanham as estações do ano, essa calota encolhe no verão e aumenta no inverno. No verão de 2007, a calota reduziu-se a um nível recorde e ocupou uma área de apenas 4,11 milhões de km². A área média coberta pela calota polar ártica no verão entre os anos de 1979 e 2000 era de 6,7 milhões de km².

★NOVO
●ATUALIZADO

★CONTINENTE COM MENOS PAÍSES

Ao sul da latitude de 60°S – onde fica a Antártica, continente que não possui população nativa –, não há nenhum país. Embora vários países tenham reivindicado regiões do continente austral, o Tratado da Antártica, assinado por 45 nações em 1959, afirma que ele deve ser preservado para pesquisas científicas pacíficas e condena atividades militares no continente.

GELO MAIS ESPESSO

Em 4/1/1975, uma equipe de sismólogos mediu a profundidade do gelo na Terra de Wilkes, na Antártica Ocidental: 4.776m – o equivalente a dez edifícios Empire State!

★PRIMEIRO VOO DE AVIÃO SOBRE O POLO NORTE

No dia 12/5/1926, uma expedição liderada por Roald Amundsen (Noruega) sobrevoou o polo Norte na aeronave *Norge*, pilotada por seu projetista, Umberto Nobile (Itália). Entre os 16 membros da tripulação estava o explorador americano Lincoln Ellsworth, que também ajudou a financiar o voo.

100

★PRIMEIRA EXPEDIÇÃO A PÉ AO POLO SUL DE INACESSIBILIDADE

O polo Sul de inacessibilidade relativa é o ponto do continente antártico mais distante do oceano. Foi alcançado pela primeira vez a pé (com a ajuda de *kite skis*) em 19/1/2007 por Henry Cookson, Rupert Longsdon, Rory Sweet (todos do RU) e Paul Landry (Canadá), que conduziram seus mantimentos em trenós de 120kg. O grupo – N2i – percorreu 1.700km. O polo de inacessibilidade é mais remoto e difícil de ser atingido do que o polo Sul geográfico, e foi alcançado pela primeira vez em 1948 por uma equipe soviética.

MAIORES

GELEIRA

Descoberta pela tripulação de uma aeronave australiana em 1956–57, a geleira Lambert ocupa 1 milhão de km². Tem 64km de largura e, com sua extensão em direção ao mar (a barreira glacial Amery), no mínimo 700km de comprimento, o que faz dela a **geleira mais longa** do mundo. A Lambert drena cerca de um quinto do manto de gelo da Antártica Oriental, também chamada Grande Antártica.

★MAIOR BASE NA ANTÁRTICA

A Estação McMurdo é uma base de pesquisa dos EUA que se localiza no extremo sul da ilha de Ross. Fundada em 1956, cresceu a ponto de hoje ser a maior base permanentemente habitada da Antártica. No inverno, abriga menos de 200 indivíduos, mas durante o verão sua população pode chegar a mil. Os habitantes são cientistas e equipe de apoio. A estação contém três pistas de pouso, um porto e mais de cem edifícios, além de um campo de golfe de nove buracos.

CORPO DE ÁGUA DOCE

A calota polar antártica contém cerca de 30 milhões de km² de água doce, aproximadamente 70% do suprimento total de água doce do mundo.

★MAIS ANTIGA BASE ANTÁRTICA PERMANENTE

A Estação Mawson, operada pela Divisão Antártica Australiana, localiza-se na terra de Mac Robertson, no leste da Antártica. Fundada como base de ocupação permanente em 13/2/1954, hoje acolhe por volta de 20 indivíduos no inverno e 60 no verão.

18/2 o **maior prêmio principal de uma loteria nacional** foi a "módica soma" de US$ 365 milhões, valor ganho em 18/2/2006 na loteria Powerball, dos EUA.

167 m: altura do **iceberg mais alto**, medido no oeste da Groenlândia pelo quebra-gelo norte-americano *East Wind* em 1958.

★ MAIOR LAGO DENTRO DE GELEIRA A SE ROMPER

Quando uma plataforma de gelo bloqueia a entrada de um lago de água salgada ou fiorde, esse lago fica preso dentro da geleira. A água que escoa dela forma uma camada de água doce acima da água salgada, que é mais densa. O lago no fiorde Disraeli, de 32km de comprimento, possuía uma camada de água doce de 43m de profundidade, presa pela plataforma Ward Hunt. Em 2000–02, a ruptura da geleira provocou o escoamento de 3 bilhões de m³ de água doce para o oceano.

LAGO SUBGLACIAL

O lago Vostok, na Antártica, foi descoberto em 1994 por imagens de radar do continente gelado. Localizado sob a estação russa Vostok, é totalmente coberto por uma camada de gelo de 4km, embaixo do manto de gelo da Antártica Oriental. Um dos lagos mais antigos e imaculados da Terra, ele esteve completamente isolado do resto do mundo por pelo menos 500 mil anos – talvez mais. Com área de 14.000km², é o 18º maior lago do mundo e possui no mínimo 100m de profundidade.

★ CADEIA MONTANHOSA SUBGLACIAL

Os montes Gamburtsev, na Antártica Oriental, constituem uma cordilheira permanentemente coberta por mais de 600m de gelo que se estendem por cerca de 1.200km ao longo do continente. O ponto mais alto da cadeia de montanhas – descoberta por uma equipe soviética em 1958 – atinge 2.700m. Acredita-se que tenham por volta de 500 milhões de anos de idade.

★ RIO SUBGLACIAL

Em abril de 2006, cientistas da University College London – a mais antiga faculdade da Universidade de Londres – e da Universidade de Bristol (ambas do RU) observaram que a superfície de gelo sobre um lago subglacial diminuiu 3m, enquanto protuberâncias surgiam sobre dois outros lagos sob o gelo a 290km dali. Os cientistas acreditam que isso pode ser explicado pela existência de um rio subglacial – um fluxo de água de 1,8km³ ao longo de 16 meses seria a razão desses fenômenos.

BANQUISA

Durante o inverno, uma banquisa (banco de gelo) de 17 a 20 milhões de km² se forma no oceano Antártico; no verão, ela diminui para 3–4 milhões de km². Em comparação, o oceano Ártico fica coberto de gelo por 14–16 milhões de km² no inverno e 7–9 milhões de km² no verão.

ICEBERG

100

Em abril de 2005, o iceberg B15-A, no mar de Ross, na Antártica, media aproximadamente 120 x 20km, ocupando uma área de quase 2.500km².

ESTAÇÕES ANTÁRTICAS

Embora a Antártica não tenha população permanente, desde 1943 cientistas têm ocupado diversas bases, ou estações. Essa população sazonal varia, mas pode chegar a 4 mil indivíduos.

CONTINENTE MAIS ELEVADO

Sem levar em conta as plataformas de gelo, a Antártica possui elevação média de 2.194m acima do modelo OSU91A – forma de medição similar (porém mais precisa) à que se baseia no nível do mar. O ponto mais elevado do continente é o maciço Vinson, que está 4.897m acima do nível do mar.

★ CAIXAS ELETRÔNICOS MAIS AO SUL

Os caixas eletrônicos mais ao sul do planeta, e mais isolados, ficam na estação McMurdo, na Antártica, à latitude de 77°51'S. As duas máquinas, do banco Wells Fargo, não cobram taxa para saques.

19/2 O **recorde de tempo girando uma bola de basquete sobre um dedo** é 4h15min. O americano Joseph Odhiambo foi o autor do feito, nesse dia de 2006, em Houston, Texas, EUA.

20/2 O piloto de rali Juha Kankkunen (Finlândia) atingiu 321,65km/h, a **maior velocidade no gelo em um carro**, sobre o golfo de Bótnia congelado, em Kuivaniemi, Finlândia, nessa data em 2007.

PLANETA ANIMAL

160 toneladas: peso médio da baleia-azul (*Balaenoptera musculus*), o **animal mais pesado** da Terra.

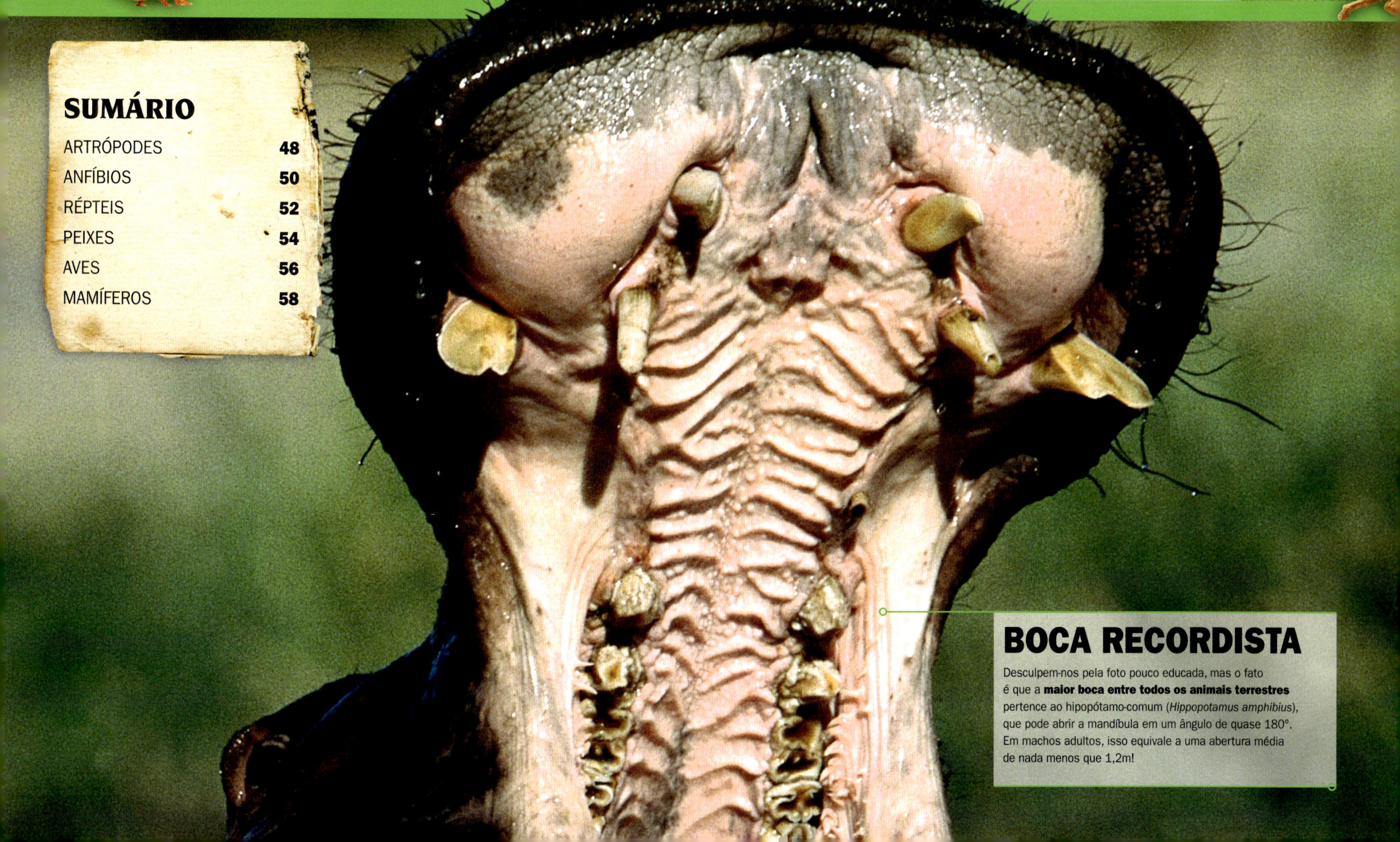

SUMÁRIO

BOCA RECORDISTA

Desculpem-nos pela foto pouco educada, mas o fato é que a **maior boca entre todos os animais terrestres** pertence ao hipopótamo-comum (*Hippopotamus amphibius*), que pode abrir a mandíbula em um ângulo de quase 180°. Em machos adultos, isso equivale a uma abertura média de nada menos que 1,2m!

ARTRÓPODES

1.933: número de pessoas mortas no México em 1946 por picadas de escorpião. Hoje, cerca de mil pessoas morrem disso todos os anos.

●INSETO MAIS LONGO

Em 16/10/2008, o Museu de História Natural do RU anunciou o novo bicho-pau mais longo: o *Phobaeticus chani*, das florestas tropicais de Bornéu. O mais longo dos três espécimes conhecidos (retratado com o curador de ortópteros do museu, George Beccaloni) media 56,6cm com as pernas esticadas; seu corpo sozinho tinha 35,5cm – outro recorde na classe dos insetos.

MAIOR ARANHA

Um exemplar macho da aranha-golias-comedora-de-pássaros (*Theraphosa blondi*) coletado por membros da expedição Pablo San Martin, no rio Cavro, Venezuela, em abril de 1965, tinha envergadura de pernas de 28cm – capaz de cobrir um prato raso.

A **menor aranha** é a *Patu marplesi*, de Samoa Ocidental. Um espécime macho encontrado em Madolelei, na ilha de Upolu, em janeiro de 1965, media 0,43mm ao todo – mais ou menos o tamanho do ponto final desta frase. Considerada rara, talvez a *Patu marplesi* seja apenas muito difícil de detectar e coletar.

★MAIOR FAMÍLIA DE ARANHAS

A maior família zoológica de aranhas é a *Salticidae*, à qual pertencem as aranhas-saltadoras. Hoje a ciência conhece mais de 4,4 mil espécies, e a maioria habita os trópicos. As aranhas-saltadoras quase nunca fazem teias, diferentemente da maior parte das aranhas; em vez disso, caçam suas presas literalmente saltando sobre elas.

★PRIMEIRA UTILIZAÇÃO DE TERAPIA COM VENENO DE ABELHA

O uso mais remoto da apiterapia (ou terapia com veneno de abelha, utilização farmacológica de produtos de abelhas melíferas para tratar doenças) foi dos antigos chineses, gregos e romanos. Especula-se que o médico grego Galeno (129–200 d.C.) usava mel e veneno de abelhas para tratar a calvície. A apiterapia é usada hoje como uma espécie de "acupuntura com insetos", especialmente popular no tratamento alternativo de doenças autoimunes, como esclerose múltipla e artrite.

●MAIOR FAZENDA DE ABELHAS

Aberta em março de 1986 e com área de 0,8ha, uma fazenda de abelhas na ilha malaia de Penang possui c. 4 mil exemplares vivos de mais de 50 espécies.

MENOR BORBOLETA

A minúscula *Zizula hylax* possui 6mm de envergadura nas asas dianteiras. Seu lado superior tem coloração azul-acinzentada metálica, e o inferior é cinza-claro com manchas escuras.

MAIS NOVO FILO ANIMAL

Em novembro de 2006, um gênero obscuro de pequenas criaturas consideradas parentes das planárias foi estudado a fundo, e descobriu-se que esses animais possuem características bastante distintas de suas supostas "irmãs". Os primeiros exemplares do gênero *Xenoturbella* foram descobertos numa escavação científica no mar Báltico, em 1949. As duas espécies, *X. bocki* e *X. westbladi*, são tão diferentes de outros animais que exigem um filo totalmente novo – a categoria mais alta de classificação animal – para encaixá-las: o Xenoturbellida. Esse fato é raro – pouquíssimos filos foram descobertos nos últimos 50 anos.

100

INSETO MAIS LEVE

O macho do piolho rajado *Enderleinellus zonatus* e a vespa parasita *Caraphractus cinctus* pesam cada um 0,005mg apenas. Os ovos desta última pesam cada um 0,0002mg.

★MELHOR VISÃO EM CORES

Os estomatópodes, crustáceos que incluem os camarões mantis, têm o maior espectro de visão em cores. Comparando, enquanto os olhos da maioria dos mamíferos têm dois tipos de fotorreceptores de cor, os dos seres humanos e de outros primatas contêm três (e a maioria das aves e dos répteis, quatro). Já os olhos dos estomatópodes apresentam oito diferentes fotorreceptores. Esses crustáceos habitantes de recifes de corais têm um espectro sem precedentes de visão em cores e distinguem inúmeras gradações dentro do espectro eletromagnético ultravioleta – invisível para os seres humanos.

★MENOR ABELHA

A menor espécie de abelha é a *Perdita minima* (à esq.), minúscula abelha solitária que tem pouco menos de 2mm de comprimento e pesa somente 0,333mg. Nativa do sudoeste dos EUA, onde constrói um minúsculo ninho nos solos arenosos do deserto, ela se alimenta de néctar e pólen de flores. A **maior abelha** é a fêmea da *Chalicodoma pluto*, que pode chegar a 3,9cm de comprimento. Essa espécie, encontrada apenas nas ilhas Molucas, na Indonésia, foi descoberta em 1859 pelo naturalista Alfred Russel Wallace (GB). Nenhum outro espécime havia sido registrado até fevereiro de 1981, quando duas fêmeas gigantescas foram vistas pelo entomologista Adam Messer (EUA).

INSETOS MAIS PESADOS

Os besouros-golias (família *Scarabaeidae*) da África equatorial – *Goliathus regius*, *G. meleagris*, *G. goliathus* (*G. giganteus*) e *G. druryi* – são os insetos mais pesados. Na medição de vários machos (as fêmeas são menores), o comprimento da ponta dos chifres frontais ao fim do abdome era de até 11cm, e o peso deles variou de 70 a 100g.

MAIOR CRUSTÁCEO MARINHO

Um exemplar do caranguejo-gigante-do-pacífico (*Macrocheira kaempferi*) descoberto no Japão em 1836 tinha envergadura de patas de 3,69m e pesava 18,6kg. Acredita-se que essa espécie possa viver até cem anos.

MAIOR CRUSTÁCEO TERRESTRE

O caranguejo-dos-coqueiros (*Birgus latro*), que habita ilhas tropicais e atóis do Indo-Pacífico, chega a pesar 4,1kg e tem envergadura de patas de até 1m, o que faz dele o **maior artrópode terrestre**.

ARANHA MAIS FORTE

A aranha-de-alçapão-californiana (*Bothriocyrtum californicum*) resiste a uma força até 38 vezes superior ao próprio peso ao defender seu alçapão – estrutura sedosa que recobre a entrada de sua toca subterrânea. Isso equivale a um homem tentar manter uma porta fechada enquanto ela está sendo puxada do outro lado por um pequeno avião a jato.

ABELHA MAIS PERIGOSA

Em geral, as abelhas africanas *Apis mellifera scutellata* atacam apenas quando provocadas, mas são persistentes na perseguição. Seu veneno não é mais potente que o de outras abelhas, mas elas atacam em enxames e podem provocar a morte pelo número total de picadas.

O QUE SÃO ARTRÓPODES?

Aranhas, ácaros, lagostas, caranguejos, centopeias e insetos – três em cada quatro animais – são artrópodes (nome para "pata articulada"). Entre suas características, estão corpos segmentados, membros articulados e exoesqueleto (esqueleto exterior, como uma armadura, sem espinha dorsal).

OVO DE INSETO MAIS LONGO

No que diz respeito ao comprimento, o maior ovo posto por um inseto pertence a um bicho-folha malaio de 15cm de comprimento, o *Heteropteryx dilatata*, e mede 1,3cm – ou seja, é maior que um amendoim!

100%

100%

MAIOR BORBOLETA

A envergadura das fêmeas da borboleta-rainha-alexandra (*Ornithoptera alexandrae*), nativa da Papua-Nova Guiné, excede os 28cm. São insetos do tamanho de um pombo, tão grandes que para caçá-los os nativos vão para a copa das árvores – para onde geralmente voam – usando arco e flecha. O primeiro espécime apanhado por cientistas foi abatido com uma espingarda! No detalhe está sua larva madura (lagarta).

21/2 A **pessoa mais velha da história** foi Jeanne Louise Calment (França), que viveu por 122 anos e 164 dias. Ela nasceu nesse dia de 1875 e morreu em 4/8/1997.

22/2 A **ascensão e descida solitária e não assistida mais rápida do monte Kilimanjaro** foi realizada em 9h21min47s, por Simon Mtuy (Tanzânia), em 2006.

23/2 Ao todo, 462.572 pessoas participaram do **maior brinde em locais diferentes**: elas se reuniram em pubs, restaurantes, bares e casas de espetáculos nos EUA nesse dia de 2001.

ANFÍBIOS

52: idade de uma salamandra-gigante-do-japão (*Andrias japonicus*) em Amsterdã, Holanda – a **maior idade documentada de um anfíbio.**

★ NOVO
● ATUALIZADO

MENOR RÃ

A *Eleutherodactylus limbatus*, de Cuba, é a menor rã do mundo e o menor anfíbio conhecido: mede de 8,5 a 12mm da cavidade nasal à cloaca, quando já adulta.

★ RÃ MAIS PESADA

A *Beelzebubo ampinga*, que viveu em Madagascar no final do período Cretáceo (65–100 milhões de anos atrás), é a espécie de rã mais pesada de que se tem notícia. Descrita formalmente pela ciência em 2008 e hoje conhecida pela análise de quase 75 ossos e outros fragmentos fossilizados, as fêmeas dessa megaespécie chegavam a mais de 40cm de comprimento e pesavam 4kg. Essa rã tinha uma boca tão grande que era provavelmente capaz de caçar dinossauros pequenos e filhotes existentes na região.

FATO

A dieta típica de uma *Taricha torosa* (salamandra típica da Califórnia) inclui lesmas, caramujos, bichos-de-conta, minhocas, vermes marinhos e larvas de mosquito.

RECORDE NO SALTO TRIPLO POR UMA RÃ

A distância mais longa percorrida por uma rã num salto triplo é de 10,3m, quase metade do comprimento de uma quadra de basquete! O salto foi dado pela rã-africana (*Ptychadena oxyrhynchus*) de nome Santjie, numa corrida de sapos organizada no Lurula Natal Spa, Petersburg, África do Sul, em 21/5/1977.

★ MAIS SALTOS SEGUIDOS DE UMA RÃ

Um adulto da espécie *Hyla crucifer*, recém-capturado em um gramado do leste dos EUA, saltou 120 vezes consecutivas, como documentado em 1952 pelo biólogo americano Stanley A. Rand. Não surpreende que a distância entre cada salto tenha diminuído gradualmente, mas, de qualquer forma, ainda é um admirável feito de resistência.

ANFÍBIO QUE VOA MAIS LONGE

Certas espécies de rãs voadoras são capazes de planar por até 15m usando a extensa membrana das patas para prolongar e sustentar o voo.

★ SALAMANDRA MAIS VENENOSA

A espécie de salamandra mais venenosa do mundo é a salamandra-da-califórnia (*Taricha torosa*), que tem pele, músculos e sangue com tetrodotoxina, uma neurotoxina realmente poderosa. Ainda que a salamandra seja imune aos efeitos do veneno, uma pequenina gota da substância é capaz de matar milhares de ratos.

MAIOR RÃ

Uma espécime africana de rã (*Conraua goliath*), capturada em abril de 1889, no rio Sanaga, em Camarões, pelo americano Andy Koffman, de Seattle, Washington, media 36,83cm da cavidade nasal à cloaca e tinha comprimento de 87,63cm com as pernas estendidas. Em 30/10/1889, ela pesava 3,66kg. O comprimento médio da espécie é 30cm, quase o tamanho de um coelho.

★ ANFÍBIO MAIS FÉRTIL

A espécie de anfíbio mais fecunda do mundo é conhecida como sapo-boi, ou sapo-cururu (*Bufo marinus*). A fêmea pode botar até 35 mil ovos por ano.

O QUE SÃO ANFÍBIOS?

O nome de origem grega significa "duas vidas", em referência ao fato de que os anfíbios nascem capazes de respirar sob a água e perdem essa habilidade ao se tornar adultos. De sangue frio, geralmente são tetrápodes e põem ovos na água. São anfíbios os sapos, rãs, salamandras, tritões e gimnofionos.

ANFÍBIO MAIS RESISTENTE AO FRIO

A rã-da-floresta (*Rana sylvatica*) é o único anfíbio capaz de sobreviver após ser congelado. Ela vive no norte do círculo Polar Ártico e sobrevive congelada por semanas. A glicose no sangue age como um anticongelante, concentrando-se nos órgãos vitais das rãs e protegendo-os de danos, enquanto o resto do corpo se congela todo.

MENOR SAPO

O menor sapo pertence à subespécie *Bufo taitanus beiranus*, da África. O maior espécime mede 24mm de comprimento.

MAIOR SAPO

O sapo-boi, ou cururu (*Bufo marinus*), da região tropical da América do Sul e de Queensland, Austrália (introduzido), é o maior sapo que se conhece. Um espécime comum pesa 450g, mas o maior registrado foi o macho Prinsen, cujo dono era o sueco Håkan Forsberg. Em março de 1991, ele pesava 2,65kg e media 38cm da cavidade nasal à cloaca e 53,9cm totalmente estendido.

★ ANFÍBIO COM DISTRIBUIÇÃO MAIS RESTRITA

A salamandra *Plethodon hubrichti*, espécie de anfíbio, está totalmente confinada a uma extensão de floresta temperada de 19km, localizada nas montanhas Blue Ridge, em Virgínia, EUA. Essa é a distribuição de espécie mais restrita de que se tem notícia.

ANFÍBIO MAIS RARO

O sapo-dourado (*Bufo periglenes*) é notável em seu gênero por ter cores diferentes de acordo com o sexo e ser visualmente impressionante. A cor dos machos é um laranja vivo, enquanto a pigmentação das fêmeas varia entre amarelo-esverdeado e preto. Essa espécie é encontrada em uma pequena região (menos de 10km^2) dentro da Reserva Ecológica de Monteverde, na cordilheira de Tilaran, Costa Rica. Sua quantidade diminuiu misteriosamente, e o último espécime visto foi registrado em 1988 e 1989.

★ PRIMEIRO SAPO SEM PULMÃO

Em 2008, foi confirmada a primeira espécie de sapo sem pulmão. Antes conhecida por apenas dois espécimes, a *Barbourula kalimantanensis*, espécie aquática de Bornéu, absorve oxigênio diretamente pela pele. Estudos fizeram essa confirmação após recente descoberta de duas novas populações desse sapo em Kalimantan, Bornéu.

★ MAIOR SALAMANDRA

O comprimento da salamandra-dos-poços (*Pleurodeles waltl*), encontrada no centro e no sul da península Ibérica e Marrocos, varia entre 15–30cm. As fêmeas são maiores e mais grossas que os machos e têm caudas menores em relação ao tamanho do corpo. A *Bolitoglossa mexicana* é a **menor salamandra** (ou tritão) do mundo. Seu comprimento máximo chega a 2,54cm, incluindo a cauda.

MAIOR CECÍLIA

As cecílias não têm patas e raramente são vistas; costumam ser confundidas com minhocas. A maior delas é a *Caecilia thompsoni*, da Colômbia, que mede cerca de 1,5m de comprimento e 3cm de largura. A ★ **menor cecília**, a *Idiocranium russeli*, do oeste da África, chega a 98–104mm de comprimento apenas.

★ MAIOR GESTAÇÃO

O maior período de gestação de um anfíbio – e o ★ **maior período de gestação de um vertebrado terrestre** – é o da salamandra-negra (*Salamandra atra*), nativa dos Alpes Suíços. A gestação dessa espécie dura de 37 a 38 meses, pelo menos um ano a mais que a do elefante-asiático, cujo período máximo de gestação é de 25 meses – a **mais longa gestação de um mamífero**.

24/2 Organizada pelo indiano Dainik Bhaskar no estádio Nehru, em Indore, Índia, a **maior festa do chá** contou com 32.681 participantes, nesse dia de 2008.

25/2 Em 1989, o americano Christopher Eddy fez uma cesta à distância de 27,49m, o **arremesso de basquete convertido a maior distância**.

26/2 O **recorde de camarões comidos em 3min** é de 272,1g, façanha do americano William Silver, de Asheville, Carolina do Norte, realizada no restaurante Calabash West, em 2003.

RÉPTEIS

★MENOR COBRA

Uma espécie de cobra-cega recém-descoberta na ilha caribenha de Barbados, a *Leptotyphlops carlae*, tem apenas 10cm de comprimento e é fina como um espaguete. Acredita-se que essa minúscula serpente não venenosa esteja perto do tamanho fisiológico mínimo para uma cobra (ou de fato o tenha).

SERPENTE MAIS PESADA

A sucuri (*Eunectes murinus*), da região tropical da América do Sul e de Trinidad, possui comprimento médio de 5,5–6,1m. Uma fêmea abatida no Brasil por volta de 1960 tinha 8,45m, circunferência de 111cm e peso estimado de 227kg.

★MAIOR REUNIÃO DE TARTARUGAS

Em 1991, em um trecho de praia de 10km, em Gahirmatha, Orissa, Índia, ocorreu a maior reunião de tartarugas (ou melhor, de qualquer quelônio – tartarugas, cágados e tartarugas palustres) já registrada: foram contados 610 mil espécimes de tartarugas-oliva (*Lepidochelys olivacea*) desovando ali. Todo fevereiro, as tartarugas saem do mar à noite para desovar mais de 50 milhões de ovos na praia, voltando para o oceano ao amanhecer.

★MAIOR COBRA DA HISTÓRIA

A *Titanoboa cerrejonensis*, espécie pré-histórica de cobra conhecida a partir dos fósseis de 28 espécimes encontrados nas minas de carvão de Cerrejón, em La Guajira, Colômbia, é a maior cobra de que se tem notícia. A descoberta foi feita por uma expedição científica internacional liderada pelo dr. Jonathan Bloc, paleontologista de vertebrados da Universidade da Flórida, e anunciada formalmente no início de 2009. Os fósseis revelaram que a *Titanoboa*, que viveu há 58–60 milhões de anos, no Paleoceno, atingia comprimento máximo de 12–15m, tinha cerca de 1m de largura na região mais espessa do corpo e pesava por volta de 1.135kg. Tais medidas fazem parecer anãs tanto a píton-reticulada, a **cobra viva mais comprida**, quanto a sucuri, a **cobra viva mais pesada**.

LAGARTO MAIS VELOZ

A maior velocidade registrada por qualquer réptil na terra é 34,9km/h, obtida pelos iguanas do gênero *Ctenosaura*, da América Central.

COBRA TERRESTRE MAIS VENENOSA

A taipan do interior (*Oxyuranus microlepidotus*), que mede 1,7m e é encontrada principalmente nas bacias do rio Diamantina e do riacho Cooper, em Queensland, e no oeste de Nova Gales do Sul, Austrália, é a cobra terrestre mais venenosa. Com um único bote, pode injetar 60mg de peçonha, o bastante para matar um marsupial pequeno em segundos – mas também mais que suficiente para liquidar vários seres humanos adultos. A quantidade média de veneno é 44mg, mas certo exemplar destilava 110mg, o bastante para matar 250 mil ratos ou 125 homens. Felizmente ela vive nos desertos do centro-leste da Austrália, e nenhuma morte humana foi registrada por sua mordida.

RÉPTIL MAIS AMEAÇADO

100

O cágado-gigante da ilha de Abingdon (*Geochelone elephantopus abingdoni*) está representado por um único espécime vivo, um macho idoso apelidado de "George Solitário", o que o torna o **réptil mais raro** do mundo.

COBRA CRIADA

A equipe do centro de pesquisas biológicas de El Frío, em Los Llanos, Venezuela, segura uma sucuri viva com comprimento de 5,3m – mais ou menos a média de um espécime adulto.

27/2 O **maior tempo cabeceando uma bola de futebol sem parar** é 8h32min03s e pertence a Tomas Lundman (Suécia), que realizou o feito no Gångsatrahallen, em Lidingo, Suécia, nesse dia de 2004.

28/2 O episódio final de *M*A*S*H* foi ao ar nos EUA em 1983. Estima-se que 125 milhões de pessoas o assistiram, ou 77% do total de espectadores, o **maior índice de audiência de TV**.

★MAIOR E MENOR ESPÉCIES DE CAMALEÃO

O chamado "camaleão de Parson" (*Chamaeleo parsonii*, à dir.), nativo de pequenas regiões de floresta tropical situadas no leste e no norte de Madagascar, é a **maior espécie de camaleão**, e chega a atingir 68cm de comprimento.

Já o minúsculo *Brookesia minima* (abaixo), chamado de "camaleão-anão", é considerado a **menor espécie de camaleão**. Ele possui comprimento médio de apenas 18mm do focinho ao ânus.

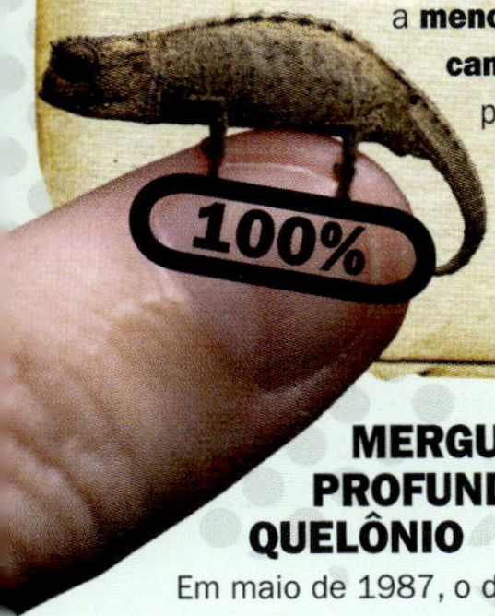

TROCA DE COR

Costuma-se acreditar que os camaleões trocam de cor para se camuflar no ambiente, mas não é bem assim. Os camaleões são mesmo capazes de alterar a cor da pele, mas estudos recentes indicam que essa é uma forma de comunicação – e não de camuflagem.

MERGULHO MAIS PROFUNDO DE QUELÔNIO

Em maio de 1987, o dr. Scott Eckert (EUA) anunciou que uma tartaruga-de-couro (*Dermochelys coriacea*) havia atingido 1.200m de profundidade na costa das ilhas Virgens, medida aferida com medidor de pressão.

MENOR CROCODILIANO

O jacaré-coroa ou jacaré-paguá (*Paleosuchus palpebrosus*), do norte da América do Sul, é o menor crocodiliano do mundo. As fêmeas raramente passam de 1,2m de comprimento, e os machos quase nunca superam 1,5m.

CROCODILIANO MAIS RARO

Existem menos de 200 crocodilos--chineses (*Alligator sinensis*) na natureza (alguns registros baixam essa cifra para 130), o que faz dele uma das espécies mais ameaçadas da Terra. Encontrado em regiões alagadiças no rio Yangtsé, na China, pode chegar a 2m de comprimento e pesar 40kg. Seu rápido declínio dos anos recentes resulta da destruição do hábitat do crocodilo e da ação dos fazendeiros locais que, com medo de prejuízos à terra, o matam.

★IGUANA MAIS NOVO

Em 2009, anunciou-se que uma nova espécie de iguana, de coloração rosada e com até 1,75m de comprimento, foi descoberto vivendo no vulcão Lobo, na ilha de Isabela, arquipélago de Galápagos. Testes genéticos confirmaram que essa é uma espécie bastante distinta, que data de mais de 5 milhões de anos. O iguana rosado, nomeado *Conolophus rosada*, foi visto pela primeira vez em Isabela, em 1986, por guardas-florestais, que não lhe deram a menor importância por acharem que não passava de uma variedade esquisita do iguana amarelo comum (*Conolophus subcristatus*).

★NOVO
●ATUALIZADO

29/2 Em 1940, o **primeiro Oscar póstumo** foi conferido a Sidney Howard pelo roteiro de *E o vento levou* (EUA, 1939).

100% MENOR PEIXE

Segundo pesquisa publicada pelo professor Theodore Pietsch (EUA), da Universidade de Washington, EUA, em 25/8/2005, o menor peixe – e também o **menor vertebrado** – é um macho adulto *Photocorynus spiniceps*, coletado a uma profundidade de 1.425m no mar das Filipinas. O pequenino macho mede apenas 6,2mm de comprimento. Fêmeas da espécie são bem maiores: chegam a ter 46mm.

MENOR CAVALO-MARINHO

Um cavalo-marinho adulto da espécie *Hippocampus denise* mede c. 16mm de comprimento, menor que uma unha humana. Ele é o menor cavalo-marinho conhecido e rival dos menores peixes do mundo. Foi descoberto em 2003 num delicado recife de corais no mar das Flores, na costa da Indonésia. Habita recifes profundos e é mestre em camuflagem.

MAIOR PEIXE VIVO

O tubarão-baleia (*Rhincodon typus*) é o **maior peixe cartilaginoso** e também o maior peixe vivo. O maior exemplar já registrado tinha 12,65m de comprimento, 7m de diâmetro e peso estimado de 15–21t. Foi capturado perto de Karachi, Paquistão, em 1949. Peixes cartilaginosos (*Chondrichthyes*) têm esqueletos formados por cartilagem, entre os quais estão os tubarões e as raias.

O **peixe ósseo mais pesado no oceano** é o peixe-lua (*Mola mola*), que pesa 2t e mede 3m da ponta de uma barbatana a outra. Peixes ósseos (*Osteichthyes*) são caracterizados por esqueleto quase totalmente calcificado e incluem os esturjões e a maioria dos peixes comuns.

★ MENOR TEMPO DE VIDA

Várias espécies da família *Cyprinodontidae*, incluindo muitas do gênero *Nothobranchius*, da América do Sul, são os peixes de vida mais curta. Eles vivem por apenas oito meses na natureza. Esses pequenos peixes prosperam em piscinas de água temporárias, como áreas de drenagem e até mesmo em pegadas de animais cheias de água. Mas, assim que essas piscinas secam, os peixes morrem, e somente os ovos sobrevivem no fundo, junto à lama. Quando a chuva enche a piscina outra vez, os ovos eclodem. Os recém-nascidos crescem rapidamente até seu tamanho final e se reproduzem antes que sua casa seque de novo.

PEIXE COM MAIS OLHOS

O peixe osmeriforme *Bathylychnops exilis*, que habita profundezas de 91 a 910m no nordeste do Pacífico, foi descoberto em 1958. Uma espécie delgada, como os lúcios, têm 45cm de comprimento, um par de olhos grandes e um segundo par de olhos menores (conhecidos como globos secundários) posicionados na parte inferior dos olhos principais, cada um com lente e retina próprias. Por fim, atrás dos globos secundários, há um terceiro par de olhos, que não possuem retina, mas desviam a luz que chega aos olhos principais do peixe.

FATO

A camuflagem do *Hippocampus denise* é tão efetiva que a espécie só foi descoberta quando o recife que ocupava foi examinado em laboratório. Você consegue vê-lo na foto acima?

HÁBITAT MAIS FUNDO

Um peixe da espécie *Abyssobrotula galatheae* (família *Ophidiidae*) é o peixe de hábitat mais profundo já registrado. Com 20cm de comprimento, foi coletado na fossa de Porto Rico, a 8.370m de profundidade.

● MORDIDA MAIS FORTE

A mordida de peixe mais forte teria 5.300N, o equivalente a uma força gravitacional de c. 540kg. Ela pertenceu ao pré-histórico *Dunkleosteus terrelli*, um placodermo que viveu há 360–416 milhões de anos e alcançava 11m de comprimento. Baseados em fósseis de mandíbulas, os cientistas Philip S. L. Anderson e Mark W. Westneat (ambos dos EUA), da Universidade de Chicago e do Museu de História Natural de Chicago, respectivamente, geraram um modelo em computador da cabeça do *D. terrelli* e publicaram suas medidas em 28/11/2006.

★ PEIXE QUE COME MAIS RÁPIDO

Os peixes-sapos (família *Antennariidae*) conseguem abrir a boca e engolir a presa em menos de 6 milissegundos – o menor tempo registrado e documentado de ingestão por um peixe. Esse recorde foi confirmado com a análise quadro a quadro de um registro em alta velocidade (de 800 a mil quadros por segundo), parte de uma pesquisa conduzida pelos americanos Theodore Pietsch e David Grobecker.

MAIOR PEIXE QUE ESPIRRA

A única espécie de peixe que consegue espirrar é o peixe-bruxa, ou mixina (*Myxine glutinosa*), espécie primitiva de peixe sem mandíbula que não possui barbatanas nem escamas reais. A maior espécie conhecida é a *Eptatretus goliath*: um exemplar alcançou 127cm. O peixe-bruxa fura outros peixes, entra neles e come seus órgãos internos até que fiquem totalmente ocos. Depois, libera quantidades enormes de muco para lubrificar o interior do corpo em que se encontra, a fim de facilitar a saída da carçaca da presa. Para que não sufoque com o próprio muco, ele o espirra pelas primitivas fossas nasais.

1/3 Em 1987, a patinadora canadense Marie-Jose Houle realizou o **salto de patins no gelo sobre mais barris (mulher)**, ao saltar sobre 13 barris com distância total de 6,84m, em Lasalle, Quebec, Canadá.

2/3 Às 13h47 desse dia de 1958, um grupo de 12 pessoas liderado por Sir Vivian Ernest Fuchs (RU) completou a **primeira travessia transantártica**.

450: número de espécies marinhas (de 60 países diferentes) encontradas no Mercado Central de Tóquio, Japão, o **maior mercado de peixe**.

★ MAIOR PEIXE

Um espécime marinho, fóssil da espécie *Leedsichthys problematicus*, é o maior peixe de que se tem conhecimento. Ele foi descoberto numa jazida de argila perto de Peterborough, RU, em 2008. Datado de 155 milhões de anos atrás, esse espécime em particular (representação artística acima) tinha 22m de comprimento, quase o dobro do tubarão-baleia (*Rhincodon typus*), o **maior peixe vivo** (veja p. anterior). O *Leedsichthys problematicus* foi reconhecido pelos cientistas pela primeira vez por volta de 1800. Ele pertence a um grupo extinto de peixes ósseos conhecidos como paquicormídeos, mas acredita-se que ingeria plâncton, da mesma forma que o tubarão-elefante e os misticetos.

PEIXE COM O MELHOR OLFATO

Os tubarões têm o melhor olfato entre todos os peixes e os órgãos detectores de odor mais desenvolvidos. Conhecidos por sentirem o cheiro de sangue a grandes distâncias, conseguem detectar uma parte de sangue de mamífero em 100 milhões de partes de água.

★ MAIOR PLACODERMO

Os placodermos constituem uma classe de peixes pré-históricos com armadura, hoje conhecidos apenas por fósseis, que viveram da metade final do período Siluríco até quase o fim do período Devoniano, há 360–430 milhões de anos. Caracterizavam-se pela armadura articulada de placas dérmicas que cobria a cabeça e o corpo. A maior espécie, geralmente vista como primeira superpredadora vertebrada do mundo, foi certamente a *Dunkleosteus telleri*, que media de 8 a 11m de comprimento e habitava quase todo o mundo.

PEIXE MAIS ABUNDANTE

O *Cyclothone microdon*, com 64mm de comprimento, existe aos bilhões, vive a grandes profundidades e habita quase todo o mundo. São necessários quase 900 adultos para somar 450g.

PEIXE MAIS VENENOSO

Peixes da família *Synanceiidae*, em particular o *Synanceia horrida*, que vive nas águas tropicais do Indo-Pacífico, têm as maiores glândulas venenosas entre os peixes. O contato direto com as pontas das barbatanas, que contêm poderosa neurotoxina, pode ser fatal.

MAIOR PEIXE DE ÁGUA DOCE

Duas espécies de peixe-gato, *Pangasius gigas* e *P. sanitwongse*, ambas do sudeste da Ásia, encontradas nas bacias dos rios Mekong e Chao Phraya, chegam a 3m de comprimento e 300kg. Mas há relatos de que o pirarucu (*Arapaima giga*), da América do Sul, chega a 4,5m, apesar de ter só 200kg.

★ MENOR LAMPREIA

Conhecida como "lampreia do lago Miller", a *Lampetra minima* adulta tem menos de 10cm de comprimento. Descoberta nesse lago do Oregon, EUA, a espécie foi considerada extinta em 1958. Felizmente, pequenas populações têm sido encontradas na parte superior do rio Williamson, no Oregon, e em outros rios da região desde o início dos anos 1990.

★ NOVO
● ATUALIZADO

★ PRIMEIRO PARTO DE PEIXE

Um fóssil de placodermo de 25cm de comprimento foi descoberto na região de Gogo, na Austrália Ocidental, e mostra a presença de um embrião ligado à mãe por meio de cordão umbilical. Na foto à esquerda, o dr. John Long, diretor do departamento de Ciências do Museu Victoria, na Austrália, examina um modelo do placodermo de 380 milhões de anos. (Veja acima uma representação artística do parto.) O fóssil representa uma nova espécie, chamada *Materpiscis attenborough* em homenagem ao apresentador de TV britânico Sir David Attenborough.

3/3 O **recorde de gols por um time da Liga Nacional de Hóquei em uma única partida** foi 16: o Montreal Canadiens venceu o Quebec Bulldogs por 16 x 3, em 3/3/1920.

AVES

100%

MENOR AVE

Os beija-flores-helenas machos (*Mellisuga helenae*), que habitam o arquipélago cubano, têm apenas 57mm de comprimento total – metade disso no bico e na cauda – e pesam apenas 1,6g. Acredita-se que esse seja o limite mínimo de peso para animais de sangue quente.

ANIMAIS EM PERIGO

A União Internacional para a Conservação da Natureza e dos Recursos Naturais (UICN) publica anualmente a Lista Vermelha – o relatório mais confiável do mundo sobre o risco de extinção das espécies. Diversas organizações o utilizam para informar seus esforços de conservação natural.

★NOVO
●ATUALIZADO

★MAIOR TEMPO PARA APRENDER A VOAR

O albatroz-errante (*Diomedea exulans*) apresenta o maior intervalo conhecido entre sair do ovo e adquirir a habilidade de voar: os filhotes da espécie demoram cerca de 278–280 dias para fazer o primeiro voo após o nascimento. Mas os adultos não precisam se preocupar com a lotação do ninho, pois procriam apenas a cada dois anos.

★MAIOR MIGRAÇÃO DE AVE (SEM PARADAS)

Uma fêmea de fuselo (*Limosa lapponica baueri*) conhecida como "E7", anilhada para rastreamento por satélite, realizou um voo de migração sobre o oceano Pacífico em nove dias sem escalas. A ave partiu do Alasca, sua região de acasalamento durante o verão, e percorreu 11.500km até a Nova Zelândia, em meados de setembro de 2007. A viagem foi registrada por um estudo sobre a migração da espécie, feito pela Agência de Pesquisa Geológica dos EUA (USGS, na sigla em inglês), pela ONG de ciência da conservação PRBO (EUA) e por pesquisadores da Universidade Massey, da Nova Zelândia.

★MAIOR COLEÇÃO DE OVOS

A maior coleção científica de ovos no mundo pertence ao Museu de História Natural de Londres, RU, e conta com mais de 1 milhão de espécimes diferentes.

★MAIS ESPÉCIES NATIVAS REPRODUTORAS (PAÍS)

A Colômbia abriga mais de 1.700 espécies de aves nativas que se reproduzem. Para efeito de comparação, o Canadá e os EUA juntos, com um território muito maior que o da Colômbia, contêm menos de 600 espécies.

★MENOS ESPÉCIES NATIVAS REPRODUTORAS (REGIÃO)

A região geográfica com menor população de aves é a região polar antártica (que contém a Antártica e as ilhas ao sul da Convergência Antártica), onde há apenas três espécies nativas de aves que se reproduzem. Em comparação, a região neotropical (sul do México, Caribe, e Américas Central e do Sul) abriga mais de 3,4 mil espécies nativas de aves reprodutoras, bem mais que qualquer outra região geográfica.

●AVE DE RAPINA MAIS RARA

De acordo com relatório de 2006 da BirdLife International e a Lista Vermelha de espécies ameaçadas da UICN de 2007, o condor-da-califórnia (*Gymnogyps californianus*) encontra-se em alto risco de extinção.
Em 1987, a espécie teve que ser removida da natureza para o cativeiro, mas recentemente um programa de conservação reinseriu-a na vida selvagem.

AVES MAIS VELOZES

● A **ave mais veloz em voo constante** é o albatroz-de-cabeça-cinza (*Thalassarche chrysostoma*). Um espécime anilhado voou a 127km/h por mais de 8h ao retonar para o ninho na ilha Bird, Geórgia do Sul, em meio a uma tempestade antártica.

● A **ave mais veloz ao mergulhar** é o falcão-peregrino (*Falco peregrinus*), que pode alcançar uma velocidade final estimada em cerca de 300km/h. Com isso, é também o animal mais veloz da terra.

● A **ave mais veloz em terra** é o avestruz (*Struthio camelus*), que não voa e atinge até 72km/h a passos largos (7m por passo).
A **ave voadora que corre mais rápido** é o papa-léguas (*Geococcyx californianus*). Um exemplar estudado alcançou a velocidade de 42km/h.

● A **ave nadadora mais veloz** é o pinguim-gentoo (*Pygoscelis papua*), que dá arrancadas de até 27km/h.

★PRIMEIRA AVE ANILHADA

A primeira ave anilhada para fins científicos de que se tem registro foi uma garça-real-europeia (*Ardea cinerea*), que recebeu uma anilha na Turquia (então Império Otomano) no início do século XVII. A ave foi identificada pela anilha na Alemanha em 1710. Já nos tempos modernos, Òskar J. Sigurösson (Islândia), o principal anilhador do Instituto de História Natural da Islândia, estabeleceu o recorde de **mais aves anilhadas por uma pessoa**. Entre 1953 e 26/2/1997, Sigurösson, que é faroleiro em Heimaey, no arquipélago de Vestmannaeyjar, anilhou 65.243 aves.

4/3 O **discurso mais longo ao receber um Oscar** durou 5min30s e foi feito por Greer Garson (RU), de posse da estatueta de Melhor Atriz por *Rosa da esperança* (EUA, 1942), nesse dia de 1943.

3,63m: medida das asas abertas de um albatroz-errante (*Diomedea exulans*) macho, a **maior envergadura entre as espécies de aves**.

AVES GRANDES

● O extinto pássaro-elefante, ou vorompatra (*Aepyornis maximus*), que viveu em Madagascar, pesava cerca de 450kg – três vezes o peso de um avestruz, ao qual se assemelhava. O vorompatra foi a **maior ave que já viveu**.

● A **maior ave viva** é o avestruz-de-pescoço-vermelho (*Struthio camelus camelus*). Já foram observados machos dessa subespécie com até 2,75m de altura e 156,5kg.

● A **ave voadora mais pesada** era um macho da abetarda-de-kori (*Ardeotis kori*), cujos 18,2kg foram aferidos em 1936.

● A **maior espécie de pinguim** era a *Anthropornis nordenskjöldi*, que viveu há 24 milhões de anos. De tamanho semelhante ao do ser humano – 1,5–1,8m de altura –, o animal pesava estimados 90–135kg.

VOO DE AVE MAIS ALTO

Um grifo-de-rüppell (*Gyps rueppellii*), abutre que raramente é visto acima dos 6.000m, voava a 11.300m de altitude ao colidir com um avião comercial nos céus de Abidjan, Costa do Marfim, em 29/11/1973. O impacto danificou uma das turbinas do avião, que, porém, pousou em segurança. O Museu de História Natural Americano conseguiu identificar a ave apenas com restos de penas.

MAIS ABUNDANTE

O pardal-de-bico-vermelho (*Quelea quelea*), por vezes chamado "gafanhotos de penas", se alimenta de sementes e vive na África subsaariana. Sua população adulta em idade reprodutiva é estimada em c. 1,5 bilhão de indivíduos, dos quais pelo menos 200 milhões morrem anualmente sem provocar impacto populacional.

★MAIOR GIRO DE CABEÇA

Várias espécies de coruja conseguem girar a cabeça até 280° e rapidamente girá-las na direção oposta, criando a ilusão de rotação superior a 360°. Apesar da crença popular, nenhuma espécie consegue girar a cabeça completamente (360°).

★DIETA MAIS BIZARRA

Exame feito em um avestruz (*Struthio camelus*) morto que vivia no zoológico de Londres, RU, revelou que durante a vida o animal havia engolido – entre outras coisas – um despertador, uma nota de franco belga, dois *farthings* (antiga moeda inglesa), um rolo de filme, três luvas, um lenço e um lápis!

MAIOR NINHO

Um casal de águias-calvas (*Haliaeetus leucocephalus*) construiu um ninho de 2,9m de largura por 6m de profundidade nas redondezas de Saint Petersburg, Flórida, EUA. O ninho, descoberto em 1963, teve o peso estimado em mais de 2t.

MAIOR ÁGUIA

Nomeada em homenagem ao botânico alemão Georg Steller, a águia-marinha-de-steller (*Haliaeetus pelagicus*) pesa entre 5 e 9kg e tem envergadura média de 2,2 a 2,45m. Apesar de se reproduzirem principalmente na Rússia, onde são protegidas, águias dessa espécie já foram avistadas na Coreia do Sul, no Alasca, nos EUA e no Japão, onde é símbolo nacional. A União Internacional para a Conservação da Natureza e dos Recursos Naturais classifica a espécie como vulnerável, tendo em vista a população estimada em 5 mil indivíduos.

5/3 Ken Edwards (RU) comeu 36 baratas – o **maior número de baratas ingeridas em 1min** – no set do programa *The Big Breakfast* (Canal 4, Reino Unido), em Londres, RU, no dia 5/3/2001.

6/3 Nesse dia de 1978, a Real Academia de Ciências da Suécia pagou US$ 10.664 pelo crânio do filósofo sueco Emanuel Swedenborg (1688–1772) – o **crânio humano mais caro da história**.

MAMÍFEROS

★MAIOR ESQUILO

O esquilo-gigante *Ratufa indica*, encontrado exclusivamente em florestas de caducifólias e perenifólias na Índia, pode alcançar 1m de comprimento, quase o mesmo que um gato doméstico grande; dois terços correspondem à longa e grossa cauda. Esses animais raramente deixam suas casas nas copas das árvores e se movem entre elas dando grandes saltos de até 6m.

★PRIMEIRA QUIMERA HUMANO-OVELHA

Em março de 2007, o prof. Esmail Zanjani, da Universidade de Nevada, EUA, anunciou que sua equipe havia criado a primeira quimera humano-ovelha – uma ovelha que possui células tanto de ovelha (85%) quanto humanas (15%). (A quimera, na mitologia grega, tinha cabeça de leão, corpo de cabra e cauda de serpente.) Sua criação nos aproxima mais da possibilidade de orgãos animais serem transplantados em seres humanos. Zanjani e sua equipe levaram sete anos e gastaram US$ 7 milhões aperfeiçoando a técnica necessária para a geração da quimera, que inclui injetar células de humanos adultos no feto de ovelha.

★MAIOR ESPÉCIE INVASIVA

Pablo Escobar, o barão colombiano das drogas, montou um zoológico em sua mansão com centenas de animais exóticos, entre eles quatro hipopótamos africanos. Após sua morte, em 1993, a mansão ficou aos cuidados do governo, e todos os animais desapareceram, exceto os hipopótamos. Hoje eles são 19 e vagam pela área à noite em busca de comida.

★MAIOR ESQUELETO DE MAMUTE

Conhecido como mamute-da-estepe, o maior e mais completo esqueleto de mamute foi achado em Cromer, Norfolk, RU, em 1990. O *Mammuthus trogontherii* chega a ter 4m na altura dos ombros e tem cerca de 600 mil anos.

★MAIOR MIGRAÇÃO MAMÍFERA

A baleia-jubarte (*Megaptera novaeangliae*) migra até 8.200km nas suas jornadas de ida e volta entre as águas quentes próximas do equador, onde procria, e as águas frias e ricas em alimento das regiões árticas e antárticas, próximas aos polos.

FATO

A incrível foto acima mostra a baleia-jubarte nadando de costas. Essa espécie é particularmente acrobática, mergulhando e mexendo a cauda por diversão, além de ser famosa por sua bela voz.

●MAIOR ROEDOR PRÉ-HISTÓRICO

O *Josephoartigasia monesi* foi o maior roedor do mundo, como sugere um fóssil recém--descoberto de 2 milhões de anos. Apesar de somente um crânio com 53cm de comprimento ter sido descoberto, o animal provavelmente pesava cerca de 1t. Parente do atual e bem menor pacarana (*Dinomys branickii*), ele vivia na costa do Uruguai, na época um pântano densamente arborizado, e provavelmente se alimentava de vegetação macia, visto que sua mandíbula, embora grande, não favorecia a mastigação.

●PORCO MAIS VELHO

Hoofer é o porco mais velho da história: tinha 18 anos, 8 meses e 23 dias quando morreu, em 2/3/2008. Morou com seus donos Shawn Burton Wygrys e Allen Wygrys (ambos dos EUA), em Sugar Land, Texas, EUA, até morrer.

EM RETIRADA

Por sua índole perigosa, existe a preocupação de que os hipopótamos de Escobar tentem colonizar outros lagos e rios, espalhando-se pelo interior da Colômbia. Recentemente, um deles levou um tiro de um fazendeiro a vários quilômetros de distância de seu lago de origem.

★NOVO
●ATUALIZADO

7/3 Roy Makaay (Holanda) fez o primeiro gol do Bayern Munich contra o Real Madrid nos 10s iniciais de uma partida em Munique, Alemanha, em 2007 – o **gol mais rápido na Liga dos Campeões**.

8/3 O **maior ovo de Páscoa decorado**, feito pela Freeport, em Alochete, Portugal, tinha 14,79m de comprimento e 8,40m de diâmetro, e foi medido em 8/3/2008.

31: recorde de filhotes nascidos de um mamífero selvagem num único parto (30 deles sobreviveram); a mãe era uma fêmea de tenrecídeo da espécie *Tenrec ecaudatus.*

★PRIMEIRO RINOCERONTE NASCIDO POR INSEMINAÇÃO ARTIFICIAL

Um filhote nascido no zoológico de Budapeste, Hungria, em 23/1/2007, foi o primeiro caso de inseminação artificial de sucesso dessa espécie. A mãe Lulu já havia parido um filhote morto após o mesmo procedimento em 2005. Veterinários usaram inseminação artificial já que não havia possibilidade de procriação natural: os rinocerontes do zoológico se comportam como irmãos.

O QUE SÃO MAMÍFEROS?

São uma classe de animais vertebrados. O nome vem das glândulas mamárias, usadas para alimentar os filhotes. Os mamíferos também têm glândulas sudoríparas, cabelo, três ossículos no ouvido médio para audição e neocórtex (região do cérebro).

★ELEFANTE MAIS RARO

Motty, um filhote macho nascido no zoológico de Chester, Cheshire, RU, em 11/7/1978, é considerado o elefante mais raro já registrado, por ter sido o único exemplar conhecido de um híbrido entre o elefante-africano (*Loxodonta africana*) e o elefante-asiático (*Elephas maximus*). Seu pai foi Jumbolino, um elefante-africano, e sua mãe foi Sheba, uma elefanta-asiática. Motty viveu por dez dias antes de morrer por enterocolite necrosante e septicemia causada por *E. coli*.

Esse raro elefante possuía uma fascinante combinação de características das duas espécies. Sua pele foi preservada por meio de taxidermia e se encontra no Museu de História Natural de Londres, RU. Até o nascimento de Motty, não se acreditava possível a ocorrência de híbridos entre espécies, apesar de essa ter sido a única de que se tem notícia.

●PÔNEI MAIS VELHO

Sugar Puff (1951–2007) foi o pônei mais velho de todos os tempos. Ele era da raça Exmoor Shetland e pertenceu a S. Botting (RU), de Chichester, West Sussex, RU.

★MAIOR SANTUÁRIO DE ORANGOTANGOS

O Centro de Reabilitação de Sepilok, no estado malaio de Sabah, norte de Bornéu, é o maior santuário para orangotangos (*Pongo pygmaeus*). Desde sua criação em 1964, mais de cem orangotangos órfãos foram reabilitados ali e devolvidos à natureza.

O centro também atua ativamente em ações de educação ambiental e na pesquisa e assistência a outras espécies ameaçadas. Atualmente emprega cerca de 37 pessoas, incluindo um fiscal ambiental, um veterinário e guardas-parques.

★MAIOR ANTA

A anta-malaia é a maior das quatro espécies de anta (ou tapir). Normalmente cresce até 1,8–2,4m de comprimento e 90–107cm de altura; costuma pesar 250–320kg, embora possa atingir os 500kg.

★MORCEGO MAIS VELHO

Uma raposa gigante voadora (*Pteropus giganteus*) foi o morcego mais velho da história. Ele morreu no zoológio de Londres, RU, em 11/1/1979, aos 31 anos e 5 meses. Sabe-se que, na natureza, um pequeno morcego-de-orelha-de-rato (*Myotis lucifugus*) encontrado morto numa caverna, no monte Aeolus, em Vermont, EUA, em 30/4/1960, tinha pelo menos 24 anos, pois havia sido marcado em 22/6/1937, já adulto.

★ANTA MAIS RECENTE

Por mais de um século, apenas quatro espécies de anta foram reconhecidas pela ciência (veja quadro à direita), mas uma quinta foi identificada em 2008. A anta-anão (*Tapirus pygmaeus*) foi encontrada na Amazônia brasileira pelo zoólogo holandês dr. Marc van Roosmalen. Caracteriza-se pelo menor porte, dentição única e ausência de marcas brancas nas orelhas.

MAIOR ROEDOR

A capivara, ou carpincho (*Hydrochoerus hydrochaeris*, foto à esquerda), encontrada na Argentina, no Brasil e no Uruguai, tem comprimento total (corpo + cabeça) de 1–1,3m e chega a pesar 79kg. Um espécime de cativeiro excepcionalmente gordo chegou a 113 kg. Várias espécies lutam pelo título de **menor roedor** – entre elas o rato pigmeu *Baiomys taylori* (à esquerda), do México, Arizona e Texas, EUA, e o jerboa-pigmeu-do-baluchistão (*Salpingotus michaelis*), do Paquistão, ambos com 3,6cm de comprimento (corpo + cabeça) e cauda de 7,2cm de comprimento.

100%

9/3 A **mais jovem recordista mundial de atletismo individual feminino** é Wang Yan (China, n. 9/4/1971), que completou os 5.000m em 21min33,8s, aos 14 anos e 334 dias, em 1986.

1952: última vez que a indiana Shridhar Chillal (**unhas mais compridas em uma mão**) – cortou as unhas da mão esquerda.

SUMÁRIO

UNHAS MAIS COMPRIDAS

Tivemos a tristeza de saber que, em fevereiro de 2009, Lee Redmond (EUA), dona das **unhas mais compridas nas duas mãos (mulher)**, sofreu um acidente automobilístico que a privou de suas unhas de 8,65m de comprimento. Alguns meses antes do ocorrido, Lee encontrou-se com a equipe do *Guinness World Records* em Michigan (EUA) para ajudar a medir as unhas de 9,05m de comprimento de Melvin Boothe (EUA, **homem com as unhas mais compridas nas duas mãos**). A incrível foto dos dois serve hoje como um belo tributo a uma das recordistas mais populares do GWR.

HOMENS INCRÍVEIS

●PELOS DE ORELHA MAIS LONGOS

Das orelhas do indiano Antony Victor brotam pelos que chegam a medir 18,1cm. Diretor de escola aposentado, Victor é de Madurai, estado de Tamil Nadu (Índia). Estabeleceu o primeiro recorde em 2002, quando os pelos mediam 11,5cm. Em 2008, quebrou o próprio recorde: em seis anos, os pelos de suas orelhas cresceram 6,6cm.

●BARBA MAIS LONGA

Depois de molhada e escovada várias vezes, a barba de Sarwan Singh (Canadá) chegou ao comprimento recorde de 2,33m do queixo à ponta do fio mais longo. A medição foi realizada no dia 11/11/2008, e Singh precisou subir em uma caixa para conseguir mostrar a barba inteira.

MAIORES PÉS

O americano Robert Wadlow (1918–40), o **homem mais alto que já viveu**, usava sapatos tamanho 70. Também é de Wadlow o recorde de **maiores mãos** – elas mediam 32,3cm do pulso à ponta do dedo médio. *Veja p. 13 para saber mais sobre Robert Wadlow.* O ●**homem vivo mais alto**, Sultan Kösen (Turquia, veja p. 72–73), também possui as ●**maiores mãos** (27,5cm do pulso à ponta dos dedos) e os ●**maiores pés** (36,5cm do calcanhar ao dedão) de uma pessoa viva.

★MAIOR PERDA DE PESO AO LONGO DA VIDA (MASCULINO)

100

A dieta "ioiô" do americano Michael Hebranko resultou numa perda de peso total estimada em 2.268kg ao longo da vida. Sua primeira perda de peso documentada foi um recorde na época (1990): Hebranko chegou a perder 321kg! Depois disso, voltou a engordar e, em 1999, pesava 500kg. De lá para cá, perdeu mais de 290kg, de modo que, ao longo da vida, Hebranko já perdeu o peso equivalente ao de 35 homens de estatura média.

●BIGODE MAIS LONGO

Ram Singh Chauhan (Índia), funcionário da secretaria de turismo do Rajastão, começou a cultivar o bigode em 1982. Em novembro de 2008, ele tinha 3,50m de comprimento.

VOCÊ BATE ESSA MARCA?

Se você acha que seu bigode é mais comprido que o de Ram Singh Chauhan, eis as instruções para reivindicar o recorde:

1. Seu bigode deve ser medido por alguém devidamente qualificado, como um médico.

2. Essa pessoa deve medi-lo de ponta a ponta para obter o comprimento total.

3. Tire uma foto do seu bigode ao lado de uma fita métrica com escala de precisão.

4. Mande-nos uma carta assinada informando a medida. Essa carta deve ser endossada por duas testemunhas independentes. Veja as orientações na p. 14.

10/3 Nessa data, em 2006, a **propaganda de rádio mais curta** foi transmitida pela primeira vez na Noruega. Produzida pela BBDO Oslo Reklamebyrå AS, durou 0,954s.

11/3 Stephanie Gardiner (RU) foi a **pessoa mais jovem a receber um marca-passo**: ela tinha 4 horas de vida quando o aparelho do tamanho de um selo foi implantado, em 1995.

8,4cm: tamanho da boca aberta de J. J. Bittner – o que lhe conferiu o recorde de **maior bocejo do mundo**.

MENOR HOMEM VIVO (QUE ANDA)

O menor adulto vivo capaz de se movimentar é He Pingping (China, n. 1988), medido por uma equipe médica em Hohhot, Mongólia Interior, China, que lhe atribuiu 74,61cm de altura no dia 22/3/2008.

★ LÍNGUA MAIS LARGA

A língua do australiano Jay Sloot tinha 7,9cm de largura no ponto mais largo quando examinada no palco do programa *Guinness World Records*, em Sidney, Austrália, no dia 23/8/2005. Em janeiro de 2009, o espanhol Arnau Salarich demonstrou ter a ● **língua mais comprida**, com 9,7cm do lábio à ponta.

CINTURA MAIS LARGA

Walter Hudson (EUA, 1944–91) tinha 302cm de cintura no auge do peso, 545kg.

● MAIS AGULHAS CIRÚRGICAS DE 1,0MM ESPETADAS

O americano Robert Jesus Rubio teve 900 agulhas cirúrgicas de 1,0mm de espessura e 1,2cm de comprimento espetadas em seu corpo, no estado do Texas (EUA), em 29/5/2008. Rubio bateu o recorde anterior de 745 agulhas, que pertenceu a Benjamin Drucker (EUA) por cinco anos.

HOMEM MAIS TATUADO

Lucky Diamond Rich (Austrália), comedor de fogo, monociclista e praticante de malabarismo com motosserra, passou mais de 1.000h sendo tatuado. Rich tem a pele 100% coberta de tinta preta, inclusive pálpebras e gengivas, e está sendo tatuado com motivos brancos por cima do preto e desenhos coloridos por cima do branco!

PELOS MAIS LONGOS

- **Mamilo**: um pelo no mamilo de Douglas Williams (EUA) tinha 12,9cm de comprimento ao ser medido em Nova York, EUA, no dia 26/5/2007.
- **Perna**: o pelo de perna mais longo pertence a Wesley Pemberton (EUA) e media 16,51cm. O recorde foi aferido no palco de *Lo Show dei Record*, em Madri, Espanha, no dia 9/2/2008.
- **Braço**: Em 7/12/2006, um pelo do braço de Robert Starrett (EUA) tinha 13,5cm de comprimento ao ser medido em Mequon, Wisconsin, EUA.
- **Peito**: Um pelo do peito de Richard Condo (EUA) tinha 22,8cm quando medido em Nova Jersey, EUA, em 29/4/2007.
- **Sobrancelha**: O pelo de sobrancelha mais comprido pertence a Toshie Kawakami (Japão): 15,1cm. Aferido em 22/1/2008, no Guinness World Records Museum de Tóquio, Japão.
- **Cílio**: Um cílio de Stuart Muller (EUA) tinha 6,99cm quando medido em 7/12/2007.

NARIZ MAIS COMPRIDO

O nariz de Mehmet Ozyurek (Turquia) tinha 8,8cm da ponte nasal ao alto do filtrum quando medido oficialmente em Artvin, sua cidade natal, no dia 31/1/2001.

O **nariz mais comprido da história** pertenceu ao artista circense Thomas Wedders (RU, década de 1770, aproximadamente) e, segundo consta, media 19cm.

★ NOVO
● ATUALIZADO

● HOMEM COM MAIS PIERCINGS

O homem com mais piercings do mundo é John Lynch (RU), de 78 anos. Tinha 241 piercings, sendo 151 só na cabeça e pescoço, quando foi examinado em Londres, RU, no dia 17/10/2008. Ex-gerente do Barclays Bank, Lynch abandonou a vida "comum" no fim dos anos 1990, após ler um livro sobre piercings.

FATO

John Lynch (RU, n. 9/11/1930) trabalhou por 30 anos num banco antes de se aposentar e colocar o primeiro piercing, no nariz. Lynch detestava o conformismo de seu ambiente de trabalho e buscou modificações extremas do corpo para "se destacar na multidão". Embora tenha colocado o primeiro piercing depois de sair do banco, sua primeira tatuagem foi feita quando tinha cerca de 40 anos.

12/3 O *rapper* 50 Cent (EUA) emplacou três compactos ("Candy Shop", "How We Do" e "Disco Inferno") no Top 5 americano em 2005, o **maior número simultâneo de músicas de um artista no Top 5**.

MULHERES MARAVILHOSAS

★NOVO
●ATUALIZADO

DIRETO AO PONTO

A ex-enfermeira Elaine Davidson (nascida no Brasil e naturalizada no Reino Unido) afirma nunca retirar suas argolas e tachas, que pesam cerca de 3kg, e garante dormir tranquilamente com todos os piercings no lugar.

Ela também dorme em uma cama de pregos, anda sobre o fogo, se deita sobre vidro quebrado e é faixa preta de judô (obtida no Japão). Elaine é bem conhecida em Edimburgo, Escócia, RU, onde tem uma loja especializada em aromaterapia, piercings, tatuagens e penteados afro.

PERNAS MAIS LONGAS

As pernas da russa Svetlana Pankratova medem 132cm, confirmados em Marbella, Espanha, em 3/2/2008. Corretora de imóveis de Torremolinos, Espanha, ela jogou basquete pela Universidade Comunitária da Virgínia (EUA) de 1992 a 1995.

MULHER MAIS BAIXA (VIVA)

Madge Bester (África do Sul, n. 26/4/1963) tem apenas 65cm de altura. Ela sofre de *osteogenesis imperfecta* (doença caracterizada por ossos frágeis e deformidades do esqueleto) e está confinada a uma cadeira de rodas. Sua mãe, Winnie, não é muito mais alta: mede 70cm e também depende de cadeira de rodas.

MULHER MAIS BAIXA DA HISTÓRIA

A holandesa Pauline Musters (n. 26/2/1876) tinha 30cm ao nascer. Aos 9 anos, media apenas 55cm e pesava 1,5kg. Ela morreu no dia 1/3/1895, em Nova York, EUA, aos 19 anos, e tinha exatos 61cm de altura no exame *post mortem* – houve certo alongamento após a morte.

CINTURA MAIS FINA

Cathie Jung (EUA), de 1,72m, "modelou" a cintura a uma circunferência de 38,1cm usando espartilhos. Ela começou a apertar os espartilhos para imitar a estreita silhueta de ampulheta, popular na Inglaterra da Era Vitoriana.

CINTURA MAIS FINA DA HISTÓRIA

A cintura de Ethel Granger (RU, 1905–82) formava uma circunferência de 33cm, a medida mais fina para uma pessoa de estatura normal. Acredita-se que a atriz francesa Emile Marie Bouchand (1881–1939) também tinha uma cintura de 33cm.

MULHER MAIS PESADA DA HISTÓRIA

Afirma-se que Rosalie Bradford (EUA, 1943–2006) alcançou um peso máximo de 544kg, em janeiro de 1987. Em agosto daquele ano, ela teve insuficiência cardíaca congestiva e foi levada às pressas ao hospital. Como consequência, passou a seguir uma dieta cuidadosamente controlada e, em fevereiro de 1994, seu peso havia caído para 128kg.

★DREADLOCKS MAIS LONGOS

A americana Asha Mandela possui os *dreadlocks* mais longos da história. Quando medidos em Davenport, Flórida, EUA, no dia 13/11/2008, tinham 2,59m de comprimento.

MULHER COM MAIS PIERCINGS

Desde seu primeiro piercing, colocado em janeiro de 1997, Elaine Davidson (RU) fez tantas perfurações no corpo que perdeu a conta de quantas já foram feitas. Na última vez em que o *GWR* pôde examinar e contar seus piercings, em outubro de 2004, ela tinha ao todo 2.520.

13/3 Nesse dia de 2007, o **show mais curto** foi realizado. Uma apresentação do The Who (RU), em Tampa, Flórida, acabou após 13s de seu início, quando o vocalista Roger Daltrey (RU) percebeu estar doente demais para cantar.

104,75dB: som do **arroto mais alto emitido por uma mulher**, Jodie Parks (EUA), no dia 16/2/2008. Para se ter uma ideia, uma britadeira emite um som de cerca de 100dB.

★ ATLETA MAIS VELHA A PARTICIPAR DE TORNEIOS DE FISICULTURISMO

Aos 73 anos e 4 meses, Ernestine Shepherd (EUA, n. 16/6/1936) é a competidora de fisiculturismo mais velha do mundo. Ela começou a treinar aos 56 anos, no intuito de deixar o corpo em forma e retardar o processo de envelhecimento.

PESSOA MAIS LEVE QUE JÁ EXISTIU

Lucia Xarate (México, 1863–89) tinha nanismo ateleiótico. Aos 17 anos de idade, ela media apenas 67cm e pesava 2,13kg. Até completar 20 anos, Lucia conseguiu elevar seu peso para 5,9kg.

MULHER COM A MAIOR ALTURA REGISTRADA

A chinesa Zeng Jinlian (n. 26/6/1964), do vilarejo de Yujiang, na província de Hunan, China, media 2,48m quando morreu, no dia 13/2/1982. Essa medida presume sua altura com curvatura cervical normal, uma vez que ela sofria de escoliose severa e não conseguia se manter ereta.

GÊMEAS MAIS ALTAS DA HISTÓRIA

As irmãs Ann e Claire Recht (EUA, n. 9/2/1988) foram medidas deitadas e em pé em três momentos diferentes do dia 10/1/2007. Constatou-se que ambas tinham a altura média de 2,01m.

MODELO MAIS PESADA DE TODOS OS TEMPOS

A modelo americana Teighlor (também conhecida como Debra Perkins) alcançou o peso máximo de 326,14kg no início dos anos 1990 e teve uma carreira bem-sucedida de modelo, aparecendo em filmes, cartões comemorativos e anúncios.

FATO

Ernestine começou seu programa de boa forma caminhando todos os dias, depois passou a correr e hoje compete regularmente em corridas de 5 e 10km.

BARBA FEMININA MAIS LONGA

Após a morte da mãe em 1990, Vivian Wheeler (EUA) decidiu não aparar mais seus abundantes pelos faciais e deixou a barba crescer. O fio mais longo media 27,9cm em 2000. Vivian prefere amarrar a barba para não atrapalhar seus afazeres diários e frequentemente a enfeita com laços e fitas.

Janice Deveree (EUA, n. 1842), a "mulher barbada", teve **a barba feminina mais longa da história** – em 1884, media 36cm.

MAIOR ARREGALAR DE OLHOS

A americana Kim Goodman é capaz de projetar os olhos 12mm para fora das órbitas – talento que ela descobriu certa vez ao bocejar! Seus olhos foram medidos recentemente em Istambul, Turquia, no dia 2/11/2007.

UNHAS DOS PÉS MAIS LONGAS

Desde 1982, a americana Louise Hollis deixa as unhas dos pés crescerem exageradamente. Em 1991, o comprimento combinado das unhas dos dez dedos dos pés de Louise atingiu incríveis 220,9cm – a maior medida já registrada nesse quesito.

CABELO MAIS LONGO

Aferido em 8/5/2004, o cabelo mais longo já medido pertence a Xie Qiuping (China) e tem 5,627m. Ela deixa o cabelo crescer desde 1973, quando tinha 13 anos.

MAIOR PLÁSTICA ABDOMINAL

Cirurgiões do Hospital de Cruces, em Barakaldo, Espanha, tiraram um "avental" de gordura de 60kg de uma mulher obesa em março de 2006. A barriga da paciente alcançava os joelhos. Pequenos sifões auxiliaram a remoção da gordura, que tinha 462 mil calorias e cujo peso era o mesmo de uma garota de 17 anos.

PESSOA MAIS VELHA A GANHAR UM DENTE NOVO

Em março de 2007, nasceu o dente canino superior direito de Mária Magdolna Pozderka (Hungria, n. 19/7/1938), quando ela tinha 68 anos de idade.

★ IDOSA MAIS TATUADA

Isobel Varley, de Stevenage, Hertfordshire, RU, tem cerca de 76% do corpo tatuado – as únicas partes não tatuadas são as mãos, o rosto, o pescoço e as solas dos pés. Ao longo de dez anos, ela teve mais de 200 desenhos gravados no corpo, incluindo uma coruja na perna e tigres na barriga. A única tatuagem da qual se arrepende é um "sapo surrealista" na barriga. Segundo Isobel, a região que mais doeu ao ser tatuada foram os dedos dos pés!

14/3 O **arco-íris mais duradouro** ficou visível por seis horas seguidas, das 9h às 15h, sobre Wetherby, RU, em 1994.

15/3 David Schummy (Austrália) arremessou um bumerangue a 427,2m em 2005, em Queensland, Austrália – a **maior distância alcançada por um objeto arremessado manualmente**.

CHOQUE CULTURAL

●TRIBO EM MAIOR PERIGO DE EXTINÇÃO

Restam apenas seis membros vivos da tribo akuntsu, de Rondônia, norte do Brasil (cinco deles na foto à direita). Eles vivem em uma comunidade isolada, dividindo apenas duas ocas feitas de palha, e cultivam uma pequena roça de milho e mandioca. Também são caçadores perspicazes de porcos selvagens, cutias e antas. Fazendeiros devastaram a floresta onde os akuntsus viviam, nos anos 1980, ocasionando a quase extinção da tribo.

★LÍNGUA COM MAIS SONS

A língua !xóõ (ou ta'a), falada por aproximadamente 4 mil *khomanis* na África do Sul, tem 74 consoantes, 31 vogais e quatro tonalidades.

VOCÊ SABIA?

Quando foram descobertos, em 1995, os akuntsus eram sete. Um deles morreu depois que, numa tempestade, uma árvore caiu sobre a oca onde habitavam.

★PRIMEIRA EVIDÊNCIA DE CANIBALISMO HOMINÍDEO

Nos contrafortes da serra de Atapuerca, norte da Espanha, há diversas cavernas pré-históricas nas quais um ancestral humano – o *Homosapiens antecessor* – viveu há cerca de 800 mil anos. Entre os restos dos hominídeos, há ossos e crânios em que se vê uma série de utensílios e cicatrizes, indícios de que uma ferramenta foi usada para retirar a pele, cortar a carne e extrair tutano dos ossos. O mesmo padrão de marcas foi encontrado em ossos de animais perto dali.

★MAIOR FAMÍLIA COM MEMBROS "QUADRÚPEDES"

Cinco de 19 irmãos adultos da família Ulas, da Turquia – quatro mulheres e um homem –, andam com os pés e as palmas das mãos. Esse andar "quadrúpede" (conhecido como "andar de urso") é único dos Ulas e é diferente do andar com as articulações dos dedos dos gorilas, por exemplo. Os cinco irmãos também sofrem de defeitos congênitos e têm problemas para ficar eretos. Esse quadro é conhecido como síndrome de Uner Tan, em homenagem ao professor turco homônimo da Universidade de Cukurova, Turquia, que foi o primeiro a estudar a família, em 2005.

★TRIBO MAIS ISOLADA

Segundo a Survival International, organização que atua com sociedades tribais, os habitantes da ilha de Sentinela do Norte – que pertence ao arquipélago de Andamão, Índia, no golfo de Bengala – são provavelmente a tribo mais isolada do mundo. Os sentinelenses – que não querem contato com o mundo exterior – habitam a ilha há mais de 60 mil anos. Vídeos registrados depois do tsunami de 2004, que destruiu boa parte das ilhas de Andamão, mostraram que a tribo sobreviveu ao grande desastre.

★MAIOR FESTIVAL VODU

No Dia do Vodu, comemorado em 10/1 em Ouida, Benin – oeste da África, berço dessa antiga religião –, mais de 10 mil fiéis se reúnem para sacrifícios, bênçãos e orações. Aproximadamente 60% da população de Benin pratica o vodu (o nome mais preciso é *vodum*), que venera um deus supremo, bem como os ancestrais e os espíritos antigos (*loa*), cada um dos quais invocado com uma dança e um canto particulares.

★NOVO
●ATUALIZADO

MAIORES LABRETES

O povo de Surma, na Etiópia, usa pratos nos lábios como símbolo de saúde. O processo de inserção dos pratos (feitos pelas mulheres com argila) começa cerca de um ano antes do casamento; o diâmetro final indica o número de cabeças de gado exigido pela família da noiva ao futuro marido. Os pratos costumam ter 15cm, o que requer um pagamento de 50 cabeças.

LABRETES

Alargadores labiais como placas e brincos são conhecidos como labretes. Uma pequena perfuração é feita no lábio inferior ou superior, onde se insere um alargador de madeira. Após a cicatrização, são colocados acessórios mais largos, substituídos sucessivamente até o lábio estar esticado o bastante para acomodar uma placa.

16/3 Wim Hof (Holanda) nadou 57,5m sob o gelo em um lago perto de Kolari, na Finlândia, em 16/3/2000. Foi a **maior distância percorrida sob o gelo sem equipamento de respiração**.

1,3 milhão: número estimado de pessoas que celebraram o Thaipusam nas cavernas Batu, perto de Kuala Lumpur, Malásia, em 2007.

MAIOR PROPORÇÃO DE MULHERES COM PÉS ENFAIXADOS

A prática de enfaixe dos pés, que começou no século X na China e persistiu até ser proibida em 1911, impedia que os pés femininos crescessem mais de 10cm. Em estudo realizado em 1997 com 193 mulheres de Pequim (93 com mais de 80 anos e cem entre 70 e 79), a Universidade da Califórnia, EUA, descobriu que 38% das mulheres acima dos 80 anos e 18% das restantes tiveram os pés deformados devido ao enfaixe.

★RITO RELIGIOSO MAIS LONGO

A cada 60 anos em média, o povo dogon, no Mali, celebra o Sigui, um festival de máscaras cujo intuito é passar adiante os segredos do culto de uma geração a outra. A cerimônia leva alguns anos para ser concluída – o último Sigui durou de 1967 a 1973; o próximo será em 2032 –, porque os iniciados (apenas homens) devem aprender uma língua secreta e esculpir uma grande máscara com vários metros de comprimento. Cada iniciado veste sua própria máscara e faz uma série de danças de aldeia em aldeia.

★MAIS RECENTE "PRIMEIRO CONTATO" COM UMA TRIBO

No mundo, há cerca de cem tribos incomunicáveis conhecidas. O contato mais recente com uma tribo assim aconteceu com o subgrupo ayoreo-totobiegosode, do Chaco, região que se estende do Paraguai à Bolívia e à Argentina. Em março de 2004, um grupo de 17 índios – cinco homens, sete mulheres e cinco crianças – foi obrigado a sair da floresta paraguaia depois que fazendeiros de gado ocuparam seu território e tomaram seus mananciais de água à força.

TRIBO MAIS BAIXA

Os pigmeus mbutis, da República Democrática do Congo, têm altura média de 1,37m (homem) e 1,35m (mulher), com alguns grupos medindo somente 1,32m (homem) e 1,24m (mulher).

TRIBO MAIS ALTA

A tribo mais alta do mundo é a tútsi (também conhecida como batusi), de Ruanda e do Burundi, na África Oriental: os jovens adultos têm em média 1,83m de altura.

PESCOÇO MAIS LONGO

A maior extensão conhecida do pescoço humano – 40cm – pertence às mulheres da tribo padaung, ou kareni, de Mianmar, que usam argolas de cobre como adereços e símbolos de beleza. Seus pescoços se tornam tão longos e esguios que elas não conseguem aguentar o peso da cabeça sem as argolas.

MENOS DEDOS

A síndrome dos dois dedos, presente em alguns membros da tribo wadomo, do vale do rio Zambeze, no Zimbábue, e da tribo kalahari, do deserto de mesmo nome em Botsuana, é herdada por meio de um único gene mutável.

★MAIOR FESTIVAL THAIPUSAM

O festival hindu Thaipusam, celebrado em diversos lugares pelos tâmeis, homenageia o deus Subrahmanya – ou Murugan –, filho de Shiva e Parvati. Os devotos praticam mortificação da carne, perfurando as bochechas com espetos. O maior dos eventos acontece no templo Sri Mahamariamman, em Kuala Lumpur, Malásia, e atrai até 1 milhão de devotos.

17/3 Feito pelo Wild Woody's Chill and Grill, em Roseville, Michigan, EUA, em 17/3/2005, o **maior sanduíche** pesava 2.467,5kg.

18/3 O **primeiro passeio no espaço sideral** foi realizado por Alexei Arkhipovich Leonov (URSS), tripulante da *Voskhod 2*, no dia 18/3/1965.

MARAVILHAS MÉDICAS

★ PRIMEIRO TRANSPLANTE QUÍNTUPLO DE RIM

O cirurgião Robert Montgomery (EUA; diante do gráfico de doações) conduziu o primeiro transplante quíntuplo de órgãos – feito no Hospital John Hopkins, em Baltimore, EUA, em novembro de 2006. Foram necessários 12 cirurgiões, seis salas de cirurgia, cinco doadores e cinco receptores. *Veja o boxe Troca de Rins (à dir.).*

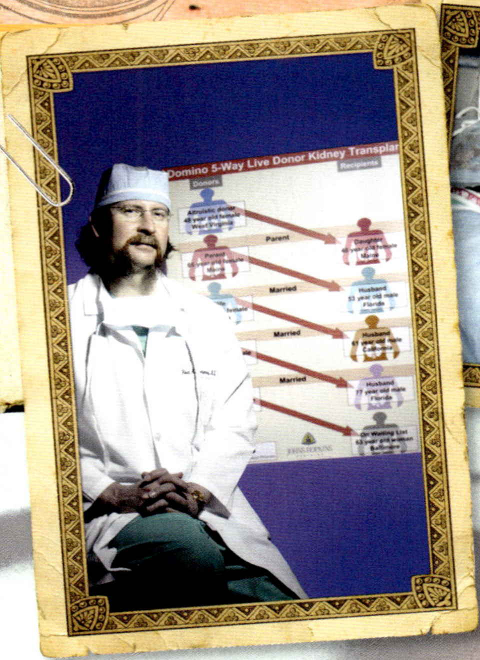

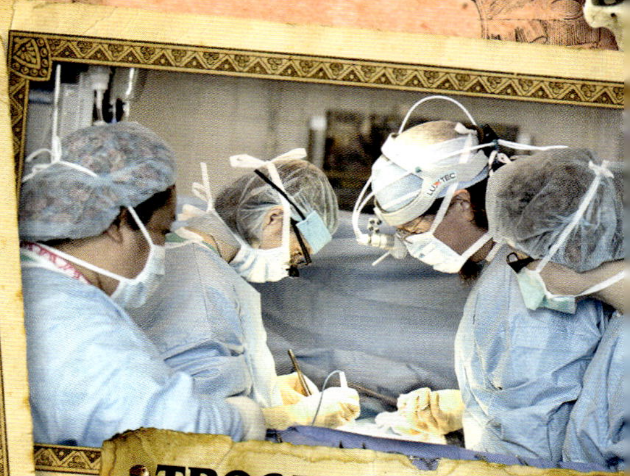

TROCA DE RINS

Quatro dos pacientes tinham um parente disposto a oferecer um rim (o quinto esperava por um doador morto), mas os doadores eram incompatíveis com seus respectivos pacientes. Graças à chegada de um novo doador, foi possível rearranjar os doadores e receptores de modo a realizar a troca quíntupla simultânea.

★ NOVO
● ATUALIZADO

100%

★ PRIMEIRA CIRURGIA PLÁSTICA

O oficial de artilharia da Primeira Guerra Mundial Walter Yeo (RU) foi a primeira pessoa a passar por uma cirurgia plástica. Ele teve pedaços de pele do ombro enxertados no rosto para substituir as pálpebras, perdidas num acidente com os canhões do HMS *Warspite* em 1916, na Batalha da Jutlândia. O cirurgião foi Sir Harold Gillies (Nova Zelândia), considerado o pai das cirurgias plásticas.

CÁLCULO RENAL MAIS CARO

No dia 18/1/2006, divulgou-se que o astro William Shatner (EUA), de *Jornada nas estrelas*, havia vendido por US$ 25.000 ao cassino online GoldenPalace.com um cálculo renal expelido por ele no ano anterior. Shatner doou o dinheiro à instituição filantrópica Habitat for Humanity.

● CÁLCULO RENAL MAIS PESADO

Wazir Muhammand Jagirani (Paquistão) teve o cálculo renal (abaixo) retirado de seu rim direito no Hospital Universitário de Neuro-Urologia Chandka, em Sindh, Paquistão, no dia 24/6/2008. O cálculo pesava incríveis 620g.

100%

★ PRIMEIRA MÃO BIÔNICA

Em 2008, a i-limb, criada pela Touch Bionics (RU), tornou-se a primeira mão biônica disponível para venda. Cada dedo é acionado por um motor próprio; com força variável, é capaz de agarrar desde objetos delicados até objetos maiores. A i-limb é usada por mais de 400 pacientes no mundo.

19/3 Representantes da Swatch Japan prepararam a ***tortilla* espanhola mais pesada**, com 11,036t, no complexo Minato Mirai, em Yokohama, Japão, nesse dia de 1994.

20/3 Em 2008, o americano Robert G. Davis concluiu a **mais longa viagem de *snowmobile*** em seu Yamaha RS Venture: foram 19.574,45km.

560kg: peso máximo de Manuel Uribe (México) em janeiro de 2006 – o **homem mais pesado da década**.

100

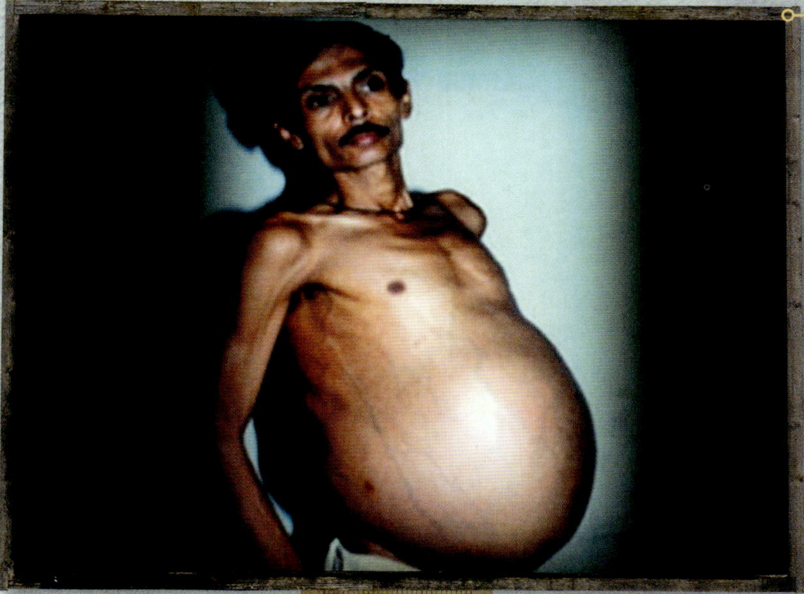

★ GÊMEO MAIS VELHO NÃO PERCEBIDO

O indiano Sanju Bhagat, de Nagpur, viveu 36 anos com o estômago extremamente distendido, o que desafiava qualquer explicação. Em junho de 1999, o diafragma começou a ser pressionado, impedindo-o de respirar e tornando a situação emergencial. Na operação corretiva, o dr. Ajay Mehta, do Hospital Memorial Tata, em Mumbai, Índia, retirou o feto do irmão gêmeo de Bhagat, que havia crescido parasiticamente em sua cavidade abdominal. O feto pesava 4kg, sendo 1kg de cabelo.

★ MAIS SANGUE DOADO

Até 3/7/2008, o abnegado Anthony Davis (RU) doou sangue 601 vezes.

★ CÁLCULO SALIVAR MAIS LONGO

Cálculos salivares são depósitos minerais que se formam nos dutos salivares. Em geral, medem poucos milímetros, mas o mais comprido já registrado tinha 37mm e foi retirado de um paciente de 43 anos pelo dr. Kyprianos Kakouris, no Centro Médico Evangelistria, em Nicósia, Chipre, no dia 20/11/2006.

CONFIRA

De gêmeos a óctuplos, do mais jovem ao mais velho, vire a página para conhecer algumas incríveis Histórias de Vida...

★ PESSOA A PASSAR MAIS TEMPO EM CADEIRA DE RODAS

Em 21/11/2008, William Borrelli (EUA, n. 4 de março de 1925) completou 76 anos e 173 dias vivendo em cadeira de rodas. Atropelado por um ônibus aos sete anos de idade, teve, porém, uma vida plena, sendo inclusive pai de quatro filhos.

PRIMEIRO TRANSPLANTE PARCIAL DE FACE BEM-SUCEDIDO

100

Depois de gravemente desfigurada por um ataque de seu cão, a francesa Isabelle Dinoire foi submetida a um transplante facial no hospital da universidade de Amiens, França, em 27/11/2005. Os cirurgiões trabalharam a noite toda removendo pele, gordura e vasos sanguíneos do doador e posicionando-os sobre o crânio e a musculatura de Isabelle antes de religar os vasos sanguíneos.

BANCO DE SANGUE

A Cruz Vermelha Americana é a maior fornecedora de sangue, plasma e tecidos: seus mais de 4,5 milhões de doadores abastecem 3 mil hospitais.

● QUE SOBREVIVEU A MAIS QUEIMADURAS

Duas pessoas sobreviveram a queimaduras em 90% do corpo. David Chapman (RU) se queimou quando a explosão de um galão de gasolina o cobriu de combustível em chamas em 2/7/1996. Após o acidente, os cirurgiões passaram 36 horas removendo a pele morta. Tony Yarijanian (EUA) passou por 25 cirurgias, com inúmeros enxertos de pele, após sofrer ferimentos similares numa explosão em um spa na Califórnia, EUA, em 15/2/2004.

● MAIS TUMORES RETIRADOS

O dr. Charitesh Gupta (Índia) retirou em apenas uma cirurgia nove tumores cerebrais de seu paciente H.S. Agarwal (Índia), de 78 anos de idade, no Instituto Himalaio de Ciências Médicas, em Dehradun, Índia, no dia 9/12/2006.

★ MAIORES AMÍDALAS JÁ RETIRADAS

No dia 18/12/2008, as amídalas de Justin Dodge (EUA) tinham 3,2 cm de comprimento, 2,6 cm de largura e 2,1 cm de espessura quando removidas no Hospital St. Francis, em Milwaukee, Wisconsin, EUA.

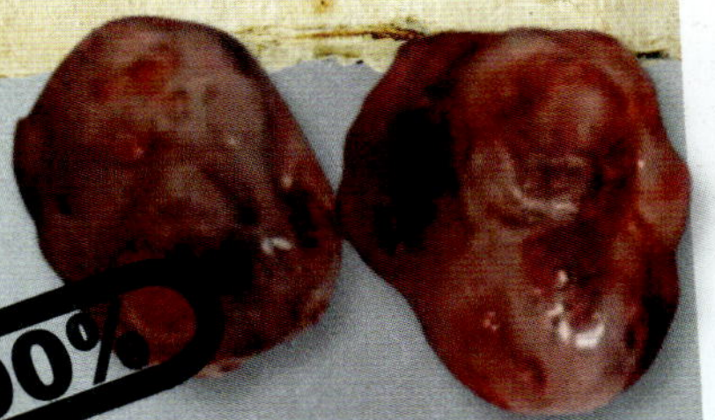

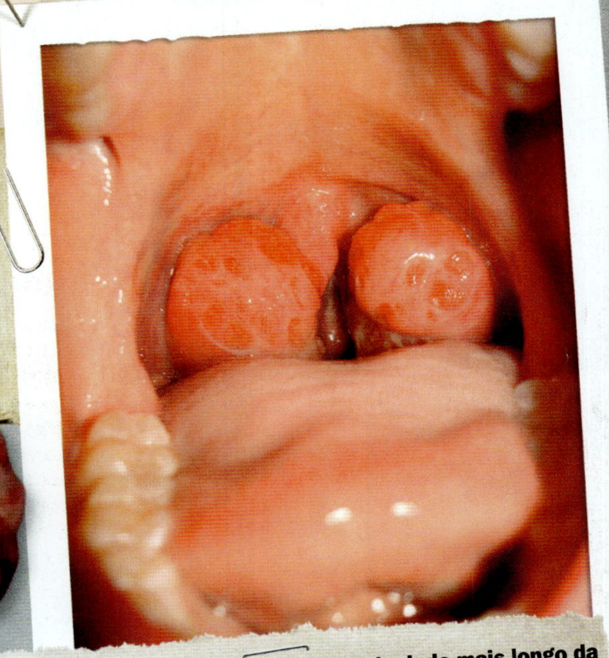

100%

★ BOLA DE CABELOS HUMANOS MAIS PESADA

O tricobezoar (denominação médica para bola de cabelos) surge devido à tricofagia, ato de comer os próprios cabelos (do grego *tricha* – cabelo, e *phagin* – comer, também conhecida como síndrome de Rapunzel, referência ao conto dos Irmãos Grimm). O maior tricobezoar retirado de um ser humano tinha 4,5kg e foi encontrado no estômago de uma jovem de 18 anos tratada no Centro Médico da Universidade Rush, em Chicago, Illinois, em novembro de 2007. Ele media 37,5 x 17,5 x 17,5cm.

21/3 O **maior prêmio ganho em um caça-níqueis** foi de US$ 39.713.982,25, pago pela máquina Megabucks do Excalibur Hotel-Casino, em Las Vegas, Nevada, EUA, em 2003.

22/3 Valeriy Poliyakov (Rússia) fez o **voo tripulado mais longo da história** ao decolar rumo à estação espacial Mir em 8/1/1994 e retornar em 22/3/1995, numa viagem de 437 dias e 17h58min16s.

HISTÓRIAS DE VIDA

★PARTO COM MAIS BEBÊS (VIVOS)

Nadya Suleman (EUA) foi manchete mundial em 26/1/2009, ao dar à luz seis meninos e duas meninas no Hospital Kaiser Permanente, em Bellflower, Califórnia, EUA. Os bebês, que sobreviveram após o parto, foram gerados por fertilização *in vitro* e nasceram nove semanas antes do previsto, por meio de cesariana.

O **maior número de bebês nascidos em um único parto** é nove. A mãe, Geraldine Broderick (Austrália), deu à luz no Hospital da Mulher, em Sydney, Austrália, no dia 13/6/1971. Todos os bebês faleceram em menos de seis dias.

★PRIMEIRO HOMEM CASADO A DAR À LUZ

Figura polêmica, o americano Thomas Beatie nasceu mulher, mas tornou-se legalmente homem em seu estado natal, Oregon, EUA. Ele se submeteu a uma cirurgia para mudança de sexo em 2002, mas conservou os órgãos reprodutores femininos. Como homem, Beatie pôde se casar legalmente com Nancy, sua parceira, em 2003. Quando o casal quis constituir família, Thomas, com a ajuda de um doador de esperma anônimo, gerou e gestou o bebê, pois Nancy havia feito uma histerectomia. A filha do casal, Susan, nasceu em 29/6/2008.

O **★primeiro caso publicado de um homem a dar à luz** foi o de Matt Rice (EUA), que também nasceu mulher e engravidou por inseminação artificial, gerando o menino Blake, em 1999.

★PRIMEIRAS MÃE E FILHA SUPERCENTENÁRIAS

Supercentenárias são pessoas que passam dos 110 anos. Mary P. Romero Zielke Cota (EUA, 1870) morreu em 1982 com 112 anos e 17 dias de idade; a filha dela, Rosabell Zielke Champion Fenstermaker (EUA, 1893), também foi longeva e morreu aos 111 anos e 344 dias de idade, em 2005.

★PAI MAIS VELHO

O australiano Les Colley foi o homem mais velho a ser pai. Ele tinha 92 anos e 10 meses de idade quando Oswald, seu nono filho, nasceu. A mãe do menino era a terceira esposa de Colley, e o casal se conheceu em 1991, por intermédio de uma agência de namoro, quando ele tinha 90 anos. "Nunca achei que ela fosse engravidar tão facilmente, mas engravidou", disse Colley aos jornalistas na ocasião da notificação do nascimento.

★MÃE MAIS VELHA A CONCEBER DE FORMA NATURAL

No dia 20/8/1997, Dawn Brooke (RU) tornou-se a mãe mais velha do mundo ao dar à luz um menino, por cesariana, aos 59 anos de idade. Ela engravidou acidentalmente ao ovular após sua última menstruação.

BEBÊ MAIS PESADO DE TODOS OS TEMPOS

A canadense Anna Bates (1846–88), de 2,27m de altura, deu à luz um menino com 10,8kg, em Seville, Ohio, EUA, no dia 19/1/1879, mas o bebê morreu 11h depois. O **bebê mais pesado a sobreviver** foi o filho de Carmelina Fedele, de Aversa, Itália. Ele nasceu com 10,2kg, em setembro de 1955.

FATO

Em 13/11/2008, Beatie surpreendeu o mundo novamente ao anunciar sua segunda gravidez, apenas alguns meses após dar à luz a primeira filha.

BEBÊ MAIS PREMATURO A SOBREVIVER

O período gestacional normal de um ser humano é de 280 dias (40 semanas), mas os canadenses Brenda e James Gill tiveram James Elgin Gill após 128 dias de gestação, no dia 20/5/1987, em Ottawa, Ontário, Canadá. O bebê nasceu pesando somente 624g. Quando nasceu, a maior parte do corpo de James ainda estava se desenvolvendo, inclusive pele, mãos, orelhas e pés. Os olhos estavam selados, e ele precisou ser operado logo após nascer para fechar uma artéria que ligava o coração ao pulmão.

100

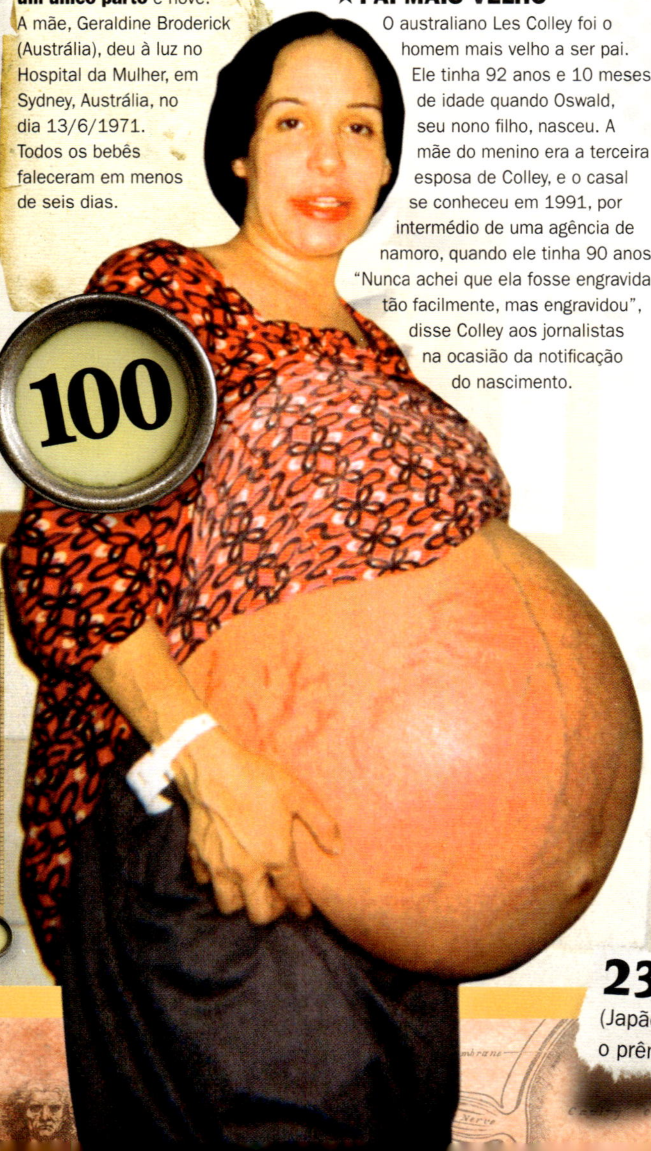

●MULHER MAIS VELHA A DAR À LUZ OS PRÓPRIOS NETOS

Aos 56 anos, a americana Jacilyn Dalenberg foi barriga de aluguel da filha, Kim Coseno (EUA), gestando e dando à luz as próprias netas – três meninas chamadas Elizabeth Jacilyn, Carmina Ann e Gabriella Claire. As trigêmeas nasceram nove semanas antes do previsto, por cesariana, no Hospital Hillcrest, em Cleveland, Ohio, EUA, no dia 11/10/2008, com pesos entre 0,9kg e 1,296kg.

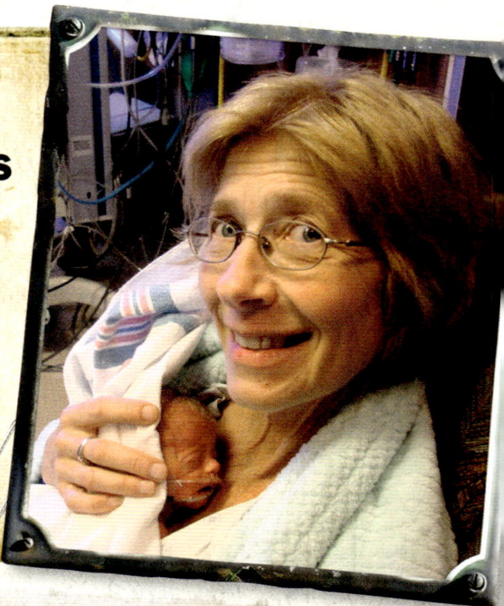

23/3 Sen to Chihiro no Kamikakushi, ou A viagem de Chihiro (Japão, 2001), foi o **primeiro anime a ganhar um Oscar**: levou o prêmio de Melhor Filme de Animação em 2003.

7,2 milhões: número de vítimas de doença cardíaca isquêmica, a **doença mais letal do mundo** – dados baseados em estudos do Relatório de Saúde da ONU de 2004.

100

★ NOVO
● ATUALIZADO

1

2

AS DEZ PESSOAS VIVAS MAIS VELHAS

Em 16/4/2009

	NOME/NACIONALIDADE	SEXO	NASCIMENTO	IDADE
1	Gertrude Baines (EUA)	f	6/4/1894 (1)	115 anos e 10 dias
2	Kama Chinen (Japão)	f	10/5/1895	113 anos e 341 dias
3	Mary Josephine Ray (EUA)	f	17/5/1895	113 anos e 334 dias
4	Olivia Patricia Thomas (EUA)	f	29/6/1895	113 anos e 291 dias
5	Neva Morris (EUA)	f	3/8/1895	113 anos e 256 dias
6	Chiyo Shiraishi (Japão)	m	6/8/1895	113 anos e 253 dias
7	Tomoji Tanabe (Japão)	m	18/9/1895	(2) 113 anos e 210 dias
8	Maggie Renfro (EUA)	f	14/11/1895	113 anos e 153 dias
9	Eugenie Blanchard (França)	f	16/2/1896	113 anos e 59 dias
10	Lucia Lauria Vigna (Itália)	f	4/3/1896	113 anos e 43 dias

★ MÃE DE TRIGÊMEOS MAIS VELHA

Em setembro de 2008, uma mulher anônima de ascendência asiática deu à luz trigêmeos na maternidade Cochin, em Paris, França, aos 59 anos. Os trigêmeos, dois meninos e uma menina, pesavam 2,3kg, 2,1kg e 2,4kg, respectivamente.

PRIMEIRO BEBÊ DE PROVETA

Às 23h47 do dia 25/7/1978, Lesley Brown (RU) deu à luz Louise Brown (RU), com 2,6kg, por cesariana, no Hospital Geral de Oldham, em Lancashire, RU. Louise foi concebida externamente num procedimento realizado em 10/11/1977.

MÃE MAIS FÉRTIL

Uma camponesa de Shuya, Rússia, esposa de Feodor Vassilyev (1707–82), teve 69 filhos, o maior número já registrado de filhos nascidos de uma mesma mãe. Surpreendentemente, a esposa de Vassilyev possui mais dois recordes: **mais partos de quádruplos**, quatro, e **mais partos de gêmeos**, 16. Essa mãe milagrosa também deu à luz sete conjuntos de trigêmeos, mas o **recorde de partos de trigêmeos** pertence a Maddalena Granata (Itália, 1839–86), com 15 partos.

MÃE MAIS VELHA

100

A espanhola Maria del Carmen Bousada Lara (5/1/1940) é a mãe mais velha de idade reconhecida. No dia 29/12/2006, ela deu à luz os gêmeos Christian e Pau, por cesariana, aos 66 anos e 358 dias de idade, no Hospital Sant Pau, em Barcelona, Espanha.

★ IRMÃO GÊMEO VIVO MAIS VELHO

Leona Adams Gleed (EUA, 28/3/1900) tornou-se a gêmea viva mais velha em 27/1/2009. Seu irmão Leo morreu aos 89 anos, em 1990, mas Leona continua firme e forte aos 108 anos, em Norfolk, EUA.

★ PESSOAS NASCIDAS NO MESMO DIA QUE MAIS VIVERAM

Camille Loiseau (França) e Toyo Endo (Japão), ambos nascidos em 13/2/1892, foram as pessoas mais velhas a fazer aniversário no mesmo dia. Toyo foi o primeiro a falecer, aos 112 anos e 325 dias, em 3/1/2005. Já Camille contava 114 anos e 180 dias quando morreu, em 12/8/2006.

★ PAI VIVO MAIS VELHO

Em agosto de 2007, aos 90 anos, o indiano Nanu Ram Jogi celebrou o nascimento do que ele acredita ser seu 21º filho, uma menina chamada Girija. Com isso, Jogi tornou-se o pai mais velho do mundo. Ele teve o primeiro filho em 1943 e deseja continuar a ter filhos até completar 100 anos. Sua atual esposa (a quarta) foi casada com um de seus filhos, que morreu em 1997.

24/3 O **maior castelo inflável** tem 12m de altura e base quadrada com 19m de lado. Foi aberto à visitação em Roundhouse, Camden, Londres, nesse dia de 1997.

TAMANHO É DOCUMENTO

VOCÊ ESTÁ À ALTURA?

- **Os desafiantes ao recorde de mais alto(a) devem ser medidos de pé, três vezes em um dia (de manhã, ao meio-dia e à noite).**
- **As medições devem ser feitas na presença de um fiscal do *Guinness World Records*.**
- **Apenas pedidos que excedam os recordes atuais (e acompanhados de laudo médico comprobatório) serão considerados.**

272CM: HOMEM MAIS ALTO (ABSOLUTO)

Nascido com 3,85kg, Robert Wadlow (EUA, veja a p. 13) começou a crescer anormalmente aos dois anos, após uma cirurgia de hérnia. A tabela abaixo revela o incrível crescimento de Robert até sua morte, aos 22 anos:

IDADE	ALTURA
5	163cm
8	183cm
10	199cm
12	210cm
14	226cm
16	240cm
18	253cm
20	261cm
22,4	272cm*

Em crescimento, apesar da doença fatal.

Ele morreu à 1h30 de 15/7/1940, por complicações decorrentes de uma infecção no tornozelo esquerdo causada por um aparelho ortopédico mal fixado uma semana antes.

★208CM: GAROTA MAIS ALTA

A garota menor de 18 anos mais alta do mundo é Malee Duangdee (Tailândia, n. 22/12/1991): ela mede 208cm, altura atribuída a um tumor inoperável em sua glândula pituitária. À direita, vemos Malee ao lado de Craig Glenday (170cm), editor-chefe do *GWR*, que mediu a adolescente no hospital Chulalongkorn, em Bangkok, Tailândia, em 16/1/2009. Medicamentos podem desacelerar e até parar o crescimento dela, mas o custo é muito alto para sua família.

248CM: MULHER MAIS ALTA (ABSOLUTO)

Zeng Jinlian (China, 1964–82) tinha 248cm de altura quando morreu. Essa medida representa sua suposta altura com a curvatura normal da coluna, já que ela sofria de escoliose severa (curvatura lateral da coluna) e não conseguia ficar ereta em pé.

Zeng começou a crescer anormalmente aos quatro meses de idade e, aos 13 anos, tinha 2,13m de altura.

118–234CM: MAIOR VARIAÇÃO DE ESTATURA

O austríaco Adam Rainer (1899–1950) tinha apenas 118cm de altura aos 21 anos, quando passou a crescer rapidamente. Em 1931, sua estatura havia quase duplicado, chegando a 218cm. Rainer ficou tão fraco que passou o resto da vida em uma cama. Quando morreu, ele tinha 2,34m e, desde então, é a única pessoa da história a ter sido tanto um anão quanto um gigante.

228,6CM: JOGADOR MAIS ALTO DA NBA

Com a recente aposentadoria de Gheorghe Muresan (Romênia), o chinês Yao Ming, do Houston Rockets, tornou-se o jogador mais alto da NBA, com 228,6cm de altura. Ming estreou na liga profissional em 1997.

223,5CM: GÊMEOS MAIS ALTOS

Os gêmeos idênticos Michael e James Lanier (EUA, n. 27/11/1969), de Troy, Michigan, têm ambos 223,5cm de altura. Ambos jogaram basquete na universidade – Michael pela Universidade de Denver, no Colorado, e James pela Universidade da Califórnia, em Los Angeles.

213CM: CAMPEÃO DOS PESOS PESADOS DA AMB MAIS ALTO

O russo Nicolay Valuev é a pessoa mais alta a sagrar-se campeã dos pesos pesados da Associação Mundial de Boxe: ele tem 213cm de altura e pesa 150kg. Apelidado de "Fera do Leste" por comentaristas, Valuev é um ex-jogador de basquete que, aos 16 anos, já tinha 201cm de altura, consequência de uma doença na glândula pituitária.

●404,7CM: CASAL MAIS ALTO

Wilco (Holanda) e Keisha van Kleef-Bolton (RU) têm altura média combinada de 404,7cm, o que faz deles os cônjuges mais altos do mundo. Eles se conheceram depois que Keisha entrou em contato com o Clube dos Altos do Reino Unido em busca de um parceiro de dança. Pouco depois, esse casal de altões foi unido pelo reverendo Brian Shipsides (ao lado), na Igreja de Todos os Santos, em Forest Gate, Londres, RU.

73cm: diferença de altura entre Don Koehler (EUA) e sua irmã gêmea – a **maior diferença de altura entre gêmeos**.

★ NOVO
● ATUALIZADO

●236,2CM: MULHER MAIS ALTA

A chinesa Yao Defens tem 236,2cm de altura, o que faria dela a mulher mais alta do mundo. O *GWR* ainda precisa ratificar sua altura – diversas tentativas de medi-la foram canceladas por problemas de saúde. Em abril de 2009, Yao sofreu uma queda que a impossibiltou, temporariamente, de ficar em pé.

204CM: JOGADOR MAIS ALTO DA NHL

Com 204cm de altura, Zdeno Chara (Eslováquia), do Boston Bruins, é o jogador mais alto da história da NHL.

201CM: GÊMEAS MAIS ALTAS

No dia 10/1/2007, Ann e Claire Recht (EUA, n. 9/2/1988) foram medidas três vezes, horizontal e verticalmente, em Oregon, EUA. Ambas têm altura média de 201cm.

194CM: ATOR PRINCIPAL MAIS ALTO

Dois atores dividem esse recorde: Christopher Lee (RU), ator de clássicos do horror desde 1958; e Vince Vaughn (EUA), cujo primeiro papel principal foi no filme *Pela vida de um amigo* (EUA, 1998). O **maior ator (de todos os tempos)** foi o americano Matthew McGrory (1973–2005), que tinha 229cm de altura quando atuou em *Peixe grande* (EUA, 2003), de Tim Burton.

182CM: MAIORES ATRIZES PRINCIPAIS

As americanas Margaux Hemingway, Sigourney Weaver e Geena Davis e a dinamarquesa Brigitte Nielsen (ver p. 207) têm 182cm de altura cada uma.

211CM: JOGADOR MAIS ALTO DA AFL

Com 211cm de altura, o jogador mais alto da Liga de Futebol Australiana é Aaron Sandilands (Austrália), que jogou pelo Freemantle em 2003–05. Sandilands divide o recorde com Peter Street (Tasmânia), do St. Joseph's.

208CM: TENISTA MAIS ALTO EM WIMBLEDON

Ivo Karlovic (Croácia) tinha 208cm de altura ao disputar o Torneio de Tênis de Wimbledon 2003.

★225,1CM: GAROTO MAIS ALTO

Com 13 anos, Brenden Adams (EUA, n. 20/9/1995) tem 225,1cm de altura – mais alto que Robert Wadlow (o **homem mais alto da história**) com essa idade. Brenden sofre de uma doença cromossômica raríssima (único caso), mas seu crescimento desacelerou para 0,5cm por ano.

DOR DE CRESCIMENTO

Sultan tem "gigantismo pituitário", devido ao excesso de hormônios do crescimento liberados pela glândula pituitária, que fica no cérebro; se a glândula for afetada por um tumor, por exemplo, poderá liberar hormônios demais (ou de menos). Alguns dos efeitos do excesso: mãos grandes, ossos engrossados e dores nas juntas.

100

●246,5CM: HOMEM MAIS ALTO

Sultan Kösen (Turquia) reina supremo como o homem vivo mais alto do mundo – e ser humano mais alto –, com altura média de 246,5cm, aferida pelo *GWR*, em Ankara, Turquia, em fevereiro de 2009. Kösen nasceu no dia 10/12/1982, em Kiziltepe Köyü, na província de Mardin, leste da Turquia. Na adolescência, sua altura o eximiu do serviço militar, mas atraiu a atenção de olheiros do time de basquete Galatasaray; Sultan foi contratado, porém se provou inábil e nunca entrou em quadra.

FAÇANHAS HUMANAS

SUMÁRIO

● VEÍCULO MAIS PESADO PUXADO POR 100 PÉS (30,48M)

O reverendo luterano Kevin Fast (Canadá) participa de competições de força desde 1996 e conquistou seu primeiro recorde no *Guinness World Records* em 1998. O recorde mais recente de Fast foi estabelecido ao puxar um caminhão de 57.243kg por mais de 30,48m em plano horizontal no programa de TV *Live with Regis & Kelly*, em Nova York, EUA, no dia 15/9/2008.

7.710kg: peso do caminhão puxado com um braço só por Kevin Fast em 25/2/2008.

FORÇA

★NOVO ●ATUALIZADO

★MAIS TEMPO EM "BALANÇA HUMANA"

Jessica e Hartmut Held (Alemanha) sustentaram a aflitiva posição acrobática da "balança humana" por 38,5s no set do programa alemão *GWR: Die Großten Weltrekorde*, no dia 18/12/2008.

★ÔNIBUS ARTICULADO REBOCADO MAIS RÁPIDO POR 50M

No dia 13/4/2008, Pascal Laloux (Bélgica) puxou um ônibus articulado por 50m em 43,09s, em Namur, Bélgica.

●CAMINHÃO MAIS PESADO PUXADO PELO BRAÇO

Usando um movimento de queda de braço, o reverendo Kevin Fast (Canadá) puxou um caminhão de 7.710kg, em Cobourg, Ontário, Canadá, no dia 25/2/2008. Veja na p. 74 outra incrível façanha do reverendo Fast.

★VEÍCULO MAIS PESADO PUXADO PELAS PÁLPEBRAS

Com cordas presas a ganchos inseridos em suas pálpebras inferiores, o chinês Dong Changsheng puxou um carro de 1,5t por 10m, em Changchun, China, no dia 26/9/2006.

VEÍCULO MAIS PESADO PUXADO PELOS CABELOS

Um ônibus de dois andares de 7.874kg foi o veículo mais pesado puxado apenas pelos cabelos por 30m. Letchemanah Ramasamy (Malásia) realizou essa façanha no dia 1/5/1999, no Bruntingthorpe Proving Ground, em Leicestershire, RU.

●MAIOR PESO ERGUIDO COM A LÍNGUA

Em 1/8/2008, Thomas Blackthorne (RU) ergueu um peso de 12,5kg enganchado à sua língua, no set do programa *El Show Olímpico*, na Cidade do México.

★MAIOR PESO ERGUIDO COM OS MAMILOS

Por cinco segundos, o americano Sage Werbock, que costuma se apresentar como "O Grande Nippulini", levantou um peso total de 21,9kg preso aos piercings de seus mamilos, no Bar Tritone, de Filadélfia, Pensilvânia, EUA, em 20/5/2003.

★MAIS TEMPO SEGURANDO UMA PESSOA ACIMA DA CABEÇA

Markus Ferber manteve Clarissa Beyelschmidt (ambos da Alemanha) acima de sua cabeça por 59,34s, em Colônia, Alemanha, no dia 13/9/2008.

●MAIOR PESO SUPORTADO SOBRE OS OMBROS

Franz Muellner (Áustria) suportou um peso médio de 560kg sobre os ombros por 30s, quando um helicóptero pousou sobre uma estrutura parcialmente sustentada por ele. O recorde foi filmado em 31/7/2008 pelo programa *El Show Olímpico*, na Cidade do México.

●MAIOR PESO SUPORTADO SOBRE O CORPO INTEIRO

O espanhol Eduardo Armallo Lasaga sustentou 71 blocos de concreto e quatro pessoas (1.459kg) sobre seu corpo, em Madri, Espanha, no dia 30/1/2009.

MAIOR PESO COMBINADO EQUILIBRADO NA CABEÇA

Em 23/7/2000, o fisiculturista e recordista britânico John Evans equilibrou um total de 5.180,09kg sobre a cabeça por 1h no Lowestoft Seafront, em Suffolk, RU.

★PESO DE 100KG LEVANTADO MAIS VEZES COM OS DENTES EM 1MIN

Usando apenas os dentes, Georges Christen (Luxemburgo) ergueu um peso de 100kg 24 vezes em 1min no set do programa *L'Été de Tous les Records*, em Benodet, França, no dia 22/8/2005.

MAIOR PESO EM TIJOLOS

Durante 2s, Fred Burton (RU) segurou, na altura do peito, 20 tijolos com peso total de 102,73kg. Ele realizou esse feito no dia 5/6/1998, na cidade de Cheadle, Staffordshire, RU.

●ROLINHO DE FRIGIDEIRA

Scott Murphy (EUA) levou 30s para enrolar com as mãos uma frigideira de alumínio de 30cm e formar com ela um tubo de 17,46cm de circunferência, no NXB Team Training Center, em Myrtle Beach, Carolina do Sul, EUA, no dia 30/7/2007.

A ★**menor circunferência de tubo de duas frigideiras de alumínio de 30cm enroladas juntas em 30s apenas com as mãos** é de 30,5cm e foi estabelecida em 11/7/2007 por Jon Pritikin (EUA), no Rectory Road Park, em Sittingbourne, Kent, Reino Unido.

25/3 Peggy Ashcroft (RU), a **mais velha ganhadora do Oscar de Melhor Atriz Coadjuvante**, recebeu o prêmio em 1985, aos 77 anos e 93 dias, pelo filme *Passagem para a Índia* (RU/EUA, 1984).

580: número de vezes que Mark Anglesea (RU) ergueu completamente a traseira de um carro do chão em 1h, no dia 3/10/1998.

★ MAIOR PILHA DE BLOCOS DE CONCRETO QUEBRADOS COM A CABEÇA

No dia 3/7/2008, o norueguês Narve Laeret quebrou uma pilha de nada menos que 7 blocos de concreto com a cabeça, em Horten, Vestfold, Noruega. O recorde anterior também era de Laeret, que, em 2007, havia quebrado uma pilha de 5 blocos.

★ MAIOR PESO PUXADO COM A ÓRBITA DOS OLHOS

Chayne Hultgren (Austrália) puxou um riquixá com cinco passageiros, com peso total de 399,2kg, usando cordas com anzóis enganchados nos ossos lacrimais sob seus olhos, em Madri, Espanha, no dia 16/1/2009.

● BAMBOLÊ GIGANTE – MAIS VOLTAS EM 1MIN

Ashrita Furman (EUA) girou, na altura da cintura, um bambolê especial com 3,5m de diâmetro por 64 vezes em 1min, no dia 30/4/2008, em Jamaica, Nova York, EUA.

MAIS TEMPO SEGURANDO UM CARRO

Franz Muellner (Áustria) conseguiu conter uma Ferrari 360 Modena a toda aceleração por 13,84s. O recorde foi filmado para o programa da TV mexicana *El Show Olímpico*, na Cidade do México, em 28/7/2008.

● MAIS SUPINOS RETOS COM UMA PESSOA

O espanhol Fernando Saugar realizou 111 supinos em 1min levantando uma pessoa sentada numa cadeira criada especialmente para a ocasião, um peso total de 106,28kg. O recorde foi estabelecido no dia 25/5/2006, no set do programa *GWR – El Show de los Records*, em Madri, Espanha.

★ MAIS ELETRODOMÉSTICOS ATIRADOS EM 1MIN

Numa inestimável contribuição à arte de atirar eletrodomésticos, no dia 13/9/2008 Oliver Gratzer (Áustria) atirou 24 eletrodomésticos diferentes em 1min, no set do programa *Guinness World Records – Die Größten Weltrekorde*, em Colônia, Alemanha.

LAVADORA DE ROUPA ATIRADA A MAIOR DISTÂNCIA POR UM INDIVÍDUO

Em 26/6/2005, o australiano Bill Lyndon atirou uma lavadora de roupas de 45,3kg a 3,36m de distância, em Sidney, Austrália.

● MENOR TEMPO PARA COMPLETAR O DESAFIO DE FITNESS DO GWR

Robin Simpson (RU) completou uma prova combinada de 3.200m de natação, 177km de ciclismo, 19km de caminhada, 32km de remo, 32km de elíptico, levantamento de 136kg (sem levantamento de perna), 1.250 flexões, 3.250 abdominais, 1.250 levantamentos de perna e 1.250 polichinelos em 18h25m40s, na academia Fitness First, em Leeds, RU, no dia 28/11/2008.

MAIS VEÍCULOS PASSANDO SOBRE A BARRIGA

Oito veículos, com peso total de 32.658kg, passaram sobre a barriga de Tom Owen (EUA), em Phoenix, Arizona, EUA, em 17/10/2008.

● MAIS TEMPO SEGURANDO DOIS AVIÕES CESSNA

Chad Netherland (EUA) usou apenas a própria força para impedir a decolagem de dois aviões Cessna em direções opostas por 1min0,6s. O recorde foi estabelecido no aeroporto Richard I Bong, em Superior, Wisconsin, EUA, no dia 7/7/2007.

26/3 O **pontificado mais curto** foi o do papa Estêvão II, eleito em 24/3/752, após a morte do papa Zacarias. Ele morreu dois dias depois...

27/3 Realizado para promover o Lipton Ice Tea Green, o **comercial de TV mais longo** durou 24min e foi transmitido pelo canal holandês Yorin, nesse dia de 2005.

TALENTOS ESTRANHOS

100

●MAIS TOCHAS APAGADAS COM A BOCA

No dia 13/9/2008, o alemão Hubertus Wawra, vulgo "Senhor dos Fogos do Inferno", apagou 68 tochas com a boca em 1min, feito filmado pelo programa *Guinness World Records – Die Größten Weltrekorde*, em Colônia, Alemanha.

●ARROTO MAIS ALTO (MASCULINO)

Em 24/9/2008, Paul Hunn (RU) emitiu um arroto de 107,1dBA no set do programa *The New Paul O'Grady Show*, em Londres, RU.

●MENOR TEMPO PARA ORGANIZAR UM BARALHO

Em 36,16s, o tcheco Zdenek Bradac pôs em ordem um baralho com as 52 cartas misturadas. Ele as separou por naipe e as dispôs na sequência: do ás ao dez, valete, dama e rei. O tempo foi registrado na unidade Castle das Faculdades Sheffield, em South Yorkshire, RU, no dia 15/5/2008.

●MENOR TEMPO PARA SAIR DE DENTRO DE UMA MALA

Primeiro, a contorcionista Leslie Tipton (EUA) "dobrou o corpo" até caber numa mala de tamanho médio com o zíper fechado. Depois, escapou em 7,04s! A façanha ocorreu no dia 31/5/2008, em Los Angeles, Califórnia, na BookExpo America, maior feira de livros dos EUA.

●MAIOR DISTÂNCIA PERCORRIDA COM UM TACO DE SINUCA EQUILIBRADO NO QUEIXO

Em 6/7/2008, Ashrita Furman (EUA) andou 1.668m com um taco de sinuca apoiado no queixo, na praça de esportes Joe Austin, em Jamaica, Nova York, EUA. O taco de 500g foi equilibrado com a ponta de couro sobre o queixo.

●MAIS TEMPO EM CONTATO DIRETO COM O GELO

O holandês Wim Hof passou 1h42min22s com todo o corpo em contato direto com o gelo, no set do programa *Guinness World Records* de Madri, Espanha, no dia 23/1/2009. Hof participa de atividades extremas ao ar livre há mais de 20 anos, usando a técnica iogue do "fogo interior" para manter a temperatura corporal em 37°C mesmo sob frio extremo.

★100M COM BARREIRAS USANDO NADADEIRAS (FEMININO)

Em 13/9/2008, Maren Zänker (Alemanha) levou 22,35s para correr 100m com barreiras calçando nadadeiras, no set do programa *GWR: Die Größten Weltrekorde*, em Colônia, Alemanha. Como comparação, o recorde da prova convencional dos 100m com barreiras é de 12,21s, e foi batido por Yordanka Donkova (Bulgária) em 1988.

QUER TENTAR?

Você possui algum talento estranho ou truque que pode se tornar um recorde? Se tiver, conte-nos em www. guinnessworldrecords.com. Se gostarmos da ideia, vamos preparar as instruções oficiais que você – e qualquer outra pessoa – deverá seguir em sua tentativa. Se conseguir, seu nome pode estar aqui no ano que vem!

28/3 O **único Oscar póstumo de Melhor Ator** foi concedido em 28/3/1977 a Peter Finch (RU), por seu trabalho em *Rede de intrigas* (EUA, 1976). Finch falecera em 14/1 do mesmo ano de ataque cardíaco.

21: recorde de bolas de tênis seguradas com uma mão, durante 14,32s, pelo nepali Rohit Timilsina, em Katmandu, Nepal, em 14/6/2008.

★MENOR TEMPO PARA ESTOURAR TRÊS BOLSAS DE ÁGUA QUENTE

Em 19/4/2009, Brian Jackson (EUA) soprou três bolsas de água quente até estourá-las em 1min8s, no set do *Lo Show Dei Record*, em Milão, Itália.

●MAIS CONFEITOS M&M'S COMIDOS EM 1MIN

Em Nova York, EUA, o americano John Muller comeu 27 M&M's em 1min usando *hashis* (palitinhos japoneses), em 14/11/2008. O recorde foi transmitido no programa *CW11 Morning News* e fez parte do Dia GWR 2008.

●MAIS ESCORPIÕES PRESOS NA BOCA

O saudita Maged Elmalke colocou 22 escorpiões na boca, em Riad, Arábia Saudita, no dia 1/9/2008. De acordo com as regras, todos os escorpiões devem permanecer dentro da boca por pelo menos 10s.

MAIS ESPADAS ENGOLIDAS AO MESMO TEMPO

100

Em 28/3/2008, Chayne Hultgren (Austrália), o "Caubói Espacial", engoliu 17 espadas de uma só vez no autódromo de Calder Park, em Melbourne, Austrália.

No dia seguinte ele quebrou o **●recorde de peso pendurado em uma espada engolida**, ao manter por 5s na garganta uma espada não retrátil de 40,5cm com dois galões de gasolina de 22,4kg pendurados no punho da arma, na Noite dos Recordes Mundiais do Crusty Demons, realizada no mesmo local.

★MAIS RÁPIDO A ESQUIAR 100M PARA TRÁS

O fanático por esportes de inverno Andy Bennett (RU) esquiou para trás 100m morro abaixo num percurso com quatro pórticos de slalom em 9,48s, na pista de esqui *indoor* SNO!zone, em Milton Keynes, RU, em 27/4/2009. O desafio foi transmitido pelo programa *Guinness World Records Smashed*.

★MAIS LARVAS CARREGADAS COM A BOCA EM 1H

Em 7/4/2009, Charlie Bell (RU) transportou 17kg de larvas de um recipiente a outro, situado a 1m de distância, no set do *Guinness World Records Smashed*, nos estúdios Pinewood, em Londres, RU. As luzes quentes do estúdio fizeram as larvas acharem que tinha chegado a hora de passar para o próximo estágio e virar moscas, o que tornou o desafio ainda mais difícil!

●MAIS MALABARISMOS DE CABEÇA PARA BAIXO

De ponta-cabeça, usando botas antigravidade, Ashrita Furman (EUA) jogou três bolas ao ar por 601 vezes, em Jamaica, Nova York, EUA, no dia 6/5/2008.

●MAIS COLHERES EQUILIBRADAS NO ROSTO

Joe Allison (RU) equilibrou 16 colheres no rosto ao mesmo tempo. Esse clássico dos recordes com talheres foi quebrado em Totnes, Devon, RU, no dia 1/4/2008.

●MAIS MALABARISMOS COM SERRA ELÉTRICA

Em 28/7/2008, Aaron Gregg (Canadá) jogou três serras elétricas ao ar e pegou-as de volta 88 vezes no set do programa *El Show Olímpico*, na Cidade do México.

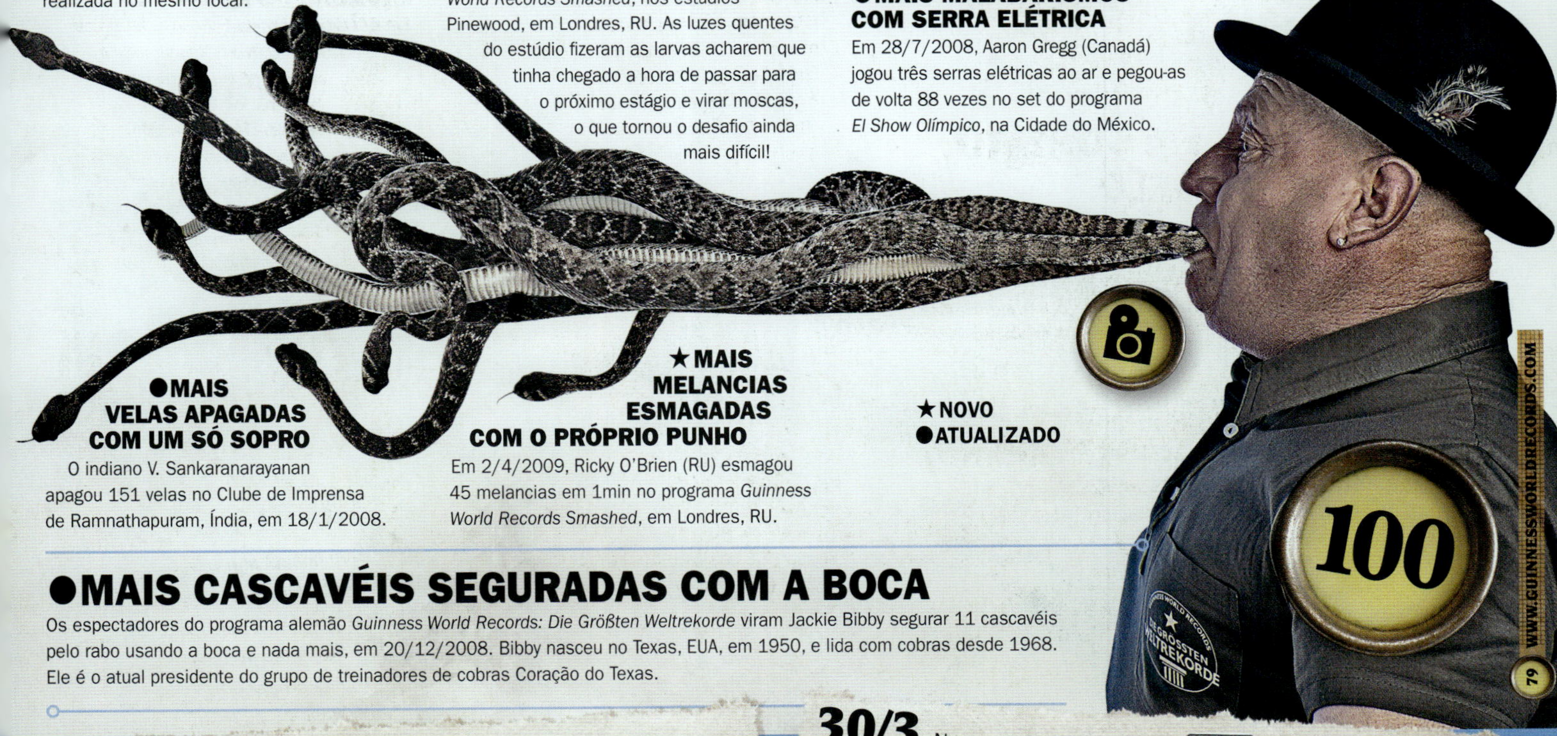

●MAIS VELAS APAGADAS COM UM SÓ SOPRO

O indiano V. Sankaranarayanan apagou 151 velas no Clube de Imprensa de Ramnathapuram, Índia, em 18/1/2008.

★MAIS MELANCIAS ESMAGADAS COM O PRÓPRIO PUNHO

Em 2/4/2009, Ricky O'Brien (RU) esmagou 45 melancias em 1min no programa *Guinness World Records Smashed*, em Londres, RU.

★NOVO
●ATUALIZADO

100

●MAIS CASCAVÉIS SEGURADAS COM A BOCA

Os espectadores do programa alemão *Guinness World Records: Die Größten Weltrekorde* viram Jackie Bibby segurar 11 cascavéis pelo rabo usando a boca e nada mais, em 20/12/2008. Bibby nasceu no Texas, EUA, em 1950, e lida com cobras desde 1968. Ele é o atual presidente do grupo de treinadores de cobras Coração do Texas.

29/3 Henry Fonda (EUA) foi o **mais velho vencedor do Oscar de Melhor Ator**, nesse dia em 1982, aos 76 anos e 317 dias, por sua atuação como Norman Thayer Jr. em *Num lago dourado* (EUA, 1981).

30/3 Nessa data de 1995, a Glaxo plc (RU) assinou o **cheque de valor mais alto já emitido** – £ 2.474.655.000 (US$ 3.971.821.275) – e o entregou à Wellcome Trust Nominees Ltd.

PROEZAS INCRÍVEIS

★MENOR TEMPO PARA ATIRAR DEZ FACAS AO REDOR DE ALVO HUMANO

O reverendo dr. David R. Adamovich, vulgo "O Grande Lançadini" (EUA), atirou dez facas de arremesso de 35cm de comprimento em volta de sua parceira, a "Garota-Alvo" Tina Nagy (EUA). A proeza foi realizada em 4,29s, no set do programa *El Show Olímpico*, na Cidade do México, em 29/7/2008.

★VEÍCULO MAIS PESADO PUXADO POR ESPADA ENGOLIDA

Em 28/10/2008, o canadense Ryan Stock engoliu uma espada de 43,18cm e a amarrou, com cordas, a um Audi A4 2002 que pesava 1.696,44kg. Ele puxou o carro por 6,38m em 20,53s, no set do programa *Guinea Pig*, em Las Vegas, Nevada, EUA.

★MENOR DISTÂNCIA ENTRE AVIÃO E MOTO EM SALTO DE RAMPA

O mais próximo que uma motocicleta já chegou de um avião após saltar de uma rampa foi 2,42m, quando os húngaros Veres Zoltán (pilotando um Extra 300) e Gulyás Kiss Zoltán (dirigindo uma Yamaha YZ250F) se cruzaram no ar. Essa façanha incrível aconteceu em Etyek, Hungria, no dia 7/9/2008.

●MERGULHO RASO DE MAIOR ALTITUDE

Darren Taylor (EUA) bateu seu próprio recorde ao mergulhar de uma altura de 10,81m em águas de apenas 30cm de profundidade, em Los Angeles, Califórnia, EUA, no dia 12/9/2008.

100

★MAIS TÁBUAS DE PINHO PARTIDAS COM A TESTA EM 30S

O americano Kevin Shelley quebrou 32 tábuas de pinho com a cabeça em 30s, no set do *El Show Olímpico*, na Cidade do México, em 30/7/2008.

★BUNGEE-JUMP REVERSO MAIS ALTO

O britânico Ben Shephard foi alçado a 54,25m de altura num *bungee-jump* reverso em Londres, RU, no dia 3/10/2008.

★MENOR TEMPO PARA ATRAVESSAR DEZ PORTAS EM CHAMAS TRANCADAS

Em um teste duro de boa forma, coragem e falta de noção, a alemã Sandra Kier atravessou correndo dez portas trancadas em chamas em apenas 23s, no set do programa alemão *Guinness World Records: Die Größten Weltrekorde*, em 18/12/2008.

★NOVO
●ATUALIZADO

SUBINDO...

Em um salto de *bungee-jump* reverso, você é preso ao chão e conectado de forma segura a uma corda de *bungee-jump*. Em seguida, ela é esticada para cima (geralmente por um guindaste) até o limite. Por fim, a corda é solta do solo, lançando-o às alturas! (Confira as fotos menores.)

31/3 Nesse dia de 1997, a suíça Martina Hingis (n. 30/9/1980) se tornou a **mulher mais jovem a liderar o ranking mundial de tênis**, aos 16 anos e 182 dias.

201: o **maior número de saltos de BASE *jump* em 24h**, realizados por Dan Schilling (EUA) nas cataratas Twin, em Idaho, EUA, em 7–8/7/2006.

★MAIOR TRAVESSIA DE CORDA BAMBA EM BICICLETA

O americano Nik Wallenda, da sétima geração da família de acrobatas do circo Flying Wallendas, pedalou por uma corda bamba de 71,63m comprimento em Newark, Nova Jersey, EUA, em 15/10/2008.

FATO
A corda bamba estava presa por dois guindastes a 41,15m de altura – o equivalente a um prédio de 13 andares!

MAIOR SALTO DE BASE-JUMP COM ESQUIS EM FILME

Em cena de *007 – O Espião que me amava* (RU, 1977), Rick Sylvester (EUA) dubla James Bond – desce uma encosta esquiando, salta da beira de um precipício de 609,6m, no monte Asgard, na ilha de Baffin, Canadá, e abre um paraquedas.

FUGA DE QUEDA MORTAL A MENOR ALTITUDE

Robert Gallup (Austrália) trancou-se algemado e acorrentado numa jaula de metal dentro de um malote de correio. A jaula foi atirada de um avião de transporte C-123, 5.486m acima do deserto de Mojave, nos EUA. A menos de 1min do impacto, caindo a 240km/h, Gallup escapou do malote e da jaula, alcançou um paraquedas que estava preso do lado de fora da jaula e conseguiu abri-lo a uma altura suficiente para pousar em segurança.

MAIOR SALTO SEM PARAQUEDAS EM FILME

O dublê A. J. Bakunas (EUA, 1950–78) saltou de uma altura de 70,71m sem paraquedas, como dublê de Burt Reynolds em *Hooper, o homem das mil façanhas* (EUA, 1978). Bakunas caiu num colchão de ar.

MAIOR QUEDA LIVRE EM FILME

No filme *Highpoint* (Canadá, 1979), o dublê Dar Robinson (EUA) caiu 335m do topo da Torre CN, em Toronto, Canadá. Seu paraquedas abriu a apenas 91m do chão, após 6s de queda livre.

★MAIS CARROS CARREGADOS EM UM AVIÃO EM 1H

A empresa de entregas TNT e o programa de TV/revista *TopGear* (ambos italianos) tinham apenas 1h para encher um Boeing 747 com carros Smart, no Aeroporto de Liège, Bélgica, em 23/10/2008. A equipe de sete funcionários carregou o avião com 30 carros em 35min45s.

●MAIOR DESCIDA DE QUEDA-D'ÁGUA EM CANOA

Em 7/9/2007, o americano Tyler Bradt desceu numa canoa as cataratas Alexandra, no rio Hay (Territórios do Noroeste, Canadá), de 32,6m. Para garantir o recorde, ele teve que permanecer em seu caiaque Dagger Nomad durante toda a queda.

DESCENDO...

Para realizar sua descida recordista (fotografada com a técnica de múltipla exposição), Bradt se manteve no lado esquerdo da cachoeira e caiu numa área de segurança (ou "colchão de espuma macia", como ele chamou), onde a água é empurrada para longe da cachoeira. "A aterrissagem foi bem mais macia do que eu esperava."

1/4 A **maior ratoeira funcional** foi construída pela Bio Tec-Klute GmbH (Alemanha) e media 4,25m em comprimento por 2,10m em largura, quando foi exposta, em 1/4/2007.

2/4 O argentino Emilio Scotto completou a **maior viagem de motocicleta de todos os tempos** em 2/4/1995. Ele iniciou a jornada em 17/1/1985 e percorreu mais de 735.000km.

RECORDES COLETIVOS 1

●MAIS PESSOAS VESTIDAS DE SUPER-HOMEM

Em 15/6/2008, Steven Kirk (EUA) organizou um evento ao qual compareceram 122 pessoas fantasiadas como o Homem de Aço. A celebração aconteceu em Metropolis, Illinois, EUA, autoproclamada a "cidade natal do Super-Homem".

●ATIRANDO OVOS

O recorde de pessoas atirando ovos simultaneamente, 1.162, foi estabelecido pelo Skagway Convention & Visitors Bureau em 4/7/2008, em Skagway, Alasca, EUA.

★DANDO TAPINHAS NA CABEÇA E ESFREGANDO A BARRIGA

Ao todo, 159 participantes se reuniram na Windmill Public House em Clapham Common, Londres, RU, em 27/10/2007 para dar tapinhas na cabeça e esfregar a barriga ao mesmo tempo.

★COM AS CORES DE UM TIME PINTADAS NO ROSTO

O número recorde de 29.688 pessoas se reuniu no Stade de France em Paris, França, em 7/7/2008 para pintar o rosto com as cores do Stade Français Paris Rugby Club, azul e rosa. O evento foi organizado em colaboração com a marca de tinta facial Fanbrush, o Stade Français Paris e o Stade de France.

●MAIS PESSOAS FANTASIADAS DE SMURFS

Em 18/7/2008, no Muckno Mania Festival em Castleblayney, Co. Monaghan, Irlanda, 1.253 pessoas se fantasiaram de Smurfs e desfilaram pelas ruas da cidade.

FATO
Em 1979, o Super-Homem foi o primeiro super-herói a ter seu próprio game. Veja mais recordes sobre videogame nas p. 218-19.

★MAIS PESSOAS EM BOLAS SUÍÇAS

Em 4/6/2008, durante evento organizado pela Associação de Esporte Escolar de Shepway no Campo Esportivo Cheriton Road, em Folkestone, Kent, RU, 1.008 pessoas se reuniram para brincar com suas bolas suíças.

Também conhecido como pula-pula, o inflável – criado na Itália no final dos anos 1960 – não serve como meio de transporte: até caminhando você se locomove mais rápido!

MAIS PESSOAS

★NUMA GUERRA DE TORTAS DE CREME

O recorde de participantes numa guerra de *custard pie* (um tipo de torta de creme) é 120. Os determinados atiradores de torta lutaram durante as filmagens do clipe da música "Troublemaker", da banda Weezer, em 21/8/2009.

★JOGANDO DOMINÓ

Por ocasião do 6º Torneio Mundial de Dominó – organizado todo ano pela Federação Internacional de Dominó e pela Federação Nacional de Dominó (ambas dos EUA) –, no Walt Disney World, em Orlando, Flórida, EUA, 332 pessoas jogaram dominó simultaneamente em 10/7/2008.

●SENTADAS EM UMA SÓ CADEIRA

No dia 16/8/2008, em evento organizado pelo Clube Esportivo do Distrito de Tampines West na Escola Secundária de Springfield, em Cingapura, 1.058 pessoas se sentaram em uma única cadeira! Para que isso fosse possível, o primeiro participante se sentou na cadeira; então, outro se sentou em seu colo, mais um no colo deste, e assim por diante.

3/4 O **primeiro telefone portátil** ou móvel – o famoso celular, inventado por Martin Cooper (EUA), da Motorola – foi usado pela primeira vez no dia 3/4/1973.

●1.752: número de pessoas que dançaram a coreografia "Locomotion" no evento Wave for Wales, no parque Margam Country, RU, em 24/6/2007.

★PESSOAS DANÇANDO COM BAMBOLÊS

Em 12/4/2008, para comemorar o lançamento em DVD de *Alvin e os esquilos* (EUA, 2007), a 20th Century Fox organizou um evento no Chessington World of Adventures, em Surrey, RU, no qual 342 pessoas brincaram com bambolês!

★RESOLVENDO PALAVRAS CRUZADAS

Em 28/9/2008, 443 pessoas resolveram palavras cruzadas simultaneamente para a agência de publicidade Gewista Werbeges m.b.H. no evento Vienna Recordia, em Viena, Áustria.

★DANÇANDO VALSA

Em 26/4/2008, 242 casais dançaram valsa num evento da ONG austríaca Verein Rueff unter der Patronanz des Verband der Tanzlehrer Österreichs (VTÖ) no Austria Center, em Viena, Áustria.

★PULANDO EM PERNAS DE PAU COM MOLAS

A Escola de Artes Marciais Shao Lin Tagou de Dengfeng, província de Henan, China, reuniu 103 pessoas pulando ao mesmo tempo em pernas de pau com molas em 17/9/2008.

★JOGANDO MAHJONG SIMULTANEAMENTE

Uma partida de *mahjong* (jogo de mesa chinês) teve 492 participantes no Salão Rotunda 2 do Centro Internacional de Comércio e Exposições de Hong Kong, China, no dia 20/7/2008.

★TOCANDO PERCUSSÃO CHINESA DE MADEIRA

Nas Comemorações pelo Aniversário do Buda de Ngong Ping, em Hong Kong, China, em 11/5/2008, 240 pessoas tocaram percussão chinesa de madeira ao mesmo tempo.

★RECEBENDO MASSAGEM NOS PÉS

Relaxe… um total de mil sortudos receberam uma massagem reflexológica nos pés em evento da Agência de Turismo de Taiwan, na Taipei Arena, em Taipei, Taiwan, em 1/7/2008.

★JOGANDO DIABOLÔ

O número recorde de 223 estudantes e funcionários da escola de ensino fundamental Manor Field, em Burgess Hill, RU, jogou diabolô em 13/7/2008. O diabolô é um brinquedo semelhante ao ioiô que fica rodando no ar por meio de um fio amarrado a dois bastões, que são segurados um em cada mão.

● NUMA AULA DE GOLFE

John Roethling (Alemanha) deu uma tacada certeira como professor ao dar uma aula para 562 pessoas em Baustert, Rhineland-Palatinate, Alemanha, em 8/6/2008.

●MAIOR REUNIÃO DE WALLYS

Se você anda se perguntando "onde está Wally" ultimamente, descanse seus olhos de lince: na reunião organizada pela companhia de seguros ACUITY em sua sede em Sheboygan, Wisconsin, EUA, em 10/12/2008, 577 pessoas compareceram fantasiadas como o esquivo personagem da série de livros!

★NOVO
●ATUALIZADO

4/4 O **maior público em partida de basquete**, 80 mil pessoas, assistiu à final da Recopa Europeia, em Atenas, Grécia, entre o AEK Athens (89) e o Slavia Prague (82) nessa data em 1968.

5/4 A **pessoa mais velha a ter sido adotada** é Jo Anne Benedict Walker (EUA), que tinha 65 anos e 224 dias de idade quando foi adotada por Frances Ensor Benedict (EUA), em 5/4/2002.

RECORDES COLETIVOS 2

●MAIOR AULA COLETIVA DE BALÉ

Em 24/8/2008, 989 dançarinos do Balé da Cidade do Cabo e de 65 estúdios e escolas de balé participaram de uma aula organizada por Andrew Warth (África do Sul) no centro de compras de Canal Walk, Cidade do Cabo, África do Sul.

●PRÁTICA DE HIDROGINÁSTICA

Em 5/5/2008, 273 pessoas praticaram exercícios de hidroginástica no centro de *fitness* LifeCenter Plus em Hudson, Ohio, EUA. O evento visava arrecadar recursos para uma entidade beneficente de auxílio a diabéticos.

●TORCIDA COLETIVA

Em 23/4/2008, poucos meses antes do início das Olimpíadas de Pequim, 1,2 mil pessoas vestidas de vermelho participaram da torcida coletiva "Eu Amo Quando a China Vence": elas atiraram pompons para cima no Estádio Nacional de Pequim, mais conhecido como Ninho de Pássaro.

★ORQUESTRA DE AIR GUITAR

Uma orquestra de *air guitar* com 318 integrantes "tocou" "I Believe in a Thing Called Love", de Justin Hawkins (RU), no set do programa *Guinness World Records – Smashed* em Londres, RU, no dia 3/10/2008.

★DANÇA BOLLYWOOD

Em 6/7/2008, 278 dançarinos da escola de dança Sapnay (RU) fizeram uma coreografia de Bollywood no Big Dance 2008, evento ocorrido na Trafalgar Square em Londres, RU.

★AULA DE ESQUI

Em 23/2/2008, o professor suíço Hansjürg Gredig deu uma aula a 594 esquiadores da Escola Suíça de Esportes na Neve, em Sarn, Heizenberg, cantão de Grisões, Suíça.

★TAPETE DE DANÇA

Cem pessoas dançaram simultaneamente uma coreografia em tapetes de dança no NOKIA Theater LA Live, em Los Angeles, Califórnia, EUA, em 19/5/2008, durante as gravações do programa *So You Think You Can Dance* (EUA) do canal de televisão Fox.

●CAÇA AO TESOURO

Um grupo de 183 pessoas participou de uma caça ao tesouro urbana no shopping center Hanashobu em Osue-Chou Hikone-Shi, Japão, em 22/6/2008.

DANÇA POR NÚMEROS

- **1.217** ●Dança da música "Head, Shoulders, Knees and Toes", Taiwan, 1/7/2008
- **221** ★Dança *yowla*, EAU, 22/2/2008
- **186** ★Dança *longsword*, RU, 26/9/2003
- **146** ●Dança *maypole*, RU, 21/5/2008

★NOVO
●ATUALIZADO

MAIORES

★EVENTO DE SPEED DATING (DIVERSOS LOCAIS)

No dia 14/2/2008, a agência de encontros Fast Impressions realizou um evento em que 1.240 solteiros em toda a Austrália tiveram "encontros-relâmpago" (*speed dates*), numa campanha para levantar recursos contra a seca que assola certas regiões do país.

●MAIOR PASSEATA COM PATINS EM LINHA

Em 15/6/2008, 1.188 pessoas deslizaram com seus patins em linha nas ruas da capital francesa, Paris. Os participantes – reunidos pela associação Rollers & Coquillages (França) – patinaram juntos por 20,4km em um circuito que teve como ponto de partida e chegada a Praça da Bastilha.

●MAIOR TREINO DE SPINNING

Em 19/2, durante a feira Esporta Health & Fitness 2009 em Gloucester, RU, 412 pessoas praticaram *spinning*, ou ciclismo estático (em bicicletas ergométricas), por 45 minutos.

6/4 A **luta de boxe mais demorada** da história – entre Andy Bowen e Jack Burke (ambos dos EUA) – começou nesse dia de 1893 em Nova Orleans, EUA. Ela teve 110 rounds e durou 7h19min!

3.264: número de participantes da **maior dança *haka***, em Ngaaruawaahia, Waikato, Nova Zelândia, em 16/2/2008.

●REUNIÃO DE PAPAIS NOÉIS

Em 2007, o Natal chegou mais cedo em Derry, Irlanda do Norte, RU: no dia 9/12, 13 mil pessoas vestidas de Papai Noel se reuniram na praça Guildhall.

VOCÊ CONSEGUE?

Todo ano, milhares ou até milhões de pessoas se reúnem para eventos recordistas, muitas vezes beneficentes. Caso deseje organizar um evento assim, confira estas dicas básicas:

1. **Você precisa provar que adotará um método eficiente de contagem de participantes.**
2. **Todos os envolvidos devem assinar os nomes em um livro de presença.**
3. **Para garantir que todos os presentes participem, deve haver comissários – um para cada 50 pessoas.**

Para a listagem completa das regras, acesse www.guinnessworldrecords.com.

★DANÇA BHANGRA

Em 31/8/2008, 763 dançarinos da Associação Nachdi Jawani e da Academia de Cultura e Artes Punjabi Virsa (ambas do Canadá) participaram de uma dança *bhangra* no Centro Powerade em Brampton, Ontário, Canadá.

●REUNIÃO DE ZUMBIS

Em 31/10/2008, 1.227 pessoas vestidas de zumbi se reuniram na cidade britânica de Nottingham, onde ocorreu o festival GameCity.

●PARTIDA DE DODGEBALL

Dois times de 50 integrantes se enfrentaram num jogo de *dodgeball* durante as filmagens do videoclipe "Troublemaker", da banda Weezer, em Los Angeles, Califórnia, EUA, em 21/8/2008.

FATO

Em 13/4/2008, Ian Sharman (RU) correu a Maratona de Londres em 3h12min27s – vestido de Papai Noel.

★ENCONTRO DE TARTARUGAS NINJA

No dia 10/4/2008, em evento na Universidade Rutgers, Nova Jersey, EUA, 786 pessoas se fantasiaram de Tartarugas Ninja.

★REUNIÃO DE GESTANTES

O evento Your Baby, em Joanesburgo, África do Sul, em 17/5/2007, reuniu 1.164 gestantes.

★DEGUSTAÇÃO DE VINHOS (DIVERSOS LOCAIS)

A degustação de vinhos organizada pela rede de *pubs* JD Wetherspoon em 21/5/2008 reuniu 17.540 pessoas em 409 *pubs* do Reino Unido.

●MAIOR AULA DE RCP

Em 29/5/2008, o treinamento de reanimação cardiopulmonar (RCP) da Norwegian Air Ambulance realizado no ginásio Valhall em Oslo, Noruega, contou com 3.692 participantes.

7/4 O **menor título de um filme ganhador do Oscar** é Z (Argélia/França, 1969), produção dirigida por Costa-Gravas (Grécia), que conquistou duas estatuetas no dia 7/4/1970.

8/4 Em 8/4/1998, o australiano David Holleran estabeleceu o recorde mundial de **triatlo mais longo** – com 42km de natação, 2.000km de ciclismo e 500km de corrida – em 17 dias e 22h50min.

EM UMA HORA

●PESSOA A FAZER MAIS PANQUECAS

Bob Blumer (Canadá), apresentador do programa de TV *Glutton for Punishment*, preparou nada menos que 559 panquecas em 1h na praça Rope, em Calgary, Canadá, no dia 10/7/2008.

★MAIOR PESO LEVANTADO POR UMA PESSOA

A maior soma de pesos levantados ao longo de 1h foi 31.500kg, recorde estabelecido por Eamonn Keane (Irlanda) na academia Powerhouse, em Dublim, Irlanda, em 29/9/2007. Keane também ergueu 138.480kg no supino em 1h na World Gym em Marina del Ray, Califórnia, EUA, no dia 22/7/2003 – o ★ **maior peso erguido por uma pessoa em 1h de supino**.

●MAIOR DISTÂNCIA FAZENDO MOONWALK

Krunoslav Budiselic (Croácia) executou a dança *moonwalk* durante 1h no Estádio Atlético Mladost, em Zagreb, Croácia, em 10/9/2006, percorrendo 5,255km.

●MAIOR DISTÂNCIA EM BICICLETA ERGOMÉTRICA

Holden Corneau (EUA), da equipe Clubes Esportivos de Nova York/Cadence Cycling, "percorreu" 65,48km em 1h durante o evento beneficente Saints & Spinners – a Festa Beneficente de 24 Horas de Spin, em Nova York, EUA, no dia 18/1/2008.

●MAIOR DISTÂNCIA PEDALANDO PARA TRÁS

Markus Riese (Alemanha) pedalou 29,1km para trás em 1h no clube ciclístico VC Darmstadt 1899 e.V., em Darmstadt, Alemanha, no dia 24/5/2003.

●MAIS FLEXÕES DE JOELHO SOBRE UMA BOLA SUÍÇA

Em 13/11/2008, Stephen Buttler (RU) fez 1.502 agachamentos, na Hope House, Shropshire, RU.

MAIS

●BALÕES ENCHIDOS COM O NARIZ

Andrew Dahl (EUA) encheu em 1h exatos 308 balões usando apenas o nariz, no programa de TV Live with Regis & Kelly, em Nova York, EUA, no dia 16/9/2008.

●CABEÇAS RASPADAS

Anne Armstrong (RU) conseguiu raspar um recorde de 44 cabeças em 1h no bar Maginns of Castlewellan, em Castlewellan, Condado de Down, RU, em 25/4/2008.

●BARRAS

Stephen Hyland (RU) fez 908 barras em 1 hora, em Stoneleigh, Surrey, RU, em 2/1/2009.

FATO

O recorde de 405 panquecas jogadas para cima foi estabelecido por Bram Zwiers, em Almere, Holanda, em 24/10/2008.

★SALTOS DE BUNGEE-JUMP

Veronica Dean (África do Sul) fez 19 saltos de *bungee-jump* em 1h na ponte do rio Bloukrans, África do Sul, em 9/5/2003. O elástico usado tinha cerca de 36m de extensão.

★BANDEJAS DE BASQUETE (TIME)

O time sub-18 masculino do UBALL (Utrecht BasketBALL) fez um recorde de 2.640 bandejas em 1h no Sporthal Galdenwaard, Utrecht, Holanda, em 24/5/2008.

●CESTAS DE TRÊS PONTOS

Vladislav Raiskiy (Rússia) acertou 835 arremessos de três pontos em 1h na Tauras-Fitness Ltd., em São Petersburgo, Rússia, no dia 23/11/2008.

●LANCES LIVRES

Participando do programa Unbelievable na Fuji TV, em Tóquio, Japão, Fred Newman (EUA) acertou 1.633 arremessos livres em 1h no dia 17/12/2008.

★PIZZAS

Donald Mark Rush (EUA) preparou 142 pizzas em 1h na pizzaria Domino's de Gulfport, em Mississipi, EUA, no dia 2/8/2008.

●MAIS STEPS COM MOCHILA DE 18KG

Arran McLellan (Canadá) estabeleceu o recorde de 1.805 *steps* em 1h com uma mochila de 18kg nas costas, usando um banco de 38,1cm, na academia de ginástica Club Phoenix em Victoria, Colúmbia Britânica, Canadá, no dia 21/2/2009.

9/4 A **mais antiga gravação de voz**, em que uma mulher canta "Au Claire de la Lune", foi registrada em 9/4/1860 por Édouard-Léon Scott de Martinville (França).

38,632 km: distância percorrida em 1h por Mauro Guenci (Itália) com patins em linha na cidade de Senigallia, Itália, no dia 11/6/2005.

●MAIS PERNAS DEPILADAS EM 1H

A esteticista Susanne Baird (RU) depilou 40 pares de pernas no clube de críquete Grange, em Stockbridge, Edimburgo, RU, no dia 14/4/2008. Na verdade, foram depilados 42 pares, mas dois foram rejeitados porque os pelos não haviam sido completamente removidos.

●MAIS GIROS NUM HIDROFÓLIO

Greg Gill (Austrália, à esquerda) executou 589 giros no ar em 1h no rio Maroochy, em Maroochydore, Queensland, Austrália, no dia 26/6/2008. Gill realizou também alguns *backside rolls* e *gainers* durante a tentativa de quebra do recorde.

●CORTES DE CABELO SUBAQUÁTICOS

O recorde de cortes de cabelo sob a água em 1h, 27, foi estabelecido por David Rae (RU) na Escola de Mergulho de Londres, RU, em 12/11/2007.

●TACKLES DE RÚGBI

Alunos da Universidade Scots (todos australianos) de Sydney, Nova Gales do Sul, Austrália, realizaram 4.130 *tackles* de rúgbi em 1h, no dia 15/3/2007.

★NOVO
●ATUALIZADO

VOO NA ONDA

Como no esqui aquático, o hidrofólio é puxado por uma lancha. Ao deslocar-se pela água, a prancha e o atleta são erguidos acima da superfície do mar. O equilíbrio é crucial, já que os mais sutis movimentos corporais provocam grandes efeitos no deslocamento do hidrofólio.

●ROSTOS PINTADOS

O americano Gary Cole pintou um total de 217 rostos, usando pelo menos três cores em cada um, no shopping center Almondvale, em Livingston, West Lothian, RU, no dia 1/9/2007.

★PESO ERGUIDO EM CRUCIFIXO INCLINADO

Eamonn Keane (Irlanda) levantou incríveis 27.890kg na academia de ginástica Lough Lannagh, no condado de Mayo, Irlanda, no dia 22/5/2008. Ele estabeleceu também o **★recorde de peso erguido em remada alta em 1h**, no dia 10/6/2008, com 18.485kg.

●CUBOS MÁGICOS RESOLVIDOS

David Calvo (Espanha) resolveu 185 cubos mágicos em 1h no programa de TV espanhol *Donde Estás Corazón*, em 14/11/2008.

★FLEXÕES COM AS COSTAS DAS MÃOS CARREGANDO MOCHILA DE 18KG

Detentor de vários recordes, o fisiculturista Paddy Doyle (RU) fez 663 flexões apoiando-se no dorso das mãos, com uma mochila de 18,14kg nas costas, no clube de artes marciais Stamina's, em Birmingham, RU, em 13/5/2008.

●PESO ERGUIDO EM LEVANTAMENTO DE HALTERES (DE PÉ)

Em pé, Robin Simpson (RU) levantou 45.000kg de halteres em 1h, na cidade de Manchester, RU, em 25/10/2008.

●MAIS ABRAÇOS DADOS POR UMA PESSOA EM 1H

Num evento realizado no Estádio de Boardman na cidade homônima, em Ohio, EUA, Jeffrey Ondash (EUA) abraçou 1.205 pessoas para arrecadar fundos para a Sociedade Americana do Câncer, em 16/5/2008.

10/4 Em 1974, Andrzej Makowski (Canadá) tirou a carteira de motorista após passar na prova em Namyslow, Polônia, aos 14 anos e 235 dias, tornando-se o **motorista legal mais jovem do mundo**.

11/4 O **maior torneio de pedra, papel e tesoura** contou com 793 jogadores, em evento organizado por Renee Tomas na Universidade Brigham Young, em Prove City, Utah, EUA, em 11/4/2008.

EM UM DIA

★ MAIS TEMPO PILOTANDO UM CARRINHO DE BATE-BATE

Em 30/9/2007, Sebastian Bosch (Áustria) passou 24h pilotando um carrinho de bate-bate durante o evento Vienna Recordia, em Viena, Áustria – a mais longa maratona de carrinho de bate-bate já registrada.

MAIOR DISTÂNCIA

★ EMPURRANDO UM CARRO (SOZINHO)

A máquina de quebrar recordes Ashrita Furman (EUA) empurrou um carro por 27,45km em 24h no parque Old Bridge Township Raceway, em Englishtown, Nova Jersey, EUA, em 6/3/2008.

PERCORRIDA DE SKATE

James Peters (EUA) rodou 296,12km de skate em 24h no dia 11/5/2007. Essa marca incrível foi atingida na ciclovia Greenlake, em Seattle, Washington, EUA.

● PERCORRIDA EM CADEIRA DE RODAS

Mario Trindade (Portugal) percorreu 182,4km numa cadeira de rodas em 24h no Estádio Vila Real, em Vila Real, Portugal, em 3-4/12/2007.

PERCORRIDA NUM VEÍCULO DE PROPULSÃO HUMANA

Em 24h, Greg Kolodziejzyk (Canadá) percorreu 1.041,24km pilotando o *Critical Power*, veículo de propulsão humana criado por ele, na pista oval Redwood Acres, em Eureka, Alberta, Canadá, no dia 18/7/2006.

REMANDO NUMA BANHEIRA

A maior distância percorrida em 24h a remo numa banheira, em água parada, foi de 145,6km. Essa marca foi estabelecida por 13 membros do Clube Social de Agentes Penitenciários de Aldington, próximo a Ashford, Kent, RU, entre 28 e 29/5/1983.

★ EM CORRIDA DE TRÊS PERNAS

O recorde de maior distância percorrida com três pernas – isto é, duas pessoas amarradas por um tornozelo – em 24h, 100,13km, foi alcançado por Steven e Susanne Eltis (Austrália) na Escola Estadual Eatons Hill, em Brisbane, Queensland, Austrália, entre 24 e 25/10/2008. O casal realizou a façanha para arrecadar fundos para a Epilepsy Queensland. Sua filha Sophie é epilética.

● MAIOR DISTÂNCIA VIAJADA EM UM MONOCICLO

Sam Wakeling (RU) rodou 453,6km num monociclo durante 24h, em Aberystwyth, País de Gales, RU, entre 29 e 30/9/2007.

● MAIS ÁRVORES PLANTADAS

Um grupo de 300 pessoas plantou 348.492 árvores em 24h. O recorde foi estabelecido pela CONAFOR (Comisión Nacional Forestal) e os cidadãos do estado de Durango, em Predio San Manuel, Durango, México, entre 29 e 30/8/2008. O juiz Ralph Hannah (à esquerda na imagem) estava presente para a entrega do certificado oficial do *GWR*.

12/4 O **carro mais caro já vendido** foi um Bugatti Type 41 "Royale" Sports Coupé Kellner 1931, comercializado por US$ 15 milhões em 12/4/1990.

9.088: voltas dadas numa roda da morte em 24h por Joey Kelly e Freddy Nock (ambos do RU) em 24/11/2006.

★MAIS MUDANÇAS COSMÉTICAS (EQUIPE)

Uma equipe de maquiadores realizou 856 transformações cosméticas em 24h, num evento organizado pela Alpha Marketing Company, em Hong Kong, China, no dia 3/5/2008.

★MAIOR DISTÂNCIA PEDALANDO NA ÁGUA

O canadense Greg Kolodziejzyk pedalou seu barco *Critical Power 2* por 245,16km em 24h no lago Whitefish, em Montana, EUA, entre 8 e 9/9/2008. Para sua próxima tentativa de quebra de recorde, ele tem pretensões maiores: Greg planeja atravessar o oceano Pacífico pedalando!

MAIS CABELO DOADO PARA CARIDADE

Em 21/5/2007, 881 pessoas doaram seus rabos de cavalo, que pesavam ao todo 48,72kg – o peso médio de um garoto de 14 anos –, para o Instituto de Estética, Pedicure e Cosmética do Mississippi, em Clinton, Mississippi, EUA. O evento foi organizado em apoio à campanha Pantene Beautiful Lengths, que visa distribuir perucas gratuitas a mulheres que tenham perdido os cabelos em tratamentos contra o câncer.

●BURACOS DE MINIGOLFE ACERTADOS (INDIVIDUAL)

David Pfefferle (EUA) jogou 4.729 buracos de minigolfe em 24h no Centro de Golfe de Westerville, Ohio, EUA, entre 28 e 29/5/2008. Nessas 24h, estima-se que David, proprietário do campo, tenha andado 88km e angariado mais de US$ 6.000 para a caridade.

●ENTREVISTAS DE RÁDIO (DUPLA)

Em 31/10/2008, Patrick Stump e Pete Wentz (ambos dos EUA), da banda Fall Out Boy, de Chicago, EUA, conversaram com 72 emissoras de rádio americanas. O assunto em pauta era o novo álbum da banda, *Folie à Deux*, lançado em 15/12/2008.

★TATUAGENS FEITAS PELO MESMO ARTISTA

Entre 31/10 e 1/11/2008, John McManus (West Monroe, Louisiana, EUA), tatuou 775 estrelas bicolores em 24h, batendo o recorde de Derek Kastning (EUA), do Rat-A-Tac-Tat Tattoos, que na semana anterior fizera 726 tatuagens em 24h.

★ACESSOS A UM SITE NAS PRIMEIRAS 24H

O maior número de visitantes individuais a um site nas suas primeiras 24h de operação foi obtido pelo MySkip.com em 30/4/2008: 483.424. O site é um "limbo virtual", no qual itens indesejados podem ser jogados fora ou reaproveitados por terceiros.

★PESO ERGUIDO EM LEVANTAMENTO AGACHADO

Em 6/11/2008, Kevin Machate (EUA) ergueu 45.999,71kg, em vários levantamentos agachados realizados ao longo de 24h, na academina Gold's, em Garland, Texas, EUA.

●CORTES DE CABELO SEGUIDOS

Ivan Zoot (EUA) fez 340 cortes de cabelo consecutivos em 24h, no Men's Grooming Center, em Austin, Texas, EUA, entre 22 e 23/8/2008. Na ocasião, Ivan também quebrou as marcas do *GWR* de ●**corte de cabelo mais rápido** (ele bateu o recorde 8 vezes, até chegar a 55s) e ★**mais cortes em uma hora** (34).

★NOVO
●ATUALIZADO

●MAIOR DISTÂNCIA PEDALADA À MÃO DE TRICICLO

O americano Keane West pedalou um triciclo com as mãos por 518,85km em 24h durante o evento Bike Sebring 12/24 Hours, realizado em Sebring, Flórida, EUA, entre 16-17/2/2008.

13/4 Paula Radcliffe (RU) completou uma maratona em 2h15min25s, em Londres, RU, em 13/4/2003. É o **menor tempo já alcançado por uma maratonista**.

14/4 Nesse dia de 1991, 20 pinturas avaliadas em US$ 500 milhões foram levadas do Museu Van Gogh, em Amsterdã, Holanda, no **maior roubo de obras de arte de todos os tempos**.

●MAIS PROFUNDO CICLISMO SUBMARINO

Quem disse que não se deve pedalar no molhado? O recorde de ciclismo à maior profundidade, 66,5m, foi estabelecido por Vittorio Innocente (Itália) em Santa Margherita Ligure, na Ligúria (Itália), em 21/7/2008. Vittorio é detentor também da **maior distância pedalando debaixo da água**: 2km percorridos em 36min38,15s, no leito do canal Naviglio, em Milão (Itália) no dia 4/5/2003. Na imagem, vemos Vittorio realizando uma empinada subaquática no Aquário de Londres (RU) – na companhia de alguns de seus residentes.

205 dias: idade com a qual Vaidehi Thirrupathy (RU, n. 6/5/2008) tornou-se a **pessoa mais jovem a visitar todos os continentes**. Ela completou a jornada em 26/11/2008, na Antártica.

SUMÁRIO

★ **NOVO**
● **ATUALIZADO**

ALTOS E BAIXOS

6.245m: a **maior altitude alcançada de moto**, por integrantes do Clube de Motoqueiros North Calcutta Disha, em 29/8/2008.

MAIS ALTOS

ALTITUDE (MASCULINO): 400.171KM
Os tripulantes da Apollo 13, Jack Swigert, Jim Lovell e Fred Haise (todos dos EUA), viajaram além da Terra a uma altitude de 400.171km, mais longe que qualquer outra pessoa. Veja na p. 26 os detalhes desse fantástico voo.

AERONAVE: 37.650M
O recorde oficial de altitude da FAI (Federação Aeronáutica Internacional) para uma aeronave é de 37.650m, feito realizado por Alexandr Fedotov (URSS), em um caça MIG-25 "Foxbat" (chamado de E266M) modificado, após decolar da base de Podmoskovnoe, Rússia, em 31/8/1977.

VOO DE PLANADOR: 15.460M
O recordista em série Steve Fossett (EUA) estabeleceu o recorde absoluto de voo em planador, com a altitude de 15.460m, sobre El Calafate, Argentina, em 29/8/2006.

VOO DE HELICÓPTERO: 12.442M
No dia 21/6/1972, o piloto Jean Bouletan (França) levou um helicóptero Aérospatiale SA315B "Lama" a uma altitude de 12.442m, sobre Istres, França.

SHOW: 12.192M
A banda norueguesa Magnet (vulgo Even Johansen) festejou o lançamento de seu álbum *The Simple Life!* apresentando-se, em 27/3/2007, a uma altitude de 12.192m a bordo de um avião que ia de Oslo, Noruega, a Reykjavik, Islândia.

PASSEIO DE BICICLETA: 7.008M
Os belgas Siegfried Verheijke e Luc Belet e o dinamarquês Martin Adserballe pedalaram suas *mountain bikes* até uma altitude de 7.008m, nas encostas do monte Muztagata, na província de Xinjiang (China), em 11/8/2000.

FUGA DE PARAQUEDAS: 17.100M
Em 9/4/1958, os oficiais da RAF (força aérea britânica) J. de Salis e P. Lowe saltaram de seu bombardeiro English Electric Canberra a uma altitude de 17.100m, sobre Monyash, Derby, RU.

BALÃO DE AR QUENTE: 21.027M
O dr. Vijaypat Singhania (Índia) alcançou a altitude recorde de 21.027m em um balão de ar quente, sobre Mumbai, Índia, em 26/11/2005. O modelo utilizado foi um Cameron Z-1600.

MERGULHO DA MAIOR ALTURA: 35M
Saltadores profissionais regularmente se reúnem em La Quebrada, o topo de um penhasco com 35m de altura, em Acapulco, México, para exibir suas habilidades. Eles se lançam a 8,22m da encosta a fim de evitar colidir com os rochedos no mar, além de coordenar o salto, em águas com 3,65m de profundidade, com a chegada de uma onda.

JANTAR: 6.805M
Em 3/5/2004, Butler Joshua Heming (RU) serviu uma refeição formal para Henry Shelford, Thomas Shelford, Nakul M. Pathak, Robert Aitken, Robert Sully (todos do RU) e Caio Buzzolini (Austrália), em Lhakpa Ri, Tibete, a uma altitude de 6.805m.

BASE JUMP: 6.640M
Os australianos Glenn Singleman e Heather Swan realizaram um salto de *BASE jump* (vestindo *wingsuits*) em uma encosta do monte Meru, em Garwhal Himalaya, Índia, a uma altitude de 6.604m, no dia 23/5/2006.

BUNGEE-JUMP: 6.632M
Curtis Rivers (RU) saltou de *bungee-jump* de um balão de ar quente a 4.632m, sobre Puertollano, Espanha, em 5/5/2002. Após "quicar" cinco vezes, ele se desamarrou das cordas e desceu de paraquedas até o chão.

HABITAÇÃO: 6.600M
Em abril de 1961, uma moradia de três cômodos, que deve datar do final do período pré-colombiano (c. 1480), foi descoberta a 6.600m, em Cerro Llullaillaco, na fronteira da Argentina com o Chile.

MAIOR ALTITUDE (FEMININO): 611,16KM
No dia 10/12/1993, Kathryn Thornton (EUA) atingiu uma altitude de 611,16km, após a queima de um motor orbital, na missão STS 61 do ônibus espacial *Endeavour*. Thornton era a única mulher na tripulação durante essa missão – a primeira com o objetivo de realizar reparos no Telescópio Espacial Hubble.

MERGULHO AUTÔNOMO MAIS PROFUNDO DE UM CÃO: 4M

Dwane Folsom (EUA) costuma levar seu cão Shadow para mergulhar na costa da ilha Grande Cayman. A maior profundidade que a dupla alcança é de 4m. Shadow usa um traje adaptado com capacete, roupa com lastros e um tubo ligado ao tanque de oxigênio do dono. Folsom salvou Shadow, um vira-lata preto mestiço de *retriever* e labrador, ainda pequeno de um abrigo de cães em Boynton Beach, Flórida.

★ NOVO
● ATUALIZADO

MAIS PROFUNDOS

PASSEIO DE BICICLETA: 66,5M

Em 21/7/2008, o italiano Vittorio Innocente pedalou uma bicicleta a 66,5m de profundidade, em Santa Margherita Ligure, Ligúria, Itália.

MERGULHO AUTÔNOMO (FEMININO): 221M

Em 25/10/2004, Verna van Schaik (África do Sul) mergulhou 221m nas cavernas de Boesmansgat, no Cabo Setentrional (África do Sul), em 5h34min (12min na descida).

MERGULHO AUTÔNOMO (MASCULINO): 318,25M

Nuno Gomes (África do Sul) mergulhou 318,25m no mar Vermelho (Dahab, Egito), em 10/6/2005. Já em 23/8/1996, ele fez o mergulho autônomo mais profundo em caverna de água doce, de 282,6m, em Boesmansgat, África do Sul.

TRANSMISSÃO AO VIVO (TV): 2.400M

O programa *Abyss Live* (BBC, RU) foi transmitido ao vivo debaixo de água, a 2,4km de profundidade, em 29/9/2002. Ele foi apresentado por Alastair Fothergill (RU), de um submergível MIR, nas águas da dorsal Meso-Atlântica, na costa leste dos EUA. A atração principal foi a exibição de fontes hidrotermais, fissuras no solo oceânico que jorram grandes e escuras nuvens de água rica em minerais, aquecida por rochas.

RESGATE MAIS PROFUNDO (COMERCIAL): 4.500M

Em 20/7/1999, a espaçonave *Liberty Bell 7* foi resgatada do fundo do oceano Atlântico, onde se encontrava desde o pouso em 21/7/1961. Ela estava a uma profundidade de 4.500m, e foi alçada pelo navio comercial *Ocean Project*. O resgate foi financiado pelo canal de televisão Discovery Channel.

TRANSMISSÃO AO VIVO (INTERNET): 2.800M

Em 24/7/2001, uma gravação ao vivo do HMS *Hood* foi transmitida pela internet, de 2.800m de profundidade, no fundo do estreito da Dinamarca, onde o navio naufragou em 1941. A transmissão, feita de um ROV (veículo submarino operado remotamente), mostrou a descoberta dos destroços por David Mearns (RU), da Blue Water Recoveries Ltd. (RU).

RESGATE: 5.258M

Os restos de um helicóptero que caiu no oceano Pacífico em agosto de 1991, levando a quatro mortes, foi resgatado a 5.258m de profundidade pela tripulação do USS *Salvor* e funcionários da Eastport International (EUA), em 27/2/1992, a maior profundidade em que uma operação de resgate de qualquer tipo aconteceu (e de forma bem-sucedida).

DESCIDA TRIPULADA: 10,911M

No dia 23/1/1960, o dr. Jacques Piccard (Suíça) e o tenente Donald Walsh (EUA) pilotaram o batiscafo *Trieste*, da marinha americana (de construção suíça), a 10.911m de profundidade, na fossa das Marianas, em uma área chamada Challenger Deep. Esse local é considerado o **ponto mais profundo da Terra** e está localizado 400km a sudoeste de Guam, no oceano Pacífico.

SHOW MAIS PROFUNDO: 303M

Em 1/10/2006, Katie Melua (RU) e sua banda fizeram um show a 303m abaixo do nível do mar, na base de uma sonda de perfuração na plataforma petrolífera Troll A (da Statoil), na costa de Bergen, Noruega. Melua fez dois shows de 30min para 30 funcionários.

RELÓGIO MAIS RESISTENTE EMBAIXO DA ÁGUA: 6.000M

O modelo 6.000m do CX Swiss Military Watch é um relógio de mergulho mecânico da Montres Charmex SA (Suíça) que resiste a profundidades de até 6.000m. Ele teve sua resistência testada no Instituto Oceanográfico da Universidade de Southampton, RU, em 5/1/2009, e passou nos testes.

15/4 Nesse dia de 1990, no Castle Mona Pub, em Newcastle, RU, uma equipe de 12 jogadores derrubou 116.047 *table skittles* (espécie de boliche), na **maior pontuação de *table skittle* em 24h**.

16/4 Em 1976, a espaçonave não tripulada *Helios 2* chegou a 43,5 milhões de km do Sol – a **maior aproximação do Sol realizada por uma espaçonave**.

17/4 A **maior velocidade alcançada em um *ski-bob*** (veículo aquático que lembra uma bicicleta) foi 201,79km/h, por Romuald Bonvin (Suíça), em Les Arcs, Rhone-Alpes, França, nesse dia de 2003.

DOMANDO AS ONDAS

●MAIS CURTA TRAVESSIA A VELA DO ATLÂNTICO

Em julho de 2007, Franck Cammas (França) comandou o trimarã *Groupama 3* numa travessia transatlântica no sentido oeste-leste, do farol de Ambrose, em Nova York, EUA, ao ponto Lizard, na Cornualha, RU, em 4 dias e 3h57min54s. Com a viagem, feita à velocidade média de 29,26 nós (54,1km/h), a tripulação ainda bateu o recorde de ●**maior distância navegada em 24h**: 794 milhas náuticas (1.470km).

PESSOA MAIS JOVEM A CRUZAR O ATLÂNTICO A VELA (SOLO)

Michael Perham (RU, n. 16/3/1992) deixou Gibraltar em seu barco *Cheeky Monkey* no dia 18/11/2006, aos 14 anos e 247 dias de idade, e atravessou o oceano Atlântico no sentido oeste até aportar no Estaleiro de Nelson, na ilha de Antígua, em Antígua e Barbuda, no dia 3/1/2007.

★TRAVESSIA A VELA DO OCEANO ÍNDICO MAIS RÁPIDA

O *Cheyenne*, comandado por Steve Fossett (EUA), cruzou o oceano Índico pelo trecho mais amplo em 9 dias e 20h29min, entre 25/2 e 6/3/2004. Com 38m de comprimento e 18m de boca (largura), o *Cheyenne* é o **maior catamarã de corrida já construído**.

★TRAVESSIA A VELA DO OCEANO PACÍFICO MAIS RÁPIDA

O francês Olivier de Kersauson velejou de Los Angeles, Califórnia, EUA, a Honolulu, Havaí, EUA – 2.925 milhas náuticas (5.417,1 km) – por exatos 4 dias e 19h31min37s, no mês de novembro de 2005. Seu trimarã *Geronimo* navegou à velocidade média de 19,17 nós (35,5km/h).

★MAIS RÁPIDA VIAGEM A VELA HONG KONG–LONDRES

Em setembro de 2008, Lionel Lemonchois (França) e sua tripulação de nove homens velejou o *Gitana 13* de Hong Kong, China, a Londres, RU, em 41 dias e 21h26min34s. A velocidade média para transpor as 12.948 milhas náuticas (23.979,6km) foi de 12,88 nós (23,8km/h).

TRAVESSIA A REMO DO OCEANO ATLÂNTICO MAIS RÁPIDA

A travessia a remo mais rápida do Atlântico, em qualquer direção, é de 33 dias e 7h30min. Essa marca pertence à tripulação de 14 homens do *La Mondiale*, liderada por Leven Brown (RU). A equipe britânica/irlandesa deixou Puerto Mogan, na ilha Grã-Canária, Espanha, em 15/12/2007 e chegou à marina Port St. Charles, Barbados, no dia 17/1/2008.

REMADORA OCEÂNICA MAIS JOVEM

Integrante da tripulação de quatro mulheres do *Silver Cloud*, Rachel Flanders (RU, nascida em 3/11/1990) é a pessoa mais jovem a atravessar um oceano a remo. Rachel deixou La Gomera, ilhas Canárias, em 2/12/2007, aos 17 anos e 91 dias, e aportou em Antígua no dia 14/2/2008.

●TRAVESSIA DO CANAL DA MANCHA MAIS RÁPIDA EM VEÍCULO ANFÍBIO

O professor alemão Hans Georg Näder e o capitão britânico Henry Hawkins cruzaram o Canal da Mancha entre Dover, RU, e Calais, França, a bordo do veículo anfíbio *Tonic* em 1/7/2008. Com o tempo de 1h14min20s, a dupla quebrou o recorde anterior de 1h40min06s, estabelecido por Sir Richard Branson (RU) em junho de 2004.

18/4 A **mãe de quadrigêmeos mais velha** é a australiana Merryl Thelma Fudel, que deu à luz três meninas e um menino em 18/4/1998, aos 55 anos e 286 dias de idade.

1827: ano da **primeira travessia do Atlântico por um navio a vapor**. O *Curaçao*, de 38,7m, navegou 22 dias entre Roterdã, Holanda, e os EUA.

★MAIOR DISTÂNCIA VELEJADA EM 24H (SOLO)

Em 7/12/2008, Thomas Colville (França) navegou inéditas 628,5 milhas náuticas (1.163,9km) em seu trimarã de 32m *Sodebo*. Assim, Colville quebrou seu próprio recorde de 619 milhas náuticas (1.146km), que havia estabelecido no ano anterior.

●MAIOR DISTÂNCIA PERCORRIDA EM VELEIRO MONOCASCO EM 24H

O brasileiro Torben Grael comandou o veleiro *Ericsson 4* por 589 milhas náuticas (1.090km) em 24h durante o primeiro trecho (Alicante, Espanha–Cidade do Cabo, África do Sul) da regata Volvo Ocean Race no Atlântico Sul, em 29/10/2008. Grael excedeu o recorde anterior, que havia sido estabelecido na regata 2006–07, em c. 34 milhas náuticas (63km).

REMADOR OCEÂNICO MAIS JOVEM (SOZINHO E SEM APOIO)

O britânico Oliver Hicks (nascido em 3/12/1981) iniciou uma travessia do Atlântico no sentido oeste-leste aos 23 anos e 175 dias, em 27/5/2005. Hicks partiu de Atlantic Highlands, Nova Jersey, EUA, a bordo do *Miss Olive, Virgin Atlantic* e remou até St. Mary's, ilhas Scilly, RU, onde chegou após 123 dias e 22h8min, em 28/9 do mesmo ano. Com isso, tornou-se a **primeira pessoa a remar dos EUA (porção continental) à Grã-Bretanha sozinha e sem auxílio**.

100

CONFIRA

Se você ficou sedento por mais feitos aquáticos, por que não mergulhar de cabeça na seção Esportes Aquáticos, na p. 258?

●MAIOR VELOCIDADE NA MODALIDADE KITESAIL (FEMININO)

A sul-africana Sjoukje Bredenkamp atingiu a velocidade de 45,20 nós (83,7km/h) com uma prancha de *kitesurf* (modalidade *kitesail*) durante o Desafio de Velocidade Lüderitz 2009, realizado em Lüderitz, Namíbia, em outubro de 2008. Essa foi a terceira vez seguida que Bredenkamp bateu o recorde mundial do *kitesailing* feminino – a primeira foi em 2006.

★NOVO ●ATUALIZADO

●MAIOR TRAJETO DE JET SKI

Adriaan Marais e Marinus du Plessis (ambos da África do Sul) percorreram a costa oeste das Américas do Norte e Central até o canal do Panamá pilotando *jet skis* Yamaha FX Cruiser. Tendo partido de Homer, Alasca, EUA, após 95 dias chegaram à Cidade do Panamá. Com 10h navegadas por dia, eles cobriram 9.323 milhas náuticas (17.266km) entre 16/6 e 19/9/2006.

●MAIOR VELOCIDADE A VELA

A maior velocidade atingida por propulsão a vento em um trecho de 500m é 49,84 nós (92,3km/h). O recorde foi estabelecido por Robert Douglas (EUA) em Lüderitz, Namíbia, numa prancha de *kitesurf* em 19/9/2008. Essa foi a primeira vez que um *kitesurfer* bateu um recorde de velocidade de navegação.

19/4 A Maratona de Boston, a **maratona oficial mais duradoura**, foi realizada pela primeira vez nesse data em 1897, em um percurso de 39km.

20/4 O **voo mais alto com *jet pack*** (aparelho de voo individual – uma mochila voadora) foi realizado por Eric Scott (EUA), que atingiu 46m de altura nesse dia de 2004, em Londres, RU.

ESCALANDO AS ALTURAS

★ESCALADA NO GELO

No dia 8/2/2009, Pavel Gulyaev (Rússia, abaixo) escalou uma parede vertical de gelo com 15m de altura no tempo recorde de 8,748s, na Copa do Mundo de Escalada no Gelo, em Bustemi, Romênia. Os competidores podem fazer seis tentativas para estabelecer a melhor marca.

●PESSOA MAIS VELHA A ESCALAR O EVEREST

Segundo a associação nepalesa de montanhistas da terceira idade SECEE, Min Bahadur Sherchan (Nepal, 20/6/1931) alcançou o ponto mais alto da Terra em 25/5/2008, aos 76 anos e 340 dias.

●MAIS CONQUISTAS DO MONTE EVEREST

O xerpa Apa (Nepal) chegou ao topo do monte Everest pela 18ª vez em 2008, realizando o maior número de escaladas da montanha mais alta do mundo.

MENOR TEMPO PARA ESCALAR O EVEREST E O K2

100

Em 2004, Karl Unterkircher (Itália) tornou-se o primeiro alpinista a escalar as duas maiores montanhas do mundo, o Everest e o K2, na mesma temporada, sem auxílio de oxigênio artificial. Unterkircher realizou esse feito de 21/5 a 26/7/2006, um recorde de 63 dias.

●ESCALADA DE MAIS PICOS ACIMA DOS 8.000M (MULHERES)

Três mulheres compartilham o recorde de conquistas de picos acima dos 8.000m, com 11 cada (de um total de 14 picos, todos no Himalaia). São elas: Nives Meroi (Itália, foto), Gerlinde Kaltenbrunner (Áustria) e Edurne Pasaban (Espanha).

●MENOR TEMPO PARA ESCALAR OS SETES CUMES – LISTA CARSTENSZ (MASCULINO)

O dinamarquês Henrik Kristiansen escalou o pico mais alto de cada continente (pela lista Carstensz) em 136 dias, entre 21/1/2008 (quando escalou o maciço Vinson, na Antártica) e 5/6/2008 (ao conquistar o monte McKinley, no Alasca, EUA, o pico mais alto da América do Norte).

●VIAGEM DE MOTO A MAIOR ALTITUDE

No dia 19/3/2008, Roland Hess (Chile/Suíça), German Hess (Chile/Suíça), Johann Janko (Chile/Áustria) e Giovanni Sanguedolce (Argentina/Itália) alcançaram a altitude de 6.220m nas encostas do vulcão Ojos del Salado, no deserto de Atacama, Chile, em motos Honda 4RT 2007.

21/4 Feliz aniversário para a **rainha viva com o mais longo reinado**: a Rainha Elizabeth II (Reino Unido), que nasceu nesse dia de 1926, subiu ao trono em 6/2/1952, após a morte do pai, o rei George VI.

7.000–8.000m: a partir dessa faixa de altitude, conhecida como **Zona da Morte**, o ser humano não consegue se aclimatar, pois o corpo consome mais oxigênio do que consegue absorver.

★ MENOR TEMPO PARA ESCALAR O EL CAPITÁN

Em setembro de 2002, Hans Florine (EUA, à dir.) e Yuji Hirayama (Japão, à esq.) escalaram a rota The Nose ("o nariz") do monte El Capitán (1.095m), no Parque Nacional de Yosemite, Califórnia, em 2h48min50s. Em 30/7/2005, Florine escalou toda a face vertical do El Capitán em 11h41min, a ★ **ascensão solo mais rápida**.

● CASAL A ESCALAR OS SETE CUMES (DE AMBAS AS LISTAS) NO MENOR TEMPO

Rob e Joanne Gambi (RU) realizaram a ● **primeira** e mais rápida escalada dos sete picos por um casal: eles subiram ao pico mais alto de cada continente em 404 dias, pela lista Kosciuzko (em que o monte Kosciuzko é o ponto mais alto da Australásia). Depois, escalaram a Pirâmide Carstensz (ou Puncak Jaya, ponto mais alto do continente se incluída a Indonésia) em 799 dias. Joanne é ainda a **mulher a escalar os sete picos no menor tempo**.

PRIMEIRA PESSOA A ESCALAR TODOS OS PICOS COM MAIS DE 8.000M

Reinhold Messner (Itália) tornou-se a primeira pessoa a escalar os 14 picos com mais de 8.000m quando alcançou o topo do Lhotse (8.501m), na fronteira entre o Nepal e o Tibete, no dia 16/10/1986. A empreitada teve início em junho de 1970.

ESCALADA MAIS RÁPIDA DE TODOS OS PICOS COM MAIS DE 8.000M

O polonês Jerzy "Jurek" Kukuczka escalou os 14 picos com mais de 8.000m em 7 anos, 11 meses e 16 dias, de 4/10/1979, quando chegou ao cume do Lhotse, na fronteira entre o Nepal e o Tibete, a 18/9/1987, ao chegar ao cume do Shisha Pangma (8.012m), no Tibete.

★ MAIS MORTES NO K2 EM UM DIA

Segundo a ExplorersWeb, o dia 1/8/2008 foi o dia mais mortal no K2, com 11 mortes na face sudeste devido a uma avalanche. Um serac – bloco grande ou coluna de gelo, geralmente do tamanho de uma casa – fragmentou-se e caiu de um campo de gelo perto do cume matando pelo menos um alpinista e cortando as cordas de um grupo que descia do pico, o segundo mais alto do mundo. Outros desmoronamentos de gelo causaram mais mortes durante a noite, e mais pessoas morreram tentando reaver os cadáveres. Os 11 mortos tinham nacionalidade sérvia, paquistanesa, norueguesa, sul-coreana, nepalesa, norte-irlandesa e francesa.

★ PRIMEIRA CONCLUSÃO DO DESAFIO DOS TRÊS POLOS

A primeira pessoa a chegar ao polo Norte, ao polo Sul e ao pico do monte Everest – o Desafio dos Três Polos – foi Erling Kagge (Noruega), que concluiu esse feito em 8/5/1994. A ★ **primeira e única pessoa a realizar o desafio sem a ajuda de oxigênio** no Everest foi Antoine De Choudens (França, 1969–2003), de 25/4/1996 a 10/1/1999.

★ NOVO
● ATUALIZADO

★ MONTANHA MAIS MORTAL

O Anapurna I, no maciço de Anapurna (que se estende por 55km), foi escalado por 130 pessoas, 53 das quais morreram no caminho, o que dá ao pico uma taxa de mortalidade de 41% – estatisticamente, a montanha mais perigosa do mundo. A fatalidade mais recente foi em 2008, quando Iñaki Ochoa de Olza (Espanha) teve convulsões e um edema pulmonar nas proximidades do cume.

Em 28/10/2007, Tomaz Humar (Eslovênia, foto abaixo) foi a ★ **primeira pessoa a escalar a Anapurna I sozinha**. Humar optou por uma rota nova na lateral direita da face sul, ao mais puro estilo "alpino" (ele carregou a comida e o equipamento, diferentemente do estilo "expedição", em que o alpinista leva carregadores e cordas fixas).

SONHOS MORTAIS

A escalada do Anapurna I pode ser a mais mortal, mas, em termos absolutos, ocorreram mais mortes no Mont Blanc (4.810m), nos Alpes, do que em qualquer outra montanha. Seis pessoas morreram no primeiro mês de 2009; 58 (dez ainda estão desaparecidas e dadas como mortas) em 2008; e 30 morreram no verão de 2007.

22/4 Lançado nesse dia de 1993, o NCSA Mosaic foi o **primeiro navegador de internet** do mundo.

23/4 O **voo mais longo impulsionado pela força humana** foi realizado por Kanellos Kanellopoulos (Grécia), que pedalou sua aeronave *Daedalus 88* por 115,11km, de Iráclio, na ilha de Creta, a Santorini, outra ilha grega, em 1988.

CIRCUM-NAVEGAÇÕES DO GLOBO

PRIMEIRA CIRCUM-NAVEGAÇÃO AÉREA SOLO

O americano Wiley Post realizou o primeiro voo solo de volta ao mundo entre 15 e 22/7/1933, no Lockheed Vega *Winnie Mae*, uma jornada de 25.089km que começou e terminou no Brooklyn, em Nova York, EUA. Na imagem, o piloto é retratado com seu traje pressurizado experimental – como o *Winnie Mae* não podia ser pressurizado, Post adaptou um capacete de mergulho e um traje de três camadas, que o ajudaram a viajar a altitudes maiores.

● ÚLTIMA PESSOA A VELEJAR SOZINHA SEM ESCALAS AO REDOR DO MUNDO NA DIREÇÃO OESTE

Em abril de 2008, Tomasz Lewandowski (Polônia) tornou-se o sexto velejador a circum-navegar a Terra sozinho na direção leste-oeste, contra os ventos dominantes. Lewandowski zarpou em seu Mikado 56 *Luka*, em 6/3/2007, de Ensenada, Baixa Califórnia, México, e voltou em 1/4/2008. Sua única companhia nos 53.170km da viagem foi Wacek, seu *jack-russell terrier*.

PRIMEIRAS

CIRCUM-NAVEGAÇÃO AÉREA SEM REABASTECER

Richard G. "Dick" Rutan e Jeana Yeager (ambos dos EUA) decolaram em direção a oeste da Base Aérea Edwards, na Califórnia, EUA, para circum-navegar a Terra em nove dias (de 14 a 23/12/1986), sem reabastecer. O segredo do sucesso da empreitada foi o *Voyager*, avião projetado e construído especialmente pelo irmão de Dick, Burt Rutan, dono da Scaled Composites, empresa que realizou o **primeiro voo espacial particular**, em 2004.

CIRCUM-NAVEGAÇÃO EM VEÍCULO ANFÍBIO

O australiano Ben Carlin realizou a primeira (e até agora única) circum-navegação do globo em veículo anfíbio, no comando de um jipe Ford GPA modificado, batizado de *Half-Safe*. O último trecho da travessia atlântica (o canal da Mancha) foi concluído em 24/8/1951. Carlin retornou a Montreal, Canadá, no dia 8/5/1958, após percorrer 62.765km por terra e 15.450km em mares e rios. Ele foi acompanhado pela ex-esposa Elinore (EUA) na etapa transatlântica e por Boye Lafayette de Mente (EUA) na longa travessia do Pacífico (de Tóquio, Japão, a Anchorage, Alasca, EUA).

CIRCUM-NAVEGAÇÃO SOLO EM BALÃO

Entre 19/6 e 2/7/2002, o americano Steve Fossett circum-navegou o globo no *Bud Light Spirit of Freedom*, um balão Rozier de 42,6m de altura, tornando-se o primeiro a realizar sozinho tal façanha. Fossett partiu de Northam, Austrália Ocidental, e aterrissou em Eromanga, Queensland, Austrália, após 33.195km.

CIRCUM-NAVEGAÇÃO A PÉ

A circum-navegação a pé é obviamente difícil. Diz-se que o americano George Matthew Schilling caminhou ao redor do planeta entre 1897 e 1904. Entretanto, a primeira circum-navegação a pé comprovada foi realizada por David Kunst (EUA), que caminhou 23.250km, atravessando quatro continentes, entre 20/6/1970 e 5/10/1974.

★ MAIOR NAVIO DE PASSAGEIROS A DAR A VOLTA AO MUNDO

Com 148.528t, o *Queen Mary II* foi o maior navio de passageiros a circum-navegar o globo. O último grande transatlântico (em oposição aos navios de cruzeiro comuns hoje em dia, que não atravessam oceanos) tinha a altura de um prédio de 23 andares e área equivalente à de quatro campos de futebol americano. A embarcação levantou âncora para seu primeiro cruzeiro mundial no dia 10/1/2007, em Fort Lauderdale, Flórida, EUA, e concluiu a viagem em 81 dias.

24/4 Nesse dia, em 2004, Chad Fell (EUA) soprou a **maior bola de chiclete**, com 50,8cm de diâmetro, na Double Springs High School, em Winston County, Alabama, EUA.

50 dias e 16h20min4s: duração da **circum-navegação a vela mais rápida em equipe**, estabelecida em 2005 pelos 14 homens do maxicatamarã *Orange II*, comandado por Bruno Peyron (França).

GUINNESS WORLD RECORDS

★ NOVO
● ATUALIZADO

★ PRIMEIRA MULHER A VELEJAR SEM ESCALAS AO REDOR DO MUNDO NAS DUAS DIREÇÕES

Em 16/2/2009, Dee Caffari (RU) terminou em sexto lugar a regata de volta ao mundo Vendée Globe, tornando-se a primeira mulher – e a quarta pessoa – a velejar nas duas direções ao redor do planeta, sozinha e sem auxílio. A primeira parte da jornada dupla se deu entre novembro de 2005 e maio de 2006, quando ela se tornou ainda a **primeira mulher a realizar uma circum-navegação solo na direção oeste**.

★ PESSOA MAIS JOVEM A REALIZAR UMA CIRCUM-NAVEGAÇÃO AÉREA SOLO

Barrington Irving (Jamaica/EUA), estudante de ciências aeroespaciais na Florida Memorial University, EUA, circum-navegou o planeta entre 23/3 e 27/6/2007 no avião *Inspiration*, produzido pela Columbia Aircraft Manufacturing Company. Irving concluiu a façanha aos 23 anos e 227 dias de idade. Seu voo de 97 dias foi um marco também por ter sido o primeiro voo solo de circum-navegação por um piloto negro.

MAIS RÁPIDAS

CIRCUM-NAVEGAÇÃO SOLO EM HELICÓPTERO (FEMININO)

Jennifer Murray (RU) pilotou sozinha seu Robinson R44 ao redor do globo em 99 dias, de 31/5 a 6/9/2000. A jornada começou e terminou no campo de aviação Brooklands, em Surrey, RU, e cruzou 30 países. Murray, junto com Colin Bodill (RU), detém também os recordes de **primeira e mais rápida circum-navegação de helicóptero cruzando os dois polos**, concluída em 170 dias e 22h47min em 23/5/2007.

CIRCUM-NAVEGAÇÃO DE CARRO

O recorde de primeiros e mais rápidos homem e mulher a circum-navegar a Terra de carro, cruzando seis continentes de acordo com as normas de 1989 e 1991 e superando a extensão do equador (40.075km), pertence a Saloo Choudhury e sua mulher, Neena Choudhury (ambos da Índia). A viagem levou 69 dias e 19h5min, de 9/9 a 17/11/1989. O casal dirigiu um Hindustan "Contessa Classic" 1989, iniciando e concluindo a jornada em Delhi, Índia.

● CIRCUM-NAVEGAÇÃO SOLO EM MONOCASCO (MASCULINO)

A circum-navegação solo mais rápida num monocasco levou 84 dias e 3h9min, de 9/11/2008 a 1/2/2009, e foi realizada pelo francês Michel Desjoyeaux, vencedor da edição 2008/009 da Vendée Globe na categoria solo, que começou e terminou em Les Sables d'Olonne, França. Essa foi a segunda vez que Desjoyeaux ganhou a regata da volta ao mundo (tornando-se o primeiro bicampeão do torneio), tendo quebrado o recorde nas duas ocasiões.

CIRCUM-NAVEGAÇÃO DE BICICLETA

Mark Beaumont (RU) realizou a circum-navegação mais rápida de bicicleta: durante 194 dias e 17h, ele pedalou 29.445,81km e percorreu mais de 40.100km (incluindo traslados). A viagem, realizada entre 5/8/2007 e 15/2/2008, começou e terminou em Paris (França). O ciclista cruzou a Europa, o Paquistão, a Malásia, a Austrália, a Nova Zelândia e os EUA.

POMPA E CIRCUNSTÂNCIA

Quase 500 pessoas se inscreveram para a viagem de volta ao mundo do *Queen Mary II*, algumas por mais de US$ 100.000. O navio parte com 6 mil garrafas de champanhe e tem a maior pista de dança flutuante, assim como a maior biblioteca, de 8 mil volumes.

25/4 O **recorde de cabeças raspadas em 1h**, 44, foi batido por Anne Armstrong (RU), em Maginns of Castlewellan, no condado de Down, RU, nesse dia em 2008.

26/4 A **maior valsa** ocorreu em 2008 no Austria Center Vienna, em Viena, Áustria, e contou com 242 pares dançando simultaneamente.

JORNADAS ÉPICAS

●MAIS LONGA JORNADA EM UM SNOWMOBILE

Durante 60 dias, de 1/1 a 11/3/2008, o americano Robert G. Davis percorreu 19.574km em seu *snowmobile* (espécie de trenó motorizado) Yamaha RS Venture.

★VIAGEM MAIS LONGA EM CADEIRA DE RODAS MOTORIZADA CONTROLADA APENAS COM A BOCA

De 10/5/2006 a 6/12/2007, Chang-Hyun Choi (Coreia do Sul) percorreu 28.000km numa cadeira de rodas motorizada, controlando-a com a boca. Vítima de paralisia cerebral e imobilizado do pescoço para baixo, Choi viajou a uma velocidade máxima de 13km/h, passando por 35 países da Europa e do Oriente Médio.

●MAIOR DISTÂNCIA PERCORRIDA DE TREM (24H)

Os americanos Corey Pedersen e Michael Kim viajaram de Kanazawa a Sendai, no Japão, percorrendo 2.901,4km entre os dias 6 e 7/10/2008. Eles realizaram essa façanha sem repetir nenhum trecho da viagem.

●MAIS RÁPIDA VIAGEM SOLO AO POLO SUL SEM SUPORTE OU ASSISTÊNCIA

Todd Carmichael (EUA) caminhou sozinho até o polo Sul no tempo recorde de 39 dias e 7h49min, alcançando seu objetivo em 21/12/2008 e tornando-se o primeiro americano a atingir o polo Sul sozinho e sem auxílio.

QUADRICICLOS

A maior velocidade em quadriciclo (ATV), 249,51km/h, foi atingida pelo americano Terry Wilmeth com o AlbaAction/Fullbore/Powroll Rocket Raptor versão 5.0, no aeroporto de Madras, Oregon, EUA, em 16/7/2007.

★MAIOR NÚMERO DE PAÍSES VISITADOS EM VIAGEM CONTÍNUA DE CARRO

Jim Rogers e Paige Parker (ambos dos EUA) visitaram 111 países e três territórios (Saara Ocidental, Polinésia Francesa e Gibraltar) de carro, de 1/1/1999 a 5/1/2002. Eles percorreram mais de 245.000km em seis continentes a bordo de um protótipo Mercedes, misto de trailer e jipe.

MAIS LONGA JORNADA EM UM CORTADOR DE GRAMA

Em 260 dias consecutivos, o americano Gary Hatter percorreu 23.487,5km em seu cortador de grama. A viagem começou em Portland, Maine, EUA, em 31/5/2000, e cruzou todos os 48 estados americanos contíguos, além de Canadá e México, até chegar a Daytona Beach, Flórida, no dia 14/2/2001.

★VIAGEM MAIS RÁPIDA AO POLO SUL SEM SUPORTE OU ASSISTÊNCIA

Ray Zahab (na foto), Kevin Vallely e Richard Weber (todos do Canadá) atingiram o polo Sul a partir da enseada Hércules no dia 7/1/2009, em apenas 33 dias e 23h30min de viagem.

★PRIMEIRA EXPEDIÇÃO AO POLO NORTE NO INVERNO

Os russos Matvey Shparo e Boris Smolin iniciaram a primeira expedição de inverno ao polo Norte em 22/12/2007, dia do solstício de inverno, partindo do cabo Arktichesky, ponto mais boreal do arquipélago Zevernaya Zemlya. A dupla chegou ao polo Norte em 14/3/2008, oito dias antes do equinócio vernal, início oficial do dia polar. Viajando na mais absoluta escuridão, a única fonte de luz eram as lanternas em suas cabeças.

★VIAGEM MAIS LONGA DE QUADRICICLO (ATV)

Josh e Anna Hogan (EUA) percorreram 27.141km em dois quadriciclos Top 1 450, de 24/8/2007 a 27/3/2008, com partida de Mombassa, Quênia, e chegada em Elche, Espanha, atravessando 17 países durante esse percurso.

27/4 O **menor tempo para percorrer 1 milha (1,6km) equilibrando um ovo numa colher**, 7min8s, foi estabelecido por Ashrita Furman (EUA), em Jamaica, Nova York, EUA, em 27/4/2007.

28/4 O **recorde de participantes numa corrida de revezamento** é 7.841 pessoas e foi batido na 35ª Batavierenrace, entre Nijmegen e Enschede, Holanda, nesse dia de 2007.

735.000km: na **viagem de moto mais longa de todos os tempos**, o argentino Emilio Scotto percorreu 214 países durante dez anos, entre 17/1/1985 e 2/4/1995.

MAIS LONGA VIAGEM DE BOTE SALVA-VIDAS

Quando seu navio *Endurance* ficou preso no gelo do mar antártico, Sir Ernest Shackleton (RU) e sua tripulação de 28 homens rumaram, em três botes salva-vidas, para a ilha Elefante, a cerca de 160km de distância. Lá, Shackleton escolheu cinco de seus melhores homens para, no maior dos botes, seguir até uma estação baleeira na ilha Geórgia do Sul, a 1.300km dali. Numa das maiores jornadas da história, Sir Ernest e seu grupo alcançaram a ilha em 17 dias, em 19/5/1916.

●MAIOR DISTÂNCIA PERCORRIDA A NADO

De 10/6 a 30/7/2004, Martin Strel (Eslovênia) percorreu a nado o rio Yangtzé, China, em toda a sua extensão – 4.003km.

CONFIRA
Descubra mais conquistas da natação nas p. 258–259.

PRIMEIRA PESSOA A CHEGAR AO POLO NORTE (SOLO)

O dr. Jean-Louis Etienne (França) foi o primeiro a alcançar o polo Norte sozinho e sem cães, no dia 11/5/1986, numa jornada de 63 dias. Etienne teve auxílio na reposição de seus suprimentos diversas vezes ao longo do trajeto.

★MENOR TEMPO PARA VISITAR TODOS OS PAÍSES SOBERANOS

Kashi Samaddar (Índia), empresário baseado em Dubai, EAU, visitou todos os 194 países-membros da ONU em 12 anos, 8 meses e 13 dias, entre 15/9/1995 e 27/5/2008. O incansável sr. Samaddar – que na verdade já esteve em 205 países – viajou com passaporte indiano, o que lhe causou imensos atrasos por questões de visto. Samaddar espera ter conhecido um total de 250 países até 2010.

PRIMEIRA EQUIPE MÃE E FILHO A ALCANÇAR UM POLO

Em 2/5/2007, às 21h15 do horário local (2h – hora de Brasília), Daniel Byles e sua mãe, Jan Meek (ambos do RU), atingiram o polo Norte magnético (N 78° 35,724', W 104° 11,940') após 24 dias de viagem a pé e de esqui a partir de Resolute Bay, Canadá, uma jornada de cerca de 560km.

★MAIS VIAGENS DE JOHN O'GROATS A LAND'S END

A viagem mais célebre do Reino Unido vai de Land's End a John O'Groats (ou vice-versa) – trajeto percorrido 19 vezes pelo australiano John Taylor a pé, de bicicleta ou de carro entre os dias 14/1/1980 e 29/11/2007. O recorde foi validado pela Land's End–John O'Groats Association.

★CASAL MAIS VELHO A VISITAR O POLO NORTE

No dia 12/4/2008, Heinz G. Fischer (EUA, n. 10/3/1929) e sua esposa Linda G. Burdet (EUA, n. 29/11/1931), aos 79 e 76 anos de idade, respectivamente, foram juntos de esqui ao polo Norte. O casal foi deixado de helicóptero no campo de gelo de Barneo (primeiro ao sul do polo). Depois, eles esquiaram 6,39km até o polo.

●MAIOR TRAJETO COM PATINS EM LINHA

Khoo Swee Chiow (Cingapura) percorreu 6.088km em patins em linha, partindo de Hanói, Vietnã, em 20/10/2007, e chegando a Cingapura no dia 21/1/2008.

PESSOA MAIS VELHA A ALCANÇAR OS DOIS POLOS ESQUIANDO

O alemão Norbert H. Kern (n. 26/7/1940) foi a pessoa mais velha a chegar de esqui aos dois polos. Ele alcançou o polo Sul no dia 18/1/2007 e o polo Norte em 27/4/2007, completando sua missão aos 66 anos e 275 dias de idade.

★NOVO
●ATUALIZADO

29/4 O **tenista mais velho a liderar o *ranking* da Associação Profissional de Tênis** foi Andre Agassi (EUA), nascido nesse dia de 1970. Agassi alcançou o topo do *ranking* em 11/5/2003, aos 33 anos e 13 dias.

100

★PRIMEIRO PRESIDENTE NEGRO DOS EUA

Barack Hussein Obama II (EUA) tornou-se o 44º presidente dos EUA em 20/1/2009, após uma campanha recordista: durante a corrida eleitoral, Obama arrecadou US$ 150 milhões mensais, uma cifra sem precedentes. O valor total do financiamento de sua campanha superou a marca de US$ 605 milhões – outro recorde. A propaganda eleitoral consumiu a maior parte do dinheiro; em apenas cinco meses foram gastos inéditos US$ 250 milhões em anúncios na TV. Mais de 136 milhões de americanos votaram – participação superada apenas em 1960 – e mais de 1 milhão compareceu à posse em Washington (à direita).

US$ 5,3 bilhões: dinheiro arrecadado e gasto durante a disputa pela Casa Branca em 2008 – a **eleição mais cara da história**.

SUMÁRIO

EUA

RAIO X

- **ÁREA:** 9.826.630km²
- **POPULAÇÃO:** 303,8 milhões
- **DOMICÍLIOS:** 113,9 milhões
- **FATOS PRINCIPAIS:** Os EUA apresentam o **maior consumo diário de calorias per capita do mundo**: 3.774,1. São também o país com a **maior proporção de posse de armas**: uma pesquisa de 1999 constatou que há pelo menos uma arma em cerca de 40% dos lares americanos.

★CORTADOR DE GRAMA MAIS RÁPIDO

A maior velocidade atingida por um cortador de grama original, 98 km/h, foi estabelecida por Tommy Passemante (EUA) no Parque de Esportes Motorizados Miller, em Tooele, Utah, EUA, no dia 18/11/2008. A tentativa foi filmada para o programa *Nitro Circus*, da MTV.

★MAIS ÁRVORES DE NATAL CORTADAS EM DOIS MINUTOS

Erin Lavoie (EUA) usou um machado para derrubar 27 pinheiros de Natal em 2min durante as filmagens do programa alemão *Guinness World Records: Die GroBten Weltrekorde* em 19/12/2008.

●MAIOR PUB CRAWL

Em 14/3/2009, mais de 4 mil pessoas participaram do 11º St. Patrick's Pub Crawl "Luck of the Irish", evento organizado todo ano pelo site SaintPattys.com no lado leste de Manhattan, Nova York. Mas apenas 3.163 beberrões seguiram as normas oficiais e carimbaram um cartão de presença em todos os 86 pubs visitados no roteiro de mais de 8km. Todos vestiam roupas verdes, em homenagem a São Patrício, o santo padroeiro da Irlanda. Segundo as regras, bebidas não alcoólicas também são permitidas.

★MAIOR COMPRA DE PROPRIEDADE

Em 22/11/2006, a financeira Blackstone desembolsou US$ 20 bilhões para adquirir 580 edifícios comerciais espalhados pelos EUA, pertencentes ao Equity Office Property Trust (EUA), como parte da aquisição alavancada mais agressiva da história, que custou ao todo US$ 36 bilhões.

★CRAVO-DE-DEFUNTO MAIS ALTO

A planta media 3,07m em dezembro de 2007 e foi cultivada por Rebecca Shanks (EUA), moradora de Berlin Heights, Ohio, EUA.

★MENOR TEMPO PARA VELEJAR DE NOVA YORK A SÃO FRANCISCO

O *Gitana 13*, tripulado por nove homens sob o comando de Lionel Lemonchois (França), percorreu a *Route de l'or*, indo de Nova York a San Francisco passando pelo cabo Horn, em 43 dias e 3min18s, entre 16/1 e 28/2/2008.

PRIMEIRO HOMEM NO ESPAÇO COM RECURSOS PRIVADOS

Em 21/6/2004, a *SpaceShipOne*, pilotada pelo sul-africano Mike Melvill e construída pela Scaled Composites (EUA), decolou do Aeroporto de Mojave, na Califórnia, e atingiu 100.124m – acima, portanto, da altitude definida pela Federação Aeronáutica Internacional (FAI) como o ponto onde o espaço sideral começa (100km). Em 4/10/2004, a *SpaceShipOne* recebeu da Fundação X Prize o prêmio Ansari X, de US$ 10 milhões, por ter sido a primeira nave tripulada a ir ao espaço duas vezes em duas semanas.

PRIMEIRO DESENHO ANIMADO FALADO

Dinner Time, de Paul Terry (EUA), estreou no Teatro Mark Strand, em Nova York, EUA, em 1/9/1928 – um mês antes de *Steamboat Willie* (EUA, 1928), da Disney.

PRIMEIRA TIRA EM QUADRINHOS

The yellow kid foi publicada pela primeira vez no *New York Journal* em 18/10/1896.

●MAIOR ECONOMIA

Em termos de Produto Interno Bruto (PIB), os EUA são a maior economia do mundo – o país produziu US$ 13,8 trilhões em 2007, de acordo com dados do Fundo Monetário Internacional.

★PRIMEIRO PARQUE ASTRONÔMICO

Em abril de 2007, a Associação Internacional do Céu Noturno declarou o monumento nacional Natural Bridges, em Utah, EUA, o primeiro "parque de observação do céu", ou seja, uma área em que o céu noturno pode ser observado com clareza, sem qualquer "poluição luminosa".

30/4 A **maior fogueira**, com um volume total de 1.715,7m³, foi construída pela ŠKD mladi Boštanj e acesa em 30/4/2007 em Boštanj, Eslovênia, para comemorar o Dia do Trabalho.

1/5 O **mais alto mastro** de festejo do Dia do Trabalho, com 50,35 m de altura, foi erguido nessa data em 2005 na cidade de Eicherloh, Alemanha.

79,28 milhões: passageiros transportados nos EUA em 2004 pela Delta, a **companhia aérea mais ativa do mundo em voos domésticos**.

MONTANHA-RUSSA DE AÇO MAIS RÁPIDA

100

A velocidade máxima da *Kingda Ka*, no parque Six Flags Great Adventure, perto de Jackson, Nova Jersey, é 206km/h. Inaugurada em 2005, ela é ainda a **montanha-russa de aço mais alta** – o ponto mais alto fica a 139m do solo.

●MAIOR ORÇAMENTO MILITAR

O governo dos EUA têm o maior orçamento de defesa do mundo, com US$ 622 bilhões aprovados para o ano fiscal de 2007.

MAIOR HAMBÚRGUER

Loran Green e amigos da Hi Line Promotions prepararam um hambúrguer de 2,74t no Sleeping Buffalo Resort, em Saco, Montana, EUA, no dia 5/9/1999. Item promocional, o hambúrguer não foi comercializado.

MENOR TEMPO PARA CORRER A MARATONA DE NOVA YORK (MASCULINO)

O etíope Tesfaye Jifar é o recordista absoluto da Maratona de Nova York, com a marca de 2h07min43s, estabelecida em 5/11/2001. O **recorde feminino dessa prova** é de 2h22min31s, tempo cravado pela queniana Margaret Okayo em 2/11/2003.

★ANO DE MAIOR RECEITA PARA OS TEATROS DA BROADWAY

Segundo a Broadway League, o ano de maior receita para os teatros da Broadway, em Nova York, foi 2006, quando a bilheteria rendeu incríveis US$ 910 milhões. O número de espectadores igualou o de 2005: mais de 12 milhões assistiram aos musicais e peças da Broadway.

★ATOR A REPRESENTAR MAIS VEZES O MESMO PAPEL

A atriz teatral americana Catherine Russell interpretou Magaret Thorne Brent em 8.820 encenações da peça *Perfect Crime* em diversos teatros nova-iorquinos, entre 18/4/1987 e 1/12/2008.

PRIMEIRO EDIFÍCIO COM ELEVADOR DE SEGURANÇA

Em 23/3/1857, o primeiro "elevador de segurança" moderno entrou em operação numa loja de departamentos de Nova York, EUA. O equipamento foi instalado por Elisha Otis, considerado um dos responsáveis pelo desenvolvimento dos modernos arranha-céus, por permitir que prédios de mais de cinco andares se tornassem habitações viáveis para seus ocupantes.

MAIS ESTRELAS NA CALÇADA DA FAMA DE HOLLYWOOD

O ator e compositor americano Gene Autry (1907–1998) tem cinco estrelas na Calçada da Fama – números 6.384, 6.520, 6.644, 6.667 e 7.000 da Hollywood Boulevard –, referentes a música, cinema, televisão, rádio e teatro.

★NOVO
●ATUALIZADO

★MAIOR CAUDA DE CAVALO

A cauda da égua JJS Summer Breeze tinha 3,81m quando medida, no dia 23/8/2007. O animal pertence aos americanos Crystal e Casey Socha, de Augusta, Kansas, EUA.

CAVALO VIVO MAIS ALTO

Nascido em Iowa, EUA, em 1998, Radar é um brabantino que tem 2,02m de altura sem ferraduras. Ele foi medido no North American Belgian Championship em London, Ontário, Canadá, em 27/7/2004. Radar pertence à Priefert Manufacturing, Inc., de Mount Pleasant, Texas.

NAS ALTURAS

O cavalo mais alto de todos os tempos foi Sampson, criado por Thomas Cleaver, de Toddington Mills, Bedfordshire, RU. Nascido em 1846, em 1850 ele tinha 2,19m de altura e pesava 1.524kg.

2/5 O **maior piquenique do mundo** teve 8 mil participantes, que, nesse dia de 1999, se sentaram na Plaza de España, em Santa Cruz, Tenerife, Espanha, para comer lanches preparados em casa.

MÉXICO

RAIO X

- **ÁREA:** 1.972.545km²
- **POPULAÇÃO:** 108,3 milhões
- **DOMICÍLIOS:** 25,1 milhões
- **FATOS PRINCIPAIS:**

O México é a terra do **maior taco do mundo**, de 750kg, e do Sistema Sac Actun, o **maior sistema explorado de cavernas submersas**, com 153km de extensão.

FAMÍLIA MAIS PELUDA

Os mexicanos Victor "Larry" e Gabriel "Danny" Ramos Gomez são dois dos 19 membros de uma família que há cinco gerações sofre de um mal raro, a hipertricose generalizada congênita, caracterizada por pelos excessivos no torso e na face. As mulheres apresentam uma camada de pelos moderada, enquanto os homens têm c. 98% do corpo – exceto as mãos e os pés – cobertos de pelugem espessa.

MAIOR ESTALACTITE SUBMERSA

A estalactite conhecida pelos locais como Tunich Ha mede 12,8m e fica no sistema de cavernas Chac Mol, no México. A água salgada do Caribe penetra no calcário da região, criando efeitos visuais surpreendentes ao encontrar a água doce infiltrada nas cavernas.

MAIOR PÚBLICO EM LUTA DE BOXE

O maior público pagante de uma luta de boxe foi 132.274 pessoas, que assistiram a quatro disputas pelo título mundial no Estádio Azteca na Cidade do México, México, em 20/2/1993. A luta principal foi a vitoriosa defesa do título dos superleves do CMB por Julio César Chávez (México) contra Greg Haugen (EUA).

★ MAIOR CAMPO DE POC-TA-POC

O Campo Grande de Chichén Itza, no México, é o maior campo de jogo de bola mesoamericano (em maia, *poc-ta-poc*), esporte ritualístico praticado durante mais de 3 mil anos pelos povos pré-colombianos da Mesoamérica antiga. Uma versão moderna do jogo, chamada *ulama*, é praticada até hoje. O campo mede 166 x 68m e as paredes têm 12m de altura. No centro e no alto de cada uma há anéis gravados com serpentes entrelaçadas.

★ NOVO
● ATUALIZADO

● MAIOR CAMPEONATO DE FUTEBOL (JOGADORES)

A Copa Telmex, realizada entre fevereiro e novembro de 2008 no México, foi disputada por 10.457 times, com um total de 172.692 jogadores.

● RECORDE DE PARTIDAS DE XADREZ AO MESMO TEMPO

O maior número de partidas de xadrez disputadas simultaneamente no mesmo local foi 13.446, em 21/10/2006, durante o III Festival de Xadrez da Cidade do México.

★ MAIOR EXPOSIÇÃO DE PIÑATAS

Uma exposição de 504 *piñatas* foi organizada pela União de Locatários do Mercado Municipal de Hermosillo, Sonora, México, em 27/4/2008.

● MAIOR DESENHO

O *Eletrocardiograma artístico 411* cobre uma área total de 205,5m² e foi concluído por Filemon Trevino Berlanga, de Monterrey, México, em 13/3/2008.

MAIOR FATURAMENTO DE UM FILME MEXICANO

Dirigido por Guillermo del Toro (México), *O labirinto do fauno* (México/Espanha/EUA, 2006) obteve US$ 42,6 milhões de bilheteria em todo o mundo.

3/5 Nessa data de 1978, Gary Thuerk (EUA) enviou o **primeiro spam** a 397 endereços eletrônicos da ARPAnet – a rede da Agência de Projetos de Pesquisa Avançada do Departamento de Defesa dos EUA.

4/5 A **escultura mais cara já leiloada** é *Pássaro no espaço* (1923), de Constantin Brancusi (Romênia), obra vendida na Christie's, em Nova York EUA, por US$ 27,456 milhões, em 4/5/2005.

AMÉRICA CENTRAL E CARIBE

RAIO X

ÁREA:
mérica Central: 23,780km²;
aribe: 127,753km²

POPULAÇÃO:
mérica Central: 4.934.014; **Caribe:** 2.636.621 (2007, stimativa)

PAÍSES:
mérica Central: Belize, osta Rica, El Salvador, uatemala, Honduras, icarágua, Panamá; **Caribe:** nguila, Antígua e Barbuda, ntilhas Holandesas, ruba, Bahamas, Barbados, uba, Dominica, Granada, uadalupe, Haiti, Ilhas ayman, Ilhas Virgens mericanas, Ilhas Virgens ritânicas, Jamaica, lartinica, Montserrat, Porto ico, República Dominicana, anta Lúcia, São Bartolomeu, ão Cristóvão e Névis, ão Vicente e Granadinas, t.-Martin, Trinidad e obago e Turks e Caicos.

A IDADE DO PRESIDENTE

Joaquín Balaguer (1906–2002, acima à esq.) foi presidente da República Dominicana em 1960–62, 1966–78 e 1986–96. Quando enfim deixou o cargo, aos 89 anos, Balaguer era o **mais velho presidente do mundo**, tendo permanecido na presidência por mais de 23 anos ao todo.

Jean-Claude Duvalier (n. 3/7/1951, acima à dir.) assumiu como chefe-de-estado do Haiti em 22/4/1971, aos 19 anos e 293 dias. O **mais jovem presidente do mundo** ocupou o cargo até 1986.

MAIS PESSOAS ESCOVANDO OS DENTES AO MESMO TEMPO

Em 5/11/2005, 13.380 pessoas escovaram os dentes concomitantemente no Estádio Cuscatlán, na cidade de San Salvador, El Salvador, em evento organizado pela Colgate Palmolive (Central America) Inc.

MENOR ÍNDICE DE SUICÍDIOS

Segundo dados da OMS de maio de 2003, Antígua e Barbuda (1995), República Dominicana (1994), São Cristóvão e Névis (1995) e São Vicente e Granadinas (1986) possuem as menores taxas de suicídio, sem nenhum caso registrado nos anos indicados.

CICLONE QUE MAIS DESABRIGOU

O furacão Mitch, que atingiu a América Central (Honduras e Nicarágua) entre 26/10 e 4/11/1998, deixou cerca de 2,5 milhões de pessoas desabrigadas, após destruir 93.690 casas.

PIOR VAZAMENTO DE PETRÓLEO NO MAR

A colisão do *Atlantic Empress* com o *Aegean Captain* junto à costa de Tobago, no mar do Caribe, em 19/7/1979, resultou no vazamento de 161,63 milhões de litros de petróleo (c. 287.000t).

MAIS VELHO JOGADOR DA MLB A BATER UM HOME RUN

Aos 48 anos e 254 dias, Julio Franco (República Dominicana, n. 23/8/1958), jogador da MLB, liga profissional de beisebol americana, rebateu a bola de Randy Johnson (EUA) e marcou um *home run* de dois pontos, contribuindo para a vitória de 5 a 3 do New York Mets sobre o Arizona Diamondbacks (ambos dos EUA) no Chase Field, em Phoenix, Arizona, EUA, no dia 4/5/2007.

MERGULHO MAIS PROFUNDO DE MAMÍFERO

egundo cientistas do stituto Oceanográfico oods Hole, um cachalote *Physeter macrocephalus*) ergulhou a 2.000m de rofundidade por 1h13min, o litoral da Dominica, aribe, em 1991.

★ MAIORES ESFERAS ANTIGAS

Mais de mil globos graníticos perfeitamente esféricos, conhecidos localmente como *Las bolas grandes*, estão espalhados ao redor do delta do rio Diquís, na Costa Rica. As bolas foram esculpidas por um povo pré-colombiano não identificado, e a maior delas mede 2,5m de diâmetro e pesa mais de 16t.

HISTÓRIA DE PESCADOR...

A maior mandíbula de mamífero já registrada era de um cachalote. O maxilar inferior, com 5m de comprimento, pertencia a um macho de quase 25,6m de extensão. Essa espécie possui também os maiores dentes.

5/5 O **quadro mais valioso vendido em leilão** é *Menino com cachimbo* (1905), de Pablo Picasso, que foi adquirido por um anônimo por US$ 104 milhões em 5/5/2004 na Sotheby's, em Nova York, EUA.

BRASIL E AMÉRICA DO SUL

★NOVO ●ATUALIZADO

RAIO X

- **ÁREA:** 8.514.205km² (Brasil); 17.840.000km² (toda a América do Sul)
- **POPULAÇÃO:** 191 milhões (Brasil); 371 milhões (América do Sul)
- **DENSIDADE:** 19,92 pessoas/km² (Brasil); 20,8 pessoas/km² (América do Sul)
- **FATOS PRINCIPAIS:** Nesse continente está 3,5% da superfície terrestre.
- **PAÍSES:** Argentina (**troca mais rápida de presidentes**: cinco em duas semanas, em dezembro de 2001), Bolívia (**estação ferroviária a maior altitude**: Cóndor, a 4.786m), Brasil, Chile (onde está o **local mais seco**, Quillagua: 5mm de precipitação em 1964–2001), Colômbia, Equador, Guiana, Guiana Francesa, Paraguai, Peru, Suriname, Uruguai e Venezuela.

MAIOR BANDA DE TROMPETES

Em 19/2/2006, um concerto de trompetes organizado por Napoleón Gómez Silva em Oruro, Bolívia, contou com a participação de 1.166 músicos.

★MAIS ESTRELAS DE CAPOEIRA EM 1MIN

Em 6/2/2009, na praia do Arpoador, no Rio de Janeiro, Brasil, Márcio Barbosa executou o maior número de estrelas de capoeira completas em 1min: 55.

★MAIS BALÕES ESVAZIADOS EM 1MIN

Em comemoração ao Dia Internacional da Mulher, a filial argentina da fabricante de iogurte Activia reuniu milhares de mulheres para esvaziar o maior número possível de bexigas em 1min, no dia 8/3/2009. Após 60s de esforço, o recorde mundial foi batido: contavam-se 9.768 balões murchos no Parque Tres de Febrero, em Buenos Aires, Argentina.

●MAIOR CAVALGADA

No dia 29/7/2006, em evento organizado pela Cavalgada da Feira das Flores, 8.233 cavalos e seus cavaleiros fizeram um desfile em Medellín, Antioquia, Colômbia.

MAIORES BESOUROS

O cerambicídeo-gigante (*Titanus giganteus*), da América do Sul, é o besouro de corpo mais comprido: mede 15cm. Mas, em termos de comprimento total, o maior é o besouro-hércules (*Dynastes hercules*, acima, também sul-americano), com 17,7cm, graças ao seu par de chifres projetados a partir da cabeça e do tórax.

★MAIS CAMISETAS TIRADAS DO CORPO FAZENDO EMBAIXADINHAS COM A CABEÇA

Marcelo Ribeiro da Silva conseguiu despir 21 camisetas enquanto controlava uma bola de futebol com a cabeça. A façanha foi transmitida pelo programa *Toda Sexta*, em São Paulo, Brasil, em 24/4/2009.

6/5 O **atleta mais jovem a participar de um jogo de eliminatórias da Copa do Mundo** foi Souleymane Mamam, que jogou pelo Togo contra a Zâmbia, aos 13 anos e 310 dias, em 6/5/2001.

7/5 O **guitarrista mais rápido** é Tiago Alberto de Quadros (Brasil), vulgo Tiago della Vega, que tocou "O voo do besouro" sem erros a 320bpm na Escola de Música e Tecnologia, em São Paulo, Brasil, no dia 7/5/2008.

14: número de vezes que Argentina e Uruguai conquistaram, cada um, o Campeonato Sul-Americano de Seleções (desde 1975, Copa América).

★MAIOR FESTIVAL DE PORQUINHOS-DA-ÍNDIA

Durante o Festival do Cuy (porquinho-da-índia), realizado anualmente em Huacho, Peru, os animais disputam uma série de provas que elegem o mais gordo, o mais rápido e até o mais bem vestido. Os vencedores disputam a finalíssima, de onde sai o concorrente *mais saboroso*. Os finalistas são recheados, assados, defumados e grelhados.

Nos Andes, o *cuy* é uma fonte tradicional de proteína com baixo teor de gordura.

★BOLO DE BATATA MAIS PESADO

Preparado pelo distrito de Carmen de la Leguo Reynoso, em Callao, Peru, o bolo de batata mais pesado tinha 5,37t e foi exposto na praça Miguel Grau Seminario, em Carmen de la Legua Reynoso, no dia 16/7/2004.

ESTRADA MAIS PERIGOSA

Considerada por muitos a mais letal do mundo, a estrada Yungas do Norte, de 69km, que liga La Paz a Coroico, na Bolívia, registra até 300 mortes por ano, ou 4,3 por quilômetro! Na maior parte do caminho, a estrada de terra de uma pista só (percorrida por veículos em mão dupla) é ladeada por um abismo de 4.700m de altitude em seu ponto máximo – que, sem nenhum anteparo, fica ainda mais perigoso durante a estação das chuvas.

CONCERTO A MAIOR ALTITUDE (EM TERRA)

O concerto a maior altitude em terra firme aconteceu a 6.069m e foi realizado pelo grupo Musikkapelle Roggenzell – dez músicos da Alemanha e da Bolívia – no monte Acotango, na Bolívia, em 6/8/2007.

MAIOR ESTAÇÃO DE TRATAMENTO DE ÁGUA

Com capacidade para tratar 42m^3 de água por segundo ininterruptamente, a Estação de Tratamento de Água (ETA) do rio Guandu, no Rio de Janeiro, Brasil, é a maior do mundo. O tradicional processo de tratamento adotado é composto de coagulação química, floculação, sedimentação, filtragem, desinfecção e correção do pH. Construída em 1955, a estação pertence à Cedae (Companhia Estadual de Águas e Esgotos do Rio de Janeiro) e serve 9 milhões de pessoas em oito cidades, incluindo a capital fluminense.

MAIOR COLEÇÃO DE GARRAFAS DE CACHAÇA

O pernambucano José Moisés de Moura reuniu 6.850 garrafas diferentes de cachaça desde 1986. A cachaça, o mais tradicional e o mais consumido destilado brasileiro, é feita à base de cana-de--açúcar.

●MAIOR CEVICHE

Um *ceviche* (prato de frutos do mar crus marinados em sucos de frutas cítricas) de 6.791,3kg foi servido no estádio Coliseo Cerrado Miguel Grau del Callao, em Callao, Peru, no dia 7/12/2008. Como ingredientes foram usados 5t de peixe cru (*perico* ou dourado), 500kg de limão, 400kg de cebola, 100kg de pimenta e 100kg de sal.

MAIOR PISCINA

A piscina de água salgada do *resort* San Alfonso del Mar em Algarrobo, Chile, é a maior do mundo em superfície. Ela possui 1.013m de comprimento e 8ha de área total – o equivalente à área somada de mais de 15 campos de futebol. A obra faraônica foi concluída em dezembro de 2006.

CAMELÍDEO SELVAGEM A MAIOR ALTITUDE

O termo "camelídeo" designa qualquer membro da família *Camelidae*, como os camelos, as lhamas e os dromedários. A vicunha (*Vicugna vicugna*) é o camelídeo selvagem a viver nas maiores altitudes: nos Andes, habita a até 4.800m, assim como a alpaca, seu parente domesticado.

8/5 Reinhold Messner (Itália) e Peter Habeler (Áustria) fizeram a **primeira subida bem-sucedida do monte Everest sem suplemento de oxigênio**, em 8/5/1978.

CANADÁ

RAIO X
- **ÁREA:** 9.984.670km²
- **POPULAÇÃO:** 33.212.696
- **DOMICÍLIOS:** 12,3 milhões
- **FATOS PRINCIPAIS:** Canadá e EUA dividem a **fronteira mais longa** do mundo, que se estende por 6.416km (incluindo os limites dos Grandes Lagos). O Canadá também é o país com a **costa mais extensa** do planeta, com 243.798km (esse número inclui também a extensão costeira das ilhas canadenses).

★NOVO
●ATUALIZADO

RUA MAIS LONGA

Yonge Street é a via mais longa do mundo a receber a denominação de rua. Ela corre para o norte e o oeste a partir de Toronto, Canadá. O primeiro trecho, concluído em 16/2/1796, tinha 55km. Hoje, a rua que segue o rio Rainy, fronteira entre Ontário e Minnesota, tem extensão oficial de 1.896,3km.

★PRIMEIRO AEROPORTO DE OVNIS

Em 3/6/1967, foi inaugurado o primeiro aeroporto oficial de OVNIs do mundo, em St. Paul, Alberta. Na entrada, uma placa diz: "... futuras viagens espaciais serão seguras para todos os seres intergalácticos; todos os visitantes, terráqueos ou não, são bem-vindos neste território e na cidade de St. Paul".

●FREIRA MAIS VELHA

A irmã Anne Samson (Canadá, n. 27/2/1891) se tornou a freira mais velha em 5/5/2003, quando, aos 112 anos e 67 dias de idade, quebrou o recorde da irmã Julia (França, n. Augustine Teissier, 1869–1981). A irmã Anne morreu em 29/11/2004, aos 113 anos e 276 dias de idade, na Maison Provinciale des Filles de Jésus, em Moncton, Nova Brunswick, Canadá.

ROTA MAIS MOVIMENTADA POR LIGAÇÕES INTERNACIONAIS

Segundo a TeleGeography, a rota telefônica internacional mais movimentada está entre o Canadá e os EUA. Em 2002, falou-se cerca de 10,9 bilhões de minutos em tráfego telefônico de mão dupla entre os dois países.

●MENOR TEMPO PARA RASTEJAR 1 MILHA

No dia 23/1/2007, o canadense Suresh Arulanantham Joachim estabeleceu o menor tempo para rastejar 1 milha (1,6km), 23min45s, em Toronto, Ontário, Canadá.

TRANSMISSÃO DE RÁDIO A MAIOR PROFUNDIDADE

Dan Lessard (Canadá), da CBC Radio Points North, apresentou um programa de duas horas de material gravado, música ao vivo e entrevistas de um abrigo localizado a 2.340m, sob a mina Creighton, em Sudbury, Ontário, Canadá, em 24/5/2005.

PACIENTE DE TRANSPLANTE RENAL A SOBREVIVER MAIS TEMPO

A canadense Johanna Leanora Rempel (n. 24/3/1948) recebeu um rim de sua irmã gêmea Lana Blatz, no dia 28/12/1960, em uma operação realizada no Hospital Peter Bent Brigham, em Boston, Massachusetts, EUA. Ambas gozaram de excelente saúde e tiveram filhos saudáveis.

INDÍCE DE AÇÚCAR NO SANGUE MAIS ALTO

Travis Maynard (Canadá, n. 13/5/1960) sobreviveu a um nível de açúcar no sangue de 141mmol/L (2.538mg/dl), diagnosticado no Hospital Regional Chalmers, em Fredericton, Canadá, onde ele chegou em coma hiperosmolar não cetótico, no dia 6/2/2003. A taxa considerada normal fica entre 4,4 e 6,6mmol/L (80–120mg/dl).

●MAIOR TACO DE HÓQUEI

Encomendado pelo Governo Federal do Canadá para o Pavilhão Canadense da Expo 1986, em Vancouver, o maior taco de hóquei tem 62,48m de comprimento e pesa 28,12t. Desde 21/5/1988, o taco está em exposição ao lado do Centro Comunitário Cowichan, em Duncan, ilha de Vancouver, Canadá.

9/5 O Chicago White Sox e o Milwaukee Brewers (ambos dos EUA) disputaram a **partida de beisebol mais longa** nesse dia de 1984. O jogo durou 8h6min, e o Chicago White Sox venceu por 7 a 6.

10/5 O **recorde de pessoas a saltar de paraquedas de um balão simultaneamente** pertence aos 20 integrantes do Paraclub Flevo (Holanda), que saltaram de 2.000m de altitude em 2003.

1.025: mais flexões em 1h com as costas da mão de um só braço, realizadas por Doug Pruden (Canadá), em 8/11/2008.

MEMORABILIA POP MAIS CARA

No dia 29/6/1985, o Rolls Royce Phantom V 1965 de John Lennon (RU) foi comprado por US$ 2,229 milhões, na casa de leilões Sotheby's, em Nova York, EUA, pelo canadense Jim Pattison (acima), presidente da Expo 86, realizada em Vancouver, Canadá.

●MAIOR VELOCIDADE EM MARCHA A RÉ POR MAIS DE 800KM

Rob Gibney (Canadá) percorreu 807,39km a uma velocidade média de 66,67km/h de marcha a ré, em um Ford Crown Victoria, em Calgary, Canadá, no dia 22/8/2004.

FALA MAIS RÁPIDA

Em 30/8/1995, Sean Shannon (Canadá) recitou o solilóquio de Hamlet "Ser ou não ser" (260 palavras) em 23,8s (655 palavras por minuto), em Edimburgo, Escócia.

●MAIOR DISTÂNCIA PERCORRIDA EM SNOWMOBILE NA ÁGUA

Pilotando um *snowmobile*, o canadense Kyle Nelson percorreu 69,28km no lago Cowan, em Saskatchewan (Canadá), no dia 3/9/2005.

MAIOR FESTIVAL DE JAZZ

Na sua 25ª edição, em julho de 2004, o Festival Internacional de Jazz de Montreal, realizado em Quebec, Canadá, atraiu 1.913.868 pessoas.

MARÉ MAIS ALTA DA HISTÓRIA

Em 1953, uma maré de 16,6m foi registrada em Leaf Basin, na costa da baía de Ungava, em Quebec, Canadá.

TRAVESSIA MAIS RÁPIDA DO CANADÁ A PÉ (FEMININO)

Ann Keane (Canadá) atravessou o país correndo de St. John's, Terra Nova, até Tofino, Colúmbia Britânica. Ann percorreu 7.831km em 143 dias, entre 17/4 e 8/9/2002, e teve apenas 3 dias de descanso.

●MARATONA DE HÓQUEI DE RUA MAIS LONGA

Realizada no evento beneficente "Hockey for Life", em Lethbridge, Alberta, de 20 a 24/8/2008, a mais longa maratona de hóquei de rua durou 105h17min.

MAIS DAMAS DE HONRA PARA UMA SÓ NOIVA

Acompanhada por 79 damas de honra, de um a 79 anos de idade, Christa Rasanayagam se casou com Arulanantham Suresh Joachim (ambos do Canadá), na Igreja Católica Cristo, o Rei, em Mississauga, Ontário, Canadá, no dia 6/9/2003.

MAIS CARTAS ENVIADAS PARA O PAPAI NOEL

Durante as festas de 2006, Papai Noel recebeu 1,06 milhão de cartas e 44.166 e-mails originários do Canadá. Mais de 11 mil voluntários dos correios canadenses ajudaram a responder essas cartas em 11 línguas, inclusive em braile.

COMERCIAL DE TV MAIS CURTO

Um anúncio do MuchMusic – canal de TV musical canadense – é o comercial de TV mais curto do mundo: ele tem apenas meio quadro e dura 1/60s. Foram produzidas 12 versões diferentes desse comercial, e o primeiro foi ao ar em 2/1/2002.

PONTE CANTILÉVER MAIS LONGA

A Ponte de Quebec, sobre o rio São Lourenço, no Canadá, tem a maior abertura de viga em balanço (cantiléver) do mundo, com 549m entre as pilastras e 987m no total. Por ela passam os trilhos de uma ferrovia e duas pistas pavimentadas.

11/5 Marek Turowski (RU) é o recordista de **mobília mais rápida**: ele conduziu um sofá motorizado a 148km/h, em Leicestershire, RU, nesse dia de 2007.

REINO UNIDO E IRLANDA

RAIO X

- **ÁREA:**
RU – 244.820km²
Irlanda – 70.280km²
- **POPULAÇÃO:**
RU – 60,9 milhões
Irlanda – 4,2 milhões
- **DOMICÍLIOS:**
RU – 27,6 milhões
Irlanda – 1,4 milhão
- **FATOS PRINCIPAIS:**
A bandeira do Reino Unido é a *Union Jack*, ou *Union Flag*. Ela une o Santor escocês, o Santor irlandês (cruz de São Patrício) e a cruz de São Jorge. Embora seja adotada como símbolo nacional, curiosamente ela não é reconhecida por nenhuma lei britânica.

●MAIOR ENCONTRO DE ROBIN HOODS

Apesar dos ventos fortes e da temperatura baixa, 1.119 pessoas fantasiadas de Robin Hood se reuniram em Castle Green, Nottingham, RU, no dia 8/3/2008. O encontro foi organizado para comemorar o elo que a cidade tem com a lenda de Robin Hood – herói inglês folclórico cujo bando de seguidores "roubava dos ricos para dar aos pobres".

●MAIOR DANÇA DE PAU DE FITAS

A dança de pau de fitas, comum na Inglaterra e em partes da Europa, consiste em dançar em volta de um mastro enfeitado com fitas e flores. Acredita-se que ela nasceu de um ritual de fertilidade. Cada dançarino segura uma fita que está presa ao topo do mastro e trança o mastro ao dançar em volta dele. A maior dança pau de fitas teve 146 participantes em evento da prefeitura de Congleton, Cheshire, RU, no dia 21/5/2008.

●MAIS ESTILOS DE DANÇA PRATICADOS SIMULTANEAMENTE AO SOM DE UMA MÚSICA

Em 5/10/2008, em evento organizado pela One Leicester e pela prefeitura de Leicester, no Humberstone Gate, no Reino Unido, o maior número de estilos de dança praticados ao mesmo tempo ao som de uma música foi 48.

★MARCA-PASSO EM FUNCIONAMENTO HÁ MAIS TEMPO

Em 15/1/1982, o marca-passo em funcionamento há mais tempo (até julho de 2008) foi colocado em Lesley Iles (RU). Essa supermãe ativa participou até da Maratona de Londres.

★PRIMEIRO OVNI VISTO POR UM PILOTO

Em 31/1/1916, um piloto britânico que sobrevoava a região de Rochford, Essex, relatou ter visto uma fileira de luzes que pareciam janelas iluminadas num vagão de trem, subindo e depois desaparecendo. Relatos de visões de OVNIs são comuns, mas os de pilotos têm mais crédito, uma vez que eles são treinados para identificar objetos no céu noturno.

FATO

A figura de Robin Hood – o "homem de meia-calça", chapéu de pena e túnica vermelha – foi consagrada pelo astro de cinema Errol Flynn (Austrália), na década de 1930.

MAIS TRATORES ARANDO AO MESMO TEMPO

Em 5/8/2007, 4.572 tratores veteranos (com mais de 30 anos) araram o mesmo campo simultaneamente em Cooley, no condado de Louth, Irlanda. Os tratores vieram de mais de 30 países – incluindo África do Sul e Austrália – e variavam de um Ivel 1903 a dezenas de Massey Fergunsons 1977.

PRIMEIRA LINHA DE ÔNIBUS

Inaugurada em 12/4/1903, a primeira linha municipal de ônibus ligava as estações ferroviárias Eastobourne e Meads, em East Sussex, RU.

ÁLBUM MAIS VENDIDO NO REINO UNIDO

Greatest Hits, álbum lançado em 2/11/1981 pela banda inglesa Queen, é o álbum mais vendido no Reino Unido, com 5,75 milhões de cópias.

GUARDA-CAÇA MAIS JOVEM

Robert Mandry (RU, n. 1/1/1994) é o guarda-caça mais jovem: aos 11 anos e 312 dias liderou sua primeira caçada profissional na propriedade da família, em Holdshott Farm, Hampshire, RU, no dia 9/11/2005. Robert liderou mais três caçadas durante a temporada (10/2005 a 2/2006) após o antecessor, Colin Parsons (RU), ter se aposentado.

12/5 A **venda mais cara de uma casa** foi realizada por Eric Hotung, em Hong Kong, China. A propriedade foi vendida em 1997, por US$ 101.909.312.

13/5 Entre 3/2 e 13/5/2007, Graham Walters (RU) atravessou o Atlântico no sentido leste-oeste, a bordo do *Puffin*, barco a remo com 4,65m de comprimento: o **menor barco a remo a cruzar um oceano**.

14min34,69s: tempo da **subida a três pernas mais rápida da Canary Wharf Tower** – o prédio mais alto do RU – realizada por Heather Derbyshire e Karen Fingerhut (RU) em 6/4/2008.

MAIOR MOSAICO DE FOTOS

Medindo 860,83m², o maior mosaico de fotos contém 112.896 fotos doadas pelo público. A obra foi idealizada pelo projeto The Big Picture e inaugurada no museu de ciências Thinktank, localizado no complexo Millennium Point, em Birmingham, RU, no dia 23/8/2008.

★PRIMEIRO HOTEL DE AREIA HABITÁVEL

No verão de 2008, turistas na praia de Weymouth, em Dorset, RU, tiveram à sua disposição um hotel totalmente construído de areia, em que podiam pernoitar. O hotel aberto de 15m² levou 600h para ser construído. Um quarto com uma cama de casal e outra de solteiro com vista para o mar custava £ 10 (US$ 21) por noite. O hotel foi criado pelo escultor Mark Anderson (RU) a pedido do site LateRooms.com.

PRIMEIRO CAIXA ELETRÔNICO

Um caixa automatizado de dinheiro – ou caixa eletrônico – foi instalado no banco Barclays de Enfield, Middlesex, RU, em 27/6/1967. O De La Rue Automatic Cash System emitia envelopes pré-empacotados de £ 10, mediante o uso de cupons específicos. O **primeiro cliente de um caixa eletrônico** foi o ator Reg Varney (RU).

VENDA MAIS RÁPIDA DE LIVRO VENCEDOR DO BOOKER PRIZE

Um dia após ser premiado com o Booker Prize, o romance *Paddy Clarke Ha Ha Ha*, de Roddy Doyle (Irlanda), lançado em 1993, vendeu 27 mil exemplares de capa dura 30min após a abertura das livrarias.

★MAIOR NAVIO DE PESCA

A traineira irlandesa *Atlantic Dawn* – 145,6m, 14.055t de tonelagem bruta – é o maior navio de pesca. A embarcação de US$ 72 milhões, construída na Noruega e lançada em 2001, comporta 60 tripulantes, 7.000t de pescado congelado e processa 309.076kg de pescado por dia.

ACORDEONISTA MAIS RÁPIDO

Liam O'Connor (Irlanda) tocou "Tico-tico no fubá" a uma velocidade de 11,67 notas por segundo, no programa *Rick O'Shea*, da rádio 2FM, em Dublim, Irlanda, no dia 8/11/2006.

●MAIOR PÃOZINHO HOT CROSS

Os pãezinhos *hot cross* – pães condimentados e enfeitados com frutas cristalizadas na forma de crucifixo – são tradicionalmente consumidos na Páscoa. O maior pãozinho *hot cross* tinha 81,62kg e foi assado pela Allied Bakeries Ireland, em Belfast, RU, no dia 16/3/2005. Os funcionários da padaria usaram 37,5kg de farinha, 16,8kg de água, 7kg de passas e 6,3kg de sultanas para prepará-lo.

●MAIS IRMÃOS A CONCLUIR A MESMA MARATONA

Os 15 irmãos da família O'Donoghue – Willie, Kieran, Teresa, Joseph, Pat, Robert, Mary, Margaret, Noel, Adelaide, James (Jim-Bob), Brenda, Kevin, Louise e Cronan (todos da Irlanda) – terminaram a Maratona de Dublim, Irlanda, em 29/10/2007.

REINO UNIDO E IRLANDA

O Reino Unido é formado pela Grã-Bretanha (Inglaterra, País de Gales e Escócia) e pela Irlanda do Norte (que ocupa um sexto da ilha da Irlanda). A Irlanda (ou Eire) ocupa os cinco sextos restantes da ilha.

★MAIOR MARATONA DE CAMOGIE

Uma partida de *camogie* – versão feminina do hóquei irlandês – disputada pelo Croydon Camogie Club (RU), no Emerald GAA Grounds, em Ruislip, RU, em 23–24/8/2008, durou 24h7min.

14/5 O **bife mais comprido**, com 27,68m, foi produzido pelo francês Jean-Yves Renard e um grupo de açougueiros de Evron, França, em 2002.

FRANÇA

RAIO X

- **ÁREA:** 543.965km²
- **POPULAÇÃO:** 60,7 milhões
- **DOMICÍLIOS:** 25,5 milhões
- **FATOS PRINCIPAIS:**

Segundo estimativas de 2006, a França é o **país mais popular em termos de turismo**, recebendo 79,1 milhões dos 842 milhões de desembarques internacionais ao redor do mundo. Paris é a **cidade turística mais popular**: 31 dos 150 turistas estrangeiros que visitam o país desembarcam na capital francesa.

★NOVO
●ATUALIZADO

MAIOR PÚBLICO EM UM EVENTO ESPORTIVO

Ao todo, 10 milhões de pessoas assistiram à Volta da França, famosa prova internacional de ciclismo, num período de três semanas – a maior audiência de um evento esportivo.

MAIOR PÚBLICO EM DESFILE DE MODA

O desfile da Victoria's Secret realizado em Cannes, França, no dia 18/5/2000, foi assistido por mais de 2 milhões de pessoas ao redor do mundo, por meio do site da marca. Com a participação de modelos como Tyra Banks (foto), Karen Mulder e Stephanie Seymour, o desfile angariou US$ 2 milhões para a caridade.

★MAIS BEIJOS EM 1MIN

Valentin Pasquier (França) beijou 94 pessoas em 1min, em Nantes, França, no dia 12/11/2008. O ●**recorde de beijos recebidos em 1min**, 108, foi estabelecido por Solene Oudet (França), em Nantes, França, também no dia 12/11/2008.

★PAPEL DE PAREDE MAIS CARO

Nomeado "Les Guerres D'Independence" (As Guerras da Independência), o papel de parede mais caro foi avaliado em US$ 44.091 em janeiro de 2006; o conjunto é formado por 32 painéis, com 3,8 x 0,47m cada. Se os painéis pudessem ser vendidos separadamente, o metro quadrado custaria US$ 766,53. A cena militar foi criada a partir de gravuras do século XIX em blocos de madeira e leva mais de um ano para ser concluída. O papel de parede é fabricado pela Zuber, em Rixheim, França, e é exportado principalmente para os EUA.

★SALTO MORTAL TRIPLO PARA TRÁS MAIS ALTO

No dia 30/11/2001, os franceses Jerry e Jary Souza realizaram um salto mortal triplo para trás a 10,5m de altura, no set do programa *L'Émission des Records*, em Paris, França.

PONTE MAIS ALTA

100

A ponte Millau Viaduct, com 2.460m de comprimento, cruza o vale do Tarn, na França, e é sustentada por sete pilares de concreto, o mais alto deles com 333,88m. A ponte, planejada pela Foster and Partners (RU) e inaugurada em dezembro de 2004, tem altura máxima de 343m – exatamente no ponto mais profundo do vale.

VOO MAIS ALTO DE HELICÓPTERO

No dia 21/6/1972, Jean Bouletan (França) realizou um voo de helicóptero que alcançou 12.442m de altura, sobre Istres, França, a bordo do Aérospatiale SA315B "Lama".

MAIOR COLEÇÃO DE AVIÕES DE GUERRA

Michel Pont (França) é proprietário de 110 jatos. Seu hobby começou em 1985 e inclui MiGs russos, Jaguares britânicos e Mirages franceses. Pont os compra de governos estrangeiros, mas não pode pilotá-los no espaço aéreo francês.

15/5 Nesse dia de 2000, formou-se a **maior orquestra** do mundo: 6.452 músicos e alunos de música de toda a região da Colúmbia Britânica, no Canadá, se apresentaram em Vancouver.

ITÁLIA

RAIO X
ÁREA: 301.245km²
POPULAÇÃO: 58,1 milhões
DOMICÍLIOS: 22,6 milhões
FATOS PRINCIPAIS:
Itália recebeu o **maior oetrope**, aparelho om 9,9m de diâmetro onstruído para criar a usão de imagens em novimento, no dia -/12/2008. Roma, a apital, é lar da **maior úpula de alvenaria** – Panteão mede 43m e um ponto a outro, o vão é o maior entre s cúpulas construídas omente de alvenaria.

★ MAIOR PRESUNTO COZIDO
Feito em 23/4/2008 pela Magrí SRL, em Ancona, Itália, o maior presunto cozido tinha 25,82kg.

★ MAIOR PINZINO
Pinzino é um pão feito com trigo, farinha, água e banha de porco e frito dos dois lados. O maior tinha 18kg e foi feito pelos moradores de Vigarano Pieve, Itália, em 22/6/2002.

★ SALAME COZIDO MAIS COMPRIDO
Um salame cozido com 11,55m foi produzido no dia 22/2/2009, pela Associação Pro Loco, de Viguzzolo, Itália.

CANTORA DE ÓPERA MAIS JOVEM
Em 24/3/1950, Ginetta Gloria La Bianca (EUA, n. 12/5/1934) interpretou Gilda na ópera *Rigoletto*, em Velletri, Itália, aos 15 anos e 316 dias – e, 45 dias depois, em 8/5/1950, ela viveria Rosina na ópera *Barbeiro de Sevilha*, no Teatro dell'Opera, em Roma, Itália.

MAIOR ACORDEÃO
Com c. 200kg, o maior acordeão tocável tem 2,53m de altura, 1,9m de largura e 85cm de profundidade. Construído por Giancarlo Francenella (Itália), o instrumento foi nomeado "Castelfidardo", em homenagem à cidade na qual foi construído, em Ancona, Itália.

MAIOR MANIFESTAÇÃO PELA PAZ
Em 15/2/2003, houve manifestações pacifistas em todo o mundo; a maior foi em Roma, Itália, onde uma multidão de 3 milhões de pessoas se reuniu para protestar contra a ameaça americana de invadir o Iraque. Muitos milhões de pessoas protestaram em 600 cidades de diversos países.

MAIS PONTOS CONQUISTADOS POR EQUIPE EM TEMPORADA DA F1
Na temporada 2004 da Fórmula 1, a Ferrari (Itália) totalizou 262 pontos no Campeonato Mundial. Os pilotos da equipe naquele ano eram Michael Schumacher (Alemanha, 148 pontos) e Rubens Barrichello (Brasil, 114 pontos). A equipe venceu 15 das 18 corridas do campeonato – Schumacher conquistou 13 vitórias, e Barrichello, duas.

PORCHETTA MAIS COMPRIDA
Nicola Genobile (Itália) e sua equipe fizeram uma *porchetta* de 31,08m e 1.214kg e serviram-na ao público do shopping Auchan, em Pescara, Itália, no dia 17/1/2009. A *porchetta* (ou "porqueta") é preparada com a lateral do porco desossada.

MAIOR ESCULTURA DE CHOCOLATE
No dia 15/3/2009, Mirco Della Vecchia (Itália) construiu uma escultura de chocolate no formato dos montes Dolomitas, em Limana, Itália. Sua criação pesava 3,55t e media 2,4m de altura, 6,39m de largura e 1m de profundidade.

16/5 A **primeira cerimônia do Oscar** ocorreu no Hollywood Roosevelt, Califórnia, EUA, em 1929, e premiou filmes produzidos entre 1927 e 1928.

17/5 O **diamante mais caro** é uma pedra preciosa internamente perfeita em forma de pera e cor "D", com 100,10 quilates. A joia foi vendida em leilão por US$ 16.561.171, em 1995.

ESPANHA

RAIO X

- **ÁREA:** 504.782km²
- **POPULAÇÃO:** 40,4 milhões
- **DOMICÍLIOS:** 15,3 milhões
- **FATOS PRINCIPAIS:** Na última quarta-feira de agosto, a cidade de Buñol, próxima a Valencia, realiza seu festival anual do tomate, o Tomatina – a **maior guerra anual de comida**. Em 2004, durante uma hora cerca de 38 mil pessoas atiraram aproximadamente 124,96t de tomates umas nas outras.

PINTOR MAIS PROLÍFICO

Pablo Diego José Francisco de Paula Juan Nepomuceno María de los Remedios Cipriano de la Santísima Trinidad Ruíz y Picasso (Espanha, 1881–1973) foi o mais prolífico dos pintores profissionais. Ao longo de 75 anos de carreira, Picasso produziu cerca de 13.500 pinturas e estudos, 100 mil gravuras, 34 ilustrações para livros e 300 esculturas e cerâmicas – o conjunto da obra é avaliado em US$ 788 milhões.

●MAIS BATIDAS DE FLAMENCO EM 1MIN (FEMININO)

No programa *Guinness World Records* em Madri, Espanha, a dançarina de flamenco espanhola Rosario Varela fez 1.274 batidas com os pés em 1min, no dia 23/1/2009.

MAIOR CASA NOTURNA

O clube Privilege, em San Rafael, Ibiza, Espanha, tem capacidade para até 10 mil pessoas e ocupa uma área de 6.500m². A casa é a principal atração da ilha desde 1994.

★MENOR TEMPO PARA RESOLVER CINCO CUBOS MÁGICOS COM UMA MÃO

Usando apenas uma mão, David Calvo (Espanha) montou cinco cubos mágicos em 2min27,78s, no set do programa *Guinness World Records* em Madri, Espanha, no dia 16/1/2009. Calvo é capaz de resolver um cubo com uma mão em apenas 28s!

★MAIOR DANÇA SEVILHANA

A dança sevilhana é embalada por música popular originária de Sevilha, norte da Espanha. No dia 11/5/2008, o espanhol Embrujo Andaluz reuniu nada menos que 492 pessoas para uma apresentação de dança sevilhana, na praça Luis Mariano, em Irun, Espanha.

★MENOR TEMPO PARA QUEBRAR CINCO GARRAFAS COM A PALMA

Alberto Delgado (Espanha) quebrou cinco garrafas de vidro com a palma da mão em 40,46s no set do programa *Lo Show Dei Record*, em Madri, no dia 23/2/2008.

PREFEITO MAIS PESADO

José Manuel Barros González, prefeito de Porriño, Espanha, pesava 179,33kg em julho de 1999.

RESTAURANTE MAIS ANTIGO

O restaurante madrilenho Botín, na rua dos Cuchilleros, aberto em 1725 por Jean Botín (França) e sua esposa asturiana, é hoje administrado pela terceira geração da família González. O interior e o fogão a lenha do século XVII permanecem intactos.

MAIS TÍTULOS DA LIGA DOS CAMPEÕES DA UEFA

O Real Madrid (Espanha) conquistou a Copa dos Campeões da Europa nove vezes: 1955–56, 1956–57, 1957–58, 1958–59, 1959–60, 1965–66, 1997–98, 1999–2000 e 2002. O Real é também o **●time de futebol mais rico**, com receita de US$ 577,9 milhões, segundo o ranking anual da empresa de consultoria Deloitte.

MAIOR CADEIRA

A maior cadeira do mundo tem 26m de altura e assento com 10m de largura e foi concluída em abril de 2005. O Grupo Hermanos Huertas criou o móvel para promover sua fábrica de móveis. A cadeira gigante fica em exposição na área externa da fábrica, em Lucena, Espanha.

18/5 A explosão vulcânica do monte Santa Helena, no estado americano de Washington, em 18/5/1980, desencadeou a **avalanche mais rápida já registrada**, que desceu a montanha a 402,3km/h.

19/5 A **maior revista do mundo** mede 90,5 x 102,1cm. A produção da editora Bayard Revistas S.A. foi exposta no Palácio de Congressos de Madri, Espanha, nesse dia de 2007.

PORTUGAL

RAIO X
ÁREA: 92.391km²
POPULAÇÃO: 10,6 milhões
DOMICÍLIOS: 3,9 milhões
FATOS PRINCIPAIS:
O **reinado mais longo de um monarca europeu** foi o de Afonso Henriques de Portugal, que ascendeu ao trono português em 30/4/1112 e morreu em 6/12/1185, depois de governar por 73 anos e 220 dias, primeiro como conde e depois (a partir de 25/7/1139) como rei.

★ NOVO
● ATUALIZADO

PORTUGAL: FICHA DO PAÍS
Durante os séculos XV e XVI, Portugal foi uma potência mundial à altura de Espanha, Inglaterra e França. Entretanto, as Guerras Napoleônicas, a devastação da capital Lisboa por um terremoto e a independência do Brasil em 1822 enfraqueceram o país tremendamente. Em 1910, uma revolução pôs fim à monarquia, substituída por governos ditatoriais nos 60 anos seguintes. Formas mais democráticas de governo surgiram após o golpe militar de esquerda em 1974 – a Revolução dos Cravos. Portugal passou a integrar a Comunidade Econômica Europeia, hoje União Europeia, em 1986.

★ MAIOR SELA

Os portugueses Carlos Almeida e Manuel Nogueira produziram uma sela de 2,92m de comprimento, 1,20m de altura na parte frontal e 1,55m na parte traseira. A peça foi apresentada e medida na freguesia de Torre de Dona Chama, Portugal, em 3/2/2008.

MONTANHA COM MAIOR PARTE SUBMARINA

O monte Pico, no arquipélago dos Açores, tem 2.351m acima do nível do mar e recordistas 6.098m de encosta no fundo do mar.

● OVO DE PÁSCOA

Um ovo de Páscoa gigante foi construído e decorado pela loja de ponta de estoque Freeport, em Alcochete, Portugal, em março de 2008. O doce descomunal tinha 14,79m de comprimento e 8,40m de diâmetro ao ser medido pelo *Guinness World Records*.

★ MAIOR CORRENTE DE NÓS DE MARINHEIRO

Em 14/4/2007, 224 pessoas fizeram 8.841 nós de marinheiro em 5min, compondo uma corrente de 7.848m de comprimento. O evento foi organizado por escoteiros do Agrupamento 626 do Corpo Nacional de Escutas (Portugal), no Estádio Nacional, em Linda-a-Velha.

MAIOR CORRENTE DE RELÓGIOS

Uma corrente formada por 1.382 relógios Swatch foi exposta no shopping Oeiras Parque, em Lisboa, Portugal, no dia 2/12/2003.

MAIOR LOGOTIPO HUMANO

Em 24/7/1999, 34.309 pessoas, sob a supervisão da produtora Realizar Eventos Especiais, reuniram-se no Estádio Nacional do Jamor, em Lisboa, e reproduziram o logo da Eurocopa 2004, como parte da campanha portuguesa para sediar o evento.

MAIOR PINTURA

O Círculo Artístico e Cultural Artur Bual e a prefeitura de Amadora criaram uma pintura de 4.001,8m de comprimento em 15/9/2007.

FILÃO DE PÃO MAIS COMPRIDO

Com 1.211,6m, o pão mais comprido só poderia ter sido criado num evento chamado Bienal do Pão, sediado pela cidade protuguesa de Vagos em 10/7/2005. Mais de cem padeiros, a maioria da própria cidade, trabalharam mais de 60h na produção da massa para o pão, que teve o patrocínio da prefeitura de Vagos, da empresa Ferneto e da Comissão de Festas de Vagos.

MAIOR CANIVETE

O maior canivete do mundo tem 3,9m de comprimento quando aberto e pesa 122kg. O cabo de madeira, com 1,95m de comprimento, pesa 97kg; a lâmina de aço também tem 1,95m de comprimento, mas pesa 25kg. O canivete foi projetado por Telmo Cadavez, de Bragança, e produzido pelos portugueses Virgílio, Raul e Manuel Pires em 9/1/2003.

20/5 O **bebê mais prematuro** foi o canadense James Elgin Gill, filho de Brenda e James Gill, que nasceu nesse dia de 1987 em Ottawa, Ontário, Canadá, prematuro em 128 dias – com 624g.

PAÍSES NÓRDICOS

RAIO X

SUÉCIA
- **ÁREA:** 449.964km²
- **POPULAÇÃO:** 9,2 milhões
- **DOMICÍLIOS:** 4,2 milhões

FINLÂNDIA
- **ÁREA:** 338.145km²
- **POPULAÇÃO:** 5,3 milhões
- **DOMICÍLIOS:** 2,4 milhões

NORUEGA
- **ÁREA:** 323.802km²
- **POPULAÇÃO:** 4,7 milhões
- **DOMICÍLIOS:** 2,0 milhões

ISLÂNDIA
- **ÁREA:** 103.000km²
- **POPULAÇÃO:** 319.355
- **DOMICÍLIOS:** 116 mil

DINAMARCA
- **ÁREA:** 43.094km²
- **POPULAÇÃO:** 5,5 milhões
- **DOMICÍLIOS:** 2,5 milhões

GROENLÂNDIA
(pertecente ao reino da Dinamarca)
- **ÁREA:** 2.166.086km²
- **POPULAÇÃO:** 57.600

★NOVO
●ATUALIZADO

★MONTAGEM MAIS RÁPIDA DE UM PLANADOR

Em 10/7/2001, a Associação de Planadores de Kouvola (Finlândia) montou um planador e o levou a uma altitude de 400m em apenas 1min40s, no aeroporto de Selänpää, Valkeala, Finlândia.

★RESTAURANTE DE FAST-FOOD MAIS AO NORTE

A kebaberia The Red Polar Bear, de Kazem Ariaiwad (Irã), é o restaurante de comida rápida mais boreal do mundo. A lanchonete situa-se dentro do círculo Polar Ártico, na ilha de Spitsbergen, arquipélago de Svalbard, 482km ao norte do extremo norte da Noruega.

★ÁRVORE VIVA MAIS ANTIGA

Uma pícea norueguesa com 4m de altura, descoberta em 2004, na província de Dalarna, Suécia, tem 9.550 anos de idade.

★PAÍS MAIS PACÍFICO

Segundo o Índice Global da Paz – que mede agitações internas e externas, como conflitos organizados e crimes violentos, na tentativa de quantificar a paz – de 2008, a Islândia é o país mais pacífico do mundo. A Dinamarca vem em segundo lugar e o Iraque, em último.

★MAIOR ÍNDICE DE DESENVOLVIMENTO HUMANO

A ONU, por meio do IDH, pondera expectativa de vida, níveis de renda, número de anos de escolaridade e índice de alfabetização de adultos para indicar a qualidade de vida. No IDH de 2008, a Islândia e a Noruega estão em primeiro lugar, com índice de 0,968 (em 1). No final da lista vem Serra Leoa, com 0,329.

●ESQUIS MAIS COMPRIDOS

O mais longo par de esquis media 534m – quase 300 vezes maior que um par normal – e foi calçado por 1.043 esquiadores ao mesmo tempo, num evento organizado pelo Danske Bank, no Drottninggatan, em Örebro, Suécia, em 13/9/2008. Devido às temperaturas elevadas, usou-se neve artificial para esquiar.

CAMPO DE GELO MAIS FÉRTIL

A baía Disko, no norte da Groenlândia, 300km ao norte do círculo Polar Ártico, produz cerca de 18,14 milhões de t de gelo e *icebergs* por dia. O glaciar que produz o gelo avança cerca de 2.530m por dia, e os *icebergs* se desprendem de uma parede com 10km de extensão.

21/5 A **maior caminhada** foi a The New Paper Big Walk 2000, que começou no Estádio Nacional de Cingapura nesse dia de 2000 e teve 77.500 participantes.

22/5 O **alpinista mais jovem a alcançar o cume do monte Everest** foi o xerpa Ming Kipa (Nepal), que atingiu o topo do mundo em 2003, aos 15 anos de idade.

US$ 0: quantia gasta pela Islândia em defesa, no ano de 2009, o **menor gasto militar per capita** do mundo.

●CAMINHADA FEMININA MAIS RÁPIDA AO POLO NORTE SEM AJUDA

A caminhada sem apoio mais rápida de uma mulher ao polo Norte levou 48 dias e 22h. Cecilie Skog deixou a ilha Ward-Hunt, no oceano Ártico, com seus companheiros Rolf Bae e Per Henry Borch (todos da Noruega) em 6/3/2006, chegando ao polo em 24/4/2006.

●PAÍS COM MAIOR CARGA TRIBUTÁRIA

Na Dinamarca, a maior alíquota de imposto de renda era de 52% até 2009. A arrecadação total, em porcentagem do PIB nacional, é de 50%.

MAIOR LINHA DE TRANSMISSÃO ELÉTRICA AO AR LIVRE

O Ameralik Span é a mais longa linha de transmissão elétrica ao ar livre. Localizada perto de Nuuk, na Groenlândia, ela cruza o fiorde de Ameralik, de 5,37km de largura.

SHOW SUBTERRÂNEO MAIS PROFUNDO

Em 4/8/2007, a banda finlandesa Agonizer fez um show a 1.271m abaixo do nível do mar, numa mina em Pyhäjärvi, Finlândia.

CAMINHADA NÓRDICA...

... é um esporte no qual a pessoa caminha com apoios especiais, que a ajudam a trabalhar a parte superior do corpo. O maior número de atletas praticando caminhada nórdica ao mesmo tempo foi 1.026, na pista de Lidingöloppet, na Suécia, em 22/9/2006. Os participantes tinham de caminhar pelo menos 3km.

★FELINO ALADO DE MAIOR ENVERGADURA

Os chamados "felinos alados" são gatos domésticos portadores de uma rara doença dermatológica, a astenia cutânea felina (FCA). Essa anomalia torna a pele excepcionalmente elástica e, quando o gato se lambe ou se roça contra algum objeto, sua pele se estica em longas extensões que parecem asas. Às vezes, essas "asas" podem ser compostas de tecido muscular, o que permite ao gato movimentá-las.

A maior envergadura de asas desse tipo (58cm de largura) foi registrada no norte da Suécia, em junho de 1949, no Museu Estadual de História Natural. A foto mostra um caso recente (2008) de FCA, em Sichuan, sul da China.

●PAÍS MENOS CORRUPTO

Em 2008, os países menos corruptos eram Dinamarca, Nova Zelândia e Suécia, todos com 9,3 pontos no Índice de Percepção de Corrupção da organização Transparência Internacional, que analisa o uso da máquina pública para ganhos privados em mais de 180 países, segundo a percepção de empresas e analistas de cada país. A Finlândia foi a quinta, com 9,0, e a Somália, a última, com 1,0.

★MAIS PRÊMIOS NOBEL PER CAPITA

Segundo a Fundação Nobel, a Islândia tem 3,36 premiados com o Nobel para cada milhão de habitantes. A Suécia vem logo em seguida, com 3,33 laureados por milhão. Criada em 1900, a fundação cumpre o último desejo de Alfred Nobel (Suécia, 1833–96), inventor da dinamite: o de reconhecer realizações nas áreas de física, química, fisiologia ou medicina, literatura e na luta pela paz.

BANDEIRA NACIONAL USADA HÁ MAIS TEMPO

A bandeira nacional em uso contínuo há mais tempo é a dinamarquesa. O desenho atual, com uma cruz escandinava branca sobre fundo vermelho, foi adotado em 1625, e a forma quadrada, em 1748. Em seu país, é conhecida como "Dannebrog", ou "pano dinamarquês".

23/5 A **maior soma já paga por uma linha móvel de telefonia** foi 10 milhões de QAR (US$ 2,75 milhões), pelo comprador anônimo do número 666-6666, em 2006, num leilão beneficente no Qatar.

ALEMANHA

RAIO X

- **ÁREA:** 357.021km²
- **POPULAÇÃO:** 82,3 milhões
- **DOMICÍLIOS:** 39,4 milhões
- **PRINCIPAIS FATOS:**

A Oktoberfest de Munique – o **maior festival de cerveja** – atraiu 7 milhões de visitantes em 1999.

A Alemanha é um país de grande tradição esportiva, cujo **recorde de medalhas em uma edição dos Jogos Olímpicos de Inverno** (35) foi conquistado nas Olimpíadas de Inverno de 2002, em Salt Lake City, Utah, EUA.

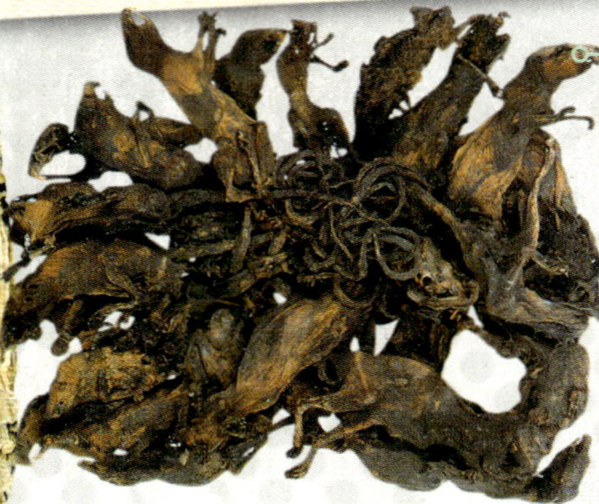

MAIOR RATO-REI

Um "rato-rei" acontece quando filhotes de ratos que vivem juntos têm as caudas enroscadas e coladas com sujeira. Os nós se apertam quando eles tentam puxar e, presos, não conseguem se alimentar e morrem. O "rato-rei" com mais ratos, 32, foi encontrado em uma chaminé na cidade de Buchheim, Alemanha, em maio de 1828.

★MAIOR LOJA DE ANIMAIS

A Zoo Zajac, cujo dono e gerente é o alemão Norbert Zajac, situa-se em Duisburg, Alemanha, onde ocupa uma área de 8.070,26m² desde setembro de 2005.

★MAIOR ÁRVORE DE OVOS DE PÁSCOA

O zoológico da cidade alemã de Rostock decorou uma árvore com 76.596 ovos de galinha pintados em 8/4/2007.

TORRE MAIS INCLINADA

A torre da igreja protestante de Suurhusen possui um ângulo de inclinação de 5,1939 graus, conforme medição em 17/1/2007.

100

●MAIOR PARQUE AQUÁTICO COBERTO

O *resort* Tropical Islands, próximo de Berlim, foi instalado num antigo hangar de 360m de comprimento por 210m de largura e 66.000m² de área útil. O parque tem uma imensa piscina chamada South Sea, além de uma lagoa menor, uma floresta tropical e diversas praias.

★MAIS SUCO DE UVA EXTRAÍDO EM 1MIN

O maior volume de suco obtido por esmagamento de uvas em 1min é 5,4L. Esse recorde de muita pressão foi estabelecido por Martina Servaty (Alemanha) em Mesenich, no dia 9/11/2008, durante os festejos do Dia Guinness World Records.

★VIOLINISTA MAIS RÁPIDO

O violinista mais rápido de que se tem registro é o alemão David Garrett, que tocou "O voo do besouro" em 1min5,26s no set do programa alemão *GWR: Die Größten Weltrekorde*, em 20/12/2008.

●MAIOR PRETZEL

Um *pretzel* de 382kg, 8,20m de comprimento e 3,10m de largura foi assado pelos alemães Olaf Kluy e Manfred Keilwerth, da rede de padarias Müller-Brot GmbH, em Neufahrn, Alemanha, no dia 21/9/2008.

●MAIS TEMPO SEM RESPIRAR

100

Tom Sietas (Alemanha) prendeu a respiração embaixo da água por 17min33s durante as gravações do programa *Guinness World Records* em Madri, Espanha, no dia 30/12/2008. A marca anterior – 17min4,4s – pertencia ao ilusionista David Blaine (EUA), que a registrara no *Oprah Winfrey Show*, em Chicago, Illinois, EUA, no dia 30/4/2008.

★MAIS LEITE EXTRAÍDO DE UMA VACA EM 2MIN

Ao ordenhar uma vaca no set do programa alemão *Guinness World Records: Die Größten Weltrekorde*, Gunther Wahl (Alemanha) retirou 2L de leite em 2min, no dia 19/12/2008.

24/5 Kåre Walkert (Suécia), que sofre de apneia – uma doença respiratória –, cravou o **ronco mais alto**, cujos 93dB foram registrados enquanto ele dormia no hospital de Örebro, Suécia, em 24/5/1993.

25/5 O **gol mais rápido em uma final da Liga dos Campeões** foi marcado por Paolo Maldini (Itália), do AC Milan, aos 52s da partida contra o Liverpool nesse dia de 2005.

HOLANDA

RAIO X

ÁREA: 41.526km²
POPULAÇÃO: 16,6 milhões
DOMICÍLIOS: 7,2 milhões
PRINCIPAIS FATOS:

) **maior quadro** (uma paisagem marítima) media 3.586m² e foi concluído pela ID Culture no estádio Amsterdam ArenA, na capital holandesa, em 14/8/1996.
) **maior teto de energia solar** cobria o hall de exposição da feira decenal de horticultura Floriade em 2002, em Haarlemmermeer. A instalação tinha área total de 26.110m² e capacidade geradora de 2,3MW.

★ NOVO
● ATUALIZADO

● MAIS PESSOAS EM MÁQUINAS DE REMO

A maior aula de remo teve 165 pessoas remando simultaneamente. O evento foi organizado pela firma de advogados e tabeliães Boekel De Nerée, na rua Gustav Mahlerplein, em Amsterdã, Holanda, no dia 14/8/2008.

★ MAIOR PÉRGULA

Em Noord Beveland, Holanda, os holandeses Lidy e Niek Reijnen criaram uma pérgula de 40,42m de comprimento coberta com folhas e uvas que foi medida no dia 22/8/2005.

MAIS ALTO MOINHO DE VENTO EM OPERAÇÃO

O De Noord Molen, em Schiedam, Holanda, é um moinho de vento com 33,33m de altura. Existem moinhos mais altos na Holanda, mas nenhum continua em operação.

VOCÊ SABIA?

Cientistas atribuem a grande altura dos holandeses à quantidade de leite e queijo presente em sua dieta. Esses alimentos são ricos em nutrientes necessários ao crescimento.

MAIOR DANÇA DOS TAMANCOS

No dia 8/7/2006, a escola de dança da companhia Introdans e a ONG Dance and Child International organizaram uma dança dos tamancos com 475 participantes na praça Spuiplein, em Haia.

FATO

O recorde de maior "distância percorrida" em máquina de remo (em terra) pertence a Rob Bryant (EUA): 5.278,5km – o equivalente à travessia costa a costa dos EUA.

MAIOR ROUBO DE OBRAS DE ARTE

Em 14/4/1991, 20 quadros, estimados em US$ 500 milhões, foram levados do Museu Van Gogh, em Amsterdã.

TRICOTEIRA MAIS RÁPIDA

Em 26/8/2006, a holandesa Miriam Tegels tricotou a mão 118 pontos em 1min, na cidade de Swalmen (Holanda).

PRIMEIRA EVIDÊNCIA DO HOMO ERECTUS

O *Homo erectus*, ancestral direto do *Homo sapiens*, foi descoberto por Eugène Dubois (Holanda) em Trinil, Java, no ano de 1891. Em 1994, a idade dos restos do *H. erectus* de Java foi estimada em 1,8 milhão de anos.

● MAIS PEÇAS DE DOMINÓ TOMBADAS EM SÉRIE

Em 14/11/2008, 4.345.027 peças de dominó foram derrubadas durante o Dia do Dominó 2008, em Leeuwarden, Holanda. No mesmo evento, criou-se o ● **maior mosaico de dominós**, formado por 1.011.732 peças numa área de 500m².

★ POVO MAIS ALTO

Os holandeses são os "gigantes" do mundo, com 1,84m de altura média entre os homens. Estudos projetam que até 2012 essa altura será de 1,86m, enquanto as mulheres terão em média 1,72m. No início de 2000, ativistas persuadiram o governo holandês a aumentar a altura estipulada para tetos no código de construção do país em 20cm.

26/5 Nesse dia de 1969, a tripulação do módulo de comando da *Apollo 10* atingiu uma velocidade de 39.897km/h – a **maior velocidade já experimentada por seres humanos**.

EUROPA ORIENTAL E CENTRAL

RAIO X
- **ÁREA:** 3.554.034km²
- **POPULAÇÃO:** 216,8 milhões
- **PAÍSES:**

Centro Europeu: Áustria, República Tcheca, Hungria, Liechtenstein, Polônia, Eslováquia, Eslovênia e Suíça.

Leste Europeu: Bielorrússia, Estônia, Letônia, Lituânia, Moldávia, Romênia e Ucrânia.

Sudeste Europeu: Albânia, Bulgária, Bósnia-Herzegóvina, Croácia, Grécia, Macedônia, Montenegro, Sérvia, Kosovo e parte da Turquia.

★MAIOR IMAGEM ESMALTADA
Susanne Zemrosser (Áustria) criou um mural esmaltado com 50,63m de comprimento e 2,61m de altura. A obra foi instalada na estação de metrô Praterstern, em Viena, Áustria, no dia 10/5/2008.

●VOO MAIS LONGO EM UM PARAGLIDER (FEMININO)
Em 18/11/2005, Petra Krausova (República Tcheca) percorreu a incrível distância de 302,9km em um paraglider, na cidade de Quixadá, Brasil.

★MAIOR CAFETEIRA
A empresa de processamento de cafés Vispak d.d. concluiu a montagem de uma cafeteira com 1,24m de altura e 95cm de diâmetro, em junho de 2004, na base de Visoko, na Bósnia-Herzegóvina.

★CARREGADOR DA TOCHA OLÍMPICA MAIS ATIVO
O grego Pandelis Konstantinidis participou do transporte da tocha olímpica em 2008, 72 anos após participar do mesmo evento, em 1936.

FATO
Após o evento, a toalha de praia foi cortada em pedacinhos e distribuída aos envolvidos como lembrança da ocasião.

●MAIOR TOALHA DE PRAIA
Para comemorar o início da temporada de verão em Chipre, a Bookcyprus.com e a Aeolos Travel fabricaram uma toalha de praia com 64,2m de comprimento e 31m de largura, que foi estendida na praia da Figueira, em Protaras, Chipre, na festa de 1/6/2008.

★MAIOR FOGO DE ARTIFÍCIO DE CHOCOLATE
A Nestlé produziu um fogo de artifício de chocolate com 3m de altura e 1,5m de diâmetro, projetado para arremessar ao ar 60kg de chocolates suíços Cailler. O fogo de artifício foi lançado no dia 31/12/2002 e dispersou sua carga de chocolates sobre a praça Hechtplatz, na cidade de Zurique, Suíça.

★MAIOR MOSAICO DE CORTIÇA
O albanês Saimir Strati montou um mosaico de cortiça intitulado "Mediterrânea" com 12,94m de largura e 7,1m de altura, no Hotel Sheraton, em Tirana, Albânia, entre 8/8 e 4/9/2008. No mosaico de 91,87m², o maior mosaico de cortiça já construído, foram usadas 229.675 rolhas.

27/5 Arie Luyendyk (Holanda) estabeleceu o **recorde das 500 Milhas de Indianápolis** nesse dia de 1990, ao terminar a corrida em 2h41min18,404s.

28/5 Em 2000, aconteceu o **maior desfile de carros Rolls-Royce**: 420 veículos formaram uma fila com 3,2km na rodovia A55, nos arredores de Chester, RU.

15,52m: tamanho do **giz mais comprido**, produzido por Vladimír Micenke e os funcionários de sua empresa, a Amice Kosice, na Eslováquia.

●MAIS CHAFARIZES DE MENTOS E REFRIGERANTE

O 15º aniversário da faculdade de administração de Turiba, em Riga, Letônia, foi celebrado com uma quebra de recorde mundial. Em 19/6/2008, alunos montaram 1.911 chafarizes que atiravam refrigerante e balas Mentos ao mesmo tempo.

★NOVO
●ATUALIZADO

★MAIOR CARIMBO DE BORRACHA

Em 6/6/2002, um carimbo com 1,3m de altura e 1m de diâmetro foi apresentado na entrega do Prêmio Marca do Ano, em Kiev, Ucrânia. Com 102,6kg, ele é de borracha e madeira.

●MAIOR DESFILE DE CAMINHÕES DE BOMBEIRO

A empresa Vogt Ltd. organizou um desfile com 159 caminhões de bombeiro, em Oberdiessbach, Suíça, no dia 28/4/2006.

★MAIOR VELOCIDADE COM UM ICE STOCK

O *ice stock* é um esporte de inverno parecido com o *curling* (jogo escocês no qual pedras arredondadas são lançadas sobre o gelo para atingir um alvo) e usa pedras arredondadas com hastes instaladas no centro. Bernhard Patschg (Áustria) lançou um *ice stock* à incrível velocidade de 67,16km/h, em Stubebnerg, Áustria, no dia 30/1/2005.

●MAIOR BAILE (CASAIS)

Ao todo, 1.636 casais dançaram o chachachá, de origem cubana, por cinco minutos, na praça do mercado, no centro histórico de Cracóvia, Polônia, para o programa de TV *You Can Dance*, em 31/8/2008.

●CORRENTE DE CANUDOS MAIS COMPRIDA

Petru Pognaru, Marcu Cristi e 27 alunos (todos da Romênia) montaram uma corrente de 11,29km utilizando 58.469 canudos. Feita na praça Dacia, em Buzau, Romênia, em 10/7/2008, a corrente cobriu quase toda sua superfície.

●MAIOR TAXA DE DESEMPREGO (PAÍS)

De acordo com a definição de desemprego da Organização Internacional do Trabalho, o país com a maior taxa de desemprego é a Macedônia, onde 36% da população economicamente ativa encontra-se sem emprego.

★MAIOR DOCUMENTO LEGAL

Uma apólice de seguro com 9m de altura e 6m de largura é o maior documento legal. Ela foi emitida pela ING Asigurarea de Viata, Romênia, e assinada em Varna, Bulgária, no dia 15/3/2008.

29/5 Às 11h30 desse dia de 1953, Edmund Percival Hillary (Nova Zelândia) e o xerpa Tenzing Norgay (Nepal) tornaram-se as **primeiras pessoas a chegar ao cume do monte Everest**.

RÚSSIA

RAIO X

- **ÁREA:** 17.075.200km²
- **POPULAÇÃO:** 140,7 milhões
- **DOMICÍLIOS:** 53 milhões
- **FATOS PRINCIPAIS:**

A Rússia enfrenta uma crise populacional – a taxa de crescimento foi de -0,08% em 2008. Não apenas há mais abortos do que nascimentos no país como a taxa de mortalidade é alta, bem maior do que a média da Europa (a expectativa de vida de um homem russo é de 61,5 anos, dez anos inferior à média europeia).

●METRÔ MAIS MOVIMENTADO

O sistema metroviário da Grande Moscou tem capacidade para transportar até 9 milhões de passageiros por dia (contra 4,5 milhões do metrô de Nova York e 3 milhões do londrino) em seus 9.915 trens, que percorrem 177 estações em 12 linhas (292,2km de trilhos).

●MAIOR PAÍS

A Rússia é o maior país do mundo. Ocupa uma área de 17.075.200km², ou 11,5% da superfície terrestre do planeta, duas vezes o território do Brasil. A população, contudo, é menor: eram 140.702.096 habitantes em julho de 2008.

MAIOR MARGEM ELEITORAL

A maior superioridade de pleito em uma eleição foi de 4.726.112 votos. Nas eleições parlamentares da então União Soviética em 26/3/1989, Bóris Nicoláievitch Iéltsin (n. 1/2/1931) foi eleito deputado do povo representante de Moscou com 5.118.745 votos de um total de 5.722.937; seu concorrente mais votado teve 392.633 votos.

★MAIOR BRIGADA AÉREA DE COMBATE AO FOGO

A Avialesookhrana é a maior brigada aérea antifogo do mundo. Além disso, é a primeira do gênero, criada em 1931. Atualmente, conta com cerca de 4 mil "bombeiros paraquedistas", que atuam em uma área com 809 milhões de ha de cobertura florestal.

MAIOR JORNADA EM UM TRATOR

Entre 25/4 e 6/8/2005, o russo Vasilii Hazkevich percorreu 21.199km em um trator sem adaptações especiais. A jornada começou e terminou na cidade de Vladimir, Rússia.

EXÉRCITO COM MAIS TANQUES

De acordo com dados de 2006, a Federação Russa possui pelo menos 22.831 tanques de combate (MBT), o que faz de seu exército o mais equipado com veículos de combate desse tipo no mundo. A China possui cerca de 7.580 MBTs e os EUA, aproximadamente 7.620.

●MAIOR TORNEIO DE JOGO DE TABULEIRO

Em 2/6/2007, 1.214 pessoas jogaram xadrez no parque municipal de Krasnoyarsk, na Sibéria, Rússia. Um tiro foi disparado para dar início à competição. Quando restavam 32 finalistas, a disputa se deu por partidas relâmpago. O torneio foi organizado com o apoio da secretaria municipal de educação.

RELÓGIO A MAIOR ALTURA

Instalado a 229m do chão, o relógio da Torre da Federação "Oeste" de Moscou começou a operar em 24/8/2008.

MAIOR AMPLITUDE TÉRMICA DA TERRA

As maiores diferenças de temperatura da Terra são registradas na região do "polo gelado", na Sibéria, leste da Rússia. Em Verkhoyansk (67°33'N, 133°23'E), foi registrada uma amplitude de 105°C: mínima de -68°C e máxima de 37°C.

★NOVO ●ATUALIZADO

30/5 Ray Harroun (EUA), a bordo do Marmon Wasp, foi o **primeiro vencedor das 500 Milhas de Indianápolis** (então conhecida como "International Sweepstakes") nesse dia de 1911.

31/5 A **noiva mais velha de que se tem notícia** é Minnie Munro (Austrália), que se casou com Dudley Reid, de 83 anos, em Point Clare, Austrália, no dia 31/5/1991 – aos 102 anos de idade!

ISRAEL

RAIO X
- **ÁREA:** 20.770km^2
- **POPULAÇÃO:** 6,8 milhões
- **DOMICÍLIOS:** 2,1 milhões
- **FATOS PRINCIPAIS:** Israel detém a ★**maior taxa de posse de armas per capita do mundo**: 2.546.600 armas por milhão de habitantes (cerca de 2,55 armas por pessoa). Segundo o Centro de Política Internacional (EUA), o país é ainda o ★**principal destino das exportações militares americanas**, com gastos de US$ 259,83 para cada mil israelenses.

★MAIOR ESCULTURA DE PAPEL MACHÊ

A maior escultura de papel machê construída até hoje é um globo com 2,10m de altura e 6,60m de circunferência. O modelo foi apresentado na escola Ma'a lot Meshulam, em Rehovot, Israel, no dia 5/5/2008.

DETENTO CONFINADO POR MAIS TEMPO EM SOLITÁRIA

Mordechai Vanunu (Israel) passou quase 12 anos em uma cela de isolamento absoluto – o mais longo confinamento em solitária de que se tem notícia nos tempos modernos. Nascido em 1954, ele foi condenado por traição depois de vender informações sobre o programa nuclear israelense ao jornal britânico *The Sunday Times*. Vanunu foi sentenciado à pena de 18 anos, sendo que de 1986 a março de 1998 ele viveu em isolamento absoluto. Desde que foi libertado, em 21/4/2004, voltou a ser preso diversas vezes por violar a condicional.

★MAIS HOMENS JOVENS ALFABETIZADOS

A taxa de alfabetização dos homens de 15–24 anos atingiu o patamar recorde de 100% em Israel. De acordo com a base de dados dos Indicadores de Desenvolvimento Mundial de 2006, do Banco Mundial, a alfabetização corresponde à capacidade de "ler e escrever uma declaração breve sobre a vida diária". Entre as mulheres israelenses de mesma idade a taxa é de 99,6% (Cuba é o primeiro colocado, com 100%).

★MAIOR TABULE

Os cidadãos de Majdal Shams (Israel) prepararam 2.170kg de tabule no dia 21/3/2008.

★MAIS FERIDOS EM ATAQUES TERRORISTAS

Entre 1968 e 2006, Israel teve uma taxa de 1.165,73 feridos em atentados terroristas por cada milhão de habitantes, segundo o Instituto Memorial para a Prevenção do Terrorismo (MIPT). A seguir vêm o Iraque, com 706,49 feridos por milhão, e a Cisjordânia – 653,39.

MAIOR CONSUMO DE PROTEÍNAS (PAÍS)

Em Israel consomem-se mais proteínas do que em qualquer outro país. De acordo com dados das Nações Unidas, cada israelense come em média 128,6g de proteínas por dia. A média mundial é de 75,3g.

LIMÃO MAIS PESADO

O limão mais pesado do mundo teve seus 5,265kg homologados em 8/1/2003. A fruta foi cultivada pelo israelense Aharon Shemoel (Israel) em sua fazenda em Kefar Zeitim, Israel. O cítrico recordista tinha 74cm de circunferência e 35cm de altura e cresceu junto com outro limão enorme.

1/6 Herbert e Zelmyra Fisher (ambos americanos) estabeleceram neste dia de 2008 o recorde de **casal unido há mais tempo** – 84 anos e 50 dias!

ORIENTE MÉDIO

RAIO X

- **ÁREA:** 7.158.624km²
- **POPULAÇÃO:** 340,7 milhões
- **PAÍSES:** Arábia Saudita, Bahrein, Egito, Emirados Árabes Unidos (EAU), Iêmen, Irã, Iraque, Jordânia, Kuwait, Líbano, Omã, Qatar, Síria e Turquia. (Como o Oriente Médio não tem uma definição estrita, optamos por incluir o Egito e os estados do golfo Pérsico aqui. Para informações sobre Israel, veja a p. 125.)

●PINTURA MAIS ANTIGA EM PAREDE CONSTRUÍDA

Em 2/10/2006, a missão arqueológica francesa liderada por Eric Coqueugniot (à dir.) descobriu em Dja'de al-Mughara (povoamento neolítico às margens do rio Eufrates) uma casa com pinturas geométricas policromáticas na parede. Estima-se que a parede de 2 x 2m seja de c. 9.000 a.C.

PAÍS COM MENOR CARGA TRIBUTÁRIA

Bahrein e Qatar são os países soberanos com menor carga tributária para pessoas físicas. Eles apresentam incidência fiscal nula, independentemente da renda.

●MENOR TAXA DE MORTALIDADE

Os Emirados Árabes Unidos (EAU) têm a menor taxa de mortes por mil habitantes, com projeção de 1,4 para cada mil em 2005–10.

MAIORES ÍNDICES DE DIABETES

A maior concentração de diabetes tipo II (20% de 20 a 79 anos de idade) pertence aos Emirados Árabes Unidos (EAU). Dois outros estados do Golfo figuram na lista dos dez mais diabéticos: Kuwait (12,8%) e Omã (11,4%). Em segundo lugar estão Cuba e Porto Rico, com 13,2%.

●REDE VIÁRIA MAIS AGITADA

O Qatar possui 283,6 automóveis por quilômetro de estrada, o que faz da sua malha viária a mais movimentada do mundo, segundo números disponíveis em 2007.

★MAIOR BANDEJA DE AÇO

Em 31/7/2008, uma bandeja de aço de 10,06 x 2,03m foi feita nos EAU, para o 4º Festival de Liwa, e coberta com 2t de tâmaras.

★MAIOR PAINEL DE ACRÍLICO

A parede de um aquário no shopping Dubai Mall, nos Emirados Árabes Unidos, é o maior painel de acrílico existente. Ela mede 32,88 x 8,3m e foi concluída no dia 25/7/2008.

FATO

A mais antiga parede pintada traz um padrão geométrico em vermelho (de hematita queimada), branco (calcário esmagado) e preto (carvão) similar aos padrões persas existentes em tapetes e mantas.

MAIOR OPERAÇÃO HUMANITÁRIA

A maior e mais cara operação humanitária já realizada foi promovida pelo Programa Mundial de Alimentos (PMA) da ONU. Essa ação ajudou a alimentar 27,1 milhões de desabrigados pela Guerra do Iraque. A operação de socorro contra a fome teve início no dia 1/4/2003 e terminou no final de outubro do mesmo ano, com a entrega de 2,2 milhões de toneladas de alimentos, a um custo de US$ 1,5 bilhão.

FORA DE ESTRADA

A jornada de Hesham Nessim começou às 6h45 do dia 5/3/2009, quando ele partiu do norte do planalto de El Gilf Kebir, no sul do Grande Mar de Areia, para percorrer 650km e cruzar a linha de chegada, em Siwa, às 12h18, após 5h33min. Os juízes do *GWR* receberam atualizações de hora em hora via GPS.

VEÍCULO MAIS RÁPIDO A CRUZAR O GRANDE MAR DE AREIA

O recorde de travessia do Grande Mar de Areia – no deserto do Saara – por um veículo é de 5h33min, marca estabelecida por Hesham Nessim (Egito) entre o planalto de El Gilf Kebir e o oásis de Siwa, no Egito, em 5/3/2009.

2/6 Nesse dia de 2005, a xerpa Lakpa (Nepal) alcançou o cume do monte Everest pela quinta vez, tornando-se a **mulher que mais vezes subiu o Everest.**

2,6 milhões de km²: área do deserto da Arábia, o mais arenoso do mundo – um terço dele é completamente coberto de areia.

●PÃO ÁRABE MAIS COMPRIDO

O pão pita, ou pão árabe, é muito usado nas cozinhas mediterrânea e do Oriente Médio. O mais longo media 128,5m – mais de 2,5 vezes o comprimento de uma piscina olímpica – e foi preparado por uma equipe da Jana Bakers LLC, de Doha, Qatar, em 4/12/2008.

★NOME PESSOAL MAIS ANTIGO DE QUE SE TEM NOTÍCIA

O nome de um rei pré-dinástico do Alto Egito, que reinou antes de 3050 a.C., é o mais antigo que se conhece. Indicado pelo símbolo hieroglífico do escorpião, acredita-se que sua grafia ocidental seja Sekhen.

★MAIOR BARRETE DE FORMATURA

A HQ Link e o Bahrein Convention & Exhibition Bureau fabricaram um gigantesco barrete de formatura – chapéu quadrado usado pelos formandos –, de 6 x 6m. O barrete foi exposto no dia 18/4/2006, na mostra Oriente Médio – Carreira, Educação e Treinamento 2006, em Manama, Bahrein.

MAIOR ITEM DE UM CARDÁPIO

O maior prato já incluído em um cardápio é o camelo assado, preparado ocasionalmente em banquetes de casamento beduínos. O elaborado prato inclui peixes recheados com ovos cozidos, que servem de recheio para frangos cozidos, que por sua vez recheiam um carneiro assado. O carneiro, por fim, serve de recheio para o camelo.

MAIOR PORCENTAGEM DA POPULAÇÃO DE UM PAÍS EM UM FUNERAL

Segundo estimativas oficiais, a multidão que se aglomerou nos 32km da estrada que leva ao cemitério Behesht-e Zahra, em Teerã, para o funeral do aiatolá Ruhollah Khomeini, no dia 11/6/1989, tinha 10,2 milhões de pessoas – um sexto da população do Irã na época.

MURALHAS MAIS GROSSAS

As muralhas de adobe da cidade de Ur-nammu, em Ur (atual Muqayyar, Iraque), destruídas em 2006 a.C., tinham 27m de espessura.

CAVIAR MAIS CARO

O "Almas" é o caviar mais caro do mundo – bem como o alimento mais caro que existe: 1kg desse "ouro negro" costuma ser vendido por US$ 34.500. Para produzi-lo, utilizam-se as ovas de um raro esturjão albino com idade entre 60 e 100 anos, da espécie beluga-iraniano.

MESQUITA A MAIOR ALTITUDE

100

A Mesquita do Rei Abdullah fica no 77º andar do edifício Kingdom Centre, em Riad, Arábia Saudita, 183m acima do nível do mar. A obra foi concluída no dia 5/7/2004.

VEGETAL CULTIVADO HÁ MAIS TEMPO PARA PRODUZIR BEBIDA

As uvas (*Vitis vinifera*) estão entre os mais antigos vegetais cultivados para a produção de bebidas. A evidência mais longínqua do cultivo da fruta para fins vinícolas remonta a 6000 a.C., na Mesopotâmia (atual Iraque). Cerâmicas escavadas em 1968, no Irã, e datadas de cerca de 5000 a.C. são as primeiras provas materiais da armazenagem e do consumo de vinho. Foram, porém, os antigos egípcios, em 3000 a.C., os pioneiros no registro do método de produção da bebida, conhecido como vinicultura.

●MAIOR LIVRO

Com 3,85 x 2,77m, 1.060kg e 304 páginas, o maior livro do mundo é uma reprodução gigante do livro de fotografias *Beirut's Memory*, best-seller que mostra as transformações sofridas pela capital libanesa entre 1991 e 2002. O projeto foi idealizado pelo autor da obra original, o libanês Ayman Trawi – fotógrafo pessoal do primeiro-ministro Rafic Hariri, do Líbano –, e exposto em Beirute no dia 27/2/2009.

★NOVO
●ATUALIZADO

●MEDALHÃO MAIS PESADO

Um medalhão com 1m de diâmetro, 2,3cm de espessura e 185,88kg foi apresentado no dia 15/12/2008 pela joalheria Damas, dos Emirados Árabes Unidos, uma das principais do Oriente Médio, para marcar o décimo aniversário do prêmio de Ciências Médicas Xeque Hamdan Al Maktoum. Avaliado em US$ 272.257, o medalhão foi cunhado em prata maciça e folheado a ouro 22 quilates. Foram necessários 30 dias para que fosse manufaturado por 85 ourives.

3/6 Nesse dia de 2005, Fu Haifeng (China) estabeleceu a **maior velocidade de uma peteca de badminton**: 332km/h.

4/6 A **maior bicicleta "pedalável"**, medida pelo diâmetro das rodas, é a "Frankencycle", montada por Steve Gordon (EUA) em 4/6/1989. As rodas tinham 3,05m de diâmetro, e a bicicleta, 3,4m de altura.

ÁFRICA

RAIO X

- **ÁREA:** 31.107.983km²
- **PAÍSES:** África do Sul, Angola, Argélia, Benin, Botsuana, Burkina Faso, Burundi, Cabo Verde, Camarões, Chade, Comores, Congo, Costa do Marfim, Djibuti, Egito, Eritreia, Etiópia, Gabão, Gâmbia, Gana, Guiné, Guiné-Bissau, Guiné Equatorial, Lesoto, Libéria, Líbia, Madagascar, Malauí, Mali, Marrocos, Maurício, Mauritânia, Moçambique, Namíbia, Níger, Nigéria, Quênia, República Centro-Africana, República Democrática do Congo, Reunião, Ruanda, Santa Helena, São Tomé e Príncipe, Senegal, Seichelles, Serra Leoa, Somália, Suazilândia, Sudão, Tanzânia, Togo, Tunísia, Uganda, Zâmbia e Zimbábue.

★ MAIS ANTIGA CRIANÇA ANCESTRAL

"Selam" era uma menina de 3 anos do *Australopithecus afarensis*, espécie ancestral dos seres humanos que viveu há 3,3 milhões de anos. Seus restos (crânio, tronco completo, dedos e um pé) foram descobertos em 10/12/2000 por uma equipe liderada por Zeresenay Alemseged (Etiópia) em Dikika, Etiópia.

★ MAIOR TAXA DE CRESCIMENTO ECONÔMICO

No período 1996–2006, o Produto Interno Bruto (PIB) da Guiné Equatorial, na África Central, teve o maior crescimento médio anual: 33,7%. O PIB é o valor de toda a riqueza gerada pela economia de um país, em setores como indústria, agricultura, comércio e serviços.

● MENOS AUTOMÓVEIS POR HABITANTE

Dos sete países com menor taxa de proprietários de automóveis do mundo, cinco são africanos: Burundi, República Centro-Africana, Etiópia, Ruanda e Tanzânia. Em todos, observa-se o índice de um automóvel por mil habitantes, de acordo com os últimos dados disponíveis. Por outro lado, em Luxemburgo, rico país europeu, a taxa é de 647 carros por mil habitantes, ou um automóvel para cada 1,5 pessoa.

● MAIOR TAXA DE PACIENTES POR MÉDICO (PAÍS)

Cada médico do Malauí tem em média 49.624 pacientes, de acordo com a revista *The Economist*.

● MAIOR TAXA DE MORTALIDADE

Na Suazilândia, prevê-se um índice de 22,1 mortes por mil habitantes para o período 2005–10. Esse reino do sul da África também apresenta a **menor expectativa de vida do mundo** (36,9 anos para os homens) e a **maior taxa de mortalidade por aids** (1.455 mortes por 100 mil habitantes).

● MAIOR TAXA DE NATALIDADE

Segundo dados de 2007, a República Democrática do Congo e a Guiné-Bissau compartilham um recorde de crescimento vegetativo de 50 nascimentos para cada mil habitantes. Já na Alemanha e em Macau (China), há oito nascimentos por mil habitantes – a **menor taxa de natalidade**.

MAIOR JOGO DE PEGA-VARETAS

Alunos da escola St. John, em Harare, Zimbábue, utilizaram varas com 9,10m de comprimento e 14,5cm de diâmetro num grande jogo de pega-varetas em 21/7/2007.

MAIOR JARDIM AROMÁTICO

O Jardim Botânico Nacional de Kirstenbosch, aos pés do monte Table, na Cidade do Cabo, África do Sul, ocupa uma área de 36ha. O Fragrance Garden ("Jardim de Fragrâncias") conta com uma trilha em braile e muitas plantas aromáticas, para que os visitantes cegos ou com deficiências visuais também possam aproveitar a experiência.

PRIMEIRA MULHER A SE TORNAR PRIMEIRA-DAMA EM MAIS DE UM PAÍS

Graça Machel foi casada com Samora Machel (1933–86), presidente de Moçambique, de 1975 a 1986. O presidente Machel foi morto em um acidente de avião no dia 19/10/1986. Em 18/7/1998, Graça se casou com Nelson Mandela (sentado à direita), presidente da África do Sul, o que fez dela "primeira-dama" de dois países diferentes.

5/6 No dia 5/6/1966, N. William Kennedy (Canadá) cortou as amarras do navio SS *Orient Trader*, de 10.639t, que desde então é o **maior objeto roubado** até hoje.

6/6 Minoru Saito (Japão) é a **pessoa mais velha a velejar ao redor do mundo**. Em 2005, aos 71 anos, ele completou uma circum-navegação solo, sem paradas, no veleiro de 50 pés *Shuten-doji II*.

160 mil: idade, em anos, dos **mais antigos restos de homens modernos**, descobertos na Etiópia por uma equipe de cientistas liderada por Tim White (EUA).

●MAIOR VERBA PARA EDUCAÇÃO

O Lesoto, país encravado no território da África do Sul, investe 13% do PIB em educação (mais do que qualquer outro país), de acordo com os últimos dados disponíveis, do período 2003–07. A ●**menor verba para educação** é da Guiné Equatorial: apenas 0,6% do PIB vai para o setor, segundo a mesma fonte.

RAPEL MAIS ALTO ABERTO AO PÚBLICO

Praticar rapel a uma altura de 204m é uma aventura que pode ser vivenciada na cachoeira de Maletsunyane, no hotel Semonkong Lodge, em Semonkong, Lesoto. Como a prática requer experiência, a frequência média nesse rapel é de apenas quatro pessoas por dia.

ÁFRICA DO SUL

★MAIOR KEBAB

Um *kebab* (espetinho turco, feito com carne assada) de 22,047km de comprimento foi preparado pela empresa ArcelorMittal Newcastle Works no Dia da Comunidade (evento anual da companhia), em Newcastle, África do Sul, em 11/10/2008.

MAIOR ADEGA

As adegas da Associação de Cooperativas Viticultoras, em Paarl, na região vinícola da África do Sul, abrangem uma área de 22ha e comportam 121 milhões de litros – suficientes para encher 1,5 milhão de banheiras com vinho!

●MAIOR PIRÂMIDE DE CARTOLINA

Em 18/9/2008, duas equipes de dez pessoas construíram uma pirâmide de cartolina de 4,3m de altura ao empilhar 21.345 caixas do aromatizador Freshmatic em 20 camadas. A obra foi erguida num evento organizado pela Air Wick, fabricante do produto, no shopping East Rand, em Bocksburg, África do Sul.

★MAIOR QUANTIDADE DE FRUTOS DO MAR

Incríveis 1.739,56kg de peixes, camarões, mexilhões e mariscos foram cozidos pela agência de turismo South Coast e pela empresa de eventos Wozani Africa (ambas sul-africanas) em Silver Beach, Port Edward, África do Sul, no dia 19/7/2008. O evento reuniu 7.200 participantes.

★POVO MAIS JOVEM

Em Uganda, a idade mediana – patamar em que há um número igual de pessoas com idade acima ou abaixo – é de 14,8 anos. Segundo a *The Economist*, os países africanos são maioria na lista das nações com as menores idades medianas. Depois de Uganda, vêm Níger e Mali, com 15,5 e 15,8 anos, respectivamente.

★NOVO
●ATUALIZADO

●MAIOR TAXA DE FERTILIDADE (PAÍS)

Os índices de fertilidade são determinados pela proporção de crianças por mulher adulta na população. De acordo com as médias projetadas para 2010–15, o país com a taxa mais elevada de fertilidade é o Níger, com 6,88 crianças por mulher. Além disso, o país tem um dos mais rápidos crescimentos vegetativos do mundo: segundo as previsões, serão mais 41 milhões de pessoas até 2050.

7/6 O **maior placar no game *Space Invaders*** foi atingido por Donald Hayes (EUA) em 7/6/2003. Os 55.160 pontos que ele marcou constituem a pontuação máxima no jogo.

ÁSIA CENTRAL E DO SUL

RAIO X
- **ÁREA:** 3.600.292 km²
- **POPULAÇÃO:** 1,619 bilhão*
- **PAÍSES:** Afeganistão, Bangladesh, Butão, Casaquistão, Índia, Maldivas, Nepal, Paquistão, Quirguistão, Sri Lanka, Tadjiquistão, Território Britânico do Oceano Índico, Turcomenistão e Usbequistão.

**População estimada em julho de 2008; as estatísticas do Irã foram incluídas na seção Oriente Médio – p. 126-127.*

★MAIS CHAFARIZES PÚBLICOS

A cidade com mais chafarizes em um mesmo espaço público é Ashgabat, capital do Turcomenistão, onde o complexo de praças de uma grande rotatória próxima ao aeroporto foi adornado com 27 fontes sincronizadas, iluminadas e totalmente programáveis que cobrem uma área de 14,82ha.

★MAIOR IMAGEM CRIADA COM VELAS ACESAS

No dia 8/11/2008, 30,5 mil velas acesas foram dispostas em formato de cruz durante evento organizado pela Associação de Orientação Rural Mar Sleeva, entidade ligada à diocese de Irinjalakuda, em Kerala, Índia.

●MAIOR SAFRA DE ÓPIO

Funcionários das Nações Unidas no Afeganistão esperam que 2008 tenha sido um divisor de águas na produção de ópio do país, devido à queda de 6%, para 7.700t – que valem US$ 3,4 bilhões no comércio ilegal de heroína. Apesar de a produção afegã ainda ser a maior do mundo, esse é um sinal de que as pressões governamentais e militares, além das influências do mercado e do clima, estão reduzindo o número de pessoas envolvidas na plantação e venda das papoulas – a fonte do ópio. Estima-se que 1 milhão de fazendeiros deixaram de cultivar papoulas em 2008 para plantar trigo e milho, mais lucrativos e com preços em alta.

●MAIOR MARATONA DE PERCUSSÃO

Kuzhalmannam Ramakrishnan (Índia) tocou um *mridangam* (tambor com duas faces em que se usam mãos e dedos) por 301h, de 1 a 13/8/2008, no auditório Nada Layaa da Faculdade de Aeronáutica e Ciências Aplicadas Nehru, em Coimbatore, Tamil Nadu, Índia.

●MAIOR DOAÇÃO DE SANGUE

Uma mobilização para doação de sangue organizada pela indiana Dera Sacha Sauda na aldeia de Bapu Ji, em Sriganganagar, Índia, no dia 10/10/2004, atraiu 17.921 doadores.

★MAIOR DOSA

A mair *dosa* (panqueca feita de farinha de arroz) de que se tem registro media 9,14m e foi preparada por *chefs* do restaurante Sankalp, em Andheri, Mumbai, Índia, no dia 12/2/2006.

●MAIOR CHÁ SOCIAL

Em 24/2/2008, 32.681 pessoas foram ao Estádio Nehru, em Indore, Índia, para o maior chá social do mundo, organizado pelo jornal *Dainik Bhaskar* (Índia).

FATO
Desde que foi estabelecido na Suíça em 2002, o recorde de imagem com velas acesas já foi quebrado no Paquistão, Cingapura, Japão, Índia e Bélgica.

●MAIOR AULA DE IOGA

O número recorde de 29.973 alunos de 362 escolas, guiados por Vivekanand Kendra (Índia), executou simultaneamente uma sequência de *kriyas* de ioga chamada *Suryanamaskar* ("Saudação ao Sol") por 18min, em Gwalior, Índia, no dia 19/11/2005.

●PAÍS COM MAIS REFUGIADOS

O país que recebe mais refugiados é o Paquistão. Segundo o Alto Comissariado das Nações Unidas para os Refugiados (ACNUR), o país recebeu 1.044.500 refugiados em 2006.

PAÍS MAIS PLANO

O país com o ponto culminante mais baixo em relação ao nível do mar são as Maldivas, onde a região mais alta tem apenas 2,4m de altitude.

8/6 A **maior entrega de pizza** foi feita pela rede Papa John's nesse dia em 2006, quando 13.500 pizzas foram entregues no estaleiro da NASSCO, em San Diego, Califórnia, EUA.

9/6 O britânico Nick Watson é o recordista do **menor tempo para digitar o alfabeto latino**: exatamente 7s, feito realizado na sede do Guinness World Records, em Londres, RU, em 9/6/2006.

161,3 km/h: velocidade da bola de críquete arremessada por Shoaib Akhtar (Paquistão) em partida contra a Inglaterra em 22/2/2003.

● MAIOR TRIPULAÇÃO DE CANOA

Esta pode não ter sido a **canoa mais longa** – que foi uma de 45,44m construída em 2006 por alunos da escola regional de ensino médio Nokomis, em Newport, Maine, EUA –, mas foi certamente a mais cheia. No dia 1/5/2008, em Kerala, Índia, a *Aries Punnamada Urukku Chundan* (43,7m), de Alleppey, Kerala, recebeu 143 pessoas a bordo: 118 remadores, dois vogas, cinco timoneiros e 18 proas.

● MAIOR QUIZ

Um *quiz* realizado durante uma etapa do evento TIME Aqua Regia – O Quiz da Ciência, organizado pelo cursinho de administração Triumphant Institute of Management Education Pvt. Ltd, atraiu 1.566 pessoas. Isso aconteceu em Hari Hara Kalabhavan, Hyderabad, Índia, no dia 3/12/2007.

● MAIOR DESENHO RANGOLI

Nilesh Rajaram Naik (Índia) realizou uma pintura *rangoli* – forma de expressão artística decorativa que utiliza pós coloridos ou areia – de 70 x 70m, na cidade de Tiswadi, Goa, Índia, em 22/5/2008. A pintura retratava Shivaji (1627–80), fundador do Império Marata.

CONSTRUÇÃO HABITADA A MAIOR ALTITUDE

As edificações habitadas a maior altitude estão no forte de fronteira Basisi (latitude 31°04'N, longitude 79°24'L), construído no desfiladeiro Mana a cerca de 6.000m e controlado pela Polícia de Fronteira Indo-Tibetana (Índia). Devido à baixa pressão atmosférica e ao ar rarefeito em grandes altitudes, muitas pessoas sentem o "mal da montanha" acima dos 2.500m. Vários dias são necessários para se aclimatar à altitude do Forte Basisi. A maioria das pessoas fica doente se transportada diretamente a uma altitude como essa.

★ MAIOR TÚNICA

Ariel Pakistan (Paquistão) fez uma *kurta* – túnica tradicional usada tanto por homens quanto mulheres no Afeganistão, em Bangladesh, na Índia e no Paquistão – de 30,78m de comprimento por 18m de largura, em Karachi, Paquistão. A peça foi exposta no dia 3/1/2008.

★ MAIS LONGO CHIFRE DE CARNEIRO

Um chifre de 191cm foi observado num carneiro-de-marco-polo (*Ovis ammon polii*), espécie natural da cordilheira Pamir, fronteira natural entre Tadjiquistão, Afeganistão, Paquistão e China.

DESLOCAMENTO DE GELEIRA MAIS VELOZ

Em 1953, a geleira Kutiah, no Paquistão, deslizou mais de 12km em três meses – uma média de 112m por dia.

MAIOR PAÍS SEM COSTA MARÍTIMA

O maior país sem acesso ao oceano é o Casaquistão, que tem uma área de 2.724.900km² e faz fronteira com Rússia, China, Quirguistão, Usbequistão, Turcomenistão e o mar Cáspio (que é cercado por terra de todos os lados).

★ MAIOR CAVALETE

Em abril de 2008, Rajasekharan Parameswaran, de Meenachal, Tamilnady, Índia, fez um cavalete de 17,22m de altura e 9,45m de largura.

MAIOR FROTA DE AMBULÂNCIAS COMUNITÁRIAS

Abdul Sattar Edhi (Paquistão) deu início a seu serviço de ambulância em 1948, levando feridos até o hospital. Hoje, sua frota de ambulâncias contatadas via rádio conta com 500 veículos que percorrem todo o Paquistão.

● MAIOR PÚBLICO DE CINEMA

As bilheterias indianas venderam 3,29 bilhões de ingressos em 2007, mais do que o dobro da bilheteria nos EUA. A Índia é também o **país que mais produz longas-metragens**, com 1.164 filmes lançados em 2007. Na imagem, a estrela de Bollywood Shilpa Shetty (Índia).

★ NOVO
● ATUALIZADO

10/6 Nesse dia de 1989, Alain Ferté (França) cravou a **volta mais rápida nas 24 horas de Le Mans**: 3min21,27s (à velocidade média de 242,093km/h), em um Jaguar XJR-9LM.

SUDESTE ASIÁTICO

RAIO X

- **ÁREA:** 3.600.292km²
- **POPULAÇÃO:** 585 milhões
- **PAÍSES:** Brunei, Camboja, Cingapura, Filipinas, Indonésia (**país do maior templo budista**, com 60.000m³), Laos, Malásia (onde foi cultivada a **maior manga** do mundo, de impressionantes 3,1kg), Mianmar (lar do sino de Mingun, o **sino mais pesado em uso**, de 92t), Tailandia, Timor Leste e Vietnã.

BMW MINI MAIS LOTADO

O maior número de pessoas amontoadas no interior do compacto da BMW Mini Cooper foi estabelecido por 21 alunos universitários do INTI College Subang Jaya, em Selangor, Malásia, no dia 17/6/2006. Para o recorde ser válido, todos os participantes devem estar dentro do carro, com todas as portas e janelas completamente fechadas.

MAIOR BUFÊ PARA MACACOS

O templo de Kala (também conhecido como Templo dos Macacos), na província de Lopburi, ao norte de Bangcoc, Tailândia, oferece uma refeição anual de 3t de frutas e verduras para a população local de mais de 2 mil macacos.

★MAIS PAÍSES EM ENCONTRO DE BANDAS MILITARES

Forças armadas de 13 países diferentes participaram do Encontro Internacional de Brunei Darussalam de 2006, organizado pelo Ministério da Defesa e pelas Forças Armadas Reais de Brunei e realizado no Estádio Nacional Hassanal Bolkiah, em Brunei, entre os dias 29/7 e 1/8/2006.

★MAIOR ORÇAMENTO DE DEFESA (PROPORÇÃO DO PIB)

Em 2006, o governo militar de Mianmar destinou 18,7% do PIB a gastos com defesa.

MAIOR NOTA DE DINHEIRO

Em 22/5/1998, o Banco Central de Manila, Filipinas, lançou uma cédula especial com valor legal de 100 mil pesos que media 22 x 33cm. Foram emitidas apenas mil notas, em comemoração ao centenário da primeira declaração de independência filipina.

★JICAMA MAIS PESADA

A *jicama* é uma leguminosa comestível popular na culinária do sudeste asiático. Uma *jicama* cultivada pelo indonésio Leo Sutisna, em Bandung, oeste de Java, Indonésia, tinha 21kg ao ser pesada, em 25/1/2008.

●MONARCA MAIS RICO

Segundo o site Forbes.com, em agosto de 2007 o soberano mais rico do mundo era o sultão de Brunei, Haji Hassanal Bolkiah, com uma fortuna estimada em US$ 22 bilhões. Além de governar um país rico em petróleo, o 29º sultão de Brunei herdou boa parte de sua fortuna.

11/6 A **maior barra de ouro puro** pesa 250kg e foi forjada pela Mitsubishi Materials Corporation em 11/6/2005.

121.352.608: população de Java, Indonésia, a **ilha mais populosa do mundo**, segundo o censo de 2000.

●MAIOR ADESIVO

Em 5/9/2008, as empresas Focal Point, de publicidade, e Golden Touch, de reprodução de imagens, exibiram um adesivo de propaganda da calça jeans Levi Strauss na Torre ESL, em Makati, Filipinas. O adesivo media 61 x 71,26m e tinha uma área total de 4.366,46m².

●MAIOR RODA-GIGANTE

Localizada na região da baía Marina, em Cingapura, a roda-gigante Singapore Flyer tem 150m de diâmetro e possui um terminal de acesso de três andares. Sua altura total é de 165m.

●CHURRASCO MAIS LONGO

O maior churrasco em extensão, de 3.803,96m, foi organizado pela prefeitura de Santo Tomás, Pangasinan, Filipinas, em 11/2/2008. A imensa refeição foi preparada por mais de 3,5 mil cozinheiros.

★MAIOR LATA DE DOAÇÕES

Uma lata de doações de 6m de altura por 4m de largura foi instalada pelo centro acadêmico da Universidade de Tecnologia de Nanyang e pela rádio y.e.s. 93,3 FM na praça de eventos Civic Plaza, no shopping Ngee Ann, em Cingapura, em 10/7/1998. A peça ficou exposta por três dias para arrecadar dinheiro para várias instituições de caridade locais.

VOCÊ SABIA?

A cidade de Makati, acima, é o maior centro financeiro, comercial e econômico das Filipinas.

★MAIOR PROPORÇÃO DE HABITANTES COM CASA PRÓPRIA (PAÍS)

Segundo dados de 1998 do Programa da ONU para Assentamentos Humanos, no Camboja 95,4% da população vive em casas próprias.

★MAIOR EXPORTADOR DE ARROZ

De acordo com a Organização das Nações Unidas para Agricultura e Alimentação, a Tailândia exportou 8.094.000t de arroz em 2007, o que corresponde a 27% do mercado mundial de arroz.

★ NOVO
● ATUALIZADO

●TORPEDO MAIS RÁPIDO

Jeremy Sng Gim (Cingapura) levou 41,40s para digitar um texto de 160 caracteres em seu celular, durante o evento SingTel SMS Shootout 2008, realizado no cais Clarke, em Cingapura, no dia 24/2/2008.

MAIOR SANTUÁRIO DE LACRAINHAS

O maior – e único – santuário de lacrainhas do mundo se encontra no interior da Grande Caverna de Niah em Sarawak, norte de Bornéu. Os insetos, da espécie *Arixenia esau*, vivem em um único tronco, que foi cercado no início dos anos 1960 para se tornar um santuário.

★MAIS TESTES DE DIABETES

Grace Galindez-Gupana, presidente da Fundação Global Profética HalleluYAH Filipinas, realizou 503 testes de diabetes em 24h, com patrocínio da empresa de chás e fitoterápicos ABS Gen Herbs International Corporation, na Montanha da Prece por Todos os Povos da HalleluYAH, em San Mateo, Rizal, Filipinas, no dia 15/3/2008.

★JOGO DE AMARELINHA MAIS RÁPIDO

O multirrecordista Ashrita Furman (EUA) completou um jogo de amarelinha em apenas 1min23s na academia de ginástica do *resort* e *spa* Awana Kijal, em Kijal, Malásia, em dia 19/1/2006.

★CIDADE QUE MAIS CRESCE

Naypyitaw, a nova capital de Mianmar, foi construída nas florestas do centro do país, 460km ao norte de Rangum, a antiga capital. A maioria dos trabalhadores tem de viajar grandes distâncias para chegar à cidade. Para o período 2005–10 estima-se uma expansão assombrosa de 57,8%, com a população ultrapassando os 750 mil habitantes. É por isso que Naypyitaw é a conurbação de maior crescimento no mundo.

12/6 O **coelho a saltar mais longe** se chama Yabo, e nesse dia em 1999 deu um pulo de 3m de distância, em Horsens, Dinamarca. Yabo foi treinado por Maria Brunn Jensen (Dinamarca).

13/6 Geraldine Brodrick (Austrália) deu à luz o **maior número de crianças em um único parto**: nove! O nascimento múltiplo ocorreu no Hospital Real da Mulher, em Sydney, Austrália, 13/6/1971.

EXTREMO ORIENTE

RAIO X
- **ÁREA:** 11.795.031km²
- **POPULAÇÃO:** 1,63 bilhão*
- **PAÍSES:** China (o ●**país mais populoso**, com 1,3 bilhão de habitantes), que possui duas Regiões Administrativas Especiais (RAEs): Macau (terrra do Venetian Macau, o **maior cassino**, com área de jogos de 51.100m²) e Hong Kong (o **porto de contêineres mais ativo**, com movimentação de 22 milhões de contêineres em 2004), Coreia do Norte, Coreia do Sul, Japão, Mongólia e Taiwan (onde ocorreu a **maior parada de bicicletas**, com 2.284 *bikes*, em 21/2/2009).

*Apenas com base em números de China, Hong Kong, Japão, Coreia do Sul e Taiwan.

★NOVO
●ATUALIZADO

★ GUITARRISTA PROFISSIONAL MAIS JOVEM

Em 4/8/2008, o japonês Yuto Miyazawa tinha 8 anos e 165 dias e já se apresentara profissionalmente inúmeras vezes, em emissoras de TV do mundo todo. Yuto, que começou aos 3 anos, já tocou com músicos como Les Paul, lenda da guitarra de jazz americana.

●VEÍCULO MAIS PESADO PUXADO POR BRINCOS

Com uma corda, Gao Lin (China) prendeu um Volkswagen de 1.562kg em seus brincos e puxou o carro por 10m, usando a força e esticando os lóbulos auriculares ao limite. A façanha foi realizada no set do programa *Zheng Da Zong Yi – Guinness World Records Special*, em Pequim, China, em 19/12/2006.

★ MAIOR ORQUESTRA DE PANDEIROS

A maior reunião de pessoas tocando pandeiro envolveu 9.902 participantes em um evento organizado pelo Governo do Condado de Taipei, Taiwan, em 1/1/2008.

●MAIOR TERMINAL DE CARGA DE AEROPORTO

Com área total de 280.500m², o SuperTerminal 1 do Hong Kong Air Cargo Terminals Limited (HACTL) é o maior terminal de carga em um ambiente só. Sua capacidade projetada é de 2,6 milhões de t ao ano. Hong Kong também possui o **maior terminal de passageiros de aeroporto**, que fica no Aeroporto Internacional de Hong Kong. Trata-se de uma estrutura imensa com 1,3km de comprimento e 550.000m².

VEJA MAIS
Agora que você viu o mais jovem, que tal ler sobre os mais velhos? Conheça histórias de vida fascinantes nas p. 70–71.

★ MAIS CAPAS DE REVISTA PRODUZIDAS

Keizo Tsukamoto (Japão) foi o responsável pela capa da *Shukan Manga Times* durante 38 anos e 5 meses, até julho de 2008, sem perder uma só edição. Nesse período, Tsukamoto produziu um total de 1.937 capas de revista.

14/6 O **primeiro voo transatlântico sem paradas** foi feito por John William Alcock e Arthur Whitten Brown (ambos do RU) num um bimotor Vickers Vimy, em 14/6/1919, e durou 16h12min.

3.063: quantidade de fontes termais visitadas por Takashi Kasori (Japão) entre 1/11/2006 e 31/10/2007, o **maior número de fontes visitadas em um ano.**

●CONTRATO DE MODELO MAIS LONGO

A atriz e modelo Shima Iwashita (nascida em 3/1/1941, Japão) é garota-propaganda da companhia de cosméticos japonesa Menard desde 1972. Seu primeiro contrato com a empresa, assinado em 1/4/1972, tem sido renovado todo ano desde então.

★100M DE QUATRO EM MENOS TEMPO

O japonês Kenichi Ito é a pessoa mais rápida na corrida de quatro. Ele fez 100m em 18,58s no Estádio Setagaya Kuritsu Sogo Undojyo, em Tóquio, Japão, em 13/11/2008. Ito teve a ideia de correr de quatro ao ver macacos se movendo rapidamente num zoológico e treinou diariamente por cinco anos, com o que a palma das mãos se tornou tão áspera quanto os calcanhares.

●PRÉDIO VAZIO MAIS ALTO

Embora tenha uma altura total de 300m, o hotel Ryugyong, em Pyongyang, Coreia do Norte, teve sua construção interrompida em 1992. Em 2008, noticiou-se que o grupo egípcio Orascom começara a reformar os andares superiores da torre, instalando painéis de vidro e antenas de telecomunicação. Se inaugurado, o Ryugyong passará a ser o hotel mais alto do mundo. Avalia-se, porém, que seriam necessários US$ 2 bilhões para concluir o hotel e torná-lo seguro, valor equivalente a 5–10% do PIB (estimado) da Coreia do Norte.

●LUTADOR DE SUMÔ A VENCER MAIS COMPETIÇÕES EM UM ANO

Em 2005, Yokozuna Asashoryu Akinori (Mongólia, nascido Dolgorsuren Dagvadorj) venceu 84 das 90 competições regulares que os maiores lutadores de sumô, ou *rikishi*, disputam anualmente.

★MAIS CASAIS SE ABRAÇANDO

Um total de 1.451 casais se abraçaram simultaneamente no evento beneficente do Dia Mundial da Criança organizado pela rede McDonald's na Arena Taipei, em Taipei, Taiwan, no dia 18/11/2007.

★MAIS LIVROS ESCRITOS POR UM AUTOR EM UM ANO

O autor japonês Shinichi Kobayashi é o recordista de livros escritos em um ano: ele escreveu e publicou seis romances entre 1/10/2007 e 15/9/2008.

●MAIOR PRODUTOR DE ENERGIA (PAÍS)

A China é o país que mais produz energia no mundo: em 2005, foram geradas 1.641 toneladas equivalentes de petróleo. A tep é uma unidade de medida que equivale à energia liberada pela queima de 1t de petróleo cru.

★MAIOR TORNEIO DE MAHJONG

O maior torneio de *mahjong* foi a Primeira Supercopa de Mahjong, organizada pela Gi Tiene International Co. Ltd. (Taiwan) entre 8/12/2007 e 3/2/2008, em Taiwan. Participaram da competição 14.886 jogadores.

●MAIOR CACHOEIRA DE FOGOS DE ARTÍFICIO

A cachoeira de fogos de artifício "Niagara Falls" tinha 3.517,23m, em 23/8/2008, no Festival de Pirotecnia de Ariake Seas, em Fukuoka, Japão.

★MAIOR FABRICANTE DE NAVIOS

A Hyundai Heavy Industries Co., Ltd. de Ulsan, Coreia do Sul, foi responsável por 13% da produção mundial de embarcações em 1999. No ano seguinte, a companhia produziu 59 navios (peso somado de 4,2 milhões de t e valor total de US$ 3,8 bilhões). O estaleiro da Hyundai tem nove docas – a maior tem 640m de comprimento e é capaz de abrigar vários navios de uma vez.

●POPULAÇÃO MAIS VELHA

Segundo as estatísticas populacionais mais recentes, no Japão, a idade mediana – ou seja, idade em que há um número igual de pessoas mais velhas e mais novas – atingiu o pico recorde de 42,9 anos em 2007. Em termos de países asiáticos, o Japão tem idade mediana excepcional e é o único país não europeu a estar entre os dez mais. A Itália é o segundo colocado, com idade mediana de 42,3 anos.

15/6 A **maior orquestra de violinos**, formada por 4 mil violinistas infantis, se apresentou no Crystal Palace, em Londres, RU, tocando "Recollections of England – Selection", no dia 15/6/1925.

16/6 A **primeira mulher a ir ao espaço** foi Valentina Tereshkova (URSS), nesse dia de 1963. Nascida em 6/3/1937, ela tinha 26 anos e 102 dias, por isso foi também a **mulher mais jovem a ir ao espaço.**

AUSTRÁLIA

RAIO X
- **ÁREA:** 7,686,850km²
- **POPULAÇÃO:** 21 milhões
- **DOMICÍLIOS:** 7,7 milhões
- **FATOS PRINCIPAIS:** A Austrália é a **maior produtora mundial de lã**, com 327.000t em 2006. A China é a segunda maior, e a Nova Zelândia, a terceira, com 168.000t de lã produzidas naquele ano.

●MAIOR CORRIDA DE CARRINHOS DE MÃO HUMANOS

Aconteceu no centro esportivo da Carey Baptist Grammar School uma corrida de carrinhos de mão humanos com 1.044 participantes (522 duplas), em Melbourne, Victoria, Austrália, no dia 9/9/2008.

★TACO DE CRÍQUETE MAIS CARO

O taco de críquete usado por Sir Donald Bradman em sua partida de estreia foi vendido por US$ 121.945 na Leski Auctions de Melbourne, Austrália, em 24/9/2008. Provavelmente o maior jogador de críquete, ele estreou na competição The Ashes (Austrália x Inglaterra) de 1928/29, marcando "meros" 18 *runs* no primeiro *innings* (turno) e um no segundo.

★MAIOR ESTÁTUA DE CARNEIRO

Em Goulburn, Nova Gales do Sul, Austrália, avista-se junto à estrada a estátua de um merino gigante, com 15m de altura, 18m de comprimento e 4m de largura – batizado como "Grande Merino", porém mais conhecido pelo apelido "Rambo". Inaugurada em 20/9/1985, essa fera composta por 97t de aço e concreto reforçado abriga uma loja de suvenires e uma exposição de lã.

●MENOR TEMPO PARA ESCALAR UMA ALTURA IGUAL À DO EVEREST COM UMA MÁQUINA (MASCULINO)

Richard Pemberton (Austrália) escalou uma altura igual à do monte Everest (8.848m) num Versaclimber (aparelho que simula vagamente uma escalada) em 2h53min47s na academia Executive Fitness Managment, em Adelaide, Austrália, no dia 25/11/2006.

★TOSQUIA MAIS RÁPIDA DE UM CORDEIRO MERINO

Dwayne Black (Austrália) tosquiou um cordeiro merino em 53,88s no set do programa *Zheng Da Zong Yi – Guinness World Records Special*, em Pequim, China, no dia 20/9/2007.

MAIOR CARRETA

Em 18/2/2006, um "trem rodoviário" com extensão total de 1.474,3m foi montado para um evento patrocinado pelo Hogs Breath Café, em Clifton, Queensland, Austrália. Um caminhão Mack Titan, dirigido pelo veterano caminhoneiro John Atkinson (Austrália), de 70 anos, rebocou 113 carrocerias, com peso total de 1.299.986kg. O veículo percorreu apenas 150m.

★MAIS RÁPIDA CIRCUM-NAVEGAÇÃO DA AUSTRÁLIA EM JET SKI

Paul Fua, Randall Jones e Lynden Parmenter (todos da Austrália) circundaram a Austrália de *jet ski* em 106 dias. Partindo do porto de Sydney em 20/8/2000, eles percorreram 16.500km em sentido horário e retornaram à cidade no dia 3/12/2000.

★MAIS PESSOAS APITANDO AO MESMO TEMPO

Em 5/9/2008, 37.552 pessoas sopraram apitos ao mesmo tempo em evento organizado pela Fundação da Asma de Queensland no Estádio Suncorp, em Brisbane.

●100M MAIS RÁPIDOS EM CARRINHO DE MÃO

Otis Gowa (Austrália) empurrou Stacey Maisel, que pesava 50kg, num carrinho de mão por mais de 100m em 14s. A corrida foi filmada para o *GRW* no Davis Park em Mareeba, Queensland, em 15/5/2005.

17/6 O **primeiro transplante humano de rim bem-sucedido** foi realizado pelo americano R. H. Lawler no Hospital Little Company of Mary, em Chicago, Illinois, EUA, no dia 17/6/1950.

NOVA ZELÂNDIA

RAIO X

- **ÁREA:** 268.680km²
- **POPULAÇÃO:** ,1 milhões
- **DOMICÍLIOS:** ,5 milhão
- **FATOS PRINCIPAIS:** Segundo os últimos dados disponíveis, publicados em 2006, Nova Zelândia tem **proporcionalmente mais *CD-players*** que qualquer outro país: 38,5 para cada cem habitantes. O Reino Unido fica logo atrás, com 88,4 para cada cem habitantes.

●MAIS TÍTULOS DO TRI NATIONS

O recorde de nove conquistas no Tri Nations, campeonato anual de rúgbi disputado entre Austrália, Nova Zelândia e África do Sul, pertence à Nova Zelândia, campeã em 1996–97, 1999, 2002, 2003 e 2005–2008.

★MOEDA ATIRADA A MAIOR DISTÂNCIA

O recordista em série neozelandês Alastair Galpin atirou uma moeda de 10 centavos de dólar neozelandês a 10,64m de distância, na Casa Comunitária da Fazenda Velha, em Auckland, Nova Zelândia, em 2/11/2008.

★MAIS SAPATEADAS POR MINUTO

Tony Adams (Nova Zelândia) bateu o pé 602 vezes em 1min (média de pouco mais de dez batidas por segundo) no set do programa *Good Morning Show*, da emissora Television New Zealand, em Wellington, Nova Zelândia, no dia 4/8/2008.

CONFIRA

Você é fã de recordes de rúgbi? Confira a seção desse esporte, nas p. 254–255.

●MAIS RÁPIDA MENSAGEM DE TEXTO COM OS OLHOS VENDADOS

O neozelandês Elliot Nicholls digitou vendado um texto de 160 caracteres, sem erros, em 45,09s. O recorde foi registrado na loja Telecom da Rua Filluel, em Dunedin, Nova Zelândia, no dia 17/11/2007.

●MAIS RÁPIDO MANUSEIO DE CARVÃO COM PÁ (DUPLA)

O recorde para uma dupla encher com pás uma caçamba com 508kg de carvão é 14,8s, marca estabelecida por Brian Coghlan e Piet Groot (ambos da Nova Zelândia) na inauguração da ponte Brunner, na ilha do Sul, Nova Zelândia, em 27/3/2004.

●LULA-COLOSSAL MAIS PESADA

100

Em 22/2/2007, divulgou-se que pescadores haviam capturado um macho adulto de lula-colossal (*Mesonychoteuthis hamiltoni*) de cerca de 450kg e 10m no mar de Ross, na Antártica. O animal foi levado à Nova Zelândia para estudos. Dificilmente apanhadas, as lulas-colossais costumam ser menores que as lulas-gigantes, mas são muito mais pesadas.

●MAIS ALTO BUNGEE-JUMP DE UM PRÉDIO

A. J. Hackett (Nova Zelândia) caiu 199m, de uma plataforma a 233m de altura na Torre de Macau, em Macau, China, no dia 17/12/2006.

MAIOR DEMOLITION DERBY

Um *demolition derby* (evento automotivo em que os motoristas destroem os carros uns dos outros) com 123 participantes foi realizado na pista Todd & Pollock, em Mount Maunganui, Nova Zelândia, em 16/3/2002. O caos automotivo durou 47min até ser definido o vencedor – o último carro que ainda se movia.

●MERGULHO LIVRE – LASTRO CONSTANTE SEM NADADEIRAS

O neozelandês William Trubridge mergulhou a 86m de profundidade na categoria lastro constante sem nadadeiras, na competição de mergulho livre Vertical Blue 2008, realizada em 10/4/2008 no Dean's Blue Hole, um buraco submarino de 202m, em Long Island, Bahamas. Nessa categoria, o mergulhador não tem nenhuma ajuda.

18/6 Nesse dia de 2005, Phil Naylor (RU) levou 1min52s para acertar o primeiro buraco do campo de Devlin, no *resort* de golfe e *spa* St. Andrews Bay, em St. Andrews, RU. Foi o **buraco de golfe mais rápido**.

19/6 O **mais jovem a fazer um gol em Copa do Mundo** foi Pelé, que tinha 17 anos e 239 dias de idade ao marcar pelo Brasil contra o País de Gales em Gotemburgo, Suécia, em 19/6/1958.

MUNDO MODERNO

SUMÁRIO

★MAIOR COLEÇÃO DE ARTIGOS RELACIONADOS AO URSINHO POOH

Quando contabilizada em 23/2/2009, a coleção de Deb Hoffmann (EUA) contava com 4.405 itens diferentes ligados ao Ursinho Pooh e seus amigos. Deb começou sua coleção em 1967.

US$ 182.550: valor do **ursinho de pelúcia mais caro do mundo**, vendido em um leilão na Christie's de Mônaco no dia 14/10/2008.

O MELHOR AMIGO DO HOMEM

CAMPEÃO OUTRA VEZ

No dia 21/1/2009, o Clube Kennel Americano (AKC) anunciou que, pelo 18º ano consecutivo, o labrador *retriever* foi a **raça de cão mais popular** nos EUA, com mais do que o dobro de registros em relação a qualquer outra raça. O labrador é também o cão mais popular no Canadá e no RU.

CÃO DE ORELHAS MAIS LONGAS

Tigger, um *bloodhound* que pertence a Bryan e Christina Flessner, de Saint Joseph, Illinois, EUA, é o cão com as orelhas mais longas do mundo. Em 2/9/2004, quando foram medidas, descobriu-se que a direita é maior: tem 34,9cm de comprimento, contra 34,2cm da orelha esquerda.

★MAIS CÃES PULANDO A MESMA CORDA

Em 23/5/2007, o Super Wan Wan Circus, de Uchida Geinousha, conseguiu fazer 12 cães pularem juntos a mesma corda em um evento realizado pela Sanyo Bussan Co., Ltd., em Tóquio, Japão.

CÃO QUE MAIS PULA EM 1MIN

Sweet Pea, mestiço de *border collie* e pastor australiano, pulou corda 75 vezes em 1min no set do programa *Live with Regis and Kelly*, em Nova York, EUA, no dia 8/8/2007. O dono de Sweet Pea, Alex Rothaker (EUA), ajudou o cachorro pulando a corda junto com ele.

●CÃO A ESTOURAR CEM BALÕES EM MENOS TEMPO

A *jack-russell terrier* Anastasia, pertecente a Doree Sitterly (EUA), estorou cem balões em 44,49s no set do programa *Live with Regis and Kelly*, em Los Angeles, EUA, no dia 24/2/2008. Os balões de festa que Anastasia estourou tinham pelo menos 20cm de diâmetro.

EQUILIBRISTA

Sweet Pea (abaixo) também é detentora do recorde de **mais degraus galgados por um cão equilibrando um copo com água no focinho**: ela subiu 17 degraus no set do programa *Live with Regis and Kelly*, em Nova York, EUA, no dia 8/8/2007.

●MAIOR PASSEIO DE CÃES

O número espantoso de 10.272 cães saiu para dar uma voltinha – com guia – ao mesmo tempo, durante a Butchers Great North Dog Walk, organizada por Anthony Carlisle (RU). O passeio aconteceu em South Shields, RU, no dia 17/6/2007.

●MAIOR CERIMÔNIA MATRIMONIAL CANINA

Exatos 178 pares de cães se casaram no Bow Wow Vows, evento do shopping a céu aberto Aspen Grove, em Littleton, EUA, em 19/5/2007. Os pombinhos peludos selaram a ocasião com latidos embalados pela "Marcha nupcial".

20/6 Bertha Wood (RU) é a **pessoa mais velha a ter um livro de estréia publicado**. *Fresh air and fun: The story of a Blackpool holiday camp* foi lançado em seu centésimo aniversário, nesse dia em 2005.

21/6 A **maior altitude alcançada por um helicóptero** foi 12.442m – recorde de Jean Bouletan (França), a bordo de um Aérospatiale SA315B "Lama" na região de Istres, França, no dia 21/6/1972.

15,2cm: comprimento, do focinho ao rabo, de um chiuaua chamado Heaven Sent Brandy (EUA) – o **menor cão vivo (em comprimento)**.

CÃES DE RAÇA MAIS PESADOS

As raças mais pesadas de cão doméstico (espécie *Canis familiaris*) são o *mastiff* (à direita) e o são-bernardo, com machos que costumam atingir 75–90kg. As diretrizes do Clube Kennel da Grã-Bretanha afirmam que o *mastiff* ideal deve possuir "constituição grande, poderosa e harmoniosa", além de uma "combinação de grandeza e coragem".

●CÃO MAIS VELHO (VIVO)

Em 6/5/2008, a *dachshund* Chanel – de Karl e Denise Shaughnessy, de Port Jefferson Station, Nova York, EUA – tinha 20 anos.

CÃO MAIS VELHO

A maior idade alcançada por um cachorro, segundo dados fidedignos, é 29 anos e 5 meses. O boiadeiro australiano Bluey, pertecente a Les Hall, de Rochester, Victoria, Austrália, foi pego filhote em 1910 e trabalhou com gado e ovelhas por cerca de 20 anos antes de ser sacrificado, em 14/11/1939.

CÃO MAIS ALTO

100

Nascido em 26/4/2002, o dogue alemão arlequim Gibson tem 107cm, conforme medição realizada em 31/8/2004. Gibson pertence a Sandy Hall, de Grass Valley, Califórnia, EUA, e trabalha como cão terapêutico, oferecendo companhia a pessoas com necessidades especiais.

●SLALOM MAIS RÁPIDO

A cadela Alma, do espanhol Emilio Pedrazuela Cólliga, executou uma prova de *slalom* com 24 varas em 5,88s, durante as filmagens do programa *Guinness World Records* em Madri, Espanha, no dia 16/1/2009. Da prova participaram três concorrentes, cada qual com duas tentativas. Na primeira tentativa, Alma obteve o tempo de 6,10s, que já lhe daria a vitória – as melhores marcas dos outros dois cães, Yuna e King, foram 6,79s e 6,66s, respectivamente.

FATO

Os *mastiffs* Simba e Jorden (acima) apareceram num programa do *GWR* na TV alemã em 2008 como representantes da raça de cão mais pesada.

MAIOR NINHADA

Tia, uma fêmea de mastim napolitano que pertence a Damian Ward (RU) e Anne Kellegher (Irlanda), de Manea, Cambridgeshire, RU, deu à luz 24 filhotes em 29/11/2004.

O FARO INFALÍVEL DA LEI

O ★**primeiro cão farejador treinado para identificar celulares ilegais** foi Murphy, um *springer spaniel* treinado pela equipe britânica Eastern Area Drug Dog para identicar um cheiro específico exalado por telefones celulares. Murphy começou a trabalhar com seu tratador, Mel Barker (RU), em 2006, durante uma operação para detectar celulares em poder dos presos da penitenciária Norwich, em Norfolk, RU. Murphy consegue até mesmo diferenciar os aparelhos de carcereiros e de detentos, além de localizar telefones escondidos em buracos na parede ou envoltos em sacos plásticos.

★NOVO
●ATUALIZADO

22/6 O produtor de *hip-hop* Irv Gotti (EUA) produziu compactos que lideraram as paradas americanas por um período recorde de 19 semanas consecutivas, entre 23/2 e 22/6/2002.

ALIMENTOS INCRÍVEIS

MAIOR SCONE

Um *scone* de 49,89kg e 1m de diâmetro foi feito por Mary, Nick e Amy Lovering, da Sandford's Bakery, em Torrington, Devon, RU, no dia 21/1/2009. Entre os ingredientes, 26,3kg de farinha, 15,87kg de creme inglês e 5,44kg de geleia de morango.

★NOVO
●ATUALIZADO

●MAIOR OVO ESCOCÊS

"Ovo escocês" (*scotch egg*) é o nome dado a um ovo cozido envolto em carne de salsicha temperada, coberto de farinha de rosca e frito. O maior já registrado pesava 6,2kg e foi feito por Clarence Court (RU) e Lee Streeton (RU, retratado com sua criação), no Rocco Forte Brown's Hotel, em Londres, RU, no dia 30/7/2008. A preparação levou mais de 8h, sendo 90min só para cozinhar o ovo de avestruz. A receita não é uma invenção escocesa: foi concebida no armazém londrino Fortnum & Mason em 1738.

MAIORES

★BIRYANI

Um *biryani* picante de 14,060t foi preparado pela Kohinoor Foods Ltd. (Índia), em Délhi, no dia 1/3/2008.

★BOUGATSA

A *bougatsa* é uma torta recheada com creme, queijo ou carne moída. A maior pesava 182,2kg e foi servida no dia 1/6/2008, em Serres, Grécia.

★GASPACHO

Em 2/8/2008, a cidade espanhola de Campohermoso, em Almeria, preparou 4.520L de *gaspacho* (sopa gelada de tomate).

★JAMBALAIA

A Jambalaya Festival Association (EUA) preparou um *jambalaia* (prato de arroz com carne e verduras) de 1.379,3kg, em Gonzales, Louisiana, EUA, em 24/5/2008.

●ALMÔNDEGA

Em 6/6/2008, 32,93kg de massa de carne foram preparados e cozidos no Meatball Mike's, em Cranston, Rhode Island, EUA.

●PIZZA

A maior pizza do mundo disponível comercialmente tem uma área de 1,3m^2 e pode ser comprada na Mama Lena's Pizza House, em McKees Rocks, Pensilvânia, EUA, desde 20/3/2006.

A **maior pizza já feita** pesava 12,19t e foi assada em Norwood, África do Sul, em 1990.

MAIS ALTOS

●PILHA DE POPPADOMS

Nahim Aslam e Fayaz Aslam (ambos do RU) fizeram uma pilha de *poppadoms* de 1,48m de altura no restaurante Indian Ocean, em Ashton-Under-Lyne, Lancashire, RU, em 9/10/2007.

●TORRE DE BISCOITOS

As bandeirantes do Mt. Wilson Vista Council ergueram uma torre de biscoitos de 1,62m de altura, no dia 29/2/2008, em Paseo Colorado, Pasadena, Califórnia, EUA.

●MAIOR RESTAURANTE

O restaurante Bawabet Dimashq ("Portal de Damasco"), em Damasco, Síria, tem 6.014 lugares e chega a empregar 1,8 mil funcionários na alta temporada. "Nesta região do mundo, o que mais importa às pessoas são seus estômagos", diz o gerente-geral Muhannad Samman. "Assim, a comida deve ser a melhor."

●PILHA DE PANQUECAS

Krunoslav Budiselic (Croácia) equilibrou 627 panquecas (cada uma com 23–25cm de diâmetro), no Grand Hotel Toplice, em Terme Catez, Eslovênia, no dia 26/8/2008. A pilha levou 22 horas para ficar pronta e chegou a 74cm de altura.

●PIRÂMIDE DE TAÇAS DE CHAMPANHE

Em 25/1/2008, Luuk Broos (Holanda) e sua equipe montaram uma fonte de champanhe com 43.680 taças, distribuídas por incríveis 63 andares, no Wijnegem Shopping Center, Bélgica.

●ESCULTURA DE CHOCOLATE

O *pâtissier* espanhol Justo Almendrote criou uma árvore de Natal de chocolate com 6,5m de altura, apresentada ao público em Madri, Espanha, no dia 10/12/2008. A árvore tinha cerca de 300kg de chocolate branco!

INGREDIENTES

- ovo de avestruz de 1,7kg
- 4kg de salsicha
- 940g de haggis
- 800g de farinha de rosca

23/6 O **primeiro transplante de células cerebrais** foi realizado por uma equipe de cirurgiões do Centro Médico da Universidade de Pittsburgh (EUA), nesse dia de 1998.

11.340L: volume da maior "vaca-preta", feita no Coca-Cola Museum de Atlanta, Geórgia, EUA, em maio de 2007, o suficiente para encher 75 banheiras!

● MAIOR CHEESECAKE

Um *cheesecake* de 2.133,5kg foi preparado pela Philadelphia Kraft Foods Mexico, na Universidad del Claustro de Sor Juana, Distrito Federal do México, em 25/1/2009. O *cheesecake* tinha 2,5m de diâmetro e 56cm de altura. Foram usados 800kg de queijo, 100kg de morangos e 800kg de iogurte em seu preparo!

MAIS COMPRIDOS

● CACHORRO-QUENTE

No dia 27/9/2008, a Empacadora Ponderosa (México), em Monterrey, preparou um cachorro-quente de 114,32m.

★ LINHA DE SANDUÍCHES

Uma linha de sanduíches de 1.545,3m foi montada em 8/3/2009, no shopping Serravalle Scrivia, em Alessandria, Itália.

● MAIOR GARRAFA DE VINHO

Emil Eberle (Suíça) e Weinlaubenhof Kracher (Áustria) organizaram a produção da maior garrafa de vinho do mundo. Com 2,40m de altura, 68cm de diâmetro e 630kg, a garrafa foi enchida com 480L de vinho Grand Cuvée TBA NV nº 7 2005, em Rehetobel, Suíça, no dia 9/10/2007.

★ TIRA DE ALCAÇUZ

A australiana Junee Licorice and Chocolate Factory fez uma tira de alcaçuz de 244m, em 8/3/2008, em Nova Gales do Sul, Austrália.

● LINHA DE PIZZAS

Em 10/12/2008, a Chicago Town Pizzas (RU) montou uma linha de pizzas de 353,9m, em Preston, RU.

MAIS PESADA

100

ABÓBORA

Em 29/9/2007, Joseph Jutras (EUA) apresentou uma abóbora de 766,12kg no Campeonato de Abóboras Gigantes da Nova Inglaterra, na Feira de Topsfield, em Massachusetts, EUA.

● MAIOR HAMBÚRGUER À VENDA

Um hambúrguer com assombrosos 74,75kg era vendido, em 29/8/2008, por US$ 399 no Mallie's Sports Grill & Bar, em Southgate, Michigan, EUA. Se você quiser um, não deixe de avisar ao restaurante com 24 horas de antecedência!

100

24/6 O **cálculo renal mais pesado**, com 620g, foi retirado do rim direito de Wazir Muhammand, filho de Abbass Ali Jagirani (Paquistão), em Sindh, Paquistão, nessa data em 2008.

25/6 O **placar mais alto de palavras cruzadas** já registrado foi de 1.049 pontos, marcados por Phil Appleby (RU) numa partida disputada em 25/6/1989, em Wormley, Hertfordshire, RU.

FAÇANHAS ALIMENTARES

★ MAIOR ARREMESSO DE PÃO POR TORRADEIRA

Freddie Yauner (RU) projetou e construiu uma torradeira que, depois de tostar, ejeta a fatia de pão a 2,60m. Ele fez a demonstração no escritório do *Guinness World Records* em Londres, RU, em 13/6/2008. Uma torradeira dessas não pode faltar num café da manhã de primeira!

● ENTREGA DE CURRY A MAIOR DISTÂNCIA

Os jornalistas britânicos Jon Wise e James Crisp (à esq. e à dir., respectivamente, na foto) encomendaram um *biryani* de legumes e arroz pilafe ao restaurante The Raj Mahal, em Christchurch, Nova Zelândia, a ser entregue no escritório do *Daily Sport*, jornal de Manchester, RU, onde trabalham. Calculando a distância entre os dois pontos numa linha reta, o *curry* viajou mais de 18.830km até chegar ao seu destino, em 29/2/2008.

MAIORES BANQUETES

★ Carne cozida: Um enorme banquete de frango, cordeiro, porco e vaca de 26.145kg foi preparado pela Pastoral Social e Amigos para um evento beneficiente na Associação Rural do Paraguai, na cidade de Mariano Roque Alonso, no dia 26/10/2008.

★ Ceviche: Ver p. 108–109.

★ Peixe cozido: Os membros da União Polonesa dos EUA e os visitantes do Festival da Herança Polonesa (EUA) comeram 2.552 pratos de peixe em Hamburg, cidade de Nova York, EUA, em 30/5/2008.

★ Frutos do mar: Num evento ao ar livre na praia Silver, em Port Edward, África do Sul, a agência de turismo South Coast e a produtora de eventos Wozani Africa (ambas sul-africanas) serviram 1.739kg de peixes grandes de água salgada, sardinhas, pitus, mexilhões e lulas a 7,2 mil pessoas, no dia 19/7/2008.

● CURLY WURLY MAIS ESTICADO

Helen Weddle (RU) esticou um *curly wurly* – barra de chocolate coberta com caramelo – à distância de 156,8cm no Centro de Aventuras Científicas Magna, em Rotherham, RU, no dia 26/7/2007. O doce da fabricante inglesa Cadbury mede 19–20cm, embora seu slogan publicitário seja "milhas de *toffee* mastigável..."!

★ MAIS PORÇÕES DE LÁMEN PREPARADAS (3MIN)

No Mercado do Borough, em Londres, RU, o *chef* Fei Wang (China), do restaurante londrino Inn Noodle, cozinhou oito porções de lámen em 3min, no dia 10/10/2008.

★ MENOR TEMPO PARA DEPENAR TRÊS PERUS

No dia 13/11/2008, Paul Kelly (RU), da produtora de peru KellyBronze, depenou três perus em 11min30,16s em sua fazenda, chamada Little Claydon, no condado de Essex, RU.

★ MENOR TEMPO PARA LIMPAR E FATIAR UM SALMÃO

Darren Matson (RU), da delicatéssen H. Forman & Son, fatiou e limpou um salmão defumado em 1min24,18s, no Borough Market, Londres, RU, em 10/10/2008.

★ MENOR TEMPO PARA FILETAR UM PEIXE DE 18KG

O comerciante de peixes britânico Duncan Lucas levou apenas 4min25,31s para filetar e separar em porções um peixe de 18kg, na peixaria M. & J. Seafood, em Londres, RU, no dia 1/10/2008.

★ MAIOR MOSAICO DE FRUTAS

No município chinês de Pingyuan, Guangdong, a prefeitura da cidade e o comitê local do Partido Comunista da China montaram um mosaico com 372.525 frutas, em 1/12/2008. Criado para o Quarto Festival da Laranja-Baía, o mosaico – que exibia a flor e os pictogramas do município para comemorar realizações dos cultivadores da fruta – tinha 2.220m².

★ MAIS COQUETÉIS PREPARADOS EM 1H

Matthias Knorr (Alemanha) criou um alvoroço ao fazer 389 coquetéis em 1h durante a Exposição de Gastronomia Hoga, em Nuremberg, Alemanha, no dia 20/1/2009.

26/6 A americana Jennifer Capriati (n. 29/3/1976) tinha apenas 14 anos e 89 dias quando disputou seu primeiro jogo, em 26/6/1990, e se tornou a **pessoa mais jovem a vencer uma partida em Wimbledon**.

★ NOVO ● ATUALIZADO

20: mais ovos segurados na mão, conquistado por Zdenek Bradac (República Tcheca) na unidade Castle da Faculdade de Sheffield, South Yorkshire, RU, em 20/12/2007.

★ BOLO MAIS ALTO

Estudantes e funcionários da escola de culinária Hakasima-Nilasari prepararam um bolo de 33m de altura para celebrar o evento Natal Incrível, na cidade de Senayan, Jacarta, Indonésia, de 28/11 a 8/12/2008. O bolo, que pesava 18,14t, levava:

- 1.620kg de açúcar
- 1.620kg de margarina
- 162kg de leite em pó
- 243kg de chocolate em pó
- 3.240kg de ovos
- 100L de açúcar líquido

Biscoitos cream cracker: Este é um clássico dos desafios gastronômicos do *Guinness World Records* que por anos ficou na casa dos 3min. Mas o britânico Ambrose Mendy superou esse tempo ao comer três biscoitos em 34,78s nos estúdios da rádio LBC em Londres, RU, dia 9/5/2005.

100

● MAIS LONGA LINHA DE SATAY

Funcionários do conglomerado do ramo alimentício Kopitiam (Cingapura) montaram em Lau Pa Sat, Cingapura, um *satay* de frango que media 140,02m, em 21/7/2007. Mais de 150kg de frango e 700 palitos de bambu foram usados no prato.

★ QUEIJOS PARMESÃO ABERTOS

Se o assunto é abrir queijo, ninguém bate a rede de mercearias Whole Foods Market (EUA). Funcionários de 176 lojas na América do Norte e no RU abriram 176 queijos parmesão ao mesmo tempo em 12/4/2008.

● MAIS BIG MACS CONSUMIDOS

Donald Gorske (EUA) ingeriu seu 23.000º sanduíche Big Mac, da rede de lanchonetes McDonald's, em 17/8/2008. Ele já está no 37º ano seguido comendo Big Macs todo dia.

VELOZES E VORAZES

★ Laranja de chocolate: No dia 29/11/2008, uma bola de chocolate com óleo de laranja, dividida em 20 gomos (a "laranja de chocolate"), foi descascada e comida inteira pelo britânico Robert Jones em 4min34,25s no *pub* Balham Bowls Club, em Londres, RU.

● Limão (1): O multirrecordista americano Ashrita Furman descascou e comeu um limão em 10,97s no restaurante Panorama Café, em Jamaica, Nova York, EUA, em 24/8/2007.

● Limão (3): Gekidan Hitori (Japão) descascou e comeu três limões em 1min33s no programa *Waratte Iitomo! Zokango*, gravado no estúdio Alta, em Tóquio, Japão, no dia 28/4/2008.

★ Ovos em conserva (3): Jonathan Armstrong (RU) levou 2min27,02s para comer três ovos de galinha em conserva. A façanha foi presenciada pelos clientes do *pub* Jeremy Bentham, em Londres, RU, no dia 19/8/2008.

★ Hambúrgueres (3min): O comilão Sean Durnal (EUA) conseguiu ingerir cinco hambúrgueres em 3min, em Fort Scott, Kansas, EUA, no dia 11/7/2008.

★ BARRA DE CHOCOLATE MAIS LONGA

A Pasticceria Beddini criou uma barra de chocolate de nada menos que 6,98m de comprimento por 1,01m de largura para o shopping Piazza Umbra, em Trevi, Itália, no dia 5/4/2009.

★ ESCULTURA DE AÇÚCAR MAIS ALTA

A escultura de açúcar mais alta já criada em 11h mede 4,97m e foi erigida pelo francês Regis Courivaud em Minneapolis, Minnesota, EUA, no dia 21/4/2006, durante as filmagens da Semana *Guinness World Records* para o canal de TV Food Network.

● MAIS PESSOAS ATIRANDO PANQUECAS

O número recorde de 405 pessoas jogou panquecas em um evento organizado por Bram Zwiers no programa de televisão *Mooi! Weer de Leeuw*, em Almere, Holanda, no dia 24/10/2008.

● MAIS OVOS ESMAGADOS COM A CABEÇA EM 1MIN

O recordista múltiplo Ashrita Furman (EUA) esmagou 80 ovos com a cabeça em 1min no bar e restaurante Panorama Café, em Jamaica, cidade de Nova York, EUA, em 10/12/2008. Os ovos podem se sentir honrados: Furman é a pessoa que tem **mais recordes mundiais do GWR**: são 164 recordes conquistados, batidos ou reestabelecidos.

27/6 Nesse dia de 1967 foi instalado o **primeiro caixa automático eletrônico** do mundo, numa filial do Banco Barclays em Enfield, Middlesex, Reino Unido.

28/6 O **maior grupo de música** já reunido contou com 20.100 membros da Federação Norueguesa de Bandas, no estádio Ullevaal, em Oslo, Noruega, em 28/6/1964.

MAIS CAROS

BICICLETA

Uma bicicleta folheada a ouro 24 quilates, decorada com cristais Swarovski e equipada com selim de couro costurado a mão está sendo vendida pelo escritório de design Aurumania (Dinamarca) por US$ 103.803 – o maior preço de uma bicicleta. Apenas dez unidades serão produzidas.

★ CHUPETA

Uma chupeta feita de ouro branco maciço e cravejada com 278 diamantes foi colocada à venda por US$ 17.000 no site da empresa americana Personalized Pacifiers. Embora não seja recomendado usá-la, ela possui bico de silicone e argola móvel – peças presentes em qualquer chupeta comum.

★ COMPUTADOR

O Simulador da Terra, concluído por japoneses em maio de 2002, custou incríveis US$ 400 milhões. Embora já não seja o computador mais potente do mundo, na época da montagem sua potência era tamanha, segundo o *New York Times*, "que equivalia à capacidade bruta de processamento dos 20 computadores americanos mais poderosos juntos". O Simulador da Terra está disponível para projetos internacionais que precisem simular condições atmosféricas, climáticas ou oceanográficas.

CARRO VETERANO VENDIDO EM LEILÃO

Um colecionador britânico desembolsou US$ 7.242.916 pelo mais antigo Rolls-Royce existente, num leilão realizado na Bonhams, em Londres, RU, no dia 3/12/2007.
O automóvel de 10cv e dois lugares foi fabricado em Manchester, RU, em 1904, o que o enquadra na categoria veterano (pré-1905).

★ NOVO
● ATUALIZADO

● DOMÍNIO DE ENDEREÇO NA INTERNET

O domínio virtual sex.com foi vendido por Gary Kremen (EUA) por US$ 12 milhões em 2005, segundo a *Forbes*. Os direitos sobre essa lucrativa URL foram disputados por muitos anos nos tribunais.

FATO

Uma versão mais barata, sem os cristais e com aros, guidão, rodas e corrente de alumínio polido a mão, está à venda por US$ 25.930.

● ROUPA DE ASTRO POP LEILOADA

O macacão branco com um pavão rendado que pertencia a Elvis Presley (EUA) foi arrematado por US$ 300.000 num leilão online da Gotta Have It em 7/8/2008. A roupa era uma das preferidas de Elvis, que a usou nos shows de uma turnê de cinco meses em 1974.

★ ALMOÇO VENDIDO EM LEILÃO

Zhao Danyang, um investidor de Hong Kong, pagou US$ 2,1 milhões por um almoço com o bilionário investidor Warren Buffett e sete amigos na casa de carnes Smith & Wollensky's, em Nova York, EUA. O dinheiro arrecadado foi destinado à caridade.

29/6 O **maior quebra-cabeça do mundo**, que possuía 212.323 peças e media 10,8 x 11,68m, foi montado em Cingapura no dia 29/6/2002.

30/6 J. F. Gravelet, vulgo Charles Blondin (França), fez a **primeira travessia das cataratas do Niágara** numa corda de 76mm de espessura e 335m de comprimento, a 47,75m acima das águas, em 1859.

US$ 22.507 – preço pago por 340g de chá puer Hong Yin Yuan. A xícara da bebida, vendida a US$ 127 na loja Harrods, em Londres, Inglaterra, é a **mais cara do mundo**.

★GARRAFA DE ÁGUA LEILOADA

Shazzie Hoss (EAU) comprou uma garrafa de 1L de água mineral natural Evian por US$ 23.000 num leilão realizado em Dubai, EAU, em 12/11/2008. A garrafa artesanal, produzida pelo designer francês Christian Lacroix, foi vendida para levantar fundos para o Centro de Autismo de Dubai.

MEMORABILIA DO BATMAN VENDIDA EM LEILÃO

O Batmóvel usado em *Batman Forever* (EUA, 1995) foi vendido pelo americano John O'Quinn por US$ 335.000 no leilão de carros para colecionadores da Kruse International, realizado em Las Vegas, EUA, em setembro de 2006. No leilão da Kruse de 1995, O'Quinn pagou US$ 690.000 pelo Ford Escort GL 1975 que havia pertencido ao papa João Paulo II.

★LIVRO

Cada exemplar do livro *Michelangelo, la dotta mano* custa US$ 155.000. As cópias, confeccionadas a mão, levam seis meses para ser feitas e pesam 28,1kg, já que a capa é uma réplica em mármore branco da escultura *Madonna della scala*.

★TOCA-DISCOS

O valor do prato do toca-discos Continuum Caliburn, fabricado pela Continuum Audio Laboratories (Austrália), chega a US$ 112.000, dependendo do acabamento. O braço da agulha custa outros US$ 12.000. O prato de magnésio é suspenso por levitação magnética a vácuo, a fim de assegurar que os discos não sejam afetados por vibrações externas.

INSETO

Um besouro Dorcus hopei gigante, de 80mm, teria sido vendido por US$ 90 mil numa loja de Tóquio, Japão, em 19/8/1999.

★ASPIRADOR DE PÓ

A fabricante de aspiradores de pó Electrolux homenageou seu premiado modelo ErgoRapido com a criação de um aparelho exclusivo, cravejado de cristais. O designer Lukasz Jemiol e a Gronowalski Crystal Fashion produziram um aspirador com 3.730 brilhantes, avaliado em US$ 19.340.

VINHO

O vinho mais caro disponível comercialmente é o Chateau d'Yquem Sauternes (1787), um vinho de sobremesa doce amarelo dourado de Bordeaux, França, vendido a uma média de US$ 60.000, que varia conforme o varejista.

★MOUSE

A fabricante suíça Pat Says Now produz o *mouse* mais caro do mundo. O aparelho, produzido em ouro branco 18 quilates e cravejado com 59 diamantes, é vendido a US$ 24.180.

★TECLADO DE COMPUTADOR

O Happy Hacking Keyboard Professional HP Japan, fabricado por uma subsidiária da Fujitsu, é vendido por US$ 4.240. Suas teclas são revestidas a mão com laca Urushi e cobertas de ouro em pó.

PIZZA

Uma pizza com cobertura de purê de cebola, pasta de trufas brancas, queijo *fontina*, mussarela *baby*, *pancetta*, cogumelos *cèpe* e mizuna (verdura japonesa) selvagem, além de raspas frescas de uma rara trufa branca italiana, é vendida a US$ 178 no restaurante Maze, da rede de Gordon Ramsay, em Londres, RU.

PINTURA DE ARTISTA VIVO VENDIDA EM LEILÃO

O quadro "Benefits Supervisor Sleeping", de Lucian Freud (n. 1922, RU), pintado em 1995, foi comercializado por US$ 33,64 milhões num leilão realizado na Christie's de Manhattan, EUA, em 13/5/2008, tornando-se a pintura mais cara de artista vivo já vendida. O comprador foi o bilionário russo Roman Abramovich.

1/7 A **mais jovem a marcar um *hole-in-one*** (acertar o buraco numa só tacada) foi Soona Lee-Tolley (EUA), aos 5 anos e 103 dias, no clube de golfe Manhattan Woods, em West Nyack, Nova York, EUA, em 2007.

PLANETA EM PERIGO

★PAÍS COM MAIS MAMÍFEROS AMEAÇADOS

Estima-se que a Indonésia tenha 667 espécies de mamíferos – mais do que qualquer outro país –, e a ONU considera que 146 delas estão ameaçadas. Para a União Internacional para a Conservação da Natureza e dos Recursos Naturais, há no mundo 1.104 mamíferos em grande risco de extinção. Assim, as espécies indonésias ameaçadas somam c. 13% do total mundial.

★PAÍS COM MENOR ÍNDICE DE POBREZA HÍDRICA

O Índice de Pobreza Hídrica (IPH) mede o impacto da escassez de água e seu abastecimento nas populações humanas. O IPH varia de 0 a 100 – valores baixos indicam carência de água, enquanto os altos significam bom abastecimento de água. A Nigéria é apontada pela Organização das Nações Unidas para a Agricultura e a Alimentação (FAO, na sigla em inglês) como o país de menor Índice de Pobreza Hídrica, com uma marca de 35,2, seguida de perto pela Etiópia (35,4).

O IPH se baseia em cinco fatores: recursos naturais, acesso, capacidade, uso e meio ambiente. A Finlândia tem o maior IPH (78,0), e o Canadá fica em segundo lugar, com 77,7.

●MAIOR CONSUMIDOR DE ELETRICIDADE

Estimativas dão conta de que os Estados Unidos consumiram 3.892 bilhões de kWh em 2007, o que chega a quase um quarto do consumo mundial de eletricidade naquele ano, que foi de 17.480 bilhões de kWh. A China foi a segunda maior consumidora, com gasto de 3.271 bilhões de kWh.

●MAIOR PRODUTOR DE DIÓXIDO DE CARBONO PER CAPITA

Os cidadãos de Qatar foram responsáveis pela emissão de 51,17t de dióxido de carbono por pessoa em 2004. No mesmo ano, os EUA produziram mais CO_2 do que qualquer outro país, com emissões de 5,88 bilhões de t. O CO_2 é um gás de efeito estufa poderoso, produzido durante a queima de combustíveis sólidos, líquidos e gasosos.

●NÍVEL MAIS ELEVADO DE DIÓXIDO DE CARBONO

De acordo com a Organização Mundial de Meteorologia, a concentração atmosférica de dióxido de carbono, gás diretamente relacionado ao efeito estufa, foi de 383,1ppm (partes por milhão) em 2007. É o nível mais alto de que se tem registro e representa um aumento de 37% em relação a meados do século XVIII.

★MAIOR EMISSOR DE DIÓXIDO DE ENXOFRE

A China é responsável pela maior emissão de dióxido de enxofre – principal responsável pelas chuvas ácidas –, lançando mais de 34,2 milhões de t na atmosfera por ano.

O dióxido de enxofre é produzido na queima de combustíveis com enxofre (como carvão e petróleo), no refino de gasolina e na mineração.

★PAÍS COM MAIS ÁREAS DE CONSERVAÇÃO

Segundo o Centro Mundial de Monitoramento da Conservação do Programa das Nações Unidas para o Meio Ambiente, 34,2% do território venezuelano são protegidos. Uma área de conservação é definida como "superfície de terra e/ou mar especialmente destinada à proteção e à manutenção da diversidade biológica e dos recursos naturais e culturais associados, administrada por meios legais ou outros meios eficazes".

CADA VEZ MAIS RAROS

Entre as espécies ameaçadas na Indonésia estão o binturongue, ou urso-gato (*Arctictis binturong*, no alto); o orangotango-de-bornéu (*Pongo pygmaeus*, no centro); e o rinoceronte-de-java (*Rhinoceros sondaicus*, embaixo), do qual restam menos de 60 exemplares.

2/7 Nesse dia de 2002, o americano Steve Fossett completou a **mais rápida circum-navegação solo em um balão**, tendo dado a volta ao mundo com o *Bud Light Spirit of Freedom* em 13 dias e 8h33min.

3/7 A **primeira transmissão de TV em cores** aconteceu nessa data em 1928, quando John Logie Baird (RU) realizou uma demonstração em seus estúdios em Long Acre, Londres, RU.

26.127km²: área de florestas tropicais desmatadas no Brasil em 2004, o país com a **maior taxa anual de desmatamento**.

★ NOVO
● ATUALIZADO

É SACO POR TODO LADO!

As estimativas da fabricação mundial de sacos plásticos chegam aos trilhões, o que faz deles os bens de consumo mais abundantes no mundo. Apenas nos EUA, os consumidores descartam 100 bilhões de sacos plásticos a cada ano. Como eles são fabricados a partir do petróleo, este volume equivale a a jogar fora quase 12 milhões de barris de petróleo anualmente.

★ MAIOR ILHA DE GARRAFAS

A maior ilha do mundo feita totalmente de garrafas plásticas foi criada na costa do México pelo britânico Richard Sowa. A ilha é composta de mais de 100 mil garrafas plásticas vazias e descartadas, unidas por redes de pesca. A construção, que ocupa atualmente uma superfície de 14,6 x 12,8m, nunca para de crescer, já que Sowa sai diariamente da ilha artificial para trazer do território mexicano mais garrafas em sua canoa. A ilha conta com uma praia de areia, uma cabana e um sanitário seco.

● MAIOR PERCENTUAL DE RECICLAGEM DE VIDRO

Em 2007, a população suíça reciclou 320.000t de vidro, o que representa 95% das 336.000t em produtos de vidro que consumiu – a maior taxa de reciclagem de vidro do mundo. Em comparação, a Alemanha reciclou 87% de seu vidro e o Reino Unido, 57%.

MAIOR REFLORESTAMENTO

Em maio de 2002, a Administração Florestal da China anunciou o início de um projeto de reflorestamento de dez anos que cobrirá uma área do tamanho da Suécia. A área replantada, que representa 5% do território chinês, terá cerca de 440.000km² e deverá compensar alguns dos problemas ambientais causados pela derrubada de matas no país.

★ MAIOR POLUENTE OCEÂNICO

Segundo o Programa das Nações Unidas para o Meio Ambiente (PNUMA), os sacos plásticos respondem por mais de 50% do lixo marinho, ou 46 mil pedaços de plástico por 2,5km² de oceano. A Sociedade de Conservação Marinha Blue Ocean estima que todo esse lixo cause a morte de mais de 1 milhão de pássaros e 100 mil mamíferos a cada ano.

ANO MAIS QUENTE

Um relatório da NASA de janeiro de 2008 revela que o ano mais quente já registrado foi 2005. O relatório informou ainda que os 14 anos mais quentes da Terra ocorreram após 1990.

● TIPO DE LIXO URBANO QUE MAIS CRESCE

De acordo com o Instituto de Recursos Mundiais, o lixo eletrônico é o componente do lixo das cidades que mais cresce no mundo, com 20–50 milhões de toneladas geradas anualmente. Só nos EUA, 14–20 milhões de computadores são descartados a cada ano.

4/7 O **menor tempo para atravessar o Canal da Mancha de windsurfe** é 1h4min33s, marca estabelecida pelo barão francês Arnaud de Rosnay em 4/7/1982.

ECONOMIA

100

●MAIOR QUEDA DE PONTOS DO DOW JONES INDUSTRIAL AVERAGE (DJIA)

Em 29/9/2008 – a "Segunda-Feira Negra" –, o DJIA sofreu uma retração de 777,68 pontos, maior queda em um dia nos seus 114 anos de história — despencando 700 pontos pouco depois das 14h, quando o Congresso americano começou a votar um pacote de US$700 bilhões idealizado pelo governo para socorrer o mercado financeiro e os contribuintes.

●MAIS RICOS

Em 5/3/2008, Warren Buffett (EUA, abaixo) tirou Bill Gates (EUA) do topo da lista dos mais ricos da *Forbes* pela primeira vez em 13 anos. A fortuna de Buffett foi estimada em US$ 62 bilhões, contra os US$ 58 bilhões de Gates. A crise global, porém, foi mais dura para Buffett, que viu sua fortuna cair para US$ 37 bilhões. Gates sofreu menos: em abril de 2009, ele era novamente o **homem mais rico do mundo**, com US$ 40 bilhões.

★FTSE 100

O Financial Times Stock Exchange (FTSE) 100, índice de ações das cem empresas mais valiosas do RU com ações na Bolsa de Valores de Londres, é o indicador mais usado para avaliar a saúde do mercado britânico.

• A ●**maior alta do FTSE-100** ocorreu em 24/11/2008, quando o índice subiu 372 pontos, chegando a 4.152,96 (um salto de 9,84%), após a notícia de que o Tesouro norte-americano havia injetado mais de US$ 13 bilhões no gigantesco Citigroup, a fim de sanar os problemas do banco.

• O FTSE-100 abriu 2008 com 6.456,90 pontos e fechou o ano no patamar dos 4.423,34 pontos – a ●**maior queda percentual do FTSE-100 em um ano**. A perda de 30% fez desse o ●**pior ano do índice** em seus 24 anos de história. Foi a segunda maior derrapada de todos os tempos no RU, superada apenas pela desvalorização de 55,3% do FTSE All-Share em 1974.

• A **maior perda em pontos do FTSE-100 em um dia** ocorreu em 11/9/2001, após os ataques terroristas nos EUA, quando o índice desabou 287,70 pontos.

●DOW JONES INDUSTRIAL AVERAGE

O Dow Jones Industrial Average (DJIA) é um índice que serve de parâmetro para monitorar a saúde do mercado acionário norte-americano. Baseia-se no valor de mercado de 30 das maiores empresas dos EUA.

• Ao longo do dia 10/10/2008, o DJIA oscilou de uma baixa de 7.882,51 para uma alta de 8.901,28 pontos, a ●**maior oscilação já registrada pelo DJIA**. O dia fechou a 8.451,19, recuo de 128,00. As dez maiores oscilações da história do DJIA ocorreram durante a crise financeira de 2008.

• O índice Dow Jones fechou a 9.387,61 em 13/10/2008, após um ganho de 936,42 – a ●**maior alta em pontos do DJIA em um dia**.

●MAIOR DÍVIDA EXTERNA

A dívida externa dos EUA ultrapassou a marca dos US$ 10 trilhões pela primeira vez em 30/9/2008 – tornando obsoleto o célebre "relógio da dívida" da Times Square, em Nova York, EUA. O relógio, que indica o valor da dívida segundo a segundo, ficou sem dígitos suficientes e precisou passar por uma adaptação às pressas.

100

PRUDÊNCIA E CANJA DE GALINHA...

Warren Buffett, um dos homens mais ricos do mundo (veja ao lado), é famoso pela simplicidade. Ainda vive na mesma casa que comprou em 1958 em Omaha, Nebraska, EUA. Em 2006, ao casar-se com sua segunda mulher, Astrid, comprou a aliança numa joalheria popular.

5/7 Seis clientes do restaurante Petrus, em Londres, RU, fizeram em 5/7/2001 a **refeição mais cara por cabeça**: US$ 10.323,50 – ao todo US$ 61.941. O que "pesou" na conta foram cinco garrafas de vinho.

US$ 787 bilhões: valor do ★**mais alto gasto público de uma só vez**, aprovado pelo Congresso dos EUA em fevereiro de 2009 para estimular a fragilizada economia do país.

★MAIOR CUSTO DE VIDA

Com a conversão de diferentes moedas a uma moeda comum e a equalização do poder de compra de cada país, é possível calcular e comparar o custo de bens em todo o mundo. Segundo o Índice Comparativo de Preços publicado pela Organização para a Cooperação e Desenvolvimento Econômico (OCDE), a Suíça tem os maiores preços do mundo, com 135 pontos (onde 100 = preço médio) – ou seja, uma cesta de compras que na média internacional custa US$ 100 na Suíça custaria US$ 135.

● Em 9/10/2007, o DJIA fechou com uma alta recorde de 14.164,53 – o ●**maior fechamento da bolsa Dow Jones**. Dois dias depois, ele atingiu um pico de 14.198,10 mas no fim do dia havia caído para abaixo do recorde.

★REGIÃO COM MAIOR LIBERDADE ECONÔMICA

Segundo o Índice de Liberdade Econômica de 2009, os cidadãos de Hong Kong, China, desfrutam da maior liberdade econômica – definida pelo índice como "o direito fundamental de todo ser humano de exercer o controle de sua própria mão de obra e patrimônio, trabalhando, produzindo, consumindo e investindo como bem entender, sendo tal liberdade ao mesmo tempo protegida e não restringida pelo Estado". Hong Kong está no topo da lista há 15 anos seguidos.

●PAÍS COM MAIS BILIONÁRIOS

Segundo a Forbes, 469 (42%) dos 1.125 bilionários do mundo vivem nos EUA.

★MAIOR DÉFICIT ORÇAMENTÁRIO

Segundo estimativas da Casa Branca divulgadas em julho de 2008, o déficit orçamentário dos EUA encerrará 2009 em US$ 482 bilhões. O déficit ocorre quando o país gasta mais dinheiro do que arrecada. Entre 1998 e 2001, os EUA tiveram superávit – a situação oposta, em que se arrecada mais do que se gasta –, mas a recessão econômica fez o endividamento disparar.

★POPULAÇÃO MAIS POBRE

Segundo o relatório de tendências globais (Earthtrends) do Instituto de Recursos Mundiais para o período de 1989–2004, 70,8% da população da Nigéria vivia com menos de US$ 1 por dia (equivalente hoje a US$ 1,55), o que faz desse povo o mais pobre do mundo.

O país mais pobre, com base no valor de toda a receita gerada pela atividade econômica interna (quantificada pelo PIB) dividida pela população – ou seja, o ●**país com menor renda per capita** – é Burundi, na África, com média de apenas US$ 120 por pessoa (até 2006). Em contrapartida, Luxemburgo tem o ●**maior PIB per capita**: US$ 87.490.

★COMBUSTÍVEL MAIS BARATO

Graças às abundantes reservas petrolíferas da Venezuela, os motoristas do país pagam US$ 0,037 por litro de combustível.

ASPIRANTES

Os outros nove países listados pela OCDE são:

2. Japão	**127**
3. Noruéga	**123**
4. Dinamarca	**117**
5. Islândia	**112**
6. Suécia	**110**
7. EUA	**109**
8. RU	**107**
9. Irlanda	**105**
10. Finlândia	**101**

★NOVO
●ATUALIZADO

●CÉDULA COM MAIS ZEROS

A cédula com maior valor de face, 100 bilhões de dólares (11 zeros), foi emitida no Zimbábue em 22/07/2008. Devido à hiperinflação zimbabuana, ela era suficiente para comprar apenas três ovos (naquele dia).

6/7 A **pessoa mais velha a conquistar o torneio de tênis de Wimbledon** foi Martina Navratilova (EUA), que tinha 46 anos e 261 dias ao ganhar o torneio de duplas mistas com Leander Paes (Índia), em 2003.

7/7 O coronel Ernest Loftus (Zimbábue) escreveu o **diário pessoal mais longo**. Loftus iniciou-o em 4/5/1896, aos 12 anos. Ao morrer, em 7/7/1987, aos 103 anos e 178 dias, seu diário tinha 91 anos.

CRIME

★MAIOR ATUAÇÃO DE PIRATAS (ANO)

Segundo a Agência Marítima Internacional, a pirataria e os assaltos de navio a mão armada tiveram aumento significativo em 2008 – 11,4% a mais que em 2007. Foi o ano de maior atividade da pirataria moderna, com 293 incidentes.

★MAIOR FRAUDE PONZI

O esquema "Ponzi" é uma forma de investimento fraudulento em que os retornos são pagos por investidores subsequentes, e não pelo lucro de investimentos reais. O nome vem do ítalo--americano Charles Ponzi (acima à dir.), que ganhou fama em 1920 ao aplicá-lo. A maior fraude do tipo foi perpetrada pelo americano Bernard Lawrence Madoff (acima à esq.), ex-presidente da bolsa de valores NASDAQ e gerente de fundos de *hedge*. Segundo queixa-crime registrada em dezembro de 2008 pela procuradoria-geral dos EUA e pelo FBI, Madoff disse a pelo menos três funcionários que operava um gigantesco esquema Ponzi, em que os investidores perderam US$ 50 bilhões.

★MAIOR NAVIO SEQUESTRADO

Em 15/11/2008, piratas capturaram um dos maiores petroleiros do mundo, o MV (sigla para *merchant vessel*, navio de transporte de carga ou passageiros) *Sirius Star* (EAU), na costa da Somália, África Oriental. Esse gigante de 330m de comprimento e 147.192t de tonelagem bruta estava a caminho dos EUA, com 25 tripulantes e uma carga de petróleo cru estimada em US$ 110 milhões. Os piratas levaram o navio ao porto somali de Harardhere e exigiram um resgate dos proprietários. A embarcação foi devolvida em 9/1/2009, depois do pagamento de uma quantia não revelada.

★PRIMEIRO USO DE APLICATIVO NINTENDO EM INVESTIGAÇÃO CRIMINAL

A polícia japonesa usou um canal do console Nintendo Wii para gerar o cartaz de "procura-se" de um suspeito de atropelamento com omissão de socorro. A polícia costuma empregar artistas ou programas gráficos em tais casos. No entanto, ao usar a infinidade de características faciais, cortes de cabelo e outros recursos do criador de avatares Mii Channel, a polícia foi capaz de criar um retrato falado do suspeito. O cartaz foi exposto na cena do acidente, ao lado de uma fotografia do modelo do carro envolvido.

★PRIMEIRA INTIMAÇÃO JUDICIAL ENTREGUE ONLINE

Em dezembro de 2008, os advogados australianos Mark MacCormack e Jason Oliver fizeram história no direito e na internet, ao usar a rede social Facebook para enviar intimações judiciais a um casal que deixara de pagar uma hipoteca. O juiz da Suprema Corte australiana determinou que os documentos entregues pela internet eram válidos. Os advogados digitaram o endereço eletrônico de um dos devedores no mecanismo de busca do Facebook e assim o rastrearam, encontrando informações idênticas às dos documentos da hipoteca, além de detalhes sobre o segundo devedor.

MAIOR RESGATE DE SEQUESTRO

O MV *Faina* (esquerda), navio ucraniano que transportava uma carga de tanques russos, foi sequestrado na costa da Somália por piratas somalis em 25/9/2008. O navio foi liberado depois que um resgate de US$ 3,2 milhões foi pago em 5/2/2009.

EXECUÇÕES EM 2008

	PAÍS	NÚMERO	MÉTODO
1	China	1.718*	Injeção letal, tiro
2	Irã	346*	Enforcamento
3	Arábia Saudita	102*	Decapitação
4	EUA	37	Injeção, eletrocussão
5	Paquistão	36*	Enforcamento
6	Iraque	34*	Enforcamento
7	Vietnã	19*	Tiro
8	Afeganistão	17	Tiro
9	Coreia do Norte	15*	Tiro
10	Japão	15	Enforcamento

**Apenas dados confirmados. Os números podem ser mais altos.*
Fonte: Anistia Internacional
Ao todo, 2.390 pessoas foram executadas no mundo em 2008 e pelo menos 8.864 foram condenadas à morte no mesmo ano.

8/7 Svetlana Pankratova (Rússia) tem as **pernas mais longas** do mundo: o comprimento de 1,32m foi confirmado em Torremolinos, Espanha, em 8/7/2003.

841: **o recorde de bicicletas registradas em um dia**, durante uma campanha de prevenção ao crime promovida pela polícia de Lancashire na Faculdade Beaumont, em Lancaster, RU, no dia 16/4/1994.

★PRIMEIRO JULGAMENTO DO TPI

O Tribunal Penal Internacional (TPI) entrou em operação em 1/7/2002 e é a única corte criminal internacional permanente. O TPI aborda crimes graves de abrangência internacional, como genocídio e crimes de guerra. A sede oficial da instituição fica em Haia, Holanda (extrema esq.).

O **★primeiro julgamento do TPI** teve início em 26/1/2009, quando o líder militar congolês Thomas Lubanga (esq.) começou a ser julgado por crimes de guerra, em função de seu envolvimento na guerra civil da República Democrática do Congo.

★PRIMEIRA PRISÃO POR MORTE DE PESSOA VIRTUAL

Em outubro de 2008, uma professora de piano de 43 anos foi detida em Miyazaki, Japão, depois de assassinar seu marido virtual. A mulher havia se "divorciado" recentemente no RPG *Maple Story*, em que avatares (como o ilustrado acima) podem se casar. Recaiu sobre ela a suspeita de ter acessado ilegalmente um computador e manipulado informações usando a identidade e a senha do parceiro no jogo, para assassiná-lo. Se condenada, ela pode ser presa ou pagar uma fiança de até US$ 5.000.

★MAIOR ÍNDICE DE ASSASSINATOS (PAÍS)

De acordo com o Décimo Relatório das Nações Unidas sobre Prevenção do Crime e Justiça Penal, o país onde houve mais assassinatos intencionais em 2006, último ano com dados disponíveis, é a Índia, com 32.481 ocorrências. Os EUA vêm a seguir, com 17.034 casos. Nem todos os países participaram da pesquisa.

VOCÊ SABIA?

Apesar de Haia, na Holanda, ser a sede oficial do Tribunal Penal Internacional, as sessões do TPI podem ser realizadas em qualquer lugar.

★MAIOR APREENSÃO DE ECSTASY

Dentro de 3 mil latas de tomates foram encontradas 15 milhões de pílulas de *ecstasy* contrabandeadas para a Austrália, em 8/8/2008. Acredita-se que a carga de 4,4t teve como origem a Itália. O valor de varejo das drogas foi estimado em US$ 440 milhões.

●MAIOR ASSALTO A BANCO

Entre seis e dez criminosos abriram uma empresa de paisagismo próximo à sede do Banco Central do Brasil em Fortaleza, Ceará. Sob essa fachada, a quadrilha cavou um túnel de 78m de comprimento, 4m abaixo do nível da rua, até o banco. No fim de semana dos dias 6–7/8/2005, os criminosos quebraram o piso de concreto reforçado com aço de 1,1m de profundidade e acessaram o cofre do banco. O valor foi estimado em R$ 164.755.150.

★TRAFICANTE MAIS RICO

Joaquín Guzmán Loera (México), líder do cartel de Sinaloa e criminoso mais procurado do México, acumulou uma fortuna pessoal de US$ 1 bilhão com o tráfico de drogas. O governo americano oferece US$ 5 milhões de recompensa pela captura do baixinho Loera (1,52m), que escapou de uma prisão mexicana em 2001 num caminhão de lavanderia. Ele é o segundo traficante a integrar a lista anual de bilionários da revista *Forbes* – o colombiano Pablo Escobar foi considerado o sétimo homem mais rico do mundo em 1989.

★MÉTODO MAIS AVANÇADO DE SEGURANÇA BIOMÉTRICA

Um novo sistema biométrico desenvolvido pela multinacional japonesa Hitachi, capaz de identificar pessoas a partir de padrões exclusivos nas veias dos dedos, tem sido utilizado em sistemas de segurança na Europa e no Japão. Este é o método biométrico de identificação pessoal mais rápido e seguro já desenvolvido.

★MAIOR APREENSÃO DE HAXIXE

Em 9/6/2008, o Serviço de Bote Especial britânico e forças afegãs apreenderam 237t de haxixe, em Kandahar, Afeganistão. A carga foi avaliada em US$ 338 milhões, no varejo.

★MAIOR RECOMPENSA POR CONTRATERRORISMO

Osama bin Laden, o líder da organização terrorista Al-Qaeda, figura desde 1999 na lista dos dez criminosos mais procurados pelo FBI, que oferece recompensa de US$ 25 milhões por sua cabeça. Em julho de 2008, com o crescimento do temor por ações da Al-Qaeda, o Senado americano votou pela duplicação do prêmio (para US$ 50 milhões) pela morte ou captura de Bin Laden.

★NOVO ●ATUALIZADO

★MAIOR HACKER MILITAR

Em 2002, o britânico Gary McKinnon foi acusado de invadir o número recorde de 97 computadores militares americanos, além de inutilizar 300 computadores de uma estação de armas da Marinha dos EUA depois dos ataques de 11/9 em Nova York. Em 2005, os EUA deram início ao processo de extradição de McKinnon, afirmando que ele causou prejuízos da ordem de US$ 800 mil. McKinnon admite que sua ação constitui crime no RU, mas contesta o pedido de extradição nos tribunais britânicos.

9/7 A **maior dança limbo** (similar à da cordinha) contou com 1.150 participantes, no Festival Mundial de Música sob as Estrelas, realizado no Memorial Nacional de Chamizal, em El Paso, Texas, EUA, em 9/7/2006.

10/7 Quando o americano Willie Jones deu entrada num hospital de Atlanta, Geórgia, EUA, nessa data de 1980, sua temperatura corporal era de 46,5°C, a **maior temperatura corporal já registrada**.

GUERRA E TERRORISMO

★MAIS VELHA HEROÍNA DA RESISTÊNCIA

Andrée Peel (França), que fez 104 anos em 3/2/2009, é a mais velha sobrevivente da Resistência Francesa. Conhecida como agente Rose, ajudou a salvar 102 pilotos aliados em três anos de atividade durante a Segunda Guerra Mundial.

TERRORISTA MAIS PROCURADO

O saudita Osama bin Laden, líder da organização terrorista Al-Qaeda, é procurado por diversos países devido a atividades terroristas. Ele teria sido a fonte de inspiração dos responsáveis pelos ataques de 11/9/2001 nos EUA, que causaram 2.749 mortes – o **maior número de mortes em um ato terrorista**. Desse total, 157 pessoas estavam a bordo dos dois aviões lançados contra as torres gêmeas e 233 estavam em duas outras aeronaves sequestradas no mesmo dia.

★PRIMEIRA MISSÃO DE FORÇA-TAREFA DA UE

Em resposta ao recrudescimento da pirataria na costa da Somália, a União Europeia (UE), bloco político formado por 27 Estados-membros, decidiu enviar uma força naval à região em 15/12/2008 para assumir a missão da OTAN (Organização do Tratado do Atlântico Norte) em atividade naquelas águas. Entre os objetivos da primeira força-tarefa da história da UE, estão a ajuda alimentar à população do país e o aumento da segurança marítima na conturbada costa somaliana.

★PRIMEIRA PILOTO MILITAR

Sabiha Gökçen (Turquia, n. 21/3/1913) entrou na Academia de Aviação Militar em Eskisehir, Turquia, em 1936, e recebeu treinamento no Primeiro Regimento Aéreo. Gökçen pilotou caças e bombardeiros, tornando-se a primeira aviadora turca e a primeira piloto de combate da história.

★MAIOR CONTRIBUIÇÃO ÀS FORÇAS DA ONU

Em 2008, o Paquistão foi o país que mais contribuiu com tropas e observadores policiais e militares para missões de paz da ONU, somando um total de 11.135 integrantes. Em segundo ficou Bangladesh (9.567 enviados) e, em terceiro, a Índia (8.693).

●MAIOR ORÇAMENTO DE DEFESA

Em 2007, a receita militar dos EUA foi estimada em US$ 622 bilhões pelo Instituto Internacional de Estudos Estratégicos, de Londres (RU). O recorde deve ser superado em 2009, já que a Casa Branca solicitou a alocação de US$ 711 bilhões para o período. Os EUA respondem por 48% do investimento bélico mundial; seu orçamento de defesa é maior do que a soma dos orçamentos dos outros 44 países que mais investem em defesa.

FATO

A agente Rose recebeu a maior condecoração francesa por bravura, a Legião da Honra, em 2004. Ela ainda recebeu a Cruz de Guerra com Palma, a Cruz de Guerra com Estrela Púrpura e a Medalha da Resistência.

★MAIS MISSÕES DA ONU (CONTINENTE)

A África é hoje palco de sete operações de paz da ONU: República Centro-Africana e Chade; Darfur; Sudão; Costa do Marfim; Libéria; RD do Congo; e Saara Ocidental. A Europa e o Oriente Médio recebem três missões cada, a Ásia e o Pacífico têm duas, e as Américas, uma. Na imagem, soldados nigerianos da força de paz da ONU em atividade em Darfur.

100

11/7 Nessa data em 2008, a cidade de Fort Scott, Kansas, EUA, assistiu à voracidade do americano Sean Durnal, que cravou o novo **recorde de hambúrgueres comidos em 3min**: cinco.

500 mil: horas de voo realizadas pelo veículo aéreo não tripulado (VANT) *Predator* até 18/2/2009 – o que faz dele o ●**UAV militar mais usado**.

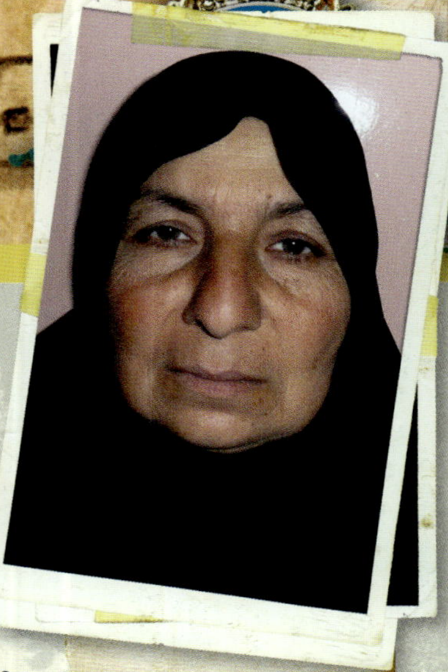

★PRIMEIRA GENERAL DE QUATRO ESTRELAS

Em 14/11/2008, depois de 33 anos de serviço no exército dos EUA, Ann E. Dunwoody (USA) foi promovida, aos 55 anos de idade, à patente de general de quatro estrelas – a máxima como general –, a primeira da história das forças armadas americanas.

★MAIOR MISSÃO DA UE

Em 9/12/2008, a UE iniciou a maior missão militar de sua história, a EULEX (Missão de Estado de Direito da UE) Kosovo, com a primeira leva dos 1.900 homens enviados ao Kosovo para assumir funções policiais, alfandegárias e jurídicas sob a tutela da ONU. Auxiliados por 1.100 servidores locais, esses oficiais devem supervisionar o funcionamento dos serviços policiais, alfandegários e judiciais, bem como ajudar o governo local a combater o crime organizado.

★CARRASCO MAIS SANGUINÁRIO

Pessoalmente escolhido por Stálin (líder da ex-URSS) em 1926, Vasili M. Blokhin (URSS) foi o executor-chefe do NKVD (Comissariado do Povo de Assuntos Internos, na sigla em russo), onde liderava uma equipe de algozes. Sob seu comando, o órgão realizou a maior parte das execuções ordenadas por Stálin. Blokhin não apenas matou pessoalmente todos os principais prisioneiros do regime como executou 7 mil militares poloneses no campo de prisioneiros Ostachkov em 1940, durante 28 noites – exatas 250 execuções por noite. Com o triste título de algoz mais prolífico, Blokhin morreu em 1955.

★PIOR EFEITO DO CLIMA EM UMA GUERRA

As piores condições de tempo já ocorridas em combate foram as do inverno de 1941–42, quando a Alemanha invadiu a Rússia durante a Segunda Guerra. As tropas não estavam preparadas para o frio de até -40°C – severo mesmo para os padrões russos. As estimativas de baixas na campanha alemã e no Cerco de Stalingrado variam, mas o número de mortos em ambos os lados até o início de 1943 é estimado em mais de 250 mil. As causas foram efeitos do frio, doenças, fome e combate.

★MAIOR RAIDE NAVAL

Em 28/3/1942, durante a Segunda Guerra, a Marinha Real Britânica iniciou a Operação Chariot para destruir o porto de Saint-Nazaire, França, a maior doca seca do mundo na época. O *HMS Campbeltown*, um obsoleto destróier de 1.090t, teve todos os equipamentos desnecessários retirados para que pudesse navegar nas águas rasas da doca. A proa foi abastecida de 4,5t de explosivos com detonadores de retardo. À 1h34, o navio abalroou os portões da doca e, nas horas seguintes, foi inspecionado por soldados alemães. Às 11h35, os explosivos foram detonados, matando os soldados e destruindo a doca, que ficou desativada até 1948.

★SISTEMA DE VIGILÂNCIA AÉREA DE LONGO ALCANCE MAIS MODERNO

Com a aquisição do quinto e último avião espião Sentinel R1, em 10/2/2009, as forças armadas do RU colocaram em operação a tecnologia de inteligência de combate, localização de alvos e reconhecimento de longo alcance mais avançada do mundo. Sediado na base da Força Aérea Real (RAF, na sigla em inglês) em Waddington, Lincolnshire, RU, o Quinto Esquadrão agora usa cinco aeronaves Global Express, da Bombardier, modificadas e equipadas com o radar ASTOR, da Raytheon, que permite captar imagens em alta definição, enquanto a função de Visualização de Alvos Móveis (MTI) detecta veículos em movimento.

★MAIS MULHERES-BOMBA ALISTADAS

Em 21/1/2009, Samira Ahmed Jassim (Iraque) foi presa em Bagdá, Iraque, acusada de recrutar mais de 80 mulheres para atuarem como mulheres-bomba. Na sua confissão gravada, Jassim – apelidada de "Mãe das Crentes" – confirmou que pelo menos 28 de suas recrutas executaram ataques suicidas.

★NOVO
●ATUALIZADO

★PIOR ANO DA REBELIÃO AFEGÃ

Com 294 baixas da coalizão, 2008 foi o pior ano da insurgência afegã desde o início das operações da OTAN no país. As mortes de civis, por outro lado, são bem mais difíceis de avaliar. Apesar disso, com base em dados da imprensa, estimam-se entre 4.800 e 7 mil mortes de civis desde outubro de 2001. Outras 3 mil foram causadas por ações da insurgência.

AFEGANISTÃO

O Afeganistão respondeu por cerca de 87% da produção de ópio em 2005. Mais de 90% da heroína consumida no Reino Unido vem daquele país.

12/7 Nesse dia de 1998, Ron Cook (EUA) sobreviveu a um acidente de moto a c. 322 km/h no leito seco do lago Mirage, Califórnia, EUA. Foi a **maior velocidade de um acidente motociclístico com sobrevivente**.

13/7 Em 13/7/1969, Henri Rochetain caminhou 3.465m numa corda bamba instalada sobre um desfiladeiro em Clermont-Ferrand, França, a **caminhada mais longa de um funambulista**.

OURO

MOEDA MAIS CARA VENDIDA EM LEILÃO

A moeda mais cara do mundo é a Double Eagle, uma moeda de US$ 20 de 1933 leiloada em 30/7/2002 na Sotheby's de Nova York, EUA, por um valor muito maior do que o original de face: nada menos que US$ 7.590.020.

★NOVO
●ATUALIZADO

★TÊNIS MAIS CARO

Ken Courtney (EUA), criador da grife Ju$t Another Rich Kid, idealizou esta basqueteira Nike Dunks folheada a ouro 18 quilates como parte de sua coleção 2007, apresentada em Nova York, EUA. Os cinco pares produzidos foram postos à venda por US$ 4.053 cada.

●ELEMENTO MAIS DÚCTIL

O ouro não é apenas um metal precioso; é extremamente maleável e pode ser usado até mesmo na produção de fios para bordado. Um grama de ouro pode ser transformado em um fio com 2,4km de extensão!

●MAIOR PEPITA DE OURO

A pepita Holtermann, que pesava 235,14kg, foi encontrada em 19/10/1872 na mina Star of Hope da mineradora Beyers-Holtermann em Nova Gales do Sul, Austrália. Ela continha cerca de 82,11kg de ouro.

●MAIOR BARRA DE OURO

A maior barra de ouro puro do mundo pesa 250kg. Ela foi produzida pela Mitsubishi Materials Corporation em 11/6/2005 na fundição Naoshima, instalada na região japonesa de Kagawa.

●MINA MAIS PROFUNDA

Com os 3.777m de profundidade medidos em 2005, a mina sul-africana Savuka é a maior e mais profunda do mundo. Os mineiros extraem rochas que contêm cerca de 20cm de ouro por metro cúbico.

●MAIOR PRODUTOR DE OURO

A China extraiu 276t de ouro em 2007, um décimo da produção mundial. Foi a primeira vez desde 1905 que a África do Sul não foi a responsável pela maior produção.

A **●maior empresa produtora de ouro** é a Barrick (Canadá), que tem 27 minas em 5 continentes e mais de 20 mil funcionários. Ela possui um estoque de 3,5t do metal, a **●maior reserva privada de ouro**.

●MAIOR RESERVA MUNDIAL DE OURO

O Tesouro americano possui estoques de 8.133,5t de ouro, avaliados em US$ 241 bilhões em julho de 2008. É a maior reserva do metal no mundo.

BANHEIRO MAIS CARO

Em outubro de 2008, soubemos da triste notícia da morte do magnata das jóias Lam Sai-Wing, 53. Lam era famoso por ter gastado US$ 3,5 milhões no banheiro de sua loja em Hong Kong. Os vasos sanitários, pias, espelhos, paredes, pisos e portas foram folheados a ouro 24 quilates. Mas apenas os clientes que gastam uma determinada quantia na loja podem conhecer o banheiro de Lam.

14/7 Richard Presley (EUA) passou 69 dias e 19min em um módulo subaquático – o **maior tempo vivendo embaixo da água** – na costa de Key Largo, Flórida, EUA, de 6/5/1992 a 14/7/1992.

15/7 O **maior fogo de artifício** foi o Universe I Part II, lançado aos céus de Hokkaido, Japão, em 15/7/1988. O dispositivo pirotécnico tinha 700kg e 139cm de diâmetro.

145.000t: volume de ouro garimpado no mundo até 2001. Com ele, seria possível forjar um cubo sólido com 20m de lado no valor de US$ 3,39 trilhões (em outubro de 2008)!

MAIOR MOEDA

Seria necessário um bolso enorme para guardar a maior moeda do mundo. Produzida em ouro maciço com 99,999% de pureza, ela pesa 100kg, tem 50cm de diâmetro e 3cm de espessura. A moeda, que pode ser usada em transações financeiras, foi lançada em 3/5/2007 pela Casa da Moeda do Canadá e tem valor nominal de CAN$ 1 milhão (US$ 900.375).

MAIOR ANEL DE OURO

O Najmat Taiba ("Estrela de Taiba") foi criado pela Taiba (EAU) para a Gold and Jewellery Co. Ltd da Arábia Saudita. Mas esta não é uma jóia qualquer: o anel tem 70cm de diâmetro (igual a um bambolê) e pesa 63,8kg, quase o mesmo de um homem adulto! O Najmat Taiba é um anel de 58,68kg de ouro 21 quilates cravejado com 5,17kg de pedras preciosas. Ao todo, 55 trabalhadores levaram 45 dias para construí-lo.

★ MAIOR DEPÓSITO DE OURO CONHECIDO

O Banco Central americano, sediado em Manhattan, Nova York, EUA, abriga cerca de 5.000t de ouro maciço, avaliadas em US$ 160 bilhões em março de 2008. O cofre – instalado 26m abaixo do nível do mar – contém a maior quantia de ouro publicamente conhecida: os bancos suíços, famosos por não dar detalhes sobre seus estoques, talvez possuam quantidades maiores.

MAIOR TRANSAÇÃO FINANCEIRA POR UM OBJETO NUMISMÁTICO

O maior valor pago por um item numismático (moeda ou medalha) foi US$ 8 milhões. Em 7/11/2001, um anônimo deu essa quantia por uma barra de ouro de 30kg, resgatada do navio *SS Central America*, que afundou em 1857.

RESGATE MAIS PROFUNDO POR MERGULHADORES

O transatlântico *Edinburgh*, que naufragou em 2/5/1942 na costa da Noruega, repousa a 245m de profundidade. Por 31 dias (de 7/9 a 7/10/1981), 12 mergulhadores trabalharam em duplas para resgatar 460 lingotes de ouro do navio.

VOCÊ SABIA?

A maior moeda do mundo pode ter valor de face de CAN$ 1 milhão, mas, à cotação do ouro de dezembro de 2008, valeria CAN$ 3,60 milhões (US$ 2,89 milhões)! Quando o assunto é ouro, o que importa é o peso e a pureza, não o valor de face das moedas.

TESOURO MAIS PESADO

Em 25/1/1917, o transatlântico *HMS Laurentic*, da empresa White Star, afundou depois de bater em uma mina naval na costa de Malin Head, Donegal, Irlanda. Um tesouro em lingotes de ouro de 43t (avaliado em US$ 23,8 milhões em 1917), que o navio levava, foi resgatado ao longo dos anos.

NAUFRÁGIO MAIS VALIOSO

Mel Fisher (EUA), um dos maiores caçadores de tesouro do século XX, descobriu o *Nuestra Señora de Atocha* na costa da Flórida, EUA, em 20/7/1985. O navio, afundado por um ciclone em 1622, transportava uma carga avaliada em centenas de milhões de dólares: 40t de ouro e prata, cerca de 31,75kg de esmeraldas, 20 canhões de bronze, 525 fardos de tabaco e inúmeros itens não registrados para evitar tributação. A carga era tamanha que foram precisos dois meses para recuperá-la; não é de surpreender que o navio tenha afundado em minutos.

ARTEFATO DE RELIGIÃO MAIS VALIOSO

O Buda de ouro do século XV do templo Wat Trimitr, em Bangcoc, Tailândia, tem 3m de altura e pesa cerca de 5,5t. Pela cotação do ouro de dezembro de 2008, o valor intrínseco da imagem era superior a US$ 159 milhões. O ouro foi descoberto apenas em 1954, sob uma camada de gesso.

★ CANECA MAIS CARA

Uma caneca de ouro 23 quilates produzida pela joalheria Yoo Long Kim (Tailândia) foi comprada pela Nestlé Thai Ltd. por "módicos" US$ 33.842 em 9/1/2008.

MAIOR VOLUME DE CHUMBO TRANSFORMADO EM OURO

Em 1980, o renomado cientista Gleen Seaborg (EUA) transmutou milhares de átomos de chumbo em ouro no Laboratório Lawrence Berkeley (Califórnia, EUA). Sua técnica, que emprega a física nuclear para remover prótons e nêutrons dos átomos de chumbo, é cara demais para permitir a produção comercial de ouro. Apesar disso, o trabalho de Seaborg é o que mais se aproximou da Pedra Filosofal – objeto mítico que supostamente transformava metais básicos em ouro.

★ PORSCHE FOLHEADO A OURO

Em 2005, a empresa alemã Visualis contratou um artista para folhear um Porshe Boxster com ouro 22 quilates. A Visualis planeja lançar uma edição limitada com outros nove Porshes com ouro. O preço desse símbolo de luxo e riqueza ainda não foi definido.

16/7 O **recorde de público em um jogo de futebol** – 199.854 pessoas – foi estabelecido na final da Copa do Mundo de 1950, disputada nesse dia por Brasil e Uruguai, no Rio de Janeiro.

17/7 O dublê Ted A. Batchelor (EUA) suportou o **maior tempo com o corpo todo queimando (sem oxigênio)**, 2min38s, em uma ilha no Ledges Quarry Park em Nelson, Ohio, EUA, no dia 17/7/2004.

MUNDO MODERNO

BRINQUEDOS E JOGOS

●MAIOR EXÉRCITO DE CLONES DO FILME GUERRA NAS ESTRELAS FEITO DE LEGO

No dia 27/6/2008, o maior exército de clones de *Guerra nas estrelas* de Lego já exposto foi montado pela empresa em Slough, RU, com 35.210 bonecos.

●MAIS BAMBOLÊS DE UMA VEZ

No dia 28/10/2007, Jin Linlin (China) conseguiu rodar 105 bambolês durante o *Zheng Da Zong Yi – Guinness World Records Special*, em Pequim, China. Seguindo as regras do recorde, ela deu três voltas completas com bambolês de tamanho normal entre os ombros e os quadris.

●MAIOR TORNEIO DE BOLINHA DE GUDE

O Museu de Brinquedos e Miniaturas, de Kansas City, Missouri, EUA, organizou o maior torneio de bolinhas de gude do mundo. O evento ocorreu no dia 23/8/2008 e contou com a participação de 677 competidores.

●MAIOR MOSAICO DE URSOS DE PELÚCIA

No dia 26/7/2008, a Chelsea Teddy Bear Company montou um mosaico de ursos de pelúcia com 57,04m², em Michigan, EUA. O público contribuiu com ursos para ajudar na montagem de um grande mosaico com o símbolo da paz no estacionamento da empresa.

●MASCOTE DE BRINQUEDO QUE MAIS VIAJOU

Um urso chamado Rex Lancaster, pertencente à Rex Travel Organization Inc. (EUA), viajou 453.056km de 9/11/2005 a 5/5/2006, passando por sete continentes e 30 países.

★AUTOMODELO MAIS RÁPIDO

Uma réplica do Honda F1 2008, da Scalextric, atingiu uma velocidade em escala de 1.583,4 km/h. O bólido foi controlado por Dallas Campbell (RU), apresentador do *The Gadget Show*, no Chatsworth Rally Show, em Chatsworth, RU, no dia 6/6/2008.

●CARRINHO MAIS CARO

Uma van de brinquedo vermelha e verde, com o nome "W. E. Boyce" escrito na lateral, foi vendida por incríveis US$ 39.852 em março de 2008. Comercializada nos anos 1930 por c. US$ 0,30, a van foi vendida pela Vectis Auctions de Teeside, RU.

MAIOR IMAGEM CONSTRUÍDA COM PEÇAS DE LEGO

Em agosto de 2007, uma equipe do Museu do Brinquedo de Bellaire, Ohio, EUA, utilizou 1,2 milhão de pecinhas de Lego para montar uma imagem de 13,61 x 5,95m, ocupando uma área total de 80,84m². Medida em 24/10/2007, a imagem representava um caminhão com diversos desenhos na lateral de seu baú e demorou mais de 2 mil horas para ser montada.

●MAIOR REUNIÃO DE BICHOS DE PELÚCIA

Bandeirantes do sudeste da Flórida (EUA) reuniram 5.884 bichos de pelúcia no Estádio Roger Dean, em Jupiter, Flórida, no dia 6/9/2008.

DE MÃOS E PATAS DADAS

Na mais longa corrente de pessoas e bichos de pelúcia, havia 2.623 participantes, cada um com um bichinho, em evento da escola J. J. van der Merwe, em Ermelo, África do Sul, em 29/8/2008.

21.600: número de peças do **maior quebra-cabeça do mundo**, que tinha 5.428m² ao ser medido em Hong Kong, China, no dia 3/11/2002.

●MENOR TEMPO PARA UM ROBÔ RESOLVER UM CUBO MÁGICO

Inventado por Peter Redmond (Irlanda), o Rubot2 resolveu um cubo mágico em 1min4s, na BT Young Scientist & Technology Exhibition, em Dublim, Irlanda, em 8/1/2009.

FATO

O menor tempo para resolver um cubo mágico foi de apenas 9,55s, estabelecido pelo holandês Ron van Bruchem em 24/11/2007.

●SOLDADO DE BRINQUEDO MAIS CARO VENDIDO EM LEILÃO

O soldado de brinquedo mais valioso do mundo é o primeiro protótipo de G. I. Joe, feito a mão em 1963. Em 7/8/2003, ele foi vendido por Don Levine, seu criador, por US$ 200.000 para o empresário Stephen A. Geppi (EUA), em leilão da Heritage Comics Auctions de Dallas, Texas, EUA.

●MAIOR TABULEIRO DE TWISTER

Um tabuleiro com 39 x 36,2m do jogo Twister foi montado na Universidade de Tulsa, em Oklahoma, EUA, no dia 23/10/2008. Ao todo, foram usados 600 tabuleiros normais do jogo, cobrindo uma área de 1.415,1m².

★NOVO
●ATUALIZADO

●MAIOR URSO DE PELÚCIA (COSTURADO)

Dana Warren (EUA) criou um urso de pelúcia costurado com a altura recorde de 16,86m. Terminado em 6/6/2008, ele está exposto no Exploration Place, em Wichita, Kansas, EUA.

●TRILHOS DE TRENZINHO MAIS LONGOS

Trilhos de madeira para trenzinho com 1.650,14m de extensão foram montados pelo Friends of Thomas "Team Japan", em colaboração com a Fuji Television Network Inc., a Fuji Television Kids Entertainment Inc. e a Sony Creative Products Inc. no cinema Mediage do shopping Aqua City Odaiba (Japão), em 23/8/2006.

●PALAVRAS CRUZADAS COM MAIS JOGADORES SIMULTÂNEOS

Em 7/11/ 2007, Ganesh Asirvatham (Malásia) jogou palavras cruzadas contra 25 oponentes ao mesmo tempo, ganhando 21 das 25 partidas. A tentativa, realizada em Mumbai, Índia, foi organizada pela Mattel Toys Pvt.

PRODUTO MAIS ANTIGO RELACIONADO A DESENHOS ANIMADOS

O Gato Félix, de Pat Sullivan (EUA), surgiu em 1919 como o animal que "andava de um lado para o outro". Ele foi o primeiro personagem de desenho animado a virar celebridade e ter sua imagem usada num embrulho, em 1924. Félix também foi comercializado como um bichinho de pelúcia de imenso sucesso dois anos depois.

●ESTRUTURA DE LEGO MAIS ALTA

Com 29,48m de altura, a estrutura de Lego mais alta já montada foi erguida por Per K. Knudsen, Finn Flou Laursen e Karsten Niebuhr (todos da Dinamarca), da Lego CE, em colaboração com a Die Kinderfreunde, na Rathausplatz, em Viena, Áustria, entre 2 e 5/10/2008. Mais de 450 mil pecinhas foram usadas, quase todas de oito pinos. Crianças da cidade juntaram as peças para que arquitetos as colocassem na torre.

18/7 Michael O'Shaughnessy (EUA) concluiu, nesse dia de 2006, em 5h9min, a **travessia mais rápida do canal da Mancha em um *paddleboard*** (prancha de remada).

19/7 Com 4,8 x 4,8 x 2,7m, o **maior cavalo de balanço** foi construído pelos moradores de Hanno, Saitama, Japão, nessa data em 2004.

ROUPAS

★MAIS CUECAS VESTIDAS

Carl Saville (RU, extrema esquerda) vestiu 137 cuecas ao mesmo tempo no set do programa *Guinness World Records - Smashed*, em Londres, RU, no dia 3/10/2008.

Jef Van Dijck (Bélgica, esquerda) detém o recorde de ●**mais camisas vestidas ao mesmo tempo** – 227 – estabelecido numa tentativa organizada pelo sindicato Unizo, em Brecht, Bélgica, no dia 24/4/2008.

MAIORES

CAMISA HAVAIANA

Em março de 1999, Hilo Hattie (EUA), varejista de moda no Havaí, EUA, fez uma camisa havaiana com 4,26m de largura no peito, 3,5m de cintura e 1,53m de gola.

CALÇAS

Um par de calças de 10,83m de comprimento e 6,4m de cintura foi produzido pela Value Planning Co., Ltd., em 27/12/2006.

★AVENTAL

O espanhol Ignacio Rodriguez confeccionou um avental de cozinha de 17,6m de comprimento por 15,4m de largura – e 50kg –, em San Sebastian, Espanha, no dia 15/1/2007.

PAR DE MEIAS

Em outubro de 1986, Michael Roy Layne (EUA) fabricou duas meias de náilon que mediam, cada uma, 114cm de ponta a ponta e 25cm de largura. O par foi exposto na fachada da prefeitura de Boston, EUA, para comemorar a entrada do time de beisebol Red Sox nas World Series, as finais do campeonato daquele país.

SUTIÃ

Em setembro de 1990, a Triumph International Japan Ltd. desenvolveu um sutiã com circunferência de 24m abaixo do busto e de 28m no busto.

●CUECAS

Uma cueca gigante com 17,75m de circunferência na cintura e 11,82m de comprimento da cintura à virilha foi fabricada por Angajala Venkata Giri (Índia). A peça foi apresentada e medida em Jeypore, Índia, no dia 15/12/2007.

CAMISETA

Uma camiseta com 57,19m de comprimento e 40,88m de largura foi produzida pela marca de sabão em pó OMO, em Ho Chi Minh, Vietnã, e exposta em 9/3/2006.

★VAREJISTA DE TERNOS

A Aoyama Trading Company (Japão) é a maior rede varejista de ternos masculinos do mundo. De janeiro a dezembro de 2007, a empresa comercializou 2.725.359 ternos.

★NOVO
●ATUALIZADO

●MAIOR BOTA DE CAMINHADA

O alemão Schuh Marke apresentou sua bota de montanha de 7,1m de comprimento, 2,5m de largura e 4,2m de altura (além de 35m de cadarço!) em Hauenstein, Alemanha, em 30/9/2006. Do total de 1,5t da bota, 300kg são de couro. Na foto, os fiscais do GWR Kristian e Andrea.

BOTA PRA QUEBRAR

A ★maior bota de caubói, de 2,50m de altura e 2,38m de comprimento, foi feita por Belachew Tola Buta (Etiópia). Adis Abeba, na Etiópia, foi a cidade que sediou a medição do recorde, em 24/1/2008.

20/7 O **maior globo espelhado** tem 7,35m de diâmetro e foi produzido por Raf Frateur da Frateur Events. A casa noturna Studio 54, de Antuérpia, Bélgica, estreou o globo em sua pista no dia 20/7/2007.

21/7 A estação russa Vostok, na Antártica, observou nesse dia de 1983 a **menor temperatura já registrada no planeta Terra**: -89,2°C.

20: número de cuecas que o australiano Joel Nathan (Austrália) vestiu em 1min, em Perth, Austrália, no dia 27/7/2007 – recorde dividido com Alistair Galpin (NZ).

●MAIOR PAR DE JEANS

Funcionários da indústria têxtil Corporación Wama Pieers (Peru) criaram um par de calças jeans de 40m de comprimento por 30m de largura, que pesava mais de 2t. Para produzir a peça, que foi exposta em Lima, Peru, no dia 30/10/2008, foram necessários 3.000m de tecido.

FATO

O par de calças jeans mais caro do mundo (comercialmente disponível) é a Couture Swarovski Crystal Jeans da Escada, posta à venda nas lojas Neiman Marcus em 2006 por "apenas" US$ 10 mil!

JEANS MAIS CAROS

Randy Knight (EUA) vendeu um par original de calças jeans modelo Levi Strauss & Co. (EUA) 501, fabricadas há 115 anos, para um colecionador japonês anônimo por US$ 60.000, em leilão realizado no site eBay, no dia 15/7/2005.

★PARES DE MEIA UNIDOS EM 1MIN

A búlgara Kristina Ilieva juntou 16 pares de meias em 1min, no pavilhão do Guinness World Records na Aldeia Global, em Dubai, Emirados Árabes Unidos, em 24/11/2008.

●LUVAS EM UMA MÃO

O multirrecordista Alastair Galpin (Nova Zelândia) vestiu 24 luvas numa mão, no centro comunitário de Old Homestead, em Auckland, NZ, no dia 2/11/2008.

MAIOR TERNO

Entre 14/2 e 7/3/2001, os alfaiates da Raymond Ltd. costuraram o maior terno do mundo na fábrica da empresa, em Mumbai, Índia. Do ombro do paletó à barra das calças, o terno tem 19,5m de comprimento.

MEIAS EM UM PÉ

Novamente o neozelandês Alistair Galpin... Desta vez, ele vestiu 74 meias em apenas um pé durante o Dia GWR, em Auckland, Nova Zelândia, em 7/11/2006.

CARO VESTIDO LEILOADO

O vestido cor de pele enfeitado com contas do estilista Jean Louis (França), usado por Marilyn Monroe (EUA) ao cantar "Happy Birthday" para o presidente John F. Kennedy em 19/5/1962, foi vendido em um leilão na Christie's de Nova York, EUA, em 27/10/1999 por US$ 1.267.000. Os compradores foram os negociantes novaiorquinos Robert Schagrin e Peter Siegel, do site Gotta Have It! Collectibles. O leilão vendeu mais de cem pertences da atriz e levantou US$ 13.405.785.

CAROS SAPATOS DE FILME VENDIDOS EM LEILÃO

Os sapatos vermelhos que a atriz americana Judy Garland usou no filme *O Mágico de Oz* (EUA, 1939), como a protagonista Dorothy, foram leiloados na Christie's de Nova York, EUA, em 24/5/2000, por US$ 666.000. Feitos pela Innes Shoe Co., de Los Angeles, EUA, os sapatos são forrados com seda vermelha, cobertos de lantejoulas e revestidos internamente com couro de cabra branco.

★MAIS LIGAS RETIRADAS COM OS DENTES

Em 2min, o alemão Ivo Grosche extraiu 26 ligas das pernas de simpáticas voluntárias usando apenas os dentes no set do programa de TV *Guinness World Records: Die GroBten Weltrekörde* na Alemanha, em 18/12/2008.

MAIS

●CARO FIGURINO DE FILME

Em 5/12/2006, o francês Dominique Lapierre vendeu um vestido de noite assinado pelo estilista francês Hubert de Givenchy que serviu de figurino para a atriz belga Audrey Hepburn no filme cult *Bonequinha de luxo* (EUA, 1961). O preço pago? Exatos US$ 924.401, desembolsados por um comprador anônimo. A venda ocorreu na Christie's de Londres, RU.

CARO CASACO LEILOADO

O casaco mais valioso já negociado em leilão pertenceu à lenda do rock Jimi Hendrix (EUA) e foi vendido à rede Hard Rock Cafe em 19/9/2000 por US$ 49.185. O leilão foi organizado pela Sotheby's na filial de Londres (RU) do Hard Rock Cafe.

22/7 O **panda mais velho em cativeiro** foi Dudu, que passou a maior parte da vida no zoológico de Wuhan, Chengdu, China, até morrer em 22/7/1999, aos 37 anos.

COLEÇÕES

CONSEGUE SUPERAR?

A *sua* coleção é recordista? Entre em contato se:

1. **Tiver colecionado pessoalmente os itens (não herdou nem comprou tudo de uma vez).**
2. **Cada objeto for diferente.**
3. **Possuir um catálogo onde os itens são numerados e descritos.**

Saiba mais sobre como ser um recordista na p. 14 ou visite www.guinnessworldrecords.com.

★ POKÉMON

Até 1/4/2008, Belle Starenchak, de Dunnellon, Flórida, EUA, havia reunido 5.456 itens diferentes de Pokémon, após dez anos colecionando. Seu Pokémon favorito é o Pikachu, e sua coleção conta com um dos Volkswagen New Beetle do Pikachu oficiais, que ela batizou de "PikaBug".

● BUTTONS

Até 19/6/2008, o finlandês Seppo Mäkinen havia colecionado 30.105 buttons diferentes de mais de 50 países.

★ ITENS DO PATO DONALD

O maior conjunto de itens do Pato Donald pertence a Mary Brooks (EUA), que reuniu 1.285 peças distintas até 28/5/2008. A coleção tem mais de 30 anos.

★ XICRINHAS

Até 11/3/2008, a coleção de xicrinhas de Paul Pisasale (Austrália) contava com 650 artigos diferentes. Pisasale coleciona xícaras usadas para servir café desde 1993.

★ ELEFANTES

A americana Janet Mallernee-Briley – vulgo "a mulher dos elefantes" – possuía uma coleção de 5.779 artigos relacionados a elefantes em 8/4/2008. A recordista anterior, a americana Sandy Rosen-Hazen, morreu em maio de 2007, deixando uma coleção de 4.233 objetos. As duas chegaram a se conhecer em uma comunidade online de colecionadores de elefantes.

★ CADEIRAS EM MINIATURA

A americana Barbara Hartsfield guarda cadeiras em miniatura há mais de dez anos. Sua coleção apresentava mais de 3 mil itens em 13/3/2008.

★ CELULARES

Carsten Tews (Alemanha) já havia reunido 1.260 celulares diferentes até 12/4/2008. O item mais raro da coleção é um telefone automotivo TeKaDe BSA 31.

★ MOUSEPADS

Até 19/4/2008, Daniel Evans (RU) possuía 3.673 *mousepads* diferentes, acumulados desde 2001. O primeiro foi um presente de sua mãe, que o ganhara em uma competição.

● PINGUINS

A coleção de pinguins da alemã Birgit Berends já reunia 5.098 itens até 12/3/2008. Birgit começou a coleção em 1990 por causa da série de animação *Pingu*. Seu pinguim favorito é um espécime vivo chamado Alfred, que ela adotou no parque Kurpark, em Cuxhaven, Alemanha.

100

● AVISOS DE "NÃO PERTURBE"

Desde 1985, o suíço Jean-François Vernetti já reuniu 8.888 placas diferentes de "não perturbe" de hotéis em 189 países ao redor do mundo. Jean-François começou a coleção após encontrar um erro de grafia num desses avisos, durante estadia em um hotel de Sheffield, RU.

23/7 John Evans (RU) é a **pessoa a equilibrar sobre a cabeça o maior peso somado durante 1h**, que cravou a marca de 5.180,09kg em Lowestoft, Suffolk, RU, no dia 23/7/2000.

24/7 Ao fazer de ponta-cabeça o trajeto entre Vancouver e Vanderhoof, Canadá, em 4h38min10s, o canadense Joann Osterud realizou o **mais longo voo invertido**, em 24/7/1991.

20.202: número de itens diferentes da ●**maior coleção de garrafas de cerveja**, que pertence a Mark Hendrickx (Holanda) e reúne peças de 2.302 cervejarias de 120 países.

★DÁLMATAS

Kazzy Ferrier (RU) vem juntando objetos relacionados a dálmatas desde 1992, quando Ditto, um filhote de dálmata, entrou em sua vida. Atualmente ela possui 5 mil itens, incluindo bules, globos de neve, cortinas, chaveiros, papel higiênico e 1.117 enfeites diferentes. Ela até mesmo dirige um Smart Car cheio de pintinhas!

★PANDAS

A neozelandesa Janice Kennedy coleciona artigos ligados a pandas desde 1960. Até 7/8/2008 ela já reunira 252 itens.

★MOEDAS DE PRATA

A maior coleção de moedas de prata é composta de 1,6 mil peças diferentes de todo o mundo. A coleção – pessoalmente avaliada por um fiscal do *Guinness World Records* em 1/7/2008 – pertence a um homem mexicano que prefere não ter seu nome publicado, por medo de sequestro ou assalto.

●GLOBOS DE NEVE

O amor de Wendy Suen (China) por globos de neve – principalmente os minúsculos – resultou em uma coleção única, que continha 1.888 peças em 7/4/2008.

★SELOS COM ÓCULOS

Jane Lippert Hushea (EUA), de Pompano Beach, Flórida, EUA, possui 1.476 selos que contêm imagens de pessoas usando óculos – uma coleção singular que ela iniciou em 1952.

●SACOS DE VÔMITO

A coleção de saquinhos de vômito do holandês Niek Vermeulen atingiu o incrível número de 5.468 itens de 1.065 companhias aéreas diferentes, além do saco de um ônibus espacial e outro do avião presidencial americano, o *Air Force One*. Vermeulen junta os sacos de vômito desde os anos 1970.

★DEDAIS

A americana Donna Decator acumula dedais desde 1986. Sua coleção contava 4.930 itens diferentes em 15/10/2008.

★ESCOVAS DE DENTES

O russo Grigori Fleicher já reuniu 1.320 escovas diferentes, além de mais de 3 mil produtos de higiene bucal.

★NOVO
●ATUALIZADO

●RELÓGIOS

Jack Schoff (EUA) é um homem com tempo – ou paredes – de sobra. Em 17/6/2008, ele tinha 1.094 relógios de parede variados, todos funcionando. "Colecionar relógios me mantém são", diz Jack.

TROLLS

O batalhão de Sophie Marie Cross (RU), com 490 *trolls* diferentes, é o maior do mundo. Ela começou a colecionar essas criaturas fofinhas em 2003. Um *troll* pode ser identificado pelo cabelo longo, colorido e desordenado, pelo nariz achatado e pelas orelhas pontudas.

25/7 Nesse dia de 1978, a britânica Lesley Brown deu à luz Louise Brown, o **primeiro bebê de proveta**, em cesariana realizada no Hospital Geral de Oldham, em Lancashire, RU.

ENGENHARIA E TECNOLOGIA

1.000m: altura proposta para a Torre Nakheel; atualmente em construção em Dubai, EAU.

SUMÁRIO

●ESTRUTURA MAIS ALTA

Em 17/1/2009, ao alcançar 818m de altura, a Burj Dubai ("Torre Dubai" – arquitetos: Skidmore, Owings & Merrill LLP), nos Emirados Árabes Unidos, tornou-se a ●**estrutura mais alta construída pelo homem** na Terra, superando a torre de transmissão da KVLY-TV (628,8m), em Dakota do Norte, EUA. Também é a ●**estrutura mais alta da história construída pelo homem** (ultrapassando os 646,38m da Torre de Rádio Warszawa, na Polônia, que veio abaixo na reforma de 1991) e a ●**mais alta estrutura autossustentada** (ganhando da Torre CN, no Canadá, que tem 553,34m). Além disso, a Burj Dubai quebrou o ●**recorde de bombeamento vertical de concreto** (601m), superando os 532m de altura alcançados na construção da usina hidrelétrica de Riva del Garda, na Itália.

Até a conclusão desta edição (junho de 2009), a torre ainda não tinha o título de prédio mais alto do mundo, pois não havia sido aberta ao público – fator importante para o *GWR*, conforme acordo com o Conselho de Edifícios Elevados e Hábitat Urbano (CTBUH, na sigla em inglês). O Taipei 101, em Taiwan, ainda era o recordista, com 508m de altura.

100

TRANSPORTE VERDE

MAIOR TRAJETO EM VEÍCULO MOVIDO A ENERGIA SOLAR

Uma equipe da Universidade de Waterloo, em Ontário, Canadá, viajou 15.070km no veículo *Midnight Sun*, movido a energia solar. Percorreram o Canadá e os EUA, partindo de Waterloo em 7/8 e chegando em Ottawa em 15/9/2004.

★ MENOR CONSUMO DE COMBUSTÍVEL PARA PERCORRER 48 ESTADOS DOS EUA

De 3 a 25/9/2008, os australianos Helen e John Taylor conseguiram atingir um consumo médio de 3,99L de diesel Shell por 100km, em seu VW Jetta TDI 2009, ao percorrer 15.158km, atravessando 48 estados americanos adjacentes.

Os Taylors também estabeleceram o **★ menor consumo de combustível ao cruzar a Austrália** quando percorreram 14.580km usando apenas 453,94L de diesel Shell, em um Peugeot 308 HDi, entre 3 e 26/2/2008 – um consumo médio de 3,13L/100km.

● MAIOR VEÍCULO MOVIDO A PEDAL

No dia 22/9/2007, a empresa Alloy Fabweld e a associação Dunmow Round Table, no Duxford Airfield, em Cambridgeshire, RU, construíram o maior veículo movido a pedal da história: ele é capaz de transportar 104 passageiros.

★ MAIOR PERCURSO EM TRICICLO ELÉTRICO

John Duckworth (RU) percorreu 2.662,8km, na maior das ilhas britânicas, em um triciclo elétrico Horizon Mayan, entre os dias 20/6 e 27/7/2004, terminando sua jornada em Hincaster, Cúmbria, RU.

★ MOTOCICLETA ELÉTRICA MAIS VELOZ

A motocicleta elétrica *KillaCycle* é capaz de acelerar de 0 a 100 km/h em menos de 1s e é alimentada por uma bateria de íons de lítio e fosfato de ferro. Ela alcança a velocidade máxima de 270km/h e cobre um quarto de milha em 7,95s (500m em 9,85s).

● CARRO HÍBRIDO MAIS VENDIDO

As vendas mundiais do Toyota Prius passaram de 1 milhão de unidades em 2008 (1,028 milhão até o final de abril). Em fevereiro de 2009, as vendas só nos EUA chegaram a 1 milhão de unidades. Os híbridos utilizam duas ou mais fontes de energia, em geral um motor de combustão interna e um elétrico.

● CARRO MAIS ECONÔMICO

O PAC-Car II, do Instituto Federal de Tecnologia de Zurique, utilizou apenas 0,01857L de gasolina para percorrer 100km, em 26/6/2005.

26/7 O **maior tabuleiro permanente de Banco Imobiliário** mede 9,44 x 9,44m e fica em San Jose, Califórnia, EUA. Ele foi oficialmente exposto ao público nesse dia de 2002.

3.264: número de participantes da **maior dança *haka***, realizada em Ngaaruawaahia, Waikato, Nova Zelândia, no dia 16/2/2008.

★ CAMINHÃO DE 40T MAIS ECONÔMICO

O Mercedes Benz Actros consumiu 19,44L em 100km, durante testes realizados na pista de alta velocidade de uma rodovia em Nardò, Itália, em maio de 2008. Essa média foi estabelecida em uma semana, quando o caminhão foi dirigido ininterruptamente por mais de 12.728km.

★ PRIMEIRO CARRO MOVIDO A HIDROGÊNIO

O FCX Clarity foi desenvolvido pela Honda e chegou ao mercado em 2008. Suas células combustíveis de hidrogênio (unidade vermelha na foto à direita) não produzem monóxido de carbono (CO), dióxido de carbono (CO_2), hidrocarbonetos (HC) e óxido nitroso (NOx), só emitem calor e vapor-d'água (H_2O). A empresa quer fazer *leasing* de 200 deles de 2008 a 2010.

★ PRIMEIRO VOO COMERCIAL UTILIZANDO GÁS NATURAL

Em 1/2/2008, um Airbus A-380 MSN004 – o **maior avião comercial** – completou com sucesso o primeiro voo realizado por um avião comercial usando combustível líquido refinado de um gás (um GTL, ou combustível "gás para líquido"). O voo, de Filton RU, a Toulouse, França, demorou 3h. A aeronave usa turbinas Rolls-Royce Trent 900 e combustível GTL, da Shell International Petroleum. No voo, um dos motores era alimentado com uma mistura de GTL e combustível de jato, e os outros três recebiam combustível de jato padrão.

Esse voo marca o início de um programa de avaliação de combustíves alternativos sustentáveis para o futuro. A Airbus prevê que até 2025 cerca de 25% do combustível usado na aviação virá de fontes alternativas.

★ PRIMEIRO AVIÃO A JATO MOVIDO A BIODIESEL

O primeiro voo de um avião a jato movido 100% a biodiesel aconteceu em Reno, Nevada, EUA, em 2/10/2007. A aeronave é um Aero L-29 Delfin sem modificações, que alcançou altitude de 5.181m sem perda significativa de desempenho se comparada ao uso de combustível convencional.

Vários testes foram feitos com uma mistura de combustível de jato e biodiesel; a quantidade de biodiesel foi aumentada gradualmente até que os dados do teste com 100% de biodiesel – feito de óleo vegetal usado para fritar batatas – se mostraram aceitáveis.

BARCO MOVIDO A BIODIESEL MAIS VELOZ

Completamente movido a biodiesel e incorporando a fibra de cânhamo (maconha) pela primeira vez em projeto naval, o *Earthrace* é uma das embarcações mais ecologicamente corretas. Comandado por Pete Bethune (Nova Zelândia), o poderoso trimarã completou uma viagem ao redor do mundo em 27/6/2008, depois de apenas 60 dias e 23h49min de navegação, superando em 13 dias o recorde anterior para barcos motorizados.

27/7 O **maior pirulito do mundo** pesava 2,1t e foi feito pela empresa sueca Franssons, para um festival em Gränna, Suécia, no dia 27/7/2003.

28/7 O **maior mosaico de broches** media 66,89m^2 e era composto de 296.981 broches. Foi produzido na Praça Maritime, em Hong Kong, entre 23 e 28/7/2006.

CARROS E MOTOS

●CARRO DE POLÍCIA MAIS VELOZ EM SERVIÇO

Com velocidade máxima de 370km/h e potência de 372kW, o carro de polícia mais veloz é o Lamborghini Gallardo LP560-4, que está a serviço da polícia italiana. Apenas um grupo de 30 policiais tem permissão para guiar esse carro, após um treinamento especial.

MOTONETA MAIS LONGA

Colin Furze (RU) construiu uma motoneta com 14,03m, aferidos em 14/10/2008 no aeroclube de Saltby, Leicestershire, RU. O modelo de Furze, construído a partir de dois ciclomotores Honda Sky de 50cc e uma estrutura de alumínio, demorou para ficar pronto, já que constantemente era necessário ir de um extremo a outro buscar ferramentas!

★SALTO MAIS LONGO COM CARRO EM MARCHA A RÉ

Um dublê pilotando um Austin Allegro realizou um salto de marcha a ré de 18,62m sobre carros, em Woodbridge, Suffolk, RU, no dia 27/5/2008. O Allegro usado na acrobacia, filmada para o programa de TV *Top Gear* (BBC, RU), teve apenas a adição de uma estrutura tubular interna de proteção e saltou dez carros antes de cair sobre o 11º. O dublê anônimo não se machucou.

CARRO MAIS LONGO

Jay Ohrberg de Burbank, Califórnia, EUA, projetou uma limusine com 26 rodas e 30,5m de comprimento. Certamente um veículo luxuoso, o carro inclui uma piscina com trampolim e uma cama *king size* com colchão de água.

●CARRO MAIS BARATO

O Tata Nano é o carro com o menor custo de produção; trata-se de um carro de passeio com quatro portas e cinco lugares e motor traseiro de 623cc, com 33bhp (velocidade máxima de 70km/h), vendido na Índia por US$ 1,979. A Tata Motors (Índia) lançou o carro na 9ª Auto Expo, em Nova Délhi, Índia, em 10/1/2008, com o objetivo de proporcionar aos habitantes de países em desenvolvimento a oportunidade de ter um carro.

★MAIOR CAMINHÃO AUTÔMATO

Engenheiros da Caterpillar Inc. (EUA) e cientistas da Universidade Carnegie Mellon (EUA) estão trabalhando para automatizar um caminhão Caterpillar de 635t (projetado para transportar cargas de até 217,7t) como parte do Desafio Urbano, da Agência de Pesquisas em Projetos Avançados (ARPA), dos EUA. O objetivo é utilizar a tecnologia de automação, incluindo receptores de GPS, podem melhorar a eficiência e reduzir os riscos de acidentes que podem acontecer com pessoas em ambientes perigosos, como aqueles onde operam caminhões de grande porte.

MAIOR MONSTER TRUCK

O Bigfoot 5 tem 4,7m de altura (3m só nos pneus) e pesa 17.236kg. Construído no verão de 1986, esse *monster truck* faz parte de uma frota de 17 veículos *bigfoot* criados por Bob Chandler, de St. Louis, Missouri, EUA.

MENOR CARRO PRODUZIDO

Menor que um "carrinho bate-bate", o Peel P50 tem 134cm de comprimento, 99cm de largura e 134cm de altura. O veículo, que pesa apenas 59kg e tem velocidade máxima de 61km/h, foi construído entre 1962 e 1965, pela Peel Engineering Co., em Peel, ilha de Man, RU.

★MAIOR VELOCIDADE EM MOTO DRAGSTER TOP FUEL

Em 6/3/2006, o piloto da categoria Top Fuel Larry "Spiderman" McBride (EUA, foto) atingiu 394,87km/h, em um quarto de milha, no South Georgia Motorsports Park, em Valdosta, Geórgia, EUA, o recorde absoluto da categoria!

29/7 Nascido nesse dia em 1977, Balamurali Ambati (EUA) se tornou o **médico mais jovem do mundo** ao se formar em medicina em 19/5/1995, aos 17 anos e 294 dias de idade.

4,749t: peso da **motocicleta mais pesada**, a Harzer Bike Schmiede, construída por Tilo e Wilfried Niebel, de Zilly, Alemanha.

★PRIMEIRA AERONAVE "GUIÁVEL"

O Terrafugia Transition, uma aeronave descrita por seus fabricantes (Terrafugia, EUA) como "guiável", já que pode ser usada como um carro, realizou seu primeiro voo no Aeroporto Internacional de Plattsburgh, em Nova York, EUA, no dia 5/3/2009. A aeronave de dois lugares tem um alcance de 724km e pode atingir velocidade de até 185km/h. O avião se converte em um carro em apenas 15s: as asas se dobram automaticamente ao toque de um botão.

CARRO MAIS RÁPIDO PRODUZIDO EM SÉRIE

O Ultimate Aero TT Super Car, fabricado pela Shelby Supercars (EUA), superou os 412km/h em duas passagens cronometradas na rodovia 221, em Washington, EUA, no dia 13/9/2007.

MAIOR VELOCIDADE EM TERRA

Em 15/10/1997, Andy Green (RU) atingiu 1.227,985km/h, em uma milha (1,61km), com seu carro *Thrust SSC*, no deserto de Black Rock, em Nevada, EUA.

AUTOMÓVEL A VAPOR MAIS VELOZ

O americano Robert E. Barber quebrou um recorde que durava 79 anos ao atingir 234,33km/h com o *Steamin' Demon*, um carro a vapor construído pela Barber-Nichols Engineering Co., em Bonneville Salt Flats, Utah, EUA, no dia 19/8/1985.

MAIORES DESFILES DE CARROS

★**Ferrari**: A Cornes & Company Ltd. reuniu 490 Ferraris no Circuito de Fuji, em Shizuoka, Japão, no dia 11/5/2008.
★**Mitsubishi**: Em 12/7/2008, a Mitsubishi Lancer Register (RU) reuniu 273 carros Mitsubishi, em Chippenham, Wiltshire, RU.
★**Mustang**: O canadense Michel Bourassa reuniu 620 Mustangs, que seguiram em carreata de St. Eulalie a Victoriaville, em Quebec, Canadá, no dia 7/6/2008.
★**Mini**: A Dutch Mini People reuniu 884 carros Mini de vários tipos, no dia 11/5/2008, em Lelystad, Holanda.

★MENOR TANQUE DE GUERRA

Construído pela Howe and Howe Technologies, o PAV1 Badger, que tem menos de 1m de largura, é o menor tanque de guerra do mundo. Com potência suficiente para derrubar portas e pequeno o bastante para entrar em um elevador, esse veículo foi projetado para melhorar a segurança dos policiais da SWAT. Ele foi encomendado pelo governo da Califórnia, EUA.

★NOVO
●ATUALIZADO

30/7 Entre 10/6 e 30/7/2004, Martin Strel (Eslovênia) nadou toda a extensão do rio Azul, na China, cobrindo 4.003km – a **maior distância já nadada**.

31/7 O **salto mais alto de um inseto**, registrado nesse dia em 2003, é de 70cm. O inseto, uma cigarrinha-da-espuma (*Philaenus spumarius*), atingiu uma aceleração de 4.000m/s.

EMBARCAÇÕES

★ BARCO A DIESEL MAIS RÁPIDO EM PRODUÇÃO

O XSR48, um superbarco de luxo com casco monocoque de fibra de carbono/Kevlar com 14,63m, é o barco a diesel mais rápido atualmente em produção. Ele pode atingir mais de 161km/h na versão com motor de 1900hp. Desenvolvido pela XSMG World Ltd. (RU), foi lançado em Lymington, Hampshire, RU, em dezembro de 2006. Só serão produzidos 100 modelos com preços a partir de US$ 1,5 milhão.

★ PRIMEIRO CATAMARÃ DE PLÁSTICO

Na primavera de 2009, David de Rotschild (RU), fundador da Adventure Ecology, velejará em um catamarã de 18m, construído totalmente com garrafas plásticas, plástico reforçado (tereftalato de polietileno) e materiais reciclados. Na travessia de 19.446km do Pacífico – de São Francisco, EUA, a Sydney, Austrália –, passará por uma área popularmente conhecida como "lixão do Pacífico", uma massa de dejetos flutuantes equivalente a cinco Reinos Unidos que boia um pouco abaixo da superfície entre a Califórnia e o Havaí. O objetivo da viagem é chamar a atenção para o problema da poluição.

★ MAIOR MOTOR NAVAL

O Wärtsillä RT-flex96C é um motor turbodiesel de dois tempos projetado para grandes porta-contêineres. Construído pela Aioi Works, da japonesa Diesel United Ltd., o motor tem 27m de comprimento, 13,5m de altura e pesa mais de 2.300t. Em 2008, a versão 14 cilindros desenvolveu 84,42 megawatts de potência.

MAIOR PORTA-CONTÊINER

Com 397m de comprimento e vau de 56m, o *M. V. Emma Maersk* é o maior porta-contêiner do mundo. Possui 20 andares para acomodar os contêineres e atinge velocidade máxima superior a 25 nós (46,2km/h).

FATO
Em geral, o *Visby* é projetado para operações antissubmarinas e desenvolve velocidade de até 35 nós (64km/h). O navio custa US$ 150 milhões.

★ MAIOR NAVIO DE FIBRA DE CARBONO

A primeira das cinco novas corvetas suecas da classe *Visby* entrou em operação em janeiro de 2009, após testes no mar em 2008. É o maior navio de fibra de carbono – plástico duro e leve que o torna mais rápido e leve que um navio convencional, transformando-o no mais evasivo em operação. O *Visby* tem 73m de comprimento, pesa 600t – metade de uma corveta convencional – e possui 43 tripulantes.

★ MAIOR IATE FRETADO

O *Savarona*, de 124m, é o maior iate particular para fretamento. Ele foi construído para a sra. Emily Roebling Cadwallader (EUA), em 1931. Posteriormente foi vendido para o governo turco em 1938, mas privatizado em 1992. Possui piscina, banheiras, sauna seca e a vapor e um quarto de banho turco, construído com 260t de mármore entalhado.

★ PRIMEIRO NAVIO DE COMBATE LITORÂNEO

Para operar com mais eficácia em águas costeiras (no litoral ou perto da costa), a marinha dos EUA criou uma nova classe de navio de combate. O protótipo, um catamarã veloz de alumínio, o *Sea Fighter*, deverá testar várias tecnologias projetadas para conceder maior eficácia operacional em águas litorâneas. Pesa 950t, tem 79,9m de comprimento e vau de 22m e sua velocidade máxima é de 50 nós (92,5km/h). O navio está em operação desde maio de 2005.

MAIOR NAVIO

O antigo petroleiro *Jahre Viking* é o maior navio do mundo, com 564.763t de peso bruto e 260.815grt. Tem 458,45m de comprimento, vau de 68,8m e calado de 24,61m. Aposentado em 2004, transformou-se em navio de armazenamento permanentemente ancorado. Também ganhou um nome novo após a "aposentadoria": *Knock Nevis*.

1/8 Os **primeiros homens a cruzar o Atlântico a remo** foram George Harbo e Frank Samuelson (ambos da Noruega), que realizaram uma travessia de 5.262km entre 6/6 e 1/8/1896.

2/8 À exceção das torcidas em estádios, o **maior coro** foi composto por 60 mil pessoas que, em 1937, cantaram em uma competição de coro em Breslau, Alemanha (atual Wroclaw, Polônia).

275,97 nós (511,09km/h): marca do recorde mundial oficial de velocidade na água, estabelecido por Ken Warby (Austrália) em 8/10/1978.

★ NOVO
● ATUALIZADO

100

● MAIOR NAVIO DE PASSAGEIROS

Pesando 160 mil toneladas brutas e medindo 338,9m de comprimento e 72m de altura, o MS *Independence of the Seas*, com 15 conveses, é o maior navio de passageiros do mundo. Registrado em Nassau, Bahamas, comporta 5.700 passageiros e tripulantes. Além disso, oferece teatro, parque aquático, simulador de ondas, parede de escalada, rinque de patinação e um ringue de boxe.

O MS *Oasis of the Seas*, cuja viagem inaugural está marcada para 1/12/2009, será ainda maior, e mais parece uma cidade flutuante, com jardins tropicais, parque de 100m de comprimento e sete "bairros" com capacidade para mais de 6.500 pessoas. Confira as instalações na ilustração ao lado.

TIROLESA *(não ilustrada)*
Aventureiros podem experimentar a tirolesa de 25m de comprimento, suspensa nove conveses acima do convés de passeio.

2.700 CABINES
O navio pode acomodar 5.400 passageiros em suas cabines.

PAREDE DE ESCALADA
O *Oasis of the Seas* possui duas paredes de escalada, uma em cada lado do Teatro Aquático, de frente para a popa.

LOJAS E RESTAURANTES
São cafés, restaurantes, bar de jazz, lanchonete, *wine bar*, churrascaria e um bar com três conveses.

TRAMPOLINS
Duas plataformas de 10m de altura unidas por uma ponte, que conta com um trapézio para eventos circenses noturnos.

ANFITEATRO
Do tamanho de um campo de futebol, o anfiteatro externo possui microclima próprio.

TEATRO AQUÁTICO
De dia: maior e mais profunda piscina de água doce em um navio – 6,6 x 15,7m de lado e 5,4m de profundidade.

SHOW DE ÁGUA E LUZ
À noite: jatos de água compõem um show sincronizado e colorido com chafarizes de 20m de altura.

TELAS LED GIGANTES
Duas telas gigantes Barco LED ladeiam a piscina do Teatro Aquático, com imagens filmadas por câmaras debaixo da água.

3/8 O **gato mais velho de todos os tempos** foi Creme Puff, que asceu em 3/8/1967 e viveu até 6/8/2005, num total de 38 anos e dias. Creme vivia com seu dono, Jake Perry, em Austin, Texas, EUA.

AERONAVES

★ MAIOR PERDA FINANCEIRA COM QUEDA DE AERONAVE

Em 23/2/2008, um bombardeiro B-2 Spirit da força aérea dos EUA (USAF) caiu devido à umidade em três de seus 24 sensores de pressão atmosférica, que forneceram dados errados ao computador de bordo. Colocadas em operação em 1997 ao custo unitário de US$ 737 milhões, essas aeronaves são tão caras que apenas 21 unidades foram produzidas. O custo para repor o B-2 ficaria em torno de US$ 1,4 bilhão.

★ PRIMEIRO VOO SUPERSÔNICO COM COMBUSTÍVEL SINTÉTICO

Um Boeing B-1B Lancer do Nono Esquadrão de Bombardeiros da Base Aérea de Dyess tornou-se a primeira aeronave a voar a uma velocidade supersônica usando combustível sintético, em 19/3/2008, no Texas, EUA. O combustível é uma mistura em partes iguais de gás sintético, derivado de gases naturais, e gás natural. Está sendo testado como parte de um programa da USAF para colaborar com o meio ambiente e reduzir a dependência de combustíveis importados. O voo foi realizado no espaço aéreo acima da Base de Mísseis de White Sands, no Texas e no Novo México, EUA.

★ MAIOR ALTITUDE ALCANÇADA POR UM GIROPLANO

Andrew Keech (EUA) levou um giroplano Little Wing LW-5 a 8.049m, em Frederick, Maryland, EUA, em 20/4/2004. Inventado por Juan de la Cierva, essa aeronave se eleva usando hélices giratórias.

★ AERONAVE MILITAR PRODUZIDA HÁ MAIS TEMPO

O Lockheed C-130 decolou pela primeira vez em 23/8/1954 e foi adotado pela força aérea dos EUA em dezembro de 1956. Desde então, vem sendo produzido continuamente, com mais de 40 modelos diferentes, e servindo forças aéreas de mais de 50 países.

★ NOVO
● ATUALIZADO

100

● JATO PARTICULAR MAIS CARO

O Airbus A380 comprado pelo príncipe saudita Al-Waleed bin Talal em novembro de 2007 para seu uso pessoal (o primeiro A380 vendido a um particular) foi avaliado em US$ 319 milhões. É o **maior jato particular** do mundo, com 79,8m de envergadura e capacidade máxima de carga de 560t. Segundo boatos, o príncipe pediu para que o avião de dois conveses fosse equipado com sala de jantar de mármore, sauna e academia de ginástica. Ele ainda mandou revestir o exterior do avião com uma camada de ouro.

★ MAIOR TRANSPORTE AÉREO DE PINGUINS

Entre 1 e 2/7/2000, c. 15 a 20 mil pinguins (parte da maior colônia de pinguins africanos) foram resgatados de helicóptero pelo Fundo Internacional para o Bem-Estar Animal (IFAW), após um derramamento de óleo no litoral da África do Sul.

GLOBEMASTER III

Vinte C-17 Globemaster III da Base Aérea de Charleston, Carolina do Sul, EUA, participaram da ★ maior formação de aviões de carga de uma só base, em 21/12/2006, para demonstrar a capacidade estratégica de lançamento de socorro da Força Aérea dos EUA.

★ PRIMEIRO VOO DO HAVAÍ PARA A AMÉRICA DO NORTE

Em 11/1/1935, a americana Amelia Earhart pilotou um Lockheed Vega 5b sozinha, do Campo de Wheeler, Honolulu, Havaí, até o Aeroporto de Oakland, Califórnia, EUA. O voo durou 18h e percorreu 3.862km. Esse feito valeu à aventureira um prêmio de US$ 10.000. Earhart desapareceu dois anos depois, em 2/7/1937, em algum lugar do Pacífico Sul, ao tentar fazer a volta ao mundo de avião.

4/8 O **mais longo salto em pé em cima de uma motocicleta** é de 4,2m – uma conquista conjunta de Jeroni Fajardo e Toni Bou (ambos da Espanha), que marcaram o recorde nesse dia em 2004.

853: capacidade máxima de passageiros do Airbus 380, o **maior avião comercial em termos de peso e capacidade**.

★MELHOR ATERRISSAGEM FORÇADA

O "sucesso" de uma aterrissagem forçada na água pode ser julgado pelo número de passageiros que sobrevivem. A mais bem-sucedida foi a do Airbus A320 da US Airways, voo 1549, pilotado pelo capitão Chesley B. "Sully" Sullenberger (na foto menor), no rio Hudson, em Nova York, EUA, em 15/1/2009. Todos os 155 passageiros e tripulantes sobreviveram ao incidente causado por pássaros que entraram nas turbinas do avião.

★PRIMEIRA TRAVESSIA DO CANAL DA MANCHA COM ASAS A JATO

Em 26/9/2008, Yves "Jet Man" Rossy, piloto e inventor suíço, levou 9min7s para cruzar o canal da Mancha com asas a jato. Ele alcançou uma velocidade de 299km/h durante o voo.

●MAIOR GRUPO AÉREO

Até junho de 2007, a American Airlines era a companhia aérea com a maior frota de aeronaves ativas: 978 aviões, incluindo 47 Boeings 777. A empresa encomendou 42 Boeings 787-9 Dreamliner para 2012.

FATO

Sullenberger, ex-piloto da USAF e piloto de planador, recebeu a chave da cidade de Nova York em reconhecimento por sua perícia.

★AEROMODELO MAIS COMPRIDO

O *Dyna Might* é um aeromodelo em escala 1:4,9 do B-29 Superfortress, construído por Vercruyesse Bart, Honore Ignace e Lamaire Pieter (todos da Bélgica). O modelo, com 8,8m de envergadura, 6,05m de comprimento e 200kg, realizou seu voo inaugural em 22/5/1998.

★MENOR HELICÓPTERO COAXIAL

O GEN H-4, da empresa japonesa Gen Corporation, tem um rotor de 4m de comprimento, pesa 70kg e tem só um lugar, trem de pouso básico e uma unidade de força. Diferentemente dos helicópteros tradicionais, ele tem dois rotores coaxiais (montados num eixo comum) contrarrotativos, e não precisa de um rotor de cauda para propiciar estabilidade.

★VOO MAIS LONGO REALIZADO POR UM VEÍCULO AÉREO NÃO TRIPULADO (VANT)

Em 21/3/2001, um Northrop Grumman Ryan Aeronautical RQ-4A Global Hawk fez um voo de 30h24min1s na Base Aérea de Edwards, na Califórnia, EUA. Esse VANT tem 13,5m de comprimento, 35m de envergadura e peso bruto de decolagem de 10.704kg. O Global Hawk tornou-se mais tarde o primeiro VANT a atravessar o oceano Pacífico.

★PRIMEIRA AERONAVE TRIPULADA MOVIDA A HIDROGÊNIO

Um planador de dois lugares com motor Dimona, movido por bateria de lítio e pilha a combustível de membrana modificada, projetado pelo Centro de Pesquisa e Tecnologia da Boeing na Europa, fez voos de teste numa base aérea em Ocana, Espanha, em fevereiro e março de 2008.

★CARGUEIRO MILITAR MAIS AVANÇADO

O C-17 Globemaster III é o cargueiro militar mais avançado em uso, podendo voar 2.400 milhas náuticas (4.445km) sem necessidade de reabastecer com uma carga de 78.657kg a uma velocidade de 450 nós (833km/h). O Globemaster III pode lançar 102 paraquedistas e operar em bases aéreas com pistas de pouso de apenas 1.066m de comprimento. Atualmente, 190 C-17s, com 53m de comprimento e 51,75m de envergadura, estão em operação no mundo todo.

5/8 O **maior número de participantes em um conjunto de didgeridoo** é 238 músicos. Eles participaram do Festival Didge, realizado em Escot Park, Devon, Reino Unido, em 2006.

6/8 O **primeiro site** – http://info.cern.ch/ – foi lançado nesse dia de 1991, criado por Tim Berners-Lee (RU) para explicar a World Wide Web.

TRENS

★TRENS COM MAIOR VELOCIDADE OPERACIONAL MÁXIMA

Na linha férrea intermunicipal de 114km entre Pequim e Tianjin, China, a velocidade operacional máxima dos trens é 350km/h. Embora as composições tenham capacidade para atingir 394km/h, a velocidade foi limitada por razões de segurança.

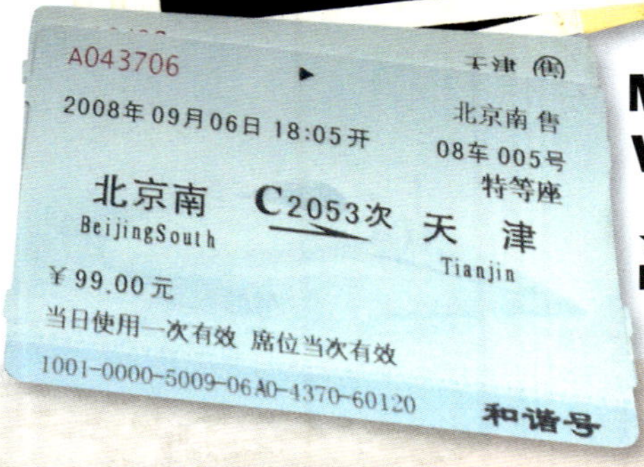

MAIS VELOZES

★TRENS DE LINHA ENTRE DUAS ESTAÇÕES

No trecho entre as estações francesas Lorraine e Champagne-Ardennes, os trens atingem 279,4km/h em média, percorrendo o trecho de 167,6km em 36min, segundo o estudo World Speed Survey, de 2005, do *Railway Gazette International*. Embora seja quase metade da velocidade do **trem mais rápido de todos os tempos** – 574,8km/h, atingidos em 3/4/2007 por uma versão modificada do TGV francês V150 (com rodas mais largas e duas locomotivas puxando três vagões de dois andares) –, é uma velocidade máxima realista, segura e viável em termos financeiros e ambientais.

★NOVO
●ATUALIZADO

★ABERTURA DE TÚNEL

Durante a construção de um trecho subterrâneo de 6,9km entre as estações Atocha e Chamartin, em Madri, Espanha, em agosto de 2008, foi atingida a velocidade recorde de 92,8m de túnel abertos por dia, graças ao uso de uma perfuratriz especial.

TREM MAGLEV

O maglev (trem de levitação magnética por supercondução) tripulado MLX01, operado pela Central Japan Railway Company e pelo Railway Technical Research Institute, atingiu a velocidade recorde de 581km/h na Linha de Testes Maglev, de Yamanashi, Japão, no dia 2/12/2003.

TREM PÚBLICO REGULAR

O trem maglev que liga o Aeroporto Internacional de Xangai, China, ao distrito financeiro da cidade atinge a velocidade máxima de 431km/h em seu trajeto, de 30km. Construído pela alemã Transrapid International, o trem fez sua viagem inaugural em 31/12/2002.

MAIS LONGOS

TREM DE EXIBIÇÃO

O *Millennium Express*, da Opel, é o mais longo trem de exibição do mundo, com 284m de extensão. Ele foi "inaugurado" na fábrica da Opel, em Russelsheim, Alemanha, no dia 28/7/1999. O *Millennium Express*, composto de 14 vagões, foi criado para celebrar o centésimo aniversário da produção de vagões pela Opel.

★CONEXÃO FERROVIÁRIA DE ALTA VELOCIDADE MAIS CARA

O Channel Tunnel Rail Link, conexão ferroviária com 108km de extensão que liga a saída britânica do túnel do canal da Mancha a Londres, RU, custou US$ 11,6 bilhões e foi a conexão ferroviária de alta velocidade mais cara já construída – como constatou a auditoria realizada para a Comissão Britânica de Transportes Integrados.

NOS TRILHOS...

A ferrovia do Fortescue Metals Group, por onde passam as cargas mais pesadas do mundo, tem trilhos com a bitola-padrão de 1.435mm. Ao todo, são 38.000t de trilhos de 68kg/m com soldagem contínua; a ferrovia foi construída em apenas 18 meses.

★FERROVIA MAIS PESADA

No dia 14/5/2008, o Fortescue Metals Group (Austrália) concluiu os 230km da ferrovia que liga a mina de minério de ferro Cloudbreak, em Pilbara, a Port Hedland, Austrália Ocidental. A ferrovia suporta trens de até 2,5km de extensão e cargas de até 38.400t de minério. A frota de 15 locomotivas e 976 vagões forma quatro composições – cada vagão é projetados para transportar uma carga nominal de 40t.

7/8 Criado por Pietro Catucci e Antonio Latte, da EuroSpin, em Mottola, Taranto, Itália, em 7/8/2004, o **sanduíche mais longo** media 634,50m.

8/8 Nesse dia de 2004, Danny Way (EUA) deu o **mais longo salto em rampa de skate** – um 360° aéreo de 24m – em sua Mega Ramp, nos X Games 10, em Los Angeles, Califórnia, EUA.

15.545t: peso do **trem mais pesado já rebocado por uma só locomotiva**, na Ferrovia de Erie, EUA, entre 1914 e 1929.

TREM DE CARGA

Um trem de carga com 7,35km de extensão e composto por 682 vagões de minério empurrados por oito potentes locomotivas diesel-elétricas foi montado pela BHP Iron Ore. Ele percorreu 275km das minas da empresa de Newman e Yandi a Port Hedland, Austrália Ocidental, em 21/6/2001.

VIAGEM DE TREM HOSPITALAR

Como parte de sua contribuição para as celebrações do Jubileu de Ouro da Independência da Índia, o exército indiano criou um trem-hospital para oferecer tratamento médico especializado a militares aposentados do exército indiano em 11 estados do país. O trem partiu de Nova Délhi em 15/8/1997 e voltou cinco meses depois, no dia 13/1/1998.

MONOTRILHO SUSPENSO

O Monotrilho Urbano de Chiba, próxima a Tóquio, Japão, é o monotrilho suspenso mais longo do mundo, com 15,2km de extensão. O primeiro trecho de 3,2km foi inaugurado em 20/3/1979, e a linha já sofreu três expansões desde então.

TREM DE PASSAGEIROS

Em 27/4/1991, um trem de passageiros da Companhia Ferroviária Nacional Belga, com 1.732,9m de extensão, composto por 70 vagões e puxado por uma locomotiva elétrica, percorreu 62,5km de Ghent a Ostend, Bélgica.

VIAGEM INTERNACIONAL DE TREM SEM ESCALAS

Partindo de Londres, RU, às 9h40 de 16/5/2006, um trem Eurostar percorreu os 1.421km até Cannes, França, em 7h25min sem paradas. A viagem fazia parte de um evento promocional do filme *O Código Da Vinci* (EUA, 2006) e contou com a presença dos astros Tom Hanks e Audrey Tatou a bordo.

FATO

A locomotiva da Siemens (acima) precisou de apenas 30km de trilhos livres para estabelecer o primeiro recorde de 344km/h, elevando-o em seguida para 357km/h.

DISTÂNCIA PERCORRIDA POR TREM DESGOVERNADO

A distância recorde de 161km foi percorrida na Chicago, Burlington & Quincy Railroad, a leste de Denver, Colorado, EUA, em 26/3/1884, quando um forte vento movimentou oito vagões carvoeiros, em Akron, Colorado. Os vagões correram para a linha principal e foram empurrados pelo vento a 64km/h. Uma locomotiva de carga levou cerca de três horas para retomar o controle dos vagões.

★MAIS RÁPIDA LOCOMOTIVA ELÉTRICA

Construída pela Siemens e pertencente à Empresa Ferroviária Federal da Áustria (ÖBB), a locomotiva elétrica multissistema 1216 050 (tipo ES 64 U4) é a mais veloz existente no mundo.

Em 2/9/2006, ela atingiu 357,0km/h, sob o comando do alemão Alex Dworaczek, na linha de alta velocidade entre Ingolstadt e Nuremberg, Alemanha.

SUPERFORÇA

Cada trem do Fortescue Metals Group (FMG) que cobre a linha de Pilbara a Port Hedland é puxado por duas locomotivas GE Dash 9-4400CW, com duas locomotivas auxiliares na travessia dos 57km de trilhos do trecho da cordilheira de Chichester. A partir do marco do km 200, os trens se dirigem ao porto com duas locomotivas puxando o trem – configuração que faz deles os mais longos e pesados trens de tração dianteira em operação.

9/8 A **campanha publicitária mais duradoura** é protagonizada pelo urso Smokey, mascote da Guarda Florestal Americana, que estreou no cartaz de uma campanha de prevenção de incêndios em 9/8/1944.

ARMAMENTOS

★PRIMEIRO DETECTOR PORTÁTIL DE ATIRADORES DE ELITE

O sistema de detecção de atiradores de elite EARS foi desenvolvido para soldados em combate em zonas urbanas ou outros locais, onde é provável a presença de atiradores de elite. Com menos de 170g, o aparelho possui um único sensor acústico integrado em miniatura e usa apenas 1w de energia para dar ao soldado alertas audiovisuais com direção e distância de tiros de diversos tipos de armas.

★PRIMEIRA ARMA DE RAIOS USADA EM COMBATE

Zeus, a arma de raios batizada com o nome do deus grego do trovão, é usada para neutralizar a uma distância segura (300m) explosivos como minas e bombas não deflagradas. Testada em campo no Afeganistão, em 2003, a arma foi enviada ao Iraque, e cerca de outras 12 entrarão em operação até o final de 2009.

★AMOSTRA MAIS ANTIGA DE PLUTÔNIO DE GRAU BÉLICO

Em 1944, no campo de testes nucleares de Hanford, em Washington, EUA, a amostra mais antiga de plutônio de grau bélico foi produzida a partir do combustível nuclear consumido pelo reator do protótipo X-10, em Oak Ridge, Tennessee, EUA. A amostra – uma jarra de uma mistura branca líquida, trancada em um cofre e depositada em uma trincheira em Hanford – foi redescoberta em 2004 por trabalhadores que tentavam limpar a fábrica onde foram construídas as primeiras armas nucleares.

★SISTEMA DE VISÃO NOTURNA MAIS AVANÇADO

O BugEye, desenvolvido pela BAE Systems para rastreamento de mísseis, é baseado nos olhos do parasita de vespas *Xenos peckii*. O sistema visual do inseto – não encontrado em nenhum outro ser vivo – usa 50 olhos para obter um campo de visão de 120°. O BugEye ainda não é tão avançado: usa 9 lentes para oferecer 60° de visão periférica, mas isso já é bem mais que o campo de visão de 20° disponível na maioria das câmeras-padrão mais leves para sistemas de rastreamento de mísseis.

★RIFLE DE LONGO ALCANCE MAIS AVANÇADO

Empregado pela primeira vez pela 16ª Brigada Aérea do Exército Britânico em maio 2008, no Afeganistão, o rifle de longo alcance L115A3, da Accuracy International, pesa apenas 6,8kg. Ele dispara projéteis de grosso calibre (8,59mm), mais precisos para disparos de longa distância. Sob condições favoráveis, a arma pode atingir um alvo no primeiro tiro a 600m e tem alcance de precisão de mais de 1.100m.

★LIMUSINE PRESIDENCIAL MAIS SEGURA

Apelidada de "Cadillac One" ou "a Fera", a limusine presidencial de Barack Obama (EUA) é um Cadillac DTS estendido construído pela General Motors. As especificações técnicas são confidenciais por motivos de segurança, mas a tecnologia de defesa inclui: pneus reforçados com Kevlar, à prova de rasgos e furos, portas blindadas com c. 20cm de espessura, janelas à prova de balas e chassi à prova de bombas com 12,7cm de espessura, reforçado com placas de aço. Acredita-se que o interior seja protegido contra ataques químicos e contenha equipamentos para comunicação codificada. É improvável que essa fortaleza móvel faça mais de 3,2km por litro.

★ROBÔ MILITAR MAIS ROBUSTO

O Dragon Runner, de 9kg, pode ser usado em cavernas e prédios para desarmamento de minas, instalação de explosivos e reconhecimento. Seus equipamentos eletrônicos estão instalados num compartimento plástico resistente e funcionam em qualquer posição. Ele pode ser equipado com um braço manipulador com ombro, punho e pinças rotativas, câmeras de visão noturna, detectores de movimento e esteira lagarta.

10/8 A **prancha de surfe mais longa utilizável por uma pessoa** tem 9,2m de comprimento e foi construída pela Murasaki Sports, em Hama Atsuma, Tomakomai, Japão, em 10/8/2008.

63t: peso do tanque de guerra M1A2 Abrams (EUA), o **tanque mais pesado atualmente em serviço**.

★PRIMEIRA ARMA AUTOMÁTICA AUTÊNTICA

Em 1883, Hiram Maxim (que receberia o título de *Sir*) construiu e desenvolveu a primeira arma de fogo automática com um cano. A força de recuo do projétil disparado era usada para expelir a cápsula vazia e levar outra à câmara. Ao apertar e segurar o gatilho, a arma disparava continuamente.

★PRIMEIRA METRALHADORA

Em 1862, Richard Gatling (EUA) construiu a primeira metralhadora manual com múltiplos canos. Usada pela primeira vez na Guerra Civil americana em 1861–65, ela era alimentada por cartuchos que entravam por gravidade em uma brecha através de um mecanismo em formato de funil no topo da arma. Essa característica permitia a soldados pouco habilidosos obter médias altas de disparos.

★NOVO
●ATUALIZADO

★TANQUE MAIS CARO

Cada unidade do tanque de guerra K2 Black Panther, desenvolvido e produzido na Coreia do Sul, custa c. US$ 8,5 milhões. O tanque, operado por três homens, possui motor de 1.500hp e atinge 70km/h no asfalto e 50km/h fora de estrada. Atualmente, o exército coreano tem 390 desses tanques em operação.

★APLICATIVO PARA IPOD MAIS LETAL

Em 22/12/2008, a Runaway Technology Inc. lançou o BulletFlight, um aplicativo para iPhone e iPod Touch que auxilia atiradores de elite a executar tiros mais precisos. O aplicativo transforma o iPod em um computador de balística e permite aos usuários inserir vários fatores, como condições climáticas e distância, enquanto o acelerômetro mede os ângulos até o alvo e oferece dados detalhados sobre como preparar o tiro ideal a distâncias de até 2.000m. O programa ainda traz incorporados perfis de três dos principais rifles de longo alcance, incluindo o semiautomático M110, além de permitir criar novos perfis conforme a necessidade.

★MAIS UAVS ABATIDOS POR UM SISTEMA DE ARMAS A LASER

Em dezembro de 2008, um Humvee equipado com um sistema de armas a laser, batizado de Laser Avenger pela sua montadora, a Boeing Combat Systems, abateu três pequenos UAVs (veículos aéreos não tripulados) na Base de Mísseis de White Sands, Novo México, EUA.

11/8 A **frequência cardíaca mais baixa em repouso** já registrada foi de 27bpm, de Martin Brady (RU), aferida nesse dia de 2005.

12/8 Nesse dia de 2002, Sergey Karjakin (Ucrânia, n. 12/1/1990) tornou-se o **enxadrista mais jovem a receber o título de Grande Mestre Internacional**, aos 12 anos e 212 dias.

SUPERCONSTRUÇÕES

MANIA DE GRANDEZA

A história das construções mais altas do mundo fala muito das grandes ambições humanas. As superconstruções mais antigas eram tumbas grandiosas de faraós do Antigo Egito. Com a expansão do cristianismo na Europa durante a Idade Média, ergueram-se gigantescas igrejas e catedrais em louvor a Deus. Os arranha-céus da era moderna são tributos tanto aos avanços da tecnologia como à boa e velha inteligência humana. Então, se você tem a cabeça nas nuvens, faça uma viagem por estas construções históricas épicas. ***Nota: as datas entre parênteses indicam o período em que o prédio foi o maior do mundo.***

CATEDRAL DE COLÔNIA (1880–84)

Embora a construção da catedral de Colônia tenha começado em 1248, esse notável exemplo de arquitetura gótica só foi concluído em 1880. Daquele ano até 1884, a catedral deteve o posto de estrutura mais alta do mundo, até ser ultrapassada pelo Monumento a Washington. Apenas a catedral de Ulm possui torres maiores que as de Colônia, cuja altura máxima é de 157m – dez vezes a altura de um ônibus de dois andares londrino. Ela foi declarada recentemente Patrimônio da Humanidade.

PIRÂMIDE VERMELHA DE SENEFERU (C. 2790–2590 A.C.)

Essa pirâmide de 104m, cujo nome se deve ao calcário rosado de sua construção, é uma das três situadas na Necrópole de Dahshur, no Egito. Construída pelo faraó Seneferu, da quarta dinastia, que governou por volta de 2613–2589 a.C., foi a mais alta construção humana até ser suplantada pela Grande Pirâmide de Quéops.

IGREJA DE SANTA MARIA (1625–47)

Localizada em Stralsund, Alemanha, a Igreja de Santa Maria é outro exemplo famoso da arquitetura gótica. Essa construção de 151m, erigida antes de 1400, só perdeu o título de estrutura mais alta do mundo quando sua torre – que já fora reconstruída após ser derrubada por uma tempestade – foi destruída por um raio em 1647. Então, o recorde passou para a catedral de Estrasburgo. Atualmente a igreja exibe a modesta altura máxima de 104m.

TORRE EIFFEL (1889–1930)

Este adorado ponto de referência parisiense, cujo nome homenageia seu projetista, Gustave Eiffel (França), foi planejado como um grande portal da Exposição Universal de 1889. A torre foi erguida em dois anos e deveria ficar de pé por mais 20. Mas, apesar de ter sido alvo da ojeriza pública na época, a torre acabou sendo mantida e logo se tornou uma grande atração turística. Com 324m – três vezes a altura da Catedral de São Paulo em Londres –, só foi superada pelo Edifício Chrysler em 1930.

IGREJA DE SÃO NICOLAU (1874–76)

Situada em Hamburgo, Alemanha, essa gigantesca estrutura neogótica – cuja torre alcança 147,3m – ocupou o posto de mais alta do mundo por apenas dois anos, tendo sido logo ultrapassada pela Catedral de Rouen. Várias construções dedicadas a São Nicolau já haviam sido erguidas no mesmo local desde o século XI, até a edificação definitiva dessa igreja entre 1846 e 1874.

TORRE OSTANKINO (1967–75)

Até hoje a estrutura mais alta já construída na Europa – e a primeira a ultrapassar os 500m –, essa torre de rádio e televisão sem apoios em Moscou, Rússia, tem 540m de altura. A construção começou em 1963 e durou quatro anos. Perdeu o título de construção mais alta em terra para a Torre CN, de Toronto, Canadá.

EDIFÍCIO EMPIRE STATE (1931–67)

Esse ponto de referência de Nova York, EUA, foi o primeiro edifício a passar dos cem andares. Concluído em 1931, com 381m, passou o bastão de mais alta estrutura do mundo para a Torre Ostankino em 1967. O Empire State foi uma das Sete Maravilhas do Mundo Moderno eleitas pela Sociedade Americana de Engenheiros Civis em 1994.

PIRÂMIDE DE SAQQARA (C. 2700–C. 2600)

Esta pirâmide foi construída na Necrópole de Saqqara, Egito, para hospedar o túmulo do faraó Djoser, no século XVII a.C. Alcançava 62m de altura – quase o mesmo que as cabeças dos quatro presidentes americanos esculpidas e imortalizadas no monte Rushmore. Por volta de 2600 a.C., foi desbancada pela Pirâmide Vermelha.

CATEDRAL DE LINCOLN (1311–1549)

Erguida entre 1185 e 1311, com altura máxima de 160m em sua torre principal, a catedral de Lincoln foi em geral considerada a mais alta estrutura do mundo até 1549. Naquele ano sua torre se incendiou e o recorde passou para a Igreja de Santo Olavo, em Talim, Estônia.

13/8 Nesse dia de 2003, o canadense Scott Hammell realizou a **fuga de camisa de força em suspensão mais alta**, pendurado em um balão de ar quente a 2.194,5m em Knoxville, Tennessee, EUA.

320,94m: altura do **hotel mais alto**, o Burj Al Arab ("Torre das Arábias"), com 202 suítes e formato de vela de barco, em Dubai, EAU.

★ NOVO
● ATUALIZADO

BURJ DUBAI (2009–HOJE)

Atualmente, a ● **estrutura mais alta** do mundo é Burj Dubai, em Dubai, Emirados Árabes Unidos, que alcançou vertiginosos 688m em 1/9/2008. Isso é mais que o dobro da altura da Torre Eiffel! O edifício deverá atingir sua altura máxima de 818m em setembro de 2009, ao término da construção.

TORRE CN (1975–2009)

Com estonteantes 553,33m, a Torre CN, de Toronto, Canadá, desbancou a Torre Ostankino (Moscou) como estrutura mais alta do mundo em 1975, durante sua construção. Ela foi concluída no ano seguinte e manteve o título por surpreendentes 32 anos, até ser superada pelo Burj Dubai. A Torre CN também está na lista das Sete Maravilhas do Mundo Moderno da Sociedade Americana de Engenheiros Civis (outra delas é a usina de Itaipu).

CATEDRAL DE ROUEN (1876–80)

A Catedral de Notre-Dame de Rouen, na França, é um esplêndido templo gótico que foi erigido entre 1202 e 1880. Ela foi a obra humana mais alta do mundo nos quatro últimos anos desse período, sendo então ultrapassada pela Catedral de Colônia. Sua torre atinge 151m de altura.

EDIFÍCIO CHRYSLER (1930–31)

Obra-prima do *art déco*, este famoso arranha-céu do distrito nova-iorquino de Manhattan, EUA, foi erguido entre 1928 e 1930 e tem 318,9m de altura – três vezes a altura da Pirâmide Vermelha de Seneferu. Foi o edifício mais alto do mundo por menos de um ano, quando perdeu o posto para outro símbolo de Nova York – o Edifício Empire State.

GRANDE PIRÂMIDE DE QUÉOPS (C. 2560 A.C.–1311)

A maior pirâmide do Egito chegava a 146m, mas sua altura foi reduzida pela erosão. Também conhecida como Pirâmide de Khufu, era uma das três pirâmides da Necrópole de Gizé, perto do Cairo, Egito. Concluída por volta de 2560 a.C., foi a mais alta entre as construções humanas por mais de 3,8 mil anos, até a construção da catedral de Lincoln.

IGREJA DE SANTO OLAVO (1549–1625)

Datada do século XII e localizada em Talim, Estônia, a Igreja de Santo Olavo foi a estrutura mais alta do mundo de 1549 até 1625, quando foi destronada pela Igreja de Santa Maria, em Stralsund. Originalmente tinha 159m de altura, mas hoje, após vários raios e reconstruções, seu cume atinge 123m.

CATEDRAL DE ESTRASBURGO (1647–1874)

Com 142m de altura, o pináculo da catedral de Estrasburgo é 3m mais alto do que a Ponte da Baía de Sydney. Ela começou a ser erigida em 1015 e foi concluída em 1439, mas só se tornou a construção mais alta do mundo em 1647, quando a Igreja de Santa Maria em Stralsund perdeu sua torre. Em 1874, essa catedral gótica venerada foi suplantada pela Igreja de São Nicolau, em Hamburgo.

MONUMENTO A WASHINGTON (1884–89)

Aberto ao público em 1888, mas oficialmente a estrutura mais alta do mundo quatro anos antes, esse obelisco notável tem 169,29m de altura. Em 1889, a Torre Eiffel bateu seu recorde. (*Leia mais sobre o monumento abaixo.*)

LIMITE MUNICIPAL

O Monumento a Washington é o edifício mais alto de Washington, EUA – e continuará a ser. Como podemos ter certeza? Está na lei. A Lei de Altura dos Edifícios, de 1910, limitou a altura dos novos edifícios da cidade à largura da rua adjacente, mais um adicional de 6,1m.

14/8 Svetlana Masterkova (Rússia) foi a **mulher mais rápida a correr uma milha**, ao percorrer cerca de 1,6km em 4min12,56s, na cidade de Zurique, Suíça, em 14/8/1996.

15/8 Ao ser inaugurado em 15/8/1956, o *drive-in* Algiers, de Detroit, Michigan, EUA, possuía uma tela de 65,8m de altura e 445,9m² – a **maior tela de cinema de *drive-in***.

FÍSICA DE PARTÍCULAS

100

★MAIOR MÁQUINA JÁ CONSTRUÍDA

O Grande Colisor de Hádrons (LHC) não é apenas o **maior acelerador de partículas** do mundo – é a maior e mais complexa máquina já construída (e ainda o **maior refrigerador**!). Localizado na fronteira franco-suíça próximo de Genebra, Suíça, é composto por um túnel circular subterrâneo de 27km de comprimento.

O LHC foi construído com o propósito de observar o resultado da colisão de dois feixes de prótons opostos a energias altíssimas. O objetivo mais famoso desse experimento é confirmar a existência do bóson de Higgs – a chamada "partícula de Deus" –, que até agora não foi comprovada. O primeiro feixe de prótons percorreu o LHC em 10/9/2008, mas as operações foram interrompidas nove dias depois, quando uma falha foi detectada.

Nesta página há uma seleção dos recordes mundiais estabelecidos por esse projeto científico extraordinário.

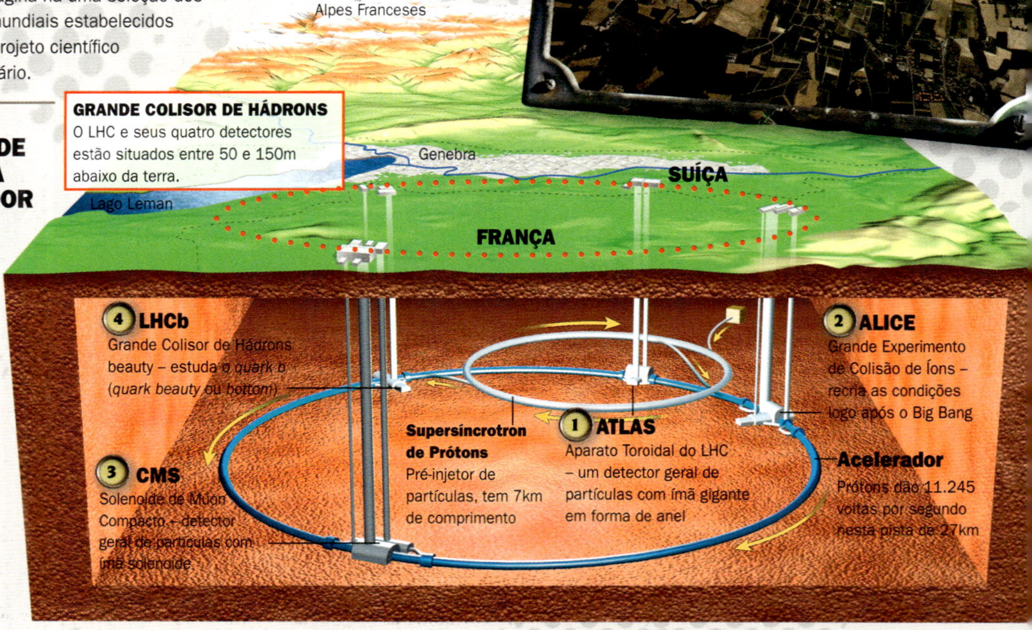

GRANDE COLISOR DE HÁDRONS
O LHC e seus quatro detectores estão situados entre 50 e 150m abaixo da terra.

★MAIS PESADO DETECTOR DE PARTÍCULAS

O Solenoide de Múon Compacto (CMS) ***(3)*** é um dos detectores de partículas do LHC de uso geral. Construído ao redor de um imenso ímã solenoide, o detector, que pesa 12.500t, tem 21m de comprimento, 15m de largura e 15m de altura. Sua função é observar aspectos da física de altas energias, como a possibilidade da existência de outras dimensões.

★NOVO
●ATUALIZADO

★PARTÍCULAS DE MAIOR ENERGIA NUM ACELERADOR DE PARTÍCULAS

Os feixes de prótons injetados no LHC podem ser acelerados por ímãs até cerca de um milionésimo de um por cento da velocidade da luz (299.792.458m/s), circum-navegando o acelerador 11.245 vezes por segundo. Isso significa que cada próton terá energia de cerca de 7TeV (teraelétron-volts), o equivalente à energia usada no voo de sete mosquitos. Combinados, todos os prótons nos feixes ativos terão energia equivalente a 900 carros trafegando a 100km/h.

★MAIOR DETECTOR DE SILÍCIO

O detector de silício do Solenoide de Múon Compacto 2 (CMS2) foi projetado para rastrear as posições tridimensionais das partículas produzidas nas colisões do experimento Solenoide de Múon Compacto ***(3)*** do LHC. As instalações do CMS2 ocupam 205m² – o tamanho aproximado de uma quadra de tênis.

★MAIOR REDE DE COMPUTADORES

Para processar os grandes volumes de dados gerados pelo LHC, cientistas de todo o mundo criaram em colaboração a Rede Mundial de Computação do LHC. Com 100 mil computadores em 140 centros de processamento de 33 países, ela foi anunciada em outubro de 2008. Espera-se que os detectores do LHC gerem 300GB de dados (o equivalente a 35 DVDs) por segundo.

★MAIOR ÍMÃ SUPERCONDUTOR

O Barrel Toroid é formado por oito bobinas conectadas que medem 25m de comprimento total e 5m de largura. Esse equipamento de 100t, parte do Detector Atlas ***(1)***, foi inicialmente testado em 2006 a uma temperatura operacional de -269°C e foi projetado para usar um campo magnético de 4 tesla, de modo a encurvar o trajeto das partículas produzidas nas colisões do LHC.

★MAIOR REFRIGERADOR

Os 9,3 mil ímãs do Grande Colisor de Hádrons foram projetados para serem refrigerados antes do uso operacional. Cerca de 10.080t de nitrogênio líquido são usadas para esfriá-los a -193,2°C. Então, os ímãs recebem quase 60t de hélio líquido, o que os resfria a uma temperatura de -271,3°C.

★SISTEMA A VÁCUO MAIS LONGO

Os feixes de partículas que percorrem o anel acelerador do Grande Colisor de Hádrons devem operar a vácuo, a fim de evitar

16/8 Em prova histórica, o jamaicano Usain Bolt bateu o **recorde dos 100m rasos (masculino)** com a marca de 9,6s, no Ninho de Pássaro, em Pequim, China, no dia 16/8/2008.

US$ 5 bilhões: custo total do projeto do Grande Colisor de Hádrons. A contribuição anual britânica ao projeto é de £ 108 milhões – aproximadamente £ 1,77 (US$ 2,50) por cidadão.

DETECTOR DE RAIOS GAMA MAIS SENSÍVEL

O Gammasphere, do Laboratório Nacional Argonne, em Illinois, EUA, é um cilindro de 3m de altura trespassado por 110 detectores de raios gama que focalizam um alvo central bombardeado por íons. O equipamento é tão sensível que pode detectar uma diferença de intensidade de 300 mil vezes entre os raios gama mais fracos e os mais fortes produzido pelas colisões.

★ MAIOR CÍCLOTRON

Os cíclotrons são aceleradores de partículas onde partículas carregadas, como prótons, são aceleradas usando uma voltagem alternada de alta frequência. As partículas se movem em espiral para que cheguem à mesma voltagem de aceleração várias vezes. O cíclotron do laboratório canadense de física nuclear e de partículas TRIUMF é o maior do mundo, com 18m de diâmetro. Os prótons percorrem 45km no seu interior em trajetória espiralar para fora, gradualmente alcançando uma energia máxima de 520 megaelétron-volts. O cíclotron do TRIUMF está em operação desde 1974.

colisões com moléculas de gás. No LHC há, ao todo, cerca de 54km de vácuo ultra-alto (UHV, na sigla em inglês), o que significa que ele possui uma pressão de gás dez vezes menor que as experimentadas no quase vácuo da superfície lunar.

★ ACELERADOR OPERACIONAL A ATINGIR MAIS ENERGIA

O LHC deve voltar a funcionar em setembro de 2009. Portanto, até abril de 2009 – quando da redação deste texto –, o Tevatron, do Laboratório Acelerador Nacional Fermi, em Batavia, Illinois, EUA, era o acelerador de partículas mais poderoso do mundo. O Tevatron é um síncrotron, o tipo de acelerador mais poderoso, em que os campos magnéticos e elétricos ficam sincronizados. Num anel com 6,3km de comprimento, ele acelera prótons e antiprótons a até 1 teraelétron-volt de energia.

ACELERADOR LINEAR MAIS LONGO

O Centro de Aceleração Linear de Stanford (SLAC), na Califórnia, EUA, é um acelerador de partículas com quase 3,2km de comprimento. Desde o início das operações em 1966, suas principais realizações incluem a descoberta do *quark* charme e partículas subatômicas do lépton tau. O SLAC se localiza abaixo da terra e é um dos objetos mais longos e retos do mundo.

PARTÍCULA MAIS LEVE CONHECIDA

Na ciência atual, as partículas mais leves do universo são os neutrinos, cuja massa máxima é de 0,000000000000000000000000000000000018kg. Existem três variedades: o neutrino do elétron, o do múon e o do tau – a massa é uma média dos três tipos.

Os neutrinos são criados por decaimento radioativo e fusão nuclear (o processo que alimenta o Sol). Sua massa foi calculada por cientistas da Universidade de Cambridge, que anunciaram o feito na conferência anual da Sociedade Astronômica Real em Bristol, RU, no dia 10/4/2002. Essas partículas interagem de forma muitro fraca com a matéria normal – trilhões delas passam pelo seu corpo por segundo – e ainda são pouco compreendidas.

★ ACELERADOR DE PARTÍCULAS MAIS COMUM

Os televisores mais antigos têm um tubo de raios catódicos onde um cátodo de metal quente emite elétrons, que são acelerados por campos elétricos e atraídos por ímãs para o interior da tela. Isso provoca o brilho dos *pixels*, que assim formam imagens móveis. Estima-se que haja entre um e dois bilhões desses "aceleradores de partículas domésticos" em todo o mundo.

17/8 O **maior mosaico de chicletes embrulhados** media 19,4m² e foi criado em Joanesburgo, África do Sul, nesse dia de 2004.

18/8 Os 401 músicos da **maior orquestra de uqueleles** se apresentaram na ilha Långholmen, em Estocolmo, Suécia, durante o evento Ukulele 07, no dia 18/8/2007.

PENSE GRANDE!

●MAIOR BOLA DE FILME PLÁSTICO

No início de 2006, a bola de filme plástico de Jake Lonsway (EUA) era pouco maior que uma bola de beisebol; em 14/6/07, tinha crescido para 3,51m de diâmetro e pesava 127,7kg – cinco vezes o peso de Jake.

★BOLA DE PRAIA

Uma bola de praia inflável com 10,99m de diâmetro – da altura de cerca de três andares –, feita pela empresa americana Carnival Cruise Lines, quicou pelas ruas de Dallas, Texas, EUA, em 26/10/2008.

●MAIOR BOLA DE ELÁSTICOS

Aproximadamente 700 mil elásticos foram usados na bola gigante de Joel Waul (EUA). "Megaton" – nome dado pelo autor – pesa 4.097kg, o mesmo que um elefante jovem! Medida em Lauderhill, Flórida, EUA, no dia 13/11/2008, a bola tem 2m de altura e 7,72m de diâmetro.

MAIORES

●ROLO DE PAPEL HIGIÊNICO

A Kimberly-Clark do Peru apresentou um rolo de papel higiênico com 1,7m de diâmetro em Lima, Peru, em 7/6/2008. O rolo, cuja superfície total é 56.000m², poderia servir uma pessoa durante cem anos.

●CAMA

Mark Gerrick (EUA) e a Royal Sleep Products construíram uma cama de 23,47m de comprimento por 14,17m de largura em Fort Worth, Texas, EUA, no dia 11/9/2008.

●TRAVESSEIRO

Toda cama grande precisa de um travesseiro grande... O maior já medido tem 225m² e foi criado pela AAROVA vzw (Bélgica) em Oudenaard, Bélgica, no dia 3/10/2008.

●XÍCARA DE CAFÉ

Em 11/10/2007, Mauricio Cadavid (Colômbia) criou e encheu uma xícara de café de 4.143L – volume equivalente a mais de 50 banheiras ou 17.511 xícaras comuns! Ela continha cerca de 1,5kg de cafeína.

★MAIOR ALMOFADA DE PUM

Para demonstrar os princípios científicos dos instrumentos de sopro, Steve Mesure (RU) criou uma almofada de pum (que produz o som de um pum quando alguém se senta nela) de 3,05m de diâmetro, para o festival Street Vibe, realizado no anfiteatro The Scoop, em Londres, RU, em 14/6/2008.

●BONECO DE NEVE MAIS ALTO

Olympia, um boneco de neve erguido por habitantes de Bethel, Maine, EUA, e de cidades vizinhas, tinha 37,21m de altura. Ele foi feito em um mês, tendo sido concluído em 26/2/2008.

CORPO
Constituído de 5.890t de neve reunidas em anéis concêntricos; guindastes foram usados para içar a neve a uma altura de 35m – apenas 9m mais baixo do que a Estátua da Liberdade!

CÍLIOS
Compostos por 16 esquis

OLHOS
Criados com guirlandas gigantes

NARIZ
De 2,5m de comprimento

BOCA
Feita com cinco pneus de carro pintados de vermelho

CACHECOL
De 30m de comprimento

BRAÇOS
Feitos com duas árvores de 9m de altura

19/8 O **mais antigo carro em funcionamento** é o La Marquise, um veículo a vapor construído na França em 1884 e vendido por US$ 3,52 milhões no dia 19/8/2007.

20/8 O **maior copo de refresco** continha 3.791,4L de limonada e foi criado por Arthur Greeno e pela rede Chick-fil-A (ambos dos EUA) nessa data de 2008.

49,9m: altura do "Kilimanjaro", o **toboágua mais alto do mundo**, localizado no Águas Quentes Country Club, no Rio de Janeiro, Brasil.

MAIOR MOTOSSERRA

Em 1996, a Moran Iron Works, Inc., de Onaway, Michigan, EUA, fabricou uma motosserra de 6,98m de comprimento por 1,83m de altura, equipada com um motor V-8. Batizada de "Big Gus", foi colocada em exposição por James A. DeCaine (EUA) no ponto turístico Da Yoopers Tourist Trap em Ishpeming, Michigan, EUA. DeCaine chama itens como esse – e o **maior rifle** (ver à direita) – de "Yoopervations": criações feitas não por necessidade, mas por extravagância.

●ESCULTURA FEITA DE LATAS DE COMIDA

Em 4/7/2008, estudantes de arquitetura da Universidade de Montana, junto com a ONG Conscious Alliance (ambas dos EUA), construíram uma estrutura em formato de mão humana usando 45.725 latas de comida. A obra tinha 9,75m de comprimento por 4,88m de largura e 3,05m de altura.

★TAÇA DE ESPUMANTE

A maior taça de vinho do mundo foi enchida com 16,5L de espumante pela Fede & Tinto no evento de enofilia Vini nel Mondo 2008, em Spoleto, Umbria, Itália, no dia 30/5/2008.

TESOURA

Uma tesoura que mede 1,78m da ponta ao cabo foi fabricada por Michael Fish (Canadá) e sua equipe da Keir Surgical Ltd. A tesoura foi exposta na 20ª Conferência Nacional da Associação de Enfermeiras Canadenses (ORNAC) em Victoria, Canadá, em 24/4/2007.

★COPO DE CERVEJA

Um copo de cerveja com 384,21L de Budweiser foi apresentado pelo Harry Caray's Restaurant Group e pela rádio WLS 890 AM (ambos dos EUA) em Chicago, Illinois, EUA, no dia 21/2/2008.

★LANTERNA DE PEDRA

Uma lanterna de pedra construída para o templo Nenbutsushu Sanpouzan Muryojuji, na cidade de Kato, Hyogo, Japão, media 12m de altura por 7,4m de largura em 10/2/2008.

★MAIOR RIFLE

Encontra-se em exibição no Da Yoopers Tourist Trap, em Ishpeming, Michigan, EUA, um rifle de 10,18m de comprimento pertencente a James A. DeCaine. O rifle pode atirar projéteis pelo uso de propano e oxigênio e é capaz de disparar uma pedra envolta em fita isolante a uma distância de 4km.

●AGULHAS DE TRICÔ

Em 10/3/2008, a britânica Ingrid Wagner usou agulhas de tricô de 3,5m de comprimento e 8cm de diâmetro para fazer um quadrado de dez pontos em dez linhas, na Metro Radio Arena, em Newcastle upon Tyne, RU.

MAIOR SKATE

Estudantes do curso Solução de Problemas de Equipe, ministrado por Jerry Havill na Faculdade Comunitária Bay de Noc, em Escanaba, Michigan, EUA, projetaram e construíram um skate de 9,4m de comprimento, 2,4m de largura e 1,19m de altura, em 17/8/2007.

★NOVO
●ATUALIZADO

21/8 o **atleta mais velho a ganhar o ouro olímpico** foi Patrick Joseph "Babe" McDonald (EUA), que aos 42 anos e 26 dias venceu o lançamento de peso de 25,4kg em Antuérpia, Bélgica, em 21/8/1920.

ENERGIAS ALTERNATIVAS

QUE ENERGIA!

O watt é uma unidade de medida que descreve a taxa do fluxo de energia elétrica – uma lâmpada de 100 watts, por exemplo, utiliza 100 joules de energia por segundo. Assim, uma usina que gere 100 megawatts (mega = um milhão) produz 100 milhões de joules por segundo – o que acende muitíssimas lâmpadas! Eis um guia da produção média de algumas formas de produçao de energia renovável:

- **Eólica: 1–5MW**
- **Geotérmica: 1–100MW**
- **Solar: 10–500MW**
- **Hídrica: 1–18.000MW**

★ **NOVO**
● **ATUALIZADO**

★ MAIS POTENTE USINA HIDRELÉTRICA DE ARMAZENAMENTO BOMBEADO

A Usina Hidrelétrica de Armazenamento Bombeado do Condado de Bath, em Virgínia, EUA, consiste em uma estação de bombeamento e dois reservatórios, separados por uma altura de 380m. Quando a demanda da rede elétrica é baixa, a energia excedente bombeia água do reservatório inferior ao superior. Quando a demanda é alta, a água é devolvida ao reservatório inferior pelas turbinas, que podem gerar 2.100MW de energia (potência máxima), com vazão de 915m³/s.

ENERGIA SOLAR

★ MAIOR INVESTIMENTO EM ENERGIAS RENOVÁVEIS

Os investimentos alemães em energias renováveis superaram os US$ 14 milhões em 2007, principalmente com painéis solares fotovoltaicos e energia eólica.

★ MÉTODO DE PRODUÇÃO DE ENERGIA QUE MAIS CRESCE

A capacidade instalada dos painéis solares fotovoltaicos ligados em série cresceu 50% ao ano em 2006–07, alcançado estimados 7,8GW. A energia hidráulica se mantém a ★ **energia renovável que mais produz**, com 770GW em 2007.

★ TECNOLOGIA SOLAR MAIS DIFUNDIDA

Até o início de 2007, o mundo possuía uma capacidade instalada de aquecimento solar de água de aproximadamente 154GW. Israel possui o **maior uso *per capita* de aquecedores solares**: um para cada dez habitantes.

MAIOR USINA DE ENERGIA SOLAR

Em termos de capacidade, a Harper Lake Site (LSP 8 & 9) no deserto de Mojave, Califórnia, EUA (administrada pela UC Operating Services) é a maior unidade de captação e conversão de energia solar do mundo. Seus dois geradores de energia elétrica têm capacidade nominal de 160MW (80MW cada). O complexo ocupa 5,2km² e abriga 400 mil coletores solares (espelhos que captam energia do sol) que se estendem por um terreno que tem aproximadamente a área de 750 campos de futebol americano.

★ MAIOR EFICIÊNCIA SOLAR

Em julho de 2007, uma equipe liderada pela Universidade de Delaware, EUA, anunciou a criação de um sistema de células fotovoltaicas com eficiência de conversão energética de 42,8%. Atualmente, as células produzidas em massa têm 15–20% de eficiência, enquanto as células topo de linha possuem cerca de 25%.

A Agência de Pesquisas em Projetos Avançados (ARPA), dos EUA, considera o potencial das células solares tão grande – especialmente para minimizar a carga dos soldados nos campos de batalha – que criou o programa Célula Solar de Altíssima Eficiência (VHESC), para desenvolver células com pelo menos 50% de eficiência. O valor de mercado delas gira em torno de US$ 100 milhões.

MAIOR TELHADO SOLAR

O telhado de um antigo celeiro em Berna, Suíça, tem 2.050m² e é forrado por 16.650 telhas com células fotovoltaicas – as "telhas solares". Espera-se que o projeto, realizado pela Atlantis Energy Ltd., gere 167.000kWh (quilowatts-hora) de energia elétrica.

CHAMINÉ SOLAR MAIS POTENTE

Construída pela Envirommission (Austrália), a chaminé solar de uma usina elétrica em Manzanares, Espanha, produziu 50KW entre 1982 e 1989. Ela era formada por uma grande área de estufas onde o ar, aquecido pelo sol, se dilatava e subia por uma torre central até escapar para a atmosfera – não sem antes fazer turbinas girarem.

★ GERADOR DE ENERGIA MAREMOTRIZ MAIS POTENTE

Em dezembro de 2008, a fabricante britânica Marine Current Turbines anunciou a entrada em operação de seu gerador SeaGen, composto de duas grandes turbinas movidas pela corrente marítima. O SeaGen, situado em Strangford Lough, Irlanda do Norte, RU, pode gerar até 1,2MW.

22/8 Aos 92 anos e 156 dias, Smoky Dawson (Austrália, nascido em 19/3/1913) tornou-se a **pessoa mais velha a lançar um álbum de músicas inéditas** – *Homestead Of My Dreams*, lançado em 22/8/2005.

23/8 A **maior ola**, promovida pela marca de antiácido TUMS, contou com a participação de 157.574 pessoas nas arquibancadas do autódromo de Bristol, Tennessee, EUA, nesse dia de 2008.

4.244.020: número recorde de lâmpadas econômicas distribuídas gratuitamente por todo o RU pela empresa de energia Scottish and Southern, o jornal *The Sun* e a empresa de eficiência energética Cool nrg, em 19/1/2008.

★USINA DE ESTERCO DE GALINHA COM MAIOR CAPACIDADE

Em setembro de 2008, foi aberta em Moerdijk, Holanda, uma usina de biomassa que usa esterco de galinha para produzir eletricidade. Com capacidade para gerar 36,5MW, a usina é neutra em emissões de carbono, já que a queima do esterco libera menos gases do efeito estufa do que os dejetos dispostos na terra "ao natural". A usina usa cerca de 440.000t de esterco de galinha por ano – aprox. um terço da produção anual holandesa desse excremento.

★USINA DE ENERGIA EÓLICA DE MAIOR CAPACIDADE

No pico de produção, os 421 aerogeradores da Usina de Energia Eólica Horse Hollow, espalhados numa área de cerca de 190km² no Texas, EUA, produzem 735,5MW. A usina pertence à Florida Power & Light (FPL) Energy, cujas 47 usinas eólicas fornecem energia elétrica para 1 milhão de lares nos EUA.

★USINA SOLAR MAIS POTENTE

A usina PS10, nas proximidades de Sevilha, Espanha, possui 624 espelhos móveis (heliostatos). A superfície de 120m² de cada um deles reflete a luz solar na direção do topo de uma torre com 115m de altura. Lá, o calor gerado move uma turbina que produz eletricidade. Com capacidade geradora máxima de 11MW, a PS10 – que começou a operar em março de 2007 – tem capacidade para abastecer até 60 mil lares.

CALOR, ÁGUA, MARÉ E VENTO

MAIOR CAPACIDADE DE GERAÇÃO DE ENERGIA GEOTÉRMICA

Os EUA têm capacidade para produzir 2.700MW de eletricidade a partir do calor proveniente do interior da Terra. ("Geotérmico" vem do grego e significa "calor da terra".)

A Usina de Gêiseres, na Califórnia, EUA, é o **maior campo de usinas geotérmicas** do mundo. As 22 usinas do local captam a energia de 350 gêiseres e são capazes de gerar 1.700MW de eletricidade.

USINA HIDRELÉTRICA MAIS POTENTE

A hidrelétrica de Itaipu, na divisa entre Paraguai e Brasil, pode gerar 12.600MW de eletricidade – energia suficiente para abastecer todo o estado da Califórnia, EUA.

FATO

A usina de Moerdijk produzirá energia renovável suficiente para 90 mil lares. A Holanda produz cerca de 1,2 milhão de toneladas de esterco de galinha por ano.

USINA MAREMOTRIZ MAIS POTENTE

A usina maremotriz de La Rance, situada no estuário do rio La Rance, na Bretanha, França, está em operação desde 1966. Ela gera 240MW de eletricidade em suas 24 turbinas impulsionadas pelo movimento da maré. A energia ali produzida poderia suprir uma cidade de 300 mil habitantes.

MAIOR AEROGERADOR

Aerogerador é o gerador de energia elétrica usado nas usinas eólicas. O Enercon E-126, com 135m de altura (até o eixo) e 127m de diâmetro (rotor), é o maior aerogerador do mundo. Sua capacidade produtiva é da ordem de 6MW (ou 20 milhões quilowatts-hora por ano) – o suficiente para abastecer 5 mil lares com quatro pessoas! O aerogerador, produzido pela fabricante Enercon GmbH (Alemanha) e instalado em Rysumer Nacken, Emden, Alemanha, entrou em funcionamento em novembro de 2007.

★MAIOR USINA EÓLICA

Em número absolutos, a Usina Eólica de Altamont Pass, na Califórnia, EUA, tem a maior concentração de aerogeradores do mundo. Com quase 7.300 turbinas espalhadas por uma área de 140km² (metade do tamanho de Salto do Pirapora, em São Paulo, Brasil), ela tem capacidade geradora máxima de 576MW – ou seja, produção elétrica anual de aprox. 1,1TWH (terawatt-hora). A construção das primeiras turbinas começou em 1981 como resposta à crise energética da década de 1970. Elas estão entre os aerogeradores mais antigos dos EUA.

24/8 O **recorde de tempo de travessia a nado do Canal da Mancha**, 6h57min50s, foi estabelecido por Petar Stoychev (Bulgária), que nadou da praia Shakespeare, RU, a cabo Gris Nez, França, em 24/8/2007.

CIÊNCIA DE PONTA

★ MENOR NANOCARRO

Em 2005, a equipe de cientistas de James Tour, da Universidade Rice, no Texas, EUA, criou um "carro" feito com uma única molécula de átomos de carbono. Ele possui chassi, eixos e quatro rodas de *buckyballs* (esferas compostas por 60 átomos de carbono). O invento – que "gira sobre quatro rodas em direção perpendicular ao seu eixo", afirma Tour – tem 3–4 nanômetros de comprimento, é pouco mais largo que uma fita de DNA e se move com o auxílio de um microscópio de tunelamento (STM).

★ MAIS RPM (ROTAÇÕES POR MINUTO)

Pesquisadores do Departamento de Eletrônica de Potência, do Instituto Federal de Tecnologia, de Zurique, Suíça, anunciaram em novembro de 2008 a criação de um sistema motriz capaz de atingir 1 milhão de rotações por minuto. O sistema – cuja aplicação será voltada a brocas e compressores – tem uma cápsula de titânio que impede que as engrenagens se despedacem.

INCLINAÇÃO TOTAL

O M-2000iA possui seis eixos de movimentação – o equivalente a cintura, ombro, cotovelo, pulso e dedos do corpo humano, segundo a Fanuc; entretanto ele é mais flexível que o ombro humano, já que é capaz de se contorcer em qualquer direção.

● BRAÇO ROBÓTICO MAIS FORTE

O M-2000iA/1.200, robô industrial da Fanuc Robotics (EUA), lançado em 10/2008, levanta 1.199kg. Dotado de sensores de inteligência artificial e câmeras de vídeo, o M-2000iA é capaz de erguer 1t de metal à altura de 6m.

★ TRANSISTOR MAIS VELOZ

A empresa de segurança Northrop Grumman (EUA) anunciou, em 2007, que havia criado um transistor com frequência operante superior a 1.000 gigahertz. Transistores são elementos básicos dos componentes eletrônicos: eles amplificam, detectam ou alteram sinais eletrônicos. "Esse avanço possibilitará uma nova geração de aplicações militares e comerciais, agindo em frequências maiores com melhor desempenho", disse Dwight Streit, vice-presidente do setor de Tecnologia Espacial.

25/8 O **comentarista esportivo mais jovem** foi Zach Spedden (EUA, n. 8/7/1992), que narrou um jogo de beisebol aos 10 anos e 48 dias, em 2002.

6 bilhões: número aproximado de "letras" no código genético do dr. Craig Venter (EUA) – a **primeira pessoa a publicar o genoma humano completo**, em setembro de 2007.

★NOVO
●ATUALIZADO

★SATÉLITE PARA MAPEAMENTO DA GRAVIDADE MAIS PRECISO

O satélite GOCE (Gravity field and steady-state Ocean Circulation Explorer), da Agência Espacial Europeia, foi lançado em 17/3/2009. Sua missão é orbitar a Terra e medir, com altíssima resolução, seu campo gravitacional. Ele orbitará nosso planeta por 24 meses e mapeará um "geoide" terrestre (ou seja, sua forma ideal – suave, apesar de irregular – baseada na variação da força da gravidade no planeta) com precisão de 1-2cm de altitude e 100km de distância. O mapa do GOCE estabelecerá uma base de dados com a qual cientistas monitorarão mudanças no nível dos mares e a evolução dos mantos de gelo com muito mais precisão do que antes.

★FEIXE DE PÓSITRON COM MAIOR INTENSIDADE

Os pósitrons são as antipartículas dos elétrons e, ao colidirem, ambos se aniquilam. O reator nuclear PULSTAR, administrado pela Universidade da Carolina do Norte, EUA, usa a radiação intensa da região próxima ao centro do reator para produzir um feixe de pósitrons de baixa energia (com intensidade de 600 milhões de pósitrons por segundo). Os pósitrons são usados para detectar estragos nos reatores nucleares e como base de comparação na escala de materiais nanotecnológicos.

★INSETO AQUÁTICO MAIS PESADO CRIADO PELO HOMEM

Uma equipe da Universidade Tsinghua, em Pequim, China, liderada por Wei Pan, anunciou, em 2008, o desenvolvimento de uma técnica de revestimento das pernas de arame de um inseto aquático artificial com nanofibras poliméricas extremamente impermeáveis, o que as torna tão hidrofóbicas que não quebram a tensão superfical da água, mesmo ao suportar um peso de 1g – cerca de 100 vezes superior ao de um inseto real.

NANOTECNOLOGIA

★MENOR MOTOR ELÉTRICO

Em 2005, pesquisadores americanos do Laboratório Nacional Lawrence Berkeley e da Universidade da Califórnia apresentaram um motor que funciona ao mover átomos entre duas gotículas de metal derretido. Dentro, inteiramente, de um nanotubo de carbono, o motor mede menos de 200 nanometros de comprimento – milhares de vezes menor que a largura de um fio de cabelo.

★MENOR NANOCALIGRAFIA

Em 1991, cientistas do Hitachi Central Research Laboratory (Japão) reproduziram a mensagem "Peace 91 HCRL" na superfície de um cristal de dissulfeto de molibdênio, usando um microscópio de tunelamento para remover átomos de enxofre do cristal, um por vez. As letras têm menos de 1,5 nanometro de altura.

★NANOTUBO DE CARBONO MAIS RESISTENTE

Uma equipe liderada por Alan Windle (RU), da Universidade de Cambridge, anunciou, em 2008, ter desenvolvido um método para produção de nanotubos de carbono com cerca de 1cm de comprimento e força tensional de 9 gigapascals, o que corresponde a uma tensão quatro vezes maior que a do Kevlar, a fibra sintética mais resistente (usada em coletes à prova de balas). Melhorias desse material poderiam, teoricamente, torná-lo o melhor candidato para a construção de um elevador espacial, possibilitando alcançar o espaço sem o uso de foguetes.

★MAIOR LÂMINA DE GRAFENO

Cientistas da UCLA informaram sobre a fabricação bem-sucedida de lâminas de grafeno com áreas de superfície de até 800 micrometros. Elas possuem apenas um átomo de carbono de grossura e, em escala atômica, lembram uma grade de metal.

O grafeno, um nanotecido, é o **tecido mais fino feito pelo homem**, com espessura de um átomo de carbono. Ele é parecido com os nanotubos de carbono e as moléculas de carbono-60 (fulerenos), mas pode existir como uma única lâmina de tamanho infinito.

★SISTEMA DE LASERS MAIS COMPLEXO

A meta do National Ignition Facility (NIF), do Laboratório Nacional Lawrence Livermore (Califórnia, EUA), é "criar uma estrela miniatura na Terra". Para isso, 192 raios *laser* em uma câmara de dez andares focarão 2 milhões de joules de energia num pequenino alvo (*inset*) que contém hidrogênio combustível, o que fundirá (*ignite*) os núcleos dos átomos e recriará as condições existentes no centro de uma estrela. O objetivo prático é criar uma fusão nuclear autossustentável em laboratório.

26/8 Jack Hill (RU, n. 20/5/2000) é o **DJ mais jovem**: ele tocou no CK's Bar and Club, em Weston Super Mare, RU, em 2007, aos 7 anos e 98 dias de idade.

27/8 O **som mais alto já registrado** foi produzido quando a ilha vulcânica de Krakatoa entrou em erupção nesse dia de 1883. O som foi ouvido a mais de 5.000km de distância.

INTERNET

●MAIOR MULTA POR ENVIO DE SPAM

Três empresas americanas tiveram que pagar, juntas, US$ 1,08 bilhão para Robert Kramer (EUA). Elas enviaram e-mails de propaganda a clientes do seu provedor de acesso à internet baseado em Iowa, EUA, entre agosto e dezembro de 2003, infringindo a lei anti-spam local. Desde que a lei federal CAN-SPAM entrou em vigor em janeiro de 2004, o maior prejuízo por enviar spam foi de US$ 873 milhões, concedidos ao site Facebook (contra Adam Guerbuez, do Canadá), em 2008.

●CONEXÃO WI-FI BANDA LARGA COM MAIOR ALCANCE

Em abril de 2007, o venezuelano Ermanno Pietrosemoli enviou um sinal de rede sem fio 802.11 por 382km, entre duas montanhas da Cordilheira dos Andes. O sinal enviado por Pietrosemoli – presidente da Fundación Escuela Latino-america de Redes – tinha taxa de transferência de dados de 3Mb/s.

★MAIOR REDE SOCIAL ONLINE

Em abril de 2008, os sites de rede social Facebook e MySpace tinham, ambos, 115 milhões de usuários. No mês seguinte, o Facebook assumiu a liderança com 132,1 milhões de usuários.

★MAIS CIBERDISSIDENTES APRISIONADOS (PAÍS)

De acordo com a organização Repórteres Sem Fronteiras, o país que prende mais pessoas por violar leis de navegação na internet é a China, com 69 prisões até 13/3/2009.

★VÍRUS DE COMPUTADOR A MAIOR ALTITUDE

Em agosto de 2008, a NASA revelou que laptops que orbitavam a Terra a uma altitude de cerca de 350km (a bordo da Estação Espacial Internacional) haviam sido infectados por vírus. Os laptops, não integrados à rede da estação, eram usados apenas para trocas de e-mails e pequenas experiências. De acordo com o site SpaceRef.com, o vírus era um *worm* W32. Gammima.AG, que instala um malware que rouba dados de jogos online.

★MAIS "AMIGOS" NA INTERNET

Tom Anderson (EUA), presidente e cofundador do MySpace, é automaticamente adicionado como primeiro "amigo" quando alguém abre uma conta no site e, por isso, até 25/3/2009, Anderson tinha 260.274.990 "amigos" na sua lista de contatos.

●MAIOR SERVIÇO DE PARTILHA DE VÍDEOS

Criado em 2/2005 e comprado pelo Google em 11/2006 por US$ 1,65 bilhão, o YouTube permite fazer uploads de vídeos. A cada minuto, o site recebe uploads de c. 13h de vídeo. Em julho de 2008, usuários americanos assistiram a mais de 558 millhões de horas de vídeo no site.

★BLOG PESSOAL MAIS VISITADO EM 24H

O blog pessoal de Yusuke Kamiji, apresentador de TV japonês, atraiu 230.755 visitantes em 12/4/2008.

●MAIOR USO PER CAPITA DE CONEXÃO BANDA LARGA

Conforme dados divulgados pela Organização para a Cooperação e Desenvolvimento Econômico (OCDE), em julho de 2007, a Dinamarca possui a maior taxa *per capita* de conexões de banda larga: 34,3 em cada cem habitantes do país possuem conexão à internet com velocidade igual ou superior a 256kbit/s.

DIVERSÃO REAL!

Na foto, a Rainha Elizabeth II (RU) visita a sede londrina do Google, em outubro de 2008. Mostraram-lhe um vídeo do "Bebê que ri" no YouTube – clipe em que uma criança dá risada quando alguém diz "Bu". "Que coisinha mais adorável, não?", observou a rainha.

YOUTUBE

A Rainha Elizabeth II lançou um canal da monarquia britânica no YouTube em dezembro de 2007, 50 anos após sua primeira mensagem televisiva de Natal em 1957. O canal é atualizado regularmente com gravações de vários eventos reais.

28/8 A **pessoa mais velha a visitar o polo Norte** é Dorothy Davenhill Hirsch (EUA, n. 11/5/1915), que chegou ao polo a bordo do quebra-gelo russo *Yamal* (movido a energia nuclear) nesse dia de 2004.

97: percentual de e-mails considerados spams pela Microsoft britânica. A "grande maioria" dos e-mails desse tipo é barrada por programas anti-spam, afirmou o porta-voz da empresa.

★ NOVO
● ATUALIZADO

★ CONVENÇÃO DE HACKERS MAIS ANTIGA

Idealizada em 1993 como uma festa para os membros da "Platinum Net" (rede de hackers no Canadá, hoje fora de uso), a DEFCON é a convenção anual de hackers mais antiga. Organizada no Riviera Hotel & Casino, em Las Vegas, Nevada, EUA, atrai de 5 a 7 mil pessoas. Os ingressos, a US$ 120, são comprados na porta e pagos em dinheiro, para que a polícia não identifique os participantes com o rastreamento dos dados de cartões de crédito.

★ PRIMEIRO PRESIDENTE DOS EUA A ACESSAR E-MAILS REGULARMENTE

Entre os primeiros pronunciamentos de Barack Obama ao assumir o cargo em janeiro de 2009, estava a notícia de que o presidente, usuário ávido de e-mails, usaria essa forma de comunicação com funcionários de alto escalão e amigos em seu mandato.

O ★ **primeiro presidente americano a usar o e-mail em seu mandato** foi Bill Clinton (EUA), que enviou um e-mail como teste e outro, com o auxílio de funcionários, para o astronauta John Glenn, que estava em órbita no ônibus espacial.

100 BILIONÁRIO MAIS JOVEM

Mark Zuckerberg (EUA, n. 14/5/1984), o CEO (diretor-geral) do Facebook, tinha c. US$ 1,5 bilhão de patrimônio quando entrou na lista do Forbes.com, em 5/3/2008, aos 23 anos e 296 dias.

FATO

A DEFCON tem palestras, eventos e uma rede sem fio na qual os participantes podem exibia suas habilidades como hackers.

★ MAIOR MAPA ONLINE E INTERATIVO

Lançado em 2005, o Google Earth é uma aplicação online que reproduz uma versão virtual 3D da Terra com base em dados de satélites. Desde o lançamento, o programa foi ampliado para incluir áreas subaquáticas e do espaço; também foram adicionadas novas aplicações aos serviços do mapa, como o Google Street View, que fornece visão panorâmica fotográfica (360° na horizontal e 290° na vertical) de ruas das maiores cidades da Austrália, França, Itália, Japão, Holanda, Nova Zelândia, Espanha, RU e EUA.

★ SOFTWARE COM MAIS DOWNLOADS EM 24H

O navegador Mozilla Firefox 3.0 teve mais de 8.002.530 downloads de 17 a 18/6/2008. Esse "Dia do Download" marcou o lançamento da nova versão do navegador.

● NOTÍCIA JORNALÍSTICA MAIS BUSCADA

A governadora do Alasca Sarah Palin (EUA, abaixo) foi a pessoa mais procurada na internet em 2008, conforme a lista do Google Zeitgeist, que identifica os termos procurados que mais crescem no mundo. Palin, nomeada vice-presidente do Partido Republicano nas eleições presidenciais de 2009, pode não ter sido eleita, mas venceu o presidente Barack Obama (EUA) e chegou ao topo da lista – superando também a número 1 do ano anterior, Britney Spears (EUA)!

★ MAIOR RICKROLL

O "*rickrolling*" é um fenômeno da internet no qual links supostamente direcionados a um site acabam levando ao videoclipe "Never Gonna Give You Up", do astro pop dos anos 1980 Rick Astley (RU). O ★ ***maior rickroll*** foi em 1/4/2008, quando todos os links da página principal do YouTube levavam ao clipe. No mesmo mês, a Survey USA estimou que c. 18 milhões de americanos haviam sido vítimas do *rickrolling*.

29/8 Em 1982, Sir Ranulph Fiennes e Charles Burton (ambos do RU) completaram a **primeira circum-navegação pela superfície terrestre a cruzar os polos geográficos**.

30/8 Carl F. Haupt (EUA, n. 21/4/1926) se tornou o **alpinista mais velho a chegar ao topo do monte Kilimanjaro**, na Tanzânia, nesse dia de 2004, aos 78 anos e 131 dias.

GADGETS

★SMARTPHONE MAIS SEGURO

O Sectera Edge é o primeiro e único *smartphone*/PDA com o aval da Agência de Segurança Nacional (NSA) dos EUA para se conectar a redes secretas do governo americano. Com o toque de uma tecla, usuários podem passar de chamadas secretas a ultrassecretas usando a criptografia Tipo 1 da NSA. O aparelho foi desenvolvido e fabricado pela General Dynamics (EUA) para atender aos padrões militares de resistência dos EUA – inclusive a água, choques e temperaturas extremas.

★PRIMEIRO PROJÉTIL DE RASTREAMENTO VIA GPS

O StarChase é o sistema de rastreamento da companhia americana homônima. Trata-se de um pequeno canhão que dispara um projétil adesivo do tamanho de uma bola de golfe em um veículo perseguido pela polícia. O projétil, que contém um pequeno rastreador GPS e uma bateria, permite que a polícia rastreie os fugitivos sem precisar continuar a persegui-los.

★TOCADOR DE BLU-RAY MAIS FINO

A Samsung (Coreia do Sul) expôs o tocador de *blu-ray* BDP 4600 em janeiro de 2009, na CES (Feira de Eletrônicos de Consumo), em Las Vegas, Nevada, EUA. O aparelho, que possui conectividade Wi-Fi e pode ser montado na parede, tem espessura de apenas 39mm.

★DISTÂNCIA PERCORRIDA POR ROBÔ QUADRÚPEDE

Com 1 x 0,7m de altura e 75kg, o BigDog, desenvolvido pela Boston Dynamics (EUA) em 2005, é um robô quadrúpede projetado para servir de "mula de carga" a soldados em deslocamento por terreno acidentado. Em fevereiro de 2009, a empresa anunciou que o robô havia percorrido 20,5km de forma autônoma, orientado por GPS.

★PRIMEIRA PRÓTESE USB

Em 5/2008, o programador de computação finlandês Jerry Jalava perdeu parte do dedo em um acidente de moto. Para "substituí-lo", fez um dedo protético no qual instalou um cartão de memória USB de 2GB, o que lhe permite transportar dados. A ideia surgiu quando os médicos, ao saberem de sua profissão, brincaram que ele deveria fazer um "drive de dedo".

●MENOR SCANNER COLORIDO

A Planon System Solutions (Canadá) produziu um *scanner* colorido do tamanho de uma caneta (226mm de comprimento e 12mm de espessura) que digitaliza uma folha de papel em 4s. A DocuPen RC800 tem 8MB de memória flash complementada por um microcartão de 1GB.

●COMPUTADOR MAIS VELOZ

100

Fabricado pela IBM (EUA) para a Administração Nacional de Segurança Nuclear dos EUA, o Roadrunner, anunciado em 10/6/2008, opera a um petaflop (um quatrilhão de operações de ponto flutuante por segundo).

★NOVO
●ATUALIZADO

★BLUESNARF DE MAIOR ALCANCE

Bluesnarf significa roubar dados, como números de telefone e endereços de aparelhos com conectividade Bluetooth desprotegidos. Em 2004, o especialista em segurança John Hering (EUA) utilizou uma antena conectada a um aparelho semelhante a uma arma para atacar um celular à distância de 1,7km. Parte do experimento consistiu em usar *exploits* (programa que explora falhas em celulares) para atacar o fone, roubar sua lista de contatos e enviar mensagens SMS. O ataque se deu a um dos celulares da empresa de pesquisa e desenvolvimento de tecnologia *wireless* onde Hering trabalha, para demonstrar a vulnerabilidade dos equipamentos com conectividade Bluetooth na época.

31/8 A **distância mais longa nadada sem pés de pato em mar aberto**, 225km, foi percorrida por Veljko Rogosic (Croácia), no mar Adriático, de Grado a Riccinoe (ambos na Itália), de 29 a 31/8/2006.

1 bilhão: número de downloads de aplicativos para iPod/iTouch na App Store, da Apple, até abril de 2009 – apenas nove meses após sua abertura. O valor para compra de todos os 25 mil aplicativos seria de supostamente US$ 71.442.

MENOR CÂMERA AÉREA

Em julho de 2008, pesquisadores da Universidade de Delft, na Holanda, apresentaram o DelFly Micro. Trata-se de um protótipo com forma de libélula que pesa apenas 3g, possui envergadura de 10cm e transporta uma câmera que transmite vídeos ao vivo para um controle em terra. A câmera e o transmissor pesam 0,4g, e sua bateria de íon lítio é capaz de manter o protótipo em voo por até três minutos.

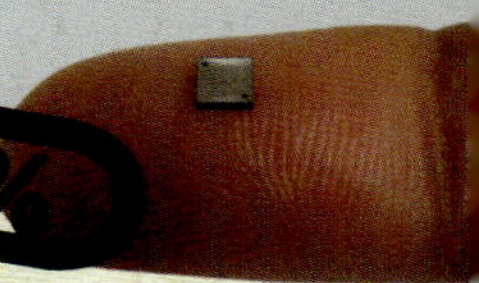

MENOR CÉLULA COMBUSTÍVEL

Em 1/2009, engenheiros da Universidade de Illinois, nos EUA, anunciaram o protótipo de uma célula combustível de 3 x 3 x 1mm. A célula de hidreto metálico contém quatro componentes: uma câmara de hidrido metálico, um reservatório de água, uma membrana fina que os separa e um conjunto de eletrodos. Gera 0,7 volts e 0,2mA (miliamperes) por 30 horas antes de precisar de recarga.

★MÁQUINA DE SORVETE MAIS CARA

As máquinas de sorvete da G Series, fabricadas pela NitroCream LLC (EUA), são customizadas e assinadas por artistas. A faixa de preço dessas máquinas, projetadas para restaurantes ou cozinhas particulares, começa em US$ 75.000. Elas fabricam sorvete quase instantaneamente, misturando nitrogênio líquido (cujo ponto de ebulição é -196ºC) diretamente na massa do sorvete. A G Series saiu em março de 2009, mas, para aqueles com menos dinheiro, há uma versão mais barata, a N2-G4, que custa apenas US$ 34.900.

★MAIOR APARELHO COM CONECTIVIDADE BLUETOOTH

Em 2/2007, a Tower Bridge de Londres passou a servir como um gigantesco aparelho com conectividade Bluetooth. Sensores na ponte escaneavam 15 vezes por segundo quem a cruzava e mostravam a localização daquelas com aparelhos com Bluetooth como pixels de cores vibrantes em luzes coloridas, permitindo a observação do fluxo de pessoas na ponte.

★JAQUETA COM MAIS SENSORES

A Philips (Holanda) produziu um sistema de *feedback* "sensível" acoplado a uma jaqueta com 64 sensores – motores vibrantes – que fornecem ao usuário a sensação de ser tocado. A experiência aumenta ao assistir a filmes ou jogar videogames. Bastam duas pilhas AA para simular socos, arrepios na espinha ou o batimento do coração.

●SMARTPHONE MAIS VENDIDO

Segundo a empresa de consultoria iSuppli, o iPhone, da Apple, superou em vendas todos os outros *smartphones* nos EUA em julho de 2007, seu primeiro mês no mercado. Nos últimos quatro meses de 2007, a Apple vendeu 2,315 milhões de unidades, o que impulsionou seu faturamento líquido trimestral para US$ 1,58 bilhão e fez do iPhone o *feature phone* mais rapidamente vendido. Em março de 2009, 17 milhões de unidades já haviam sido vendidas.

★RELÓGIO E VIDEOCELULAR

Com espessura de 1,39cm e tela colorida de 3,6cm, o LG GD910 Watch Phone é o primeiro modelo capaz de realizar videochamadas. Inclui tela sensível ao toque, reconhecimento de voz e conectividade Bluetooth. Ele foi anunciado na Consumer Electronics Show, em Las Vegas, Nevada, EUA, e previa-se sua disponibilidade ao público em 2009.

●MAIOR DISTÂNCIA VOADA COM ROCKET BELT

Em 24/11/2008, Eric Scott (EUA) voou 457m sobre uma região de 320m de profundidade, em Royal Gorge, Colorado, EUA, com uma *rocket belt*, mochila munida de jatos propulsores. Ele completou o voo, sem paraquedas, em 21s, deixando só 12s de combustível de reserva.

1/9 A torre Burj Dubai, nos Emirados Árabes Unidos, atingiu a altura de 688m nesse dia de 2008, tornando-se a **estrutura mais alta do mundo**.

2/9 A **cenoura mais comprida** tinha 5,841m e foi cultivada por Joe Atherton (RU). O legume foi medido em Somerset, RU, nesse dia de 2007.

ARTE E MÍDIA

SUMÁRIO

8.361,31m²: área do maior desenho feito com giz na rua, criado por 5.678 crianças de uma escola em Alameda, Califórnia, EUA, em junho de 2008.

★MAIOR OBRA DE ARTE ANAMÓRFICA NA RUA

Ocupando uma área de mais de 270m², *Waterfall* é a maior obra de arte anamórfica 3D já criada em uma rua. O artista alemão Edgar Mueller transformou a rua River, de Moose Jaw, Saskatchewan, Canadá, em uma corredeira durante a edição 2008 do Festival de Artes da Pradaria. O trabalho de Mueller celebra o fenômeno e a técnica do "anamorfismo em perspectiva", na qual se cria uma imagem distorcida que só pode ser propriamente entendida de um único ponto de vista.

ARTE E ESCULTURA

★ MAIOR EXPOSIÇÃO DE PANDAS DE PAPEL MACHÊ

O World Wildlife Fund (WWF) montou uma exposição com 1,6 mil pandas de papel machê em Paris no dia 18/10/2008, para chamar a atenção para a situação difícil dos pandas-gigantes, que são o emblema da organização, e para incentivar a proteção de seu *habitat*. O número de animais de papel machê representou o número de pandas que ainda existem na natureza.

★ MAIS CARA ILUSTRAÇÃO VENDIDA EM LEILÃO

Um colecionador britânico anônimo comprou a aquarela *The Rabbits' Christmas Party*, de Beatrix Potter (RU), por US$ 575.400 na Sotheby's, em Londres, RU, em julho de 2008. A ilustração, datada dos anos 1890, fazia parte da coleção de Bertram Potter, irmão da artista.

● MAIOR MOSAICO DE ORIGAMI

Mais de 2 mil crianças, com a ajuda de 150 especialistas em origami, montaram um mosaico de 320,87m², em celebração das Olimpíadas de Pequim organizada pela Associação de Artes Visuais da Juventude de Hong Kong, pelo Festival de Artes Chinesas, pela galeria de arte Lo Fung e pela União de Artistas Visuais no centro esportivo da rua Hiu Kwong, em Kwun Tong, Hong Kong, no dia 26/7/2008.

MOSAICOS

● DE PEDRA

Em 29/7/2001, um grupo de 2.001 alunos, pais e professores terminou um mosaico de pedra que mostra três figuras (pai, aluno e professor) dançando sobre seis feijões e simboliza o cultivo da juventude. A obra, organizada pela HK Talent Foundation Ltd. e pela Associação da Juventude Unida de Hong Kong, tem 4.720m² e está no parque Luozuling, na cidade de Shiyan, em Shenzhen, China.

● DE DOCES

Cerca de 5 mil alunos e clientes do shopping Curno, em Curno, Bérgamo, Itália, criaram um mosaico da logomarca da Haribo de 15m de comprimento por 3m de altura usando 350 mil doces da confeitaria alemã. A obra, exposta no shopping em 2/11/2008, foi promovida pela agência de eventos italiana Aldino Srl.

● DE CARROS

No dia 7/3/2009, a organizadora de ralis Tequenitune (Japão) montou um mosaico de 339 carros da fabricante Subaru. A imagem formada, da logomarca da empresa, cobriu 3.795m² no campo de aviação Ryugasaki, em Ibaraki, Japão.

★ DE BISCOITOS

Na cidade de Quebec, Canadá, em 26/6/2008, o artista plástico canadense Laurent Gagnon montou um mosaico de biscoitos de 16,53m² para comemorar o 400º aniversário da fundação da cidade. Ele utilizou biscoitos fornecidos pela panificadora canadense Leclercin St-Augustin-de-Desmaures.

★ DE CONFETES

O britânico Nikki Douthwaite criou um retrato do corredor de Fórmula 1 Lewis Hamilton (RU) de 2,4 x 1,5m utilizando 250 mil bolinhas de furador de papel, em outubro de 2008.

MAIORES

● PINTURA DE MÃOS

O turco Erdem Örnek e os alunos da escola de ensino fundamental Tevfik Kusoglu, em Kaysri, Turquia, criaram uma pintura com as marcas das mãos de 2.944,62m², em 20/6/2008.

MURAL DE UM ARTISTA

Pontus Andersson (Suécia) criou um mural de 696,3m² retratando os litorais norte e sul de Gotemburgo, Suécia, em 4/9/2007.

● PINTURA POR NÚMEROS

Em Indianápolis, Indiana, EUA, um grupo de 2.409 voluntários coloriu um desenho com números indicando as cores de 1.328,52m², durante o "Lilly Global Day of Service", em 15/5/2008.

● MURAL DE MOEDAS PERMANENTE

No dia 16/4/2008, o sul-coreano Jin Jeonggun criou em Seul, Coreia do Sul, um mural de moedas que representa a bandeira de seu país. A obra, de caráter permanente, consiste de 110 mil moedas de 10 wons e mede 24m².

★ CONCURSO DE ARTE

O Ministério Federal dos Transportes, Construção e Desenvolvimento Urbano da Alemanha organizou um concurso de arte para promover a segurança no trânsito entre as crianças. Ao final, todos os desenhos dos 122.942 inscritos foram exibidos no Estádio Olímpico, em Berlim, Alemanha, no dia 3/6/2008. O evento foi organizado pelas agências de comunicação alemãs 2sense event GmbH e pela Zeitgeist Media.

● ESCULTURA DE CAIXAS DE PAPELÃO

Voluntários de Cheney e arredores e a empresa de embalagens Allpak construíram a réplica de um castelo medieval de 34,06 x 2,03 x 22,04m com caixas de papelão, em Cheney, Washington, EUA, no dia 18/8/2007. Ao todo, 147 caixas foram utilizadas na escultura.

3/9 Nessa data em 1906, Joe Gans (EUA) derrotou Oscar Nelson (Dinamarca) após um embate épico de 42 rounds em 2h6min, na **luta de boxe mais longa valendo título**, em Goldfield, Nevada, EUA.

4/9 O francês Yannick Charles cravou o **recorde de pegadas seguidas de bumerangue**: 555, usando dois bumerangues e mantendo pelo menos um no ar o tempo inteiro, em Estrasburgo, França.

3.398m³: volume da **maior escultura de neve**, feita por um grupo de 600 escultores na província de Heilongjiang, China, em dezembro de 2007.

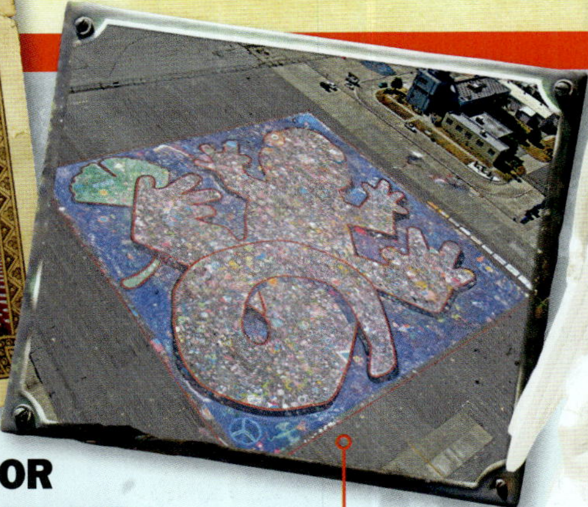

★ MAIOR MOSAICO DE CANECAS DE CAFÉ

Em setembro de 2008, documentaristas alemães reuniram 77.244 canecas para formar a imagem de uma gigantesca caneca de café em frente ao Portão de Brandemburgo, em Berlim. A ideia era ilustrar a quantidade média de café consumida por um alemão ao longo da vida.

● IMAGEM FEITA DE LITE-BRITES

No dia 7/10/2008, representantes da agência de publicidade americana Vitrorobertson LLC e da ASICS dos EUA criaram a imagem do modelo de tênis da ASICS Gel-Lyte III com 347.004 Lite-Brites (brinquedos luminosos da Hasbro), em Nova York, EUA.

MAIS ALTOS

● ESCULTURA DE MADEIRA

Michel Schmid (Suíça) entalhou uma cabeça de índio *sioux* de madeira de 22,92m de altura em Porrentruy, Suíça, no dia 19/8/2008.

● ESCULTURA DE CHOCOLATE

O confeiteiro espanhol Justo Almendrote fez uma escultura de chocolate em forma de árvore de Natal com 6,5m de altura. A obra foi exposta ao público em Madri, Espanha, no dia 10/12/2008.

● MAIOR OBRA DE GIZ NO ASFALTO

Uma obra de 8.361,31m² foi criada por 5.678 alunos de escolas de Alameda, na Califórnia, EUA, durante o Projeto de Arte com Giz Feita por Crianças, entre 27/5 e 7/6/2008.

VITRAL

A janela de vitral mais alta do mundo é o mural de vidro de 41,14m de altura e 9m de largura instalado em 1979 no átrio do hotel Ramada, em Dubai, nos Emirados Árabes Unidos.

MAIS COMPRIDOS

● ROLO DE PAPEL GRAFITADO

Um rolo de papel de 700,92m foi grafitado pela organização de caridade infantil To Hamogelo Tou Pediou em um evento organizado pela agência Anemos, em Kerkyra, Grécia, no dia 15/12/2008.

● PINTURA FEITA POR UM INDIVÍDUO

O alemão Tommes Nentwig fez uma pintura de 2.008m de comprimento, em Vechta, Alemanha, em 10/7/2008.

CORRENTE DE PAPEL DE CHICLETE

100

Desde 11/3/1965, Gary Duschl, da Virginia, EUA, está construindo uma corrente de papel de chiclete que atualmente mede 13.526m. Ela tem 2.071.148 elos que unem 1.036.574 papéis.

● TIRA DE QUADRINHOS

Os alunos da escola De Eindhovense, em Eindhoven, Holanda, criaram uma tira de quadrinhos de 309,90m de comprimento por 70cm de altura intitulada *Olhem para nós – Escola De Eindhovense*, em 25/1/2008.

★ MAIOR RENDA DE UM ARTISTA EM UM ÚNICO LEILÃO

Damien Hirst (RU) faturou US$ 200,8 milhões em um leilão de suas obras que durou dois dias, em 15–16/9/2008. Apenas três dos 167 itens à venda na Sotheby's de Londres, RU, não foram vendidos durante o evento.

★ NOVO
● ATUALIZADO

● MAIOR HOTEL DE GELO

100

O Hotel de Gelo de Jukkasjärvi, Suécia, ocupa uma área total de 4.000 a 6.000m². No inverno de 2008–09, havia 80 quartos disponíveis, muitos deles decorados com esculturas de gelo. O hotel ainda possui um bar e uma igreja – também de gelo, naturalmente. Situado 200km ao norte do círculo Ártico, ele é reconstruído todo inverno desde dezembro de 1990, ficando maior a cada vez.

5/9 Foi nesse dia de 1992 que os funcionários da Pidy, empresa sediada em Ypres, Bélgica, fizeram um mil-folhas de 1.037,25m de comprimento – o **mil-folhas mais comprido**.

FOTOGRAFIA

● FOTO MAIS ANTIGA

Na imagem granulada à esquerda está retratada a vista da janela residencial do inventor francês Joseph Niépce (1765–1833).

À primeira vista, não há nada de especial nisso, até nos darmos conta de que essa foto foi tirada em 1827 com uma câmara escura e de que ela é a mais antiga fotografia existente! (Abaixo dela, a placa de peltre sobre a qual a imagem foi exposta.)

Redescoberta por Helmut Gernsheim em 1952, essa foto faz parte da Coleção Gernsheim, da Universidade do Texas, em Austin, EUA.

MAIOR COLEÇÃO DE CÂMERAS FOTOGRÁFICAS

O fotojornalista Dilish Parekh, de Mumbai, Índia, possui uma coleção com 4.425 câmeras antigas, iniciada em 1977. A coleção inclui câmeras Rolleiflex, Canon, Nikon e uma câmera para selos do Royal Mail Postage, de 1907.

CÂMARA ESCURA

A foto *Vista da janela em Le Gras* (no alto) foi exposta por 8h com a precursora da câmera fotográfica, a câmara escura: uma caixa com um pequeno orifício em lugar da lente, por onde a luz entra e expõe uma placa revestida de betume fotossensível.

★ MAIOR DAGUERREÓTIPO

David Burder (RU) construiu a *Big Bertha*, câmera de 2m² capaz de produzir daguerreótipos de até 0,6 x 2,12m.

Os daguerreótipos – batizados com o nome de seu inventor, o francês Louis Jacques Mandé Daguerre (1789–1851) – foram a primeira tecnologia realmente bem-sucedida de fotografia, na qual as imagens eram capturadas em placas de cobre fotossensíveis revestidas de prata.

● MAIOR FOTOGRAFIA DIGITAL PANORÂMICA

O dinamarquês Michael Høeltermand, da SUN-ADvertising, tirou uma foto digital panorâmica de 15,33 gigapixels – isto é, com 15,33 bilhões de "elementos pictóricos". A imagem, que tem 3.958,5m² de área – metade do tamanho de um campo de futebol –, foi criada para o Event 2006, realizado no Messecenter Herning (Dinamarca), em 20/5/2006.

PRIMEIROS JPEGS

O célebre formato de imagens digitais JPEG – sigla de Joint Photographic Experts Group, (Grupo Conjunto de Especialistas em Fotografia) – foi criado para padronizar as técnicas de compressão de imagens digitais e é usado na internet e pelas câmeras digitais. As primeiras imagens em que o método de compressão JPEG foi testado ("Barcos", "Bárbara", "Brinquedos" e "Zelda") foram criadas no dia 18/6/1987, em Copenhague, Dinamarca.

● MAIOR EXPOSIÇÃO FOTOGRÁFICA

Em 19/10/2007, uma exposição fotográfica intitulada "The Running Line" exibiu 138.355 fotos, todas tiradas pela população de Tyneside, RU, durante a meia maratona Great North Run 2006. As imagens foram fixadas lado a lado sobre um rolo estendido no Saltwell Park, em Gateshead, RU.

6/9 A audiência televisiva mundial do funeral de Diana, princesa de Gales (RU, 1961–97), nesse dia de 1997, foi de c. 2,5 bilhões de pessoas – a **maior audiência de transmissão ao vivo**.

7/9 A **maior velocidade em uma moto convencional**, 406,62km/h, foi atingida pelo americano John Noonan, no Bonneville Salt Flats, em Utah, EUA, em 7/9/2005.

11.811: a **maior coleção de fotografias esportivas** pertence a Alex McFadyen (Canadá) e foi iniciada em outubro de 1977.

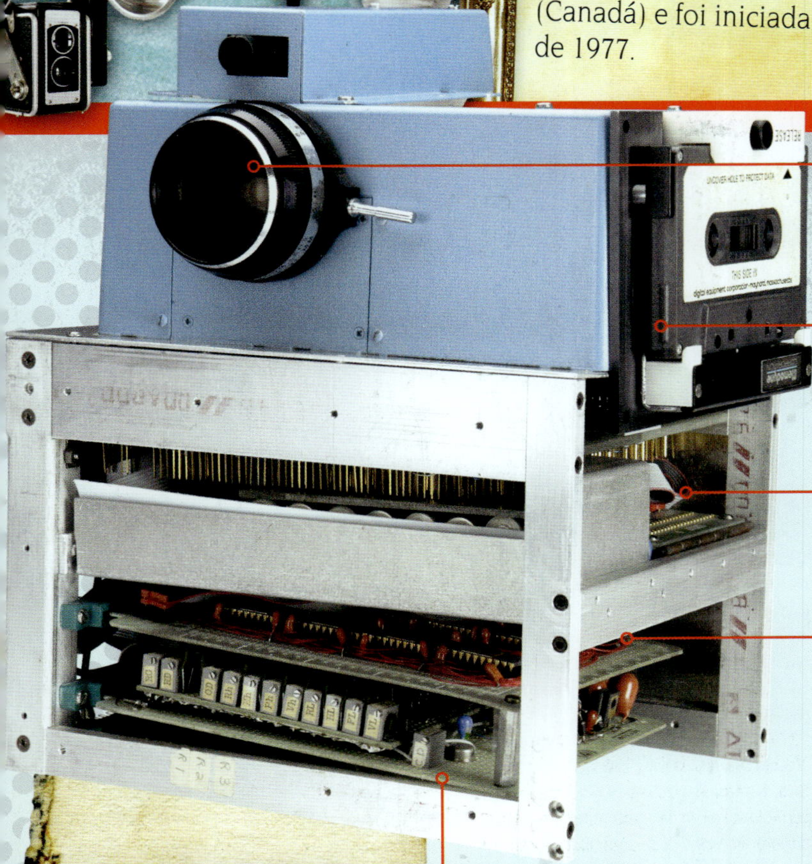

LENTES
As lentes foram resgatadas de um depósito de peças usadas da linha de montagem das câmeras de vídeo Kodak Super-8. A resolução de apenas 0,01 megapixel – 10 mil pixels de dados de imagem – gerava imagens em preto e branco de 100 linhas.

FITA DIGITAL
Para armazenar as imagens, usava-se um "gravador digital portátil de instrumentação", ou seja, uma fita cassete comum. A imagem levava 23s para ser gravada na fita e outros 23s para ser lida e exibida numa tela de televisão.

CHIPS CCD
Em 1973, os dispositivos de carga acoplados (CCD) – sensores eletrônicos usados para coletar informações ópticas – haviam acabado de ser criados e foram a inspiração para a câmera digital.

CIRCUITOS
Steve Sasson, o inventor da câmera, conectou "algumas dezenas de circuitos digitais e analógicos em cerca de meia dúzia de placas de circuitos integrados".

CONVERSOR A/D
Um conversor analógico/digital foi produzido a partir de um voltímetro digital Motorola.

★ PRIMEIRA CÂMERA DIGITAL

Steve Sasson (EUA), da Kodak, criou o primeiro protótipo de câmera digital em 1975, com 3,6 kg e o tamanho de uma torradeira. A câmera tirava fotos em preto e branco com resolução de 0,01 megapixel, armazenadas internamente em fita magnética – que era retirada e posta num toca-fitas para exibir as imagens num monitor de TV!

★ MAIOR CÂMERA PINHOLE

Uma câmera *pinhole* criada a partir de um hangar de 13,71 x 48,76 x 24,38m, em El Toro, Califórnia, EUA, produziu uma foto sobre uma tela de 9,62 x 33,83m, em junho de 2006. As câmeras *pinhole* baseiam-se nos mesmos princípios das câmaras escuras (página ao lado).

★ CARREIRA FOTOGRÁFICA MAIS LONGA

G. H. F. Atkins (RU) teve fotografias publicadas de 1927 até sua aposentadoria, no ano 2004. Sua especialidade eram fotografias de ônibus.

● MAIOR ÁLBUM DE FOTOS

A Johnson's Baby China é a criadora do maior álbum de fotos: ele tem 4 x 5m e foi apresentado ao público em Pequim, China, no dia 10/6/2008.

● FOTOGRAFIA MAIS CARA VENDIDA EM LEILÃO

A imagem "99 Cent II 99 Diptychon" (2001), do fotógrafo alemão Andreas Gursky, é uma impressão em cores do interior de uma loja de descontos que mostra prateleiras de alimentos embalados. Uma das seis cópias da foto, de 206 x 341cm, foi leiloada pela Sothebys de Londres, RU, em 7/2/2007, por US$ 3.351.720, incluindo o prêmio.

CÂMERA INSTANTÂNEA DE MAIOR SUCESSO

Em 1947, o americano Edwin Land criou a câmera instantânea Polaroid. Com base no princípio da transferência por difusão, a câmera reproduzia a imagem registrada pelas lentes diretamente sobre uma superfície fotossensível, que era então apresentada "instantaneamente" pela câmera. Em 1998, a receita da Polaroid Corporation era de US$ 1,86 bilhão – as vendas atingiram um pico de US$ 3 bilhões em 1991. A empresa interrompeu a fabricação do filme usado nas câmeras em 2008, quando a fotografia digital já dominava o mercado, o que tornou obsoleto o conceito de polaroide.

LIVRO MAIS CARO DE UM SÓ FOTÓGRAFO

Helmut Newton's Sumo, retrospectiva da obra do fotógrafo australiano de origem alemã Helmut Newton, é vendido por US$ 8.563 no site da editora Taschen.

● CÂMERA MAIS CARA VENDIDA EM LEILÃO

Uma câmera de daguerreótipo criada por Susse Freres em 1839 foi vendida por US$ 792.000 num leilão em Viena, Áustria, no dia 26/5/2007. A caixa de madeira, em seu estado original, permanecera esquecida num apartamento em Munique, Alemanha, desde 1940, até que o proprietário, por acaso, se deparou com ela.

FOTOGRAFIA COM MAIOR QUANTIDADE DE NUS

Ao todo, 18 mil pessoas se apresentaram como voluntárias para posar nuas num trabalho coletivo, na Praça Zocalo, Cidade do México, para o fotógrafo americano Spencer Tunick, no dia 6/5/2007.

★ NOVO
● ATUALIZADO

★ FOTOS DE FAMOSOS MAIS CARAS

As revistas *People* e *Hello!* pagaram US$ 6,08 milhões cada – um total de US$ 12,16 milhões – ao casal de atores americanos Brad Pitt e Angelina Jolie por fotos de seus gêmeos Vivienne e Knox Jolie-Pitt, com três semanas de vida, em julho de 2008. Acredita-se que o dinheiro foi doado para uma fundação de auxílio a crianças necessitadas de todo o mundo, criada pelo famoso casal.

8/9 o **gaitista mais rápido** é o americano Nicky Shane, que tocou "Oh When the Saints Go Marching In" à velocidade de 285bpm no SRS Studios, em Santa Barbara, Califórnia, EUA, nesse dia em 2005.

CURIOSIDADES DA TV

★ PRÊMIO ESPN ULTIMATE COUCH POTATO

Para ganhar o prêmio ESPN Ultimate Couch Potato é preciso assistir a uma programação esportiva de TV de forma contínua, numa poltrona reclinável, pelo maior tempo possível, sem dormir. Três norte-americanos conquistaram o título duas vezes: Jason Pisarik (32h e 39h55min), Jeff Miller (40h30min e 39h2min) e Stan Friedman (na foto, 29h e 19h48min).

★ SÉRIE DE FICÇÃO CIENTÍFICA MAIS BEM COTADA

Battlestar Galactica (2004–09) é a série de ficção científica mais bem avaliada, segundo alguns resenhistas. As últimas três temporadas (de quatro) estão entre as dez mais do gênero no Metacritic.com; a terceira temporada obteve a nota recorde de 9,4 (de 10).

●MAIOR AUDIÊNCIA TELEVISIVA DO ANO (2008)

A Nielsen Company estima que até 4,7 milhões de espectadores no mundo inteiro assistiram ao mesmo tempo, em algum momento, à transmissão das Olimpíadas de Pequim – ou seja, cerca de 70% da população mundial.

- A **maior audiência de TV do ano no RU** foi para *Wallace and Gromit: A Matter of Loaf and Death* (BBC), que entrou no ar no dia de Natal e atraiu 16,15 milhões de espectadores.
- A **maior audiência de TV do ano nos EUA** foi para o Super Bowl XLII (Fox), quando os New York Giants tiveram uma vitória eletrizante sobre os New England Patriots. Foi a **maior audiência de TV para o Super Bowl** da história; o incrível recorde de 97,5 milhões de espectadores coloca esse Super Bowl em segundo na lista das maiores audiências de todos os tempos, atrás apenas da final da série *M*A*S*H* (veja a seção sobre novelas e séries de comédia de TV nas p. 200–01).

★ TRANSMISSÃO EM REDE NACIONAL DE MAIOR AUDIÊNCIA

O programa especial de Ano-Novo (ou Festival da Primavera), transmitido pela Televisão Central da China, atrai mais de 300 milhões de espectadores ao ano. O programa de dança, música e notícias de 2009 foi assistido por 95,6% de todas as famílias chinesas que assistem à televisão.

Os outros programas da TV chinesa que atraem maiores audiências são eventos de transmissão internacional (como o Live Aid) ou eventos esportivos mundiais (como a Copa do Mundo de Futebol).

●MAIOR CIFRA EM ANÚNCIOS DE TV (EM UM ÚNICO DIA)

Em 1/2/2008, a NBC Sports (EUA) garantiu um recorde de US$ 206 milhões em anúncios de TV no jogo Pittsburgh Steelers X Arizona Cardinals, do Super Bowl XLIII. Vários dos 69 intervalos de 30s disponíveis foram vendidos por US$ 2–3 milhões, todos vendidos a 32 anunciantes; isso, mais os anúncios pré e pós-partida, resultaram no recorde de vendas de anúncios em um dia de US$ 261 milhões.

●ESTRELAS DE TV MAIS BEM PAGAS

O astro Charlie Sheen (EUA), de *Two and a Half Men* (CBS, EUA, 2003–hoje) é atualmente o ator mais bem pago da TV. Ele recebe US$ 20 milhões para interpretar o solteirão Charlie Harper nessa comédia de sucesso.

A atriz de TV mais bem paga é a americana Katherine Heigl, mais conhecida como a dra. Izzie Stevens, de *Grey's Anatomy* (ABC, EUA, 2005–hoje). Segundo a *Forbes*, ela ganhou US$ 13 milhões entre 2007–08.

★ MAIS MERCHANDISING (EM SÉRIE DE TV)

O merchandising envolve a promoção de um produto ou serviço comercial de forma sutil (ou nem tanto) no contexto de um programa de TV. Houve 6.248 incidências dessa prática em 2008 na série de TV *Biggest Loser* (NBC, EUA, 2004–hoje), segundo pesquisa da Nielsen. Nesse *game show*, os competidores obesos disputam prêmios em dinheiro pela máxima perda de peso possível.

9/9 Nesse dia de 2006 foi estabelecido o **recorde de distância percorrida sobre pratos quentes**: 19,1m. O autor da façanha foi o alemão Rolf Iven, em Colônia, Alemanha.

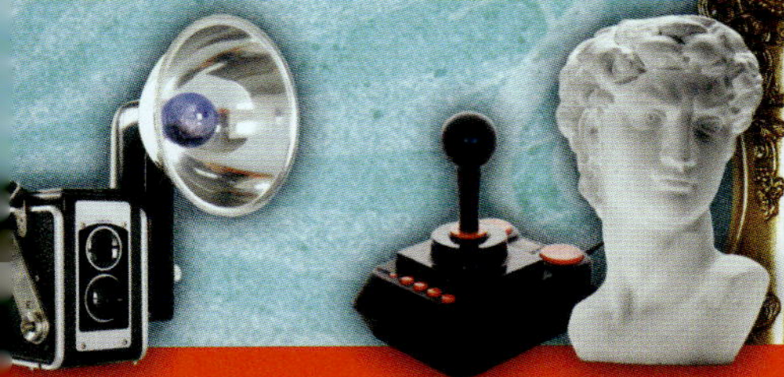

635: o **recorde de convulsões causadas por programa de TV**; os efeitos de luz de um episódio de *Pokémon* no Japão, em dezembro de 1997, levaram à internação de dezenas de pessoas.

SÉRIE DE FICÇÃO CIENTÍFICA EXIBIDA HÁ MAIS TEMPO

Doctor Who (BBC, RU) teve 753 episódios até abril de 2007: 204 tramas, vários especiais, duas séries derivadas e dez "Doctors". Deve haver uma quinta temporada em 2010, com Matt Smith (26 anos, acima) como o 11º – e mais jovem – Doctor.

★PROPAGANDA DE TV MAIS LONGA

Comemorando a inauguração de sua nova rota Dubai (EAU)–São Paulo (Brasil), a companhia aérea Emirates fez um comercial de TV de 14h40min de duração – a mesma do voo. Nele, Fernando Ferreira (Brasil, vulgo *Non-Stop* Fernando) fala (sem interrupções) sobre as maravilhas de seu país e dos benefícios da Emirates.

★FILME DE MAIOR SUCESSO BASEADO EM PROGRAMA DE TV

Transformers (EUA, 2007) é o filme derivado de programa de TV de maior sucesso, baseado na série de desenho animado homônima exibida em 1984–87. O filme, que arrecadou mais de US$ 700 milhões no mundo, foi uma versão dos desenhos dos anos 1980, que por sua vez se basearam na linha de brinquedos da Hasbro.

• O **★filme de maior sucesso derivado de série de TV (com atores)** é *Missão impossível II* (EUA, 2000), baseado na série *Missão impossível* (EUA, CBS, 1966–73; ABC, 1988–90). A segunda parte dos filmes *MI* (a mais lucrativa) arrecadou mais de US$ 545 milhões.

Um possível candidato a superar esse recorde é o novo filme de *Jornada nas estrelas* (EUA, 2009), de J. J. Abrams (EUA), alvo de marketing intenso desde janeiro de 2008.

★SUPER-HERÓI MAIS EXIBIDO NA TV

O personagem Super-Homem protagonizou quatro séries de TV e já foi interpretado por cinco atores americanos diferentes: George Reeves (*The Adventures of Superman*, exibido em 1951–57, acima); John Haymes Newton e Gerard Christopher (*Superboy*, exibido em 1988–91); Dean Cain (*Lois & Clark: The New Adventures of Superman*, ABC, exibido em 1993–97); e Tom Welling (*Smallville*, Warner Bros., depois CW, exibido de 2001–hoje, acima, à dir.). Um sexto ator, Johnny Rockwell (EUA), o interpretou em *The Adventures of Superboy* (1961), programa-piloto não transmitido de uma série que não foi feita.

Os personagens Super-Homem e Batman também apareceram em diversas séries de cinema e séries de animação na TV ao longo dos anos.

★BOXE DE DVD: MAIS DISCOS

Lançado em 2007, o boxe de *Prisoner – Cell Block H: The Complete Collection* (Austrália, 1979–1986) reúne 179 DVDs contendo 692 episódios. O drama de presidiárias dura ao todo 22 dias e 14h4min.

●SÉRIE DE TV MAIS BEM COTADA

A quarta temporada da premiada série policial *The Wire* (HBO, EUA, 2002–09), que se passa em Baltimore, conquistou a cotação recorde de 98/100 no site Metacritic.com, o que faz dela a série de TV mais bem cotada. A quinta temporada também aparece na lista das dez séries com mais cotações favoráveis. Criada por David Simon (EUA), a série explora os crimes de rua e os relacionados a drogas de diversos pontos de vista; ela foi considerada a mais singular – e de maior sucesso – do gênero.

★ NOVO ●ATUALIZADO

10/9 O ***home run* mais longo num jogo da liga profissional** foi de 193m, proeza de Mickey Mantle (EUA) ao jogar contra o New York Yankees, no Estádio Briggs, em Detroit, Michigan, EUA, em 1960.

11/9 O major (depois tenente-general) Gherman Stepanovich Titov (Rússia, n. nesse dia de 1935) foi o **astronauta mais jovem** do mundo. Ele tinha 25 anos e 329 dias ao ser lançado na *Vostok 2*, em 6/8/1961.

NOVELAS E SÉRIES CÔMICAS

★MAIS LONGA TRANSMISSÃO ININTERRUPTA DE SÉRIE DE TV

De 7–11/6/2008, o canal alemão de TV paga Sat.1 Comedy transmitiu – sem interrupções – os 236 episódios da série de TV norte-americana *Friends*. A maratona foi exibida principalmente para dar aos espectadores a chance de assistir a algo que não o Euro 2008, a Copa da UEFA, em que a Alemanha ficou em segundo lugar.

★DVD DE PROGRAMA DE TV MAIS VENDIDO (2008)

Em 2008, o especial de estreia de 1h da sexta temporada de *Family Guy: Blue Harvest* (FOX, EUA) vendeu 1.141.575 DVDs – dos quais 442 mil eram Blu-ray, um número recorde. O DVD da sétima temporada da série alcançou o segundo lugar, o que fez de *Family Guy* a série cômica de TV de maior sucesso do ano no que diz respeito à venda de discos. "Blue Harvest" era o título falso usado para manter em segredo a produção de *Guerra nas estrelas 6: O retorno de Jedi* (EUA, 1983).

COMÉDIAS

★PRIMEIRA SITCOM DE TV

Pinwright's Progress (BBC, RU, 1946–47) foi a primeira sitcom de TV, estrelada pelo ator James Hayter (RU), como J. Pinwright, dono da menor loja de *franchise* do mundo. Os dez episódios de meia hora do programa foram ao ar semana sim, semana não, ao vivo dos estúdios no Alexandra Palace, em Londres, RU.

★SITCOM MAIS ANTIGA (MAIOR LONGEVIDADE)

Last of the Summer Wine (BBC, RU), que estreou em 1973 e está no ar, é a sitcom de maior longevidade, tendo recém-completado sua 30ª temporada. Seus 292 episódios foram escritos por Roy Clarke, seu criador.

★COMÉDIA DE TV MAIS POPULAR DA DÉCADA

Segundo o site TV.com, *Scrubs* (NBC/ABC, EUA, 2001–hoje) foi a série cômica de TV mais popular dos anos 2000. Sua nota média foi 9,2 de 10, também a nota mais alta para o período, recorde dividido com a série *Friends* (NBC).

Em relação à cotação em resenhas do Metacritic.com, a **★série cômica mais bem cotada da década** foi a quinta temporada de *Curb Your Enthusiasm* (HBO, EUA, 2000–hoje), estrelada por Larry David (EUA), cocriador de *Seinfeld*, como versão ficcional de si mesmo.

★MAIS EMMYS DE MELHOR SÉRIE DE COMÉDIA

Frasier (NBC, EUA, 1993–2004) arrebatou 37 Emmys, incluindo cinco prêmios seguidos de Melhor Série de Comédia. Seu astro, Kelsey Grammer (EUA), interpretou o dr. Frasier Crane em três séries diferentes, e foi indicado para o Emmy em cada uma: ganhou dois por *Cheers* (NBC, EUA), um pela participação como convidado em *Wings* (NBC, EUA) e quatro (com nove indicações) por *Frasier* – o **recorde de programas de TV a receber indicações para o Emmy pelo mesmo personagem**.

MAIOR AUDIÊNCIA DE SÉRIE CÔMICA DE TV

Em 28/2/1983, o episódio final de 2,5h de *M*A*S*H* (CBS, EUA) – *Goodbye, Farewell and Amen* – teve audiência de c. 125 milhões de espectadores (de 50,15 milhões lares). Esse drama de humor negro/tema médico relembrou a experiência dos médicos de campo na Guerra da Coreia; o último episódio foi visto por 77% dos espectadores – ou 60,2% de todos os lares americanos.

★SITCOM MAIS ANTIGA (MAIS EPISÓDIOS)

Em sua 20ª temporada (2008–09), *Os Simpsons* (EUA) finalmente se tornou a série com maior número de episódios exibidos. Esse clássico do desenho animado, que estreou na Fox (EUA), em 17/12/1989, já tem 443 episódios exibidos (e o número só aumenta), superando os 435 episódios do antigo recordista, *The Adventures of Ozzie and Harriet* (ABC, EUA), que foi ao ar de 1952 a 1966.

100

★NOVO
●ATUALIZADO

12/9 O **mais longo contrato da história da Liga Nacional de Hóquei (NHL)** foi o firmado com o goleiro Rick DiPietro (EUA), pelo New York Islanders (EUA), nesse dia de 2006: um contrato de 15 anos!

13/9 O **carro mais rápido produzido em série** é o Ultimate Aero TT Super Car, que atingiu a velocidade de 412km/h, em 2007, na Highway 221, em Washington, EUA.

19: número de Primetime Emmys conquistados pelo criador e produtor de *Os Simpsons*, James L. Brookes – o **recorde de Emmys conquistados por um indivíduo**.

★NOVELA LATINA DE MAIOR SUCESSO

Em relação ao alcance global, a novela latina de maior sucesso é *Yo Soy Betty, La Fea* (*Betty, a Feia*), criada pelo colombiano Fernando Gaitán. Essa novela foi ao ar pela RCN Televisión, da Colômbia, de 1999 a 2001. Mais tarde ela se tornou a primeira novela latina verdadeiramente global, sendo transmitida em sua forma original por toda a América Latina e na Espanha e dublada em pelo menos 15 outros países. Também foram produzidos *remakes* e adaptações em outros 19 idiomas, sendo que o *remake* americano sozinho foi exibido em pelo menos 50 emissoras de TV no mundo inteiro.

NOVELAS

★PRIMEIRA NOVELA

As novelas começaram nas rádios dos EUA nos anos 1930; o nome em inglês (*soap opera*) refere-se aos fabricantes de sabonete (*soap*) que as patrocinavam. A mãe das *soaps* foi Irna Phillips (EUA, 1901–73), criadora da primeira novela radiofônica, *Painted Dreams*, que estreou em 20/10/1930. Phillips criou depois três gigantes na área: *The Guiding Light* (EUA, NBC Radio, 1937–1956; CBS TV, 1952–hoje), *As the World Turns* (USA, CBS TV, 1956–hoje) e *Another World* (USA, NBC TV, 1964–hoje).

★PRIMEIRA NOVELA NA TV

Em 1944, a Lever Brothers patrocinou as versões televisivas de duas novelas do rádio – *Big Sister* e *Aunt Jenny's True Life Stories* –, na estação Dumont, de Nova York. Depois, *Faraway Hill* (2/10–18/12/1946) foi a primeira novela exibida em emissoras.

★NOVELA HÁ MAIS TEMPO NO AR

The Guiding Light (depois apenas *Guiding Light*) estreou na rádio NBC, em 25/1/1937, e foi ao ar na TV em 30/6/1952. Esse clássico, baseado nos temas família, amor, romance, comunidade e desafios e atribulações da vida humana, ainda é exibido pela TV americana (CBS).

Na TV britânica, a detentora do recorde é *Coronation Street* (ITV), que estreou em 9/12/1960 e continua no ar.

ATORES HÁ MAIS TEMPO NO AR COMO A MESMA PERSONAGEM DE NOVELA

Helen Wagner (EUA) interpreta Nancy McClosky em *As the World Turns* (EUA, CBS) desde sua estreia, em 2/4/1956. No Reino Unido esse recorde vai para William Roache (RU), que interpreta Ken Barlow, em *Coronation Street* (ITV), desde o primeiro episódio, em 9/12/1960.

●PRODUTORA DE NOVELAS MAIS PROLÍFICA

As novelas, programas de maior audiência na América Latina, são exportadas aos montes para vários territórios. Estima-se que as novelas mexicanas e brasileiras sejam mais assistidas no mundo que as dos EUA, Reino Unido e Austrália juntas. A produtora líder de mercado é a Televisa (México), seguida de perto pela Globo (Brasil).

★NOVELA MAIS POPULAR

The Young and the Restless (CBS, EUA, 1973–hoje) foi considerada a novela mais assistida de 2007–08 nos EUA – e a **novela mais assistida da década** (e dos anos 1990). Esse drama diurno – exibido em 22 países – atingiu o topo da audiência todas as semanas por mais de mil semanas seguidas nos EUA.

MAIS INDICAÇÕES AO PRÊMIO BAFTA

A premiação de TV da British Academy of Film and Television Arts (BAFTA) é o equivalente britânico do prêmio Emmy. A comediante Victoria Wood (RU) é a pessoa indicada com mais frequência a esse prêmio: ela recebeu sua 12ª indicação (um recorde) em 2007, por seu papel em *Housewife, 49* (ITV, RU).

NOVELA DE MAIOR SUCESSO

Dallas (CBS, EUA) começou em 1978 como uma minissérie e depois se tornou a novela de maior sucesso de todos os tempos. Em 1980, já havia sido assistida por aproximadamente 83 milhões de pessoas nos EUA – o que lhe deu a audiência recorde de 76% – e exibida em mais de 90 países. O último episódio foi ao ar nos EUA em 3/5/1991.

14/9 Edward Charon (EUA) detém o **recorde de listas telefônicas rasgadas em 3min (masculino)**. Nesse dia de 2006, ele rasgou 56 listas telefônicas, cada uma com 1.006 páginas, em apenas 3min, em Branson, Missouri, EUA.

REALITIES E GAME SHOWS

★GAME SHOW MAIS VENDIDO

O programa de perguntas e respostas *Who Wants to be a Millionaire?*, criado pela produtora britânica Celador, começou a ser transmitido no RU em 1998 e, atualmente, pode ser assistido em mais de cem países. Na foto, o apresentador americano Regis Philbin, que ganhou o prêmio Emmy (programação diurna) de Melhor Apresentador de Game Show em 2001. A versão indiana do programa é central na trama do filme vencedor do Oscar *Quem quer ser um milionário?* (RU, 2008).

★NOVO
●ATUALIZADO

★PRIMEIRO GAME SHOW

O jornalista e ex-professor Roy Ward Dickson (RU, 1910–78) inventou o *game show* (programa em que os participantes disputam um prêmio) ao adaptar um jogo de perguntas que utilizava em classe e criar *Professor Dick and His Question Box*, que estreou na rádio CKCL em 15/5/1935. Dickson produziu muitos *game shows* pioneiros, inclusive o primeiro com celebridades, *Claim to Fame*.

★PRIMEIRO GAME SHOW NA TV

Spelling Bee foi ao ar na BBC em 31/5/1938. Transmitido ao vivo do teatro do Palácio Alexandra, em Londres, RU, o programa de 15min era apresentado por Freddie Grisewood (RU), que pedia aos participantes (adultos) que soletrassem palavras. *Spelling Bee* se baseava num programa de rádio de sucesso da BBC, mas teve apenas cinco episódios.

★MAIOR MULTA DO OFCOM

Em maio de 2008, a ITV plc (RU) recebeu uma multa de US$ 11,218 milhões (por irregularidades e má administração de seu serviço *premium* de linhas telefônicas) do Ofcom, o órgão regulador das indústrias de comunicação no RU. "Sérios problemas editoriais" foram apontados em *Ant & Dec's Saturday Night Takeaway* (foto), *Gameshow Marathon* e *Soapstar Superstar*. Foram registrados votos não contados no valor de US$ 15,4 milhões. A ITV prometeu fazer uma doação nesse valor.

★TIPO DE REALITY MAIS BEM-SUCEDIDO

Strictly Come Dancing, programa da emissora britânica BBC em que duplas formadas por uma celebridade e um dançarino profissional são avaliadas pelo público, inspirou mais programas do que qualquer outro.

O formato foi vendido para 38 países sob o nome *Dancing with the Stars*. Nos EUA, o primeiro episódio da oitava temporada teve 22,8 milhões de telespectadores em 9/3/2009, recorde absoluto da franquia.

★PRIMEIRO PARTICIPANTE A FATURAR US$ 100.000

Após uma série de escândalos na década de 1950, as redes de TV americanas tiveram de pôr um teto nos prêmios em dinheiro de seus *game shows*. A NBC limita o prêmio dos participantes ao restringir o número de jogos de que um vencedor pode participar. Na versão de 1980 de *Sale of the Century*, a participante Barbara Phillips (EUA) levou US$ 150.000.

O **●maior prêmio em dinheiro ganho num *game show* televisivo** foi para Ken Jennings, de Salt Lake City, Utah, EUA. Ao vencer 74 jogos no *Jeopardy!* (CBS), entre 2/6 e 30/11/2004, ele embolsou US$ 2.520.700.

★APRESENTADOR MAIS PROLÍFICO (EUA)

Bill Cullen (EUA, 1920–90) apresentou 23 *game shows* durante cinco décadas de televisão – entre eles, *Winner Take All* (o primeiro, em 1952), *The Price Is Right*, *Blockbusters* e *The Joker's Wild*. O Prêmio Bill Cullen de Realizações na Carreira é concedido pela Game Show Congress, uma organização sem fins lucrativos que promove a indústria dos *game shows*.

15/9 A abertura das Olimpíadas de Sydney, Austrália, nessa data de 2000, contou com 171 membros do Clube Internacional do Chili (Austrália), o **maior número de pessoas engolindo fogo ao mesmo tempo**.

97.327.265: votos dos telespectadores na final da sétima temporada de *American Idol*, em 20–21/5/ 2008 – a **maior votação por telefone em programa de TV**.

★ PRIMEIRO REALITY SHOW FLY-ON-THE-WALL (COM CÂMERAS ESCONDIDAS)

O programa de 12 episódios *An American Family* (PBS, gravado em 1971 e lançado em 1973) é considerado o primeiro programa de TV a oferecer uma visão do tipo *fly-on-the-wall* (com câmeras ocultas) de seus participantes. Mais de 10 milhões de telespectadores ligavam a TV toda semana para assistir à rotina diária dos "astros" – os Loud, uma família de Santa Bárbara, Califórnia, EUA. O pico de audiência ocorreu quando Ann, a mãe, pediu o divórcio a Bill, o pai.

★ PRIMEIRO REALITY SHOW

O primeiro programa de TV protagonizado por pessoas comuns foi o americano *Candid Camera*, que estreou como *Candid Microphone* em 1948. A ideia era colocar o público em situações embaraçosas e filmar suas reações.

★ ESTUDO SOBRE GAME SHOWS MAIS METÓDICO

Economistas interessados em entender os processos de tomada de decisão analisaram o *game show Deal or No Deal* (Endemol, 2002). A pesquisa, intitulada *Deal or No Deal? Decision Making under Risk in a Large-Payoff Game Show* (Post, Van den Assem, Baltussen, e Thaler; março de 2008), aborda as escolhas feitas por 151 participantes do programa. A conclusão? Jogadores que sofrem derrotas no começo acabam correndo mais riscos depois, em vez de tomar decisões baseadas em recompensas.

MAIS MORTES PROVOCADAS POR UM GAME SHOW

Em 4/2/2006, pelo menos 74 pessoas morreram durante uma corrida desenfreada por ingressos para o *game show* filipino *Wowowee* (ABS-CBN). A possibilidade de ganhar 1 milhão de pesos (US$ 19.300) fez 30 mil pessoas disputarem lugares no início da fila que levava ao Estádio Ultra, em Manila, Filipinas. Quando os portões finalmente se abriram, centenas de pessoas acabaram sendo pisoteadas.

★ ERRO DE PRODUÇÃO MAIS CARO EM GAME SHOW

No episódio de 22/7/2008 do *game show* americano *Plinko*, a máquina onde apareciam os prêmios estava regulada para sempre dar US$ 10.000; um participante embolsou três prêmios antes que o erro fosse percebido.

★ PRODUTORES MAIS PROLÍFICOS

Juntos, Mark Goodson e Bill Todman (EUA) criaram mais de 25 formatos de *game show* e 21.830h de programação. Só Goodson produziu mais de 39 mil episódios.

● BAIXA-RÁPIDO

O programa caça-talentos (e *reality show*) britânico *The X Factor* vem produzindo cantores recordistas desde a sua estreia, em 2004. Os vencedores Shayne Ward, Leona Lewis e Alexandra Burke (todos do RU) já conquistaram o recorde de **música para download com vendagem mais rápida no RU**. A canção "Hallelujah", cantada por Burke (foto), é a atual detentora do título, com 289.621 downloads vendidos na semana de 21–27/12/2008.

★ MAIOR SET DE GAME SHOW

Apresentado por Richard O'Brien (RU, à esquerda), o *game show* britânico *The Crystal Maze* (Chatsworth Television/Channel 4) ostentava o maior set de *game show* do mundo – que era, na época, o maior set televisivo da Europa, do tamanho de dois campos de futebol. O "labirinto de cristal", cuja construção custou US$ 480.000, não era bem um labirinto, mas quatro áreas conectadas chamadas de "zonas do tempo".

16/9 Na **maior reunião escolar**, 3.299 ex-alunos se encontraram na escola de ensino médio Stadium, em Tacoma, Washington, EUA, para comemorar o centenário da escola, nesse dia de 2006.

17/9 O **programa de rádio mais curto** é o canadense *The Maurie Show*, apresentado por Maurie Sherman (Canadá). Com 1min de duração, foi ao ar pela primeira vez na Virgin Radio Toronto em 17/9/2008.

HERÓIS DE HOLLYWOOD

O PROCURADO

Após atuar em *Batman – O cavaleiro das trevas* (EUA, 2008), morrer com apenas 28 anos e ganhar um Oscar póstumo, Heath Ledger (Austrália) se tornou o ★homem "mais procurado" no Google em 2008.

TOM CRUISE

Com 20 sucessos de bilheteria, Tom Cruise é o ator que fez ★**mais filmes com arrecadação de US$ 100 milhões**. Seu primeiro sucesso foi *Top Gun* (EUA, 1986), que teve faturamento de US$ 345 milhões; o mais recente – *Operação Valquíria* (EUA/Alemanha 2008), história real sobre a tentativa de assassinato de Adolf Hitler – arrecadou mais de US$ 165 milhões. Apesar disso, Cruise foi considerado o ★**ator com salário mais exorbitante** do ano (veja abaixo à dir.).

DANIEL RADCLIFFE

Como ator principal nos cinco filmes da série *Harry Potter* – e dois papéis menores em *O alfaiate do Panamá* (EUA/Irlanda, 2001) e *Um verão para toda vida* (Austrália, 2007) – Daniel Radcliffe (RU) continua invencível como o ●**ator principal com maior faturamento médio em bilheteria**, somando cerca de US$ 558 milhões por filme. Ele é, também, o ★**ator com maior arrecadação da década**.

TOQUE MÁGICO

Segundo o jornal britânico *Daily Mail*, Daniel Radcliffe receberá US$ 50 milhões ao atuar novamente como Harry Potter nos dois últimos filmes da série – nada mal, considerando que sua primeira remuneração pelo papel foi de "apenas" US$ 362.000!

★ATOR COM SALÁRIO MAIS EXORBITANTE

A revista *Forbes* elegeu Tom Cruise (EUA) o ator com salário mais exorbitante do mundo, baseando-se na relação entre a rentabilidade de seus filmes e sua remuneração. Cruise – nomeado o ator mais poderoso de Hollywood em 2008 – teve uma onda recente de filmes que não foram bem nas bilheterias, incluindo *Leões e cordeiros* (EUA, 2007), que arrecadou apenas US$ 1,88 para cada US$ 1 pago a ele. Em seus três últimos filmes (somando os três primeiros meses de venda dos DVDs), Cruise faturou c. US$ 4 para cada US$ 1 que lhe foi pago. Confira "Deusas das Telas" na p. 207 para uma explicação sobre a fórmula usada pela *Forbes* para chegar a essa conclusão.

●ATOR COM MAIOR SALÁRIO

O americano Keanu Reeves recebeu um salário de US$ 15 milhões em cada uma das sequências de *Matrix – Reloaded* e *Revolutions* (ambas de EUA/Austrália, 2003) – além de 15% do faturamento das bilheterias. *Matrix* (EUA/Austrália, 1999) rendeu ao ator US$ 10 milhões mais 10% da arrecadação. Estima-se que seus ganhos pela trilogia tenham somado US$ 260 milhões – uma média de US$ 87 milhões por filme.

JAMES DEAN E HEATH LEDGER

Em 2009, Heath Ledger (Austrália, 1979–2008, abaixo, à esq.) se tornou a segunda pessoa a receber um Oscar póstumo (no papel do Curinga, em *Batman: o cavaleiro das trevas*, EUA, 2008). O **primeiro ator a ganhar um Oscar póstumo** foi Peter Finch (RU), como Howard Beale, em *Rede de intrigas* (EUA, 1975). James Dean (EUA, 1931-55, abaixo) recebeu ★**mais indicações póstumas ao Oscar**, duas, por Cal Trask, em *Vidas amargas* (EUA, 1955), e por Jett Rink, em *Assim caminha a humanidade* (EUA, 1956).

18/9 Em 2006, Anousheh Ansari (Irã) gastou US$ 20 milhões para se tornar a **primeira turista espacial**: ela partiu no dia 18/9 para uma estadia de oito dias na Estação Espacial Internacional.

12: número de indicações ao Oscar recebidas por Jack Nicholson (EUA), o **ator mais vezes indicado ao Oscar**.

MELHOR ATOR: MAIS NOMEAÇÕES PARA O MESMO PERSONAGEM

O rei Henrique VIII da Inglaterra (1491–1547) foi o personagem que mais inspirou indicações para o Oscar de Melhor Ator. Nas fotos ao lado, da direita para a esquerda, estão: Charles Laughton (RU) em *Os amores de Henrique VIII* (RU, 1933), ganhador do Oscar; Robert Shaw em *O homem que não vendeu sua alma* (RU, 1966) e Richard Burton (RU) em *Ana dos mil dias* (RU, 1969).

●MAIS OSCARS DE MELHOR ATOR

Com sua premiação pelo papel do ativista homossexual Harvey Milk, em *Milk* (EUA, 2008), o americano Sean Penn se tornou o nono ator a partilhar o louvor de ter ganho dois prêmios Oscar de Melhor Ator (o anterior foi por *Sobre meninos e lobos* (EUA, 2003). Fazem parte da lista: Marlon Brando (EUA), Gary Cooper (EUA), Daniel Day-Lewis (RU), Tom Hanks (EUA), Dustin Hoffman (EUA), Fredric March (EUA), Jack Nicholson (EUA) e Spencer Tracy (EUA).

★MELHOR ATOR COM MENOR TEMPO DE TELA

Apesar de aparecer na tela pouco mais que 16min, Anthony Hopkins (RU) ganhou um Oscar de Melhor Ator por sua performance em *O silêncio dos inocentes* (EUA, 1991).

★MAIS INDICAÇÕES AO FRAMBOESA DE OURO

Sylvester Stallone (EUA) foi nomeado para o Framboesa de Ouro (premiação dos piores filmes do ano) 30 vezes (ganhando 10); nove delas (1984–92) foram seguidas, outro recorde. Os troféus foram entregues pela primeira vez em 1981 pelo redator publicitário John Wilson (EUA), como complemento bem-humorado aos prêmios da academia americana (Oscars).

★MAIS INDICAÇÕES AO FRAMBOESA DE OURO EM UM ANO

Em 2004, Ben Stiller (EUA) teve cinco indicações de Pior Ator, por *Quem vai ficar com Polly*, *O âncora*, *Com a bola toda*, *A inveja mata* e *Starsky & Hutch* (todos dos EUA).

• Em 2007, Eddie Murphy (EUA) foi nomeado para cinco Framboesas por um filme: *Norbit* (EUA). Ele fez três personagens e todos ganharam um troféu: dois levaram o prêmio de Pior Casal, e Murphy ganhou também o troféu de Pior Roteiro.

●ATOR COM MAIOR ARRECADAÇÃO EM BILHETERIAS

Em 2008, Samuel L. Jackson (EUA) arrecadou mais de US$ 150,3 milhões em bilheterias. Seu faturamento total no decorrer da carreira é de US$ 7,57 bilhões.

100

MARLON BRANDO

O **★primeiro ator a quebrar a barreira de US$ 1 milhão** foi Marlon Brando (EUA), que recebeu US$ 1,25 milhão – o equivalente hoje a US$ 8,8 milhões – pelo papel de Fletcher Christian, protagonista de *O grande motim* (EUA, 1962).

Quando fez uma ponta em *Superman – o filme* (1978), como o pesonagem Jor-El, ele também ultrapassou a barreira dos US$ 3 milhões. Brando negociou ainda uma parte dos lucros, recebendo, ao todo, US$ 14 milhões (US$ 46 milhões atuais) por apenas 10min em tela.

JOHNNY DEPP

Johnny Depp (EUA) recuperou em 2009 sua posição de **●ator mais poderoso de Hollywood**. Candidatos a esse posto foram avaliados segundo seus salários, buscas na internet, agência de notícias e coberturas em revista, índice *Celebdaq*, pontuação IMDB, entre outros, por 12 meses.

19/9 O **recorde mundial de "arremesso de abóbora"** foi estabelecido em 1998, quando um Aldium Q-36 Pumpkin Modulator foi usado para lançar uma abóbora a 1.368m, em Morton, Illinois, EUA.

20/9 A **primeira circum-navegação da Terra** foi completada em 1522 – não por Fernão de Magalhães, como muitos pensam (ele morreu nas Filipinas), mas por seu navegador, Juan Sebastián Elcano (Espanha).

DEUSAS DAS TELAS

CAMERON DIAZ

A ●**maior renda anual de uma atriz** em 2007-08 foi amealhada por Cameron Diaz (EUA, abaixo – à direita, é claro, ao lado da Princesa Fiona de *Shrek*): US$ 50 milhões. Desde sua estreia em *O Máskara* (EUA, 1994), Diaz participou de diversos filmes de sucesso, como *O casamento do meu melhor amigo* (EUA, 1997), *As panteras* (EUA, 2000) e sua sequência e, mais recentemente, *Jogos de amor em Las Vegas* (EUA, 2008, detalhe), além de ter dublado a voz de Fiona na série *Shrek* (veja ao lado a lista das dez atrizes mais ricas de Hollywood).

UMA DÉCADA DE SUCESSO

Até junho de 2008, Emma Watson (RU, à direita) estrelou seis filmes, que tiveram arrecadação média de US$ 753.700. É a ★**maior média de bilheteria de uma atriz**. A razão para o imenso sucesso de Emma? Os cinco filmes da série *Harry Potter*, todos fenômenos de bilheteria, contaram com ela no elenco, desde 2001.

Keira Knightley (RU, à direita) estrelou 15 filmes desde 2000, incluindo a trilogia *Piratas do Caribe*. Segundo o site Internet Movie Database, a bilheteria total dos filmes de Knightley na última década é de US$ 3,42 bilhões, a ★**maior bilheteria acumulada por uma atriz nos anos 2000**.

●ATRIZ MAIS PODEROSA

Angelina Jolie (EUA) manteve sua posição de atriz mais poderosa de Hollywood graças à sua interpretação indicada ao Oscar em *A troca* (EUA, 2008) e ao apetite aparentemente ilimitado do público por histórias sobre seu relacionamento com Brad Pitt (EUA) e sua família cada vez maior – incluindo os mais recentes filhos do casal, os gêmeos Knox Léon e Vivienne Marcheline.

●MAIS BILHETERIAS CONSECUTIVAS ACIMA DE US$ 100 MILHÕES

Jada Pinkett (EUA) participou de sete filmes que faturaram mais de US$ 100 milhões nos EUA, quatro dos quais consecutivos – um recorde para uma atriz: *Matrix Reloaded* (2003), *Matrix Revolutions* (2003), *Colateral* (2004) e *Madagascar* (2005). Seus outros filmes que renderam mais de US$ 100 milhões foram *Pânico 2* (1997), *O professor aloprado* (1996) e *Madagascar 2* (2008).

MAIOR SALÁRIO POR FILME

Em fevereiro de 2006, foi divulgado que Reese Witherspoon (EUA) assinou um contrato de US$ 29 milhões para estrelar e produzir o filme de terror *Our Family Trouble* (EUA, 2009). Seu contrato baseia-se no salário de atriz somado a uma porcentagem da bilheteria. O valor supera os US$ 25 milhões faturados por Julia Roberts (EUA) em *O sorriso de Mona Lisa* (EUA, 2003).

★ATRIZ A FAZER MAIS FILMES

Marianne Stone (RU) participou de um recorde de 159 filmes entre 1943 e 1985. Embora na maioria das vezes tenha atuado como coadjuvante ou fazendo pontas, ela ficou conhecida por sua aparição regular nos filmes da série *Carry On*...

OSCARS

★MENOR PAPEL A GANHAR UM OSCAR

A atriz Beatrice Straight (EUA, 1914–2001) ganhou em 1977 o Oscar de Melhor Atriz Coadjuvante graças a sua interpretação como Louise Schumacher em *Rede de intrigas* (EUA, 1976) – apesar de só contracenar durante 5min40s!

21/9 Adam Brodsky (EUA) foi quem fez **shows em todos os 50 estados americanos no intervalo mais curto**: entre 3/8 e 21/9/2003.

22/9 O **maior número de pessoas a fazer uma coreografia de nado sincronizado** foi 105 – no evento Big Sync em Londres, RU, nessa data em 2007.

1965: ano em que Diana Rigg (RU) tornou-se a primeira atriz ocidental a lutar kung fu na TV, em *Os vingadores*.

★NOVO
●ATUALIZADO

MILEY CYRUS

A **●atriz mirim de maior renda** atualmente é Miley Cyrus (EUA, n. 23/11/1992), que faturou US$ 25 milhões em 2008, de acordo com estimativa da revista *Forbes*. Nascida Destiny Hope Cyrus (seu pai é o cantor country americano Billy Ray Cyrus), a cantora e compositora alcançou a fama em 2006 ao estrelar a série *Hannah Montana*, do Disney Channel. Em seguida, ela lançou dois álbuns solo – *Meet Miley Cyrus* (2007) e *Breakout* (2008) –, que estrearam no Top 200 da *Billboard* já em primeiro lugar. Em 2008, a revista *Time* a classificou como uma das cem pessoas mais influentes do mundo.

★MAIS INDICAÇÕES AO OSCAR PELO MESMO PERSONAGEM DE UM FILME

Até hoje, apenas duas personagens foram responsáveis por duas indicações ao Oscar no mesmo filme: Rose DeWitt Bukater, de *Titanic* (1997), que rendeu indicações a Kate Winslet (RU) e Gloria Stuart (EUA), em diferentes fases; e Iris Murdoch, de *Iris* (2001), interpretada pelas indicadas Judi Dench (RU) e, mais uma vez, Kate Winslet.

MAIS INDICAÇÕES

Meryl Streep (EUA, n. 22/6/1949) teve 15 indicações ao Oscar entre 1979 e 2008, das quais 12 para Melhor Atriz, tendo vencido em 1983 por seu papel em *A escolha de Sofia* (EUA, 1982), e três para Melhor Atriz Coadjuvante – levou a estatueta em 1980 por *Kramer vs. Kramer* (EUA, 1979). Sua 15ª indicação foi motivada pela atuação em *Dúvida* (EUA, 2008).

MAIS PRÊMIOS DE MELHOR ATRIZ

Katharine Hepburn (EUA, 1907–2003) ganhou quatro Oscars de Melhor Atriz, por *Manhã de glória* (EUA, 1933), em 1934; *Adivinhe quem vem para jantar* (EUA, 1967), em 1968; *O leão no inverno* (EUA, 1968), em 1969; e *Num lago dourado* (EUA, 1981), em 1982.

MAIS VELHA A RECEBER O PRÊMIO DE MELHOR ATRIZ

Jessica Tandy (RU, 1909–94) ganhou o Oscar de Melhor Atriz por *Conduzindo Miss Daisy* (EUA, 1989) em 29/3/1990, aos 80 anos e 295 dias de idade. A **atriz mais nova a receber o prêmio de melhor atriz** foi Marlee Matlin (EUA, n. 24/8/1965), em 30/3/1987, pelo papel de Sarah Norman em *Filhos do silêncio* (EUA, 1986), aos 21 anos e 218 dias de idade.

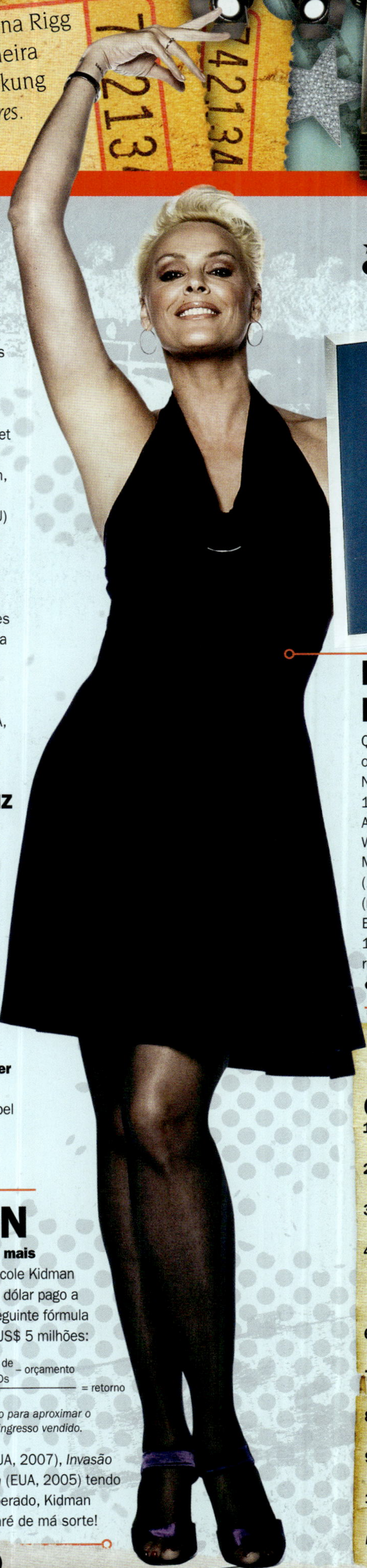

BRIGITTE NIELSEN

Quase todos levantam os olhos para ver Brigitte Nielsen (Dinamarca, n. 15/7/1963). Literalmente. Assim como Sigourney Weaver (n. 8/10/1949), Margaux Hemingway (1955–96) e Geena Davis (n. 21/1/1957), todas dos EUA, a loira escultural tem 1,82m. As quatro dividem o recorde de **atriz mais alta em papel principal**.

ATRIZES MAIS RICAS (2007–08)

1. **Cameron Diaz (EUA) US$ 50 milhões**
2. **Keira Knightley (RU) US$ 32 milhões**
3. **Jennifer Aniston (EUA) US$ 27 milhões**
4. **Reese Witherspoon e Gwyneth Paltrow (ambas dos EUA) US$ 25 milhões**
6. **Jodie Foster (EUA) US$ 23 milhões**
7. **Sarah Jessica Parker (EUA) US$ 18 milhões**
8. **Meryl Streep (EUA) US$ 16 milhões**
9. **Amy Adams (EUA) US$ 14,5 milhões**
10. **Angelina Jolie (EUA) US$ 14 milhões**

***Fonte:* Forbes**

NICOLE KIDMAN

De acordo com a *Forbes*, a **★atriz com salário mais desproporcional em relação à bilheteria** é Nicole Kidman (Austrália), cujos filmes faturam um dólar a cada dólar pago a ela. Para calcular esse "retorno", aplicou-se a seguinte fórmula aos últimos três filmes dela a faturar mais de US$ 5 milhões:

$$\frac{\left(\frac{\text{bilheteria mundial}}{2}\right)^{*} + \text{1}^{\text{os}}\text{ três meses de venda dos DVDs} - \text{orçamento}}{\text{salário}} = \text{retorno}$$

**O valor da bilheteria é divido ao meio para aproximar o retorno que o estúdio tem por cada ingresso vendido.*

Com *A bússola de ouro* (EUA, 2007), *Invasão* (EUA, 2007) e *A feiticeira* (EUA, 2005) tendo bilheteria abaixo do esperado, Kidman parece ter tido uma maré de má sorte!

23/9 O **mais jovem campeão de um Aberto de Golfe** é Tom Morris Jr. (RU, n. 20/4/1851). Ele tinha 17 anos e 156 dias ao vencer o Aberto do RU no Prestwick Golf Club, em Prestwick, nessa data em 1868.

NO ESCURINHO DO CINEMA

★PRIMEIRO LONGA DIGITAL

Bernardo e Bianca na Terra dos Cangurus (EUA, 1990), a primeira sequência de filme de animação realizada pela Disney (EUA), foi também o primeiro filme produzido com o Computer Animation Production System (CAPS), software desenvolvido pela Disney com a Pixar (EUA), que permitiu, entre outras coisas, fazer a colorização digital de elementos escaneados, criar cenários com diversos planos e obter movimentos de câmera complexos, que não existiam até então.

★NOVO
●ATUALIZADO

●FILMES COM MAIS OSCARS

Três filmes conquistaram 11 Oscars. O primeiro foi *Ben-Hur* (EUA, 1959), que teve 12 indicações, no dia 4/4/1960; depois, *Titanic* (EUA, 1997), com 14 indicações, em 23/3/1998; e por fim *O senhor dos anéis – O retorno do rei* (NZ/EUA, 2003), que teve exatamente 11 indicações e levou todas elas, no dia 29/2/2004.

100

★PRIMEIRO LONGA RODADO EM ALTA RESOLUÇÃO DIGITAL

O filme francês *Vidocq, o mito* (2001) – sobre a vida de Eugène François Vidocq, fundador da Sûreté Nationale, a polícia francesa – foi o primeiro lançamento em cinema de filme rodado com câmeras digitais de resolução 1080p/24fps. Ele foi lançado um ano antes de *Guerra nas estrelas II – O ataque dos clones* (EUA, 2002) chegar às telas.

★MAIOR BILHETERIA DE FILME DIRIGIDO POR MULHER

Com bilheteria global bruta de mais de US$ 351 milhões, *Crepúsculo* (EUA, 2008), dirigido pela americana Catherine Hardwicke, é o filme de maior bilheteria dirigido por uma mulher. Baseado no *best-seller* de Stephenie Meyer, *Crepúsculo* explora o relacionamento entre uma adolescente e seu namorado vampiro. A sequência, *Lua nova* (2009), está em produção.

●ESTÚDIO COM MAIOR FATURAMENTO

Em 2008, foram vendidos mais de 248 milhões de ingressos para os 31 filmes da Warner Bros., num faturamento de US$ 1,78 bilhões e recorde de 18,13% de participação no mercado.

24/9 O **saque masculino mais rápido** teve velocidade de 249,4km/h e foi dado por Andy Roddick (EUA), na partida semifinal da Copa Davis contra a Rússia, em 2006.

25/9 A **barra de chocolate mais valiosa** – da expedição *Discovery*, de Robert Scott (RU), à Antártica em 1901–04 – foi vendida em leilão, em Londres, RU, nesse dia de 2001, por US$ 687.

US$ 300 milhões: quantia que J. K. Rowling (RU), criadora de Harry Potter, ganhou em 2008 – o **maior faturamento anual de um escritor**.

★TRAILER DE FILME MAIS BAIXADO (24H)

O trailer da refilmagem de *Star Trek* (EUA, 2009), do americano J. J. Abram, foi baixado no site apple.com 1,8 milhão de vezes em 24h, começando no dia 6/3/2009. Virou o download em alta definição mais popular da história do site, tendo sido baixado mais de 5 milhões de vezes nos primeiros cinco dias em que esteve no ar. O filme, que estreou em 8/5/2009, volta às origens da série de TV e acompanha os personagens a partir de seu primeiro encontro.

★FILME COM MAIS FRAMBOESAS DE OURO

Três fiascos cinematográficos dividem o recorde de nove troféus Framboesa de Ouro, que premiam o pior de Hollywood. O mais recente foi *Eu sei quem me matou* (EUA, 2007), com Lindsay Lohan (EUA), com duas Framboesas pelos dois papéis que ela representou; os outros dois foram *A reconquista* (EUA, 2000), de John Travolta (EUA), e *Showgirls* (EUA, 1995).

★GÊNERO MAIS POPULAR

As comédias responderam por 30,26% dos filmes lançados em 2008, a maior participação de um gênero no mercado. Analisando a arrecadação em bilhereria dos lançamentos desse ano, é possível inferir os elementos de um filme hollywoodiano ideal: comédia contemporânea, adulta (censura de até 13 anos) e baseada em roteiro original.

★PRIMEIRA ANIMAÇÃO INDICADA AO OSCAR DE MELHOR FILME ESTRANGEIRO

Vals im Bashir (*Valsa com Bashir*, Israel/ Alemanha/França/EUA, 2008) foi a primeira animação indicada ao Oscar de Melhor Filme em Língua Estrangeira. Dirigido por Ari Folman (Israel), conta a história de um ex-soldado que reconstrói suas lembranças esparsas da missão do exército israelense na Guerra do Líbano (1982).

●PRODUTOR DE CINEMA QUE MAIS FATURA

O americano Jerry Bruckheimer, produtor de TV e cinema – responsável por levar às telonas *Piratas do Caribe – No fim do mundo* (EUA, 2008) e *A lenda do tesouro perdido – Livro dos segredos* (EUA, 2008) e às telinhas as séries *CSI*, *Cold Case* e *Without a Trace* –, superou Stephen Spielberg como o milionário que mais fatura em Hollywood. A lista Forbes Celebrity 100 estima seu faturamento de 2007–08 em US$ 145 milhões. Spielberg, entretanto, segue como o **indivíduo mais poderoso do cinema** segundo a Forbes, tendo produzido recentemente *Transformers* (EUA, 2007) e dirigido *Indiana Jones e o reino da caveira de cristal* (EUA, 2008).

100

●MAIOR BILHETERIA BRUTA EM ESTREIA

Com faturamento bruto de US$ 997 milhões em bilheterias de todo o mundo, *Batman 3 – O cavaleiro das trevas* (EUA, 2008) é o segundo filme de maior sucesso da história, atrás apenas de *Titanic* (EUA, 1997). Na estreia de *O cavaleiro das trevas* em 18/7/2008, o filme arrecadou US$ 66,4 milhões, estabelecendo novos recordes de bilheteria para **●estreia** e **●arrecadação em um único dia**. (*Veja na tabela abaixo mais conquistas de Batman 3 – O cavaleiro das trevas.*)

RECORDES DE BATMAN 3

●Maior bilheteria em estreia	US$ 66,4 milhões
●Maior bilheteria em um único dia	US$ 66,4 milhões
●Maior bilheteria em um fim de semana	US$ 158 milhões
●Maior bilheteria de projeção na madrugada	US$ 18,5 milhões
●Maior bilheteria de filme, censura 13 anos	US$ 997 milhões
●Mais amplo lançamento em um só país	4.366 telas (EUA)
●Estreia de maior bilheteria no IMAX	US$ 55 milhões
●Menor tempo para faturar US$ 100 milhões	2 dias
●Menor tempo para faturar US$ 200 milhões	5 dias
●Menor tempo para faturar US$ 500 milhões	45 dias

26/9 O **discurso mais longo na ONU** foi realizado pelo presidente Fidel Castro Ruz (Cuba), nessa data em 1960, e durou 4h29min.

EFEITOS ESPECIAIS

★PRIMEIRO USO DA ANIMAÇÃO CARI

O estúdio de efeitos especiais Industrial Light and Magic (ILM) criou o programa de animação CARI (de "caricatura") para conferir pele e tecido muscular aos personagens animados. Seu primeiro uso foi em Draco, dragão dublado por Sean Connery (RU), no filme *Coração de dragão* (EUA, 1996).

★NOVO
●ATUALIZADO

PRIMEIRA CENA DE FILME COM EFEITOS ESPECIAIS

Execution of Mary, Queen of Scots (EUA, 1895), filme mudo de 1min, gravado no Edison Laboratories, em West Orange, Nova Jersey, EUA, foi o primeiro com sequência em *stop-motion*, simulando decapitação. Na época, a cena era tão realista que as pessoas achavam que a atriz havia dado a vida pelo filme!

★PRIMEIRO PERSONAGEM DE CG COM PELOS REALISTAS

Kitty, o tigre-dente-de-sabre criado pela Industrial Light & Magic para a versão *live-action* de *Os Flintstones* (EUA, 1994), foi o primeiro personagem de computação gráfica (CG) coberto com pelos realistas.

FATO

A Industrial Light & Magic também utilizou o software CARI para criar os marcianos do filme *Marte ataca!* (EUA, 1996), de Tim Burton.

●MAIS INDICAÇÕES AO OSCAR DE EFEITOS VISUAIS

O americano Dennis Muren foi indicado ao Oscar em 13 ocasiões – a primeira em 1982, por *O dragão e o feiticeiro* (EUA, 1981), e a mais recente em 2006, por *Guerra dos mundos* (EUA, 2005). Ao longo da carreira, Muren recebeu um Oscar de Contribuição Especial em 1981, por *Star Wars: Episódio V – O Império contra-ataca* (EUA, 1980), e um Oscar Técnico "pelo desenvolvimento da fotografia de animação", em 1982. Ele detém ainda o **recorde de Oscars de efeitos visuais** (8) e é o único artista de efeitos especiais com uma estrela na Calçada da Fama de Hollywood.

★PRIMEIRA SÉRIE COM MODELOS 3D DE CG

A Foundation Imaging, empresa de efeitos especiadas de Ron Thornton (EUA), concebeu a primeira espaçonave 3D gerada por computador na TV para a série *Babylon 5* (1993–1998). O episódio-piloto (*A reunião*) ganhou um Emmy de Efeitos Especiais (e outro de Maquiagem).

★PRIMEIRO FILME COM ÁGUA DIGITAL

Formiguinhaz, da Dreamworks (EUA, 1998), foi o primeiro filme a usar um software de computador para simular as propriedades da água. Antes, os efeitos dos fluidos gerados por computador eram desenhados, quadro a quadro, com editores gráficos. Efeitos realísticos de água necessitam de simulações computacionais poderosas, com base na física. Quando *Formiguinhaz* foi lançado, o único estudo detalhado de dinâmica dos fluidos era feito por cientistas do Laboratório Nacional de Los Alamos, em Novo México, EUA, que pesquisavam o fluxo de partículas após uma guerra nuclear.

27/9 O **cachorro-quente mais comprido** media 114,32m e foi produzido pela Empacadora Ponderosa, em Monterrey, México, nesse dia de 2008.

28/9 Em 2008, Haile Gebrselassie (Etiópia) correu a **maratona mais rápida** em 2h3min59s. Ele realizou essa façanha na Maratona de Berlim, Alemanha.

370: horas gravadas para o filme *King Kong* (2005), de Peter Jackson – mais de 609km de filme –, o que equivale a 123 vezes o tempo de duração da versão final.

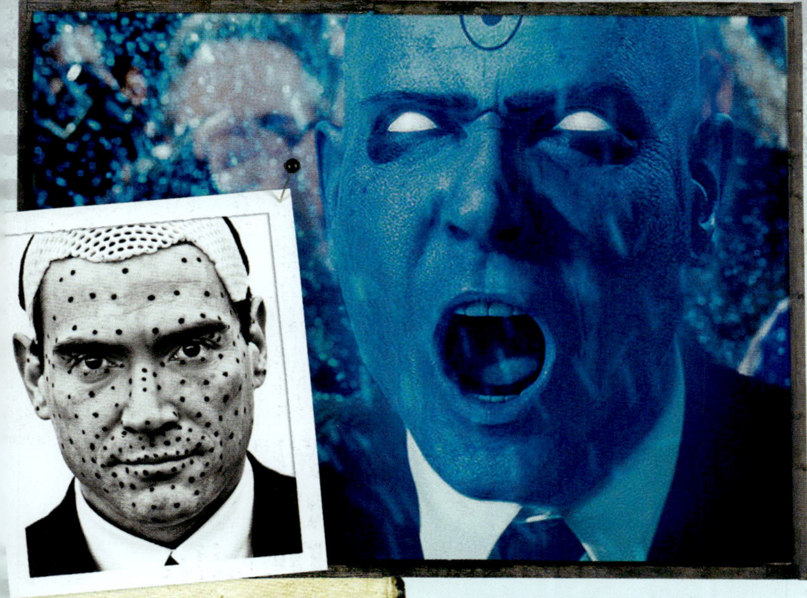

●MAIS PONTOS PARA CAPTURA DE MOVIMENTOS FACIAIS

As expressões faciais do dr. Manhattan, em *Watchmen* (EUA, 2009), foram capturadas pela Sony Pictures Imageworks (EUA) a partir de 165 pontos de marcação no rosto do ator Billy Crudup (EUA, acima). Segundo a Motion Capture Society, o traje dele – 2,5 mil LEDs que davam ao personagem seu brilho azul – foi o "traje mocap [motion capture, ou captura de movimento] mais original" já projetado.

★PRIMEIRO USO DE CLAYMATION

Closed Mondays (EUA, 1975), filme vencedor do Oscar – a estreia como diretor de Will Vinton (EUA) – foi o primeiro a usar o processo *claymation* ("massinha" animada com *stop-motion*). Vinton patenteou o processo que usou por duas décadas, inclusive com os personagens California Raisins e em comerciais da MTV.

EFEITOS ESPECIAIS TELEVISIVOS

★MAIOR VERBA PARA MAQUIAGEM

Buffy, a caça-vampiros (1997–2003) foi a série de TV com a maior verba para maquiagem, uma média semanal de US$ 3.000 para lentes de contato, peças de borracha e dentes falsos; o custo de uma transformação corpórea completa podia ultrapassar US$ 30.000.

Ao todo, US$ 1 milhão foi reservado para maquiagem em *O Planeta dos Macacos* (EUA, 1968) – o **filme com maior verba para maquiagem** –, o equivalente hoje a US$ 4,95 milhões, quase 17% do custo de produção (US$ 5,8 milhões na época, ou US$ 28,71 milhões atuais).

★MAIS EFEITOS DIGITAIS EM SÉRIE DE TV

Farscape (1999–2003), de Brian Henson (EUA), empregou c. 25 artistas da computação para criar de 40 a 50 cenas de efeitos especiais por episódio. Eles tinham sete dias para trabalhar cada episódio e faziam 22 episódios por ano. Apenas a terceira temporada teve 1.109 efeitos digitais.

A minissérie *Dinotopia* (2002), história de um continente onde humanos e dinossauros coexistem, teve 1,8 mil cenas de efeitos visuais, **★mais efeitos digitais em minissérie de TV**. Seu custo de produção foi US$ 80 milhões, e foram usados os maiores sets até então construídos na Europa.

★PRIMEIRO EMMY DE EFEITOS ESPECIAIS

O documentário em 13 episódios *Cosmos* (1980), produzido e apresentado por Carl Sagan (EUA), se valeu da perícia de técnicos em efeitos especiais de *Guerra nas estrelas* (EUA, 1977) para criar a "espaçonave da imaginação", um set que reproduzia o interior de uma estação espacial com escotilhas que permitiam vislumbrar o universo. O projeto, de dois anos de planejamento, conquistou para a série o primeiro Emmy de Efeitos Especiais da história.

★MAIS CENAS DE EFEITOS VISUAIS EM FILME

O filme *King Kong* (NZ/EUA/Alemanha, 2005), de Peter Jackson, teve 2.510 cenas de efeitos visuais, e outras 279 na versão DVD. Foram criadas 3.809 tomadas desse tipo, nem todas usadas. O filme ganhou o Oscar de Efeitos Visuais em 2006.

★PESSOA DE CG MAIS COMPLEXA

A personagem Aki Ross, de *Final Fantasy: The Spirits Within* (EUA, 2001), é composta por mais de 100 mil polígonos subdivididos. Ela tem 60 mil fios de cabelo, todos individualmente modelados e animados, e exigiu um quarto do poder de processamento do computador e 16 câmeras para criar e animar seu corpo.

FATO

O enigma da pirâmide (EUA/RU, 1985) foi o **primeiro longa-metragem com um personagem inteiramente gerado por computação gráfica**. Para conseguir o efeito de um cavaleiro de vidro emergindo de uma janela, o animador John Lassiter (EUA), que criou depois *Toy Story* (EUA, 1995), usou apenas computação gráfica.

29/9 O **maior buquê** foi formado por 156.940 rosas e exibido no shopping NordWestZentrum, em Frankfurt am Main, Alemanha, nesse dia de 2005.

MEU NOME É BOND...

★MANOBRAS TOP 10 (para os leitores da *Radio Times*)

	FILME	MANOBRA
1	*Cassino Royale* (RU/EUA, 2006)	Salto entre guindastes
2	*O espião que me amava* (RU, 1977)	Esqui/paraquedas
3	*007 contra o homem com a pistola de ouro* (RU, 1974)	Salto de rampa espiral
4	*Viva e deixe morrer* (RU, 1973)	Salto de lancha
5	*O mundo não é o bastante* (RU/EUA, 1999)	Perseguição de lancha no rio Tâmisa
6	*007 contra Goldfinger* (RU, 1964)	Assento ejetor do Aston Martin
7	*007 contra GoldenEye* (RU/EUA, 1995)	*Bungee-jump* na represa de Verzasca
8	*007 a serviço secreto de Sua Majestade* (RU, 1969)	Perseguição de esqui
9	*Viva e deixe morrer* (RU, 1973)	Saltos sobre crocodilos
10	*O amanhã nunca morre* (RU/EUA, 1997)	Salto de moto sobre helicóptero

CAPOTANDO ADOIDADO

O dublê Adam Kirley (RU, acima) completou sete capotagens – em que o veículo vira para baixo e para cima repetidamente – num Aston Martin DBS (abaixo), durante as filmagens de *Cassino Royale* (2006). Esse feito incrível foi realizado na pista de testes Millbrook Proving Ground em Milton Keynes, RU, em julho de 2006.

MAIS ATUAÇÕES COMO JAMES BOND

Sean Connery (RU) e Roger Moore (RU) encarnaram o agente 007 em sete filmes. Connery fez o primeiro James Bond, *007 contra o satânico dr. No* (RU, 1962); Moore estreou em 1973 com *Viva e deixe morrer*.

★PRIMEIRO FILME COM "ASTROESPIRAL"

Uma manobra revolucionária foi exibida em *007 contra o homem com a pistola de ouro* (1974): o salto "astroespiral". O dublê Loren "Bumps" Willert (EUA), num AMC Hornet X *hatch*, voou de uma rampa enviesada e deu um giro no ar de 360° no sentido do comprimento do carro, aterrizando do outro lado de um rio.

VOCÊ SABIA?

A máquina de escrever folheada a ouro de Ian Fleming foi vendida por US$ 90.309 na leiloeira Christie's em Londres (RU), em maio de 1995 – o que faz dela a máquina de escrever mais cara do mundo!

MAIOR SALTO DE LANCHA EM UM FILME

Em *Viva e deixe morrer* (1973), o dublê Jerry Comeaux (EUA) efetuou um salto de 36,5m sobre uma estrada com uma lancha Glastron GT-150 1972. Essa acrobacia é um ícone entre as cenas de 007.

MAIOR SET DE FILMAGEM

O set de *O espião que me amava* (1977), nos estúdios Pinewood em Iver Heath, RU, mede 102 x 42 x 12m. Construído em 1976, recebeu 4,5 milhões de litros de água, uma réplica em tamanho real de parte de um petroleiro de 600.000t e três submarinos em escala reduzida.

ROGER MOORE

(RU, n. 14/10/1927) foi alçado ao estrelato na década de 1960 pela participação na série de TV britânica *The Saint*. Ele assumiu o papel de 007 em 1973 e encarnou o personagem por 12 anos – um recorde definitivo.

SEAN CONNERY

(RU, n. 25/8/1930) atuou como 007 em seis dos sete primeiros filmes oficiais da série e em um filme "não oficial" (não produzido pela EON): *Nunca mais outra vez* (RU, 1983).

GEORGE LAZENBY

(Austrália, n. 5/9/1939) tem a peculiaridade de ser o único ator a interpretar 007 em apenas um filme oficial da série – *007 a serviço secreto de Sua Majestade* (1969).

30/9 A **primeira transmissão diária de TV** começou em 30/9/1929, quando programas de John Logie Baird (RU) foram exibidos pela BBC a partir do estúdio Long Acre, em Londres, RU.

1/10 Foi inaugurado nesse dia de 1971 o Disney World, o **maior parque de diversões do mundo**, em um terreno de 12.140ha nos condados de Orange e Osceola, na Flórida, EUA.

US$ 225 milhões: orçamento de *Quantum of Solace*, o **filme de James Bond mais caro** já produzido.

FILME DE 007 COM MAIOR ARRECADAÇÃO

Até março de 2009, *Cassino Royale* (2006) – o 21º primeiro filme da franquia James Bond produzido pela EON Productions – arrecadou US$ 587.607.184 em todo o mundo. Foi o primeiro filme com Daniel Craig (RU) no papel de James Bond.

DANIEL CRAIG
(RU, n. 2/3/1968), o "Bond loiro", calou os céticos com sua atuação matadora em *Cassino Royale* (2006).

●MEMORABILIA DE JAMES BOND MAIS CARA

Um colecionador suíço anônimo desembolsou US$ 1,9 milhão pelo Aston Martin DB5 1965 usado em *007 contra Goldfinger* e *007 contra a chantagem atômica*. O carro superequipado foi vendido num leilão realizado em Phoenix, Arizona, EUA, no dia 20/1/2006.

★PRIMEIRO TEMA DE 007 INDICADO AO OSCAR

Paul McCartney (RU) e os Wings, com produção do "quinto beatle" George Martin (RU), gravaram "Live and Let Die", música indicada ao Oscar de Melhor Canção Original (1973). A canção chegou à 2ª posição nas paradas dos EUA e à 7ª no RU, mas o Oscar foi para "The Way We Were", do filme *Nosso amor de ontem*. Até hoje, nenhum tema de James Bond ganhou um Oscar.

★MAIOR COMPOSITOR DE TEMAS DE BOND

Oito compositores já trabalharam nas trilhas sonoras de filmes de James Bond. O mais prolífico é John Barry (RU), com participações em 11 filmes – além de ter feito o arranjo da abertura clássica de *007 contra o satânico Dr. No* (1962), de Monty Norman.

★MAIOR AUTOR DE LIVROS DE JAMES BOND

Surpreendentemente, Ian Fleming não foi o autor mais prolífico de livros de James Bond. Entre 1981 e 1996, John Gardner (RU) escreveu 14 romances do espião britânico e duas adaptações para o cinema, enquanto Fleming é autor de 12 romances e dois livros de contos.

TIMOTHY DALTON
(RU, n. 21/3/1946) interpretou Bond duas vezes, em *Marcado para morrer* (RU/EUA, 1987) e *Permissão para matar* (RU/EUA 1989). Dalton vinha sendo cogitado para o papel desde *A serviço secreto de Sua Majestade*, de 1969.

PIERCE BROSNAN
(Irlanda/EUA, n. 16/5/1953) interpretou Bond quatro vezes, revitalizando a série. Sua última atuação foi em *Um novo dia para morrer* (RU/EUA, 2002).

O MELHOR 007

Com base na arrecadação de bilheteria, o ★James Bond mais popular é Sean Connery, cujos filmes tiveram arrecadação média de US$ 618,04 milhões, em valores corrigidos segundo a inflação. Daniel Craig ocupa a segunda posição, com uma média de US$ 559,87 milhões por filme.

★NOVO
●ATUALIZADO

2/10 A **maior velocidade de uma aeronave com propulsão humana** (44,26km/h) foi alcançada por Holger Rochelt (Alemanha) a bordo do *Musculair II*, em Oberschleissheim, Alemanha, em 2/10/1985.

3/10 O **maior mapa impresso do mundo**, que mede 6 x 11m, foi apresentado nesse dia de 2007 no Departamento de Administração Geodésica da República da Croácia, em Dubrovnik, Croácia.

MÚSICA 1

★ BANDA COM MAIS INCURSÕES NO TOP 10 BRITÂNICO

Após 22 canções seguidas entre as dez melhores na parada britânica de compactos, "I'm Outta Time", lançada pelo Oasis (RU) em dezembro de 2008, chegou apenas à 12ª posição. O Oasis foi a banda de maior sucesso do RU nos anos 1990, e seu álbum de estreia *Definitely Maybe* (1994) foi o LP britânico de estreia com a vendagem mais rápida. Na foto, o vocalista Liam Gallagher (RU).

● CANÇÃO PARA DOWNLOAD MAIS VENDIDA (EUA)

"Low", dos *rappers* americanos Flo Rida e T-Pain, que chegou ao topo das paradas em 12/2007, vendeu mais de 4,4 milhões de downloads nos EUA, até 12/2008.

Ao permanecer no topo da parada americana Hot Digital Songs por 13 semanas seguidas, de 15/12/2007 a 8/3/2008, ela também obteve o **★ recorde de mais semanas na primeira posição dessa parada americana**.

"Right Round", de Flo Rida, vendeu 636 mil downloads na semana de lançamento, o que faz dela a **● canção para download com melhor vendagem nos EUA em uma semana**. A canção estreou na parada digital já na primeira posição, em 28/2/2009.

★ CANÇÃO GRATUITA COM MAIS DOWNLOADS EM UMA SEMANA

Na semana de 28/4/2008, a banda britânica Coldplay ofereceu gratuitamente a canção "Violet Hill" para download: ela foi baixada mais de 2 milhões de vezes.

★ ANO COM MELHOR VENDA DE CANÇÕES DIGITAIS (EUA)

Em 2008, 1,04 bilhão de canções digitais foram vendidas nos EUA. "Bleeding Love", de Leona Lewis (RU), teve o maior número de vendas individuais: 3,3 milhões de cópias.

★ NOVO
● ATUALIZADO

★ MELHOR ESTREIA DE ARTISTA NA PARADA DIGITAL AMERICANA

Katy Perry (EUA) é a única artista a ter vendido mais de 3 milhões de downloads de seus dois primeiros sucessos. "I Kissed A Girl" e "Hot N Cold" saíram em 2008.

★ AMERICAN IDOL NO TOPO DAS PARADAS DIGITAIS

Os artistas descobertos no programa de talentos *American Idol* chegaram 179 vezes ao topo das paradas digitais Hot Digital Songs e Hot Digital Tracks, da *Billboard*, desde Kelly Clarkson (EUA), com "A Moment Like This", em outubro de 2002, até David Cook (EUA), com "The Time Of My Life".

● MAIS COMPACTOS Nº 1 CONSECUTIVOS

100

A dupla KinKi Kids (Japão) teve 28 lançamentos seguidos no nº 1 da parada japonesa de sucessos, de 28/7/1997 a 28/1/2009. A dupla conquistou o 28º sucesso seguido com "Yakusoku" ("Promessa").

CONFIRA

Se você gosta de games, não pode perder a seleção de recordes matadores da seção Videogames – **pule agora para a p. 218!**

★ ARTISTA COM MAIS LANÇAMENTOS SIMULTÂNEOS NA HOT 100

O vencedor do programa *American Idol* David Cook (EUA) emplacou incríveis 11 canções simultâneas na parada Hot 100, da *Billboard*, em 7/6/2008. A mais bem posicionada, "The Time Of My Life", estreou na terceira posição. *Saiba mais sobre os sucessos de David na p. 216.*

4/10 O recorde de **percurso de moto mais longo de costas**, 150km, foi conquistado pelo chinês Hou Xiaobin, em Binzhou, China, nesse dia de 2006.

140: recorde de guitarras quebradas numa turnê, por Matt Bellamy (RU), do Muse, em 2004.

★ MAIS COMPACTOS A ESTREAR NO TOP 20 EM UM ANO (BANDA)

Em 2008, a *boyband* The Jonas Brothers (EUA, Kevin, Nick e Joe, acima, da esquerda para a direita) emplacou cinco lançamentos nas 20 primeiras posições da parada americana Hot 100: "Play My Music" (nº 20), "Pushin' Me Away" (nº 16), "Burnin' Up" (nº 5, o maior sucesso americano deles desde abril de 2009), "Tonight" (nº 8) e "A Little Bit Longer" (nº 11). A banda foi alçada ao estrelato na rede de TV Disney Channel.

★ EMPRESÁRIO COM MAIS SUCESSOS NO HOT 100

Desde 7/6/2008, 17 canções gravadas por músicos cujo empresário era Simon Fuller (RU) emplacaram na parada Hot 100 da *Billboard*, 14 das quais estrearam na mesma semana. Todas foram gravadas por artistas lançados pela série *American Idol*, criada por Fuller.

★ COMPACTO COM MELHOR VENDAGEM NO RU (FEMININO)

Vencedora do *X Factor 2008*, Alexandra Burke (RU) foi a única cantora a vender mais de 1 milhão de cópias de um compacto no RU – ela obteve a marca em janeiro de 2009, com "Hallelujah", de Leonard Cohen (Canadá).

★ MAIS SUCESSOS NA PARADA BRITÂNICA (ARTISTA LOCAL)

Cliff Richard (RU) emplacou o primeiro sucesso britânico em outubro de 1958, com "Move It!", e o 134º em setembro de 2008, 50 anos depois, com "Thank You For A Lifetime". Ao todo, Richard, vendeu mais de 21 milhões de compactos no RU.

★ MAIS SUCESSOS NO TOP 10 AMERICANO

Em 12/4/2008, com a canção "4 Minutes", Madonna (EUA) ampliou para 37 suas incursões entre as dez melhores da parada americana Hot 100, quebrando o recorde que foi de Elvis Presley por quase 36 anos.

Em 9/8/2008, ela emplacou o 39º primeiro lugar na parada de clubes americana (e sexto nº 1 seguido) com "Give It 2 Me". Com isso, a estrela conquistou ★ **mais nºs 1 na parada americana de Dance/Club Play**.

100

Quando "Miles Away", de 2008, chegou apenas à 39ª posição, foi encerrada sua esteira de 64 incursões consecutivas no Top 20 britânico (59 das quais no Top 10) – o ★ **recorde de incursões sucessivas no Top 20 britânico por uma artista**.

● MAIS ÁLBUNS Nº 1 DE ARTISTA COUNTRY

George Strait (EUA) conquistou o 22º álbum country nº 1 nos EUA, em 19/4/2008, com *Troubadour*, que também foi o quarto álbum nº 1 na parada pop. Em 18/4/2009, Strait conquistou o 44º single nº 1 com "River of Love", e o ● **recorde de nºs 1 na parada americana Hot Country Songs**.

★ ESTREANTE MAIS VELHO NO TOP 10 (RU)

O cantor de blues Seasick Steve (ou Steve Wold; EUA) estreou aos 68 anos com seu álbum entre as dez melhores na parada britânica, em 11/10/2008, com *I Started Out With Nothin' And I Still Got Most Of It Left*.

★ MELHOR ESTREIA COUNTRY NOS EUA (MULHER)

A vencedora do *American Idol* Carrie Underwood (EUA) emplacou seu sétimo nº 1 na parada country com "Just A Dream", em 8/11/2008, só 3 anos e 5 meses após sua estreia na parada Hot Country Songs.

★ MAIS SUCESSOS DE R&B SIMULTÂNEOS NOS EUA

Em 9/8/2008, o *rapper* Lil Wayne (EUA) teve 13 canções na parada R&B Top 100, incluindo cinco *hits* no Top 40.

● MAIS DOWNLOADS DE UMA EMPRESA

Em junho de 2008, a iTunes, da Apple – que em fevereiro tinha passado o Wal-Mart como maior varejista americano de música –, anunciou que já havia vendido 6 bilhões de downloads de músicas. A empresa tem um catálogo de mais de 8 milhões de faixas.

● BANDA COM MAIOR FATURAMENTO ANUAL

O grupo The Police (RU) teve um faturamento estimado em US$ 115 milhões em 2007–08, segundo a lista da *Forbes* Celebrity 100.

● CANTORA MAIS JOVEM A TER CINCO ÁLBUNS DE ESTÚDIO Nº 1 NOS EUA

Em dezembro de 2008, *Circus* chegou ao topo da parada americana de álbuns, tornando Britney Spears (EUA) a artista mulher mais jovem a ter cinco de seus álbuns na primeira posição. Antes de completar 20 anos, em 2/12/2001, Spears havia vendido inéditos 37 milhões de discos, o que a tornou a **artista adolescente com maior vendagem** da história.

5/10 O **mais jovem nomeado ao Oscar de Melhor Ator** foi Jackie Cooper (EUA, n. 15/9/1922), por seu papel como Skippy Skinner, em *Skippy* (EUA, 1931), aos 9 anos e 20 dias, nesse dia de 1931.

MÚSICA 2

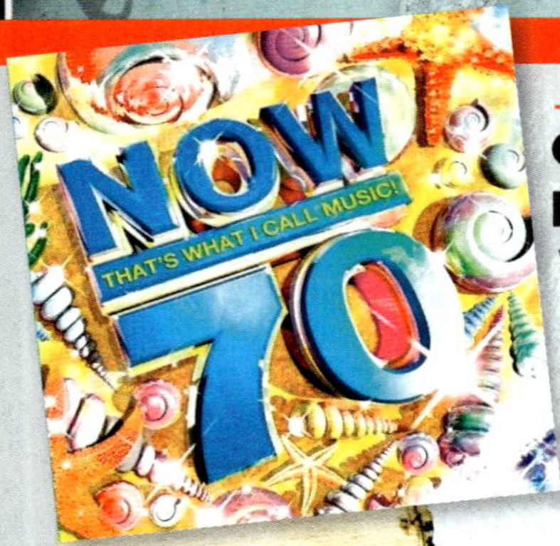

●SÉRIE DE COLETÂNEAS COM VÁRIOS ARTISTAS QUE MAIS VENDEU NO RU

As vendas de *Now!* ultrapassaram o marco de 85 milhões em agosto de 2008. A série, que começou a ser comercializada em outubro de 1983, já conta com 70 álbuns. O mais recente, *Now! 70*, vendeu o volume recorde de 383.002 cópias na semana do lançamento. O artista que tem mais faixas na série é o britânico Robbie Williams, com 28.

●MÚSICA PARA DOWNLOAD MAIS VENDIDA NO RU

"Sex On Fire", do Kings of Leon (EUA), vendeu 560 mil cópias digitais no RU até março de 2009. *Only By The Night*, lançado pela banda em 2008, é o **●álbum digital mais vendido no RU**, com mais de 152 mil unidades.

★ARTISTA QUE NUNCA FEZ UM SHOW A VENDER MAIS DISCOS

A cantora e compositora irlandesa Enya, que desde 1988 já vendeu 70 milhões de álbuns, nunca fez um show solo até o fim de 2008.

★MAIOR SALTO AO PRIMEIRO LUGAR DA BILLBOARD HOT 100

A música "My Life Would Suck Without You", de Kelly Clarkson, subiu do 97º para o 1º lugar da principal parada americana após vender 280 mil downloads na semana do lançamento, em 7/2/2009.

★MAIS ENTRADAS NOVAS NA PARADA DIGITAL DA BILLBOARD

David Cook (EUA) registrou 14 novas entradas na parada digital de 7/6/2008, incluindo o número 1, "The Time Of My Life", que vendeu 260 mil downloads.

★MAIS ÁLBUNS SIMULTÂNEOS NA TOP POP CATALOG

Em 8/11/2008, os australianos do AC/DC tornaram-se a primeira banda a emplacar cinco das seis primeiras posições na parada de álbuns de catálogo dos EUA. O grupo definiu seu nome depois que a irmã de um dos membros leu a expressão em um aspirador de pó.

ASTROLOGIA

Se você prefere as estrelas do cinema aos astros do rock, caminhe até nossa Calçada da Fama! A primeira quadra são os Heróis de Hollywood, na p. 204.

★ARTISTA SOLO COM MAIS MÚSICAS NA TOP 20 DOS EUA EM UM ANO

Em 2008, Taylor Swift (EUA) emplacou seis canções entre as 20 mais vendidas na semana de estreia na Hot 100: "Change", "Love Story", "Fearless", "You're Not Sorry", "You Belong With Me" e "White Horse". Naquele ano, Taylor emplacou 13 canções no Top 100.

★SINGLE COM VENDA DIGITAL MAIS RÁPIDA NO RU

A versão de "Hallelujah" da vencedora do programa de talentos X Factor, Alexandra Burke (RU), vendeu 289.621 downloads na semana de lançamento, que terminou em 27/12/2008. Antes do fim do ano, quatro dias depois, já eram 409.002 downloads. A gravação teve 576.046 cópias (físicas e virtuais) vendidas na primeira semana – foi a **●música de cantora mais vendida no RU em uma semana**.

★TRILHA SONORA COM VENDAGEM MAIS RÁPIDA NO RU

A trilha do filme *High School Musical 3* teve 97.972 cópias comercializadas na semana de lançamento, que terminou em 1/11/2008. Os três filmes da série são muito populares: o primeiro é o maior sucesso já produzido pelo Disney Channel Original Movies (DCOM).

★NOVO
●ATUALIZADO

6/10 O **véu de noiva mais longo** foi usado pela alemã Ingrid Schlott ao casar-se com o compatriota Michael Stöpke nesse dia de 2007 em Loxstedt-Dedesdorf, Alemanha. A peça media 3.168m de comprimento.

7/10 O **formando mais velho**, Allan Stewart (Austrália, n. 7/3/1915) recebeu na Universidade de New England, Nova Gales do Sul, Austrália, o diploma de bacharel em Direito aos 91 anos e 214 dias, em 7/10/2006.

13,5 milhões: vendas no primeiro mês de 1, dos Beatles, o **álbum de vendagem mais rápida**.

★ ÁLBUM MAIS VENDIDO POR DOWNLOAD NO RU

Viva La Vida Or Death And All His Friends, do conjunto britânico Coldplay, é o álbum digital mais comercializado no Reino Unido, com 115 mil cópias até o fim de 2008. Foram feitos 30.378 donwloads pagos apenas na semana de lançamento, que terminou em 21/6/2008.

★ TURNÊ NO RU MAIS RAPIDAMENTE VENDIDA

Todos os 600 mil ingressos da turnê 2009 da banda britânica Take That no RU se esgotaram 5h após o início das vendas, em 31/10/2008. A banda, que no início tinha cinco membros, entre eles Robbie Williams, agora é formada por Howard Donald, Mark Owen, Gary Barlow e Jason Orange (da esq. para dir. na foto).

★ SEMANA COM MAIS VENDAS DE MÚSICAS NO RU

Pela primeira vez, mais de 4 milhões (4,028 milhões) de músicas foram vendidas no RU na semana encerrada em 27/12/2008, um recorde desde que os dados passaram a ser computados. Essa quantia (da qual 93,5% correspondem a downloads) inclui o recorde de 338.203 downloads de álbuns.

No mesmo ano, inéditos 115,1 milhões de músicas foram vendidas no RU (sendo 95,8% por download), o que faz de 2008 o **★ melhor ano em vendas de músicas no RU**. Esse total desbancou o recorde anterior, de 1979, por uma diferença de 26 milhões.

★ CANTORA COM MAIS DOWNLOADS VENDIDOS NO RU

A barbadense Rihanna (Robyn Rihanna Fenty) vendeu mais de 2,5 milhões de downloads no RU de setembro de 2005 a dezembro de 2008. Suas músicas "Umbrella" e "Take a Bow" lideraram as paradas do RU e dos EUA, enquanto "SOS" e "Disturbia" foram primeiros lugares nos EUA.

● MAIS VELHO A LIDERAR A PARADA DE ÁLBUNS COM UM LANÇAMENTO

Aos 67 anos, Bob Dylan (EUA) alcançou o primeiro lugar nas paradas britânicas e americanas com *Together Through Life*, lançado em 28/4/2009. Apesar do incrível sucesso mundial, Dylan ainda não emplacou uma música em primeiro lugar no RU.

★ ÁLBUM MAIS VELHO A LIDERAR A PARADA BRITÂNICA

Em 9/8/2008, o álbum *Gold: Greatest Hits*, do grupo sueco Abba, chegou ao topo da parada do RU 16 anos após o lançamento original. A coletânea já havia atingido o primeiro lugar em 1992 e 1999.

8/10 O **voo estável mais duradouro de um aviãozinho de papel lançado a mão** teve 27,6s e foi executado pelo americano Ken Blackburn no Georgia Dome, em Atlanta, EUA, nesse dia de 1998.

VIDEOGAMES

● MAIS MODELOS OFICIAIS REAIS DE UM VIDEOGAME

A série *Tomb Raider* é o videogame que teve mais modelos oficiais reais. Lara Croft foi personificada oficialmente por dez modelos diferentes desde 1996, incluindo a atriz Rhona Mitra e a apresentadora de TV Nell McAndrew (ambas do RU). A atual Lara da vida real é a ginasta e modelo britânica Allison Carroll (à esq.).

★ SÉRIE DE VIDEOGAMES DE ESPIONAGEM MAIS VENDIDA

A franquia de jogos de espionagem mais vendida é *Metal Gear*, que teve 22 milhões de cópias vendidas desde o lançamento em 1987 até março de 2009.

★ MAIOR TRILHA SONORA

Grand Theft Auto IV ostenta 214 músicas licenciadas que tocam em 18 estações de rádio no jogo, batendo o recorde anterior das 156 faixas licenciadas presentes em *GTA: San Andreas*. *GTA IV* também é o recordista de **lançamento de maior sucesso de um produto de entretenimento**: arrecadou US$ 310 milhões no primeiro dia de vendas.

★ MAIOR PONTUAÇÃO NO ARCADE ORIGINAL DE DONKEY KONG

A maior pontuação é de 1.050.200 pontos, marcados por Billy Mitchell (EUA) em 16/7/2007, num jogo de 2h39min. Ele superou o concorrente Steve Wiebe (EUA) em 1.100 pontos, mas, ao contrário de Wiebe, não terminou o jogo. O duelo entre esses dois gigantes dos games serviu de base para o filme *The King of Kong* (EUA, 2007). Mitchell, que estabeleceu o primeiro recorde mundial em *Donkey Kong*, em 1982, ofereceu US$ 10.000 para quem conseguisse bater sua pontuação na Classic Gaming Expo de 2007.

★ JOGO DE AVENTURA MAIS VENDIDO PARA NINTENDO DS

A série de jogos de aventura *point-and-click* para Nintendo DS *Ace Attorney*, ambientada em um tribunal, em que se joga no papel de um advogado de defesa, vendeu 2,8 milhões de cópias até maio de 2008.

★ MAIOR COLEÇÃO DE SISTEMAS DE VIDEOGAME

Richard Lecce (EUA) possuía, até agosto de 2008, 483 sistemas únicos de videogame, incluindo uma variedade de consoles, portáteis e minigames em LCD.

★ MMORPG MAIS POPULAR

Em número de assinantes online, *World of Warcraft* é o Massively Multiplayer Online Role-Playing Game (MMORPG) mais popular, com 11,6 milhões de assinantes até janeiro de 2009. Segundo a produtora Blizzard Entertainment, *WoW* tem mais de 2 milhões de assinantes na Europa, mais de 2,5 milhões nos EUA e cerca de 5,5 milhões na Ásia.

★ TÉRMINO MAIS RÁPIDO DE H2OVERDRIVE (PISTA FROZEN TUNDRA)

Kevin Williams (RU) realizou o término mais rápido da pista Frozen Tundra, em *H2overdrive* (Arcade 2009): 1min34,35s, na Arcades Trade Exhibition International (ATEI), em Earls Court, Londres, RU, em 27/1/2009.

9/10 A **maior bolha de sabão flutuante**, feita com uma varinha, tinha volume de 2,98m³ e foi produzida pela XTREME Bubbles LLC, em Farmington, Minnesota, EUA, nesse dia de 2005.

10/10 Em 1993, 44.158 pessoas foram ao Warwick Farm Racecourse, em Sydney, Austrália, para um grande churrasco, o **maior público em um churrasco de um dia**.

42.611.601: número de downloads de *America's Army*, o **game de guerra mais baixado**.

●VIDEOGAME MAIS VENDIDO

Wii Sports, que acompanhava o console Wii, alcançou mais de 43 milhões de cópias vendidas no mundo todo, desde seu lançamento em 2006, o que supera o recorde anterior, mantido por mais de 20 anos por outro campeão da Nintendo, *Super Mario Bros.*, que vendeu 40 milhões de cópias.

★MAIS VITÓRIAS CONSECUTIVAS EM STREET FIGHTER IV

No dia 20/2/2009, Zack Bennett (RU) permaneceu invicto por 108 lutas em *Street Fighter IV*, na HMV, da Oxford Street, em Londres, RU.

★PRIMEIRA PROTEÍNA COM NOME DE PERSONAGEM DE GAME

Em julho de 2008, biólogos do Instituto de Biocência de Osaka, em Suita, Japão, identificaram uma proteína necessária para a transmissão de informações visuais ao cérebro de maneira eficaz. Após verificar que ela é utilizada pela visão cinética (para detectar objetos de movimentação rápida), deram-lhe o nome *pikachurin*, por causa de Pikachu, conhecido pela alta velocidade.

●MAIOR PONTUAÇÃO EM UMA FAIXA DE GUITAR HERO III (XBOX 360)

O americano Danny Johnson, ex-recordista de *Guitar Hero III*, reconquistou o título em grande estilo no dia 4/2/2009, ao marcar 965.364 pontos jogando "Through the Fire and the Flames", a faixa mais difícil do game, no *set* do programa *Pix 11 Morning News*, em Nova York, EUA.

Depois, ele quebrou mais uma vez o próprio recorde, ao marcar 973.954 pontos na loja de eletrônicos Best Buy, também em Nova York, mais tarde no mesmo dia.

JOGADOR PROFISSIONAL MAIS JOVEM

Lil Poison é o mais jovem jogador profissional de games contratado. Nascido Victor De Leon III, em 6/5/1998, começou a jogar aos 2 anos e participou da primeira competição aos 4. Aos 6, foi recrutado por ligas profissionais de games.

★SIMULADOR DE VOO CASEIRO MAIS CARO

Matthew Sheil (Austrália) levou oito anos para construir um simulador de voo baseado no 747-400, ao custo de US$ 300.000. O cockpit tem 12 computadores que controlam o som, as imagens e um sistema hidráulico responsável pelos movimentos.

★CONCLUSÃO MAIS RÁPIDA DE SONIC THE HEDGEHOG 3

Em 9/8/2008, James Richards (RU), de Maidstone, Kent, RU, terminou *Sonic the Hedgehog 3* para Sega Genesis/Mega Drive em 49min01s, jogando como Sonic.

★CONCLUSÃO MAIS RÁPIDA DE RESIDENT EVIL 4

Derek Taylor (RU) terminou *Resident Evil 4* (Wii) em 2h12s, no evento Nottingham GameCity, em Nottingham, Reino Unido, em 31/10/2008.

★NOVO
●ATUALIZADO

GUINNESS WORLD RECORDS: THE VIDEOGAME

(Ranking do Wii até 9/3/2009)

DESAFIO	RECORDE	JOGADOR	PAÍS	DATA
Melões amassados em 1 minuto	198 melões amassados	Romaap	Holanda	13/12/2008
Comer avião	19,10s	DBER87	EUA	27/2/2009
Arremesso de desentupidores	157 arremessos	CACA	RU	3/2/2009
Rasgar lista telefônica	29,44s	rsimpson	RU	14/1/2009
Unhas mais longas	28m37cm	siddie	RU	1/1/2009
Bala de canhão humana	790,02m	TITOU	França	30/12/2008
Puxar avião	11,62m	Wiinner	RU	23/11/2008
Depenar frango	11,05s	CASE123	RU	3/1/2009
Comer baratas	14,71s	MELLORS	RU	2/1/2009
Pessoa mais tatuada	5.001cm²	SANDRE	França	29/11/2008

11/10 O **menor tempo para fazer uma omelete**, 49s, foi alcançado pelo americano Howard Helmer no *set* do programa *This Morning* (ITV), no London Studios, em Londres, Reino Unido, em 2006.

ESPORTES

SUMÁRIO

295 bilhões de iuanes (US$ 43 bilhões): custo das Olimpíadas de 2008, em Pequim – os **Jogos Olímpicos mais caros**.

100

● SUPERBOLT

Após bater o recorde mundial de 9,72s nos 100m rasos em maio de 2008, o velocista jamaicano Usain Bolt chegou às Olimpíadas de Pequim em agosto do mesmo ano como franco favorito à medalha de ouro. E "Lightning Bolt" não decepcionou: na final olímpica dos 100m rasos, em 16/8, quebrou o próprio recorde, com a marca de 9,69s, apesar de ter desacelerado antes de cruzar a linha de chegada (na imagem). Mas a jornada de ouro de Bolt havia apenas começado: no dia 20, o **homem mais rápido do mundo** conquistou a vitória nos 200m rasos ao marcar 19,30s e, dois dias depois, correu pela equipe jamaicana no revezamento 4 x 100m (Bolt, Asafa Powell, Michael Frater, Nesta Carter), que levou o ouro com o recorde mundial de 37,10s.

ESPORTES RADICAIS

★SALTO MORTAL MAIS ALTO COM PULA-PULA

Em 23/12/2008, John Simkins (RU) do Team 101 deu um salto de 4,57m no set do programa *Guinness World Records* em Madri, Espanha, com um tipo de pula-pula chamado "*spring-loaded stilt*" (algo como pernas de pau com molas). O aparelho consiste de um encaixe para os pés similar ao do esqui, uma placa de borracha e uma mola de fibra de vidro. Ele existe desde 1957, quando os acrobatas Bill Gafney e Tom Weaver demonstraram um pula-pula com perna de pau nas páginas da revista *Time*. Hoje, o esporte é conhecido como *powerbocking*, em homenagem a Alexander Böck (Alemanha), que detém sua patente.

★MAIS VELHO A SALTAR DE BUNGEE-JUMP

A pessoa mais velha a saltar de *bungee-jump* é Helmut Wirz (Alemanha, 2/12/1924), que tinha 83 anos, 8 meses e 7 dias no dia de seu último salto em Duisburg, Alemanha, em 9/8/2008. Wirz passou a se dedicar ao esporte na aposentadoria, após ter de deixar o hobby de pilotar um avião monomotor Cesna.

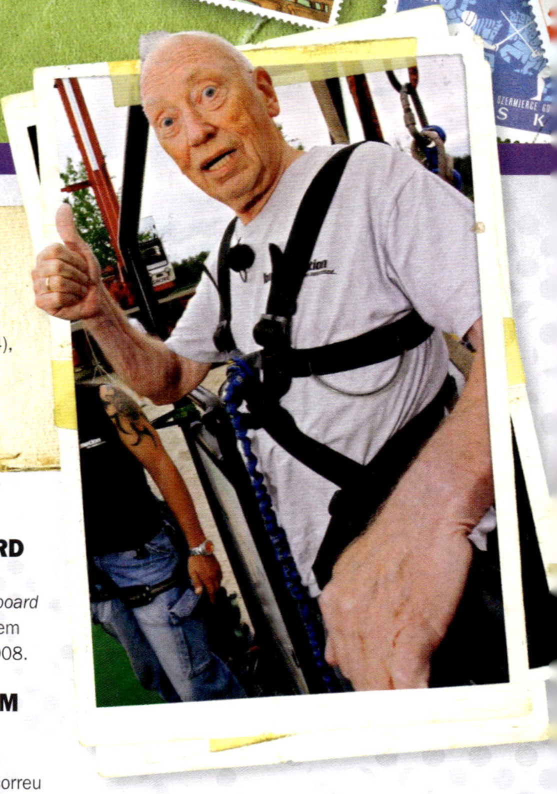

★SLALOM MAIS RÁPIDO COM 20 CONES EM PATINS EM LINHA

Guo Fang (China) patinou um trajeto com 20 cones em 5,04s no set de *Zheng Da Zong Yi – Guinness World Records Special*, em Pequim, China, em 14/11/2008.

●VIAGEM MAIS LONGA DE KITESURF (MASCULINO)

O suíço Philipp Knecht realizou a maior viagem contínua de um homem em prancha de *kitesurf*. Ele percorreu 276,04km de de Cumbuco até Camocim, passando por Jericoacoara (todas praias do Ceará, no Brasil), em 12h9min, no dia 6/11/2006.

★MAIS LOOPS CONTÍNUOS COM PARAPENTE

O campeão mundial de parapente Raul Rodriguez (Espanha) executou 108 *loops* contínuos em Passy Plaine Joux, França, no dia 15/2/2006.

★MAIS BAIXO SALTO DE PARAQUEDAS INDOOR

Os americanos Andy Smith e Paul Smith realizaram um salto de paraquedas em ambiente fechado a apenas 58,5m de altura, no estádio Houston Astrodome, Texas, EUA, em 17/1/1982.

★RAIL GRIND MAIS LONGO EM SNOWBOARD

Luis Chamarro "Toto" (Espanha) deslizou numa prancha de *snowboard* sobre um corrimão por 59,10m em Madri, Espanha, no dia 27/9/2008.

★MAIOR DISTÂNCIA EM SNOWMOBILE EM 24H (FEMININO)

A americana Roxann Weider percorreu 1.640,11km pilotando um *snowmobile* (ou moto de neve) numa pista circular em Tug Hill, EUA, entre 24 e 25/1/2001. Ela completou 118 voltas – com pouco menos de 14km cada – a 68km/h de velocidade média.

★MAIOR VELOCIDADE ALCANÇADA EM SNOWMOBILE

O americano Chris Hanson atingiu a velocidade de 277,13km/h dirigindo uma moto de neve no lago Nipissing em Ontário, Canadá, no dia 13/3/2004.

●MAIOR VELOCIDADE EM PARAPENTE (TRAJETO DE 25KM)

A velocidade reconhecida pela Federação Aeronáutica Internacional (FAI) como a maior já alcançada em um trajeto triangular de 25km é 41,15km/h. A marca foi conquistada pelo francês Charles Cazaux em Aiguebelette, França, no dia 23/7/2006.

MORTAIS PARA TRÁS

Aaron Fotheringham tem 16 anos e sofre de espinha bífida. Ele usa uma cadeira de rodas desde os 13 e passou a praticar acrobacias logo depois. Seu recorde não oficial é de seis saltos mortais para trás consecutivos.

★PRIMEIRO CADEIRANTE A DAR MORTAL PARA TRÁS

Aaron Fotheringham (EUA) fez o primeiro salto mortal para trás numa cadeira de rodas no skatepark Doc Romeo em Las Vegas, EUA, no dia 25/10/2008.

12/10 O **recorde de apresentações teatrais** pertence à peça *The Golden Horseshoe Revue*, que foi encenada 47.250 vezes em Anaheim, EUA, entre 16/7/1955 e 12/10/1986.

34 mil: saltos realizados por Don Kellner (EUA), o **homem que mais pulou de paraquedas**.

GRANDES ENCONTROS

Segundo a Força Aérea Real do Reino Unido, "a formação de paraquedas é um exercício visualmente impressionante que envolve colisões intencionais controladas (ou acoplamento) de paraquedas. Depois que o velame se abre, os paraquedistas constroem uma série de colunas e formas".

●MAIOR SALTO COM PULA-PULA

O estudante de engenharia mecânica canadense David Barabé deu um salto de 24,384m com um pula-pula (ou *pogo stick*) personalizado, na Universidade de Sherbrooke, em Quebec, Canadá, no dia 24/4/2008. O *pogo stick* usado por Barabé era um Vurtego modificado com um sistema de injeção a ar.

●MAIOR VELOCIDADE ALCANÇADA EM PARAPENTE (FEMININO; TRAJETO DE 25KM)

Segundo a FAI, Fiona Macaskill (RU) é a parapentista mais rápida em um trajeto triangular de 25km. Ela atingiu 24,5km/h, em Plaine Joux, França, no dia 17/4/2007.

100 CAMINHADA ENTRE BALÕES A MAIOR ALTITUDE

O britânico Mike Howard caminhou sobre uma viga apoiada entre dois balões a 6.522m de altitude, nas proximidades de Yeovil, Somerset, RU, em 1/9/2004. O recorde foi gravado para o programa *Guinness World Records: 50 Years, 50 Records*.

★MAIOR VELOCIDADE DE SKATISTA REBOCADO POR AUTOMÓVEL

No dia 4/11/2008, o skatista profissional americano Danny Way – primeira pessoa a saltar a Grande Muralha da China com um skate – foi rebocado a uma velocidade de 119km/h em California City, Califórnia, EUA.

●MAIOR VELOCIDADE ALCANÇADA EM STREET LUGE

Tom Mason (EUA) atingiu uma velocidade de 130,8km/h em uma prancha de *street luge* (evolução tecnológica do antigo carrinho de rolimã) em Mount Whitney, Califórnia, EUA, no dia 29/5/1998.

★SKATISTA MAIS RÁPIDO EM SLALOM DE 50 CONES

O menor tempo para realizar um *slalom* de 50 cones com skate é 12,83s. O recorde foi estabelecido por Martin Drayton (Trindade e Tobago) no Hyde Park, em Londres, RU, no dia 2/10/2007.

★MENOR PARAQUEDAS

No dia 1/2/2008, em Perris Valley, Califórnia, EUA, o brasileiro Luigi Cani saltou com o menor velame de paraquedas – o JVX-37, que mede 3,43m².

●MAIOR FORMAÇÃO DE PARAQUEDAS

Cem paraquedistas de uma equipe internacional se reuniram para a maior formação de paraquedas, saltando sobre Lake Wales, Flórida, EUA, em 21/11/2007. Eles formaram um diamante, em que cada paraquedista mantinha contato com o velame do colega abaixo.

13/10 o **recorde de partidas simultâneas de** ***conker*** (jogo tradicional britânico em duplas), 197, foi estabelecido na escola de ensino médio para garotas Redland, em Bristol, RU, no dia 13/10/2006.

14/10 o **primeiro voo supersônico** foi realizado nesse dia de 1947 pelo capitão Charles "Chuck" Elwood Yeager (EUA), que, a bordo do Bell X-1, atingiu uma velocidade de Mach 1,015 (1.078km/h).

FUTEBOL AMERICANO

●RETORNO DE INTERCEPTAÇÃO MAIS LONGO

Ed Reed (EUA, à direita na foto), do Baltimore Ravens, realizou o mais longo retorno de interceptação a resultar em *touchdown*, de 107 jardas (98,75m), contra os Philadelphia Eagles, em 23/11/2008. Reed quebrou seu próprio recorde – de 106 jardas (96,93m), contra os Cleveland Browns, em 7/11/2004.

★TOUCHDOWN MAIS LONGO EM UM SUPER BOWL

No Super Bowl XLIII, disputado em 2/2/2009 no Estádio Raymond James, em Tampa, EUA, o americano James Harrison, do Pittsburgh Steelers, fez um *touchdown* de 100 jardas (91,44m). O *linebacker* interceptou um lançamento de Kurt Warner (EUA) e correu todo o comprimento do campo no fim do primeiro tempo. O Pittsburgh venceu por 27 x 23.

MAIS PARTIDAS SEGUIDAS NA NFL

O *punter* Jeff Feagles (EUA) disputou 320 partidas consecutivas da NFL (Liga Nacional de Futebol Americano), pelas equipes New England Patriots (1988–89), Philadelphia Eagles (1990–93), Arizona Cardinals (1994–97), Seattle Seahawks (1998–2002) e New York Giants (2002–07). Feagles foi o **jogador mais velho em um Super Bowl** – ele tinha 41 anos e 333 dias ao defender o Giants em 3/2/2008.

★NOVO
●ATUALIZADO

★MENOR TEMPO PARA CORRER 2 MIL JARDAS NA CARREIRA

Durante a temporada de 2008, o americano Adrian Peterson, do Minnesota Vikings, atingiu a marca de 2 mil jardas corridas. O recorde foi obtido no 21º jogo de Peterson em sua carreira na NFL.

Ele ainda detém o ●**recorde de jardas conquistadas em jogo da NFL**: correu 296 jardas (270,66m) na partida contra o San Diego Chargers no Estádio Hubert H. Humphrey Metrodome, em Minneapolis, Minnesota, EUA, no dia 4/11/2007.

PRIMEIRO TIME INVICTO EM TEMPORADA NA NFL

O New England Patriots completou 16 partidas sem perder em 2007, sagrando-se o primeiro time a terminar invicto uma temporada regular da NFL desde que essa etapa do campeonato passou a ser disputada em 16 partidas, em 1978.

TÉCNICO MAIS JOVEM DA NFL

O técnico mais jovem da era moderna da NFL é Lane Kiffin (EUA, n. 9/5/1975), que tinha 31 anos e 259 dias quando foi contratado pelo Oakland Raiders (EUA), em 23/1/2007, pouco antes do início da temporada 2007. Kiffin foi demitido em setembro de 2008, depois de perder 15 dos 20 jogos da temporada regular.

★TÉCNICO COM MAIS MATA-MATAS CONSECUTIVOS

O técnico Tony Dungy (EUA) conseguiu levar as equipes Tampa Bay Buccaneers (1999–2001) e Indianapolis Colts (2002–08), aos *play-offs* em 10 temporadas consecutivas.

★MAIS JOGOS SUCESSIVOS DE MATA-MATA DANDO PASSES PARA TOUCHDOWN

Brett Favre (EUA) deu assistência para ao menos um *touchdown* em 18 partidas de *play-off* pelo Green Bay Packers (EUA), entre 1992 e 2007.

★JOGADOR A FAZER UM SACK EM MAIS PARTIDAS SEGUIDAS

Dois jogadores conseguiram executar um *sack* (derrubar o *quarterback* atrás da linha de *scrimmage*, a que separa as duas equipes antes de cada jogada) em dez partidas consecutivas: DeMarcus Ware (EUA, à direita na foto), do Dallas Cowboys, entre 16/12/2007 e 19/10/2008; e Simon Fletcher (EUA), do Denver Broncos, entre 15/11/1992 e 20/9/1993.

15/10 O **recorde de velocidade no solo** em 1 milha (1,61km) foi estabelecido por Andy Green (RU), que em 15/10/1997 "voou baixo" a 1.227,985km/h no deserto de Black Rock, em Nevada, EUA.

16/10 O **castelo de cartas mais alto** tinha 7,86m. O americano Bryan Berg ergueu a enorme estrutura nessa data de 2007 em Dallas, Texas, EUA.

9.280: mais passes em carreira na NFL, marca estabelecida por Brett Favre (EUA) entre 1992 e 2008, ano em que se aposentou.

★MAIS RECEPÇÕES NO MATA-MATA

O recorde de 30 recepções em pós-temporada da NFL foi alcançado por Larry Fitzgerald (EUA), defendendo o Arizona Cardinals no *play-off* de 2008 – ou seja, em quatro jogos.

★MAIS TOUCHDOWNS DE PASSE EM PÓS-TEMPORADA

Defendendo o Arizona Cardinals, por sete vezes o *wide receiver* Larry Darnell Fitzgerald (EUA) recebeu passe na zona final, em quatro jogos do mata-mata de 2008.

●MAIS TEMPORADAS SOMANDO 4 MIL JARDAS EM PASSES

Peyton Manning (EUA), do Indianapolis Colts, deu passes que somaram ao menos 4 mil jardas (3.657,6m) em nove temporadas da NFL. Em 2007, Manning ainda ampliou para 11 o número recorde de temporadas seguidas com pelo menos 25 passes para *touchdown*.

★JOGO DA NFL DE MAIOR AUDIÊNCIA

A derrota de 17 x 14 do New York Giants para o New England Patriots no Super Bowl XLII, em 3/2/2008, foi a partida da NFL a obter a maior audiência televisiva da história: 97,5 milhões de espectadores, segundo o instituto de pesquisa Nielsen Media Research. O recorde anterior era de 94,08 milhões de telespectadores, que assistiram à vitória do Dallas Cowboys sobre o Pittsburgh Steelers em 1996.

MAIS VITÓRIAS EM CARREIRA NA NFL COMO QUARTERBACK

O *quarterback* Brett Favre (EUA) detém 160 vitórias em partidas da NFL entre 1992 e 2008.

★MENOS BOLAS PERDIDAS NUMA TEMPORADA (EQUIPE)

As equipes com a marca de menor perda de posse de bola em uma temporada da NFL são o New York Giants e o Miami Dolphins, que só tiveram 13 *turnovers* em 2008.

★JOGADOR MAIS VELHO

Paul L. Morton (EUA, n. 12/1/1941) tinha 67 anos ao disputar, pelo Stateline Miners, uma temporada semiprofissional em 2008.

●MAIS TÍTULOS DO SUPER BOWL

O Pittsburgh Steelers (EUA) é a equipe mais vitoriosa em Super Bowls, com seis títulos: em 1974, 1975, 1978, 1979, 2005 e 2008.

Aos 36 anos e 323 dias, o americano Mike Tomlin (nascido em 15/3/1972), treinador do Steelers, é o **●técnico mais jovem a conquistar uma vitória no Super Bowl**. O recorde foi estabelecido no dia 1/2/2009, quando o Steelers derrotou o Arizona Cardinals por 27 x 23 em Tampa, Flórida, EUA.

★TIGHT END A FAZER MAIS TOUCHDOWNS NA NFL

O *tight end* Tony Gonzalez (EUA, à direita na foto), do Kansas City Chiefs, marcou 76 *touchdowns* na carreira até o encerramento da temporada 2008. Ele detém ainda os recordes de **●mais *touchdowns* de passe** (916) e **●*tight end* a somar mais jardas em passes recebidos** (10.940).

LEÕES?

O ●recorde de derrotas em temporada da NFL é do Detroit Lions, que perdeu todos os 16 jogos da temporada 2008!

17/10 O evento Levante-se Contra a Desigualdade 2007, da ONU, reuniu 43.716.440 pessoas em 6.540 lugares, o **maior ato coletivo de levantar-se** e o **maior recorde coletivo já realizado**.

ATLETISMO

● MAIS TÍTULOS DA TAÇA DA EUROPA

Três equipes ganharam seis vezes a Taça da Europa de atletismo: a Alemanha Oriental, em 1970 e 1975–83 (quando a competição ocorria duas vezes ao ano); a Alemanha, em 1994–96, 1999 e 2004–05; e a Grã-Bretanha, em 1989, 1997–98, 2000, 2002 e 2008 (foto). A Rússia detém o **recorde de conquistas da Taça da Europa (equipe feminina)**: 14 (1993, 1995, 1997–2008). A partir de 2009, a Copa dará lugar aos Campeonatos da Europa por Equipes.

Para a lista completa dos recordes mundiais em atletismo da IAAF, consulte a seção Referências Esportivas, nas p. 266–275.

★ MAIS VITÓRIAS NA COPA DO MUNDO DE MARCHA ATLÉTICA – 20KM (FEMININO)

A prova feminina de 20km da Copa do Mundo de Marcha Atlética teve uma vencedora para cada disputa: Liu Hongyu (China) em 1999, Erica Alfridi (Itália) em 2002, Ielena Nikolayeva (Rússia) em 2004, Ryta Turava (Bielorrússia) em 2006 e Olga Kaniskina (Rússia) em 2008.

★ MAIS MEDALHAS EM UMA EDIÇÃO DA COPA DO MUNDO DE MARCHA ATLÉTICA (PAÍS)

Na edição de 2008 da Copa do Mundo de Marcha Atlética, que aconteceu nas ruas de Cheboksary, em Chuvashia, Rússia, o país-sede levou 15 medalhas entre 20 possíveis: seis ouros, três pratas e um bronze (individuais), além de cinco ouros em equipe.

★ MAIS MEDALHAS DE OURO NO CAMPEONATO MUNDIAL DE ATLETISMO (EQUIPE)

O Campeonato Mundial de Atletismo teve sua primeira edição em 1983, em Helsinque, na Finlândia. O torneio originalmente acontecia a cada quatro anos, mas em 1991 ele se tornou bienal. Até o momento, os EUA detêm o maior número de medalhas de ouro entre as equipes: 114 (1983 e 2007). Bem atrás, em segundo lugar, vem a Rússia, com 33. Os EUA também detêm o ★ **recorde geral de medalhas no Campeonato Mundial de Atletismo** – 234, contra 121 da Rússia.

★ MAIS COMPETIDORES NO CAMPEONATO MUNDIAL

O número recorde de 1.978 atletas participou do Campeonato Mundial de Atletismo em Osaka, Japão, de 24/8 a 2/9/2007 – a 11ª edição da competição.

MAIS RECORDES MUNDIAIS DE ATLETISMO EM UM DIA

Jesse Owens (EUA, 1913–80) bateu ou igualou cinco recordes mundiais em 45min em Ann Arbor, Michigan, EUA, no dia 25/5/1935: às 15h15, ele igualou a marca de 9,4s nas 100 jardas; às 15h25, fez 8,13m no salto em distância; às 15h45, 20,3s nas 220 jardas livres (e nos 200m rasos, que são considerados uma prova à parte); e, às 16h, 22,6s nas 220 jardas (e 200m) com barreiras.

● MARCHA ATLÉTICA DE 50KM (MASCULINO)

Denis Nizhegorodov (Rússia) completou em 3h34min14s a prova de 50km da Copa do Mundo de Marcha Atlética em Cheboksary, Rússia, em 11/5/2008. Alex Schwazer (Itália) chegou em segundo lugar, 2min50s depois. Entretanto, conquistou a medalha de ouro nos Jogos Olímpicos de Pequim.

● 110M COM OBSTÁCULOS (MASCULINO)

Em 12/6/2008, Dayron Robles (Cuba) tirou 0,01s do melhor tempo mundial nos 110m com obstáculos em Ostrava, República Tcheca, estabelecendo o novo recorde de 12,87s. No mesmo ano, Robles veio a conquistar também o ouro olímpico, ao vencer a prova final nos XXIX Jogos Olímpicos em 12,93s, no Estádio Nacional, em Pequim, China, no dia 21/8/2008.

18/10 A **maior teia de aranha** foi descoberta por Ken Thompson (RU) em 18/10/1998. Ela cobria os 4,54ha do campo da escola de ensino médio Kineton, em Kineton, Warwick, RU.

19/10 Nessa data de 2002, a **mais longa fila de fogos de artifício** foi detonada em Sueca, Valência, Espanha. Ela media 11km.

30,86s: tempo em que o centenário sul-africano Philip Rabinowitz correu 100m, em julho de 2004.

●MAIS PARTICIPANTES EM CORRIDA DE 100M DE REVEZAMENTO (24H)
O número recorde de 3.807 pessoas participou de uma corrida de revezamento de 100m ao longo de 24h. O evento comemorava o aniversário de 90 anos da Letônia no Estádio Daugava, em Riga, Letônia, em 19/10/2008. O participante mais jovem tinha apenas 1 ano de idade!

●160KM EM ESTEIRA (EQUIPE)
Em 13/11/2008, 12 corredores fizeram 160km em 9h5min17s numa esteira, em Bickershaw, Wigan, RU. Eram da equipe os britânicos Adam Balmer, Anthony Battersby, Adam Bibby, Michael Dawes, Joseph Donald, Lee Double, Mark Foster, Ray Hill, Simon Holland, Farrell Kilbane, Mark Livingston e Steven Turnbull.

●5.000M MAIS RÁPIDOS (FEMININO)

No dia 6/6/2008, nos Jogos Bislett, um *meeting* de atletismo em Oslo, Noruega, a etíope Tirunesh Dibaba bateu o recorde mundial dos 5.000m com o tempo de 14min11,15s. Esse tempo superou a marca anterior, da também etíope Meseret Defar, em mais de 5s.

●SALTO COM VARA (FEMININO)

Depois de marcar os recordes mundiais de 5,03m em Roma, Itália, em 11/7/2008, e de 5,04m em Mônaco, no dia 29/7/2008, Ielena Isinbaieva (Rússia) coroou dois meses extraordinários de excelência no salto com vara ao conquistar em 18/8/2008 a medalha de ouro nas Olimpíadas de Pequim com outro recorde mundial: 5,05m, no Estádio Nacional de Pequim, China.

DESAFIO MUNDIAL DE PROVAS COMBINADAS

O Desafio Mundial de Provas Combinadas é uma competição anual de decatlo (masculino) e heptatlo (feminino) em nível mundial. Os três melhores resultados do ano são acumulados a fim de calcular quem possui mais pontos.

● O ★**recordista de pontos (masculino)** é o tcheco Tomáš Dvorák, que somou 26.476 em 1999.
● A ★**recordista de pontos (feminino)** é a sueca Carolina Kluft, com os 20.541 que conquistou em 2004.
● Carolina Kluft também é a detentora de ★**mais títulos femininos**: ela simplesmente arrebatou os quatro já disputados, de 2003 a 2006.
● Roman Šebrle (República Tcheca) ganhou ★**mais títulos masculinos**: quatro, em 2002, 2004–05 e 2007.

★NOVO
●ATUALIZADO

●MAIOR DISTÂNCIA CORRIDA EM 48H EM UMA ESTEIRA
Tony Mangan (Irlanda) correu 405,22km em uma esteira na Faculdade de St. Mel, em Longford, Irlanda, de 22 a 24/8/2008.

●1.000 X 400M MAIS RÁPIDO
Os mil corredores da equipe alemã Turn und Sportgemeinde correram 400m cada um e cravaram o recorde nesse tipo de revezamento: 21h57min46s. O feito ocorreu em Lollar, Alemanha, nos dias 14–15/7/2008.

★ARREMESSO DE MARTELO (JOGOS DAS TERRAS ALTAS)
O britânico Bruce Aitken fez um arremesso de martelo (martelo leve; 7,25kg) a 47,76m de distância, nos Jogos das Terras Altas (Highland Games) da Escócia, em Aboyne, RU, em agosto de 2000. Outras provas são o lançamento de troncos, o *stone putting* (semelhante ao arremesso de peso, mas com pedras), o cabo de guerra e a competição de gaita de foles.

●3.000M COM OBSTÁCULOS (FEMININO)
A russa Gulnara Galkina (n. Samitova) venceu a final dos 3.000m com obstáculos (prova até então inédita nos Jogos Olímpicos), estabelecendo o tempo recorde de 8min58,81s, no Estádio Nacional, em Pequim, China, no dia 17/8/2008.

20/10 Nesse dia de 2000 soou a **nota mais baixa emitida por um ser humano**. Tim Storms (EUA) produziu um si na segunda oitava cuja frequência foi eletronicamente medida em apenas 8Hz.

MARATONAS

100

MENOR TEMPO (HOMEM)

Em 28/9/2008, o etíope Haile Gebrselassie, com 35 anos, venceu a Maratona de Berlim, na Alemanha, com o tempo recordista mundial de 2h03min59s, quebrando o recorde anterior, dele mesmo, em 27s. Foi a primeira vez que alguém percorreu os 42km da prova em menos de 2h04min.

★NOVO
●ATUALIZADO

MENOR TEMPO EM MARATONA (FEMININO)

Paula Radcliffe (RU) conquistou o menor tempo feminino da história ao completar a Maratona de Londres (RU) em 2h15min25s, no dia 13/4/2003.

●MENOR TEMPO AGREGADO PARA COMPLETAR UMA MARATONA EM CADA CONTINENTE (MASCULINO)

David Smith (RU) correu maratonas pelo mundo entre os dias 12/11/1995 e 5/8/2008 e estabeleceu o menor tempo agregado para completar uma maratona em cada um dos sete continentes: 23h43min55s. Com o menor tempo tendo sido 2h52min43s e o maior, 3h45min19s, Smith completou cada corrida, em média, em pouco mais de 3h23min.

●HOMEM MAIS JOVEM A COMPLETAR UMA MARATONA NOS SETE CONTINENTES

Timothy Harris (RU, n. 26/2/1983) tinha 23 anos e 339 dias ao completar a Maratona de Marrakech, no Marrocos, no dia 28/1/2007, em 3h34min. Essa foi a última de sete maratonas que ele correu nos sete continentes, tendo iniciado na K42, maratona de montanha em Neuquén, Patagônia, Argentina, no dia 29/10/2006 (percurso que Harris completou em 4h45min).

★MAIS MARATONAS EM DIAS CONSECUTIVOS (FEMININO)

De 9 a 18/5/2008, Michelle Atkins (RU) correu dez maratonas em dias consecutivos, em Brathay, RU.

★MAIS MARATONAS EM DIAS SEGUIDOS (MASCULINO)

O italiano Enzo Caporaso correu 51 maratonas em dias consectivos em Turim, Itália, de 23/2 a 13/4/2008.

★MARATONA DE COSTAS EM PATINS EM LINHA

Em 23/9/2006, o alemão Werner Fischer completou a Maratona de Berlim andando de costas, com patins em linha, em 1h45min56s.

★MAIS PONTOS EM CONQUISTA DO WORLD MARATHON MAJORS

Inaugurado em 2006, o World Marathon Majors engloba as cinco maratonas anuais de Boston, Chicago e Nova York (todas dos EUA), Londres (RU) e Berlim (Alemanha). Os atletas marcam pontos caso fiquem entre os cinco melhores tempos a cada dois anos. O Campeonato Mundial e as maratonas olímpicas também são incluídas nos anos em que ocorrem. Gete Wami (Etiópia) venceu a edição 2006–07 (feminino) com 80 pontos. Robert Cheruiyot (Quênia, acima) conquistou a edição 2006–07 (masculino), também com 80 pontos.

MENORES TEMPOS DAS 5 PRINCIPAIS MARATONAS

M: Masc
F: Fem.

MARATONA	ATLETA	TEMPO	DAT
Berlim (Alem.)	**M:** Haile Gebrselassie (Etiópia)	2h03min59s	28/ 200
	F: Mizuki Noguchi (Japão)	2h19min12s	25/ 200
Boston (EUA)	**M:** Robert Cheruiyot (Quênia)	2h07min14s	17/ 200
	F: Margaret Okayo (Quênia)	2h20min43s	15/ 200
Chicago (EUA)	**M:** Khalid Khannouchi (Marrocos)	2h05min42s	24/1 199
	F: Paula Radcliffe (RU)	2h17min18s	13/1 200
Londres (RU)	**M:** Martin Lel (Quênia)	2h05min15s	13/ 200
	F: Paula Radcliffe (RU)	2h15min25s	13/ 200
Nova York (EUA)	**M:** Tesfaye Jifar (Etiópia)	2h07min43s	4/1 200
	F: Margaret Okayo (Quênia)	2h22min31s	2/1 200

MEIA MARATONA COM CARRINHO (FEMININO)

Em 15/9/2001, Nancy Schubring (EUA) correu a Meia Maratona da Mike May Races empurrando um carrinho de bebê em 1h30min51s, em Vassar, Michigan, EUA. Comparando, Lornah Kiplagat (Holanda) fez o **menor tempo em meia maratona (feminino)**, 1h06min25s, em Udine, Itália, em 14/10/2007.

21/10 O **maior sapato do mundo** media 5,29m de comprimento, 2,37m de largura e 2,03m de altura, e foi apresentado na cidade de Marikina, nas Filipinas, nesse dia de 2002.

3h50min31s: ★ melhor marca em maratona com uniforme militar do deserto, de Jennifer Jenks (RU), na Maratona de Londres 2009.

MAIS PESSOAS CORRENDO UNIDAS

Neal Gardner (RU) e 29 amigos estabeleceram o ● **recorde de pessoas a correr uma maratona unidas**, com o tempo de 6h18min41s.

PAPAI NOEL E DESENHO ANIMADO

É de Paul Simons (RU, à esq.) a ● **melhor marca em maratona vestido de Papai Noel**, 2h55min50s. Já o "Bananaman" Darren Stone (RU, acima, à esq.) fez o ★ **menor tempo em maratona como personagem de desenho animado**: 3h36min07s.

TERNO COMPLETO E PERSONAGEM DE FILME

Thomas Day (RU, à dir.) completou a corrida em 4h19min37s, a ★ **melhor marca em maratona com terno completo**. Ian Benskin (RU, mais à dir.), vestido de Thunderbird, fez o ● **menor tempo em maratona com roupa de personagem de filme (masculino)**, 3h11min50s.

A edição 2009 da Maratona de Londres ocorreu em 27 de abril, nas ruas da capital do Reino Unido. Nesse dia de grande calor houve o maior número de tentativas de quebra de recordes do *Guinness World Records* na história da maratona: mais de 60 pessoas participaram de 29 tentativas oficiais, e houve 11 novos recordes. Os novos recordistas estão nesta página; parabéns a eles e a todos os participantes.

FRUTA

Sally Orange (RU), com roupa de laranja, fez o ★ **menor tempo em maratona fantasiada de fruta**, 4h32min28s.

LEPRECHAUN

A ★ **melhor marca em maratona fantasiado de *leprechaun*** (figura do folclore irlandês), 4h22min08s, é de Jack Lyons (RU).

LEGUME

Robert Prothero (RU) se fantasiou de cenoura e fez o ★ **menor tempo em maratona vestido de legume**, 3h34min55s.

ANIMAL

Alastair Martin (RU) se vestiu de avestruz e obteve a ★ **melhor marca em maratona fantasiado de animal (masculino)**, 3h42min27s.

MOCHILA

Gordon Chaplin (RU) conquistou a ★ **melhor marca em maratona carregando uma mochila de 20kg**: 5h35min19s.

22/10 Nesse dia de 2001, dirigindo um Caterham 7 Fireblade, Darren Manning (RU) alcançou a **maior velocidade já registrada de carro em marcha a ré** – 165,08km/h – em Gloucester, Reino Unido.

23/10 Com 413kg, o **maior *döner kebab*** foi feito pelo Maroosh Lebanese Café no Festival do Aplauso, em Albury, Nova Gales do Sul, Austrália, nessa data de 2004.

AUTOMOBILISMO

FÓRMULA 1

• O **recorde de vitórias de um estreante numa temporada de Fórmula 1**, quatro, obtido por Jacques Villeneuve (Canadá) em 1996, foi igualado por Lewis Hamilton (RU) em 2007.

• A escuderia italiana Ferrari é a ●**construtora com mais vitórias em GPs**: 209 entre 1961 e 2008.

• Lenda da Fórmula 1, Michael Schumacher (Alemanha) marcou 148 pontos na temporada 2004, a **maior pontuação de um piloto numa temporada**. O alemão, que dominou a F1 nos anos 1990 e 2000, é ainda o **maior vencedor de corridas de Fórmula 1**, com 84 vitórias entre 1991 e 2005, e o recordista de **pontos marcados na carreira** – com um intimidador total de 1.248 pontos entre 1991 e 2005.

• O **mais velho campeão mundial de Fórmula 1** foi o argentino Juan Manuel Fangio (nascido em 24/6/1911), que conquistou seu último título mundial em 4/8/1957, aos 46 anos e 41 dias de idade.

• Rubens Barrichello (Brasil) é o ● **recordista de corridas de Fórmula 1 disputadas**: 257 entre 1993 e 2008 (e ele continuava correndo em 2009). Barrichello correu pelas equipes Jordan (1993–96), Stewart Grand Prix (1997–99), Ferrari (2000–05) e Honda (2006–08), tendo acumulado 519 pontos na carreira, com nove vitórias e 61 pódios. Na infância, ele tinha como ídolo Ayrton Senna (1960–1994), tricampeão da Fórmula 1.

★ PRIMEIRA MULHER A VENCER NA INDY

Quando Danica Patrick (EUA) venceu a Indy Japão 300 em Motegi, no dia 20/4/2008, tornou-se a primeira mulher a receber a bandeira quadriculada na história da Fórmula Indy.

Patrick foi também a **primeira mulher a liderar as 500 Milhas de Indianápolis**, ao assumir a liderança por 19 voltas na prova de maio de 2005.

NASCAR TRUCK SERIES

• O americano Ted Musgrave conquistou seu primeiro título da Nascar em 2005, levando o campeonato daquele ano da Craftsman Truck Series (atual Camping World Truck Series). Foi a ★ **primeira vez que um veículo com o número "1" venceu um campeonato**, entre as três categorias de turismo da Nascar.

• Após a temporada 2008, Jack Sprague (EUA) já tinha US$ 7.276.475, o que lhe valeu a marca de ●**maior faturamento em carreira da Nascar**. Sprague levou também o ★ **maior prêmio em dinheiro numa prova da categoria de caminhões da Nascar**: US$ 93.375 em Daytona, no dia 16/2/2007.

• Mike Skinner (EUA) fez 47 poles na temporada 2008 – o **recorde de poles em carreira na Truck Series**. Rei dos caminhões, Skinner atualmente pilota o Exide Toyota Tundra nº 5 para a Randy Moss Motorsports, na Nascar Camping World Truck Series.

GLOSSÁRIO

FIA: Federação Internacional de Automobilismo
NASCAR: National Association for Stock Car Auto Racing
NHRA: National Hot Rod Association
TT: Touring Trophy

●MAIS TÍTULOS CONSECUTIVOS NO CAMPEONATO MUNDIAL DE RALI

O francês Sébastien Loeb detém o maior número de títulos seguidos no Campeonato Mundial de Rali, com cinco conquistas, de 2004 a 2008. Loeb ganhou todos os seus títulos correndo pela Citroën.

TT DA ILHA DE MAN

• O irlandês Joey Dunlop (1952–2000) é o **maior vitorioso no TT da ilha de Man** (clássica prova de motociclismo): foram 26 conquistas entre 1977 e 2000.

• Em 8/6/2004, Maria Costello (RU) completou os 60,75km do circuito do TT da ilha de Man em 19min43,8s, à velocidade média de 184,64km/h – a ★ **volta mais rápida de uma mulher**.

★ PRIMEIRA VITÓRIA DE CARRO JAPONÊS (NASCAR)

Kyle Busch (EUA) deu à Toyota sua primeira vitória na Nascar Sprint Cup ao ganhar a prova Kobalt Tools 500, no circuito Atlanta Motor Speedway, em 9/3/2008. Foi a 40ª corrida da Toyota e o primeiro triunfo de um construtor não americano na Nascar desde a vitória de Al Keller (EUA), em 1954, pilotando um Jaguar (RU).

24/10 O **mais jovem beisebolista a jogar uma final da Major League Baseball** foi Fred Lindstrom, que tinha 18 anos e 339 dias ao jogar pelo New York Giants (NL) em 24/10/1924.

US$ 100.695.731: valor total ganho por Jeff Gordon (EUA) até 2008, o **maior faturamento em carreira da Nascar**.

●MAIS TÍTULOS CONSECUTIVOS DA NASCAR

Os americanos Jimmy Johnson (esquerda) e Cale Yarborough foram os únicos pilotos a conquistar três vezes seguidas a divisão Sprint Cup da Nascar. Jimmy realizou o feito em 2008; Cale, em 1978.

• No dia 13/4/2007, em Las Vegas, Nevada, EUA, o americano Mike Ashley (EUA) atingiu a velocidade final de 573,02km/h (prova de 402m) em um Dodge Charger, a **maior velocidade numa prova de arrancada da categoria Funny Car da NHRA**.

• A **maior velocidade no TT da ilha de Man**, 208,33km/h, foi alcançada por John McGuinness (RU, correndo pela Inglaterra) numa motocicleta Honda CBR1000 Fireblade, em 9/6/2006.

• Melanie Troxel (EUA) atingiu 531,58km/h numa prova de 402m realizada na pista do Texas Motorplex, em Dallas, EUA, em outubro de 2005 – a ★ **maior velocidade atingida numa prova de arrancada da categoria Top Fuel (feminino)**.

PROVAS DA NHRA

• John Force (EUA) foi o primeiro piloto de arrancada a vencer mil disputas, o ★ **recorde de vitórias na carreira na categoria Funny Car**. Force atingiu essa marca histórica na pista Gateway International, em Madison, Illinois, EUA, no dia 4/5/2008. São seus também os recordes de ★ **mais finais disputadas por um piloto de arrancada na carreira** (202) e ★ **mais vitórias na carreira** (126).

●CAMPEÃO MAIS JOVEM DA F1

Lewis Hamilton (RU, n. 7/1/1985) venceu seu primeiro campeonato mundial de Fórmula 1 em 2/11/2008, no circuito de Interlagos, Brasil, aos 23 anos e 298 dias de idade. Correndo pela McLaren Mercedes, ele derrotou o brasileiro Felipe Massa por apenas um ponto.

★ NOVO
● ATUALIZADO

25/10 Verna van Schaik (África do Sul) mergulhou a 221m de profundidade numa caverna da província sul-africana de Cape North, em 25/10/2004 – o **mergulho autônomo mais profundo de uma mulher**.

26/10 A **escalada mais rápida do monte Kilimanjaro** foi feita por Gerard Bavato (França), que percorreu os 34km da base ao cume em 5h26min40s, nesse dia de 2007.

ESPORTES COM BOLA

★ MAIS CAMPEONATOS EUROPEUS – CORFEBOL (TIME)

O corfebol é jogado em mais de 50 países de todo o mundo. É parecido com o netbol misto e é disputado em uma quadra retangular, fechada ou aberta. "Corfe" se refere à cesta na qual os times tentam atirar a bola. A Holanda venceu o Campeonato Europeu de Corfebol três vezes, em 1998, 2002 e 2006.

★ MAIS VITÓRIAS NO CAMPEONATO ANZ

O Campeonato ANZ, da Austrália e Nova Zelândia, é uma competição de elite de netbol criada recentemente e que substituiu a Copa Commonwealth Bank, da Austrália, e o Troféu National Bank, da NZ.

Foi disputado pela primeira vez em 2008 por dez times de cada país. No primeiro evento, o New South Wales Swifts (Austrália, de vermelho) venceu o Waikato-Bay of Plenty Magic (Nova Zelândia, de preto) por 65 x 56.

LIGA DE FUTEBOL AUSTRALIANO

● O ★ **técnico com mais jogos na AFL** é Jock McHale (Austrália), que comandou o Collingwood 713 vezes entre 1912 e 1949.

● Charlie Ricketts (Austrália) tinha 24 anos e 91 dias de idade quando se tornou técnico do South Melbourne em 1909, o que faz dele o ★ **técnico mais jovem da AFL.**

● O ★ **técnico mais velho da AFL** foi Allan Jeans (Austrália), que comandou o Hawthorn em uma partida em 1989, aos 56 anos e 9 dias.

● O australiano Fred Fanning detém o ★ **recorde de gols em uma partida**, tendo marcado 18 para o Melbourne contra o St. Kilda, numa única partida da AFL, em 1947.

VÔLEI DE PRAIA

● Misty May-Treanor (EUA) tem ● **mais títulos de torneios femininos**: 105, conquistados entre 2000 e 2008.

● O Campeonato Mundial de vôlei de praia misto aconteceu pela primeira vez em 1997 e é bianual. Os EUA detém ★ **mais vitórias por um time feminino**, com 4: em 2003, 2005, 2007 e 2008.

● Os brasileiros Emanuel Rego e Ricardo Santos são a ● **dupla recordista de títulos mundiais de vôlei masculino**, com 5 consecutivos, de 2003 a 2007.

● O vôlei de praia está nas Olimpíadas desde 1996, e o ● **maior número de títulos olímpicos por equipe masculina** é 3, todos dos EUA: Karch Kiraly e Kent Steffes, em Atlanta (1996); Dain Balanton e Eric Fonoimoana, em Sydney (2000); e Phil Dalhausser e Todd Rogers, em Pequim (2008).

HANDEBOL DE PRAIA

O Campeonato Mundial masculino foi realizado três vezes, e o ● **maior número de vitórias** é apenas um, por três países: Egito (2004), Brasil (2006) e Croácia (2008).

LIGA DE FUTEBOL CANADENSE

● O canadense Gerald Vaughn ★ **bloqueou mais chutes em uma carreira na CFL**: 12, jogando pelo Calgary Stampeders, pelo Winnipeg Blue Bombers e pelo Hamilton Tiger-Cats, entre 1993 e 2004.

● O Copa Grey é o troféu dado aos campeões da CFL e também o nome do campeonato. O jogador que obteve ★ **mais prêmios consecutivos de Jogador Mais Valioso da Copa Grey** é Doug Flutie (EUA), com 2, pelo Toronto Argonauts, em 1996–97.

● O ★ **maior número de *fumbles* retornados por *touchdowns*** é 5, de Michael Allen (EUA), em 1988–93, pelo Winnipeg Blue Bombers.

HANDEBOL

● A **maior pontuação em uma partida internacional de handebol** se deu quando a URSS venceu o Afeganistão por 86 x 2, no "Torneio de Exércitos Amigos", em Miskolc, Hungria, em agosto de 1981.

● O ● **maior número de conquistas do Campeonato Europeu feminino** é 4, da Noruega – em 1998, 2004, 2006 e 2008.

HÓQUEI (CAMPO)

● O Troféu dos Campeões aconteceu pela primeira vez em 1978 e, desde 1980, é disputado anualmente pelos seis melhores times masculinos do mundo. A Austrália possui ● **mais títulos do Troféu dos Campeões masculino**: 9, de 1983, 1984, 1985, 1989, 1990, 1993, 1999, 2005 e 2008.

A Alemanha também venceu nove vezes, mas algumas vitórias foram antes da reunificação: 1986 a 1988 (como Alemanha Ocidental) e 1991, 1992, 1995, 1997, 2001 e 2007 (como Alemanha).

● A Copa Ásia foi instituída pela Fundação Asiática de Hóquei (ASHF) em 1982

27/10 O público do evento Big Bash, da BBC, que aconteceu entre 24 e 27/10/1997, no NEC, em Birmingham, RU, bateu palmas a 100dB – os **aplausos mais altos já registrados**.

1.109: recorde de gols de um país no Campeonato Mundial de corfebol (time), entre 1978 e 2007, pela Holanda.

★MAIS PASSES EM FINAIS DA COPA GREY

Anthony Calvillo (EUA), zagueiro de futebol canadense e jogador com melhor desempenho na Liga de 2008, realizou 1.458 passes nas finais da Copa Grey, de 2000 a 2006.

★ NOVO ● ATUALIZADO

NETBOL

● Irene van Dyk (Nova Zelândia) possui **●mais participações internacionais**, 164, jogando pela África do Sul e pela Nova Zelândia entre 1994 e 2008.

VÔLEI

● O **●maior número de vitórias no Grande Prêmio de vôlei** – torneio feminino, realizado anualmente desde 1993 – é do Brasil: 7 conquistas, em 1994, 1996, 1998, 2004, 2005, 2006 e 2008.

● O **●maior número de títulos olímpicos de vôlei** é 3, da URSS, em 1964, 1968 e 1980, e dos EUA, em 1984, 1988 e 2008.

● O Brasil e a Itália têm **●mais medalhas da Liga Mundial de vôlei**: 13. A Itália tem também **mais medalhas de ouro da Liga Mundial**, 8.

●MAIS TÍTULOS DO MUNDIAL DE HANDEBOL DE PRAIA (FEMININO)

O Campeonato Mundial de handebol de praia feminino foi realizado três vezes. Três países compartilham o recorde de conquistas do campeonato, com uma cada: Rússia (2004), Brasil (2006) e Croácia (2008).

●MAIS CAMPEONATOS DE HURLING

O time que venceu o maior número de campeonatos irlandeses é o Kilkenny, com 31 vitórias entre 1904 e 2008.

VEJA TAMBÉM

Os fanáticos por futebol vão se deliciar com as quatro páginas que dedicamos ao esporte. Pronto? Chute direto para **a p. 246!**

CORFEBOL

O time com **●mais vitórias no Campeonato Mundial de corfebol** (instituído em 1978) é a Holanda, com sete títulos (1978, 1984, 1987, 1995, 1999, 2003 e 2007).

(e o primeiro torneio feminino aconteceu em 1985). O **★time recordista de títulos na Copa Ásia (masculino)** é o Paquistão, com 3 conquistas: em 1982, 1985 e 1989. O **★recordista de títulos na categoria feminina** é a Coreia do Sul, também com 3: em 1985, 1993 e 1999.

● Anne Graves (Reino Unido, n. 5/3/1935) é a **●mais velha jogadora regular de hóquei**. Ela participou da maior parte da temporada 2008/09 pelo Stevenage Ladies 5s, na Five Counties Division 7 Hockey League, em Stevenage, Reino Unido, aos 74 anos.

●MAIOR LUCRO NA CARREIRA COM TURNÊS DE VÔLEI DA AVP (FEMININO)

A americana Misty May-Treanor havia ganhado a quantia recorde de US$ 1.824.158 em lucros da turnê da AVP (Associação de Profissionais de Voleibol), até o final da temporada de 2008.

28/10 O **recorde de bambolês girados ao mesmo tempo** é 105, estabelecido pela chinesa Jin Linlin no programa *Zheng Da Zong Yi – Guinness World Records Special*, em Pequim, China, nesse dia de 2007.

29/10 Em 2007, Beverley Lateo (Itália) pagou £ 8.000 (US$ 16.420) pelo **corte de cabelo mais caro** da tabela do salão de Stuart Phillips, em Covent Garden, Londres, RU.

BEISEBOL

★TIME COM MAIOR FOLHA DE PAGAMENTO

A folha de pagamento do New York Yankees (EUA) para a temporada de 2007 foi de US$ 218,3 milhões, um recorde na Major League Baseball (a liga de beisebol dos EUA) para uma temporada. A equipe paga os mais altos salários há nove anos seguidos. Em 2006, a folha do Yankees somou mais de US$ 207,5 milhões.

★MAIS JOGOS COMO INTERBASES

Omar Vizquel (Venezuela) participou de 2.654 jogos com o Seattle Mariners, o Cleveland Indians e o San Francisco Giants (todos dos EUA) de 1989 a 2008.

★PRIMEIRA-BASE A DISPUTAR MAIS JOGOS CONSECUTIVOS SEM ERRAR

Kevin Youkilis (EUA) disputou 238 partidas consecutivas como primeira-base do Boston Red Sox (EUA) em 2007 e 2008. Ele fez 2.002 tentativas consecutivas sem nenhum erro.

★CARREGADOR DE TACOS HÁ MAIS TEMPO NA ATIVA

Stan Bronson Jr. (EUA) começou a trabalhar no Memphis Tigers em 15/2/1958, aos 29 anos e 211 dias, e continua na ativa.

★MAIS PARTIDAS SALVAS NO TORNEIO PRINCIPAL DA MLB

O venezuelano Francisco Rodriguez realizou 62 salvamentos na temporada 2008 da Major League Baseball (MLB), jogando pelo Los Angeles Angels (EUA).

★NOVO
●ATUALIZADO

FATO

O Fenway Park, em Boston, EUA, é a sede do Red Sox desde 1912. Em 2008, ele abrigava até 37.400 pessoas à noite e 36.984 pessoas de dia.

★MAIS ENTRADAS SEGUIDAS SEM PONTOS (LANÇADOR RESERVA)

Em 2008, o americano Brad Ziegler, do Oakland Athletics (EUA), jogou 39 entradas (*innings*) sem deixar o adversário correr. Esse também foi o **recorde de entradas sem corridas cedidas por um lançador no início de carreira**.

★MAIS JOGOS CONSECUTIVOS COM INGRESSOS ESGOTADOS

O Boston Red Sox (EUA) disputou 468 partidas consecutivas com o estádio lotado, em jogos com mando de campo no Fenway Park, desde 15/5/2003. O Cleveland Indians (EUA) era o antigo recordista – 455 jogos –, com partidas disputadas no Jacobs Field entre 12/6/1995 e 4/4/2001.

★MAIS CORRIDAS IMPULSIONADAS NA PÓS-TEMPORADA

Bernie Williams (Porto Rico) fez 80 rebatidas que renderam corridas em pós-temporadas pelo New York Yankees (EUA), de 1991 a 2006.

●MAIS SALVAMENTOS NA MLB

Trevor Hoffman (EUA) salvou 554 partidas na carreira, jogando por Florida Marlins e San Diego Padres (ambos dos EUA) de 1993 a 2008.

★MAIS TEMPORADAS CONSECUTIVAS COM 35 HOME RUNS

No *home run*, o rebatedor dá uma volta completa no campo após a rebatida. Alex Rodriguez (EUA) fez ao menos 35 *home runs* em 11 temporadas seguidas, jogando pelos times Seattle Mariners, Texas Rangers e New York Yankees (todos dos EUA), de 1994 a 2008.

●MAIS STRIKEOUTS POR LANÇADOR CANHOTO NA MLB

Randy Johnson (EUA) obteve 4.789 *strikeouts* em toda a carreira. Ele jogou pelas equipes Montreal Expos (Canadá), Seattle Mariners, Houston Astros, Arizona Diamondbacks e New York Yankees (todas dos EUA), de 1988 a 2008.

★MAIS QUEIMADAS DUPLAS POR UM ARREMESADOR NA MLB

Greg Maddux (EUA) fez arremessos que geraram 98 queimadas duplas em sua carreira, pelos times Chicago Cubs, Atlanta Braves, Los Angeles Dodgers e San Diego Padres (todos dos EUA), entre 1986 e 2008.

★MAIS QUEIMADAS DUPLAS POR UM INTERBASES NA MLB

Omar Vizquel (Venezuela) conquistou 1.698 queimadas duplas na carreira, jogando por Seattle Mariners, Cleveland Indians e San Francisco Giants, de 1989 a 2008.

30/10 Matthew "Matt the Knife" Cassiere (EUA) realizou a **fuga mais rápida com algemas** (em 5s!), no estado de Rhode Island, Nova Inglaterra, EUA, em 30/10/2004.

31/10 O **maior *jack-o'-lantern* (abóbora de Halloween)** foi esculpido por Scott Cully (EUA) a partir da maior abóbora do mundo, de 666,32kg, nessa data de 2005, em Northern Cambria, Pensilvânia, EUA.

1.406: bases roubadas por Rickey Henderson (EUA) entre 1979 e 2003, defendendo várias equipes.

★ARREMESSO MAIS VELOZ (FEMININO)

Lauren Boden (EUA) arremessou uma bola de beisebol a 104,6km/h, na escola de ensino médio Lakeside, em Atlanta, EUA, no dia 19/4/2008.

●MAIS EXPULSÕES NA MLB

Bobby Cox (EUA), técnico do Toronto Blue Jays (Canadá) e do Atlanta Braves (EUA) de 1978 a 2008, foi expulso de 143 jogos.

MAIS CORRIDAS REALIZADAS POR UM BATEDOR AMBIDESTRO EM TEMPORADA DA MLB

O batedor americano Mark Teixeira fez 144 corridas pelo Texas Rangers (EUA) em 2005.

★MAIS HOME RUNS COMO PRIMEIRO REBATEDOR

Rickey Henderson (EUA) detém o recorde de 81 *home runs* como primeiro rebatedor, pelos times Oakland Athletics, New York Yankees, San Diego Padres, Anaheim Angels, New York Mets, Seattle Mariners, Boston Red Sox, Los Angeles Dodgers (todos dos EUA) e Toronto Blue Jays (Canadá), entre 1979 e 2003.

●MAIS HOME RUNS CONQUISTADOS SOB O MESMO TÉCNICO

Chipper Jones (EUA) conquistou 408 de seus *home runs* tendo como técnico Bobby Cox (EUA), pelo Atlanta Braves (EUA), de 1993 a 2008. Os 408 *home runs* de Jones são o máximo já alcançado por um rebatedor ambidestro na National League.

●MAIS STRIKEOUTS POR REBATEDOR EM UM JOGO

O *strikeout* ocorre quando o rebatedor não consegue acertar nenhuma bola em sua vez. Muitos detêm o recorde de cinco *strikeouts* num jogo, mas o último foi Craig Monroe (EUA), do Detroit Tigers. À direita, Craig olha para o árbitro após deixar passar a segunda bola na nona entrada, quando seu time perdia de 6 a 5 para os Milwaukee Brewers, em 14/6/2007.

★MAIS HOME RUNS EM UMA PÓS-TEMPORADA

Carlos Beltran (Porto Rico) rebateu oito *home runs* na pós-temporada pelo Houston Astros (EUA) em 2004. O americano Barry Bonds também atingiu essa marca, defendendo o San Francisco Giants (EUA) na pós-temporada de 2002.

●MAIS TEMPORADAS SEGUIDAS COM 200 REBATIDAS OU MAIS

Ichiro Suzuki (Japão) fez pelo menos 200 rebatidas em oito temporadas consecutivas jogando pelo Seattle Mariners (EUA), de 2001 a 2008. Com isso, igualou o recorde conquistado por Wee Willie Keeler (EUA) entre 1894 e 1901.

●MAIS STRIKEOUTS SOFRIDOS POR REBATEDOR (TEMPORADA)

Mark Reynolds (EUA) sofreu 204 *strikeouts* em 2008 pelo Arizona Diamondbacks (EUA).

●REBATEDOR DESIGNADO A FAZER MAIS HOME RUNS

Frank Thomas (EUA) alcançou 269 *home runs* em sua carreira como rebatedor designado, pelas equipes Chicago White Sox, Oakland Athletics (ambas do EUA) e Toronto Blue Jays (Canadá), entre 1990 e 2008.

★MAIS WILD PITCHES EM UMA ENTRADA

Vários lançadores já cederam quatro corridas em uma entrada por causa de arremessos malfeitos. O mais recente foi o americano R. A. Dickey, pelo Seattle Mariners (EUA), em 17/8/2008.

●MAIS HOME RUNS NA PÓS-TEMPORADA

O recorde de mais *home runs* rebatidos em pós-temporadas ao longo da carreira é 25 e pertence a Manny Ramirez (República Dominicana), que desde 1994 já jogou pelo Cleveland Indians, pelo Boston Red Sox e pelo Los Angeles Dodgers (todos dos EUA).

●JOGADOR MAIS ATINGIDO POR ARREMESSOS DURANTE UMA PARTIDA

Muitos jogadores já foram atingidos três vezes. Os mais recentes foram os americanos Nomar Garciaparra, pelo Los Angeles Dodgers (EUA) em 3/7/2006, Reed Johnson, pelo Toronto Blue Jays (Canadá) em 29/4/2006, e Chase Utley, pelo Philadelphia Phillies (EUA) em 8/4/2008, além do dominicano Manny Ramirez, pelo Boston Red Sox (EUA) em 5/7/2008.

OLHO NA BOLA

Greg Maddux (EUA, n. 14/4/1966) foi o primeiro lançador na história da Major League a ganhar o Cy Young Award, prêmio concedido ao melhor arremessador da temporada, por quatro anos consecutivos (1992–95).

●MAIS LUVAS DE OURO NA CARREIRA

O Rawlings Gold Glove Award (em português, prêmio Luva de Ouro) é concedido anualmente ao jogador da MLB eleito pela "melhor performance individual em campo". Greg Maddux (EUA) recebeu o prêmio 18 vezes, defendendo as equipes Chicago Cubs, Atlanta Braves, Los Angeles Dodgers e San Diego Padres (todos dos EUA) de 1986 a 2008.

1/11 Eugene Andreev (URSS) realizou a **maior queda livre em salto de paraquedas**, de 24.500m, depois de pular de um balão a 25.458m de altitude nas proximidades de Saratov, Rússia, em 1962.

BASQUETE

★PRIMEIROS GÊMEOS ESCOLHIDOS NA RODADA INICIAL DE PENEIRAS DA NBA

Os irmãos Brook (à direita) e Robin Lopez, de North Hollywood, Califórnia, EUA, foram os primeiros gêmeos selecionados na primeira rodada de peneiras da NBA. Brook foi o 10º colocado na seleção para o New Jersey Nets, e Robin, o 15º na peneira do Phoenix Suns (ambos dos EUA).

★NOVO
●ATUALIZADO

NBA

★MAIOR MELHORA DE DESEMPENHO EM TEMPORADA (TIME)

A maior melhora de desempenho de uma temporada para outra, 42 vitórias, foi empreendida pelo Boston Celtics (EUA) na temporada 2007–08. O Celtics venceu 24 jogos, em 2006–07, e 66, em 2007–08.

★MELHOR DESEMPENHO NAS 30 PRIMEIRAS PARTIDAS (TIME)

No dia 2/1/2008, o Boston Celtics alcançou ainda um saldo de vitórias de 27 x 3 (27 vitórias e 3 derrotas) ao derrotar o Houston Rockets por 97 x 93. Isso o colocou na lista dos times da NBA com melhor desempenho nas 30 primeiras partidas, ao lado de Philadelphia 76ers, em 1966–67; New York Knicks, em 1969–70; Los Angeles Lakers, em 1971–72; Portland Trail Blazers, em 1990–91; e Chicago Bulls, em 1995–96 (todos dos EUA). Todos os times iniciaram a temporada com a marca de 27 vitórias em 30 jogos.

●MAIS CESTAS DE TRÊS PONTOS EM PARTIDA DA NBA (TIME)

O Orlando Magic fez 23 cestas de três pontos numa partida contra o Sacramento Kings (ambos dos EUA), no dia 13/1/2009.

●MAIOR PERCENTUAL DE CESTAS DE TRÊS PONTOS

Desde 2003, o Jason Kapono (EUA, teve um aproveitamento de 45,6% de cestas de três por Cleveland Cavaliers, Charlotte Hornets, Miami Heat (todos dos EUA) e Toronto Raptors (Canadá).

★MENOS CESTAS DE TRÊS PONTOS NUMA PARTIDA (TIME)

No dia 30/3/2008, o Miami Heat (EUA) marcou 17 cestas de três pontos na derrota por 88 x 62 contra o Boston Celtics.

★MAIS BOLAS ROUBADAS EM UM JOGO DAS FINAIS

Em 17/6/2008, o Boston Celtics roubou 18 bolas no jogo 7 das finais, contra o L.A. Lakers.

MENOS PONTOS EM UM TEMPO DE JOGO (TIME)

O New Orleans Hornets marcou apenas 16 pontos no segundo tempo da derrota por 89 x 67 contra o Los Angeles Clippers (ambos dos EUA), em 1/3/2006.

★MAIS PARTICIPAÇÕES EM PLAYOFFS (ATLETA)

Robert Horry (EUA) jogou em 244 partidas de playoffs por Houston Rockets, Los Angeles Lakers e San Antonio Spurs, de 1992 a 2008.

★JOGADOR MAIS JOVEM A DISPUTAR MIL PARTIDAS NA NBA

Aos 32 anos e 165 dias, Kevin Garnett (EUA, n. 19/5/1976) tornou-se o jogador mais jovem a disputar mil partidas na NBA. Garnett estabeleceu essa marca defendendo o Boston Celtics na vitória de 96 x 80 sobre o Chicago Bulls (ambos dos EUA), em 31/10/2008; ele quebrou o recorde anterior, de Shawn Kemp (EUA), de 33 anos e 24 dias, estabelecido em dezembro de 2002.

MAIS CESTAS DE TRÊS PONTOS EM CARREIRA NA NBA

100

Reggie Miller (EUA) fez 2.560 cestas de três pontos pelo Indiana Pacers entre 1987 e 2005, um recorde absoluto.

●MAIS BLOQUEIOS EM CARREIRA NA WNBA

O polonês Margo Dydek realizou 877 bloqueios em 323 partidas defendendo as equipes Utah Starzz (1998–2002), San Antonio Silver Stars (2003–04), Connecticut Sun (2005–07) e Los Angeles Sparks (2008). Ele detém ainda o **recorde de bloqueios por partida**, com uma média de 2,72 bloqueios por jogo.

2/11 A **maior trufa do mundo** era uma trufa branca de 1,31kg, encontrada por Giancarlo Zigante (Croácia) em 1999 – seu preço foi estimado em US$ 5.080 na época.

34: mais pontos marcados em uma partida de estreia na WNBA – feito de Candace Parker (EUA), pelo Los Angeles Sparks, em 18/5/2008.

★ JOGADOR MAIS JOVEM A MARCAR 12 MIL PONTOS

O americano Lebron James (n. 30/12/1984) é o jogador mais jovem da história da NBA a marcar 12 mil pontos na carreira, aos 24 anos e 35 dias de idade. James alcançou essa marca no dia 3/2/2009, defendendo o Cleveland Cavaliers (EUA).

● TREINADOR COM MAIS VITÓRIAS EM PLAYOFFS

Phil Jackson (EUA) detém a marca de 193 vitórias em partidas de *playoffs* como treinador do Chicago Bulls (1989–97) e do Los Angeles Lakers (1999–2008).

★ MAIS TEMPORADAS COMO TÉCNICO

O americano Jerry Sloan é técnico do Utah Jazz (EUA) há 22 temporadas, desde que assumiu o cargo em 1988. Jerry detém ainda o **recorde de faltas técnicas em carreira na NBA**. Até 15/3/2007, ele foi penalizado com 413 faltas na carreira de jogador – do Baltimore Bullets (EUA) e do Chicago Bulls – e de treinador – Chicago Bulls e Utah Jazz.

WNBA

● MAIS PARTIDAS DISPUTADAS

Vickie Johnson (EUA) participou de 378 partidas em sua carreira na liga feminina de basquete WNBA, pelo New York Liberty (EUA), de 1997 a 2005, e pelo San Antonio Silver Stars (EUA), de 2006 a 2008. Ela detém ainda o **● recorde de minutos jogados na WNBA**, com 11.698min de quadra.

★ MAIOR MÉDIA DE PONTUAÇÃO

Estreante do Ano na temporada 2006, Seimone Augustus (EUA) fez 2.104 pontos em 99 partidas pelo Minnesota Lynx (EUA), desde o início de sua carreira profissional, uma média de 21,25 pontos por jogo.

● MAIS ASSISTÊNCIAS

A portuguesa Ticha Penicheiro efetuou 2.023 assistências em 339 partidas pelo Sacramento Monarchs (EUA), de 1998 a 2008.

● MAIS PONTOS MARCADOS

A americana Lisa Leslie marcou 5.909 pontos pelo Los Angeles Sparks (EUA) de 1997 a 2008. Além de ganhar quatro ouros olímpicos, Leslie converteu **● mais cestas (dois e três pontos)**, 2.188; **● mais arremessos livres**, 1.412; e conseguiu **● mais rebotes**, 3.156 – sempre jogando pelo Los Angeles Sparks.

● MAIS MINUTOS POR JOGO EM CARREIRA NA WNBA

A veterana Katie Smith (EUA) tem uma média de 34,8min de jogo por partida disputada – pelo Minnesota Lynx (EUA), de 1995 a 2005, e pelo Detroit Shock (EUA), de 2005 a 2008. Ela detém ainda o **● recorde de cestas de três pontos na WNBA**, 674, de 1995 a 2008.

LEBRON JAMES, O JOVEM RECORDISTA

Lebron James (acima, de amarelo) atualmente detém seis recordes no *Guinness World Records*, entre eles o de jogador mais jovem a receber o prêmio de Melhor Jogador do All-Star Game (conquistado aos 21 anos e 51 dias, em 19/2/2006) e o de jogador mais jovem a marcar 50 pontos em partida da NBA – obtido em 20/3/2005, aos 20 anos e 80 dias.

★ MAIS PONTOS MARCADOS EM UM QUARTO NA NBA

Carmelo Anthony (EUA) marcou 33 pontos no terceiro quarto, pelo Denver Nuggets contra o Minnesota Timberwolves (ambos dos EUA), em 10/12/2008. Anthony passou a dividir o recorde com George Gervin (EUA), que realizou o mesmo feito pelo San Antonio Spurs contra o New Orleans Jazz (ambos dos EUA), em 9/4/1978.

3/11 O **primeiro ataque de um veículo aéreo não tripulado** ocorreu no Iêmen em 2002: um míssil AGM-114 Hellfire foi disparado pela CIA contra quatro supostos integrantes da Al-Qaeda.

4/11 O **recorde de ioiôs girados ao mesmo tempo**, nove, foi estabelecido pelo sueco Eric Lindeen, em Estocolmo, Suécia, nesse dia de 2006.

NBA ALL-STAR JAM SESSION

A NBA All-Star Jam Session apresentada pela Adidas dá aos fãs a oportunidade de vivenciar toda a excitação da NBA All-Star. A possibilidade de conhecer os maiores jogadores e lendas da NBA é apenas o começo. Instalada em um espaço de mais de 46.000m², a Jam Session é um evento vibrante, com ação ininterrupta! Os fãs de todas as idades podem fazer arremessos, enterradas e dribles em diversas quadras diferentes; competir com os amigos em provas de habilidade e desafios; assistir a competições de basquete disputadas por mascotes, equipes de dança e celebridades; ou pegar dicas com jogadores e lendas da NBA.

★ MENOR TEMPO DE UMA LINHA DE FUNDO À OUTRA

Devin Harris (EUA), jogador do New Jersey Nets, provou à plateia que está no auge do preparo físico ao percorrer uma quadra de basquete, de uma linha de fundo à outra, quicando uma bola, em apenas 3,93s, durante a NBA All-Star Jam Session, em 16/2/2009.

MAIS

★ ARREMESSOS LIVRES USANDO VENDA EM 2MIN

Ed Palubinskas (Austrália), a lenda do basquete, é tão conhecido pela precisão de seus arremessos que criou a Palubinskas Basketball Academy para ensinar jogadores a refinar a técnica do arremesso. Em 16/2/2009, na NBA All-Star Jam Session de Phoenix, Arizona, EUA, ele foi colocado à prova, e estabeleceu o recorde de oito arremessos livres convertidos em 2min – nada impressionante, não estivesse ele vendado!

MAIS TEMPO

★ GIRANDO UMA BOLA DE BASQUETE NA CABEÇA

O Harlem Globetrotter Scooter Christensen (EUA) girou uma bola de basquete na cabeça por 6,07s, na NBA All-Star Jam Session de Phoenix, Arizona, EUA, no dia 12/2/2009. Christensen detém ainda o ● **recorde de tempo girando uma bola de basquete no nariz**, com a marca de 5s.

● GIRANDO UMA BOLA DE BASQUETE EM UM DEDO

Em 14/2/2009, o americano Joseph Odhiambo girou uma bola de basquete em um dedo (depois de girá-la apenas uma vez com a outra mão) por 1min54,88s, na NBA All-Star Jam Session de Phoenix, Arizona, EUA, quebrando sua marca anterior, de 37,46s, estabelecida no evento de 2008.

Astro do basquete *freestyle*, Odhiambo detém vários recordes mundiais, como **mais tempo girando uma bola de basquete em um dedo com giros repetidos**: impressionantes 4h15min, marca estabelecida no dia 19/2/2006, na Jam Session de Houston, Texas, EUA.

GIRO COM DUAS BOLAS

O especialista em artes do basquete Tommy Baker (RU) bateu o ★ **recorde de tempo girando duas bolas de basquete em uma mão**, com a marca de 32,88s, na NBA All-Star Jam Session, de Phoenix, Arizona, EUA, em 14/2/2009.

★ ENTERRADA MAIS ALTA COM CAMBALHOTA PRA TRÁS

No dia 16/2/2009, Jerry Burrell (EUA), do Team Acrodunk, impressionou o público da NBA All-Star Jam Session ao realizar uma enterrada com cambalhota para trás após um salto de 4,67m de altura, a partir de um trampolim, em Phoenix, Arizona, EUA.

ACROBACIAS

Os jogadores performáticos do Team Acrodunk (EUA) estabeleceram dois recordes na NBA All-Star Jam Session. No de ★ **mais passes até uma enterrada em 30s usando tranpolim (time)**, quatro jogadores realizaram 35 passes no trampolim antes da enterrada. Para o de ★ **enterradas de seis jogadores iniciadas a maior distância usando trampolim**, eles trocaram passes em um trampolim a 6m da cesta antes de realizar a enterrada.

5/11 Em 2001, Tesfaye Jifar (Etiópia) estabeleceu o **menor tempo para concluir a maratona de Nova York (masculino)**, ao terminar a prova em 2h07min43s.

38: o **recorde de arremessos livres convertidos em 1min (feminino)**, por Becky Hammon (EUA), do San Antonio Silver Stars, na NBA All-Star Jam Session 2008.

★ MAIS CESTAS DE TRÊS PONTOS SEGUIDAS NO JOGO NBA 2K9

O 2K Sports Gaming Area foi um espaço popular entre os aficcionados por videogames que compareceram à NBA All-Star Jam Session. Foi lá que, em 14/2/2009, Marcus Platt (EUA, acima, à esquerda) estabeleceu o novo recorde mundial de cestas de três pontos consecutivas no game *NBA 2K9*.

★ MAIS CABEÇADAS GIRANDO DUAS BOLAS

No dia 16/2/2009, o jogador performático Tommy Baker (RU, na extrema esquerda) realizou 40 cabeçadas com uma bola de basquete enquanto girava outras duas com as mãos, na NBA All-Star Jam Session de Phoenix, Arizona, EUA.

Baker também estabeleceu o **★ recorde de giros consecutivos sobre o peito e a cabeça usando três bolas** no mesmo evento, ao conseguir realizar dez movimentos circulares pelo corpo – pelos braços, até o ombro, e sobre a cabeça – com três bolas de basquete que, por sua vez, giravam sobre o próprio eixo.

★ BOLAS AGARRADAS COM O PESCOÇO EM 1MIN

Luis "Trikz" da Silva Jr. (EUA) agarrou incríveis 24 bolas de basquete com o pescoço, em 14/2/2009, na NBA All-Star Jam Session.

ARREMESSOS LIVRES SEGUIDOS EM CADEIRA DE RODAS

O americano Jeff Griffin, astro da liga de basquete de cadeirantes NWBA, converteu três arremessos livres consecutivos de sua cadeira de rodas na NBA All-Star Jam Session de Phoenix, Arizona, EUA, em 12/2/2009.

★ CESTAS DE TRÊS PONTOS EM 1MIN NO GAME NBA 2K9

O jogador Chad Heathcote (EUA) marcou 26 cestas de três pontos, em 1min, no game *NBA 2K9*, em 12/2/2009, na NBA All-Star Jam Session de Phoenix, Arizona, EUA. Heathcote usou o jogador Steve Nash durante esse incrível desafio dos videogames.

★ LANCES LIVRES CONSECUTIVOS NO GAME NBA 2K9

Blaine Griffin (EUA) demonstrou sua habilidade com o controle ao converter 15 arremessos livres seguidos no game *NBA 2K9*, durante a NBA All-Star Jam Session de Phoenix, Arizona, EUA, em 15/2/2009.

★ ARREMESSOS LIVRES EM 1MIN NO GAME NBA 2K9

No dia 13/2/2009, um minuto foi o tempo necessário para que Phil Ramirez (EUA) convertesse 13 arremessos livres no game *NBA 2K9*, na NBA All-Star Jam Session.

● MAIS ARREMESSOS LIVRES COM VENDA EM 1MIN

Chauncey Billups (EUA) igualou o recorde de Jack Ryan (EUA) de cinco arremessos livres convertidos em 1min usando venda, na NBA All-Star Jam Session de Phoenix, Arizona, EUA, em 14/2/2009.

6/11 O **maior templo hindu do mundo** – o BAPS Swaminarayan Akshardham, em Nova Délhi, Índia – tem 8.021,43m² e foi inaugurado nesse dia de 2005.

7/11 A **sobremesa mais cara** é o sundae Frrrozen Haute Chocolate, incluído no cardápio do restaurante Serendipity 3, em Nova York, EUA, em 2007, ao custo de US$ 25.000!

★ NOVO ● ATUALIZADO

●MAIS MEDALHAS DE OURO OLÍMPICAS NA LUTA LIVRE (MASCULINO)

Cinco lutadores já ganharam três ouros olímpicos na luta livre: Carl Westergren (Suécia), em 1920, 1924 e 1932, Ivar Johansson (Suécia), em 1932 (dois) e 1936, Aleksandr Vasilyevich Medved (URSS), em 1964, 1968 e 1972, Aleksandr Karelin (Rússia), em 1988, 1992 e 1996, e Buvaysa Saytiev (Rússia), em 1996, 2004 e 2008.

FATO

Na imagem, o russo Buvaysa Saytiev (de azul) e o uzbeque Soslan Tigiev (de vermelho) se enfrentam nas Olimpíadas de Pequim em 2008.

LUTA DE BOXE MAIS LONGA

Os americanos Andy Bowen e Jack Burke se enfrentaram em Nova Orleans, Louisiana, EUA, em 6–7/4/1893. A luta durou 110 rounds e 7h19min, até ser declarado o empate.

CARATÊ

●MAIS MUNDIAIS DE KATA POR EQUIPE (FEMININO)

Kata é a minuciosa coreografia de movimentos do caratê, praticada solo ou em duplas. No *kata* competitivo, o Japão conquistou oito títulos mundiais entre 1988 e 2008.

★MAIS CAMPEONATOS MUNDIAIS DE KATA SEGUIDOS (FEMININO)

Atsuko Wakai (Japão) ganhou quatro campeonatos mundiais da Federação Mundial de Caratê (WKF, na sigla em inglês): em 1998, 2000, 2002 e 2004.

●CARATÊ: MAIS RÁPIDO TESTE DAS CEM LUTAS

O Teste das Cem Lutas de *kumite* é o desafio supremo dos lutadores de caratê. Criado pelo mestre Masutatsu Oyama, o desafio consiste em enfrentar cem oponentes em combates de cerca de 2min. Em 9/6/2002, Paddy Doyle (RU) levou apenas 3h6min para derrotar seus cem adversários: venceu 59 lutas por *ippon* (o golpe perfeito) e 29 por decisão dos juízes, empatou 12 e não perdeu nenhuma.

JUDÔ

★MAIS MEDALHAS NO MUNDIAL (MASCULINO)

O judô, palavra que significa "caminho suave", emprega arremessos e imobilizações, sem socos ou chutes. Dois judocas já ganharam sete medalhas em campeonatos mundiais: Naoya Ogawa (Japão), com quatro ouros e três bronzes entre 1987 e 1995; e Robert Van de Walle (Bélgica), com quatro pratas e cinco bronzes entre 1979 e 1989.

★MAIS MEDALHAS NO MUNDIAL (FEMININO)

A judoca belga Ingrid Berghmans detém o recorde de medalhas em categorias femininas de campeonatos mundiais: 11. Foram seis ouros, quatro pratas e um bronze entre 1980 e 1989. Ryoko Tani (Japão) conquistou **mais títulos mundiais (feminino)**, com sete vitórias na categoria até 48kg entre 1993 e 2007.

TAE KWON DO

★MAIS TÍTULOS NA CATEGORIA PESADO (MASCULINO)

O *tae kwon do* é o esporte nacional da Coreia do Sul e um dos mais praticados no mundo. Pascal Gentil (França) é o recordista de títulos da Copa do Mundo na categoria pesado, com três conquistas entre 2000 e 2002.

★MAIS TÍTULOS NA CATEGORIA PESADO (FEMININO)

A sul-coreana Myoung Sook Jung ganhou três vezes a Copa do Mundo na categoria pesado, em 1997, 2000 e 2001.

●MAIS DEFESAS SEGUIDAS DO TÍTULO MUNDIAL DOS SUPER-MÉDIOS

Joe Calzaghe (RU, à direita) defendeu com sucesso seu título mundial dos super-médios 21 vezes. Na 21ª ocasião, venceu Mikkel Kessler (Dinamarca, à esquerda) por pontos, em Cardiff, RU, no dia 3/11/2007.

8/11 O **menor jornal já impresso**, de 3,2 x 2,2cm, foi uma edição do tabloide infanto-juvenil *First News*, publicada no dia 8/11/2007 em West Horsley, Surrey, RU.

9/11 O **escritório mais rápido** é uma estação de trabalho móvel que já atingiu 140km/h. A engenhoca foi criada e pilotada pelo britânico Edd China em Londres, RU, nesse dia de 2006.

30.648: número de participantes da **maior exibição de artes marciais**, realizada na China em 10/4/2004.

★NOVO
●ATUALIZADO

●MAIS TÍTULOS MUNDIAIS DE JUDÔ POR EQUIPES (FEMININO)

A equipe feminina do Japão ganhou o título do Campeonato Mundial de Judô em duas oportunidades: 2002 e 2008 (foto).

★MAIS TÍTULOS NA CATEGORIA MÉDIO (MASCULINO)

Hadi Saeibonehkohal (Irã) é o maior campeão dos pesos médios em Copas do Mundo, com quatro títulos: em 1998 e 2000-2002.

★MAIS TÍTULOS NA CATEGORIA MÉDIO (FEMININO)

Eun Kyung Jun (Coreia do Sul) conquistou a Copa do Mundo na categoria médio duas vezes, em 2002 e 2006.

●MAIS PAÍSES EM CAMPEONATO MUNDIAL DE TAE KWON DO

A 18ª (11ª no feminino) edição do campeonato mundial de *tae kwon do*, realizada de 18 a 22/5/2007 em Pequim, China, contou com o número recorde de 116 países participantes.

UFC

●MAIS TÍTULOS NA CATEGORIA PESADO

O Ultimate Fighting Championship (UFC) é uma competição de artes marciais mistas sediada nos EUA. O americano Randy Couture conquistou sete títulos mundiais na categoria pesado entre 1997 e 2008.

●LUTADOR MAIS PESADO

Teila Tuli (EUA) pesava 188kg na única luta de sua carreira no UFC. Ele foi derrotado por Gerard Gordeau (Holanda), na primeira edição do torneio (UFC 1), em 12/11/1993, apesar de ser muito mais pesado que o adversário.

●LUTADOR MAIS LEVE

O brasileiro Thiago Alves e os americanos Jeff Curran, Jens Pulver e Leonard Garcia pesam 63,5kg, o que faz deles os lutadores mais leves do UFC.

●MAIS TÍTULOS NA CATEGORIA MÉDIO DO UFC

Anderson Silva (Brasil) conquistou cinco títulos do UFC na categoria dos pesos médios, entre 2006 e 2008. O campeonato dos médios sofreu mudanças em 2001, quando a antiga categoria dos médios tornou-se a dos meio-pesados e surgiu um novo peso médio.

★MAIOR AUDIÊNCIA TELEVISIVA DO UFC

O UFC 66, realizado na MGM Arena, em Las Vegas, EUA, em 30/12/2006, foi transmitido via *pay-per-view* para 1 milhão de telespectadores. A luta principal da noite foi disputada pelos americanos Tito Ortiz e Chuck Liddell, em que o último se sagrou campeão dos meio-pesados.

★MAIS TÍTULOS MUNDIAIS DE KATA (MASCULINO)

O recorde de três títulos mundiais conquistados por um carateca é compartilhado por Tsuguo Sakumoto (Japão), que venceu em 1984, 1986 e 1988, Michael Milan (França), vencedor em 1994, 1996 e 2000, e Luca Valdesi (Itália, acima), campeão em 2004, 2006 e 2008.

●RECORDISTA DE TÍTULOS DO WORLD WRESTLING ENTERTAINMENT (MASCULINO)

O campeonato do World Wrestling Entertainment (WWE) – a maior competição de luta-livre – foi vencido oito vezes por Triple H (EUA, n. Paul Levesque, à direita), de 1999 a 2008.

10/11 A **maior salada do mundo**, de 10.260kg, foi preparada pela Associação Agrícola de Sde Warburg, no *moshav* (comunidade rural semelhante ao *kibutz*) Sde Warburg, em Israel, em 10/11/2007.

CRÍQUETE

★JOGADORA MAIS JOVEM A REALIZAR MIL RUNS EM PARTIDA INTERNACIONAL DE UM DIA

Quando Sarah Taylor (RU, n. 20/5/1989) realizou o milésimo *run* na partida feminina internacional de um dia, aos 19 anos e 104 dias de idade, tornou-se a atleta mais jovem a realizar tal façanha na modalidade do críquete de um dia. Taylor atingiu a marca jogando pela Inglaterra contra a Índia, no County Ground, em Taunton, Somerset, Reino Unido, no dia 1/9/2008.

★NOVO
●ATUALIZADO

TWENTY20

★MAIOR PONTUAÇÃO INDIVIDUAL EM UMA ENTRADA

Em 18/4/2008, Brendon McCullum (Nova Zelândia) alcançou 158 *not outs* (de 73 entregas) para o Kolkata Knight Riders contra o Bangalore Royal Challengers, numa partida de Twenty20, em Bangalore, Índia.

★MAIOR PONTUAÇÃO INDIVIDUAL EM ENTRADA INTERNACIONAL

O jamaicano Chris Gayle fez 117 (de 57 entregas) para o Caribe contra a África do Sul, em partida de Twenty20, em Joanesburgo, África do Sul, em 11/9/2007. Foram dez *sixes* em sua entrada – o ★**maior número de *sixes* numa entrada em Twenty20**.

●MAIS CATCHES MARCADOS POR UM FIELDER EM JOGOS INTERNACIONAIS

Ross Taylor (Nova Zelândia) fez 13 *catches* para seu país em 17 partidas internacionais de Twenty20, de 2006 a 2008.

★MAIS SIXES EM UMA ENTRADA

Em 24/6/2008, Graham Napier (RU) fez 16 *sixes* em entrada de 152 *not outs* (de 58 entregas), para o Essex Eagles, em partida de Twenty20 contra o Sussex Sharks, em Chelmsford, RU.

★MAIS WICKETS PEGOS EM JOGOS DE TWENTY20

Tyron Henderson (África do Sul) pegou 74 *wickets* em jogos de Twenty20, ao longo de 62 partidas, entre 13/4/2004 e 30/10/2008.

●MAIS WICKETS PEGOS EM JOGOS INTERNACIONAIS DE TWENTY20

Daniel Vettori (Nova Zelândia, à esquerda) pegou 21 *wickets* em partidas internacionais de Twenty20 jogando pela Nova Zelândia, de 2007 a 2009.

CRÍQUETE INTERNACIONAL DE UM DIA (ODI)

●MAIOR MARGEM DE VITÓRIA (CORRIDAS GANHAS)

A Nova Zelândia marcou 402 x 3 ao vencer a Irlanda (112 *all out*) por 290 corridas ganhas em uma partida de ODI, em Aberdeen, RU, no dia 1/7/2008.

●MAIS CATCHES POR UM FIELDER EM JOGOS DE ODI

Mahela Jayawardene (Sri Lanka) fez 159 *catches* em 299 partidas de ODI, entre 1998 e 2009, uma média de 0,535 *catches* por jogo.

●MAIS PARTIDAS DE ODI

De 1989 a 2009 Sanath Jayasuriya (Sri Lanka) participou de 432 partidas de ODI pela seleção de seu país.

●RECEPTOR QUE DESTITUIU MAIS BATEDORES AO DEFENDER A BALIZA EM JOGOS DE ODI

O receptor Adam Gilchrist (Austrália) realizou 472 destituições (*dismissals*), sendo 417 em *catches* e 55 em *stumpings*, em 287 partidas de ODI, de 1996 a 2008. Gilchrist também **destituiu o maior número de batedores como receptor em jogos de Copa do Mundo**: 52 em 31 partidas, de 1992 a 2007.

●MAIS WICKETS PEGOS EM JOGOS INTERNACIONAIS DE UM DIA

Muttiah "Murali" Muralitharan (Sri Lanka) pegou 505 *wickets* (média de 22,74 por *wicket*) em 329 partidas de ODI, pelo Sri Lanka, Ásia, e pelo ICC World XI. Murali realizou a façanha em partidas disputadas entre os dias 12/8/1993 e 8/2/2009.

●MAIS CATCHES DEFENDENDO A BALIZA EM JOGOS DE TEST

Mark Boucher (África do Sul) fez 453 *catches*, em 126 partidas de *test cricket* pela África do Sul, de 10/1997 a 3/2009. Acrescentando-se 22 *stumpings*, chega-se a 475 destituições em jogos de *test*, o **recorde de destituições defendendo a baliza** na modalidade.

11/11 A **maior escultura de animal** (uma vaca), com 14,18m de altura, 11,77m de largura e 21,24m de comprimento, foi criada pela Milka (Alemanha), em Berlim, nesse dia de 2007.

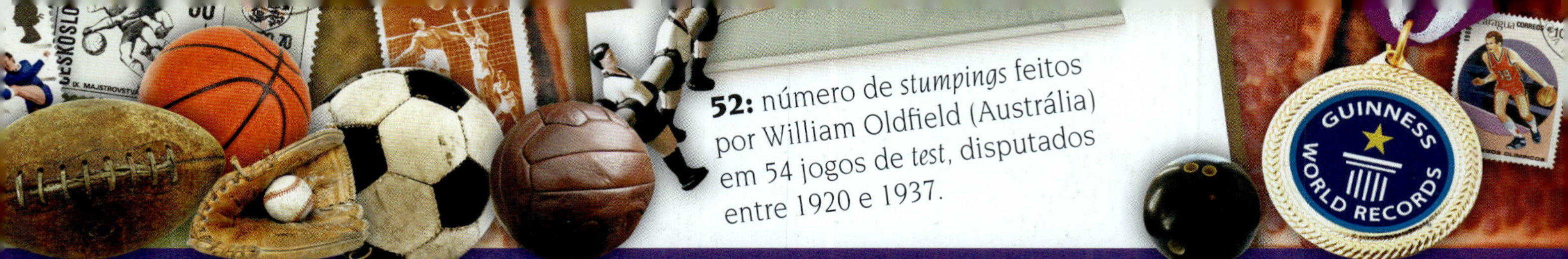

52: número de *stumpings* feitos por William Oldfield (Austrália) em 54 jogos de *test*, disputados entre 1920 e 1937.

★MAIS FOURS EM UM INNING – TWENTY20

O sul-africano Herschelle Gibbs rebateu 14 *fours* (quatro balizas conquistadas com quatro bolas consecutivas) em um *inning* de 90min (com 55 arremessos), numa partida da África do Sul contra o combinado do Caribe, disputada em Joanesburgo, no dia 11/9/2007. Nenhum jogador rebateu mais *fours* em uma partida internacional de Twenty20.

SELEÇÕES DE TEST CRICKET

Dez países disputam o campeonato internacional de *test cricket*: África do Sul, Austrália, Bangladesh, Inglaterra, Índia, Nova Zelândia, Paquistão, Sri Lanka, Zimbábue e o combinado do Caribe.

TEST CRICKET

★MAIS CENTURIES DUPLOS

O australiano Sir Donald Bradman marcou três *centuries* duplos na série Ashes de 1930 contra a Inglaterra – recorde absoluto do *test cricket* (jogos internacionais).

★MAIS PARTICIPAÇÕES COMO JUIZ DE PARTIDAS DE TEST

Ranjan Madugalle (Sri Lanka) atuou como árbitro de 110 partidas de *test*, entre os anos de 1993 e 2009.

●JOGADOR A PONTUAR MAIS VEZES NA CASA DOS 90

De 1985 a 2004, "Iceman" Steve Waugh (Austrália) pontuou dez vezes em partidas de *test* na casa dos 90, o maior número de vezes que um rebatedor individual pontuou na casa dos 90 em partidas de *test*, mesmo feito de Rahul Dravid (Índia), entre 1996 e 2009. Isso não é algo invejável, pois significa sair antes de atingir o marco de um *century*.

●MAIS WICKETS

Muttiah Muralitharan (Sri Lanka) é o jogador que pegou mais vezes a baliza em partidas de *test*, com 770 (uma média de 22,18 corridas ganhas por *wicket*), em 127 partidas, de 28/8/1992 a 5/3/2009.

FATO

Gibbs (acima) marcou seis *sixes* em um *over* contra a Holanda na Copa de 2007, em São Cristóvão – o primeiro atleta a realizar o feito em uma partida de *test*.

★MAIS CENTURIES EM UMA SÉRIE DE TEST

De 26/3 a 17/6/1955, Clyde Walcott (Barbados) atingiu cinco *centuries* para as Índias Ocidentais, na série de 1955 contra a Austrália.

★MAIS ENTRADAS CONSECUTIVAS ANTES DO PRIMEIRO DUCK

AB de Villiers (África do Sul) rebateu em 78 entradas seguidas antes de seu primeiro *duck* (nenhuma corrida ganha), de 17/12/2004 a 27/11/2008.

●MAIS CENTURIES TRIPLOS EM JOGOS DE TEST

Apenas três rebatedores na história do *test* alcançaram duas entradas de mais de 300 corridas ganhas: Sir Don Bradman (Austrália) marcou 334 contra a Inglaterra em 1930 e 304 contra a Inglaterra em 1934, as duas ocasiões em Leeds, RU; Brian Lara (Trinidad e Tobago), jogando pelas Índias Ocidentais, marcou 375 contra a Inglaterra, em St. Johns, Antigua, em 1994, e 400 contra a Inglaterra, no mesmo campo, em 2004; e Virender Sehwag (Índia) marcou 309 contra o Paquistão, em Multan, Paquistão, em 2004, e 319 contra a África do Sul, em Chennai, Índia, em 2009.

●MAIS PRÊMIOS DE MELHOR JOGADOR

De 1985 a 2009, Jaques Kallis (África do Sul) recebeu 20 vezes o prêmio de Melhor Jogador em partidas de *test*.

MAIS CENTURIES (CARREIRA)

Em 425 partidas Internacionais de Um Dia, entre dezembro de 1989 e março de 2009, o atual prodígio do críquete Sachin Tendulkar (Índia) marcou 43 *centuries*, **●mais *centuries* marcados individualmente em jogos de ODI**.

Tendulkar, batizado de "Pequeno Mestre" por seus fãs, também detém o **●recorde de *centuries* marcados por um rebatedor individual em jogos de *Test*** – 42, em 159 *tests*, entre novembro de 1989 e abril de 2009.

MÁQUINA DE CORRER

Sachin Tendulkar (Índia) ganhou mais corridas (*runs*) de Internacional de Um Dia (16.684), mais corridas de partidas de *test* (12.773) e mais corridas em jogos de Copa do Mundo de críquete (1.796), nas copas de 1992 a 2007.

12/11 Paul McCartney (RU) foi o **primeiro cantor a ter uma apresentação transmitida ao vivo para o espaço** quando enviou um "bom-dia" à Estação Espacial Internacional em show realizado em 2005.

13/11 A **maior tenda cônica** tem 15,61m de altura e 16,34m de diâmetro e foi construída nesse dia de 2004 pelos bombeiros de Horgenberg, Suíça.

CICLISMO

★MAIOR DISTÂNCIA DE BICICLETA (24H)

Entre 6 e 7/9/2008, o ciclista Marko Baloh (Eslovênia) pedalou 890,2km, sozinho e sem marcação de ritmo, num período de 24h, em Lenart, Eslovênia.

●MAIS TÍTULOS MUNDIAIS DE BMX (MASCULINO)

Kyle Bennett (EUA, acima) é o maior campeão mundial de BMX da União Ciclista Internacional (UCI), com três títulos, em 2002–03 e 2007. Bennett também detém, ao lado de Gary Ellis (EUA) – dono do título em 1987 e 1988 –, o **●recorde de títulos mundiais de BMX consecutivos**. O **recorde de títulos mundiais de BMX (feminino)** da UCI, três, pertence a Gabriela Diaz (Argentina), campeã em 2001, 2002 e 2004.

★NOVO
●ATUALIZADO

CICLISMO OLÍMPICO

• O **●recorde de medalhas olímpicas no ciclismo (masculino)**, cinco, é de Danie Morelon (França) e Chris Hoy (RU). Hoy detém ainda a marca de **★menor tempo na prova de 1km com largada estática**: 1min0,711s.

• A holandesa Leontien Zijlaard-Van Moorsel ganhou quatro medalhas de ouro individuais em duas Olimpíadas e é a atleta com **mais medalhas de ouro olímpicas no ciclismo (feminino)**. Ela levou o ouro nas categorias estrada, contra o relógio e perseguição nos Jogos de Sydney, em 2000, e contra o relógio nos Jogos de Atenas, em 2004. Com seis medalhas, Moorsel detém ainda o **recorde geral de medalhas olímpicas no ciclismo**.

MOUNTAIN BIKE

• O francês Nicolas Vouilloz é o **maior vencedor de campeonatos mundiais de Down Hill (masculino)**, com 10 títulos, três na categoria juniores (1992–94) e sete na sênior (1995–99 e 2001–02). Vouilloz também é o **recordista de títulos da Copa Mundial de Down Hill (masculino)** – cinco – conquistados em 1995–96 e 1998–2000.

• O **recorde de Campeonatos Mundiais de *mountain bike cross country* (feminino)**, quatro, pertence a Gunn-Rita Dahle Flesjå (Noruega), vitoriosa em 2002 e 2004–06. Ciclista com capacidade extraordinária de quebrar recordes, ela também venceu **mais Copas do Mundo de *mountain bike cross country* (feminino)**, com quatro títulos seguidos de 2003 a 2006. O domínio quase absoluto de Dahle Flesjå no *mountain bike cross country* feminino só é desafiado pela finlandesa Pia Sundstedt, que conquistou **mais vitórias na Copa do Mundo de Maratona de Mountain Bike da UCI (feminino)**, três, de 2006 a 2008.

• Nas categorias masculinas da maratona, Thomas Frischknecht (Suíça) estabeleceu a marca de **mais títulos no Campeonato Mundial de Maratona de Mountain Bike da UCI (masculino)**, com as conquistas de 2003 e 2005. Leonardo Paez (Colômbia), por sua vez, se sobressai com o **maior número de títulos da Copa do Mundo de Maratona de Mountain Bike da UCI (masculino)**, tendo vencido as Copas de 2006 e 2008.

• Nas provas femininas de *mountain bike four cross*, Jil Kintner (EUA) e Anneke Beerten (Holanda) dominam o cenário, cada uma com duas Copas do Mundo: Kintner venceu em 2005–06 e Beerten, em 2007–08 – o que as torna as **●recordistas de Copas do Mundo de Mountain Bike Four Cross (feminino)**.

MAIS COPAS DO MUNDO DE MOUNTAIN BIKE FOUR CROSS (MASCULINO)

Nas provas de *mountain bike four cross*, quatro ciclistas competem em uma pista, e o vencedor é aquele que cruza primeiro a linha de chegada. Brian Lopes (EUA) conquistou três Copas do Mundo de Four Cross, em 2002, 2005 e 2007, e é o **● recordista de títulos do Campeonato Mundial de Four Cross (masculino)**, com três títulos: de 2002, 2005 e 2007.

14/11 Os brasileiros Frank Brown, Marcelo Prieto e Rafael Monteiro Saladini percorreram 461,6km de parapente, o **voo de parapente mais longo**, em 14/11/2007.

48.615: participantes do Udine Pedala 2000, o **maior evento ciclístico do mundo**, realizado em Udine, Itália.

★PRIMEIRO CICLISTA SAGRADO CAVALEIRO

A rainha Elizabeth II incluiu Chris Hoy (RU) na Lista de Honra de Ano-Novo de 2009, em reconhecimento pelos serviços prestados ao esporte – Hoy ganhou três ouros nas Olimpíadas de 2008. Com isso, tornou-se o primeiro ciclista profissional a ser nomeado cavaleiro.

CICLISMO DE ESTRADA

• Rubén Plaza Molina (Espanha), integrante da equipe Comunidad Valenciana–Puerta Castalla, fez uma média de 56,218km/h nos 38,9km contra o relógio de Guadalajara a Alcalá de Henares, na edição 2005 da Volta da Espanha – a **melhor marca em prova contra o relógio de voltas ciclísticas**.

• O espanhol Delio Rodriguez detém a marca de **mais etapas vencidas na Volta da Espanha**, 39, conquistas de 1941 a 1947. A honra de deter **mais vitórias na Volta da Espanha**, três, é partilhada por Tony Rominger (Suíça), vencedor em 1992–94, e Roberto Heras Hernandez (Espanha), vencedor em 2000 e 2003–04. Hernandez também venceu a prova em 2005, mas seus exames deram positivo para uma substância proibida, e a vitória foi cedida a Denis Menchov (Rússia).

• Mathias Clemens (Luxemburgo) venceu cinco Voltas de Luxemburgo (1935–37, 1939 e 1947) – o ★**recorde de vitórias na Volta de Luxemburgo**.

FATO

Anos antes do êxito olímpico, Chris Hoy competiu na categoria BMX, tendo sido campeão escocês no início da adolescência.

100

• Lance Armstrong (EUA) é o detentor de **mais vitórias na Volta da França**, com sete títulos conquistados entre 1999 e 2005.

• Três ciclistas podem reivindicar o **recorde de vitórias na Volta da Itália**, com cinco títulos cada: Alfredo Binda (Itália, 1925, 1927–9, 1933); Fausto Coppi (Itália, 1940, 1947, 1949, 1952–3); e Eddy Merckx (Bélgica, 1968, 1970, 1972–4). Na competição por pontos, a história é diferente: dois atletas dividem o ★**recorde de vitórias na competição por pontos da Volta da Itália**, com quatro conquistas: Francesco Moser (Itália) venceu em 1976–78 e 1982 e Giuseppe Saronni (Itália), em 1979–81 e 1983.

CICLOCROSS

• Hanka Kupfernage (Alemanha) venceu **mais Campeonatos Mundiais de Ciclocross (feminino)**, com quatro títulos – em 2000–01, 2005 e 2008.

• Na competição masculina, Eric De Vlaeminck (Bélgica) ainda é o **maior vencedor de Campeonatos Mundiais de Ciclocross (masculino)**, com sete conquistas: 1966 e 1968–73.

TRIAL

• Karin Moor (Suíça) conquistou sete Campeonatos Mundiais consecutivos de *bike trial*, de 2001 a 2007, o que lhe valeu o **recorde de títulos mundiais de *bike trial* (feminino)**.

• O atleta com **mais títulos no Campeonato Mundial de *bike trial* (masculino, elite)** é Benito Ros Charra (Espanha), que obteve cinco títulos, em 2003–05 e 2007–08.

★MAIS TÍTULOS MUNDIAIS NA MARATONA DE MOUNTAIN BIKE (FEMININO)

A norueguesa Gunn-Rita Dahle Flesjå venceu quatro mundiais na maratona de *mountain bike* da UCI. Os primeiros três títulos vieram entre 2004 e 2006. No ano seguinte, ela não pôde de repetir novamente o feito por problemas de saúde, mas voltou a ganhar em 2008.

●PERSEGUIÇÃO 4KM (EQUIPE)

A equipe britânica composta por Ed Clancy, Bradley Wiggins, Paul Manning e Geraint Thomas é recordista mundial na categoria – e do ouro olímpico –, com um tempo de 3m53,31s, conquistado em Pequim, China, em 18/8/2008.

15/11 Nesse dia de 2005, um colecionador americano pagou US$ 690.000 por um cartaz original do filme *Metropolis* (Alemanha, 1927), o **preço mais alto pago por um pôster**.

16/11 A **maior chuva de meteoros já registrada** ocorreu na noite de 16/11/1966: os meteoros Leônidas foram visíveis desde o oeste da América do Norte até o leste da Rússia (então URSS).

FUTEBOL

★ NOVO
● ATUALIZADO

TIMES

● MAIS GOLS NA LIGA DOS CAMPEÕES DA UEFA

Raúl González Blanco (Espanha) marcou 64 gols em partidas da Liga dos Campeões da UEFA defendendo o Real Madrid (Espanha) de 1995 a 2005. Raúl detém ainda o recorde de atuações na Liga dos Campeões: ele entrou em campo em 125 partidas desde sua estreia, em 13/9/1995.

● MAIS GOLS NA MLS

Entre os anos 1996 e 2007, o boliviano Jamie Moreno marcou 112 gols em 295 partidas disputadas pela Major League Soccer (MLS), principal divisão do futebol americano, defendendo o D. C. United e o MetroStars.

MAIS CONQUITAS DA LIGA DOS CAMPEÕES (JOGADOR)

Clarence Seedorf (Suriname) levantou pela quarta vez a taça da Liga dos Campeões da UEFA quando seu time, o AC Milan (Itália), derrotou o Liverpool (RU), em Atenas, Grécia, no dia 23/5/2007. Além de outra conquista pelo Milan em 2003, Seedorf foi campeão pelo Ajax (Holanda), em 1995, e pelo Real Madrid (Espanha), em 1998.

★ JOGADOR MAIS JOVEM DA LIGA DOS CAMPEÕES

Celestine Babayaro (Nigéria) tinha 16 anos e 87 dias quando defendeu o Anderlecht (Bélgica) contra o Steaua Bucharest (Romênia), em 23/11/1994, numa partida da Liga dos Campeões. O **jogador mais velho da Liga dos Campeões da UEFA** é Marco Ballota (Itália), que tinha 43 anos e 252 dias ao defender a Lazio (Itália) contra o Real Madrid (Espanha), em 11/12/2007.

★ JOGADORES COM MAIS PARTICIPAÇÕES EM COPAS DA UEFA

O zagueiro francês Lilian Thuram e o goleiro holandês Edwin van der Sar (acima) disputaram 16 partidas em Copas da UEFA. As participações dos dois em partidas internacionais da UEFA aconteceram de 1996 a 2008.

TRANSFERÊNCIA MAIS CARA

100

Em 9/7/2001, o francês Zinedine Zidane foi vendido pelo Juventus (Itália) ao Real Madrid (Espanha) por US$ 66,36 milhões.

★ MAIS PARTIDAS EM CAMPEONATOS EUROPEUS DE SELEÇÕES

A Alemanha disputou 38 partidas em Campeonatos Europeus de Seleções da UEFA entre 1960 e 2008 (no período de 1960–88, como Alemanha Ocidental).

Além disso, a seleção alemã é detentora do **★ recorde de conquistas em edições do Campeonato Europeu de Seleções da UEFA**, com 19 títulos. A Alemanha foi a campeã europeia em 1972, 1980 e 1996.

★ MAIS CONQUISTAS DA PRIMEIRA DIVISÃO FEMININA DO FUTEBOL INGLÊS

A FA Women's Premier League, primeira divisão feminina do futebol inglês, foi conquistada 11 vezes pelo Arsenal Ladies, entre os anos de 1993 e 2009.

● MAIS PARTICIPAÇÕES CONSECUTIVAS NA PREMIER LEAGUE

O goleiro veterano Brad Friedel (EUA, à esquerda) participou de 188 partidas consecutivas na Premier League, primeira divisão do futebol inglês, defendendo o Blackburn Rovers e o Aston Villa, de 14/8/2004 a 31/1/2009.

17/11 O **menor tempo para depenar um peru**, 1min30s, foi estabelecido por Vincent Pilkington, da Cootehill, Co. Cavan, nos estúdios do canal RTE, em Dublim, Irlanda, nesse dia de 1980.

31 x 0: o **maior placar em partida internacional**, na vitória da Austrália contra Samoa Americana, em Coffs Harbour, Austrália, em 11/4/2001.

★JOGADOR MAIS JOVEM DO CAMPEONATO INGLÊS

Reuben Noble-Lazarus (RU, n. 16/8/1993, à direita, de preto) entrou em campo com 15 anos e 45 dias no estádio de Portman Road, em Ipswich, RU, em 30/9/2008, o que faz dele o jogador mais jovem a disputar uma partida em qualquer divisão do futebol profissional inglês.

JOGADOR MAIS JOVEM NA PRIMEIRA DIVISÃO INGLESA

Matthew Briggs (RU, n. 9/3/1991) é o jogador mais jovem a disputar a Premier League, primeira divisão do futebol inglês. Ele entrou em campo pelo Fulham na vitória de 3 x 1 sobre o Middlesborough, em 13/5/2007, com 16 anos e 65 dias.

★MAIS CARTÕES VERMELHOS NA PREMIER LEAGUE

O recorde de cartões vermelhos em carreira na Premier League, 8, é dividido por três jogadores: Richard Dunne (Irlanda), defendendo o Everton e o Manchester City de 1996 a 2008; Duncan Ferguson (RU), pelo Everton e o Newcastle, de 1994 a 2006; e Patrick Vieira (França), pelo Arsenal, de 1996 a 2005.

INTERNACIONAL

★MAIS GOLS MARCADOS EM COPA DAS CONFEDERAÇÕES DA FIFA

O brasileiro Romário é o jogador que mais fez gols em uma edição da Copa das Confederações: ele marcou sete gols na edição de 1997.

★MAIS GOLS MARCADOS NO CAMPEONATO EUROPEU DE SELEÇÕES (JOGADOR)

O francês Michel Platini marcou nove gols pela França em edições do Campeonato Europeu. Platini estabeleceu esse recorde em 1984, durante o torneio disputado na França, entre 12 e 27/6/1984.

TORNEIO DE SELEÇÕES MAIS ANTIGO

Organizado pela Confederação Sul-Americana de Futebol, a Conmebol, o Campeonato Sul-Americano (conhecido como Copa América desde 1975) é o torneio de seleções mais antigo: foi disputado pela primeira vez em 1916, na Argentina. A Venezuela sediou a Copa América 2007, a 42ª edição do torneio. Argentina e Uruguai foram campeões em 14 edições cada.

★ESTÁDIO INTERNACIONAL MAIS ANTIGO

O Racecourse Ground, em Wrexham, País de Gales, RU, é o estádio internacional em uso há mais tempo. A primeira partida foi disputada no gramado do Racecourse, no dia 5/3/1877, quando a Escócia derrotou o País de Gales por 2 x 0.

A seleção do País de Gales é a terceira seleção de futebol mais antiga, atrás apenas da Inglaterra e da Escócia.

●MAIS GOLS MARCADOS EM TORNEIOS INTERCLUBES EUROPEUS

De 1995 a 19/2/2009, o italiano Filippo Inzaghi marcou o número recorde de 66 gols em competições interclubes europeias, defendendo o Parma, o Juventus e o AC Milan (todos da Itália).

●MAIS PARTIDAS PELA SELEÇÃO NACIONAL

Kristine Lilly (EUA, n. 22/7/1971) disputou 342 patidas internacionais pela seleção feminina americana, recorde absoluto do futebol feminino e masculino. Lilly estreou pela seleção americana em 3/8/1987, só doze dias após completar 16 anos, numa partida contra a China.

18/11 O **recorde de casais se abraçando simultaneamente**, 1.451, foi estabelecido nesse dia de 2007, no World Children's Day, na Taipei Arena, em Taiwan.

19/11 Para a turnê mundial de Robbie Williams de 2006, foram vendidos 1,6 milhão de ingressos, avaliados em US$ 142.825.258,47, nesse dia de 2005 – o **recorde de ingressos vendidos em um dia**.

COPA DO MUNDO

MAIS TÍTULOS DA COPA DA FIFA

A Fédération Internationale de Football Association (FIFA) instituiu a primeira Copa do Mundo em 13/7/1930 em Montevidéu, capital do Uruguai.

O Brasil ganhou a competição, que acontece a cada quatro anos, cinco vezes: em 1958, 1962, 1970, 1994 e 2002. Depois de conquistar o tricampeonato, o país obteve a posse da taça original da Copa do Mundo, a Taça Jules Rimet (extrema esq.). Em 1974, foi criada uma nova taça, a Taça FIFA (esq.).

★NOVO ●ATUALIZADO

MAIS VITÓRIAS SEGUIDAS EM JOGOS DA COPA DO MUNDO

De 2002 a 2006, o Brasil ganhou 11 partidas seguidas em Copas. A sequência começou em 3/6/2002, com uma vitória de 2 x 1 sobre a Turquia, em Ulsan, Coreia do Sul, e terminou em 27/6/2006, quando a seleção brasileira derrotou Gana por 3 x 0, em Dortmund, Alemanha. Entre essas vitórias está a final da Copa de 2002 em Tóquio, no Japão, no dia 30/6, quando o Brasil derrotou a Alemanha por 2 x 0 e obteve o pentacampeonato (foto).

★PRIMEIRO JOGADOR A MARCAR TRÊS GOLS EM PARTIDA DA COPA DO MUNDO

Bert Patenaude (EUA) foi o primeiro jogador a marcar três gols em uma partida da Copa, pelos EUA contra o Paraguai, em Montevidéu, Uruguai, no dia 17/7/1930. Até 2006, esse recorde era do argentino Guillermo Stabile, que marcou três gols na vitória de 6 x 3 de seu país contra o México, em 19/7/1930. Mas pesquisas da FIFA indicaram que um dos gols creditados a Tom Florie (EUA) na partida contra o Paraguai na verdade foi de Patenaude, o que validou seu recorde.

●MAIS TEMPO SEM TOMAR GOLS EM COPAS

Dois goleiros conquistaram a marca de dez partidas seguidas sem tomar gols em Copas do Mundo. Peter Shilton (RU) realizou esse feito defendendo a Inglaterra de 1982 a 1990 e Fabien Barthez (França, acima) igualou o recorde defendendo a França nas Copas de 1998 a 2006.

★MAIOR MÉDIA DE GOLS DA HISTÓRIA DAS COPAS

Na Copa de 1954, na Suíça, 16 seleções disputaram 26 partidas, nas quais se obteve a incrível marca de 140 gols – uma média de 5,38 gols por partida. Só a Hungria marcou 25 gols em quatro partidas; o time foi para a grande final, mas perdeu de 3 x 2 para a Alemanha Ocidental. A ★**menor média de gols** foi de 2,21 por jogo, na Copa de 1990, na Itália. A média de gols nas fases finais das 18 Copas do Mundo é de 2,91 por partida.

20/11 A **maior porção de *Currywurst*** (um tipo de salsicha alemã) pesava 150,07kg e foi preparada em evento organizado pela Volkswagen AG alemã, em Wolfsburg, Alemanha, nesse dia de 2008.

21/11 O **homem mais velho conhecido a se divorciar** foi Harry Bidwell, de East Sussex, RU, que se divorciou aos 101 anos de sua esposa de 65 nesse dia de 1980.

11: número de segundos que Hakan Suker, da Turquia, levou para marcar um gol contra a Coreia do Sul na Copa de 2002 – o **gol mais rápido em Copas do Mundo.**

★PRIMEIRO GOL DAS COPAS

O francês Lucien Laurent (circulado à esq.) marcou o primeiro gol em Copa do Mundo defendendo a França contra o México, em Montevidéu, Uruguai, no dia 13/7/1930. O gol, um voleio aos 19min de jogo, foi o primeiro do placar de 4 x 1 sobre a seleção mexicana. A França perdeu os outros dois jogos de seu grupo e foi eliminada do torneio após a primeira fase.

★JUIZ MAIS VELHO A APITAR UMA PARTIDA DA COPA

George Reader (RU) tinha 53 anos e 236 dias quando apitou a finalíssima da Copa de 1950, no Maracanã, Rio de Janeiro, Brasil, em 16/7/1950. A partida foi ganha pelo Uruguai, que derrotou o Brasil por 2 x 1.

★JUIZ QUE APITOU MAIS PARTIDAS DE COPAS

O francês Joel Quiniou apitou oito partidas de Copas do Mundo na carreira, nas Copas de 1986, 1990 e 1994.

Sua estreia ocorreu em 13/6/1986, quando o Uruguai empatou por 0 x 0 com a Escócia. Nesse jogo, Quiniou expulsou o uruguaio José Batista com apenas 1min de jogo – a **expulsão mais rápida em uma partida da Copa**.

★MAIOR PÚBLICO EM UMA EDIÇÃO DA COPA

As 52 partidas disputadas na Copa do Mundo de 1994, nos EUA, entre 17/6 e 17/7/1994, atraíram 3.587.538 torcedores ao todo – uma média recorde de 68.991 torcedores por jogo.

A Copa de 1994 também possui a marca de **★maior audiência televisiva da história das Copas**: nada menos que 32.115.652 espectadores de 188 países assistiram a um total de 16.392h e 37min de transmissão dos jogos.

PRIMEIRA PESSOA A GANHAR A COPA COMO CAPITÃO E TREINADOR

Em 7/7/1974, o alemão Franz Beckenbauer foi o capitão da Alemanha Ocidental na vitória da final da Copa do Mundo contra a Holanda, em Munique, Alemanha. Em 8/7/1990, na final da Copa da Itália, disputada em Roma, Beckenbauer foi o treinador da seleção alemã na vitória de 1 x 0 sobre a Argentina.

MAIOR TEMPO DE JOGO EM COPAS

O lateral-esquerdo italiano Paolo Maldini jogou por 2.217min em partidas de Copas do Mundo, defendendo a Itália nos torneios de 1990, 1994, 1998 e 2002.

MAIS CARTÕES EM UM JOGO DA COPA

Na Copa de 2006, a partida entre Portugal e Holanda em Nuremburgo, Alemanha, em 25/6/2006, teve nada menos que 20 cartões. Desses, quatro foram vermelhos – o **recorde de expulsões em um jogo da Copa** –, com dois jogadores expulsos de cada seleção.

22/11 A **maior velocidade média atingida por uma mulher em um planador** é 227,8km/h, conquista obtida por Ghislaine Facon (França), em Chos Malal, Argentina, em 2005.

GOLFE

★ MAIS TÍTULOS EM TORNEIOS DO PGA CHAMPIONS TOUR

Jack Nicklaus (EUA) conquistou oito vitórias em torneios *major* do Champions Tour da Associação de Golfistas Profissionais dos EUA (PGA, na sigla em inglês), entre 1990 e 1996.

★ MAIOR FATURAMENTO SOMADO NO TORNEIO SÊNIOR EUROPEU

Carl Mason (RU) embolsou US$ 2.336.395 em sua carreira no Torneio Sênior Europeu, entre 2003 e 2008.

★ MAIS VITÓRIAS NO PGA CHAMPIONS TOUR

De 1995 a 2008, Hale Irwin (EUA) conquistou 45 vitórias em torneios do circuito Champions Tour, da PGA. O Champions Tour, realizado no RU e nos EUA, é aberto a atletas acima de 50 anos. Irwin também foi o **★ vencedor mais velho do Aberto dos EUA**. Ele tinha 45 anos e 15 dias quando ganhou o torneio do clube de campo Medinah (EUA), em 1990.

● MAIOR RENDA EM TEMPORADA NA LPGA (EUA)

A jogadora que mais recebeu em temporada do circuito da Associação de Golfe Feminino Profissional dos EUA (LPGA, na sigla em inglês) foi Lorena Ochoa (México), que faturou US$ 4.364.994 em 2007.

● MAIOR PREMIAÇÃO EM TORNEIO DE GOLFE

O Campeonato de Jogadores da PGA, disputado entre 8 e 11/05/2008 em Sawgrass, Flórida, EUA, distribuiu ao todo US$ 9,5 milhões, sendo US$ 1,71 milhão para o vencedor.

● RODADA MAIS RÁPIDA (EQUIPE)

A rodada de golfe mais rápida levou 7min56s – marca estabelecida pela equipe News/Talk 760 WJR (EUA) no campo Monument, em Boyne Mountain, Michigan, EUA, em 20/07/2008. Ao todo, 22 jogadores e 19 voluntários participaram do evento.

ABERTOS (RU/EUA)

★ MAIS PARTICIPAÇÕES

Gary Player (África do Sul) participou do Aberto Britânico 46 vezes, entre 1956 e 2001. Também conhecido como Open Championship, trata-se do maior torneio de golfe realizado fora dos EUA.

★ CAMPO A SEDIAR MAIS VEZES O OPEN CHAMPIONSHIP

O clube de golfe Royal and Ancient, de St. Andrews (RU), sediou o Open Championship 27 vezes entre 1873 e 2005.

★ CAMPEÃO MAIS VELHO

O vencedor mais velho do Aberto Britânico foi Tom Morris Sr. (RU, nascido em 16/6/1821). Ele tinha 46 anos e 99 dias ao levantar a taça de 1867 no clube de golfe Prestwick, em 26/9/1867.

★ CAMPEÃO MAIS JOVEM

O campeão mais jovem do Open Championship foi Tom Morris Jr. (RU, n. 20/4/1851), que tinha 17 anos e 156 dias quando venceu a edição de 1868 em Prestwick, RU, no dia 23/9/1868. Tom também é o jogador com **★ mais títulos seguidos do Aberto Britânico** – quatro, entre 1868 a 1872 (não houve a edição de 1871).

★ COMPETIDOR MAIS VELHO

O participante mais idoso de um Open Championship foi Gene Sarazen (EUA, n. 27/02/1902). Ele estreou na edição de 1976, sediada no campo de golfe de Royal Birkdale, em Southport, RU, aos 74 anos e 132 dias de idade, em 10/7/1976.

★ NOVO
● ATUALIZADO

MEGACAMPO

O International, de Bolton, Massachusetts, EUA, é o **campo de golfe mais comprido**: um par 77 (média de tacadas para acertar todos os buracos), com 7.612m de extensão! O campo foi remodelado em 1969 pelo prolífico arquiteto de campos de golfe Robert Trent Jones (EUA).

● CIRCUITO EUROPEU: MAIOR FATURAMENTO NA CARREIRA (MASCULINO)

Colin Montgomerie (RU) faturou ao longo de sua carreira no circuito europeu nada menos que US$ 30.638.010, no período 1986–2009.

COLOCADA

Jack Nicklaus (EUA) em 1964, no Torneio dos Campeões, e Nick Price (Zimbábue) em 1992, no Campeonato da PGA dos EUA, cravaram a maior distância para encaçapar uma bola com um *putt* (tacada rasteira) em torneios profissionais: 33,5m. Bob Cook (EUA) acertou um *putt* de 42,74m no Torneio Internacional Fourball de Profissionais e Amadores de 1976.

23/11 O recorde de 108 **pratos girados ao mesmo tempo** foi estabelecido por Dave Spathaky (RU) no programa de TV tailandês *Tarm Pai Du* em 23/11/1992.

24/11 Ron van Bruchem (Holanda) cravou o **menor tempo para resolver um cubo mágico**: 9,55s. A façanha ocorreu no campeonato holandês de cubo mágico de 2007, no dia 24/11 daquele ano.

4 anos e 195 dias: idade de Christian Carpenter (EUA, n. 6/6/1995) ao sagrar-se o **mais jovem a acertar um buraco em uma só tacada**.

●MAIS TÍTULOS NA COPA CURTIS (EQUIPE)

A Copa Curtis, competição feminina disputada entre os EUA e um combinado do Reino Unido com a Irlanda, foi realizada pela primeira vez em 1932 e vencida pelos EUA – que conquistou o título 27 vezes até 2008.

★MAIS CONQUISTAS DO ABERTO BRITÂNICO SÊNIOR

Dois golfistas dividem esse recorde. Gary Player (África do Sul) venceu o Aberto Britânico Sênior três vezes, em 1988, 1990 e 1997. Tom Watson (EUA) realizou o mesmo feito em 2003, 2005 e 2007.

COPA RYDER

★MAIOR INVENCIBILIDADE INDIVIDUAL

Dois jogadores já estiveram invictos por 12 partidas seguidas na Copa Ryder. Lee Westwood (RU) foi imbatível de 2002 a 2008, e Arnold Palmer (EUA), de 1965 a 1971.

★MAIS PARTIDAS EMPATADAS POR UM INDIVÍDUO

Dois golfistas empataram oito partidas em suas carreiras na Copa Ryder: Tony Jacklin (RU), entre 1967 e 1979, e Gene Littler (EUA), entre 1961 e 1975. A partida fica empatada quando todos os jogadores marcam o mesmo número de pontos.

★CAPITÃO MAIS JOVEM

Arnold Palmer (EUA) comandou a equipe americana da Copa Ryder 1963, disputada no clube de golfe East Lake, de Atlanta, Geórgia, EUA, aos 34 anos, 1 mês e 1 dia.

●MAIOR RENDA EM CARREIRA NA PGA (EUA)

O recorde de ganhos na carreira no circuito da PGA dos EUA pertence a Tiger Woods (EUA), que faturou US$ 82.354.376 entre 1996 e 2009.

Entre outros recordes, Woods marcou também o **★menor placar abaixo do par após quatro rodadas no Open Championship**: -19 (19 tacadas abaixo do par) em St Andrews, RU, em 23/7/2000.

MAIS TÍTULOS NO ABERTO DOS EUA

Quatro americanos venceram o Aberto dos EUA quatro vezes: Willie Anderson (1901 e 1903–05), Bobby Jones Jr. (1923, 1926, 1929 e 1930), Ben Hogan (1948, 1950, 1951 e 1953) e Jack Nicklaus (1962, 1967, 1972 e 1980).

Duas mulheres partilham o **recorde de títulos do Aberto dos EUA feminino** (quatro): Betsy Earle-Rawls (EUA) em 1951, 1953, 1957 e 1960 e Mickey Wright (EUA) em 1958, 1959, 1961 e 1964.

Wright também é a **recordista de títulos do Campeonato da LPGA (individual)**, com quatro êxitos (1958, 1960–61 e 1963).

●MAIS TORNEIOS VENCIDOS (EQUIPE)

Criada em 1927, a Copa Ryder é disputada a cada dois anos entre EUA e Europa (Reino Unido até 1979). Até 2008, os americanos levaram o troféu 25 vezes, contra dez dos adversários, além de dois empates.

★MAIS TRIUNFOS CONSECUTIVOS (EQUIPE)

Os EUA venceram a Copa Ryder sete vezes seguidas em duas ocasiões diferentes: de 1935 a 1955 e de 1971 a 1983.

MAIS PARTIDAS VENCIDAS (INDIVIDUAL)

Nick Faldo (RU) venceu 23 partidas (em 46) da Copa Ryder. O britânico detém ainda o recorde de **mais Copas Ryder disputadas**, com 11 participações. No lado americano, o número máximo de oito participações é dividido por Billy Casper, Ray Floyd e Lanny Wadkins.

●MAIOR RENDA EM CARREIRA NA LPGA (EUA)

Annika Sorenstam (Suécia) faturou US$ 22.573.192 no circuito da liga feminina americana de golfe profissional (LPGA) ao longo de sua carreira, entre 1993 e 2009.

100

25/11 Joakim Lundblad (Suécia) conquistou o recorde de **mais sushis feitos em 2min** ao preparar 12 *norimakis*, em Estocolmo, Suécia, no dia 25/11/2001.

HÓQUEI NO GELO

●MAIS LONGA MARATONA DE HÓQUEI NO GELO

De 8 a 18/2/2008, o canadense Brent Saik e amigos de Saiker's Acres, Strathcona, Alberta, Canadá, jogaram hóquei no gelo por 241h21min.

●MAIOR PLACAR EM UMA PARTIDA

O placar mais alto em uma partida internacional de hóquei no gelo ocorreu quando a Eslováquia venceu a Bulgária por 82 x 0, num jogo do torneio pré-olímpico feminino em Liepaja, Letônia, no dia 6/9/2008.

★JOGADOR MAIS JOVEM A PARTICIPAR DE 200 JOGOS DA NHL

Aos 20 anos e 111 dias de idade, Jordan Staal (Canadá, n. 10/9/1988) tornou-se o jogador mais jovem a participar de 200 jogos da NHL, pelo Pittsburgh Penguins (EUA), desde a temporada 2006–07. Ele também é o estreante com mais gols marcados quando seu time tinha jogadores a menos numa temporada: sete, em 2006–07.

●MAIOR TORNEIO DE HÓQUEI NO GELO (EM NÚMERO DE JOGADORES)

O 37º Annual Minor Hockey Week Tournament foi disputado por 664 equipes (10.922 jogadores), em Calgary, Alberta, Canadá, entre 5 e 13/1/2007.

MAIS

★JOGOS DISPUTADOS NOS PLAYOFFS DA STANLEY CUP

O americano Chris Chelios disputou 248 jogos em *playoffs* da Stanley Cup pelas equipes Montreal Canadiens (Canadá), Chicago Blackhawks e Detroit Red Wings (ambas dos EUA), desde 1984. Chelios também passou **●mais temporadas jogando na pós-temporada**: 23.

A incrível longevidade da carreira de Chelios valeu-lhe a soma de 1.629 jogos na NHL até 8/2/2009, **●mais jogos da NHL disputados por um jogador americano**.

★GOLS MARCADOS POR JOGADOR ESTREANTE NA NHL

Fabian Brunnstrom (Suécia) marcou três gols em seu jogo de estreia na NHL, jogando pelo Dallas Stars contra o Nashville Predators (ambos dos EUA), em 15/10/2008. Apenas dois outros atletas marcaram três gols na estreia: Alex Smart, do Montreal Canadiens (ambos do Canadá), em 14/1/1943; e Real Cloutier, do Quebec Nordiques (ambos do Canadá), em 10/10/1979.

●CAMPEONATOS MUNDIAIS DE HÓQUEI NO GELO (MASCULINO)

O Canadá conquistou 24 títulos mundiais masculinos de hóquei no gelo: em 1920, 1924, 1928, 1930–32, 1934–35, 1937–39, 1948, 1950–52, 1955, 1958–59, 1961, 1994, 1997, 2003–04 e 2007.

ANOS EM ATIVIDADE

John Burnosky (EUA) jogou hóquei no gelo regularmente por 76 anos. Começou em 1929, na escola de ensino médio Kelvin, em Winnipeg, Manitoba, Canadá, e só parou em 2005.

GOLS MARCADOS EM UMA TEMPORADA

O russo Alex Ovechkin marcou 65 gols na NHL jogando pelo Washington Capitols (EUA), na temporada 2007–08, o **●recorde de gols de um ala esquerda em uma temporada**.

Brett Hull (Canadá) marcou 86 gols como ala direita no St. Louis Blues (EUA), na temporada 1990–91, o **●recorde de gols de um ala direita em uma temporada**.

O canadense Wayne Gretzky marcou 92 gols como centroavante do Edmonton Oilers (Canadá), na temporada 1981–82, o **●maior número de gols marcados por um centroavante em uma temporada**.

★MAIS GOLS DE OURO MARCADOS EM UMA TEMPORADA

Daniel Sedin (Suécia, à esquerda), jogando pelo Vancouver Canucks (Canadá), na temporada 2006–07, e Patrik Elias (República Tcheca), pelo New Jersey Devils (EUA), em 2003–04, marcaram cada um quatro gols de ouro em jogos da NHL.

26/11 O **maior risoto** já servido pesava 7,51t e foi preparado pela Associação Australiana de Rizicultores, tendo sido exibido nessa data de 2004.

27/11 Desde 1987, ocorre nesse dia a **maratona com largada a maior altitude**: a Maratona do Everest, que começa em Gorak Shep, a 5.212m, e termina em Namche Bazar, a 3.444m.

2,06m: altura de Zdeno Chara (República Tcheca), do Boston Bruins (EUA), o **jogador mais alto da história da NHL**.

★NOVO
●ATUALIZADO

★TACADA MAIS VELOZ DA NHL

Zdeno Chara (República Tcheca), do Boston Bruins (EUA), deu uma tacada cujo disco alcançou a velocidade de 169,7km/h, na competição SuperSkills, da NHL All-Star Weekend, realizada em Montreal, Canadá, no dia 25/1/2009. Chara quebrou o recorde de Al Iafrate, marcado 16 anos antes, de 169,3km/h.

CONQUISTAS DO TROFÉU ART ROSS

O troféu Art Ross é concedido todos os anos ao jogador que marcou mais pontos na temporada da NHL. O atleta que o conquistou mais vezes foi Wayne Gretzky (Canadá), com dez troféus entre 1981 e 1994.

★MELHOR CAMPANHA (30 PRIMEIROS JOGOS)

A melhor campanha da NHL nos 30 primeiros jogos foram os 52 pontos do San Jose Sharks (EUA), no início da temporada 2008–09. Os Sharks venceram 25 jogos, igualando o recorde estabelecido em 1929–30 pelo Boston Bruins (EUA), de **mais vitórias nos 30 primeiros jogos da temporada**.

★GOLS DE OURO MARCADOS AO LONGO DA CARREIRA

O recorde de gols de ouro marcados em temporadas regulares da NHL ao longo da carreira, 15, pertence a três jogadores: Patrik Elias (República Tcheca), pelo New Jersey Devils (EUA) desde a temporada 1997–98; Mats Sundin (Suécia), do Quebec Nordiques e do Toronto Maple Leafs (ambos do Canadá) desde a temporada 1990–91; e Jaromir Jagr (República Tcheca), pelo Pittsburgh Penguins, Washington Capitols e New York Rangers (todos dos EUA) entre 1990–91 e 2007–08.

DEFESAS EM SHOOTOUTS

Em 2/3/2008, o americano Craig Anderson fez 53 defesas como goleiro do Florida Panthers (EUA) numa vitória de 1 x 0 sobre o New York Islanders (EUA). Anderson também detém **mais defesas em *shootouts* (cobranças de pênaltis) consecutivos**, 93, por realizar 40 defesas numa vitória por 1 x 0 sobre o Boston Bruins (EUA), em 4/3/2008.

★VITÓRIAS EM SHOOTOUTS EM UMA SÓ TEMPORADA DA NHL

Os Edmonton Oilers (Canadá) conquistaram 15 vitórias em jogos decididos por *shootout* (pênaltis) na temporada 2007–08 da NHL.

★EXPULSÕES EM UMA TEMPORADA

O Columbus Blue Jackets (EUA) foi expulso 16 vezes na temporada 2006–07.

GOLS DE UM JOGADOR EM PARTIDA INTERNACIONAL

Chris Bourque (EUA) marcou cinco gols na vitória dos EUA sobre a Noruega por 11 x 2, num jogo da International Ice Hockey Federation World Junior Championship, disputado em Vancouver, Canadá, no dia 26/12/2005. Bourque igualou o recorde estabelecido por Wally Chapman (EUA) em janeiro de 1984.

★GOLEIRO COM 40 VITÓRIAS EM MAIS TEMPORADAS SEGUIDAS DA NHL

O canadense Martin Brodeur, goleiro do New Jersey Devils (EUA), jogou três temporadas consecutivas com pelo menos 40 vitórias: em 2005–06, 2006–07 e 2007–08. Brodeur também é o **★goleiro com 40 vitórias em mais temporadas**, sete: 1997–98, 1999–2000, 2000–01, 2002–03, 2005–06, 2006–07 e 2007–08.

28/11 Em 2000, Madonna (EUA) fez um show que foi transmitido ao vivo pela Microsoft Network e assistido por 11 milhões de pessoas online, no **maior show pop transmitido pela internet**.

RÚGBI

★MAIS TRIES NO SUPER RUGBY

O "Try Machine" Keith Senior (RU) marcou 169 *tries* defendendo o Sheffield Eagles e o Leeds Rhinos, durante sua carreira na Liga Super, entre 1996 e 2009.

RUGBY UNION

★TRY MAIS RÁPIDO NO CAMPEONATO INGLÊS

No dia 21/3/2008, Lee Blackett (RU) marcou um *try* em 8,28s defendendo o Leeds Carnegie contra o Newcastle Falcons, em Headingley, Leeds, Reino Unido. O Leeds venceu o jogo por 16 a 15.

★MAIS PÊNALTIS EM CARREIRA INTERNACIONAL

O galês Neil Jenkins chutou 248 pênaltis em 91 jogos pelo seu país, de 1991 a 2002.

★MAIS CONVERSÕES EM UMA HORA (TIME)

No dia 15/11/2008, a equipe sub-17 do Haddington Rugby Football Club marcou 374 conversões em 1h no Neilson Park, em Haddington, Escócia, Reino Unido, quebrando o recorde anterior, de 124 conversões, da equipe sub-12 do Bicester Rugby Union Club.

★MAIOR PÚBLICO EM PARTIDA DO CAMPEONATO INGLÊS DE RUGBY UNION

Em 27/12/2008 foi disputada a partida com o maior público pagante numa temporada normal do campeonato inglês de *rugby union*: 50 mil pessoas estavam presentes no jogo entre as equipes de Harlequins e Leicester (foto).

★JOGADOR MAIS VELHO DA RUGBY LEAGUE

O australiano Dennis Gleeson (n. 17/8/1936) tinha 70 anos e 9 dias ao jogar pelo State Rail Apprentice RLFC, no Torneio Universitário de Rugby League, em Peter Hislop Oval, Auburn, Austrália, em 26/8/2006.

●MAIS CONQUISTAS DO HONG KONG SEVENS

Iniciado em 1976, o Hong Kong Sevens foi vencido 12 vezes por Fiji, em 1977–78, 1980, 1984, 1990–92, 1997–99, 2005 e 2009.

★MAIS TRIES NA CARREIRA NO BRITISH & IRISH LIONS

O irlandês Tony O'Reilly marcou seis *tries* em *test matches* nas turnês do combinado British & Irish Lions, entre 1955 e 1959.

●MAIS TRIES NA CARREIRA NO IRB SEVENS

De 1999 a 2009, Santiago Gomez Cora (Argentina) marcou 213 *tries* em jogos do International Rugby Board (IRB) Sevens. Contudo, o **●recorde de pontos na carreira no IRB Sevens** é de Ben Gollings (RU), que marcou 1.907 pontos defendendo a Inglaterra, entre 2001 e 2009.

★MAIS TRIES EM PARTIDA DO TRI-NATIONS

O sul-africano Jongikhaya "Jongi" marcou quatro *tries* pela sua seleção, em uma partida contra a Austrália (vencida por 53 x 8), no Ellis Park, em Joanesburgo, África do Sul, no dia 30/8/2008.

29/11 Rajat Kumar Mishra (Índia, n. 28/11/1992) tocou uma tabla – tambor tradicional indiano – ao vivo, na rádio All India, aos sete anos, o que fez dele o **músico de tabla mais jovem**.

30/11 Entre 29 e 30/11/2005, N. Karthik (Índia) se apresentou em 50 lugares diferentes, em Bangalore, Índia, tocando uma *veena* (instrumento indiano de cordas), o **recorde de shows em 24h**.

7.337: pontos de William Henry Dusty Hare (RU), o **maior número de pontos marcados por um jogador na carreira na *rugby union*.**

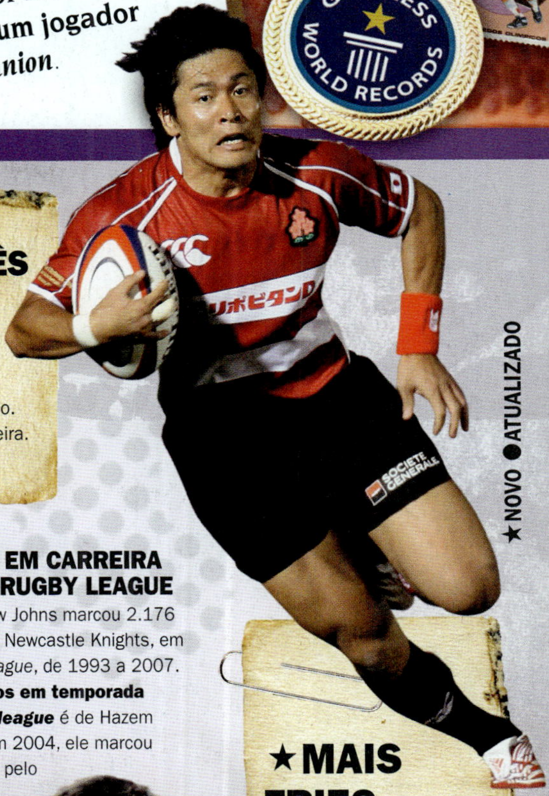

★MAIS PONTOS NA CARREIRA NO CAMPEONATO INGLÊS

No dia 8/3/2009, Charlie Hodgson (RU) quebrou o recorde de pontos na carreira no *rugby union* inglês (que pertencia ao seu rival Jonny Wilkinson) ao converter um pênalti para o Sale Sharks, aos 65min da partida contra os Newcastle Falcons (time de Wilkinson), disputada no Edgeley Park, em Newcastle, Reino Unido. Terminada a partida, Hodgson havia totalizado 1.492 pontos na carreira. Apesar desse feito, o Sale perdeu por 32 a 25 naquele dia.

●MAIS TÍTULOS DO SUPER RUGBY

O Canterbury Crusaders (Nova Zelândia) conquistou sete títulos do Super Rugby, o maior campeonato de rúgbi do hemisfério Sul, de 1998 a 2008. Antes chamado Super 12, o torneio foi renomeado Super 14 na temporada 2006, com a admissão de dois novos times.

●MAIS CONQUISTAS DO SIX NATIONS

O principal campeonato do hemisfério Norte foi renomeado de Five Nations para Six Nations em 2000, quando a Itália foi convidada a participar dos torneios. A seleção inglesa venceu o campeonato 25 vezes. Além disso, a Inglaterra possui **●mais *Grand Slams***, 12, que acontecem quando um time derrota todos os outros.

★MAIOR PÚBLICO EM PARTIDA INTERCLUBES

Uma multidão de 81.600 pessoas assistiu à final do Campeonato Inglês disputada entre Leicester Tigers e London Wasps, no estádio Twickenham, em Londres, RU, no dia 31/5/2008. O Wasps venceu por 26 a 16.

★MAIS CONVERSÕES EM CARREIRA INTERNACIONAL

Em sua carreira, Andrew Mehrtens (Nova Zelândia) chutou 169 conversões, em 70 partidas, pelo All Blacks, entre 1995 e 2004.

RUGBY LEAGUE

MAIS HAT-TRICKS CONSECUTIVOS

O maior número de partidas consecutivas em que um só jogador marcou três *tries* é 12, conquista obtida por Richard Lopag, do Deighton New Saracens, de Huddersfield, West Yorkshire, RU, na temporada 2000/01.

★MAIS TRIES MARCADOS EM TEMPORADA NACIONAL DE RUGBY LEAGUE

O australiano Terry Lamb marcou 38 *tries* defendendo o Eastern Suburbs na temporada de 1938.

★MAIS PARTICIPAÇÕES INTERNACIONAIS

De 1994 a 2006, o neozelandês Ruben Wiki defendeu seu país 55 vezes.

★MAIS PARTICIPAÇÕES EM TEMPORADA NACIONAL DE RUGBY LEAGUE

Dave Brown (Austrália) entrou em campo 349 vezes, defendendo o Western Suburbs e o Canterbury-Bankstown entre 1980 e 1996.

●MAIS CONQUISTAS DO STATE OF ORIGIN

O torneio australiano State of Origin é um desafio anual realizado em três partidas disputadas pelo Queensland e pelo New South Wales. O Queensland conquistou mais vezes esse torneio, 17, entre 1980 e 2008.

MAIS PONTOS EM CARREIRA NACIONAL DE RUGBY LEAGUE

O australiano Andrew Johns marcou 2.176 pontos jogando pelo Newcastle Knights, em partidas de *rugby league*, de 1993 a 2007. O **recorde de pontos em temporada nacional de *rugby league*** é de Hazem El Masri (Líbano): em 2004, ele marcou 342 pontos jogando pelo Canterbury Bulldogs.

★MAIS TRIES EM CARREIRA INTERNACIONAL – RUGBY UNION

Daisuke Ohata (Japão), que iniciou a carreira jogando *rugby sevens*, marcou 65 *tries* pelo seu país, entre 1996 e 2006, em 68 jogos internacionais – uma média de mais de um *try* por jogo. Ohata vem sendo atormentado por lesões desde 2006, primeiro no tendão calcâneo esquerdo e depois no direito. A primeira lesão o deixou de fora da Copa Rugby de 2007.

★ NOVO ● ATUALIZADO

MAIS CONQUISTAS DA COPA HEINEKEN

Inaugurada em 1995, a Copa Heineken, ou H-Cup, é o campeonato europeu de *rugby union* mais importante. O Toulouse (França) venceu o torneio três vezes, em 1996, 2003 e 2005.

1/12 A **corrida de cavalinho mais rápida** num percurso de 1,61km durou 13min1s, façanha de Ashrita Furman (EUA), que carregou Bipin Larkin no complexo esportivo Egilshöll, em Reykjavik, Islândia, em 2006.

ESPORTES COM RAQUETE

★ NOVO
● ATUALIZADO

● MAIS TÍTULOS DO MUNDIAL DE BADMINTON (INDIVIDUAL MASCULINO)

Dois jogadores chineses ganharam o título individual masculino no Campeonato Mundial de Badminton duas vezes: Yang Yang em 1987 e 1989 e Lin Dan (acima) em 2006 e 2007.

LÍDER DA EQUIPE

A ● maior competição esportiva anual por equipes é a Copa Davis, organizada pela Federação Internacional de Tênis (ITF, na sigla em inglês). O evento de 2007 contou com a participação de 137 países e teve como campeão a Espanha.

BADMINTON

PARTIDA MAIS LONGA

Na final individual masculina do Mundial disputado em Glasgow, RU, em 1/6/1997, Peter Rasmussen (Dinamarca) venceu Sun Jun (China) por 16/17, 18/13 e 15/10 numa partida que durou 2h4min.

★ MAIS NAÇÕES NA SUDIRMAN

A Copa Sudirman 1997 contou com 59 países. O nome da competição homenageia o jogador indonésio Dick Sudirman.

MAIS TÍTULOS

- **em campeonatos:** cinco, por Park Joo-bong (Coreia do Sul): dupla masculina (1985 e 1991) e dupla mista (1985, 1989 e 1991).
- **no Campeonato Mundial de Badminton – individual feminino**: dois, pelas chinesas Li Lingwei (1983 e 1989), Han Aiping (1985 e 1987), Ye Zhaoying (1995 e 1997) e Xie Xingfang (2005 e 2006).
- **na Copa Sudirman**, que ocorre a cada dois anos desde 1989 **(Campeonato Mundial de Badminton – equipes mistas)**: seis, pela China, em 1995–2001.
- na ● **Copa Uber**, disputada desde 1956 **(Campeonato Mundial de Badminton – equipes femininas)**: 11, pela China, entre 1984 e 2008.

JEU DE PAUME

● MAIS TÍTULOS MUNDIAIS (MASCULINO)

Jacques Edmond Barre (França) foi campeão desse esporte que deu origem ao tênis por 33 anos, de 1829 a 1862. O **primeiro campeão de *jeu de paume* documentado** foi um francês conhecido apenas como Clergé, por volta de 1740. Desde 1996, a competição ocorre a cada dois anos, em anos pares. O ● **recorde de defesas de título mundial** pertence a Robert Fahey (Austrália), que defendeu seu título em nove ocasiões, entre 1994 e 2008.

★ TENISTA QUE MAIS FATUROU NA CARREIRA (FEMININO)

O sucesso de Lindsay Davenport (EUA) no tênis profissional teve alto retorno financeiro: ela ganhou US$ 22.144.735 em competições ao longo de sua carreira (1993–2008).

MAIS TÍTULOS MUNDIAIS (FEMININO)

Penny Lumley (RU, nascida Fellows) conquistou o Campeonato Mundial Feminino (iniciado em 1985) seis vezes, entre 1989 e 2003.

TÊNIS DE MESA

JOGOS OLÍMPICOS

O **recorde feminino de medalhas** pertence à chinesa Deng Yaping, com quatro ouros (1992–96) – esse também é o **recorde de ouros femininos** –, e à sul-coreana Yoo Nam-Kyu, com um ouro e três bronzes (1988–96). O ● **recorde masculino de medalhas**, duas, é dos chineses Liu Guoliang, individual e dupla (1996), e Ma Lin, individual e equipe (2008).

● MESA-TENISTA MAIS VELHA

Dorothy de Low (Austrália, n. 5/10/1910) tinha 97 anos e 232 dias quando representou a Austrália no XIV Mundial de Veteranos, disputado na cidade do Rio de Janeiro, Brasil, em 25/5/2008. Low foi medalhista de ouro em 1992, no campeonato disputado em Dublim, Irlanda, na categoria individual feminino acima de 80 anos.

2/12 O **maior bingo**, que reuniu 70.080 participantes, aconteceu em um evento organizado pela rede varejista colombiana Almacenes Éxito S.A. em Bogotá, Colômbia, no dia 2/12/2006.

3/12 O **maior coral de hinos natalinos** tinha 7.514 cantores ao se apresentar nessa data em 2004 na Universidade Bob Jones (EUA).

16 anos e 182 dias: idade com que Martina Hingis (Suíça) tornou-se a **pessoa mais nova a liderar o ranking da ATP**.

●MAIOR RALI

Os americanos Ettore Rossetti e Angelo Rossetti (acima, com o fiscal do GWR Stuart Claxton) participaram de um rali de tênis com 25.944 golpes na academia North Haven Health & Racquet, em North Haven, Connecticut, EUA, no dia 9/8/2008.

CONFIRA

Você se liga em estatísticas de esportes? Então confira a seção Referências Esportivas, na p. 266 – o paraíso dos números e fatos esportivos.

A China também conquistou ●**mais medalhas de ouro por equipes (masculino)** – oito, entre 1988 a 2008 – e ●**mais medalhas de ouro por equipes (feminino)** – nove, também de 1988 a 2008.

CAMPEONATOS MUNDIAIS DE TÊNIS DE MESA (EQUIPE)

Além das Olimpíadas, os chineses também dominam o Campeonato Mundial de Tênis de Mesa. Entre 1961 e 2008, o país conquistou a Copa Swaythling (troféu do Mundial masculino, iniciado em 1926) 17 vezes, sagrando-se a ●**equipe masculina com mais títulos**.

A China também levantou a Copa Corbillon (taça do Mundial feminino, disputado desde 1926) 18 vezes entre 1965 e 2008 – e é a ●**equipe feminina com mais títulos**.

TÊNIS

★MAIOR RENDA ANUAL

Estima-se que Roger Federer (Suíça) tenha recebido entre junho de 2007 e junho de 2008 cerca de US$ 35 milhões, incluindo patrocínios.

Além de ter a maior renda anual, Federer é o ●**tenista que mais faturou na carreira**, com US$ 44.644.857 entre 1998 e 2008.

A ★**renda anual mais alta de uma tenista** é estimada em US$ 26 milhões, pagos à russa Maria Sharapova entre junho de 2007 e junho de 2008.

★MAIS TÍTULOS INDIVIDUAIS SEGUIDOS NO ABERTO DOS EUA (MASCULINO)

O americano Richard Dudley "Dick" Sears venceu sete vezes consecutivas o Aberto dos EUA entre 1881 e 1887, quando ainda era estudante. A marca de 18 partidas invictas, então obtida, só seria superada em 1921.

MAIS TÍTULOS EM ROLAND-GARROS

Entre 1962 e 1973, Margaret Court (Austrália) arrebanhou 13 títulos no Aberto da França: cinco individuais, quatro em dupla e quatro em dupla mista.

Henri Cochet é o **maior vencedor do Aberto da França (masculino)**, com nove títulos – quatro individuais, três em dupla e dois em dupla mista, entre 1926 e 1930.

O MELHOR?

O recorde de Roger Federer de 24 finais vitoriosas consecutivas, entre outubro de 2003 e setembro de 2005, é considerado uma das maiores façanhas da era dos Abertos. É também um dos nossos recordes Top 100 da década.

100

★MAIS TÍTULOS INDIVIDUAIS CONSECUTIVOS NO ABERTO DOS EUA (FEMININO)

Três mulheres venceram o Aberto dos EUA quatro vezes seguidas: Molla Mallory (Noruega) em 1915–18, Helen Jacobs (EUA) em 1932–35 e Chris Evert (EUA) em 1975–78.

MAIS TÍTULOS INDIVIDUAIS NO TORNEIO DE WIMBLEDON

Martina Navratilova (EUA) obteve nove títulos individuais em Wimbledon, em 1978–79, 1982–87 e 1990.

Dois tenistas são os **recordistas de títulos individuais masculinos em Wimbledon**, com sete cada: W. C. Renshaw (RU), que venceu em 1881–86 e 1889, e mais recentemente, Pete Sampras (EUA), que triunfou em 1993–95 e 1997–2000.

★FINAL MAIS LONGA (INDIVIDUAL MASCULINO)

Em 6/7/2008, o espanhol Rafael Nadal levou 4h48min para vencer o suíço Roger Federer por 6-4, 6-4, 6-7(5), 6-7(8) e 9-7 no torneio de Wimbledon, em Londres.

SOBRE RODAS

Num recorde singular, 60 atletas em cadeiras de rodas disputaram um torneio de tênis organizado pela organização Business Clubs America em San Diego, Califórnia, EUA, no dia 20/6/2008 – o ★maior torneio de tênis em cadeira de rodas.

● A holandesa Esther Vergeer detém o ★recorde de Campeonatos Mundiais de Tênis em Cadeira de Rodas (FIT)(feminino), com nove conquistas entre 2000 e 2008.

★MAIS TÍTULOS SEGUIDOS EM ROLAND-GARROS (INDIVIDUAL MASCULINO)

Dois tenistas ganharam o Aberto da França quatro vezes consecutivas: Björn Borg (Suécia) em 1978–81 e Rafael Nadal (Espanha, esquerda) em 2005–08. Nadal ainda detém o **recorde de vitórias individuais masculinas seguidas no saibro**, com 60.

4/12 **A maior distância percorrida em cadeira de rodas em 24h** foi estabelecida pelo português Mario Trindade, que rodou 182,4km no estádio Vila Real, em Vila Real, Portugal, em 3–4/12/2007.

ESPORTES AQUÁTICOS

★NOVO
●ATUALIZADO

MELHOR TEMPO – 800M NADO LIVRE (FEMININO)

Rebecca Adlington (RU) cravou a marca de 8min14,10s nos 800m nado livre em 16/8/2008, nas Olimpíadas de Pequim, China – 6s à frente da segunda colocada e 2s abaixo do antigo recorde mundial, estabelecido por Janet Evans (EUA) em 1989, ano em que Rebecca nasceu.

SALTOS

MAIS MUNDIAIS

Greg Louganis (EUA) conquistou cinco mundiais: trampolim de 3m em 1978 e de 3m e 1m em 1982 e 1986. Louganis divide o ★**recorde de títulos seguidos em campeonatos da FINA** com Philip Boggs (EUA), que venceu no trampolim de 1m em 1973, 1975 e 1978.

MERGULHO MAIS ALTO DE PLATAFORMA (MASCULINO)

O recorde mundial de altura no mergulho de plataforma é de 53,9m, estabelecido por Olivier Favre (Suíça), em Villers-le-Lac, França, em 30/8/1987. O **recorde de mergulho mais alto de plataforma (feminino)**, 36,80m, é de Lucy Wardle (EUA) e foi estabelecido em 6/4/1985, em Ocean Park, Hong Kong, China.

MAIS TÍTULOS NO GRAND PRIX DE TRAMPOLIM DE 1M DA FINA (MASCULINO)

O maior número de títulos no Grand Prix de Trampolim de 1m da Federação Internacional de Natação conquistados por um saltador foi sete, por Dmitri Sautin (Rússia) em 1995–2001. Também é dele o ★**recorde de títulos no Grand Prix de Plataforma da FINA (masculino)**, quatro: 1995–96, 1998 e 2000.

FATO

Estima-se que Phelps ganhe US$ 5 milhões anuais em patrocínios, inclusive um contrato para ser o garoto-propaganda da Mazda na China.

★MAIS OUROS EM UMA EDIÇÃO DOS JOGOS OLÍMPICOS (MASCULINO)

O maior número de medalhas de ouro obtidas numa mesma edição dos Jogos Olímpicos foi oito, por Michael Phelps (EUA), vencedor das seguintes provas de natação nas Olimpíadas de Pequim, de 9 a 17/8/2008: 400m individual medley, revezamento 4 x 100m nado livre, 200m nado livre, 200m borboleta, revezamento 4 x 200m nado livre, 200m individual medley, 100m borboleta e revezamento 4 x 100m medley.

●MAIS OUROS (MASCULINO)

O recorde de medalhas de ouro olímpicas conquistadas, 14, pertence ao nadador Michael Phelps (EUA), que ganhou seis nas Olimpíadas de 2004 e oito nos jogos de 2008.

★MAIS TÍTULOS NO GRAND PRIX DE PLATAFORMA DE 10M FEMININO DA FINA

Na Li (China) venceu três vezes o Grand Prix de Plataforma de 10m: em 1999, 2000 e 2002.

MAIS MEDALHAS EM SALTOS ORNAMENTAIS (MASCULINO)

O russo Dmitri Sautin conquistou oito medalhas olímpicas – dois ouros, duas pratas e quatro bronzes – de 1992 a 2008. A mais recente foi a prata no salto sincronizado do trampolim de 3m (Pequim).

MEDALHISTA DE OURO MAIS JOVEM

Marjorie Gestring (EUA, n. 18/11/1922) foi a mais jovem campeã olímpica individual. Ela conquistou o título no trampolim aos 13 anos e 268 dias de idade, nos Jogos Olímpicos de Berlim, Alemanha, em 12/8/1936.

★MAIS TÍTULOS OLÍMPICOS NO POLO AQUÁTICO (FEMININO)

Desde a introdução do polo aquático feminino nas Olimpíadas de 2000, as vencedoras foram a Austrália em 2000, a Itália (Manuela Zanchi, abaixo, à direita) em 2004 e a Holanda (Danielle de Bruijn, abaixo, à esquerda) em 2008.

POLO AQUÁTICO

●MAIS VITÓRIAS OLÍMPICAS

A seleção masculina húngara venceu mais vezes o torneio olímpico, com nove medalhas de ouro entre 1932 e 2008. Com mais três pratas e três bronzes, os húngaros também detêm o recorde de medalhas olímpicas no polo aquático, com 15.

5/12 Em 1970, 23.930 pessoas compareceram à *première* de *Voar é com os pássaros* (EUA, 1970), no Houston Astrodome, Texas, EUA, a **maior *première* de um filme**.

6: recorde de ouros olímpicos no nado sincronizado, marca estabelecida pela Rússia entre 1984 e 2008.

100

REMO

●2.000M, OITO (FEMININO)

O tempo recorde para 2.000m em águas paradas é 5min55,50s, estabelecido pela equipe americana em Eton, RU, em 27/8/2006.

●MAIS OUROS OLÍMPICOS (FEMININO)

O recorde de ouros olímpicos conquistados por uma mulher no remo, cinco, é dividido por Elisabeta Lipa (Romênia), campeã em 1984, 1992, 1996, 2000 e 2004, e Georgeta Damian (Romênia), em 2000, 2004 e 2008.

WINDSURFE

★MAIS TÍTULOS NA FÓRMULA MUNDIAL (MASCULINO)

A fórmula *windsurfing* é uma categoria de *windsurfe* desenvolvida nos últimos 15 anos para provas de ventos leves a moderados. O maior número de campeonatos mundiais masculinos, dois, é partilhado por quatro atletas: Wojtek Brzozowski (Polônia), em 2000 e 2008; Kevin Pritchard (EUA), em 2001–02; Steve Allen (Austrália), em 2003 e 2006; e Antoine Albeau (França), em 2005 e 2007.

O **★recorde de campeonatos mundiais de Fórmula Windsurfing vencidos por uma mulher**, quatro, foi estabelecido por Dorota Staszewska (Polônia), em 2000–02 e 2004.

CAIAQUE/ CANOA K-1: 500M EM ÁGUAS PARADAS (MASCULINO)

O canadense Adam van Koeverden completou a prova masculina de 500m em águas paradas para caiaque K-1 em 1min35,55s, em Pequim, China, no dia 19/8/2008.

REVEZAMENTO 4 X 100M NADO LIVRE (FEMININO)

No dia 18/3/2008, a equipe holandesa (Inge Dekker, Ranomi Kromowidjojo, Femke Heemskerk e Marleen Veldhuis) completou os 4 x 100m nado livre no tempo recorde de 3min33,62s, em Eindhoven, Holanda.

6/12 O **recorde de cocos esmagados em 1min com uma só mão**, 81, foi estabelecido pelo alemão Muhamed Kahrimanovic, em Hamburgo, Alemanha, nesse dia de 2007.

7/12 O grupo alemão Grabowsky foi aplaudido por 1h30min após uma apresentação no Altes-Brauhaus-Musicclub, em Frankenthal, Alemanha, em 2002 – os **aplausos mais longos**.

PERÍCIA SOBRE RODAS

★BALIZA EM VAGA MAIS APERTADA

Terry Grant (RU) estacionou um Renault Twingo GT em uma vaga só 15cm maior que o carro no centro de conferências ExCel London (RU), em 3/2/2008.

★PRIMEIRA MANOBRA DE SKATE

O *ollie* é uma manobra em que o skatista salta no ar com a prancha, que parece presa aos seus pés. Executada pela primeira vez por Alan "Ollie" Gelfand (EUA) em 1976, a manobra era conhecida originalmente como "aéreo sem mãos".

★MAIS OLLIES EM UM MINUTO

Em 17/9/2007, o americano Rob Dyrdek executou 42 *ollies* de skate em 1min no set do programa *The Rob & Big Show*, da MTV, em Los Angeles, Califórnia, EUA. No mesmo dia e no mesmo programa, Rob conseguiu ★**mais *ollies* consecutivos**, 215 ininterruptos, ★**mais *frontside ollies* em 1min** (32) e ★**mais *backside impossibles* com o pé de trás** (15).

★MAIS KICKFLIPS CONSECUTIVOS DE SKATE

Zach Kral (EUA) executou 1.546 *kickflips* seguidos no 4 Seasons Skate Park, em Milwaukee, Wisconsin, EUA, no dia 30/11/2008.

●MAIOR VELOCIDADE EM SKATE (DE PÉ)

No dia 20/10/2007, o brasileiro Douglas da Silva atingiu uma velocidade de 113km/h de pé sobre um skate, em Teutônia, Rio Grande do Sul, Brasil. O recorde foi estabelecido durante as classificatórias da competição internacional de *downhill* Malarrara Prô Teutônia e foi medido com um radar manual.

★NOVO
●ATUALIZADO

WHEELIE MAIS LONGO

Stefan Akesson (Suécia) fez um *wheelie* de 68,54m, em 2/11/2007, no Gallerian Shopping Centre, em Estocolmo, Suécia.

★MAIOR DISTÂNCIA CONTÍNUA EM MONOCICLO

Em 18/10/2004, Joze Voros (Eslovênia) percorreu 143,46km de monociclo sem tocar os pés no chão.

100M MAIS RÁPIDOS DE MONOCICLO

Peter Rosendahl (Suécia) estabeleceu a marca de 12,11s (29,72km/h) para a arrancada de 100m com largada estática, em Las Vegas, Nevada, EUA, no dia 25/3/1994.

★EMPINADA MAIS VELOZ COM AS PERNAS SOBRE O GUIDÃO

Enda Wright (Irlanda) atingiu uma velocidade de 173,81km/h empinando uma moto com as pernas sobre o guidão, em Elvington, York, RU, no dia 11/7/2006.

8/12 O **maior placar num jogo da NFL** foi 73 x 0, registrado numa partida entre os Chicago Bears e os Washington Redskins nas finais da NFL em Washington, EUA, em 1940.

30,62m: ***slide*** **mais longo com um skate**, executado por Rob Dyrdek (EUA) em 17/9/2007.

●MAIS LONGO SALTO "RAMPA A RAMPA" EM QUADRICICLO

O americano Jon Guetter saltou de quadriciclo uma distância de 53,92m entre duas rampas, na Crusty Demons Night of World Records, no Calder Park Raceway, em Melbourne, Victoria, Austrália, no dia 29/3/2008. Guetter aniquilou o recorde anterior de 45,38m.

★SIDEWHEELIE MAIS VELOZ EM QUADRICICLO

Em 18/11/2008, Travis Pastrana (EUA) provou ser possível executar um *sidewheelie* num quadriciclo à 75,6km/h, no Miller Motorsports Park, em Tooele, Utah, EUA. No mesmo evento, Pastrana e Jolene Van Vugt (EUA) executaram o ★**sidewheelie mais longo em quadriciclo (dupla)** ao percorrerem 5,29 km.

QUADRICICLOS E UTVS

Os quadriciclos, ou ATVs, são definidos pelo American National Standards Institute (ANSI) como veículos com pneus de baixa pressão, com assento montado pelo motorista e dirigido com guidão. Os utilitários UTV, basicamente um misto de caminhonete com quadriciclo, são empregados em fazendas, canteiros de obras ou onde for preciso transportar equipamentos em terreno irregular. São usados também para executar manobras.

●SALTO DE RAMPA COM MOTO MAIS LONGO

O australiano Robbie Maddison realizou um salto de rampa de 106,98m em Melbourne, Austrália, no dia 29/3/2008.

●ESPAÇO MAIS ESTREITO ATRAVESSADO EM DUAS RODAS

Durante as filmagens do programa *Zheng Da Zong Yi – GWR Special*, em 2/11/2008, a autoescola Zhengzhi atravessou sobre duas rodas um espaço de 66cm de largura, na cidade de Linyi, Província de Shandong, China.

★MAIS LONGO SALTO COM BACKFLIP DE MINIBIKE

No dia 29/3/2008, Ben Fiez (Austrália) realizou um salto de 20,21m com *backflip* numa Honda CRF, na pista de corrida Calder Park, em Melbourne, Austrália.

★EMPINADA MAIS LONGA EM UTV

Andy Bell (EUA) empinou um UTV por 1.544,97m, no Miller Motorsports Park, em Tooele, Utah, EUA, no dia 18/11/2008.

MAIOR DISTÂNCIA EMPINANDO BICICLETA

Kurt Osburn (EUA) percorreu 4.569km – do Guinness World of Records Museum em Hollywood, Califórnia, EUA, ao Guinness World of Records Museum em Orlando, Flórida, EUA – de 13/4 a 25/6/1999. Todo o trajeto foi percorrido empinando a bicicleta!

★MAIS LONGA EMPINADA DE BIKE SEM OS PÉS

A empinada mais longa numa *mountain bike* sem usar os pés, 52,93m, foi executada por Jim DeChamp (EUA), no Miller Motorsports Park, em Tooele, Utah, EUA, para o programa *Nitro Circus*, da MTV, em 18/11/2008.

★MAIS BACKFLIPS EM SEQUÊNCIA COM PATINS EM LINHA (HALFPIPE)

Kevin Lopez (Bélgica) estabeleceu o recorde de 31 *backflips* em patins em linha num *halfpipe*, no evento ZDF Inliner Days 2007, realizado em Mainz, Alemanha, no dia 23/9/2007.

★MAIS LONGO BACKFLIP "RAMPA A RAMPA" DE MOTO

Em 29/3/2008, Cameron Sinclair (Austrália) executou, de moto, um *backflip* de 39,49m de uma rampa a outra, na Crusty Demons Night of World Records, no Calder Park Raceway, em Melbourne, Victoria, Austrália.

9/12 Com 13 mil participantes, a **maior reunião de Papais Noéis** aconteceu na Guildhall Square, em Derry, Irlanda do Norte, RU, no dia 9/12/2007.

10/12 A **mais antiga mensagem numa garrafa** ficou 92 anos e 229 dias no mar. O Laboratório Marinho de Aberdeen, RU, lançou-a ao mar em 25/4/1914; o britânico Mark Anderson resgatou-a em 10/12/2006.

X GAMES

MAIS MEDALHAS NOS X GAMES DE INVERNO (FEMININO)

Barrett Christy (EUA) conquistou dez medalhas nos X Games de Inverno, em várias modalidades de *snowboard*, de 1997 a 2001. No estilo *slopestyle*, ela levou o ouro em 1997, a prata em 1998 e 1999, e o bronze em 2000 e 2002; na modalidade *big air*, faturou o ouro em 1997 e 1999, e a prata em 1998 e 2001; por fim, levou a prata no estilo *SuperPipe* em 2000.

ATLETA MAIS VELHA DOS X GAMES

Angelika Casteneda (EUA) tinha 53 anos quando competiu na corrida X Venture em 1996. Angelika fazia parte de uma equipe de três atletas (com John Howard e Keith Murray, ambos dos EUA) que venceu o evento de seis dias e 563km, o que faz dela a **atleta mais velha a conquistar um ouro nos X Games**.

ATLETA MAIS JOVEM DOS X GAMES

Nyjah Huston (n. 30/11/1994, EUA) tinha 11 anos e 246 dias quando estreou na 12ª edição dos X Games, de 3 a 6/8/2006, em Los Angeles, Califórnia, EUA. Nyjah, que competiu na modalidade *skateboard street* masculino, ficou em oitavo na competição (de 19 skatistas participantes).

●MAIS MEDALHAS – X GAMES DE INVERNO (MASC.)

Shaun White (EUA) conquistou 14 medalhas nos X Games de Inverno, na categoria *snowboard*, de 2002 a 2009: na modalidade *slopestyle* levou uma prata (2002), cinco ouros (2003–06 e 2009) e dois bronzes (2007–08), e no estilo *superpipe* faturou duas pratas (2002, 2007) e quatro ouros (2003, 2006 e 2008–09).

★MAIS KICKFLIPS EM 30 SEGUNDOS

Zachary Kovacs (à esq.) e Michael Sohheh (à dir.) (ambos dos EUA) completaram 13 *kickflips*, em 30s, na Guinness World Records Break Fest, na 14ª edição dos X Games, em Los Angeles, Califórnia, EUA, no dia 2/8/2008.

MEDALHISTA DE OURO MAIS JOVEM DOS X GAMES

Ryan Sheckler (EUA, n. 30/12/1989) tinha 13 anos e 230 dias quando ganhou a medalha de ouro na modalidade *skateboard park*, durante a nona edição dos X Games, em Los Angeles, Califórnia, EUA, no dia 17/8/2003.

O *Guinness World Records* se orgulha da parceria com os X Games – o maior evento de esportes radicais do mundo. Na 14ª edição dos X Games, em agosto de 2008, por exemplo, patrocinamos o GWR Break Fast e desafiamos todos os presentes a quebrar os recordes de mais *ollies* em 30s e de mais *kickflips* em 30s.

11/12 O **circo permanente mais antigo** é o Cirque d'Hiver (originalmente Cirque Napoléon), aberto ao público em Paris, França, nesse dia de 1852.

12/12 O **peru inteiro industrializado mais pesado** tinha 39,09kg. O animal foi criado por Philip Cook, da Leacroft Turkeys Ltd., em Peterborough, RU, e pesado em 1989.

Nove: medalhas do esqui conquistadas por Tanner Hall (EUA) nos X Games de Inverno – o **maior número de medalhas de esqui**.

MAIS MEDALHAS NO WAKEBOARD

Darin Shapiro (à esquerda), Dallas Friday e Tara Hamilton (à direita) (todos dos EUA) conquistaram seis medalhas cada um na categoria *wakeboard* dos X Games de Verão. O esporte é praticado na água e combina técnicas de esqui aquático, *snowboard* e surfe.

★ NOVO
● ATUALIZADO

MAIS OLLIES EM 30S

Willy Apodaca (EUA) completou 33 *ollies* em 30s, na Guinness World Records Break Fest, realizada na 14ª edição dos X Games, em Los Angeles, Califórnia, EUA, no dia 2/8/2008.

SALTO 360° EM RAMPA MAIS LONGO (BMX)

Mike Escamilla (EUA; vulgo "Rooftop") completou um salto 360°, de 15,39m, com uma BMX, na Megarrampa da 11ª edição dos X Games, em Los Angeles, Califórnia, EUA, no dia 3/8/2005.

HANDSTAND MAIS LONGO – SNOWSKATE

Em 28/1/2007, Trenton R. Schindler (EUA) fez um *handstand* (parada de mão) de 4,38s, com um *snowskate*, no evento GWR Break Fest, durante a 11ª edição dos X Games de Inverno, em Aspen, Colorado, EUA.

CONFIRA

Você curte feitos incríveis com temática aquática? Deslize até as **p. 258-259** **e confira os recordes de Esportes Aquáticos.**

PRIMEIRO "900" COM UM SKATE

A lenda do *skateboard* Tony Hawk (EUA) tornou-se a primeira pessoa a realizar uma manobra "900" (duas rotações e meia no ar) em 27/6/1999, durante a quinta edição dos X Games, em São Francisco, Califórnia, EUA. Essa manobra é considerada uma das mais difíceis do skate vertical.

MAIS MEDALHAS NOS X GAMES (SKATE)

100

O skatista Andy Macdonald (EUA) ganhou 17 medalhas em edições dos X Games de Verão da ESPN, entre 1999 e 2008.

PRIMEIRO OURO NÃO AMERICANO NO SNOWBOARD SUPERPIPE

O finlandês Antii Autti foi o primeiro *snowboarder* não americano a conquistar uma medalha de ouro na categoria *superpipe*. Ele realizou um "back-to-back 1080" (três rotações completas no ar) em Aspen, Colorado, EUA, na 9ª edição dos X Games de Inverno, em 2005. Ele derrotou os americanos Danny Kass e Shaun White.

SALTO MAIS ALTO NO MOTO X STEP UP

Tommy Clowers (EUA) alcançou a maior altura na categoria Moto X Step Up dos X Games, 10,67m, em agosto de 2000. Basicamente uma prova de "salto em altura" de motocicleta, vence o motociclista que superar o sarrafo mais alto. A altura alcançada é o equivalente a pular sobre uma casa de dois andares.

REI DO SNOWSKATE

Em três dias consecutivos de janeiro de 2007, o *snowboarder* Phil Smage (EUA) estabeleceu três novos recordes de *ollies* no GWR Break Fest, realizado nos X Games de Inverno 11, em Aspen, Colorado, EUA. Em 25 de janeiro, Smage realizou **mais *ollies* seguidos com um *snowskate***, 14. No dia seguinte, realizou o ***ollie* mais alto com *snowskate***, 70,5cm. Em 27 de janeiro, Smage fez o ***ollie* mais longo com *snowskate***, num salto a 3,45m de distância.

SALTO BACKFLIP DIRT-TO-DIRT MAIS LONGO

Jeremy Stenberg e Nate Adams (ambos dos EUA) realizaram "backflips dirt-to-dirt" (saltos com um giro vertical de 360°) com 30,48m de distância, na final da categoria Moto X Freestile dos X Games 11, em Los Angeles, Califórnia, EUA, no dia 6/8/2005.

SALTO DE RAMPA MAIS ALTO COM SKATE

O skatista professional Danny Way (EUA) deu o salto mais alto com skate: 360° de 24m de altura, na Megarrampa dos X Games 10, em Los Angeles, Califórnia, EUA, em 8/8/2004.

13/12 O **diretor de filme mais velho**, Manoel de Oliveira (Portugal), dirigiu seu filme mais recente, *Cristóvão Colombo – O enigma* (Portugal, lançamento em 13/12/2007) aos 99 anos e 2 dias.

COMPETIÇÕES MALUCAS

O RECORDE FOI PRO BREJO

O torneio de mergulho no pântano é um evento desafiador em que os participantes devem "nadar" dois percursos de 54m em uma vala cheia de lama. Os competidores devem completar a prova usando somente pés de pato e não podem utilizar os movimentos tradicionais de natação (ou seja, só vale o cachorrinho).

O Campeonato Mundial de Mergulho no Pântano é organizado anualmente no pântano de Waen Rhydd, em Llanwrtyd Wells, Powys, RU, desde 1985. Nos últimos anos, foi acrescida ao campeonato uma modalidade de triatlo, que consiste em 12km de corrida seguidos por dois percursos de mergulho no pântano e, por fim, 30,5km de ciclismo nas montanhas.

●MAIS PESSOAS CORRENDO DE SALTO ALTO

Em evento organizado pela marca Gillette Venus Embrace e pela revista *Shop Til You Drop*, 265 pessoas de salto alto participaram de uma corrida de 150m em Sidney, Austrália, no dia 2/9/2008. Pelas regras, os saltos deveriam ter no mínimo 7cm de altura e não mais que 1,5cm de diâmetro.

LESMA MAIS RÁPIDA

O torneio mundial de corrida de lesmas acontece todo mês de julho desde 1970 em Congham, Norfolk, RU. A corrida é realizada em um percurso de 33cm próximo à igreja da cidade. Treinada por Carl Bramhan, a lesma Archie é a maior recordista de todos os tempos, com a marca de 2min20s estabelecida em 1995.

★MENOR TEMPO PARA CORRER 150M DE SALTO ALTO

Jill Stamison (EUA) correu 150m de salto alto em 21,95s durante o quadro "High-Heel-a-Thon", no programa *Live with Regis and Kelly*, em Nova York, EUA, no dia 9/7/2008.

MAIS MINHOCAS ENCANTADAS

No primeiro Campeonato de Encantamento de Minhocas, em Cheshire, RU, no dia 5/7/1980, Tom Shufflebotham (RU) conseguiu encantar 511 minhocas em um terreno de 3m², ao longo de 30min.

●MENOR TEMPO PARA CARREGAR A ESPOSA

O Campeonato Mundial de Carregamento de Esposas acontece todo ano em Sonkajärvi, Finlândia, desde 1992. Cada competidor deve carregar seu(sua) esposo(a) por um percurso de 253,5m, cheio de obstáculos. O tempo recorde de 56,9s foi estabelecido por Margo Uusarj e Sandra Kullas (ambos da Estônia), em 1/6/2006. É a menor marca desde que se determinou o peso mínimo de 49kg para as mulheres, em 2002.

★MAIS VITÓRIAS NO CAMPEONATO MUNDIAL DE SAUNA

O Campeonato Mundial de Sauna, que acontece em Heinola, Finlândia, desafia os competidores a permanecer mais tempo numa sauna. Dois homens ganharam a competição três vezes: Leo Pusa (Finlândia, na foto) foi campeão em 2000, 2002 e 2004, e Timo Kaukonen (Finlândia) levou a melhor em 2003, 2005 e 2007.

●MAIOR TORNEIO DE PEDRA, PAPEL E TESOURA

Um torneio do popular "joquempô" com 793 participantes foi organizado por Renee Tomas na Universidade Jovem de Brigham, em Provo, Utah, EUA, no dia 11/4/2008.

★TRIATLO DE MERGULHO NO PÂNTANO (FEMININO)

Natalie Bent (RU, na foto) é a recordista do triatlo do Campeonato Mundial de Mergulho no Pântano, com a marca de 3h9min59s, estabelecida no dia 6/7/2008 em Llanwrtyd Wells, RU. O irmão de Natalie, Daniel Bent (RU), que completou o triatlo em 2h23mim46s, detém o **recorde masculino de triatlo de mergulho no pântano**.

14/12 A expedição norueguesa do capitão Roald Amundsen e seus quatro homens chegou ao polo Sul às 11h desse dia de 1911, após uma jornada de 53 dias em trenós puxados por cães.

15/12 O **mais distante tiro com arco a acertar o alvo**, 200m, foi disparado em 15/12/2005 pelo australiano Peter Terry no clube de tiro com arco Kalamunda Govern Stirling, em Perth, Austrália.

5: número de mundiais de queda-de-dedos-do-pé conquistados por Alan "Nasty" Nash (RU).

MAIOR CAMPEÃO MUNDIAL DE AIR GUITAR

O Campeonato Mundial de Air Guitar ocorre todo ano na Finlândia desde 1996, como parte do Festival de Música e Vídeo de Oulu. Zac Monro, "O Imã" (RU), que conquistou os títulos de 2001 e 2002, é a única pessoa a vencer a competição mais de uma vez.

★ NOVO
● ATUALIZADO

● MAIOR COMEDOR DE OSTRAS

Colin Shirlow (RU) ingeriu 233 ostras em 3min no Campeonato Mundial de Ingestão de Ostras, em Hillsborough, condado de Down, RU, em 3/9/2005.

TRANSMISSÃO MAIS RÁPIDA DE CÓDIGO MORSE

Em 6/5/2003, Andrei Bindasov (Belarus) transmitiu 216 sinais de código Morse em 1min, no 5º Mundial de Telegrafia em Alta Velocidade, da União Internacional de Radioamadorismo.

● MAIOR CORRIDA COM GALOCHAS

Inéditos 1.022 participantes calçados com galochas completaram um percurso de 2km durante evento organizado pela instituição beneficente Kidney Kids no Callendar Park, em Falkirk, RU, no dia 17/5/2007.

● CUSPE DE UVA MAIS LONGO

Anders Rasmussen (Noruega) cuspiu uma uva à distância recorde de 8,72m, em Myra, Arendal, Noruega, no dia 4/9/2004.

★ LANÇAMENTO DE FÓSFORO A MAIOR DISTÂNCIA

No dia 31/1/2001, Michael Ottosson (Suécia) arremessou um palito de fósforo de 4,7cm e 4,8g a 18,75m de distância, em Estocolmo, Suécia.

MAIOR LANÇAMENTO DE ESTRUME

Os recordes no arremesso de estrume variam em função do uso ou não de projéteis "arredondados". Em 14/8/1981, no Mountain Festival, em Tehachapi, Califórnia, EUA, o americano Steve Urner cravou a maior distância na modalidade estrume não-esférico e 100% orgânico (regra estabelecida em 1970): 81,1m.

CUSPE DE TABACO A MAIOR DISTÂNCIA

David O'Dell (EUA) cuspiu tabaco a uma distância de 16,23m no Campeonato Mundial de Cuspe de Tabaco, realizado na Califórnia, EUA, em março de 1997.

PRIMEIRO CAMPEONATO DE CONTAGEM DE OVELHAS

A primeira edição do Campeonato Nacional de Contagem de Ovelhas ocorreu em Nova Gales do Sul, Austrália, entre 14 e 15/9/2002. Nesse torneio, um número indefinido de ovelhas é reunido e os competidores tentam definir com exatidão o tamanho do rebanho. O australiano Peter Desailly conquistou o título inaugural ao contar exatas 277 ovelhas.

MENOR TEMPO PARA FERVER UMA BILLY CAN

Frank Ryder (Austrália) ferveu uma *billy can* (panela australiana usada em acampamentos) com 2L de água em 7min29,3s, durante uma competição realizada em Queensland, Austrália, no dia 3/6/1989.

MAIS VITÓRIAS NO CAMPEONATO MUNDIAL DE POLO COM ELEFANTES

A equipe Tiger Top Tuskers ganhou o campeonato da Associação Mundial de Polo com Elefantes em oito ocasiões: 1983, 1985, 1987, 1992, 1998, 2000 e 2003. O torneio (só para convidados) acontece todo mês de dezembro em Megauly, na fronteira do Parque Nacional Real de Chitwan, no Nepal.

★ AÇÃO ENTRE BARATAS

Reza a lenda que as Corridas de Baratas do Hotel Story Bridge, em Brisbane, Austrália, começaram quando dois frequentadores do local discutiram sobre quais subúrbios tinham as baratas maiores. As corridas ocorrem no hotel todo dia 26 de janeiro (Dia da Austrália) há 28 anos. O palco das provas é uma pista circular, e as baratas são soltas bem no meio... A primeira a chegar à borda vence a corrida.

16/12 Muitos anos de vida a Dexter Dunsworth (Austrália), o **mais velho boxeador profissional licenciado**, que tinha 52 anos e 139 dias quando disputou sua luta mais recente, em 2008.

REFERÊNCIAS ESPORTIVAS

●4 X 100M REVEZAMENTO (MASCULINO)

A equipe jamaicana formada por Asafa Powell, Nesta Carter, Michael Frater e Usain Bolt celebra a medalha de ouro na final do revezamento 4 x 100m da Olimpíada de Pequim, em 22/8/2008.

●1H (FEMININO)

Em 12/6/2008, a etíope Dire Tune (abaixo) obteve a marca de 18.517m na prova de 1h do Grand Prix de Atletismo da IAAF, em Ostrava, República Tcheca.

ATLETISMO – PROVAS DE PISTA OUTDOOR

MASCULINO	TEMPO/DISTÂNCIA	NOME E NACIONALIDADE	LOCAL	DATA
●100m	9,69s	Usain Bolt (Jamaica)	Pequim, China	16/8/2008
●200m	19,30s	Usain Bolt (Jamaica)	Pequim, China	20/8/2008
400m	43,18s	Michael Johnson (EUA)	Sevilha, Espanha	26/8/1999
800m	1min41,11s	Wilson Kipketer (Dinamarca)	Colônia, Alemanha	24/8/1997
1.000m	2min11,96s	Noah Ngeny (Quênia)	Rieti, Itália	5/9/1999
1.500m	3min26,00s	Hicham El Guerrouj (Marrocos)	Roma, Itália	14/7/1998
2.200m	3min43,13s	Hicham El Guerrouj (Marrocos)	Roma, Itália	7/7/1999
2.000m	4min44,79s	Hicham El Guerrouj (Marrocos)	Berlim, Alemanha	7/9/1999
3.000m	7min20,67s	Daniel Komen (Quênia)	Rieti, Itália	1/9/1996
5.000m	12min37,35s	Kenenisa Bekele (Etiópia)	Hengelo, Holanda	31/5/2004
10.000m	26min17,53s	Kenenisa Bekele (Etiópia)	Bruxelas, Bélgica	26/8/2005
20.000m	56min26,00s	Haile Gebrselassie (Etiópia)	Ostrava, República Tcheca	26/6/2007
1h	21.285m	Haile Gebrselassie (Etiópia)	Ostrava, República Tcheca	27/6/2007
25.000m	1h13min55,80s	Toshihiko Seko (Japão)	Christchurch, Nova Zelândia	22/3/1981
30.000m	1h29min18,80s	Toshihiko Seko (Japão)	Christchurch, Nova Zelândia	22/3/1981
3.000m com obstáculos	7min53,63s	Saif Saaeed Shaheen (Qatar)	Bruxelas, Bélgica	3/9/2004
●110m com barreiras	12,87s	Dayron Robles (Cuba)	Ostrava, República Tcheca	12/6/2008
400m com barreiras	46,78s	Kevin Young (EUA)	Barcelona, Espanha	6/8/1992
●4 x 100m revezamento	37,10s	Jamaica (Asafa Powell, Nesta Carter, Michael Frater, Usain Bolt)	Pequim, China	22/8/2008
4 x 200m revezamento	1min18,68s	Santa Monica Track Club, EUA (Michael Marsh, Leroy Burrell, Floyd Heard, Carl Lewis)	Walnut, EUA	17/4/1994
4 x 400m revezamento	2min54,29s	EUA (Andrew Valmon, Quincy Watts, Harry Reynolds, Michael Johnson)	Stuttgart, Alemanha	22/8/1993
4 x 800m revezamento	7min02,43s	Quênia (Joseph Mutua, William Yiampoy, Ismael Kombich, Wilfred Bungei)	Bruxelas, Bélgica	25/8/2006
4 x 1.500m revezamento	14min38,80s	Alemanha Oriental (Thomas Wessinghage, Harald Hudak, Michael Lederer, Karl Fleschen)	Colônia, Alemanha	17/8/1977
FEMININO	**TEMPO/DISTÂNCIA**	**NOME E NACIONALIDADE**	**LOCAL**	**DATA**
100m	10,49s	Florence Griffith-Joyner (EUA)	Indianápolis, EUA	16/7/1988
200m	21,34s	Florence Griffith-Joyner (EUA)	Seul, Coreia do Sul	29/9/1988
400m	47,60s	Marita Koch (RDA)	Canberra, Austrália	6/10/1985
800m	1min53,28s	Jarmila Kratochvílová (Tchecoslováquia)	Munique, Alemanha	26/7/1983
1.000m	2min28,98s	Svetlana Masterkova (Rússia)	Bruxelas, Bélgica	23/8/1996
1.500m	3min50,46s	Qu Yunxia (China)	Pequim, China	11/9/1993
2.200m	4min12,56s	Svetlana Masterkova (Rússia)	Zurique, Suíça	14/8/1996
2.000m	5min25,36s	Sonia O'Sullivan (Irlanda)	Edimburgo, RU	8/7/1994
3.000m	8min06,11s	Wang Junxia (China)	Pequim, China	13/9/1993
●5.000m	14min11,15s	Tirunesh Dibaba (Etiópia)	Oslo, Noruega	6/6/2008
10.000m	29min31,78s	Wang Junxia (China)	Pequim, China	8/9/1993
20.000m	1h05min26,60s	Tegla Loroupe (Quênia)	Borgholzhausen, Alemanha	3/9/2000
●1h	18.517 m	Dire Tune (Etiópia)	Ostrava, República Tcheca	12/6/2008
25.000m	1h27min05,90s	Tegla Loroupe (Quênia)	Mengerskirchen, Alemanha	21/9/2002
30.000m	1h45min50,00s	Tegla Loroupe (Quênia)	Warstein, Alemanha	6/6/2003
●3.000m com obstáculos	8min58,81s	Gulnara Samitova-Galkina (Rússia)	Pequim, China	17/8/2008
100m com barreiras	12,21s	Yordanka Donkova (Bulgária)	Stara Zagora, Bulgária	20/8/1988
400m com barreiras	52,34s	Yuliya Pechonkina (Rússia)	Tula, Rússia	8/8/2003
4 x 100m revezamento	41,37s	RDA (Silke Gladisch, Sabine Rieger, Ingrid Auerswald, Marlies Göhr)	Canberra, Austrália	6/10/1985
4 x 200m revezamento	1min27,46s	Equipe Azul dos EUA (LaTasha Jenkins, LaTasha Colander-Richardson, Nanceen Perry, Marion Jones)	Filadélfia, EUA	29/4/2000
4 x 400m revezamento	3min15,17s	URSS (Tatyana Ledovskaya, Olga Nazarova, Maria Pinigina, Olga Bryzgina)	Seul, Coreia do Sul	1/10/1988
4 x 800m revezamento	7min50,17s	URSS (Nadezhda Olizarenko, Lyubov Gurina, Lyudmila Borisova, Irina Podyalovskaya)	Moscou, Rússia	5/8/1984

18/12 O **maior evento de amigo secreto** teve 1.270 participantes e foi realizado em evento da Boots UK Limited, em Nottingham, RU, no ano de 2008.

17/12 Nesse dia de 1903, às 10h35, aconteceu o **primeiro voo motorizado controlado (sem autopropulsão)**, quando Orville Wright voou por uma distância de 36,5m a bordo do *Flyer I*, um avião de 9kW (12hp).

29: o corredor de longas distâncias Jeff Norman (RU) detém há 29 anos o **recorde dos 50km (pista)**, com 2h48min6s.

ATLETISMO – PROVAS DE PISTA INDOOR

MASCULINO	TEMPO/DISTÂNCIA	NOME E NACIONALIDADE	LOCAL	DATA
50m	5,56s	Donovan Bailey (Canadá)	Reno, EUA	9/2/1996
60m	6,39s	Maurice Green (EUA)	Madri, Espanha	3/2/1998
	6,39s	Maurice Green (EUA)	Atlanta, EUA	3/3/2001
200m	19,92s	Frankie Fredericks (Namíbia)	Liévin, França	18/2/1996
400m	44,57s	Kerron Clement (EUA)	Fayetteville, EUA	12/3/2005
800m	1min42,67s	Wilson Kipketer (Dinamarca)	Paris, França	9/3/1997
1.000m	2min14,96s	Wilson Kipketer (Dinamarca)	Birmingham, RU	20/2/2000
1.500m	3min31,18s	Hicham El Guerrouj (Marrocos)	Stuttgart, Alemanha	2/2/1997
2.200m	3min48,45s	Hicham El Guerrouj (Marrocos)	Ghent, Bélgica	12/2/1997
3.000m	7min24,90s	Daniel Komen (Quênia)	Budapeste, Hungria	6/2/1998
5.000m	12min49,60s	Kenenisa Bekele (Etiópia)	Birmingham, RU	20/2/2004
50m com barreiras	6,25s	Mark McKoy (Canadá)	Kobe, Japão	5/3/1986
60m com barreiras	7,30s	Colin Jackson (RU)	Sindelfingen, Alemanha	6/3/1994
4 x 200m revez.	1min22,11s	RU e Irlanda do Norte (Linford Christie, Darren Braithwaite, Ade Mafe, John Regis)	Glasgow, RU	3/3/1991
4 x 400m revez.	3min02,83s	EUA (Andre Morris, Dameon Johnson, Deon Minor, Milton Campbell)	Maebashi, Japão	7/3/1999
4 x 800m revezamento	7min13,94s	Global Athletics & Marketing, EUA (Joey Woody, Karl Paranya, Rich Kenah, David Krummenacker)	Boston, EUA	6/2/2000
5.000m marcha atl.	18min07,08s	Mikhail Shchennikov (Rússia)	Moscou, Rússia	14/2/1995

FEMININO	TEMPO/DISTÂNCIA	NOME E NACIONALIDADE	LOCAL	DATA
50m	5,96s	Irina Privalova (Rússia)	Madri, Espanha	9/2/1995
60m	6,92s	Irina Privalova (Rússia)	Madri, Espanha	11/2/1993
	6,92s	Irina Privalova (Rússia)	Madri, Espanha	9/2/1995
200m	21,87s	Merlene Ottey (Jamaica)	Liévin, França	13/2/1993
400m	49,59s	Jarmila Kratochvílová (Tchecoslováquia)	Milão, Itália	7/3/1982
800m	1min55,82s	Jolanda Ceplak (Eslovênia)	Viena, Áustria	3/3/2002
1.000m	2min30,94s	Maria de Lurdes Mutola (Moçambique)	Estocolmo, Suécia	25/2/1999
● 1.500m	3min58,28s	Yelena Soboleva (Rússia)	Moscou, Rússia	18/2/2006
2.200m	4min17,14s	Doina Melinte (Romênia)	East Rutherford, EUA	9/2/1990
3.000m	8min23,72s	Meseret Defar (Etiópia)	Stuttgart, Alemanha	3/2/2007
● 5.000m	14min24,37s	Meseret Defar (Etiópia)	Estocolmo, Suécia	18/2/2009
50m com barreiras	6,58s	Cornelia Oschkenat (RDA)	Berlim, Alemanha	20/2/1988
60m com barreiras	7,68s	Susanna Kallur (Suécia)	Karlsruhe, Alemanha	10/2/2008
4 x 200m revez.	1min32,41s	Rússia (Yekaterina Kondratyeva, Irina Khabarova, Yuliya Pechonkina, Yulia Gushchina)	Glasgow, RU	29/1/2005
4 x 400m revez.	3min23,37s	Rússia (Yulia Gushchina, Olga Kotlyarova, Olga Zaytseva, Olesya Krasnomovets)	Glasgow, RU	28/1/2006
4 x 800m revezamento	8min18,54s	Território de Moscovskaia (Anna Balakshina, Natalya Pantelyeva, Anna Emashova, Olesya Chumakova)	Volgograd, Rússia	11/2/2007
3.000m marcha atl.	11min40,33s	Claudia Stef (Romênia)	Bucareste, Romênia	30/1/1999

ATLETISMO – CORRIDAS DE LONGA DISTÂNCIA (PISTA)

MASCULINO	TEMPO/DISTÂNCIA	NOME E NACIONALIDADE	LOCAL	DATA
50km	2min48,06s	Jeff Norman (RU)	Timperley, RU	7/6/1980
100km	6h10min20s	Donald Ritchie (RU)	Londres, RU	28/10/1978
100 milhas	11h28min03s	Oleg Kharitonov (Rússia)	Londres, RU	20/10/2002
● 1.000km	5 dias, 16h17min00s	Yiannis Kouros (Grécia)	Colac, Austrália	26/11–1/12/1984
1.000 milhas	11 dias, 13h54min58s	Peter Silkinas (Lituânia)	Nanango, Austrália	11–23/3/1998
● 6h	97,2km	Donald Ritchie (RU)	Londres, RU	28/10/1978
● 12h	162,4km	Yiannis Kouros (Grécia)	Montauban, França	15–16/3/1985
24h	303,506km	Yiannis Kouros (Grécia)	Adelaide, Austrália	4–5/10/1997
48h	473,495km	Yiannis Kouros (Grécia)	Surgères, França	3–5/5/1996
● 6 dias	1.038,851km	Yiannis Kouros (Grécia)	Colac, Austrália	20–25/11/2005

FEMININO	TEMPO/DISTÂNCIA	NOME E NACIONALIDADE	LOCAL	DATA
50km	3h18min52s	Carolyn Hunter-Rowe (RU)	Barry, Gales do Sul, RU	3/3/1996
● 100km	7h00min27s	Norimi Sakurai (Japão)	Winschoten, Holanda	8/9/2007
100 milhas	14h25min45s	Edit Berces (Hungria)	Verona, Itália	21–22/9/2002
● 1.000km	7 dias, 1h28min29s	Eleanor Robinson (RU)	Nanango, Austrália	11–18/3/1998
1.000 milhas	13 dias, 1h54min02s	Eleanor Robinson (RU)	Nanango, Austrália	11–23/3/1998
● 6h	83,2km	Norimi Sakurai (Japão)	Verona, Itália	27/9/2003
12h	147,6km	Ann Trason (EUA)	Hayward, EUA	3–4/8/1991
24h	250,106km	Edit Berces (Hungria)	Verona, Itália	21–22/9/2002
● 48h	382,777km	Inagaki Sumie (Japão)	Surgères, França	16–18/5/2008
6 dias	883,631km	Sandra Barwick (NZ)	Campbelltown, Austrália	18–24/11/1990

SITES OFICIAIS

Atletismo:
www.iaaf.org

Corridas de longa distância:
www.iau.org.tw

★ **NOVO**
● **ATUALIZADO**

19/12 O Mitsubishi FTO-EV rodou 2.142,317km entre os dias 19 e 20/12/1999 – a **maior distância percorrida por um veículo elétrico em 24h**.

REFERÊNCIAS ESPORTIVAS

●15KM CORRIDA DE RUA

O etíope Deriba Merga na maratona das Olimpíadas de Pequim, China. Ele igualou o recorde de 15km em maratona de Kenyan Felix Limo's, 41min29s, em Ras Al Khaimah, EAU, em 20/2/2009.

ATLETISMO – CORRIDA DE RUA

MASCULINO	TEMPO	NOME E NACIONALIDADE	LOCAL	DATA
10km	27min02s	Haile Gebrselassie (Etiópia)	Hoha, Qatar	11/12/2002
15km	41min29s	Felix Limo (Quênia)	Nijmegen, Holanda	11/11/2001
●	•41min29s	Deriba Merga (Etiópia)	Ras Al Khaimah, EAU	20/2/2009
20km	55,48s	Haile Gebrselassie (Etiópia)	Phoenix, EUA	15/1/2006
Meia maratona	58,33s	Samuel Wanjiru (Quênia)	The Hague, Holanda	17/3/2007
25km	1h12min45s	Paul Malakwen Kosgei (Quênia)	Berlim, Alemanha	9/5/2004
30km	1h28min00s	Takayuki Matsumiya (Japão)	Kumamoto, Japão	27/2/2005
●Maratona	2h03min59s	Haile Gebrselassie (Etiópia)	Berlim, Alemanha	28/9/2008
100km	6h13min33s	Takahiro Sunada (Japão)	Tokoro, Japão	21/6/1998
Revezamento	1h57min06s	Quênia (Josephat Ndambiri, Martin Mathathi, Daniel Mwangi, Mekubo Mogusu, Onesmus Nyerere, John Kariuki)	Chiba, Japão	23/11/2005
FEMININO	**TEMPO**	**NOME E NACIONALIDADE**	**LOCAL**	**DATA**
10km	30min21s	Paula Radcliffe (RU)	San Juan, Porto Rico	23/2/2003
15km	46min55s	Kayoko Fukushi (Japão)	Marugame, Japão	5/2/2006
20km	1h02min57s	Lornah Kiplagat (Holanda)	Udine, Itália	14/10/2007
Meia maratona	1h06min25s	Lornah Kiplagat (Holanda)	Udine, Itália	14/10/2007
25km	1h22min13s	Mizuki Noguchi (Japão)	Berlim, Alemanha	25/9/2005
30km	1h38min49s	Mizuki Noguchi (Japão)	Berlim, Alemanha	25/9/2005
Maratona	2h15min25s	Paula Radcliffe (RU)	Londres, RU	13/4/2003
100km	6h33min11s	Tomoe Abe (Japão)	Tokoro, Japão	25/6/2000
Revezamento	2h11min41s	China (Jiang Bo, Dong Yanmei, Zhao Fengdi, Ma Zaijie, Lan Lixin, Li Na)	Pequim, China	28/2/1998

• Este recorde ainda aguardava ratificação até o fechamento desta edição.

ATLETISMO – MARCHA ATLÉTICA

MASCULINO	TEMPO	NOME E NACIONALIDADE	LOCAL	DATA
20.000m	1h17min25,6s	Bernardo Segura (México)	Bergen, Noruega	7/5/1994
20km (rua)	1h17min16s	Vladimir Kanaykin (Rússia)	Saransk, Rússia	29/9/2007
30.000m	2h01min44,1s	Maurizio Damilano (Itália)	Cuneo, Itália	3/10/1992
50.000m	3h40min57,9s	Thierry Toutain (França)	Héricourt, França	29/9/1996
●50km (rua)	3h34min14s	Denis Nizhegorodov (Rússia)	Cheboksary, Rússia	11/5/2008
FEMININO	**TEMPO**	**NOME E NACIONALIDADE**	**LOCAL**	**DATA**
10.000m	41min56,23s	Nadezhda Ryashkina (URSS)	Seattle, EUA	24/7/1990
20.000m	1h26min52,3s	Olimpiada Ivanova (Rússia)	Brisbane, Austrália	6/9/2001
20km (rua)	1h25min41s	Olimpiada Ivanova (Rússia)	Helsinque, Finlândia	7/8/2005

ATLETISMO – PROVAS DE CAMPO INDOOR

MASCULINO	RECORDE	NOME E NACIONALIDADE	LOCAL	DATA
Salto em altura	2,43m	Javier Sotomayor (Cuba)	Budapeste, Hungria	4/3/1989
Salto com vara	6,15m	Sergei Bubka (Ucrânia)	Donetsk, Ucrânia	21/2/1993
Salto em distância	8,79m	Carl Lewis (EUA)	Nova York, EUA	27/1/1984
Salto triplo	17,83m	Aliecer Urrutia (Cuba)	Sindelfingen, Alemanha	1/3/1997
	17,83m	Christian Olsson (Suécia)	Budapeste, Hungria	7/3/2004
Arremesso de peso	22,66m	Randy Barnes (EUA)	Los Angeles, EUA	20/1/1989
Heptatlo*	6.476 pontos	Dan O'Brien (EUA)	Toronto, Canadá	14/3/1993
FEMININO	**RECORDE**	**NOME E NACIONALIDADE**	**LOCAL**	**DATA**
Salto em altura	2,08m	Kajsa Bergqvist (Suécia)	Arnstadt, Alemanha	4/2/2006
●Salto com vara	•5,00m	Yelena Isinbayeva (Rússia)	Donetsk, Ucrânia	15/2/2009
Salto em distância	7,37m	Heike Drechsler (RDA)	Viena, Áustria	13/2/1988
Salto triplo	15,36m	Tatyana Lebedeva (Rússia)	Budapeste, Hungria	6/3/2004
Arremesso de peso	22,50m	Helena Fibingerová (Tchecoslováquia)	Jablonec, Tchecoslováquia	19/2/1977
Pentatlo†	4.991 pontos	Irina Belova (Rússia)	Berlim, Alemanha	15/2/1992

** 60m: 6,67s; salto em distância: 7,84m; arremesso de peso: 16,02m; salto em altura: 2,13m; 60m com barreiras: 7,85s; salto com vara: 5,20m; 1.000m: 2min57,96s.*

† 60m com barreiras: 8,22s; salto em altura: 1,93m; arremesso de peso: 13,25m; salto em distância: 6,67m; 800m: 2min10,26s.

• Este recorde ainda aguardava ratificação até o fechamento desta edição.

20/12 O **maior *cracker* natalino** (brinquedo que, ao ser aberto, emite um som alto) tinha 63,1m de comprimento e 4m de diâmetro e foi construído na escola Ley Hill, em Chesham, RU, em 2001.

21/12 A **primeira dica de palavra cruzada** foi publicada no jornal americano *New York World* nesse dia de 1913. A dica era: "O que os caçadores de barganhas apreciam". A resposta? "Vendas."

26: número de recordes quebrados por Haile Gebrselassie (Etiópia), o que o torna um dos maiores corredores da história.

ATLETISMO – PROVAS DE CAMPO OUTDOOR

MASCULINO	RECORDE	NOME E NACIONALIDADE	LOCAL	DATA
Salto em altura	2,45m	Javier Sotomayor (Cuba)	Salamanca, Espanha	27/7/1993
Salto com vara	6,14m	Sergei Bubka (Ucrânia)	Sestriere, Itália	31/7/1994
Salto em distância	8,95m	Mike Powell (EUA)	Tóquio, Japão	30/8/1991
Salto triplo	18,29m	Jonathan Edwards (RU)	Gotemburgo, Suécia	7/8/1995
Arremesso de peso	23,12m	Randy Barnes (EUA)	Los Angeles, EUA	20/5/1990
Disco	74,08m	Jürgen Schult (URSS)	Neubrandenburg, Alemanha	6/6/1986
Martelo	86,74m	Yuriy Sedykh (URSS)	Stuttgart, Alemanha	30/8/1986
Dardo	98,48m	Jan Železný (República Tcheca)	Jena, Alemanha	25/5/1996
Decatlo*	9.026 pontos	Roman Šebrle (República Tcheca)	Götzis, Áustria	27/5/2001

** 100m: 10,64s; salto em distância: 8,11m; arremesso de peso: 15,33m; salto em altura: 2,12m; 400m: 47,79s; 110m com barreiras: 13,92s; disco: 47,92m; salto com vara: 4,80m; dardo: 70,16m; 1.500m: 4min21,98s.*

FEMININO	RECORDE	NOME E NACIONALIDADE	LOCAL	DATA
Salto em altura	2,09m	Stefka Kostadinova (Bulgária)	Roma, Itália	30/8/1987
●Salto com vara	5,05m	Yelena Isinbayeva (Rússia)	Pequim, China	18/8/2008
Salto em distância	7,52m	Galina Chistyakova (URSS)	São Petersburgo, Rússia	11/6/1988
Salto triplo	15,50m	Inessa Kravets (Ucrânia)	Gotemburgo, Suécia	10/8/1995
Arremesso de peso	22,63m	Natalya Lisovskaya (URSS)	Moscou, Rússia	7/6/1987
Disco	76,80m	Gabriele Reinsch (RDA)	Neubrandenburg, Alemanha	9/7/1988
Martelo	77,80m	Tatyana Lysenko (Rússia)	Tallinn, Estônia	15/8/2006
●Dardo	72,28m	Barbora Spotáková (República Tcheca)	Stuttgart, Alemanha	13/9/2008
Heptatlo†	7.291 pontos	Jacqueline Joyner-Kersee (EUA)	Seul, Coreia do Sul	24/9/1988
Decatlo**	8.358 pontos	Austra Skujyte (Lituânia)	Columbia, EUA	15/4/2005

† 100m com barreiras: 12,69s; salto em altura: 1,86m; arremesso de peso: 15,80m; 200m: 22,56s; salto em distância: 7,27m; dardo: 45,66m; 800m: 2min8,51s.

*** 100m: 12,49s; salto em distância: 6,12m; arremesso de peso: 16,42m; salto em altura: 1,78m; 400m: 57,19s; 100m com barreiras: 14,22s; disco: 46,19m; salto com vara: 3,10m; dardo: 48,78m; 1.500m: 5min15,86s.*

CICLISMO EM PISTA – ABSOLUTO

MASCULINO	TEMPO/DISTÂNCIA	NOME E NACIONALIDADE	LOCAL	DATA
200m *(largada em movimento)*	9,772s	Theo Bos (Holanda)	Moscou, Rússia	16/12/2006
500m *(largada em movimento)*	24,758s	Chris Hoy (RU)	La Paz, Bolívia	13/5/2007
1km *(largada estática)*	58,875s	Arnaud Tournant (França)	La Paz, Bolívia	10/10/2001
4km *(largada estática)*	4min11,114s	Christopher Boardman (RU)	Manchester, RU	29/8/1996
●4km equipe *(largada estática)*	3min53,314s	RU (Ed Clancy, Paul Manning, Geraint Thomas, Bradley Wiggins)	Pequim, China	18/8/2008
1h	*49,7km	Ondrej Sosenka (República Tcheca)	Moscou, Rússia	19/7/2005

FEMININO	TEMPO/DISTÂNCIA	NOME E NACIONALIDADE	LOCAL	DATA
200m *(largada em movimento)*	10,831s	Olga Slioussareva (Rússia)	Moscou, Rússia	25/4/1993
500m *(largada em movimento)*	29,655s	Erika Salumäe (Estônia)	Moscou, Rússia	6/8/1987
500m *(largada estática)*	33,588s	Anna Meares (Austrália)	P. de Mallorca, Espanha	31/3/2007
3km *(largada estática)*	3min24,537s	Sarah Ulmer (Nova Zelândia)	Atenas, Grécia	22/8/2004
1h	*46,065km	Leontien Zijlaard-Van Moorsel (Holanda)	Cidade do México, México	1/10/2003

** Alguns atletas obtiveram melhores distâncias em 1h com bicicletas que já não são permitidas pela União Internacional de Ciclismo (UCI). Os recordes de 1h aqui apresentados estão de acordo com as novas regras da UCI.*

SITES OFICIAIS

Atletismo e marcha atlética:
www.iaaf.org

Ciclismo:
www.uci.ch

★ NOVO
● ATUALIZADO

●4KM EQUIPE (CICLISMO)

Os medalhistas de ouro Paul Manning, Ed Clancy, Geraint Thomas e Bradley Wiggins (todos do RU) comemoram após a vitória da equipe masculina na final disputada no Velódromo Laoshan, no décimo dia da Olimpíada de Pequim, China, em 18/8/2008. Eles fizeram o tempo de 3min53,314s.

22/12 O **recorde de luzes acesas simultaneamente em uma árvore de Natal**, 150 mil, foi estabelecido pela alemã RTL Television GmbH, em 2006, na Catedral de Colônia, Alemanha.

REFERÊNCIAS ESPORTIVAS

●MERGULHO LIVRE (MASCULINO)
Herbert Nitsch (Áustria) no Dean's Blue Hole, nas Bahamas. Ele é recordista mundial em três categorias do mergulho livre: lastro constante com nadadeiras, lastro constante sem nadadeiras e imersão livre.

MERGULHO LIVRE

MODALIDADES (MASCULINO)	PROFUND./TEMPO	NOME E NACIONALIDADE	LOCAL	DATA
●Lastro constante, com nadadeiras	120m	Herbert Nitsch (Áustria)	Bahamas	11/4/2009
●Lastro constante, sem nadadeiras	88m	William Trubridge (Nova Zelândia)	Bahamas	10/4/2009
Lastro variável	140m	Carlos Coste (Venezuela)	Sharm el Sheikh, Egito	9/5/2006
Sem limite	214m	Herbert Nitsch (Áustria)	Spetses, Grécia	14/6/2007
●Imersão livre	109m	Herbert Nitsch (Áustria)	Bahamas	6/4/2009
APNEIA DINÂMICA (MASCULINO)				
●Com nadadeiras	250m	Alexey Molchanov (Rússia)	Lignano, Itália	5/10/2008
●Sem nadadeiras	213m	Tom Sietas (Alemanha)	Hamburgo, Alemanha	2/7/2008
●	213m	Dave Mullins (Nova Zelândia)	Wellington, Nova Zelândia	12/8/2008
APNEIA ESTÁTICA (MASCULINO)				
●Duração	10min12s	Tom Sietas (Alemanha)	Atenas, Grécia	7/6/2008
MODALIDADES (FEMININO)				
●Lastro constante, com nadadeiras	96m	Sara Campbell (RU)	Bahamas	2/4/2009
●Lastro constante, sem nadadeiras	60m	Natalia Molchanova (Rússia)	Dahab, Egito	12/6/2008
Lastro variável	122m	Tanya Streeter (EUA)	Ilhas Turcas e Caicos	19/7/2003
Sem limite	160m	Tanya Streeter (EUA)	Ilhas Turcas e Caicos	17/8/2002
●Imersão livre	85m	Natalia Molchanova (Rússia)	Creta, Grécia	27/7/2008
APNEIA DINÂMICA (FEMININO)				
●Com nadadeiras	214m	Natalia Molchanova (Rússia)	Lignano, Itália	5/10/2008
●Sem nadadeiras	151m	Kathryn McPhee (Nova Zelândia)	Wellington, Nova Zelândia	9/8/2008
APNEIA ESTÁTICA (FEMININO)				
Duração	8min	Natalia Molchanova (Rússia)	Maribor, Eslovênia	6/7/2007

REMO

MASCULINO	TEMPO	NOME E NACIONALIDADE	REGATA	DATA
Skiff	6min35,40s	Mahe Drysdale (Nova Zelândia)	Eton, RU	26/8/2006
Skiff duplo	6min03,25s	Jean-Baptiste, Adrien Hardy (França)	Poznan, Polônia	17/6/2006
●*Skiff* quádruplo	5min36,20s	Christopher Morgan, James McRae, Brendan Long, Daniel Noonan (Austrália)	Pequim, China	10/8/2008
Dois-sem	6min14,27s	Matthew Pinsent, James Cracknell (RU)	Sevilha, Espanha	21/9/2002
Quatro-sem	5min41,35s	Sebastian Thormann, Paul Dienstbach, Philipp Stüer, Bernd Heidicker (Alemanha)	Sevilha, Espanha	21/9/2002
Dois-com*	6min42,16s	Igor Boraska, Tihomir Frankovic, Milan Razov (Croácia)	Indianápolis, EUA	18/9/1994
Quatro-com*	5min58,96s	Matthias Ungemach, Armin Eichholz, Armin Weyrauch, Bahne Rabe, Jörg Dederding (Alemanha)	Viena, Áustria	24/8/1991
Oito-com	5min19,85s	Deakin, Beery, Hoopman, Volpenhein, Cipollone, Read, Allen, Ahrens, Hansen (EUA)	Atenas, Grécia	15/8/2004
PESO LEVE (MASC.)				
*Skiff**	6min47,82s	Zac Purchase (RU)	Eton, RU	26/8/2006
Skiff duplo	6min10,02s	Mads Rasmussen, Rasmus Quist (Dinamarca)	Amsterdã, Holanda	23/6/2007
Skiff quádruplo*	5min45,18s	Francesco Esposito, Massimo Lana, Michaelangelo Crispi, Massimo Guglielmi (Itália)	Montreal, Canadá	8/1992
Dois-sem*	6min26,61s	Tony O'Connor, Neville Maxwell (Irlanda)	Paris, França	1994
Quatro-sem	5min45,60s	Thomas Poulsen, Thomas Ebert, Eskild Ebbesen, Victo Feddersen (Dinamarca)	Lucerna, Suíça	9/7/1999
Oito-com*	5min30,24s	Altena, Dahlke, Kobor, Stomporowski, Melges, März, Buchheit, Von Warburg, Kaska (Alemanha)	Montreal, Canadá	8/1992
FEMININO				
Skiff	7min07,71s	Rumyana Neykova (Bulgária)	Sevilha, Espanha	21/9/2002
Skiff duplo	6min38,78s	Georgina e Caroline Evers-Swindell (Nova Zelândia)	Sevilha, Espanha	21/9/2002
Skiff quádruplo	6min10,80s	Kathrin Boron, Katrin Rutschow-Stomporowski, Jana Sorgers, Kerstin Köppen (Alemanha)	Duisburg, Alemanha	19/5/1996
Dois-sem	6min53,80s	Georgeta Andrunache, Viorica Susanu (Romênia)	Sevilha, Espanha	21/9/2002
Quatro-sem*	6min25,35s	Robyn Selby Smith, Jo Lutz, Amber Bradley, Kate Hornsey (Austrália)	Eton, RU	26/8/2006
Oito-com	5min55,50s	Mickelson, Whipple, Lind, Goodale, Sickler, Cooke, Shoop, Francia, Davies (EUA)	Eton, RU	27/8/2006
PESO LEVE (FEM.)				
*Skiff**	7min28,15s	Constanta Pipota (Romênia)	Paris, França	19/6/1994
Skiff duplo	6min49,77s	Dongxiang Xu, Shimin Yan (China)	Poznan, Polônia	17/6/2006
Skiff quádruplo*	6min23,95s	Hua Yu, Haixia Chen, Xuefei Fan, Jing Liu (China)	Eton, RU	27/8/2006
Dois-sem*	7min18,32s	Eliza Blair, Justine Joyce (Austrália)	Aiguebelette-le-Lac, França	7/9/1997

** Barcos não olímpicos*

23/12 A **banda mais jovem a ter uma gravação proibida** no rádio é a Who's Ya Daddy? (Austrália; média de idade de 12 anos e 26 dias): "I Like Fat Chicks" foi proibida de ir ao ar na ZZZ FM, em 2004.

24/12 O **primeiro carro de passageiros**, movido a vapor e com capacidade para oito pessoas, foi construído por Richard Trevithick (RU). Seu primeiro passeio foi em Camborne, RU, nesse dia de 1801.

8: quantidade de minutos que Natalia Molchanova (Rússia) consegue prender o fôlego, sem oxigênio suplementar.

PATINAÇÃO DE VELOCIDADE – PISTA LONGA

MASCULINO	TEMPO/PONTOS	NOME E NACIONALIDADE	LOCAL	DATA
500m	34,03s	Jeremy Wotherspoon (Canadá)	Salt Lake City, EUA	9/11/2007
2 x 500m	68,31s	Jeremy Wotherspoon (Canadá)	Calgary, Canadá	15/3/2008
●1.000m	1min06,42s	Shani Davis (EUA)	Salt Lake City, EUA	7/3/2009
●1.500m	1min41,80s	Shani Davis (EUA)	Salt Lake City, EUA	6/3/2009
3.000m	3min37,28s	Eskil Ervik (Noruega)	Calgary, Canadá	5/11/2005
5.000m	6min03,32s	Sven Kramer (Holanda)	Calgary, Canadá	17/11/2007
10.000m	12min41,69s	Sven Kramer (Holanda)	Salt Lake City, EUA	10/3/2007
500/1.000/500/1.000m	137.230 pontos	Jeremy Wotherspoon (Canadá)	Calgary, Canadá	18–19/1/2003
500/3.000/1.500/5.000m	146.365 pontos	Erben Wennemars (Holanda)	Calgary, Canadá	12–13/8/2005
500/5.000/1.500/10.000m	145.742 pontos	Shani Davis (EUA)	Calgary, Canadá	18–19/3/2006
Perseguição por equipe (8 voltas)	3min37,80s	Holanda (Sven Kramer, Carl Verheijen, Erben Wennemars)	Salt Lake City, EUA	11/3/2007
FEMININO	**TEMPO/PONTOS**	**NOME E NACIONALIDADE**	**LOCAL**	**DATA**
500m	37,02s	Jenny Wolf (Alemanha)	Calgary, Canadá	16/11/2007
2 x 500m	74,42s	Jenny Wolf (Alemanha)	Salt Lake City, EUA	10/3/2007
1.000m	1min13,11s	Cindy Klassen (Canadá)	Calgary, Canadá	25/3/2006
1.500m	1min51,79s	Cindy Klassen (Canadá)	Salt Lake City, EUA	20/11/2005
3.000m	3min53,34s	Cindy Klassen (Canadá)	Calgary, Canadá	18/3/2006
5.000m	6min45,61s	Martina Sábliková (República Tcheca)	Salt Lake City, EUA	11/3/2007
500/1.000/500/1.000m	149.305 pontos	Monique Garbrecht-Enfeldt (Alemanha)	Salt Lake City, EUA	11–12/1/2003
	149.305 pontos	Cindy Klassen (Canadá)	Calgary, Canadá	24–25/3/2006
500/1.500/1.000/3.000m	155.576 pontos	Cindy Klassen (Canadá)	Calgary, Canadá	15–17/3/2001
500/3.000/1.500/5.000m	154.580 pontos	Cindy Klassen (Canadá)	Calgary, Canadá	18–19/3/2006
Perseguição por equipe (8 voltas)	2min56,04s	Alemanha (Daniela Anschütz, Anni Friesinger, Claudia Pechstein)	Calgary, Canadá	13/11/2005

500M PISTA CURTA (MASCULINO)

Acima, Sung Si-Bak (Coreia do Sul) compete na edição 2008/2009 do Campeonato Mundial de Patinação em Pista Curta da ISU, patrocinado pela Samsung, em Nagano, Japão. Em 10/2/2008, Si-Bak marcou o tempo de 41,051s, além de ter integrado a equipe que detém o recorde do revezamento de 5.000m.

PATINAÇÃO DE VELOCIDADE – PISTA CURTA

MASCULINO	TEMPO/PONTOS	NOME E NACIONALIDADE	LOCAL	DATA
500m	41,051s	Sung Si-Bak (Coreia do Sul)	Salt Lake City, EUA	10/2/2008
●1.000m	•1min23,454s	Charles Hamelin (Canadá)	Montreal, Canadá	18/1/2009
1.500m	2min10,639s	Ahn Hyun-Soo (Coreia do Sul)	Marquette, EUA	24/10/2003
3.000m	4min32,646s	Ahn Hyun-Soo (Coreia do Sul)	Pequim, China	7/12/2003
●5.000m revezamento	•6min38,486s	Coreia do Sul (Kwak Yoon-Gy, Lee Ho-Suk, Lee Jung-Su, Sung Si-Bak)	Salt Lake City, EUA	19/10/2008
FEMININO	**TEMPO/PONTOS**	**NOME E NACIONALIDADE**	**LOCAL**	**DATA**
●500m	•42,609s	Wang Meng (China)	Pequim, China	29/11/2008
1.000m	1min29,495s	Wang Meng (China)	Harbin, China	15/3/2008
1.500m	2min16,729s	Zhou Yang (China)	Salt Lake City, EUA	9/2/2008
3.000m	4min46,983s	Jung Eun-Ju (Coreia do Sul)	Harbin, China	15/3/2008
●3.000m revezamento	•4min07,179s	China (Liu Qiuhong, Wang Meng, Zhang Hui, Zhou Yang)	Salt Lake City, EUA	18/10/2008

• *Estes recordes aguardavam ratificação até o fechamento desta edição.*

SITES OFICIAIS

Mergulho livre:
www.aida-international.org

Remo:
www.worldrowing.com

Patinação de velocidade:
www.isu.org

★NOVO
●ATUALIZADO

●1.500M PISTA CURTA (FEMININO)

Zhou Yang (China) lidera, seguida por Katherine Reutter (EUA) e Jung Eun-Ju (Coreia do Sul), na final feminina dos 1.500m do Campeonato Mundial de Patinação em Pista Curta da ISU, em 9/2/2008. Zhou Yang venceu com o tempo de 2min16,729s.

25/12 De 1922 a 25/12/1973, Tommy Chambers (RU, 1903–84) pedalou uma distância total comprovada de 1.286.517km, a **maior distância percorrida em bicicleta durante a vida.**

REFERÊNCIAS ESPORTIVAS

●100M LIVRE (MASCULINO)

O nadador francês Alain Bernard (acima) comemora novo recorde mundial após vencer a semifinal masculina dos 100m livre (piscina longa), com a marca de 46,94s, no Campeonato Francês de Natação, em 23/4/2009 (Montpellier, França).

Três dias depois, no mesmo evento, Frederick Bousquet (França) estabeleceu novo recorde para os 50m livre, com o tempo de 20,94s.

NATAÇÃO – PISCINA LONGA (50M)

MASCULINO	TEMPO	NOME E NACIONALIDADE	LOCAL	DATA
●50m livre	•20,94s	Frederick Bousquet (França)	Montpellier, França	26/4/2009
●100m livre	•46,94s	Alain Bernard (França)	Montpellier, França	23/4/2009
●200m livre	1min42,96s	Michael Phelps (EUA)	Pequim, China	12/8/2008
400m livre	3min40,08s	Ian Thorpe (Austrália)	Manchester, RU	30/7/2002
800m livre	7min38,65s	Grant Hackett (Austrália)	Montreal, Canadá	27/7/2005
1.500m livre	14min34,56s	Grant Hackett (Austrália)	Fukuoka, Japão	29/7/2001
●4 x 100m medley	3min08,24s	EUA (Michael Phelps, Garrett Weber-Gale, Cullen Jones, Jason Lezak)	Pequim, China	11/8/2008
●4 x 200m medley	6min58,56s	EUA (Michael Phelps, Ryan Lochte, Ricky Berens, Peter Vanderkaay)	Pequim, China	13/8/2008
50m borboleta	•22,43s	Rafael Munoz (Espanha)	Málaga, Espanha	5/4/2009
100m borboleta	50,40s	Ian Crocker (EUA)	Montreal, Canadá	30/7/2005
●200m borboleta	1min52,03s	Michael Phelps (EUA)	Pequim, China	13/8/2008
●50m costas	24,33s	Randall Bal (EUA)	Eindhoven, Holanda	5/12/2008
●100m costas	52,54s	Aaron Peirsol (EUA)	Pequim, China	12/8/2008
●200m costas	•1min52,86s	Ryosuke Irie (Japão)	Canberra, Austrália	10/5/2009
●50m peito	•26,89s	Felipe França (Brasil)	Rio de Janeiro, Brasil	8/5/2009
●100m peito	58,91s	Kosuke Kitajima (Japão)	Pequim, China	11/8/2008
●200m peito	2min07,51s	Kosuke Kitajima (Japão)	Tóquio, Japão	8/6/2008
●200m medley	1min54,23s	Michael Phelps (EUA)	Pequim, China	15/8/2008
●400m medley	4min03,84s	Michael Phelps (EUA)	Pequim, China	10/8/2008
●4 x 100m medley	3min29,34s	EUA (Aaron Peirsol, Brendan Hansen, Michael Phelps, Jason Lezak)	Pequim, China	17/8/2008
FEMININO	**TEMPO**	**NOME E NACIONALIDADE**	**LOCAL**	**DATA**
●50m livre	•23,96s	Marleen Veldhuis (Holanda)	Amsterdã, Holanda	19/4/2009
●100m livre	52,88s	Lisbeth Trickett (Austrália)	Sydney, Austrália	27/3/2008
●200m livre	•1min54,47s	Federica Pellegrini (Itália)	Riccione, Itália	8/3/2009
●400m livre	•4min00,66s	Joanne Jackson (RU)	Sheffield, RU	16/3/2009
●800m livre	8min14,10s	Rebecca Adlington (RU)	Pequim, China	16/8/2008
1.500m livre	15min42,54s	Kate Ziegler (EUA)	Mission Viejo, EUA	17/6/2007
●4 x 100m medley	3min33,62s	Holanda (Inge Dekker, Ranomi Kromowidjojo, Femke Heemskerk, Marleen Veldhuis)	Eindhoven, Holanda	18/3/2008
●4 x 200m medley	7min44,31s	Austrália (Stephanie Rice, Bronte Barratt, Kylie Palmer, Linda Mackenzie)	Pequim, China	13/8/2008
50m borboleta	•25,33s	Marleen Veldhuis (Holanda)	Amsterdã, Holanda	19/4/2009
100m borboleta	56,61s	Inge de Bruijn (Holanda)	Sydney, Austrália	17/9/2000
●200m borboleta	2min04,18s	Liu Zige (China)	Pequim, China	14/8/2008
●50m costas	27,67s	Sophie Edington (Austrália)	Sydney, Austrália	23/3/2008
●100m costas	58,77s	Kirsty Coventry (Zimbábue)	Pequim, China	11/8/2008
●200m costas	2min05,24s	Kirsty Coventry (Zimbábue)	Pequim, China	16/8/2008
50m peito	30,31s	Jade Edmistone (Austrália)	Melbourne, Austrália	30/1/2006
100m peito	1min05,09s	Leisel Jones (Austrália)	Melbourne, Austrália	20/3/2006
●200m peito	2min20,22s	Rebecca Soni (EUA)	Pequim, China	15/8/2008
●200m medley	2min08,45s	Stephanie Rice (Austrália)	Pequim, China	13/8/2008
●400m medley	4min29,45s	Stephanie Rice (Austrália)	Pequim, China	10/8/2008
●4 x 100m medley	3min52,69s	Austrália (Emily Seebohm, Leisel Jones, Jessicah Schipper, Lisbeth Trickett)	Pequim, China	17/8/2008

• Estes recordes aguardavam ratificação até o fechamento desta edição.

●200M BORBOLETA (FEMININO)

Liu Zige (China) nada na final dos 200m borboleta, no sexto dia dos Jogos Olímpicos de Pequim, China, em 14/8/2008. Ela venceu a competição e estabeleceu um novo recorde mundial, com a marca de 2min4,18s.

26/12 Em 2005, aos três anos de idade, Cranston Chipperfield (RU) se tornou a **pessoa mais jovem a entrar no picadeiro como apresentador de circo**, no Circus Royale, em Lanarkshire, RU.

27/12 Nesse dia de 2005, Vesta Gueschkova (Bulgária) foi lançada a uma distância de 22,9m, com uma balestra, em Tampa, EUA – a **maior distância percorrida por uma flecha humana**.

25: recordes mundiais de natação quebrados nos Jogos Olímpicos de Pequim, China, em agosto de 2008.

NATAÇÃO – PISCINA CURTA (25M)

MASCULINO	TEMPO	NOME E NACIONALIDADE	LOCAL	DATA
●50m livre	20,48s	Amaury Leveaux (França)	Rijeka, Croácia	11/12/2008
●100m livre	44,94s	Amaury Leveaux (França)	Rijeka, Croácia	13/12/2008
●200m livre	1min40,83s	Paul Biederman (Alemanha)	Berlim, Alemanha	16/11/2008
400m livre	3min34,58s	Grant Hackett (Austrália)	Sydney, Austrália	18/7/2002
●800m livre	7min23,42s	Grant Hackett (Austrália)	Melbourne, Austrália	20/7/2008
1.500m livre	14min10,10s	Grant Hackett (Austrália)	Perth, Austrália	7/8/2001
●4 x 100m medley	3min04,98s	França (Grégory Mallet, Fabien Gilot, William Meynard, Frédérick Bousquet)	Istres, França	20/12/2008
4 x 200m medley	6min52,66s	Austrália (Kirk Palmer, Grant Hackett, Grant Brits, Kenrick Monk)	Melbourne, Austrália	31/7/2007
●50m borboleta	22,18s	Amaury Leveaux (França)	Rijeka, Croácia	14/12/2008
100m borboleta	49,07s	Ian Crocker (EUA)	Nova York, EUA	26/3/2004
●200m borboleta	•1min50,53s	Nikolay Skvortsov (Rússia)	São Petersburgo, Rússia	11/2/2009
●50m costas	22,87s	Randall Bal (EUA)	Berlim, Alemanha	16/11/2008
●100m costas	•49,20s	Aschwin Wildeboer (Espanha)	Madri, Espanha	21/12/2008
●200m costas	1min47,84s	Markus Rogan (Austrália)	Manchester, RU	13/4/2008
●50m peito	25,94s	Cameron van der Burgh (África do Sul)	Estocolmo, Suécia	11/11/2008
●100m peito	56,88s	Cameron van der Burgh (África do Sul)	Moscou, Rússia	9/11/2008
200m peito	2min02,92s	Ed Moses (EUA)	Berlim, Alemanha	17/1/2004
●100m medley	51,15s	Ryan Lochte (EUA)	Manchester, RU	13/4/2008
●200m medley	1min51,56s	Ryan Lochte (EUA)	Manchester, RU	11/4/2008
400m medley	3min59,33s	Laszlo Cseh (Hungria)	Debrecen, Hungria	14/12/2007
●4 x 100m medley	3min24,29s	Rússia (Stanislav Donets, Sergey Geybel, Evgeny Korotyshkin, Alexander Sukhorukov)	Manchester, RU	13/4/2008

FEMININO	TEMPO	NOME E NACIONALIDADE	LOCAL	DATA
●50m livre	23,25s	Marleen Veldhuis (Holanda)	Manchester, RU	13/4/2008
100m livre	51,70s	Lisbeth Lenton (depois Trickett, Austrália)	Melbourne, Austrália	9/8/2005
●200m livre	1min51,85s	Federica Pellegrini (Itália)	Rijeka, Croácia	14/12/2008
400m livre	3min56,09s	Laure Manaudou (França)	Helsinque, Finlândia	9/12/2006
●800m livre	8min04,53s	Alessia Filippi (Itália)	Rijeka, Croácia	12/12/2008
1.500m livre	15min32,90s	Kate Ziegler (EUA)	Essen, Alemanha	19/10/2007
●4 x 100m medley	3min28,22s	Holanda (Hinkelien Schreuder, Inge Dekker, Ranomi Kromowidjojo, Marleen Veldhuis)	Amsterdã, Holanda	19/12/2008
●4 x 200m medley	7min38,90s	Holanda (Inge Dekker, Femke Heemskerk, Marleen Veldhuis, Ranomi Kromowidjojo)	Manchester, RU	9/4/2008
●50m borboleta	24,99s	Marieke Guehrer (Austrália)	Berlim, Alemanha	16/11/2008
●100m borboleta	55,74s	Lisbeth Trickett (Austrália)	Canberra, Austrália	26/4/2008
●200m borboleta	2min03,12s	Nakanishi Yuko (Japão)	Tóquio, Japão	23/2/2008
●50m costas	26,23s	Sanja Jovanovic (Croácia)	Rijeka, Croácia	13/12/2008
●100m costas	56,15s	Sakai Shiho (Japão)	Tóquio, Japão	22/2/2009
●200m costas	2min00,91s	Kirsty Coventry (Zimbábue)	Manchester, RU	11/4/2008
●50m peito	29,58s	Jessica Hardy (EUA)	Manchester, RU	10/4/2008
●100m peito	1min03,72s	Leisel Jones (Austrália)	Canberra, Austrália	26/4/2008
●200m peito	•2min17,50s	Annamay Pierse (Canadá)	Toronto, Canadá	14/3/2009
100m medley	58,80s	Natalie Coughlin (EUA)	Nova York, EUA	23/11/2002
●200m medley	2min06,13s	Kirsty Coventry (Zimbábue)	Manchester, RU	12/4/2008
●400m medley	4min25,06s	Mireia Belmonte (Espanha)	Rijeka, Croácia	14/12/2008
●4 x 100m medley	3min51,36s	EUA (Margaret Hoelzer, Jessica Hardy, Rachel Komisarz, Kara Denby)	Manchester, RU	11/4/2008

• *Estes recordes aguardavam ratificação até o fechamento desta edição.*

●50M E 100M PEITO (MASCULINO)

Cameron van der Burgh (África do Sul) mergulha na largada dos 50m peito, em 11/11/2008, no Campeonato Mundial de Natação (piscina curta), em Estocolmo, Suécia. Ele completou a prova com o tempo recorde de 25,94s.

Dois dias depois, em 9/11/2008, Van der Burgh quebrou também o recorde dos 100m peito (piscina curta), ao terminar a prova com a marca de 56,88s, em Moscou, Rússia.

★ NOVO
● ATUALIZADO

SITE OFICIAL

Natação:
www.fina.org

●50M BORBOLETA (FEMININO)

Uma satisfeita Marieke Guehrer (Austrália, à direita), após nadar os 50m borboleta do Campeonato Mundial da FINA (piscina curta), em 16/11/2008, na cidade de Berlim, Alemanha, com a marca de 24,99s.

28/12 O **primeiro cinema** foi o Cinématographe Lumière, aberto sob direção do francês Clément Maurice, no Salon Indien, em Paris, França, nesse dia de 1895.

REFERÊNCIAS ESPORTIVAS

●105KG ARREMESSO (MASCULINO)

Andrei Aramnau (Bielorrússia) competindo na categoria masculina dos 105kg, nos Jogos Olímpicos de Pequim, China. Aramnau detém o recorde do arremesso de 200kg, além do recorde de peso total, com 436kg, ambos conquistados nas Olimpíadas de Pequim, em 18/8/2008.

★NOVO
●ATUALIZADO

LEVANTAMENTO DE PESO

MASCULINO	CATEGORIA	PESO	NOME E NACIONALIDADE	LOCAL	DATA
56kg	Arremesso	138kg	Halil Mutlu (Turquia)	Antalya, Turquia	4/11/2001
	Arranco	168kg	Halil Mutlu (Turquia)	Trencín, Eslováquia	24/4/2001
	Total	306kg	Halil Mutlu (Turquia)	Sydney, Austrália	16/9/2000
62kg	Arremesso	153kg	Shi Zhiyong (China)	Izmir, Turquia	28/6/2002
	Arranco	182kg	Le Maosheng (China)	Busan, Coreia do Sul	2/10/2002
	●Total	326kg	Zhang Jie (China)	Kanazawa, Japão	28/4/2008
69kg	Arremesso	165kg	Georgi Markov (Bulgária)	Sydney, Austrália	20/9/2000
	Arranco	197kg	Zhang Guozheng (China)	Qinhuangdao, China	11/9/2003
	Total	357kg	Galabin Boevski (Bulgária)	Atenas, Grécia	24/11/1999
77kg	Arremesso	173kg	Sergey Filimonov (Casaquistão)	Almaty, Casaquistão	9/4/2004
	Arranco	210kg	Oleg Perepetchenov (Rússia)	Trencín, Eslováquia	27/4/2001
	Total	377kg	Plamen Jelyazkov (Bulgária)	Doha, Qatar	27/3/2002
85kg	Arremesso	187kg	Andrei Rybakou (Bielorrússia)	Chiang Mai, Tailândia	22/9/2007
	Arranco	218kg	Zhang Yong (China)	Ramat Gan, Israel	25/4/1998
	●Total	394kg	Andrei Rybakou (Bielorrússia)	Pequim, China	15/8/2008
94kg	Arremesso	188kg	Akakios Kakhiasvilis (Grécia)	Atenas, Grécia	27/11/1999
	Arranco	232kg	Szymon Kolecki (Polônia)	Sófia, Bulgária	29/4/2000
	●Total	412kg	Akakios Kakhiasvilis (Grécia)	Atenas, Grécia	27/11/1999
105kg	●Arremesso	200kg	Andrei Aramnau (Bielorrússia)	Pequim, China	18/8/2008
	●Arranco	237kg	Alan Tsagaev (Bulgária)	Kiev, Ucrânia	25/4/2004
	●Total	436kg	Andrei Aramnau (Bielorrússia)	Pequim, China	18/8/2008
+105kg	Arremesso	213kg	Hossein Rezazadeh (Irã)	Qinhuangdao, China	14/9/2003
	Arranco	263kg	Hossein Rezazadeh (Irã)	Atenas, Grécia	25/8/2004
	Total	476kg	Hossein Rezazadeh (Irã)	Sydney, Austrália	26/9/2000

FEMININO	CATEGORIA	PESO	NOME E NACIONALIDADE	LOCAL	DATA
48kg	Arremesso	98kg	Yang Lian (China)	Santo Domingo, República Dominicana	1/10/2006
	Arranco	120kg	Chen Xiexia (China)	Taian, China	21/4/2007
	Total	217kg	Yang Lian (China)	Santo Domingo, República Dominicana	1/10/2006
53kg	Arremesso	102kg	Ri Song-Hui (Coreia do Norte)	Busan, Coreia do Sul	1/10/2002
	Arranco	129kg	Li Ping (China)	Taian, China	22/4/2007
	Total	226kg	Qiu Hongxia (China)	Santo Domingo, República Dominicana	2/10/2006
58kg	Arremesso	111kg	Chen Yanqing (China)	Doha, Qatar	3/12/2006
	Arranco	141kg	Qiu Hongmei (China)	Taian, China	23/4/2007
	Total	251kg	Chen Yanqing (China)	Doha, Qatar	3/12/2006
63kg	Arremesso	116kg	Pawina Thongsuk (Tailândia)	Doha, Qatar	12/11/2005
	Arranco	142kg	Pawina Thongsuk (Tailândia)	Doha, Qatar	4/12/2006
	Total	257kg	Liu Haixia (China)	Chiang Mai, Tailândia	23/9/2007
69kg	●Arremesso	128kg	Liu Chunhong (China)	Pequim, China	13/8/2008
	●Arranco	158kg	Liu Chunhong (China)	Pequim, China	13/8/2008
	●Total	286kg	Liu Chunhong (China)	Pequim, China	13/8/2008
75kg	Arremesso	131kg	Natalia Zabolotnaia (Rússia)	Chiang Mai, Tailândia	25/9/2007
	Arranco	159kg	Liu Chunhong (China)	Doha, Qatar	13/11/2005
	Total	286kg	Svetlana Podobedova (Rússia)	Hangzhou, China	2/6/2006
+75kg	●Arremesso	140kg	Jang Mi-Ran (Coreia do Sul)	Pequim, China	16/8/2008
	●Arranco	186kg	Jang Mi-Ran (Coreia do Sul)	Pequim, China	16/8/2008
	●Total	326kg	Jang Mi-Ran (Coreia do Sul)	Pequim, China	16/8/2008

• *Alguns recordes aguardavam ratificação até o fechamento desta edição.*

●69KG (FEMININO)

A halterofilista Liu Chunhong (China) exibe sua medalha de ouro, após levantar 128kg, na competição feminina dos 69kg, categoria arremesso, no quinto dia dos Jogos Olímpicos de Pequim, China, em 13/8/2008. Liu detém todos os recordes de levantamento de peso para atletas femininas com até 69kg: ela levantou 158kg na categoria arranco, no mesmo evento, e assim conquistou 286kg no total.

SITES OFICIAIS

Levantamento de peso:
www.iwf.net

Esqui aquático:
www.iwsf.com

29/12 A **mãe mais velha** é a espanhola Maria del Carmen Bousada Lara, que tinha 66 anos e 358 dias quando deu à luz os gêmeos Christian e Pau, em Barcelona, Espanha, nesse dia de 2006.

30/12 Na semana que terminou nesse dia de 2007, foram feitos quase 43 milhões de downloads legais de canções nos EUA – número 42,5% maior que o recorde dessa mesma semana no ano anterior.

56: número de horas seguidas que o alemão Michael Kinzel andou num trenó improvisado, em Kirchhundem, Alemanha, de 4 a 6/5/2002.

ESQUI AQUÁTICO

MASCULINO	RECORDE	NOME E NACIONALIDADE	LOCAL	DATA
Slalom	1,5 boia | 9,75m de corda | 58km/h	Chris Parrish (EUA)	Trophy Lakes, EUA	28/8/2005
Slalom (descalço)	20,6 passageiros pela pista em 30s	Keith St Onge (EUA)	Bronkhorstspruit, África do Sul	6/1/2006
Manobras	12.400 pontos	Nicolas Le Forestier (França)	Lac de Joux, Suíça	4/9/2005
Manobras (descalço)	10.880 pontos	Keith St. Onge (EUA)	Adna, EUA	17/9/2006
Salto	74,2m	Freddy Krueger (EUA)	Seffner, EUA	5/11/2006
Salto (descalço)	27,4m	David Small (GB)	Mulwala, Austrália	8/2/2004
Ski fly	91,1m	Jaret Llewellyn (Canadá)	Orlando, EUA	14/5/2000
Geral	2.818,01 pontos*	Jaret Llewellyn (Canadá)	Seffner, EUA	29/9/2002
FEMININO	**RECORDE**	**NOME E NACIONALIDADE**	**LOCAL**	**DATA**
Slalom	1 boia | 10,25m de corda | 55km/h	Kristi Overton Johnson (EUA)	West Palm Beach, EUA	14/9/1996
●		Karina Nowlan (Austrália)	Sacramento, EUA	22/9/2008
Slalom (descalço)	17,0 passageiros pela pista em 30s	Nadine de Villiers (África do Sul)	Witbank, África do Sul	5/1/2001
Manobras	8.740 pontos	Mandy Nightingale (EUA)	Santa Rosa, EUA	10/6/2006
Manobras (descalço)	4.400 pontos	Nadine de Villiers (África do Sul)	Witbank, África do Sul	5/1/2001
Salto	56,6m	Elena Milakova (Rússia)	Rio Linda, EUA	21/7/2002
Salto (descalço)	20,6m	Nadine de Villiers (África do Sul)	Pretoria, África do Sul	4/3/2000
Ski fly	69,4m	Elena Milakova (Rússia)	Pine Mountain, EUA	26/5/2002
Geral	2.850,11 pontos**	Clementine Lucine (França)	Lacanau, França	9/7/2006

** 5@11,25m, 10.730 manobras, 71,7m salto **4@11,25m, 8.680 manobras, 52,1m salto; calculado segundo o método de pontuação de 2006.*

●SLALOM (FEMININO)

Karina Nowlan (Austrália) compete no Campeonato Mundial de Esqui Aquático de 2007. Ela passou a dividir o recorde mundial do *slalom* feminino com Kristi Overton Johnson (EUA) depois de terminarem empatadas na final disputada no dia 22/9/2008, em Sacramento, EUA.

MARATONAS ESPORTIVAS MAIS LONGAS

ESPORTE	TEMPO	NOME E NACIONALIDADE	LOCAL	DATA
Aeróbica	24h	Duberney Trujillo (Colômbia)	Dosquebradas, Colômbia	26–27/2/2005
Arquerismo	27h	Micheal Henri Dames (África do Sul)	Grahamstown, África do Sul	8–9/8/2005
●Beisebol	33h15min45s	Boys of Slumber (EUA)	Long Island, EUA	24–26/5/2008
●Basquete	81h1min	Associação Juvenil Movimento L-V de La Cuesta (Espanha)	Tenerife, Espanha	1–4/7/2008
Basquete em cadeira de rodas	26h3min	Estudantes e funcionários da Universidade de Omaha (EUA)	Omaha, Nebraska, EUA	24–25/9/2004
Boliche de dez pinos	120h	Andy Milne (Canadá)	Mississauga, Ontário, Canadá	24–29/10/2005
Bocha (*indoor*)	36h	Arnos Bowling Club (RU)	Southgate, RU	20–21/4/2002
●Bocha (*outdoor*)	168h	Lloyd Hotel Bowling Club (RU)	Manchester, RU	25/10–1/11/2008
●Críquete	66h16min	Raymond Terrace District Cricket Club (Austrália)	Raymond Terrace, Austrália	24–27/1/2009
Curling	40h23min	B. Huston, C. McCarthy, G. Poole, K. McCarthy, K. Martin, M. Witherspoon, R. Martin, T. Gouldie, T. Teskey, W. From (Canadá)	Brandon, Manitoba, Canadá	9–10/3/2007
●Dardo (duplas)	27h22min	Jeff Garland, Tony Gafa, Ian van Veen, John Goggin (Austrália)	Wyee Point, Austrália	30–31/8/2008
●Dardo (individual)	26h42min	Stephen Wilson e Robert Henderson (RU)	Palnackie, Escócia, RU	20–21/6/2008
Fistball (*indoor*)	24h	TG 1855 Neustadt bei Coburg e.V. (Alemanha)	Frankehalle, Neustadt, Alemanha	16–17/4/2005
Floorball	24h15min	TRM Floorball e Hornets Regio Moosseedorf Worblental (Suíça)	Zollikofen, Suíça	27–28/4/2007
●Futebol	33h36min	Times Adesa e Stantec (Canadá)	Edmonton, Alberta, Canadá	9–10/8/2008
Futebol (5 x 5)	24h30min	Rossendale Mavericks e Fearns Community Sports College (RU)	Waterfoot Rossendale, RU	23–24/11/2007
Handebol	70h	HV Mighty/Stevo team (Holanda)	Tubbergen, Holanda	30/8–2/9/2001
●Hóquei no gelo	241h21min	Brent Saik and friends (Canadá)	Strathcona, Alberta, Canadá	8–18/2/2008
●Hóquei (*indoor*)	50h	Times Bert & Macs e Mid-Town Certigard (Canadá)	Lethbridge, Alberta, Canadá	25–27/3/2008
Hóquei sobre patins	24h	8K Roller Hockey League (EUA)	Eastpointe, Michigan, EUA	13–14/9/2002
●Hóquei de rua	105h17min	Times Molson Canadian e Canadian Tire (Canadá)	Lethbridge, Alberta, Canadá	20–24/8/2008
●Corfebol	30h2min	Kingfisher Korfball Club (RU)	Larkfield, Kent, RU	14–15/6/2008
●Netbol	58h	Sleaford Netball Club (RU)	Sleaford, Lincolnshire, RU	25–27/7/2008
Parasailing	24h10min	Berne Persson (Suécia)	Lake Graningesjön, Suécia	19–20/7/2002
Petanca	40h9min	Bevenser Boule-Freunde (Alemanha)	Bad Bevensen, Alemanha	22–23/7/2006
●Bilhar (individual)	53h25min	Brian Lilly e Daniel Maloney (EUA)	Spring Lake, Carolina do Norte, EUA	10–12/10/2008
Esqui	202h1min	Nicky Willey (Austrália)	Thredbo, Austrália	2–10/9/2005
Snowboard	180h34min	Bernhard Mair (Áustria)	Bad Kleinkirchheim, Áustria	9–16/1/2004
●*Spinning* (ciclismo estático)	185h42min	Tom Seabourne (EUA)	Mt. Pleasant, Texas, EUA	5–12/12/2008
●Futebol de botão	51h52min	Alexander Gruber, Roman Schelling, Enrico Lechtaler, Christian Nägele (Áustria)	Bregenz, Áustria	27–29/6/2008
Tênis de mesa (duplas)	101h1min11s	Lance, Phil e Mark Warren e Bill Weir (EUA)	Sacramento, Califórnia, EUA	9–13/4/1979
Tênis de mesa (individual)	132h31min	Danny Price e Randy Nunes (EUA)	Cherry Hill, Nova Jersey, EUA	20–26/8/1978
Tai chi	25h5min	Ken Dickenson e Kevin Bartolo (Austrália)	Sutherland, NGS, Austrália	17–18/3/2006
●Tênis (duplas)	50h0min8s	Vince Johnson, Bill Geideman, Brad Ansley e Allen Finley (EUA)	Hickory, Carolina do Norte, EUA	7–9/11/2008
●Tênis (individual)	31h35min30s	George L. Bolter e Athos Rostan III (EUA)	Hickory, Carolina do Norte, EUA	8–9/11/2008
●Vôlei de praia	24h10min	K. Garbulski, M. Fuks, A. Jankowski e T. Konior (Polônia)	Ustka, Polônia	27–28/6/2008
●Vôlei (*indoor*)	55h3min	SVU Volleybal (Holanda)	Amsterdã, Holanda	20–22/12/2008
Wakeboard	6h17min	Ian Taylor (RU)	Milton Keynes, RU	1/9/2004

***Nota:** As diretrizes das maratonas esportivas do GWR são constantemente atualizadas – antes de tentar bater um recorde, entre em contato conosco.*

31/12 O protótipo soviético Tupolev Tu-144 decolou pela primeira vez nesse dia de 1968, realizando o **primeiro voo comercial supersônico**.

AGRADECIMENTOS/CRÉDITOS

O *GWR* deseja agradecer aos seguintes indivíduos, empresas, grupos, sites, sociedades, escolas, faculdades e universidades por seu apoio à edição 2010: 3run, Brenden Adams e família, Willie Adams, Bender Helper Impact (Susan Bender, Adam Fenton, Mark Karges, Chrissy Kelleher, Brian Reinert, Shannon Swaggerty e Sally Triebel), Oliver Blagden, Blue Peter Production, BBC 1, Luke e Joseph Boatfield, Book Marketing Ltd. (Steve Bohme e Rachel Levin), Alfie Boulton-Fay, Ceri, Katie e Georgie Boulton, Olivia Boulton, Box Office Mojo, Brand Museum, Notting Hill, CCTV (Guo Tong), Hospital Chulalongkorn, em Bangcoc, Tailândia, Clara e Camille Chambers, ChartTrack, Edd e Imogen China, Adam Cloke, Departamento de Bombeiros de Cobourg, Ontário, Canadá, Collaboration Inc. (Miho Goto, Suzuki San), Mark Collins, Creo (Richard Saysell e Iain Johnstone), Kenneth e Tatiana Crutchlow (Sociedade de Remo Oceânico), Josh Cushins, Gordner Dan (X Games), Chi Danny (X Games), Davies Media (Ceri Davies e Charlotte O'Brien), Bryn Downing (INP Media), Malee Duangdee e família, Louis Epstein, Ermanno Pietrosemoli Escuela Latinoamericana de Redes, Europroducciones (Marco Fernandez de Araoz, Mar Izquierdo, Sheila Izquierdo, Maria Ligues, Stefano Torrisi, Gabriela Ventura), Amelia Ewen, Toby Ewen, explorersweb.com, Debbie Ezel, Rachel Falikoff, Imageworks, Molly e Isobel Fay, Flora London Marathon (Natasha Grainger e Nicola Okey), Kate Fisher (St. Pancras Press Officer), Rob Fraser, Ansley Fuks, Thomasina Gibson, Dorotka Girton, Gladstone Skate Park, Michigan, EUA, Ryan, Brandon e Jordan Greenwood, Victoria Grimsell, Greg Grusby (Industrial Light & Magic), Michael Hebranko, Stuart Hendry Hit Entertainment, Japão (Jun Otsuki e Frank Foley), Marsha Hoover, Anne-Mareike Homfeld (Agência Espacial Europeia), Hotel Arts, Barcelona, Bill Hughes (consultor de engenharia não oficial), Simon Hughes (consultor de carros não oficial), Caroline Iggulden (The Sun), imdb.com, Panoula Ioannidou (Gerente, 40 Savile Row), ITV Productions (Laurence Blyth, Malcolm Donkin, Paul Ritz e Emma Wilkinson), Lodato Jason (NBA), Stokel John (Rob Dyrdek's Fantasy Factory), Richard Johnston, Simon Jones, Barberan Karen (NBA), Robshaw Kelly (X Games), Sultan Kosen e família, Lacey Leavitt, Don Levy (Sony Pictures, London Aquarium, All at Macmillan Distribution, Manda (Carey e Nick), Jim Manion (Federação Internacional de Fisiculturismo), Carla Maroussas (Ascent Media), metacritic.com, Morgan Middle School, Ellensburgh, W. A., Motion Capture Society, Murphy Marc (X Games), Lori Mezhoff, Blackwell Michelle (NBA), Aeroporto Myrtle Beach, Carolina do Sul, EUA, Nationmaster.com, Nitro Circus (Smoler Barry e Zablow Shanna), Norddeich TV (York Altendorf, Thomas Goseberg, Rainer Noseck, Ollie Wieberg), Olga TV (Jude, Bert e Paul O'Grady), Outline Productions (Rainer Chapman, Selina Ferguson, Ian Homans, Diana Hunter, Steve Kidgell, Laura Mansfield, Jamie Starr, Janine Terry, Helen Veale), Sullivan Patrick (NBA), Kate Perkins, Daniel Phillips, Julia Pistor, POD Worldwide (Yip Cheong, Christy Chin, Alex Liew), Sean Porter, The Queens Head & Artichoke Public House, Londres, Buchholz Rachel (NGK), R&G Productions (Stéphane Gateau, Patrice Parmentier, Jean-Francois Peralta, Jerome Revon), Martyn Richards Research (Martyn Richards), Michael Rummery, Anna Rutherford, Sassy (Nikki Gillespie e Steve Kemsley), Robyn Scott, Austin Scott, Thomas Sergeant, Sky1 (Helen Devonald, Kirsty Howell, Emma Read, Louise Snell, Ben Tattersal-Smith, James Townley, Sophie Turner-Laing e Nicky White), Marcela Soukupova, Wacharasindhu Suttipong (Hospital Chulalongkorn, Tailândia), Charlie Taylor, Holly Taylor, Television News Release (Amanda e Claire), Hand Theo (www .dannyway.com), Simon Thompson, TIHE (Peter Harper), Twin Galaxies, Jessica, Isabel e Samuel Way, Weezer, Kate White, Daniel Woods e Claire Woodward.

IN MEMORIAM

Amy, o **coelho mais comprido**; Sandy Allen, **mulher mais alta**; Maria de Jesus, **mulher mais velha**; Edna Parker, **mulher mais velha**.

CRÉDITOS DAS IMAGENS

2 Rex Features; Rex Features/Maurice McDonald/PA; **3** Getty Images; NASA/AP/PA; **5** Paul Michael Hughes/GWR; Nick Garbutt/NHPA; **6** Ranald Mackechnie/GWR; S. Blair Hedges; Richard Bradbury/GWR; Rick e Nora Bowers/Alamy; **7** Getty Images; Getty Images; Ranald Mackechnie/GWR; Getty Images; Drew Gardner/GWR.

Introdução brasileira

8 Ingrid Christina; Diego Dadalt; **9** Reginato Junior; Paul Michael Hughes/GWR; Eduardo Naddar; **10** Paul Michael Hughes/GWR; Rodrigo Montenegro; **11** Alex Livesey/Getty Images; Daniel Garcia/Getty Images; Alexandre Lischka; Pedro Monteiro.

12 Mary Evans Picture Library; Getty Images; Alamy; Charles Walker/Topfoto; J. Wood/showhistory.com; Getty Images; Patrice Fury/Rex Features; Getty Images; **13** Jeff Haynes/Getty Images; Getty Images; Getty Images; Getty Images; Getty Images; **14** Paul Michael Hughes/GWR; **15** Paul Michael Hughes/GWR; **16** Griff Stefan Gregorowius/RTL; Stefan Gregorowius/RTL; Andi Southam/Sky1; Paul Michael Hughes/GWR; Paul Michael Hughes/GWR; **17** Yolanda de Santos; John Wright/GWR; Paul Michael Hughes/GWR; **18** Paul Michael Hughes/GWR; Nick Hannes/Panos/GWR; **19** Dave Nelson; PA; **20** NASA; **22** Astrium (P. Dumas); NASA; Melinda Podor/Alamy; **23** NASA; NASA; NASA; NASA; **24** NASA **25** NASA; D. Ducros/CNES; NASA; **26** NASA; NASA; Ralph Morse/Getty Images; **27** NASA; NASA; NASA; **28** NASA; NASA; NASA; Getty Images; **29** Detlev Van Ravenswaay/Science Photo Library; NASA; NASA; NASA; **30** David Welling/Nature PL; **32** Adam Woolfitt/Robert Harding; Science Photo Library; Alamy **33** Stephen Alvarez/National Geographic; Fabrizio Villa/Getty Images; **34** Bill Frymire/Alamy; Paiwei Wei/Getty Images; W. Robert Moore/Getty Images; **35** Kevin Schafer/NHPA; Photolibrary; Dennis Flaherty/Getty Images; **36** Galen Rowell/Alamy; Walter Bibikow/Reflex Stock; Rex Features; **37** Yoshio Tomii/Photolibrary; dr. George Beccaloni/Science Photo Library; David Madison/Getty Images; **38** NASA; Getty Images; Alamy; Getty Images; **39** Philippe Bourseiller/Getty Images; David Tipling/Alamy; Alamy; **40** Bruno Morandi/Photolibrary; John Pennock/Getty Images; Alamy; Alexander Walter/Getty Images; **41** Pavel Filatov/Alamy; Jeff Foott/Getty Images; **42** David B. Fleetham/Photolibrary; Robin Smith/Photolibrary; Seapics; **43** Getty Images; Geoscience Australia; Pete Atkinson/Getty Images; **44** Science Photo Library; Fred Olivier/Nature PL; **45** Denis Sarrazin/ArcticNet/Centro de Estudos Nórdicos; Gordon Wiltsie/National Geographic; **46** Richard Du Toit/FLPA; **48** Rob Lind; Natural History Museum/PA; Daniel Heuclin/NHPA; John S Ascher; Bruce Beehler/NHPA; **49** Mark Webster/Photolibrary; Satoshi Kuribayashi/Photolibrary; **50** David Bickford; Alamy; Lynda Richardson/Corbis; **51** Mark Moffett/FLPA; Geoff Brightling/Getty Images; Geoff Brightling/Getty Images; **52** S Blair Hedges; Juan Carlos Ulate/Reuters Tony Crocetta/NHPA; **53** David A. Northcott/Corbis Nick Garbutt/NHPA; Gabriele Gentile; **54** Johnny Jensen/Image Quest Marine; Burt Jones e Maurine Shimlock/NHPA; Jonathan Bird/SeaPics; **55** R. Nicholls; Peter Arnold/Alamy; William West/Getty Images; **56** Lee Dalton/Photoshot; Ben Osborne/Getty Images; Joseph Van Os/Getty Images; **57** Mike Briner/Alamy; Dave King/Getty Images; Peter Dazeley/Getty Images; Jeff Harris/Getty Images; Alex Cao/Getty Images; Catherine Ledner/Getty Images; Igor Shpilenok/Nature PL; **58** Andrea Ferrari/NHPA; Yves Lefevre/Still Pictures; Reuters; **59** Bela Szandelszky/Getty Images; Morales/Photolibrary; Rick e Nora Bowers/Alamy; Getty Images **60** Ranald Mackechnie/GWR; **62** Chris Stowers/Panos; **63** Paul Michael Hughes/GWR; Ranald Mackechnie/GWR; Richard Bradbury/GWR; **64** Paul Michael Hughes/GWR; Richard Bradbury/GWR; **65** George Legeros; John Wright/GWR; **66** Survival International; Carol Becker/Angela Fisher/Getty Images; **67** Getty Images; Getty Images; Gavin Hellier/Robert Harding; Tengku Bahar/Getty Images; **68** Photolibrary; Rex Features; Splash News; **69** ABC News; Jane Stockman/Getty Images; **70** Polaris/Eyevine; Frazer Harrison/Getty Images; Barcroft Media; **71** Adam Bouska; AP/PA Sanjit Das/Barcroft Media; **72** Richard Bradbury/GWR; Patrick Brown/GWR; **73** Nir Elias/Reuters; Rob Fraser/GWR; **74** Ranald Mackechnie/GWR; **76** John Wright/GWR; John Wright/GWR; Ranald Mackechnie/GWR; **77** John Wright/GWR; **78** John Wright/GWR; John Wright/GWR; John Wright/GWR; **79** John Wright/GWR; Fahad Shadeed/Reuters; John Wright/GWR; **80** Paul Michael Hughes/GWR; John Wright/GWR; **83** Ian West/PA; **85** Bjoern Sigurdsoen/Getty Images; **87** Warren Lynam; Ken Platt Sr.; **88** Richard Bradbury/GWR; **90** John Wright/GWR; **92** Rex Features; Reuters; Ole Morte Aanestad/Getty Images; **93** Sebastian D'Souza/Getty Images; Gordon Sinclair/Rex Features; Getty Images; **94** Marcel Mochet/Getty Images; Yvan Zedda/Gitana SA; **95** Rodger Bosch/Getty Images; Guy Salter/Getty Images; Vivek Prakash/Reuters; **96** Adrian Bitoiu; **97** Michael Maloney/Corbis; Michael Maloney/Corbis; David Paterson/Alamy; **98** Getty Images; AP/PA; Rex Features; **99** Thierry Martinez/Getty Images; Joe Raedle/Getty Images; **102** Chuck Kennedy/Getty Images; Robert Nickelsberg/Getty Images; **104** John Wright/GWR; Nate Christenson; Wally Pacholka; **105** Richard Bradbury/GWR; **106** John Wright/GWR; Mireille Vautier/Alamy; Alamy; Holly Stein/Getty Images; Moviestore Collection; **107** Roberto Schmidt/Getty Images; Corbis; Brad Mangin/Getty Images; Alamy; Yuri Cortez/Getty Images; **108** Patrick Landmann/Science Photo Library; Eliseo Fernandez/Reuters; **109** Mariana Bazo/Reuters; Pilar Olivares/Reuters; Paul Souders/Getty Images; **110** Alamy; Mauro Azzura; **111** Bill Zygmant/Rex Features; Andre Jenny/Alamy; **112** WENN; Joe McGorty/GWR; **113** Rex Features; Darren Staples/Reuters; **114** Franck Fife/Getty Images; Frank Micelotta/Getty Images; **115** Clive Rose/Getty Images; **116** PA Jasper Juinen/Getty Images; **118** Peter Adams/Getty Images; **119** WENN; Nils-Johan Norenlind/Getty Images; **120** John Wright/GWR; John Wright/GWR; **121** Hoge Noorden/EPA; Alamy; **124** Rex Features; Kazbek Basayev/Getty Images; Ziyah Gafic/Getty Images; **125** Eliana Aponte/Reuters; **126** Khaled al-Harir/Reuters; **128** Euan Denholm/Reuters; Dave M. Benett/Getty Images; Robert Hollingworth/Alamy; **129** David Preston/Alamy; David Sacks/Getty Images; Schalk van Zuydam/AP/PA; **131** Ray Tang/Rex Features; **132** Chris Jackson/Getty Images; **133** Roslan Rahman/Getty Images; David Longstreath/AP/PA; **134** Rex Features; **135** Menard Cosmetic Co. Ltd.; Yoshikazu Tsuno/Getty Images; **136** William West/Getty Images; **137** Cameron Spencer/Getty Images; Adam Butler; Richard G. Robinson; **138** Ranald Mackechnie/GWR; **140** Ranald Mackechnie/GWR; Ranald Mackechnie/GWR; Ranald Mackechnie/GWR; **141** John Wright/GWR; **142** Guy Harrop/Barcroft Media; Warren Allott/MaxPPP; **143** Luis Acosta/Getty Images; Ranald Mackechnie/GWR; **144** Ray Tang/Rex Features; **146** WENN; **147** Paul Michael Hughes/GWR; Shaun Curry/Getty Images;

3 milhões: número de participantes da **maior manifestação antiguerra** – o protesto contra a invasão americana do Iraque, em Roma, Itália, em 15/2/2003.

100

148 Issouf Sanogo/Getty Images; Judith Erawati/Getty Images; James Balog/Getty Images; Mary Plage/Photolibrary; Eugenio Opitz/Alamy; **149** Getty Images; **150** Richard Drew/AP/PA; Craig Ruttle/AP/PA; Michael Buckner/Getty Images; Mario Tama/Getty Images; **153** Mike Clarke/Getty Images; Nigel R. Barklie/Rex Features; Tsvangirayi Mukwazhi/AP/PA; **152** AP/PA; Timothy A Clary/Getty Images; Corbis; **153** Michael Kooren/Getty Images; John D. McHugh/Getty Images; **154** Getty Images; South West News Service; Carlos Laprida/South West News Service; Alfred de Montesquiou/AP/PA; **155** Susan Walsh/AP/PA; Qassim Abdul-Zahra/AP/PA; Getty Images; **156** Getty Images; Getty Images; WENN; Kin Cheung/AP/PA; **157** Karim Sahib/Getty Images; Rex Features; **159** Leonhard Foeger/Reuters; **160** Paul Michael Hughes/GWR; Bart Joosen; John Wright/GWR; **161** Mariana Bazo/Reuters; John Wright/GWR; **162** Ranald Mackechnie/GWR; **163** Rex Features; **164** Alexander Hassenstein/Getty Images; **167** Barcroft Media; **168** Mykel Nicolaou; Shelley Mays/AP/PA; **171** Chris Ison/PA; **172** Mark Wagner/aviation-images.com; IFAW; Getty Images; **173** Steven Day/AP/PA; David Paul Morris/Getty Images; Fabrice Coffrini/Getty Images; aviation-images.com; **174** China Photos/Getty Images; Gareth Fuller/PA; **176** Ho New/Reuters; QinetiQ; QinetiQ; **177** Linda Sikes/Alamy; **178** Rex Features; Rex Features; Darkone; Lola Katania/Getty Images; Alamy; Mathias Beinling/Alamy; David Parker/Alamy; Paul Thompson/Photolibrary; **179** Rex Features; Roy Rainford/Getty Images; Alamy; David Shankbone; Nina Aldin Thune; Paul Springett/Alamy; Allan Baxter/Getty Images; Jonathan Martz; **180** Martial Trezzini/AP/PA; Valentin Flauraud/Reuters; **181** Science & Society; **182** Ranald Mackechnie/GWR; Pat Wellenbach/AP/PA; Mykel Nicolaou/GWR; **183** Ranald Mackechnie/GWR; Ranald Mackechnie/GWR; Ranald Mackechnie/GWR; **184** Dominion; dr. I. J. Stevenson; dr. I. J. Stevenson; **185** Kevin Foy/Alamy; Susan Vogel/Getty Images; **187** ESA – AOES Medialab; **188** Reuters; Anwar Hussein/WENN; **189** Jae C. Hong/AP/PA; Andre Csillag/Rex Features; Chip Somodevilla/Getty Images; Ron Sachs/Getty Images; **190** Paul Melcher/Rex Features; **191** Ed Oudenaarden/Getty Images; Saeed Moghaddam; WENN; Denver Post; **192** Edgar Mueller/Rex Features; **194** Frederick Warne & Co./Sotheby's Francois Guillot/Getty Images; **195** Herbert Knosowski/AP/PA; Shaun Curry/Getty Images; Ragnar Th. Sigurdsson/Robert Harding; Ragnar Th. Sigurdsson/Robert Harding; Ragnar Th. Sigurdsson/Robert Harding; **196** J. Paul Getty Museum; North News; **197** Kodak; Nicholas Kamm/Getty Images; **198** Lester Cohen/Getty Images; Frank Micelotta/Getty Images; Sci Fi Channel/Kobal; **199** BBC; Getty Images; Sergei Bachlakov/Getty Images; Rex Features; **200** NBC/Rex Features; 20th Century Fox/Rex Features; **201** ABC/Rex Features; Dave Hogan/Getty Images; John Wright/GWR; **202** Rex Features; Ken McKay/Rex Features; Shirlaine Forrest/Getty Images; Getty Images; **203** ITV/Rex Features; Rex Features; Rex Features; Ken McKay/Rex Features; **204** United Artists; Rex Features; J. Vespa/Getty Images; Getty Images; **205** Moviestore Collection; Moviestore Collection; Moviestore Collection; Ian West/PA; PA; **206** Jason LaVeris/Getty Images; Jon Furniss/Getty Images; DreamWorks; 20th Century Fox; **207** Mike Marsland/Getty Images; John Wright/GWR; Jon Kopaloff/Getty Images; **208** Disney/Moviestore Collection; AFP; Summit Entertainment; **209** Paramount Pictures; Bridgit Folman Film Gang; Warner Bros./Kobal; **210** Rex Features; Rex Features; Dreamworks/Ronald Grant; **211** Warner Bros.; Clay Enos/Warner Brothers; Moviestore Collection; Moviestore Collection; Columbia Pictures; **212** Scott Myers/Rex Features; United Artists; Eon Productions/Ronald Grant; United Artists/Kobal; Eon Productions/Ronald Grant; Moviestore Collection; Rex Features; Rex Features; Rex Features; **213** Rex Features; Rex Features; Moviestore Collection; **214** Gregg Delman/Rex Features; Joe Kohen/Getty Images; Rex Features; Michael Caulfield/Getty Images; **215** WENN; Stefan Jeremiah/Getty Images; Frank Micelotta/Getty Images; **216** Dave Hogan/Getty Images; Walt Disney Pictures/Kobal; **217** George Pimentel/Getty Images; Patricio Garcia/Getty Images; John Wright/GWR; **219** Paul Michael Hughes/GWR; **220** Adam Pretty/Getty Images; **222** Paul Michael Hughes/GWR; Stephen Sylvanie; **223** Norman Kent/Barcroft Media; **224** Paul Spinelli/Getty Images; Jim McIsaac/Getty Images; Mike Roemer/AP/PA; **225** Kevin Terrell/Getty Images; Ben Liebenberg/Getty Images; Jamie Squire/Getty Images; **226** Oleg Nikishin/Getty Images; Michael Steele/Getty Images; Vladislav Galgonek/AP/PA; **227** Nicolas Asfouri/Getty Images; Michael Steele/Getty Images; Mark Dadswell/Getty Images; **228** Getty Images; Timothy A. Clary/Getty Images; Ranald Mackechnie/GWR; **230** Jonathan Ferrey/Getty Images; Chris Graythen/Getty Images; Ross Land/Getty Images; **231** Rusty Jarrett/Getty Images; Corbis; Clive Mason/Getty Images; **232** Marco Spelten; Matt King/Getty Images; **233** Reuters; Troy Fleece/AP/PA; Christian Petersen/Getty Images; International Handball Federation; **234** Jeff Gross/Getty Images; Damian Strohmeyer/Getty Images; Al Bello/Getty Images; **235** Duane Burleson/AP/PA; John R. McCutchen/Getty Images; **236** Fernando Medina/Getty Images; D. Clarke Evans/Getty Images; Brian Babineau/Getty Images; **237** Noah Graham/Getty Images; David Liam Kyle/Getty Images; Garrett W. Ellwood/Getty Images; **238** Joe Murphy/Getty Images; **239** Christopher Ivey/Getty Images; Joe Murphy/Getty Images; **240** Toshifumi Kitamura/Getty Images; John Gichigi/Getty Images; **241** Kazuhiro Nogi/Getty Images; Pekka Sakki/Getty Images; George Pimentel/Getty Images; **242** Stephen Pond/PA; Marty Melville/Getty Images; Shakil Adil/AP/PA; **243** Duif du Toit/Getty Images; Simon Baker/Reuters; **244** Steve Buddendeck/ESPN; **245** Stefan Rousseau/PA; Michael Kappeler/Getty Images; Phil Walter/Getty Images; Mike Hewitt/Getty Images; **246** Doug Pensinger/Getty Images; Patrick Hertzog/Getty Images; Glyn Kirk/Getty Images; Patrick Hertzog/Getty Images; **247** Keith Turner/Turning Images; Ronald Martinez/Getty Images; Paul Michael Hughes/GWR; **248** Getty Images; Itsuo Inouye/AP/PA; Reuters; Darren Walsh/Action Images/Reuters; **249** PA; Matthew Ashton/PA; Mirrorpix; Patrik Stollarz/Getty Images; **250** Andy Lyons/Getty Images; Andrew Redington/Getty Images; **251** David Cannon/Getty Images; Robert Laberge/Getty Images; Ross Kinnaird/Getty Images; **252** Jim McIsaac/Getty Images; Jeff Vinnick/Getty Images; **253** Andre Ringuette/Getty Images; Jim McIsaac/Getty Images; Scott Audette/Getty Images; **254** Warren Little/Getty Images; Clive Rose/Getty Images; David Rogers/Getty Images; **255** Warren Little/Getty Images; Toshifumi Kitamura/Getty Images; Lionel Bonaventure/Getty Images; **256** Laurent Fievet/Getty Images; Don Emmert/Getty Images; **257** Pierre Verdy/Getty Images; **258** Shaun Botterill/Getty Images; Mark Ralston/Getty Images; Speedo; **259** Getty Images; Manan Vatsyayana/Getty Images; Francois-Xavier Marit/Getty Images; **260** David Shepherd; **261** Courtney Crow/Sport The Library; Jeff Crow/Sport The Library; **262** Jed Jacobsohn/Getty Images; Christian Pondella/ESPN; **263** Tony Donaldson/Icon SMI/ESPN; Tony Donaldson/Icon SMI/ESPN; **264** Barry Batchelor/PA; Gaye Gerard/Getty Images; Maiju Saari; **265** Paul Michael Hughes/GWR; Bradley Kanaris/Getty Images; Bradley Kanaris/Getty Images; **266** Michael Steele/Getty Images; Samuel Kuban/Getty Images; **268** Mark Dadswell/Getty Images; **269** Bob Thomas/Getty Images; **271** Kiyoshi Ota/Getty Images; George Frey/Reuters; **272** Gerard Julien/Getty Images; Clive Brunskill/Getty Images; **273** Olivier Morin/Getty Images; Andreas Rentz/Getty Images; **274** Shaun Botterill/Getty Images; Clive Brunskill/Getty Images; **275** IWSF; **284** Sang Tan/AP/PA; Ronaldo Schemidt/Getty Images; **285** David Levenson/Getty Images; **286** Gerry Penny/Getty Images; Getty Images; The Art Archive; AKG Images; Adrian Dennis/Getty Images; **287** Corbis; Museu de História Natural da Universidade de Oxford; NASA.

GUARDAS:

Início (da esq. para a dir.) mais longa queda contínua de dominós em fileira, pinhata de carnaval na Filadélfia, maior torta de batata, maior cafeteira, corrida mais rápida através do Canadá (mulher), viagem mais longa em uma lambreta, maior torneio de golfe de um dia, mais pessoas escovando os dentes (mesmo local), maior alcance vocal (feminino), maior bufê, uva cuspida a maior distância, mais nórdicos andando simultaneamente, maiores calças, mais castelos de areia construídos em 1h, maior árvore de óvos de Páscoa, maior brincadeira de telefone sem fio, toboágua mais alto, mais cortes de cabelo seguidos (equipe, em 24h), torre de cubos de açúcar mais alta, primeira dupla de mãe e filho a alcançar um polo, maior coleção de fichas de cassino, show a maior altitude (em terra), mais canecas de cerveja carregadas por 40m, maior documento legal, maior incentivo por líderes de torcida, turnê britânica com maior vendagem, menor tempo para acolchoar uma cama, maior presunto cozido, maior velocidade em um *zipflbob*, maior embalagem de xampu, maior dança do pau de fita, maior cueca, maior aula de esqui, mais pessoas batendo na cabeça e esfregando a barriga, maior coleção de consoles de videogame que funcionam, maior apresentação de hidroginástica.

Fim (da esq. para a dir.) maior café da manhã (em um só local), maior copo de cerveja, maior orquestra de ocarinas, bambolê gigante (mais rotações em 1min), maior painel de pintura por números, maior mosaico de biscoitos, pilha de paparis mais alta, maiores botas de caubói, mais pessoas jogando diabolô, maior fita de alcaçuz, maior fileira de sanduíches, mais pessoas correndo 100m em revezamento de 24h, maior evento de degustação de vinhos (diversos locais), maior estrutura de latas de alimentos, maior dança Bollywood, maior dança de quadrilha (diversos locais), maior brincadeira de telefone sem fio, maior mosaico de doces, maior taça de champanhe, mais pessoas em sessões de reflexologia simultâneas, maior torre de biscoitos, maior livro de biografia em um volume, maior pilha de blocos de concreto quebrados com a cabeça, maior mosaico de rolhas, maior torneio de pedra, papel e tesoura, menor tempo para puxar um ônibus articulado por 50m, maior *gazpacho*, maior distância corrida a três pernas em 24h, maior dança "*time warp*", mais buracos acertados em campo de minigolfe em 24h, mais pessoas lambendo pirulitos, maior coleção de artigos do Pato Donald, maior volume de trigo colhido em 8h (equipe), maior pintura com impressões da palma das mãos, primeira expedição ao polo Norte no inverno, guitarrista mais rápido, maior painel de acrílico, maior travesseiro, maior chave.

ÍNDICE

ÍNDICE

O índice deste ano está organizado em duas partes: por assunto e por superlativos. As entradas em **negrito** no índice por assunto indicam seções do livro; as entradas em **MAIÚSCULAS** indicam capítulos. Não são listados nomes de pessoas.

ASSUNTO

32,2cm: espessura do **livro mais grosso**, a edição limitada *The Complete Miss Marple*, de Agatha Christie (RU), lançado pela HarperCollins em 20/5/2009.

ÍNDICE DE SUPERLATIVOS

EM CIMA DA HORA

●RECORDE DE EMBAIXADAS (MASCULINO)

Em evento organizado pela Sony PlayStation no Covent Garden, em Londres, RU, de 30/4 a 1/5/2009, Dan Magness (RU) manteve uma bola de futebol no ar e em movimento constante por 24h. Dan realizou um total de cerca de 250 mil embaixadinhas sem deixar a bola cair!

★MAIOR FRASCO DE XAMPU

Um frasco de xampu de 4,70 x 1,54m e 1.045kg foi produzido pela Ismail Abu Dawood Trading Co. para a loja Hiper Panda de Al-Andalus, em Jidá, Arábia Saudita, no dia 10/3/2009.

●MAIOR PRATO DE MACARRÃO

A rede de restaurantes Wataniya, da Sbarro (Qatar), preparou um prato de macarrão com 4.430kg no Clube de Golfe de Doha, Qatar, no dia 20/3/2009.

●MAIOR PRESÉPIO

Com 1.802 peças contadas em 14/3/2009, o maior presépio do mundo é o do Museo dei Sogni e Della Memoria, em Feltre, Itália.

★APRESENTAÇÃO MAIS LONGA DE UM COMEDIANTE

O comediante irlandês Tommy Tiernan apresentou-se no teatro Nuns Island, em Galway, Irlanda, durante 36h15min. O evento começou às 15h de uma sexta-feira, 10/4/2009, e terminou às 15h15 do domingo, 12/4.

●MAIOR BUFÊ

A Associação de Chefs de Kusadasi montou um bufê com 1.028 pratos diferentes no 5º Festival Anual Gastronômico de Kusadasi, realizado no Resort de Pine Bay, em Kusadasi, Turquia, no dia 18/4/2009.

★SLALOM DE 20 CONES MAIS RÁPIDO COM PATINS INLINE (DE COSTAS)

Paul Randles (RU) realizou um *slalom* de 20 cones patinando de costas em 5,62s, no set do programa *Guinness World Records*, em Madri, Espanha, no dia 23/1/2009.

●MAIOR ALTITUDE ALCANÇADA EM MOTOCICLETA

Seis indianos do Clube de Moto North Calcutta Disha andaram em suas motos Hero Honda a 6.245m de altitude, na cadeia Changchemno, próximo a Marsemikla, Índia, em 29/8/2008.

FATO

O Fenerbahçe Sports Club, da Turquia, não é apenas um time de futebol: também possui equipes e atletas de esportes como basquete, boxe e natação, entre outros.

●MAIOR CAMISA DE TIME DE FUTEBOL

A AVEA criou uma camisa do Fenerbahçe com 71,35 x 79,15m para um evento organizado pela Efor Turizm Organizasyon VE TIC Ltd. no estádio Sükrü Saracoglu, em Istambul, Turquia, em 5/4/2009.

●MENOR TEMPO PARA ACOLCHOAR UMA CAMA

Em 17/9/2008, Alan Hughes (Irlanda) cobriu uma cama com um acolchoado especial em apenas 42,97s, no set do programa *Irland AM*, da TV3, em Dublim, Irlanda.

★CAMPEÃ DE BOXE MAIS VELHA

Terri Moss (EUA, 25/1/1966) tinha 41 anos e 105 dias quando derrotou Stephanie Dobbs (EUA) e conquistou o título dos pesos pluma da Federação Internacional de Boxe Feminino (WIBF), em Tulsa, EUA, no dia 10/5/2007.

●MAIS PESSOAS SE BEIJANDO SIMULTANEAMENTE

Nada menos que 39.879 pessoas se beijaram ao mesmo tempo em evento organizado pelo Gobierno del Distrito Federal na Cidade do México, em 14/2/2009. O total é um número ímpar por terem sido permitidos beijos envolvendo mais de duas pessoas (como duas crianças beijando um pai).

42,69m²: área do **maior cartão postal** do mundo, recorde estabelecido em Krefeld, Alemanha, no dia 10/5/2009.

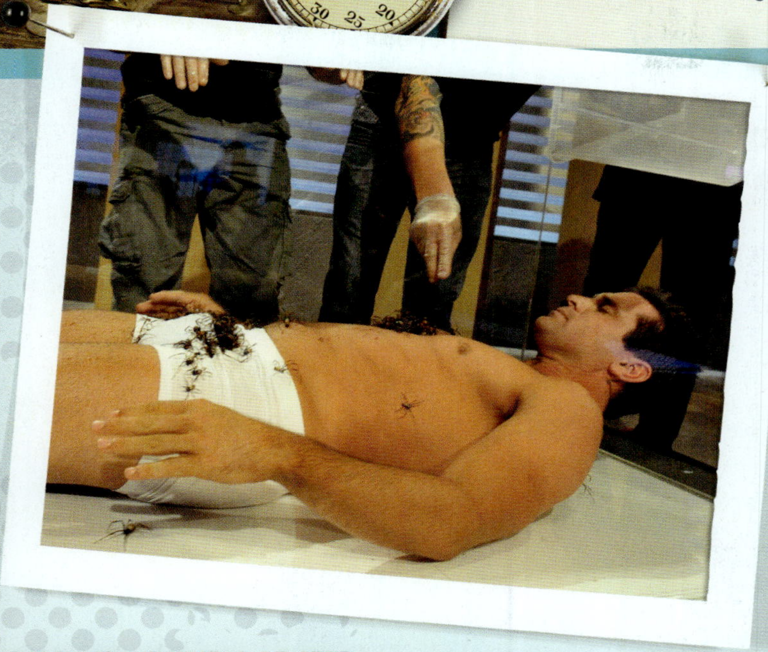

●MAIS ARANHAS SOBRE O CORPO POR 30S

Shane Crawford (Austrália), ex-esportista profissional e campeão da AFL, manteve 153 aranhas sobre seu corpo por 30 segundos no set do programa *The Footy Show*, em Melbourne, Austrália, no dia 23/4/2009.

●MAIS MOVIMENTOS DE STEP EM 1H COM MOCHILA DE 18KG

Essa é para os fanáticos por malhação: no dia 25/10/2008, Robin Simpson (RU) realizou 1.824 movimentos de *step* em 1h com uma mochila de 18kg nas costas, na mostra Heróis do Esporte, da BT, em Manchester, RU.

Estabelecido pelo multirrecordista Paddy Doyle (RU), em 9/11/2006, esse recorde popular foi quebrado três vezes em 2008.

●MAIOR JANTAR FORMAL

Em 17/7/2008, foi serivdo um jantar para 16.206 convidados durante as comemorações do centenário da Alpha Kappa Alpha Sorority Inc., no Centro de Convenções Walter E. Washington (EUA), em Washington D.C., EUA.

●SHOW SOLO MAIS LONGO

O pianista canadense Jason Beck, vulgo Gonzales, realizou uma apresentação solo com 27h03min44s no Cine 13, em Paris, França, no dia 18/5/2009. Jason evitou repetir músicas durante a tentativa e prometeu ao público: "Quebrarei o recorde sem parecer um disco riscado".

●MAIOR CORAL

Em 12/5/2009, um coral com 100 mil integrantes confirmados (mais 60 mil cantores não confirmados) se reuniu em Hiderabade, Andra Pradesh, Índia. A cantoria em telugu, idioma de Andra Pradesh, quebrou o recorde anterior, que perdurava havia 72 anos e pertencia a um coral com 60 mil integrantes reunidos em concurso realizado na atual Wroclaw, Polônia.

★MAIOR AULA DE FÍSICA

O número recorde de 5.401 alunos assistiu à aula de ciência de Steve Spangler (EUA) em Denver, Colorado, EUA, no dia 7/5/2009.

★MENOR TEMPO PARA SEPARAR 500G DE M&MS DE AMENDOINS

Em 23/4/2009, Debbie Nugent (RU) separou 500g de M&M de amendoins usando uma só mão em 2min37s, no Pinewood Studios, RU.

●MAIS LESMAS NO ROSTO

Mike Dilger (RU) manteve 37 lesmas no rosto por 10s em participação no *The One Show*, do canal BBC, em Covent Garden, Londres, RU, no dia 13/5/2009.

★MÚSICA MAIS CARA LEILOADA

Uma cópia rara do compacto de sete polegadas inédito de 1965 "Do I Love You (Indeed I Do)", de Frank Wilson (EUA), foi vendida em um leilão em abril de 2009 por US$ 42.220 para um comprador que pediu para permanecer anônimo.

★NOVO
●ATUALIZADO

●COELHO MAIS COMPRIDO

Com 98cm de comprimento, Alice, a coelha gigante de Annette Edwards (RU), tornou-se a mais comprida do mundo após recebermos a triste notícia da morte de Amy, a recordista anterior, também de Annette. Alice foi medida no centro veterinário de Lowesmoor, em Worcester, RU, a 29/4/2009.

★AUTOR COM MAIS BEST-SELLERS NA LISTA DO NEW YORK TIMES

O escritor de livros de mistério James Patterson (EUA) já teve 43 títulos na lista de best-sellers do *New York Times*, sendo que 31 chegaram à primeira posição. Na foto, Patterson recebe o certificado de Sam Fay, do *GWR*.

100

ÚLTIMOS

★SOBREVIVENTE DO TITANIC

Elizabeth Gladys "Millvina" Dean (Reino Unido, 2/2/1912–31/5/2009), a última passageira do *Titanic* a morrer, tinha apenas 69 dias de vida quando embarcou com os pais e o irmão de 18 meses na terceira classe do *Titanic*. Ela, a mãe e o irmão sobreviveram ao naufrágio do navio "inafundável", em 14/4/1912, mas Bert, seu pai, foi um dos 1.517 passageiros que pereceram na tragédia.

★POMBO-PASSAGEIRO

Martha, último exemplar vivo de pombo-passageiro (*Ectopistes migratorius*), morreu no zoo de Cincinnati, EUA, em 1/9/1914. Aos 29 anos, era a última das bilhões de aves dessa espécie extinta pelo homem em menos de um século.

É impossível determinar com exatidão quantos pombos-passageiros-de-peito-rosa existiam, mas estima-se que 40% de toda a população aviária norte-americana era composta por essa espécie. Os pombos eram mortos para a alimentação humana, e um único atirador matava facilmente mil aves numa caçada. Por incrível que pareça, o tiro ao pombo já foi um esporte...

★VOO DO CONCORDE

Às 16h05 (horário de verão britânico) de 24/10/2003, o Concorde fez seu último pouso no aeroporto de Heathrow, em Londres, RU, após 27 anos de serviço. O derradeiro voo transatlântico trazia cem celebridades vindas de Nova York, EUA. Antes do voo, o capitão Mike Bannister declarou: "Faremos da aposentadoria do Concorde uma celebração".

★VETERANO DA 2ª GUERRA MUNDIAL A SE RENDER

O recruta Teruo Nakamura (Taiwan), soldado a serviço do Exército Imperial Japonês na Segunda Guerra Mundial, só se rendeu em 1974. Baseado na ilha Morotai, Indonésia, tomada pelos Aliados em setembro de 1944, Nakamura permaneceu escondido por muito tempo depois da partida dos Aliados.

★SOLDADO A SERVIR EM DUAS GUERRAS MUNDIAIS

Francesco Domenico Chiarello (Itália, 1898–2008) foi convocado em 1918, durante a Primeira Guerra Mundial, para servir na infantaria em Trentino, Itália. Em 1940, voltou a ser convocado, aos 42 anos, para lutar na Segunda Guerra em Reggio Calabria, Itália, mas foi liberado após alguns meses.

★TIRO AO POMBO OLÍMPICO

O tiro a pombos vivos foi uma modalidade olímpica pela primeira e última vez nas extravagantes Olimpíadas de Paris, em 1900. Leon de Lunden (Bélgica) levou o ouro após matar 21 aves. O francês Maurice Faure abateu 20 pombos, enquanto Donald Mackintosh e Crittenden Robinson (ambos dos EUA) empataram em terceiro lugar, com 18 pássaros cada.

★MORTE POR VARÍOLA

O último caso fatal de varíola ocorreu em agosto de 1978, quando um fotógrafo médico da Universidade de Birmingham, RU, foi infectado por uma amostra mantida para fins de pesquisa. Não houve mais casos desde então.

★OLIMPÍADAS ANTIGAS

Inaugurados em c. 776 a.C., os Jogos Olímpicos originais ocorreram pela última vez no ano de 393 d.C. O imperador cristão Teodósio I desaprovava as antigas origens gregas pagãs dos jogos e ordenou que fossem banidos em 394 d.C., por serem anticristãos. Olímpia, sede original dos jogos, na península grega do Peloponeso, hospeda a chama olímpica que é usada para acender a tocha das Olimpíadas modernas.

1890: ano do Massacre de Wounded Knee, a **última batalha em solo americano**, entre a cavalaria dos EUA e a tribo dos índios Sioux.

★ PEA SOUP EM LONDRES

A fumaça da queima de carvão misturada à neblina resulta em uma sufocante camada de *smog*, conhecida em Londres como *pea soup* (ou *pea souper*). Em dezembro de 1952, durante o último *pea souper* da cidade, morreram 3,5–4 mil pessoas de bronquite aguda. A visibilidade nas ruas caiu para 30cm e os cinemas fecharam, por ser impossível enxergar as telas.

CONFIRA

Depois de ler alguns "últimos" incríveis, não deixe de checar os impressionantes "primeiros", nas p. 2–3.

★ HIERÓGLIFO

Os mais recentes hieróglifos com data conhecida – as "letras entalhadas sagradas" gravadas em monumentos pelos egípcios antigos para comunicar suas crenças religiosas – estão no Pórtico de Adriano no templo de Filae, que fica na ilha Filae, no rio Nilo, Egito. Foram escritos em 24/4/394 d.C.

USO DA GUILHOTINA

O último uso da guilhotina na França, antes de sua abolição em 9/9/1981, ocorreu na execução de Hamida Djandoubi, torturador e assassino de 28 anos, na prisão de Baumettes, Marselha, em 10/9/1977.

EXECUÇÃO DE UMA BRUXA

Última bruxa executada legalmente, Anna Göldi foi morta em Glarus, Suíça, no dia 18/6/1782.

★ DODO

O último espécime conhecido do dodo, das ilhas Maurício (*Raphus cucullatus*, antigo *Didus ineptus*) morreu em 1681. O último de seus parentes mais próximos – um *Rodrigues solitaire* da vizinha ilha Rodrigues – morreu em 1790. A extinção do dodo deveu-se a sua falta de medo e incapacidade de voar, que o levavam a aproximar-se com curiosidade tanto de estranhos quanto de predadores. Para piorar, ele era bem saboroso...

PRIMEIRO-MINISTRO BRITÂNICO ASSASSINADO

O último (e, até agora, único) primeiro-ministro britânico assassinado foi o Honorável Spencer Perceval (RU, 1762–1812), morto com um tiro no saguão da Câmara dos Comuns, em Londres, RU, por John Bellinghamon (RU), em 11/5/1812.

CASTRATO

A moda dos *castrati* – cantores líricos cujos testículos eram removidos antes da puberdade, preservando assim suas vozes infantis angelicais – decaiu no início do século XX. O último *castrato* foi Alessandro Moreschi (Itália), que morreu em 1922. E, numa nota similar...

★ EUNUCO

O último eunuco – homem castrado para que possa tomar conta de um harém – foi Sun Yaoting (China), que morreu em 1996.

★ NOVO
● ATUALIZADO

★ HOMEM NA LUA

Em 14/12/1972, o programa americano de exploração lunar tripulada foi encerrado quando Gene Cernan, comandante da missão Apollo XVII, deixou a superfície da lua e embarcou no veículo de excursão lunar *Challenger*. Esta foi a última de seis alunissagens tripuladas bem-sucedidas; o solo lunar não voltou a ser pisado por nenhum ser humano desde então.

Três vezes melhor.

Outono de 2010

Budweiser
MAXBO
WORLD RECORD ...
4729